国家出版基金项目
“十三五”国家重点出版物出版规划项目
安徽省文化强省建设专项资金项目

安娜·卡列尼娜

上

Анна Каренина

Первый том

[俄] 列夫·托尔斯泰◎著
力 冈◎译

安徽师范大学出版社
·芜湖·

图书在版编目(CIP)数据

安娜·卡列尼娜：全二册/（俄罗斯）列夫·托尔斯泰著；力冈译. — 芜湖：安徽师范大学出版社，2018.1

（力冈译文全集；13）

ISBN 978-7-5676-3263-9

Ⅰ. ①安… Ⅱ. ①列… ②力… Ⅲ. ①长篇小说 – 俄罗斯 – 近代 Ⅳ. ①I512.44

中国版本图书馆CIP数据核字(2017)第259635号

安娜·卡列尼娜（全二册） ［俄］列夫•托尔斯泰◎著 力 冈◎译

ANNA KALIENINA

责任编辑：舒贵波 李克非

装帧设计：刘 畅 桑国磊

出版发行：安徽师范大学出版社

芜湖市九华南路189号安徽师范大学花津校区

网 址：http://www.ahnupress.com/

发 行 部：0553-3883578 5910327 5910310(传真)

印 刷：浙江新华数码印务有限公司

版 次：2018年1月第1版

印 次：2018年1月第1次印刷

规 格：880 mm×1230 mm 1/32

印 张：35

字 数：819千字

书 号：ISBN 978-7-5676-3263-9

定 价：230.00元

力冈先生文学翻译的历史意义

——序《力冈译文全集》

刘文飞

中国俄罗斯文学研究会会长

在力冈先生诞辰91周年的今天，在力冈先生去世20年后的当下，在洋洋19卷23册的《力冈译文全集》面世的此刻，我们终于可以试着归纳一下他的文学翻译所具有的历史意义了。

一

力冈先生的文学翻译苦行僧形象是具有典型意义和感召力量的，这是中国老一辈俄苏文学翻译家留下的一个苍凉背影，也是他们为自己建起的一座“非人工的纪念碑”。翻译是一项苦差事，是需要坐冷板凳的，是一项付出和回报往往不成正比的工作，是一种注定要与孤独和寂寞为伴的工作。文学翻译至少需要出色地掌握两种语言，而好的外语或许能让人找到另外一种更为轻松、更有利可图的工作，好的翻译家若用其母语来进行创作，大约自己也能写出像样的文学作品来。可是，文学翻译似乎像电子游戏、像吸食鸦片一样是一种能让人上瘾的事情，一旦上手，一旦品味到其中的甘苦，往往便欲罢不能。始自玄奘的翻译姿态和翻译精神，似乎成了中国一代又一代译者的宿命，即专注和吃苦，苦修和执着。

力冈先生1926年生于山东乡间，自幼失去母亲，生活贫苦，到他上中学时，家乡被日寇占领，他流亡河南、甘肃、陕西等地。1950年，他考入哈尔滨外国语专门学校俄语专业，毕业后志愿来到安徽师范大学任教，不久就开始了文学翻译工作，陆续在报刊上发表一些短篇译作，至1956年，他的单行本译作《里雅希柯小说集》已由上海新文艺出版社推出。然而次年，他便在反右运动中蒙冤，被开除公职，押往新生耐火材料厂劳教。1960年7月，他因“劳动表现突出”被摘掉右派帽子，重返学校，他在教学之余立即重拾译笔，在短短数月间便译出苏联作家艾特马托夫的中篇小说《查密莉雅》，这篇译作在《世界文学》杂志1961年第10期刊出，引起轰动，“力冈”这一译家大名从此进入人们的视野。就在力冈先生准备大展宏图、施展拳脚的时候，“文化大革命”却突如其来，1968年，他再度被逐出校园，下放至宣城地区新田公社劳动改造，直到“文革”结束后的1978年方得以重返讲台，此时他已过天命之年，用他自己的话说就是：“噩梦醒来，已是人生的黄昏。”文学翻译需要天赋，但也是一种力气活，在对于一位翻译家而言的黄金时期，即30—50岁，力冈先生却两度蒙冤，两度再拾译笔，重新开始，这需要何等的勇气和坚韧！他两落三起的翻译经历，几乎就是20世纪五六十年代中国的俄苏文学翻译家们跌宕起伏的人生经历的缩影，就是那一时代中国知识分子命运的象征。令人惊讶的是，重返译坛的力冈先生以超乎常人的工作激情和翻译速度，在1978年后的20年间陆续出版20余部译著，平均每年一部，总字数达700余万。在20世纪80年代，最初几部译著的出版使力冈先生挣到了以当时标准看相当不菲的稿酬，甚至成为所谓“万元户”，但他似乎无暇也无意去享受自己的劳动成果，依然粗茶淡饭，素衣裹身，与此同时却以更大的热情继续译事，终日伏案，不懈地爬格子。1997年2月，力冈先生因肝癌病在芜湖弋矶山医院逝世，据家人说，他在生命的最后时刻仍在念叨着未译完的最后一部译作《罪与罚》。我们或许可以说，他是被文学翻译累死的；我们肯定可以说，文学翻译是他最为看重的毕生事业。

力冈先生少年时四处漂泊，中年时命运多舛，老年时病魔缠身，他的一生似乎都不是给最需要安宁和平静的翻译家所准备的；力冈先生的职业是教师，他偏居小城，又不善交际，这些似乎都不构成他迅速成长为一位全国著名翻译家的前提条件。但是，正如吴笛教授在他纪念力冈先生的文章中所言：“他的一生就是用出人意料的成就表现了悲怆的境界。面对种种意想不到的遭遇和不公，他并没有沉沦，也没有片面地记恨，而是在艰难的岁月中怀着对人性的憧憬，将厄运升华为创作的动力，在逆境中不忘呼唤人性和仁爱，将种种遭遇视为生命中的财富，在悲怆的境界中抒写诗意人生，毫不气馁地追求生命的意义，在自己所献身的俄罗斯文学翻译事业中，做出了杰出的贡献。”

普希金说过：“译者是文明的驿马。”笔者曾对此说法加以引申：“如果说广义的译者是文明的驿马，那么专事文学翻译的人士便是‘文学的驿马’了。凑巧的是，在汉语中，译者的‘译’和驿马的‘驿’不仅同音，而且在词源、词形和词义上也很相近，区别似乎仅在于后者为‘马儿’而前者是‘文人’（言者）。……用在驿站间往复奔波的马儿来形容译者，每个有过译事经验的人大约都能在这个比喻中品味出某种艰苦和辛酸，甚至是束缚和无奈。……既要有出众的能力还要有忍辱负重的秉性，日复一日的奔波只能换得微薄的粮草，还得时刻提防路途中遍布的坑洼和沼泽，能善此业者非驿马莫属也。”力冈先生就是这样一匹忍辱负重、砥砺前行的“文学的驿马”。力冈先生以他的作为告诉我们，文学翻译是一项可以托付终生的事业，是一种富有意义的存在方式；力冈先生及其文学翻译活动是一种燃烧生命的举动，一个与命运抗争的典范，同时是他的翻译意志奏出的一曲凯歌。

二

力冈先生是在中国改革开放的热潮中展开他最积极的翻译活动的，他的大部分译作出版于20世纪80年代。浏览一下力冈先生的译作书目，可以发现出版于80年代的译著有十余部之多，计有格鲁兹杰夫的《高尔基传》（与济凯合译，江西人民出版社1980年版）、冈察尔的《爱的归宿》（安徽人民出版社1983年版）、巴巴耶夫斯基的《野茫茫》（浙江文艺出版社1983年版）、艾特马托夫的《白轮船》（外国文学出版社1984年版）、阿列克谢耶夫的《儿时伙伴》（山东文艺出版社1984年版）、波利亚科夫的《别林斯基传》（黑龙江人民出版社1985年版）、普希金的《暴风雪》（春风文艺出版社1985年版）、肖洛霍夫的《静静的顿河》（漓江出版社1986年版）、帕斯捷尔纳克的《日瓦戈医生》（与冀刚合译，漓江出版社1986年版）、帕斯捷尔纳克的《含泪的圆舞曲——帕斯捷尔纳克诗选》(与吴笛合译,浙江文艺出版社1988年版)、卡里姆的《悠悠儿时情》(安徽文艺出版社1989年版)和格罗斯曼的《风雨人生》(漓江出版社1991年版)等。从这个目录还可以看出,力冈这一时期的译作总体上以苏联当代文学作品为主要翻译对象。

20世纪80年代是中国当代史上的一个特殊时期,那是一个文化转型期,甚至可以说是中国现当代的一场文艺复兴,是一个文化觉醒的黄金时期。在那场汹涌壮阔的思想解放运动中,在整个改革开放后中国当代文化的建构过程中,对外国文学和外国文化的翻译和介绍起到了无可替代的重要作用,中国当今的现代化,从某种意义上说就是一种"被翻译过来的现代化"。那是一个文学的时代,也是一个翻译文学的时代;那是一个开放的时代,更是一个对外国优秀文学和文化开放的时代,在精神上饥寒交迫的国人首度面对外国文学的盛宴,饕餮之余,最应该感谢的就是那一时代的翻译家。在中国改革开放后出现的外国文学翻译热潮中,俄苏文学也是重要的译介对象之一,力冈先生的译著也和其他众多翻译作品一样,是对改革事业的添砖加瓦,是为思想解放运动注入的燃料,对当时中国社会的文化重建、国民文化性格的重塑起到了重要作用。

中国的俄国文学翻译始自19世纪末,在五四时期出现第一个高潮,如今人们在探讨五四运动的起因时,常将俄国的文学与德国的马克思主义和法国的启蒙思想并列为三大思想资源,由此不难看出俄国文学在当时中国社会所发挥的强大思想作用。后来,在抗日战争时期,在新中国成立之后的50—60年代,俄苏文学再度发挥“军火”和“样板”功能，而在改革开放时期，包括俄苏文学在内的外国文学，又一次成为国人解放思想、放眼世界的意识形态工具和思想武器。如果说，鲁迅那一代翻译家是“给起义的奴隶偷运军火”的人，那么，改革开放时期的这一代中国翻译家同样是为国人“盗火”的普罗米修斯，功莫大焉，没有包括力冈先生在内的这一代翻译家的辛勤工作，国人的思想解放就是难以想象的。如果我们把出生在19、20世纪之交的翻译家如鲁迅、瞿秋白、蒋光慈、茅盾、巴金、耿济之等视为中国第一代俄国文学翻译家，那么20世纪第一个十年前后出生的姜椿芳、曹靖华、戈宝权、查良铮、汝龙、满涛、叶水夫等就是第二代，而力冈以及去年去世的草婴和刚刚去世的高莽等人则构成中国的俄国文学翻译家的第三代方阵，这一代翻译家同样以自己的辛勤努力为中国的思想启蒙和文化构建做出了历史性的贡献。

中国第三代俄国文学翻译家的工作也对当代中国文学的发展进程产生了深远影响。在20世纪80年代初起，俄苏文学在中国的译介出现一个“井喷”现象，十余年间，全国近百家出版社先后出版的俄苏文学作品多达近万种，在译作的种类和印数上，可能要高出此前所有同类出版物的总和。在这样一种铺天盖地的外国文学译介热潮中，受益的不仅仅是中国的读者，自然也包括中国的作家。王蒙在他的《青春祭》（作家出版社2006年版）一书中写道：“我们这一代中国作家中的许多人，特别是我自己，从不讳言苏联文学的影响。是爱伦堡的《谈谈作家的工作》在50年代初期诱引我走上写作之途。是安东诺夫的《第一个职务》与纳吉宾的《冬天的橡树》照耀着我的短篇小说创作。是法捷耶夫的《青年近卫军》帮助我去挖掘新生活带来的新的精神世界之美。在张洁、蒋子龙、李国文、从维熙、茹志鹃、张贤亮、杜鹏程、王汶石直到铁凝和张承志的作品中，都不难看到苏联文学的影响。张贤亮的《肖尔布拉克》、张承志的《黑骏马》以及蒋子龙的某些小说都曾被人具体地指认出苏联的某部对应的文学作品；这里，与其说是作者一定受到了某部作品的直接启发，不如说是整个苏联文学的思路与情调、氛围的强大影响力在我们的身上屡屡开花结果。”这里提到的张承志，就对力冈先生的译作赞不绝口，曾感慨：“我恨不得倒背如流！”由此不难窥见力冈先生的译作对改革开放时期中国作家产生的影响。

三

1984年，漓江出版社推出力冈先生重译的《静静的顿河》，这是新时期名著重译的第一部，而自90年代起，力冈先生更将名著重译当成首要任务，相继重译了多部俄国文学经典，如托尔斯泰的《复活》（译林出版社1992年版）和《安娜·卡列尼娜》（浙江文艺出版社1992年版）、屠格涅夫的《猎人笔记》（河北教育出版社1994年版）、莱蒙托夫的《当代英雄》（河北教育出版社1994年版）等，他作为翻译家的最后一项工作，就是重译陀思妥耶夫斯基的《罪与罚》。力冈先生是俄国文学经典著作重译的倡导者和先行者之一，他几乎将他翻译艺术炉火纯青的最后十年都用在了名著重译上。

文学名著重译始终是译界的一个有趣话题。中外文学史上的名作原著，无论出现在什么时代，一代又一代读者捧读的均为同一个文本，而文学名著的译本，即便是著名的译本，却常常会随着时间的推移而“衰老”，会被所谓“新译”所取代。日本著名斯拉夫学者、契诃夫的日译者沼野充义有一次曾对笔者说，被译成日语的契诃夫作品每20—25年便要新译一次，以适应新一代的读者。他的话让笔者大吃一惊，可转而一想，外国文学作品的汉译其实也有着大致相同的命运，尽管其存活期未必一定就是20—25年。汉语文学中的原创名著，如唐诗宋词元曲，如《三国演义》《水浒》《西游记》《红楼梦》，自然在任何时代都不需要也不允许做任何文字加工，可汉语文学中的翻译名著，即便是近现代翻译大家们的著名译作，如严复译的《天演论》、林纾和魏易译的《黑奴吁天录》、鲁迅译的《死魂灵》等，如今也会让人觉得不无“过时”之感，至少会让当下的读者阅读不畅。也就是说，文学名著是永恒的，不朽的，它们的译作却是相对短命的。笔者曾在一篇文章中对名著重译现象作过一番思考：首先，从读者方面看，读者为什么会在面对原作和译著时持有不同的阅读态度呢？他们对于原作和译作这种不同的阅读取舍究竟源自何种阅读心理呢？这种厚此薄彼的取向究竟是先天的还是后天的，是产生在翻译活动出现之后还是之前，这种倾向与文学名著重译这两者之间究竟存在着什么样的互动关系呢？其次，从译者的角度看，在进行重译和新译时究竟该如何面对已有的译作，尤其是已有的优秀译作，是刻意回避，还是尽量汲取原有译作的经验和精髓呢？如果对原有译作尤其是名译作的经验和精髓有所汲取，又该如何避免抄袭的嫌疑和版权的纠纷呢？如果对前辈翻译家宝贵的翻译经验视而不见，每位新译者均另起炉灶，真的能做到青出于蓝吗？如果新译在翻译质量上无法与旧译比肩，甚至不如旧译，那么重译的意义和价值又何在呢？最后，从翻译实践活动自身来看，用16、17世纪的汉语去翻译莎士比亚当然是可笑的，但是，用21世纪的汉语网络语言去翻译莎士比亚就一定具有历史的必然性和合理性吗？不断地重译、新译，会在多大程度上减少或抹去原作的时代感和历史感，把每一部新译作都作为当下的作品来读，是不是一种最大程度的误读呢？

力冈先生在进行文学名著的重译时，不知是否也曾遭遇此类问题，但他在晚年义无反顾地执着于重译，一定是一种有意识的抉择。我们猜度，他在他翻译事业的黄金时段做出这一重大转向，可能有如下几种原因：首先，他觉得在他之前的译本还有继续加工的余地，还有再度提升的空间。力冈先生重译的这几部俄国文学名著在他之前早已有过出自名家的名译，它们是不止一代中国读者捧读的对象，但力冈先生却不畏权威，另辟蹊径，公开与多位前辈翻译大家打擂台，这或许是力冈先生个人性格的一种显现，但他敢于“叫板”，无疑因为他自信他可以比之前的译著译得更好，或至少能译出他自己与众不同的特色。其次，在译出十多本书后，作为一名富有经验的翻译家，力冈先生大约也会产生出如何超越自己的问题，重译名著，既可以与前辈译家一较高低，同时也能时刻与俄国文学史上的名著及其作者进行跨越时空的深度交流，这无疑是一种更富有挑战也更富有趣味的工作。最后，名著之所以成为名著，就因为它们往往具有更为完满的艺术价值和更为恒久的艺术生命，翻译这样的作品，无疑更能呼应社会的阅读需求，赢得更大的社会意义。

力冈先生晚年重译的多部名著如今仍在一次又一次地再版，这说明力冈重译的俄国文学经典具有长久的生命力，也说明他当年重译名著的抉择是正确的。一位翻译家，只要他的译作还能出版，还能被人阅读，这位翻译家就还活着，好的译作就是译者的生命之延续。从更为广泛的意义上说，力冈先生是我国改革开放之后名著重译之风的倡导者之一，而名著重译，对于深化我们对外国文学经典的理解和认识、对于发展我们的翻译实践和理论而言，都是极具历史意义的。

四

力冈先生是一位翻译家，也是一位大学老师，教书育人是他的本业。作为恢复高考后步入安徽师大外语系俄语专业的20名学生之一，笔者有幸受教于王老师（力冈本名王桂荣，我们当时都称他“王老师”）。记得先生1978年从插队的宣城乡村回到安徽师大后，不久就开始给我们授课，他教的是“文学选读课”。先生是一个颇为“另类”的老师：他上课不用现成的教材，没有固定的教案，就以他当时正在进行的翻译工作为授课内容；他在教室里不来回走动，几乎不做板书，仅端坐讲台，摊开那本他正在翻译的原著，一旁摆着一摞他最新出炉的译稿，按部就班、一句一句对照着讲下去。对文学没有兴趣、对文学翻译没有兴趣的学生，听这样的课或许会感到无味，当时王老师课的课堂气氛也的确有些沉闷单调，但王老师并不在意，只管自顾自地讲下去，他会讲他为什么要这样译，讲到兴奋处，他会突然提高嗓门，用带有山东腔的口音高声朗读他最得意的译文段落，读完后，他会抬起眼睛，久久地盯着天花板，似在掩饰眼里涌出的泪水。记得是在讲解《当代英雄》时，他时时指出其他译者，甚至是非常著名的翻译家的错误，并向我们分析这些错误之所以出现的可能的原因，他也时常让我们在他的译文中“挑错”或为他的译文“润色”，如果我们偶有所得，他往往显得比我们还要高兴。与王老师的文学选读课构成呼应的，是我们在大三时学的翻译课，翻译课教师张本桂先生常常给我们一些原文片段，让我们动手翻译，并在下一次翻译课上让译文出色的同学朗诵其译文，并对他认为好的译文再逐字推敲。正是在力冈先生以及张本桂先生和其他老师的精心培养下，安徽师大俄语专业涌现出一大批俄罗斯语言文学专业的人才，其中多位如今已成为国内知名的翻译家，有译著面世的人更多达十余位，如吴笛、张杰、周启超、吴嘉佑、冯华英、朱少华、陈建硕和刘文飞等。名不见经传的安徽师大俄语专业，在短短二三十年间居然成为中国的俄语文学翻译家的摇篮，王老师在天之灵也会因此而深感欣慰！

我们这个俄国文学译者群体的崛起，在很大程度上要归功于力冈先生及其同事们的言传身教。首先，他在课堂上逐字逐句的中俄文对照讲解，他关于译者甘苦的诉说，对于有志于文学翻译的学生而言弥足珍贵，这其实就是一个文学翻译的工作坊和实验室，让我们当年在初步掌握俄语后不久便接触到了俄语翻译的真谛，亲眼目睹了一位翻译家的工作过程和工作方式。其次，他既与我们分享他的翻译过程，也与我们分享他的翻译收获，记得我们在校时，他和济凯先生合译的《高尔基传》已经出版（江西人民出版社 1980 年版），他送给全班同学每人一本译著，并用规整的笔迹在扉页上题字签名，不难想象，我们接到这样的馈赠时会多么激动，同时也会觉得译书和出书不再是一件遥不可及的事情。最后，他以他的翻译行为和翻译意志告诉我们大家，庙小并不妨碍念经，更不妨碍修身。他在翻译课上不畏权威，真诚地点出翻译名家们的长处和短处，让我们较早地感受到某种翻译民主精神，并从而确立自己的翻译人格。在他之前的大翻译家往往都生活和工作在大城市，而他在成名后却安居小城，潜心译事，他的存在方式构成一种垂范和激励，使我们很早就意识到，一位翻译家原本可以在任何环境里成长和工作。力冈先生作为一位翻译家的作为和风骨，为他的学生们树立起一个光辉的榜样。

五

力冈的文学翻译有着其鲜明独特的文字风格。译者作为一部作品中的“被动创作者”，究竟应不应该体现其风格，这也是翻译学中一个争论已久的问题，一个见仁见智的问题，有人认为，译者的责任就在于原封不动地传导原作的风格，而不能擅自发挥，喧宾夺主。但是，译作毕竟是由译者用另一种语言进行的文学再创作，译者个人的修辞习惯和语言风格不可避免地会在其译作中得到体现，也就是说，所谓“译者风格”实际上是难以避免的。在这种情况下，如何让译者的风格与作者的风格相互接近、相互吻合，往往就成了决定译作成败的关键因素之一。译者无法在作品的风格范畴里肆意妄为，但译者毕竟有权利选择与自己相近的原著，或者说，选择自己较容易处理的翻译对象，或者说，在一部作品的翻译过程中更注重在自己的风格较易发挥的地方施展拳脚。原作风格和译者风格的吻合虽是一个可遇不可求的事情，但一旦相遇，便是译者的幸事，也是原作者的幸事，更是读者的幸事。

在力冈先生的译著中，较之于人物对话和心理描写，大段落的抒情和大场面的写景似乎得到了译者更为精心的处置，他往往能借助这些段落营造出一种悲凉壮阔、哀婉抒情的氛围，更确切地说，他往往能细腻精准地传导出原作中的此种氛围。力冈先生钟情于这样的段落，钟情于这种文学氛围的营造和传导，无疑与他饱经沧桑的生活经历相关，也是他既刚正不阿又侠骨柔情的性格使然，更是他的审美趣味和文字风格的要求。他的几部译著在书名翻译上的处理，就在一定程度上体现了他的这一追求。巴巴耶夫斯基的小说原名 ***Приволье***，这是一个很“地道”的俄语单词，意为“广阔的地方”“无拘无束”等，力冈成功地将其译成《野茫茫》，这个译名既契合小说描写苏联斯塔夫罗波尔草原地区生活的主题，也暗含着我国著名的北朝民歌《敕勒歌》所具有的苍茫壮阔的抒情力量。卡里姆的小说原题 ***Долгое-долгое детство***，力冈先生最初发表在《世界文学》上的译文题为《漫长漫长的童年》，后来出版单行本时，他将书名改为《悠悠儿时情》，

"漫长漫长的"和"悠悠"这两种均使用了叠词的译法都是对原文题目中的修辞手法和诗意情绪的准确再现,但"悠悠"较之"漫长漫长的"似乎更符合中文习惯,再加上之后的"儿时情",无疑更有抒情味。冈察尔的小说 ***Берег любви*** 通常被译为《爱的彼岸》或《爱之岸》,力冈先生却译为《爱的归宿》,译者似乎也是在有意地"拓展"作为小说描写对象的爱情的辐射范围。力冈最重要的译作之一《生活与命运》最初的译名是《风雨人生》,力冈是在20世纪80年代末结束此书的翻译的,想必他在译完这部作品时,回顾自己和社会遭遇的种种磨难,不禁百感交集,故将格罗斯曼的原书名 ***Жизни и судьба*** 译成《风雨人生》。需要说明的是,在广西师范大学出版社不久前再版力冈先生的这部译著时,笔者建议将译著的书名改为《生活与命运》,因为这部小说如今已与托尔斯泰的《战争与和平》并列,而作者格罗斯曼在为这部小说取名时也的确是对托尔斯泰那部史诗的有意模仿,"生活与命运"和"战争与和平",都是对人类生活最高程度的归纳和概括。

我们或许可以将力冈先生的文学翻译风格概括为"大气的诗意"或"壮阔的悲凉",即一种融悲剧与抒情于一炉、广阔的画面感与内在的节奏感相互呼应、一气呵成的连贯调性和力透纸背的史诗感相映成趣的译文风格。在他精心翻译的《静静的顿河》和《日瓦戈医生》等巨著中,他的译笔很好地传达出了原著中原本就饱含的由抒情性、悲剧性和史诗性抱合而成的小说整体氛围,而在《生活与命运》的翻译中,他的这一风格又得到了更为充分的彰显。请读一读这部史诗长篇的结尾:"在这种宁静中,会想起去年的树叶,想起过去的一场又一场风雨,筑起又抛弃的窠巢,想起童年，想起蚂蚁辛辛苦苦的劳动，想起狐狸的狡诈和鹰的强横，想起世间万物的互相残杀，想起产生于同一心中又跟着这颗心死去的善与恶，想起曾经使兔子的心和树干都发抖的暴风雨和雷电。在幽暗的凉荫里，在雪下，沉睡着逝去的生命——因为爱情而聚会时的欢乐，四月里鸟儿的悄声低语，初见觉得奇怪、后来逐渐习惯了的邻居，都已成为过去。强者和弱者、勇敢的和怯弱的、幸福的和不幸的都已沉睡。就好比在一座不再有人住的空了的房子里，在和死去的、永远离开这座房子的人诀别。但是在寒冷的树林中比阳光明丽的平原上春意更浓。在这宁静的树林里的悲伤，也比宁静的秋日里的悲伤更沉重。在这无言的静默中，可以听到哀悼死者的号哭和迎接新生的狂欢……”这一史诗性的小说结尾写得好，译得也好，善于再现悲剧抒情风格的翻译家力冈先生的功力和风格在这里体现得淋漓尽致，炉火纯青！

俄国诗人叶夫图申科在1986年访问中国之后，深为中国俄苏文学翻译家们忍辱负重、坚持不懈的精神所感动，写下一首题为《中国翻译家》的诗作，在由笔者译成中文的这首诗的最后，诗人写道：“知识分子的良心，/就是一家出版社，/它仍能工作，/即便没有印刷机，/无论监狱、瘢迹还是侮辱，/它仍能用诗句的春燕/把各个民族连系。/翻译家们在做什么？/他们让各国人民相互走近，/越过国境，/越过谎言的沼泽地。/总有一天，要用他们的姓氏/为巨轮命名，/稻穗和麦穗，/会向他们鞠躬致敬。/伟大的译文，/就像神的预言。/翻译过来的细语，/会成为震耳的呼喊。/但愿能有一座纪念碑，/献给无名的翻译家，/那最为可敬的基座，/就由无数的译著垒成！”我们相信，力冈先生的译著，应该也被垒入这座纪念碑的基座;力冈先生的名字,应该也被刻上这座纪念碑的碑身!

二〇一七年初秋于京西

目　录

主要人物表

安娜·卡列尼娜

——留里克王室的后裔，卡列宁的妻子，伏伦斯基的情人。美丽、聪慧，渴望个性解放和婚姻自由。

列文

——大学毕业生，贵族地主，吉娣的丈夫。志在探索解决地主与农民关系的问题，结果理论探索和实际行动均告失败，最终皈依宗教获得解脱。

卡列宁

——彼得堡官僚，省长，后升任沙皇政府部长。安娜的丈夫。典型的"官僚机器"，自私、虚伪、刻板、冷酷，一心追逐名利，丝毫不懂风情。

伏伦斯基

——年轻军官，彼得堡贵族。安娜的情夫。英俊、大方、有地位、有财产、有前程。典型的花花公子，曾真心爱过安娜，最终还是冷落抛弃了她，直接导致了她的卧轨自杀。

吉娣

——贵族小姐，列文妻子，陶丽的妹妹。温柔美丽，天真善良，虽稍显平庸和浅薄，但讨人喜欢。贤妻良母型女性，作家心目中完美"家庭女性”的代表。对丈夫的探索表示理解和支持，最终又因为丈夫而选择了不予过问。

奥布朗斯基

——没落贵族。安娜的哥哥，陶丽的丈夫。生活奢侈荒唐，为谋一个多薪职位，不惜向犹太新贵资本家摇尾乞怜。

陶丽

——奥布朗斯基的妻子，安娜的嫂子，吉娣的姐姐。又一个标准的“贤妻良母”。但是只会做妻子和母亲，活得狭隘而可怜。虽羡慕安娜所获得的爱情却又不敢自己努力去争取。

柯兹尼雪夫

——列文的同母异父哥哥，知识分子，资产阶级自由主义者。

申冤在我，我必报应[1]。

①引自《新约·罗马书》第十二章第十九节。全句为："亲爱的弟兄，不要自己申冤，宁可让步，听凭主怒，因为经上记着：'主说，申冤在我，我必报应。'"

第一部

一

幸福的家庭每每相似,不幸的家庭各有各的苦情。

奥布朗斯基家里一切都乱了套。妻子发现丈夫和以前的法籍女家庭教师有私情,就向丈夫声明,不能再跟他一起过下去了。这种状况已经持续了三天。在这样的状况下,不仅夫妻两人,而且一家大小,上上下下,都感到非常难受。他们都觉得生活在一起没有意思,觉得他们这奥布朗斯基一家大小、上上下下的关系还不如随便哪一家客店里萍水相逢的旅人。妻子在房里不出来,丈夫已有两天多不在家。孩子们在家里到处乱跑,就像丢失的孩子。英籍女家庭教师跟女管家吵了架,写了信请朋友给她另找位置;厨师昨天午餐时候就走掉了;做下手的厨娘和车夫也都提出辞工。

在口角之后第三天,司捷潘·阿尔卡迪奇·奥布朗斯基公爵(社交界都叫他小名司基瓦)在惯常的时间,也就是早晨八点钟醒来,不是在妻子的卧室里,而是在自己的书房里,在上等山羊皮沙发上。他把保养得很好的肥胖身子在弹簧沙发上翻转了一下，紧紧抱住枕头的另一头，将脸贴在枕头上，似乎还想再睡上很久；可是他忽然一骨碌爬起来，坐在沙发上，睁开眼睛。

"哦，哦，是怎么来着？"他回想着梦境，在心里说。"哦，是怎么来着？对了！是阿拉宾在达姆施塔特举行宴会；不，不是在达姆施塔特，而是在美国的什么地方。对了，不过达姆施塔特[①]就在美国。对了，阿拉宾在玻璃桌子上设宴，连桌子也唱起《我的宝贝》[②]，不是《我的宝贝》，而是更好听的什么歌儿，还有一些小小的长颈玻璃瓶，玻璃瓶原来都是女人。"他回想道。

奥布朗斯基的眼睛放射出快活的光彩。他微微笑着沉思默想起来。"是啊，真有意思，太有意思了。梦里还有很多妙事儿，不过用言语是说不出来的，而且一醒来连想也想不清楚了。"他看到一幅呢绒窗帘边上透进来的一缕阳光，便快活地把两条腿从沙发上耷拉下来，用脚去找妻子绣了花的那双金色鞣皮拖鞋（那是去年给他的生日礼物），而且依照他九年来的老习惯，不等起床，就朝他在卧室里挂晨衣的地方伸过手去。这时他才猛然想起来，他不是睡在妻子的卧室里，而是睡在书房里，想起自己为什么不睡在卧室里，而睡在书房里；脸上的笑容消失了，他皱起眉头。

"唉，唉，唉！唉！……"他回想起一切种种，叹起气来。于是他的脑海里又出现了他和妻子口角的详情细节、他的尴尬情形和他自己铸成的最使人伤心的过错。

"是啊！她不肯原谅，也不可能原谅。而且最糟糕的是，一切

①达姆施塔特，德国西部的一个城市。

②原文为意大利语。

都是我的过错——是我的过错，却也不能怪我。可悲之处就在这里。”他想道。“唉，唉，唉！”他回想起这次口角中最使他难堪的场面，灰心绝望地叹起气来。

最不愉快的是开头那一会儿，那时他从剧院回来，欢欢喜喜，高高兴兴，手里拿着给妻子的一个老大的梨子，在客厅里没有找到妻子，奇怪的是，在书房里也没有找到她，最后却看到她在卧室里，手里拿着那封倒霉的、露了底儿的信。

她，这个一向心事重重、忙忙碌碌，而且他认为头脑非常简单的陶丽，一动不动地坐着，手里拿着信，带着恐怖、绝望和愤怒的神情看着他。

“这是什么？这？”她指着信，问道。

在回想这事的时候，像常有的情形一样，使他懊恼的主要倒不是事情本身，而是他怎样应付妻子这话。

他这时的情形，正是人干了非常可耻的事突然被揭穿时的情形。他不善于装扮一副脸相，以应付他的过错暴露后面对妻子时的局面。他没有表示委屈，没有否认，没有申辩，没有请求原谅，甚至也不是满不在乎——不管怎样，都要比他的做法好呀！——他的脸上竟完全不由自主地（奥布朗斯基一向喜欢生理学，他认为这是“大脑反射”），完全不由自主地浮现出那种习惯的、和善的，因而是一种很傻的笑。

他怎么也不能原谅自己这种傻笑。陶丽一看到这种笑，就像被戳了一刀似的，浑身打起哆嗦，发作起来，暴跳一阵，说了一大串难听的话，就从房间里跑了出去。从此就不愿意看到丈夫了。

“怪就怪这种傻笑。”奥布朗斯基想道。

“可是有什么办法呢？有什么办法呀?”他灰心丧气地自己对自己说,自己也无法回答。

二

奥布朗斯基是一个以诚对己的人。他不能欺骗自己,不能让自己相信他已经悔恨自己的行为。他这个三十四岁的风流美男子,不再爱一个只比他小一岁,已经是五个活着、两个死去的孩子的母亲的妻子,这一点他也不后悔。他后悔的只是,他没有想更好的办法把妻子瞒住。不过他还是深深感觉到自己处境的困难,而且也心疼妻子,心疼孩子,心疼自己。他要是早知道这事儿会使妻子如此伤心,也许他会想出更好的办法把自己的罪过遮盖住,瞒过妻子。他从来没有认真考虑过这个问题,但他模模糊糊感觉妻子早就猜想到他对她不忠实,只是睁一只眼,闭一只眼罢了。他甚至以为,她这个年老色衰,已经毫无风姿、毫无魅力,只是一窝孩子好母亲的普通女人,应该通情达理,不计较什么。谁知完全不是这样。

“唉,糟透了！唉,唉,唉！糟透了！”奥布朗斯基一再地唉声叹气,再也想不出什么法子。“这事儿没闹出来之前,这一切有多么好,我们过得多么好呀！她有了几个孩子,心满意足,欢欢喜喜,我什么也不干涉她,随她怎样照管孩子,料理家务。是的,她是我们家的家庭教师,这不大好。真不好！勾搭自己家里的家庭教师,是有点儿不像话,有点儿下流。可她是一个什么样的家庭教师呀!(他十分真切地想起罗兰小姐[1]那滴溜溜的黑眼睛和她的笑容。)不过她在我们家里的时候,我一点也没有放肆呀。最糟糕的是,她已经……简直就像是存心叫我过不去!嗨,嗨,嗨!可是有什么办法,有什么办法呀?"

什么办法也想不出来,只除了生活常常为一切最复杂、最难解决的问题提供的通用办法。这办法就是:应该糊里糊涂过下去,也就是应该忘却烦恼。在梦中忘却烦恼已经不可能,至少不到夜里不可能,已经不能再回到玻璃瓶女人唱歌的音乐境界中去;看来,只有在生活的梦中忘却烦恼了。

"以后自有办法的。"奥布朗斯基自己对自己说过这话,站起身来,穿上蓝绸里子的灰色晨衣,把带子系好,往宽阔的胸膛里深深吸了一口气,习惯地迈开矫健的步子,一双八字脚便十分轻盈地支撑着他那肥胖的身躯来到窗前。他拉开窗帘,使劲按了按铃。贴身老仆马特维听到铃声,立即走了进来,手里拿着长衣、靴子和一封电报。理发师也手持理发家什跟着马特维走了进来。

"有没有衙门里来的公事?"奥布朗斯基接过电报,在镜子前面坐下来之后,问道。

"在桌上呢,"马特维回答过,带着关心和询问的神气看了看东家,等了一会儿,又带着调皮的笑容补充说,"马车行老板派人来过了。"

奥布朗斯基什么也没有回答,只是在镜子里看了马特维一眼。从镜子里相遇的目光中可以看出来,他们彼此是默契的。奥布朗斯基的眼神好像是在问:"这话你何必说呢?难道你不知道

①原文是法语。以后凡法语一律排楷体,不再作注。

吗?”

马特维把两手插到自己的上衣口袋里,把一只脚向前伸了伸,微微笑着,默默地、亲切地看了看东家。

“我叫他下个礼拜天再来,在这之前别来打扰您,也免得他白跑。”他说出了显然是事先准备好的话。

奥布朗斯基明白,马特维是想说说笑话,让人注意他。奥布朗斯基拆开电报,一面猜测着电报里常有的译错的字,把电报看了一遍,他的脸顿时放起光来。

“马特维,我妹妹安娜·阿尔卡迪耶芙娜明天要到了。”这时理发师正在刮他的长长的鬈曲络腮胡子中间那条红红的纹路,他让理发师那光溜溜的胖手停了一下子,说道。

“谢天谢地。”马特维说这话,表示他和东家一样理解这次来访的意义,就是说,奥布朗斯基的好妹妹安娜·阿尔卡迪耶芙娜这一来,会促使夫妻和好起来。

“是她一个人,还是跟姑爷一起来?”马特维问道。

奥布朗斯基不好说话,因为理发师正在刮他的上嘴唇,他就竖起一个手指头。马特维对着镜子点了点头。

“是一个人。给她收拾楼上的房间吗?”

“你去禀报达丽雅·亚力山大罗芙娜,她会吩咐的。”

“禀报达丽雅·亚力山大罗芙娜吗?”马特维似乎带着怀疑的神气重复了一遍。

“是的,你去禀报。哦,你把电报带上,回头告诉我,她是怎么说。”

“您是想试探试探呀。”马特维心里明白了,不过他嘴里只是说。

“是,老爷。”

当马特维手拿电报,穿着咯吱咯吱响的皮靴回到房里来的时候,奥布朗斯基已经梳洗完毕,准备穿衣服。理发师已经走了。

“达丽雅·亚力山大罗芙娜吩咐我传话,说她要走了。让他,就是说让您,想怎么办就怎么办好啦。”马特维只是用眼睛笑着说,然后把手插到口袋里,歪着头盯住东家。

奥布朗斯基没有作声。过了一会儿,他那漂亮的脸上出现了和善而有点儿可怜的笑。

“啊?马特维?”他摇着头说。

“没事儿,老爷,会雨过天晴的。”马特维说。

“会雨过天晴吗?”

“是的,老爷。”

“你这样想吗?是谁来了?”奥布朗斯基听到门外有女人衣裙的窸窣声,就问道。

“是我,老爷。”一个又利落又好听的女人声音说。接着在门口出现了保姆玛特廖娜那方方正正的麻脸。

“哦,玛特廖娜,有什么事?”奥布朗斯基迎着她走到门口,问道。

尽管他和妻子的事全是他的错,他自己也感觉到这一点,可是家里几乎所有的人,就连这个老保姆,妻子的心腹,也都站在他这一边。

“有什么事?”他灰心丧气地说。

“您去一下,老爷,再去认个错儿吧。也许上帝会见怜的。她太伤心了，叫人看着都难受，再说家里也闹翻了个儿。老爷，也该心疼心疼孩子们呀。去认个错儿吧，老爷。有什么办法呢！谁系的疙瘩，还得谁自己解呀……"

"可是她不会听我的呀……"

"您该做的要做到。上帝是仁慈的，您要祷告上帝，老爷，要祷告上帝。"

"嗯，好的，您去吧，"奥布朗斯基忽然涨红了脸，说。"好吧，给我穿衣服。"他对马特维说着，很果断地脱下晨衣。

马特维已经举着准备好的衬衫，一面吹着衬衫上看不清楚的一点什么东西，带着显然很高兴的心情像上马套一样把衬衫套到东家那保养得很好的身体上。

三

奥布朗斯基穿好衣服，往身上洒了香水，抻了抻衬衫袖子，习惯地把香烟、皮夹子、火柴、系着双股链子和坠头的怀表分别放进几个口袋，抖了抖手帕，觉得尽管家庭遭遇不幸，自己浑身上下还是洁净、芳香、健康、舒适的，带着这样的感觉轻轻抖动着双腿走了出去，来到餐厅里，餐厅里已经摆好咖啡等着他了，咖啡旁边还有信件和衙门里来的公文。

他看了信件。有一封信令人很不愉快，是一个商人写来的，那商人要买他妻子庄园里的树林。那树林是要出卖的；不过现在还没有同妻子和好，这事儿根本谈不上。最不愉快的是，这样一来，摆在面前的他与妻子和好的事就要掺杂上金钱利害关系。一想到他可能受到金钱关系的支配，一想到他会为了出卖树林而想方设法同妻子和好，就觉得是受了侮辱。

奥布朗斯基看完信，就把衙门里来的公文拉过来，迅速地翻阅了两件公文，用粗大的铅笔做了几个记号，便把公文推开，喝起咖啡；一面喝咖啡，一面翻开油墨未干的晨报，看了起来。

奥布朗斯基订阅的是一份自由主义的报纸，不是极端自由主义的，而是代表大多数人主张的报纸。尽管他对科学、艺术、政治本身一概不感兴趣，他还是坚持大多数人及其报纸在这些领域的观点，只有大多数人改变了观点，他才改变观点，或者不如说，不是他改变观点，而是观点本身在他脑子里悄悄地变化。

奥布朗斯基从不选择什么派别和观点，而是这些派别和观点自动来找他，就像他从不选择帽子和衣服的式样，只是穿戴大家都穿戴的。由于进出上流社会，也由于通常在成年期渐渐发达的思维需要有一定的活动，他必须有观点，就像必须有帽子一样。至于他选择自由派，而没有选择他的圈子里也有许多人选择的保守派，那也不是因为他认为自由派主张更合情合理，而是因为自由派主张更适合他的生活方式。自由派说，俄国一切都很糟，确实如此，奥布朗斯基就负债累累，钱简直不够用。自由派说，婚姻是过时的制度，必须进行改革，确实如此，家庭生活很少给奥布朗斯基带来乐趣，而且还要迫使他撒谎，作假，这是违反他的天性的。自由派说，或者应该说是暗示，宗教不过是钳制那一部分野蛮人的，确实如此，奥布朗斯基即使做一次短短的礼拜，也觉得两腿酸痛，而且他简直不懂，今生今世多快活点儿就不错了，何必用那么一些可怕的、文绉绉的字眼儿谈论来世。此外，爱开玩笑的奥布朗斯基有时喜欢捉弄老实人，说，既然夸耀祖先，就不应该追溯到留里克[①]为止，而忘记自己的祖先——猴子。就这样，自由主义倾向成了奥布朗斯基的癖好，他爱自己的报纸，就像饭后的雪茄一样，因为报纸可以在他的头脑里布起一层淡淡的雾。他看了社论，社论中说，在我们这时代，叫嚷什么激进主义有吞没一切保守分子的危险，叫嚷什么政府必须采取措施消除革命的祸害，是毫无必要的，相反，“我们认为，危险不在于臆想的革命祸害，而在于阻碍进步的传统势力之顽固”，等等。他又读了论述财政问题的一篇文章，文章中提到边沁和穆勒[②]，并且不指名地讽刺了政府某部。他凭着机灵的头脑，能够揣摩到任何讽刺的内涵：出自何人之手，针对何人，因何事而发。这往往可以使他得到一定的乐趣。可是今天他一想到玛特廖娜的劝告和家里如此不顺遂，这种乐趣就烟消云散。他还看到贝斯特伯爵已赴维斯巴登的传闻，还看到根治白发、出售轻便马车、某青年征婚的广告；不过这些事没有像往常那样使他暗暗觉得好笑和开心。

他看完报纸，喝过第二杯咖啡，吃过黄油面包，就站起身来，拂了拂背心上的面包屑，挺起宽宽的胸膛，很高兴地笑了笑，这不是因为心里有什么特别快活的事儿，——这高兴的笑是良好的胃口引起的。

不过这高兴的笑顿时使他想起了一切，于是他沉思起来。

门外响起两个孩子的声音（奥布朗斯基听出那是小儿子格里

①留里克，俄国的开国者。

②边沁（1748—1832），英国哲学家、社会学家、法学家，功利主义哲学创始人。穆勒（1806—1873），英国哲学家、经济学家、历史学家。

沙和大女儿丹尼娅的声音)。他们在拖拉什么东西,把东西翻倒了。

“我说嘛,不能叫乘客坐在车顶上,”女儿用英语叫道,“快扶起来!”

“全乱了套,”奥布朗斯基想道,“孩子们没有人管了。”他走到门口,唤了唤孩子,两个孩子丢下当火车玩儿的匣子,朝父亲跑来。

女孩儿是父亲的宝贝,大胆地跑了进来,搂住父亲,笑哈哈地吊在他的脖子上,像往常一样,高高兴兴地闻着他的络腮胡子散发的香水气味儿。最后,女孩儿吻了吻他那因为弯腰憋得通红的、闪着慈爱光辉的脸,松开胳膊,就想往回跑,可是父亲把她拉住了。

“妈妈怎么样?”他用手抚摩着女儿那光滑、娇嫩的脖子,问道。“你好!”他又微微笑着回答男孩儿的问候说。

他意识到自己不怎么喜欢男孩儿,于是他总是竭力表示一视同仁;可是男孩儿感觉出这一点,所以看到父亲冷淡的微笑,没有报以微笑。

“妈妈吗? 她起来啦。”女孩儿回答说。

奥布朗斯基叹了一口气。“这么看,她又是一夜没睡。”他想道。

“怎么样,她快活吗?”

女孩儿知道父亲和母亲吵过嘴,知道母亲不会快活,父亲应该知道这一点,知道他这样若无其事地问这话是装模作样。她为父亲红了脸。他也立刻明白了这一点,脸也红了。

“我不知道，”女孩儿说。“她没叫我们上课，叫我们跟古丽小姐上奶奶家去玩儿。”

“好，去吧，我的好丹尼娅。哦，等一下。”他还是把她拉住，抚摩着她的娇嫩的小手说。

他从壁炉上取下昨天他放在那里的一盒糖果，挑了她喜欢的两块给她，一块巧克力，一块软糖。

“给格里沙吗？”女孩儿指着巧克力问。

“对，对。”他又抚摩了几下她的肩膀，吻了吻她的头发根和脖子，这才把她放开。

“马车套好啦，”马特维说。“不过有一个女人找您有事，”他补充说。

“来了很久了吗？”奥布朗斯基问道。

“有半个钟头了。”

“我对你说过多少次，有人来要立即通报！”

“至少也得让您把咖啡喝完呀！”马特维是用十分关切的粗大嗓门儿说的，叫人没办法生气。

“好啦，快请她进来。”奥布朗斯基烦恼得皱着眉头说。

来人是卡里宁上尉的妻子，求办的是一件无法办到的、没有道理的事；但是奥布朗斯基还是照常请她坐下，用心听她说完，不打断她的话，听完后又耐心地给她出了一个主意，告诉她去找谁，怎样去找，而且又快又一丝不苟地用他那粗大、潇洒、漂亮而清楚的笔迹给她写了一封信，写给一个可能有助于她的人。奥布朗斯基送走了上尉的妻子，拿起帽子，站下来，想想自己是不是忘了什么。看来，他什么也没有忘，除了他希望忘记的妻子。

“唉，唉！”他垂下头，漂亮的脸上出现了苦恼的表情。“去还是不去？”他自己对自己说。于是心里有一个声音对他说，不必去，除了虚伪作假之外，再也不会有什么，修补和改善他们的关系是不可能的，因为不可能再使她变成美貌迷人的女子，他也不可能变成心如死灰的老头子。除了作假和说谎，现在不可能有别的结果；而作假和说谎是违反他的本性的。

“不过早晚还是得做的，总不能这样下去呀。”他竭力给自己鼓气说。他挺起胸膛，掏出一支烟，点着了，吸了两口，就丢进贝壳烟灰缸里，快步穿过幽暗的客厅，推开另一道门，走进妻子的卧室。

四

陶丽穿着小褂，当年那一头浓密的秀发如今已经稀疏，扎成辫子盘在脑后，一张脸瘦得瘪了下去，一双惶惶不安的眼睛由于脸瘦显得格外大，格外突出。她站在打开的小衣柜前面找东西，乱七八糟的东西满屋子都是。她听到丈夫的脚步声，停了下来，望着门口，竭力要在脸上装出一副严厉和轻蔑的表情，却怎么也装不出来。她觉得，她怕他，也害怕此刻和他见面。她刚刚试着做过这三天来试了上十次的事：把自己的和孩子们的东西挑出来，带到娘家去，可她就是下不了这个狠心；然而就是现在，也像上几次一样，她仍然自己对自己说，不能就这样算了，她要想法子治治他，羞羞他，报复报复他，哪怕把他给她造成的痛苦，还一小部分给他尝尝。她还一直在说要离开他，可是她又觉得这是不可能的；所谓不可能，是因为她无法不再把他当作自己的丈夫，无法不再爱他。此外，她还觉得，既然在家里她都照管不好她的五个孩子，那么，到了她和孩子们要去的地方，孩子们的情形必定会更糟。就是在这三天里，最小的一个孩子因为喝了不干净的肉汤病了，另外几个孩子昨天几乎没有吃什么。她觉得，走掉是不可能的；不过，她为了欺骗自己，还是在收拾东西，做着要走的样子。

她一看到丈夫，就把手伸到衣柜抽屉里，像是在找什么东西，等丈夫走到她跟前，她才回头看了他一眼。可是，她原想在脸上摆出一副冷峻和决绝神气的，结果却露出灰心和痛苦的神情。

“陶丽！”他用低低的、羞怯的声音说。他缩着头，很想装出一副听凭发落的可怜相，可他还是显露出精力充沛、身强力壮的样子。

她迅速地用眼睛扫了扫，把他那精力充沛的、健壮的身姿从头到脚打量了一遍。“是啊，他真是够快活，够得意的！”她想道。“可是我呢？……连他这副和善的模样儿也是令人讨厌的，大家还因为他和善喜欢他，称赞他呢；我恨死了他这副和善模样儿。”她想道。她的嘴闭得紧紧的，在她那苍白的、神经质的脸的右边，腮上的肌肉抽搐起来。

“您有什么事？”她用急促的、不自然的胸音说。

“陶丽！”他用打哆嗦的声音又唤了一声，“安娜今天要来了。”

“干我什么事？我不能接待她！”她叫了起来。

“不过，这是应该的呀，陶丽……”

“走开，走开，走开！”她看也不看他，高声叫道，这叫声很像是肉体疼痛引起的。

当奥布朗斯基想到妻子的时候，他的心情还能平静，还指望会像马特维说的那样雨过天晴，还能心平气和地看报和喝咖啡；可是等他看到她这张痛苦不堪的、憔悴的脸，听到这种听天由命的、灰心绝望的声音，他连气都喘不上来，喉咙里有什么东西堵住，眼睛里闪出泪光。

“天啊，我做的是什么呀！陶丽！看在上帝面上吧！……要知道……”他说不下去了，泪水涌到喉咙里。

她把衣柜关上，看了他一眼。

“陶丽，我能说什么呢？……只能说：请你原谅，原谅我……你想想，难道九年的共同生活不能补偿一时，一时……”

她垂下眼睛，听着，等着听他说什么，似乎是在恳求他说点什么，好让她不相信那事儿是真的。

“一时的冲动呀……”他说出这话，还想说下去，可是她一听到这话，好像被戳了一刀，嘴又紧紧闭上，右腮的肌肉又跳动起来。

“走开，给我走开！”她用更尖厉的声音叫起来，“您别给我讲您的冲动，别讲您干的下流事吧！”

她想走出去，可是身子摇晃了两下，她连忙抓住椅背，免得倒下去。他的脸憋得老大，嘴咕嘟起来，眼睛里充满泪水。

“陶丽！”他已经是抽搭着说话了。“看在上帝面上，想想孩子们吧，孩子们是无罪的。我有罪，你就惩罚我，让我赎自己的罪吧。凡是能做到的，我都愿意做！我有罪，我的罪大得没法说！可是，陶丽，你要原谅我呀！”

她坐下来。他听见她沉重的、很响的呼吸声，心里说不出有多么可怜她。她几次想开口说话，可是说不成话。他等待着。

“你想到孩子们，就想跟他们玩儿，可是我想到孩子们，就知道他们这一下子完了。”她说的显然是这三天来自己对自己说过多次的话里的一句。

她对他称“你”，他带着感激的心情看了她一眼，就挨近些，想去拉她的手，可是她带着厌恶的神情躲开他。

“我想着孩子们，所以，为了挽救孩子们，人世间什么事我都可以干；可是我自己也不知道怎样才能挽救孩子们：我是带他们离开父亲呢，还是把他们丢给色鬼父亲……是的，就是色鬼父亲……哼，您说说看，您干出那种……那种事儿以后，我们还能在一起过下去吗？这可能吗？您说说看，这可能吗？”她提高嗓门儿，又说了两遍。“在我的丈夫，我的孩子的父亲跟自己孩子的教师私通之后呀……”

“可是有什么办法呢？有什么办法呀？”他用可怜巴巴的声音说。他自己也不知道自己说的是什么，而且把头垂得越来越低了。

“我讨厌您，见了您就恶心！”她叫起来，越来越恼火了。“您的眼泪不值一文钱！您从来就没有爱过我；您既没有良心，又没有德行！我厌恶您，恨您，您和我不是一家人，对，完全不是一家人！”她带着痛苦和愤恨的心情说出连她自己都觉得可怕的“不是一家人”。

他看了看她，看到她一脸愤恨的神气，感到又害怕又惊愕。他不明白，正是他的怜悯激怒了她。她看出他对她是怜悯，而不是爱。“是的，她恨我。她不会原谅我的。”他想道。

“这真可怕！太可怕了！”他说出口来。

这时另外一间屋里有一个孩子好像是跌倒了，哭了起来；陶丽仔细听了听，脸色顿时变得温和了。

她显然是定了定神，好像不知道自己在什么地方，不知道该怎么办，然后霍地站起来，朝门外走去。

“可见她还是爱我的孩子的，”他注意到孩子哭时她脸上的变化，心里想道。“爱我的孩子，她又怎么能恨我呢？”

“陶丽，再听我说一句。”他跟在她后面说。

“您要是跟住我，我就唤仆人，唤孩子们来！让大家都知道您是个下流东西！我今天就走，您就跟您的姘头住在这儿好啦！”

她把门砰地带上，就出去了。

奥布朗斯基叹了一口气，擦了擦脸，就慢步朝外面走。“马特维说，会雨过天晴；可是，怎样才能雨过天晴呢？我看简直不可能。唉，唉，多么糟呀！而且她嚷得有多难听呀！”他想起她的叫嚷声和“下流东西”“姘头”这样的字眼儿，自己对自己说。“也许，丫头们都听见了！太难听，太难听了！”奥布朗斯基站了一小会儿，擦了擦眼睛，叹了一口气，便挺起胸脯，走出卧室。

这天是礼拜五，德国钟表匠正在餐厅里给挂钟上发条。奥布朗斯基想起自己和这个一丝不苟的秃头钟表匠开的玩笑，说这个德国佬“为了给钟表上发条，自己上的发条足够走一辈子”。他想起这句笑话，笑了。奥布朗斯基很喜欢妙语。“也许，会雨过天晴的！雨过天晴——这话就很妙，”他想道。“应该这样说。”

“马特维！”他叫道，“那你就和玛丽娅把休息室收拾一下，让安娜·阿尔卡迪耶芙娜住吧。”他对应声前来的马特维说。

“是,老爷。”

奥布朗斯基穿上皮大衣,来到台阶上。

“您不回来用饭了吧?”马特维送到门口,问道。

“到时候再看。你拿去做开销,”他从皮夹子里抽出一张十卢布钞票,说道。“够了吧?”

“够也好,不够也好,总要设法对付过去。”马特维说过,关上车门,退到台阶上。

这时陶丽已经哄得小孩子不哭了。她听到马车的声音,知道他走了,便又回到卧室里。这是她躲避麻烦的家务事的唯一避难所。她一走出去,家务事就把她缠住。就连现在,在她走进育儿室的短短时间里,英籍家庭女教师和玛特廖娜就趁机向她提了几个刻不容缓、只有她能够回答的问题:孩子们出去玩儿穿什么衣服?要不要让他们喝牛奶?是不是叫人去另找一名厨师?

“唉,让我清静一会儿,让我清静一会儿吧!”她说完,便回到卧室里,又坐到刚才她和丈夫谈话时坐的地方,紧紧攥着瘦得连戒指都戴不住的双手,细细回想刚才谈的一番话。“他走了!可是他跟她是怎样了结的呢?”她想道。“莫非他现在还跟她幽会?我怎么不问问他呢?不行,不行,不能一块儿过下去。就算是我们还住在一座房子里,我们也不是一家人。永远不是一家人!”她带着特别的意味又把她感到十分可怕的这句话重复了一遍。“天啊,我以前多么爱他,多么爱他呀!……以前我多么爱他呀!就是现在,难道我不爱他吗?不是比以前更爱他吗?更可怕的是……”她想了个头儿,却没有想出个结果,因为玛特廖娜从门口探进头来。

“您就吩咐一声，把我兄弟叫来吧，”她说，“他总可以把饭做好；要不然又要像昨天一样，孩子们到六点钟还吃不上饭。”

“哦，好吧，我这就出去安排一下。您叫人去取新鲜牛奶了吧？”

于是陶丽又忙起家务，把自己的痛苦暂时淹没在繁忙的家务中。

五

奥布朗斯基凭着聪明的头脑，在学校里学习得很好，可是他又懒又顽皮，所以毕业时成绩是很差的一个；然而，尽管他生活放荡，官衔不高，年纪较轻，却在莫斯科一个机关里担任着体面而薪俸优厚的主官职位。这个职位他是通过妹妹安娜的丈夫阿历克赛·亚力山大罗维奇·卡列宁的关系谋得的。卡列宁在一个部里担任要职，莫斯科这个机关就隶属于他那个部。不过，即使卡列宁不给他的内兄谋得这个职位，奥布朗斯基也可以通过许许多多其他人士，通过兄弟、姊妹、亲族、表亲、叔叔舅舅、姑妈姨妈，谋得这个职位或者其他类似的职位，可以得到六千卢布的年俸，这笔进项他是非常需要的，因为尽管他的妻子有大宗财产，他的家业却已经败落了。

半个莫斯科和半个彼得堡都是奥布朗斯基的亲戚和朋友。他生来就在新旧显要人物的圈子里。官场上三分之一的人，也就是那些老一辈的，是他父亲的朋友，从小就认识他；另外三分之一是他的密友；还有三分之一是他的老相识。因此，地位、租金、租赁权等等人世间福利的分配者都是他的朋友，他们是不会忘记自己人的。奥布朗斯基要弄到一个肥缺，也就不需要费多大力气了。需要的只是不亢，不嫉，不争，不怨，而他生性随和，一向就是这样的。假如有人对他说，他不能得到职位和他所需要的薪俸，他会觉得非常可笑，何况他的要求并不过分；他只是想得到他的同龄人已经得到的，而且他担任这一类职务也不会比任何别的人差。

凡是认识奥布朗斯基的人都喜欢他，不仅因为他性情和善、开朗，诚实可靠，而且在他身上，那漂亮而体面的外表、晶亮的眼睛、乌黑的眉毛和头发、白里透红的脸，蕴涵着一股力量，对于跟他相遇的人能产生生理作用，使人感到亲切和愉快。“哦！司基瓦！奥布朗斯基！幸会，幸会！”几乎所有的人遇到他都要这样高高兴兴地笑着说。即使有时和他交谈之后并无特别高兴之处，再过一天、两天，见到他还是同样高兴。

奥布朗斯基担任莫斯科这个机关主官职务已是第三年，不仅得到同僚、下属、上司和一切跟他打过交道的人喜欢，而且也得到他们的尊敬。奥布朗斯基在公务中赢得尊敬的主要原因是：第一，因为知道自己也有种种缺陷，所以对待别人格外宽容；第二，是彻底的自由主义态度，这种自由主义不是从报纸上学来的，而是生来就有的，就因为这样，他对待一切人，不论其身份和职位高低，一律平等对待，一视同仁；第三，也是最重要的一点，他对待所担任的公务非常淡漠，因此他从来没有热心过，也从来没有犯过错误。

这天奥布朗斯基来到自己的官府里,由恭恭敬敬的门房陪着,挟着公文包走进他的小办公室,穿上制服,这才来到办公厅里。文书和职员们一齐起立,又快活又恭敬地鞠着躬。奥布朗斯基像往常一样匆匆走向自己的位子,跟同事们握过手,便坐了下来。他说了几句笑话,说得恰到好处,便收住话头,开始办公。应当保持几分自由、随便,几分官场气氛,才能使大家愉快地办理公务,奥布朗斯基比谁都知道分寸。秘书也像奥布朗斯基办公厅里所有的人一样,又愉快又恭敬地捧着一叠公文走过来,用奥布朗斯基所提倡的亲切、随便语气说道:

“我们好不容易接到了奔萨省政府的报告。这不是,是否可以……”

“终于接到了吗?”奥布朗斯基用一个手指头按住公文,说。“请吧,诸位……”于是就开始办公。

“他们还不知道,”他带着郑重其事的神气低下头听着报告,心里想道,“他们的主官在半个钟头之前多么像一个闯了祸的孩子呀!”在念报告的时候,他的眼睛在笑着。办公要一直持续到下午两点钟,到两点钟才休息和进餐。

还不到两点钟,办公厅的大玻璃门忽然开了,有一个人走了进来。坐在沙皇像和守法镜下面的所有人员,很高兴有机会解解闷儿,都转头朝门口望去;可是站在门口的卫士把进来的人挡了回去,随即把玻璃门闩上。

等念完公文,奥布朗斯基站起来,伸了个懒腰,仿效时髦的自由主义作风,就在办公厅里掏出烟来,朝他的小办公室走去。他的两个同僚,官场老手尼基丁和侍从官格里涅维奇,跟他一起走了出来。

“吃过饭咱们还来得及办完。”奥布朗斯基说。

“当然来得及!”尼基丁说。

“这个福明想必是个大滑头。”格里涅维奇说的是他们正在办的公事涉及的一个人。

奥布朗斯基听了格里涅维奇的话,皱了皱眉头,这是让他明白过早地下断语是不适宜的,并且一句话也没有说。

“刚才进来的是谁?”他问卫士。

“大人,有个人趁我一转身,问也不问就钻进来了。他要见您。我说:等官员们出来,再说吧……”

“他在哪儿?”

“大概是到过厅里去了,刚才还在这儿走来走去呢。哦,就是他。”卫士指着一个体格强壮、肩膀宽阔、留着鬈曲下巴胡的人说。那人也不脱下羊皮帽,就踏着磨掉了棱角的一级级石头台阶又轻又快地往上跑。有一个挟着公文包往下走的瘦小官员站了下来,不以为然地看了看往上跑的人的两只脚,然后用询问的目光看了看奥布朗斯基。

奥布朗斯基站在台阶顶上。他一认出往上跑的人,他那从制服绣花领子里露出来的焕发着和悦光彩的脸,更加容光焕发了。

“原来是你呀!列文,难得难得!”他打量着渐渐来到跟前的列文,带着亲热和嘲弄的笑容说。“你怎么不嫌脏,到这种鬼窝儿里来找我啦?”奥布朗斯基说过,握了握手,觉得不够,又吻了吻自己的朋友。“来了很久了吗?”

“我刚到,就想来看看你。”列文一面回答,一面腼腆而又生气和不安地朝周围打量着。

“好啦,上我的办公室去吧。”奥布朗斯基知道这位朋友的腼腆是自尊心和恼火引起的,就说道。他挽住列文的胳膊,拉着就走,好像是带着他脱离危险。

奥布朗斯基跟所有相识的人,不论是跟六十岁的老头子,二十岁的小伙子,不论是跟戏子,跟大臣,跟商人,跟侍从武官,几乎都是你我相称,因此他有许多亲密的朋友在社会阶梯的两个极端,这些人如果知道他们通过奥布朗斯基的中介有了某种共同之处,会感到非常惊奇的。凡是跟他喝过香槟酒的人,他都称“你”,而他是不论跟什么人都喝香槟酒的,因此,如果有下属在场,他遇到不体面的“你”(他就是这样戏称他的许多朋友的),他可以凭他天生的机灵,冲淡给予下属的不愉快印象。列文并不是一个不体面的“你”,但是奥布朗斯基凭他的机灵感觉到,列文以为他可能不愿意在下属面前表露他和他的亲密关系,所以连忙把他领进自己的办公室。

列文和奥布朗斯基几乎同庚,他们相互称“你”也不单是因为喝过香槟酒。列文是他少年时代的伙伴和好友。尽管他们性格不同,志趣迥异,他们的友情却是深厚的,少年时代结交的朋友都是这样。不过,尽管如此,他们也像那些选择了不同行当的人那样,每个人在谈论对方的行当时,都会说是正当和有益的,在心里却是鄙薄的。各人都以为自己过的生活是唯一的正当生活,朋友过的生活不过是镜花水月。奥布朗斯基一见到列文,就忍不住流露出几分嘲笑的神情。他看到列文从乡下来莫斯科,不知有多少次了。列文在乡下忙着什么事,但究竟是什么事,奥布朗斯基从来不了解，而且也不感兴趣。列文每次来莫斯科，总是情绪激动，匆匆忙忙，有点儿局促不安，而且因为局促不安容易恼火，多半对事物抱有全新的、出人意料的观点。奥布朗斯基觉得这很可笑，却也喜欢这一点。同样，列文在心里也瞧不起这位朋友的城市生活方式和他的官务，认为不值一谈，并且常常加以嘲笑。所不同的是，奥布朗斯基因为干的是大家都在干的事，笑得理直气壮，和颜悦色，列文笑得却不是理直气壮，有时还带着火气。

“我们早就盼你来了，”奥布朗斯基走进办公室，放开列文的胳膊，这似乎是表示，这儿没有危险了，然后说道。“看见你真是高兴，太高兴了，”他又说。“嗯，你怎么样？好吗？什么时候到的？”

列文没有作声，打量着奥布朗斯基两位同事那陌生的脸，尤其是温文尔雅的格里涅维奇的手，那手指头那样长、那样白，那尖端打弯的指甲那样长、那样黄，那袖口的纽扣那样大、那样亮，似乎那双手把他的注意力全部吸引去了，使他无法再想什么了。奥布朗斯基立刻发觉这一点，微微笑了笑。

“哦，对了，让我给你们介绍一下，”他说。“这是我的两位同事：菲里浦·伊凡内奇·尼基丁，米哈伊尔·斯坦尼斯拉维奇·格里涅维奇，”然后转身对着列文：“这位是康斯坦丁·德米特里奇·列文，地方自治会议员，自治会的新派人物，一只手能举五普特重的运动家，畜牧学家，猎手，我的好朋友，谢尔盖·伊凡诺维奇·柯兹尼雪夫的弟弟。”

“幸会幸会。”小老头儿说。

“我有幸认识令兄谢尔盖·伊凡诺维奇，”格里涅维奇说着，伸过他那指甲老长的瘦长的手。

列文皱起眉头,冷冷地握了握手,立刻转过身和奥布朗斯基说话。虽然他非常尊敬已成为全俄闻名作家的异父同母哥哥,可是,当别人不是把他当作康斯坦丁·列文,而是当作有名的柯兹尼雪夫的弟弟的时候,他还是无法忍受。

“不,我已经不是自治会议员了。我跟所有的人都吵过,再也不参加会议了。”他对奥布朗斯基说。

“太快啦!”奥布朗斯基微微笑着说。“是怎么一回事儿?因为什么?”

“说来话长。以后再说吧,”列文说,可是他接着就说了起来。“哦,简单地说,我认定地方自治会什么事也干不成,也不可能干成什么事,”他说了起来,就好像刚才有什么人把他惹火了,“一方面,成了玩具,玩的是议会那一套,要我玩玩意儿,我既不够年轻,又不够年老;另一方面(他顿了一下),这是县里一伙儿人赚钱的工具。以前是监护机构、法院,现在是地方自治会,只不过不是受贿,而是拿干薪罢了。”他说得慷慨激昂,好像有在场的人跟他争论,反对他的意见。

“嘿!我看,你又变了,变成保守派了,”奥布朗斯基说。“不过,这事儿以后再谈吧。”

“是的,以后再谈吧。不过我现在找你有事。”列文一面说,一面带着憎恨的神气盯着格里涅维奇的手。

奥布朗斯基微微笑了笑。

“你不是说过,再也不穿西服了吗?”他打量着列文那崭新的、显然是法国裁缝做的服装,说。“对了!我看,这也是新变化。”

列文的脸一下子红了，但不像一般成年人那样脸红，——微微有点儿红，自己不觉得，而是像小孩子那样脸红，——感觉到自己腼腆得可笑，因而更羞得厉害，脸红得厉害，几乎要流出泪来。看着这张聪明、刚毅的脸呈现出这样一种孩子般的状态，实在令人奇怪，所以奥布朗斯基就不再看他了。

“咱们在什么地方再见见面呢？因为我非常非常需要和你谈谈呀。”列文说。

奥布朗斯基似乎沉思了一下，说：

“这样吧：咱们上古林家里去吃饭，就在那儿谈谈吧。三点钟以前我没有事。”

“不，”列文想了想，回答说，“我还要到别的地方去一下。”

“哦，好吧，咱们就一起吃晚饭。”

“吃晚饭？其实我也没有什么特别的事，不过有两句话要说说，问问，以后再细谈。”

“那你现在就说说这两句话，到吃饭的时候再细谈。”

“就是这么两句话，”列文说，“其实，没有什么特别的。”

他竭力克制自己的腼腆，因而脸上突然出现了发狠的神气。

“谢尔巴茨基一家人怎么样？一切还都是老样子吗？”他说。

奥布朗斯基早就知道列文爱上了他的姨妹吉娣，听了这话微微笑了笑，眼睛里放射出快活的光彩。

“你说两句话，可是我用两句话却回答不了，因为……对不起，你等一下……”

秘书走了进来，带着亲切的恭敬神气和一切秘书都有的那种自以为办事比上司高明而又表示谦虚的神气，拿着公文走到奥布朗斯基面前，说是请示，实际上是说明事情有些难办。奥布朗斯基没有听完，就亲切地用手按了按秘书的衣袖。

"不，您就照我说的去办吧，"他一面说，一面笑着，以缓和口气，并且简要地说了说他对这件事的看法，就把公文推了推，说："您就这样办吧，劳驾，就这样吧，查哈尔·尼基奇。"

一脸窘态的秘书退了出去。列文趁奥布朗斯基和秘书商议事情的时候，完全脱离了难为情状态。他站着，两条胳膊撑在椅背上，脸上出现了带有嘲笑意味的专注神气。

"我不懂，真不懂。"他说。

"什么事你不懂？"奥布朗斯基依然快活地笑着，一面掏香烟，一面说。他等着听列文发表奇谈怪论。

"我不懂你们在做些什么，"列文耸着肩膀说。"办这种事你怎么能这样认真？"

"为什么不能？"

"因为没有意思嘛。"

"你是这样想，可是我们的事情忙不完呢。"

"都是一些纸上空谈的事。不过，干这类事情你是很有才干的。"列文补了一句。

"这么说，你认为我有什么欠缺的地方吧？"

"也许是的，"列文说。"但我还是很欣赏你的气派，并且因为有你这样一个大人物做朋友，感到十分荣幸。不过你没有回答我的问题呀。"他鼓足勇气对直地看着奥布朗斯基的眼睛，补充说。

"嗯，好，好。你等着吧，你也会走到这一步的。你现在在卡拉金县有三千俄亩土地，还有这样一身肌肉，脸色像十二岁小姑娘一样红润，当然很好啦，可是到时候你也会到我们这儿来的。哦，你所问的情形吗，是这样：没有什么变化，不过可惜你这么久没有来。”

“怎么啦？”列文惊愕地问。

“没什么，”奥布朗斯基回答说。“咱们以后再谈吧。不过你这次来，究竟为什么事？”

“噢，这个咱们也以后再谈吧。”列文说这话时，一张脸又红到了耳朵根。

“嗯，好的。明白了，”奥布朗斯基说。“你要知道，我本来要请你上我家去的，可是内人身体不大好。这样吧：你要是想见到他们，今天四点到五点，他们肯定在动物园。吉娣在那儿溜冰。你就上那儿去吧，我回头去找你，咱们一块儿到什么地方去吃晚饭。”

“好极了，那就再见吧。”

“当心别误了！你这个人呀，我可是知道，要么会忘了，要么一转身又跑回乡下去！”奥布朗斯基哈哈笑着大声说。

“肯定不会的。”

列文已经走到门口，才想起没有和奥布朗斯基的两位同事打招呼；就这样走出办公室。

“看起来，这是一位很有朝气的先生。”等列文走出去，格里涅维奇说。

“是的，哥儿们，”奥布朗斯基摇着头说，“真是一个幸运儿！在卡拉金县有三千俄亩土地，前途无量，又是那样嫩气！可不像咱们这些人。”

“您还有什么可抱怨的，司捷潘·阿尔卡迪奇？”

“唉，不好呀，糟透了。”奥布朗斯基重重地叹了口气，说。

六

当奥布朗斯基问列文究竟为何事而来的时候，列文红了脸，并且为了脸红生自己的气，因为他不能回答他说：“我是来向你姨妹求婚的。”虽然他就是为这事来的。

列文家和谢尔巴茨基家都是莫斯科的贵族世家，一向关系密切，交谊深厚。在列文上大学期间，这种关系更加密切了。列文同谢尔巴茨基少爷，陶丽和吉娣的哥哥，一起准备应考，一起进入大学。在这段时间里，列文经常出入谢尔巴茨基家，并且爱上了他们这一家。这事儿看来不论多么奇怪，但列文确实爱上了这个家，爱上了这一家人，尤其是这一家的姑娘。列文已经不记得自己的母亲了，唯一的一个姐姐又比他大很多岁，因此正是在谢尔巴茨基家里，他第一次感受到有教养的名门望族的家庭生活气氛，他由于父母去世，还没有过过这样的生活。在他的心目中，这一家人，尤其是姑娘们，仿佛个个都罩着一道神秘的、诗意的帷幕，他不仅看不到他们的任何缺陷，而且认为罩在这道诗意的帷幕之下的，是最高尚的感情和完美无瑕的品性。为什么这三位小姐今天说法语，明天说英语；为什么她们在一定的时间轮流弹钢琴，一到时间琴声就飞进这两个大学生做功课的楼上哥哥的房间；为什么那些教法国文学、音乐、绘画、舞蹈的教师天天来；为什么三位小姐在一定的时间要和林侬小姐一起乘马车到特维尔林荫道上去兜风，还要穿上自己的缎子皮袄——陶丽穿长的，娜塔丽雅穿半长的，吉娣穿短的，而因此她那紧紧裹在红色长袜里的好看的腿儿就完全露了出来；为什么她们在特维尔林荫道上散步，要跟随着戴金帽徽的仆人，——这一切以及他们的神秘世界的其他种种事情，他都无法理解，不过他知道，那儿的一切种种都是美好的，他爱的正是这种种事情的神秘。

在大学时代，他差点儿爱上大小姐陶丽，只是陶丽很快就嫁给了奥布朗斯基。后来他爱起二小姐。似乎他觉得一定要爱三姐妹中的一个，只是拿不准究竟该爱哪一个。可是就连娜塔丽雅，刚刚在社交界露面，就嫁给了外交官李沃夫。列文大学毕业的时候，吉娣还是个孩子。谢尔巴茨基少爷进了海军，在波罗的海淹死了。尽管列文和奥布朗斯基交情深厚，然而他和谢尔巴茨基一家的来往就很少了。不过列文在乡下住了一年之后，今年冬初来到莫斯科，又见到谢尔巴茨基一家人的时候，他明白了，三姊妹中他真正应该爱的是哪一个。

他这个出身望族、称得上富有的三十二岁男子，向谢尔巴茨基家小姐求婚，似乎是再简单不过的事了。他完全可能立刻被当作理想的佳婿。可是列文已经堕入情网，因此他觉得吉娣在各方面都极其完美，是超凡脱俗的天仙，而他自己是卑微低下的庸夫，别人和她自己会认为他配得上她，那是无法想象的事。

列文为了要见到吉娣，开始出入交际场所，几乎每天在交际场上和她见面，就这样在销魂状态中在莫斯科过了两个月之后，忽然断定这是不可能的事，便到乡下去了。

列文所以断定这是不可能的，是因为他觉得自己在她家的人眼里是一个没有出息的、跟美貌迷人的吉娣不般配的女婿，吉娣也不会爱他的。在她家的人眼里，他已经三十二岁，却还没有固定的地位和应有的作为，而他的同辈有的现在已经当了上校和侍从武官，有的当了教授，有的当了银行行长和铁路局长，有的像奥布朗斯基那样当了机关的主官；可是他（他很清楚他在别人眼里是一个什么样的人）不过是一个地主，只会养养牛，打打野鸭，修修房屋，也就是一个毫无出息的呆小子，所干的事情，在上流社会看来，都是没有本事的人干的事。

神秘的、美貌绝伦的吉娣也不会爱这样一个不英俊的人，他自认为是不英俊的；尤其不会爱这样一个毫无出色之处的平庸的人。此外，由于他和她哥哥是朋友关系，他过去对待她的态度是大人对待小孩子的态度，他觉得这也是爱情上的一个障碍。他自以为是一个不英俊的善良人，他认为，这样的人做朋友是可以的，而要得到像他爱吉娣那样的爱，就必须是一个美男子，尤其必须是一个出类拔萃的人。

他听说，女人往往会爱丑陋而平庸的人，但他不相信这种事儿，因为就他自己来说，他就只能爱美貌、神秘和出类拔萃的女子。

但是，一个人在乡下待了两个月之后，他认识到，这恋情已经不是少年时代经历过的那种恋情，这恋情使他片刻不得安宁；他认识到，她会不会做他的妻子这个问题不解决，他就活不下去；他认识到，他的灰心绝望只是出于他的臆测，没有任何根据表明他会遭到拒绝。于是他现在抱着坚定的决心来求婚，如果答应的话，就结婚。要不然……他还无法想象，如果遭到拒绝，他会怎么样。

七

列文乘早班车来到莫斯科，住到异父同母哥哥柯兹尼雪夫家里。他换过衣服，就走进哥哥的书房，本想立刻就对他说说这次是为什么来的，并且征求一下他的意见；可是书房里不是哥哥一个人。他这里还坐着一位有名的哲学教授，是特地从哈尔科夫来的，为的是解释他们之间因为一个重要的哲学问题产生的误会。教授在和唯物论者进行激烈的论战，柯兹尼雪夫很有兴致地注视着这场论战，他读了教授最近的一篇文章后，写信给他，表示了自己的不同意见；他责备教授对唯物论者过分让步。于是教授立即赶来，要和他谈谈。正在谈的是一个很时髦的问题：在人类活动中，心理现象和生理现象之间有没有界线？如果有，这界线又在哪里？

柯兹尼雪夫微微笑着迎接弟弟，那是一种亲切的淡淡的笑，对一切人都是通用的，他把弟弟和教授介绍过之后，又继续谈下去。

这位矮小的教授戴着眼镜，前额狭窄，脸色焦黄。他停了一下子，跟列文打了个招呼，就又说起来，不再理会列文了。列文坐下来，想等教授走，但很快就对讨论的问题发生了兴趣。

列文在刊物上见到过他们谈到的一些文章，而且也读过，很感兴趣，认为这是自然科学原理的发展。他在大学里学的是自然科学，对于自然科学的原理是很熟悉的。但是，他从来没有把这些科学论断，如关于人这种动物的起源、关于反射作用、关于生物学和社会学的论断，和近来在他头脑里越来越频繁地出现的生与死的意义问题联系起来。

他听着哥哥同教授谈话，发现他们常常把科学问题和精神问题联系起来，有几次几乎转入精神问题，可是每次他们一接触到这个他认为最重要的问题，总是急忙避开，又回到细致的分类、修正意见、论证、暗示和引用权威意见等方面，他就很难听懂他们说的是什么了。

“我无法设想，”柯兹尼雪夫用他惯用的清楚而明确的表达方式和优美的语调说，“我无论如何不能赞同凯斯说的，有关外部世界的一切概念都是来自印象。我所得到的存在这个最根本的观念，就不是通过感觉，因为没有传送这一概念的专门器官。”

“是的，不过他们，伍斯特也好，克瑙斯特也好，普利巴索夫也好，都会回答您说，存在这一意识来自所有感觉的汇合，存在这一意识是感觉之结果。伍斯特甚至干脆说，如果没有感觉，就没有存在的概念。”

“我要说，正相反。”柯兹尼雪夫开口说……

可是这时列文又觉得他们刚刚要转向最主要之点，就又要避开了，于是他决定向教授提一个问题。

“照这样说，如果我的感觉消失了，如果我的肉体死亡了，就不可能有任何东西存在了？”他问道。

教授似乎因为被打断精神上很痛楚，带着恼火的神气看了看这个不像哲学家、倒像纤夫的奇怪的提问者，然后转过眼睛去看柯兹尼雪夫，好像是问他：怎样说好呢？可是柯兹尼雪夫说话远不像教授那样激烈，那样偏颇，在他头脑里留有广阔的天地，既回答了教授，又能理解提问者朴素而自然的出发点。他笑了笑，说道：

“这个问题我们还没有资格解决……”

“我们没有资格……”教授附和说。接着又继续阐述他的论点。“不对，”他说，“我要指出的是，如果像普利巴索夫说的那样干脆，感觉是以印象为基础的，那我们就应该把这两个概念严格区别开来。”

列文不再听了，只等教授告辞。

八

等教授走了以后，柯兹尼雪夫对弟弟说：

“很高兴你来。要住些日子吧？庄子上情形怎样？”

列文知道哥哥对庄子上的事不太感兴趣，他这样问只是出于客套，所以列文就只是说了说卖小麦和金钱方面的一些事。

列文本想对哥哥说说自己打算结婚，并征求一下他的意见，他甚至为此下了极大的决心；可是他一见到哥哥，听了他和教授的谈话，随后又听到哥哥问起庄子上的事（他们母亲的田产还没有分，所以列文掌管着两房田产）时那种居高临下的口气，就感到，不知为什么他不能跟哥哥谈自己的结婚打算了。他觉得，哥哥看待这件事，不会像他希望的那样。

“哦，你们那儿的地方自治会的情形呢，怎么样？”柯兹尼雪夫问。他对地方自治会很感兴趣,认为地方自治会有很大作用。

“我实在不知道……”

“怎么？你不是地方自治会议员吗?”

“不,已经不是议员了;我退出了,”列文说,“我再也不出席会议了。”

“真可惜!”柯兹尼雪夫皱起眉头低声说。

列文为了表白,讲起地方自治会会议上的情形。

“事情往往就是这样呀!”柯兹尼雪夫打断他的话说。“我们俄国人总是这样的。能看到自己的缺陷,这也许是我们好的特点;可是我们往往言过其实,我们把讽刺挖苦当作开心的事,讽刺挖苦的话天天挂在舌头上。我只对你说一点,如果让其他欧洲国家的人,比如德国人、英国人,实行像我们的地方自治这样的制度,他们准会利用这种制度培育出自由的风气,可是我们却只是嘲笑嘲笑罢了。”

“不过,有什么办法呢?”列文负疚地说。“这是我最后一次尝试。我也诚心诚意地试过了。我无能为力。力不从心。”

“不是力不从心,”柯兹尼雪夫说,“你对事情的看法不对。”

“也许是这样。”列文沮丧地回答说。

“你知道吗,尼古拉弟弟又到这儿来了。”

尼古拉是列文的亲哥哥,是柯兹尼雪夫的异父同母弟弟,是一个完全堕落了的人,把自己的大部分产业都挥霍掉了,经常跟一些不三不四的人鬼混,和兄弟们都闹翻了。

“你说什么?”列文恐惧地叫起来。“你怎么知道的?”

“普罗科菲在街上见过他。”

“就在这儿，在莫斯科吗？他在哪儿？你知道吗？”列文霍地站起来，就好像马上要去找他。

“我悔不该把这事告诉你，”柯兹尼雪夫看到小弟激动的样子，摇摇头说。“我叫人打听到他住的地方，替他还清了欠特鲁宾的债，把借据给他送去。瞧，这就是他给我的回答。”

柯兹尼雪夫从吸墨纸底下抽出一张纸条，递给弟弟。

列文看了看这张用古怪而熟悉的笔迹写成的字条：“我恳求你们不要打扰我吧。这是我对我亲爱的兄弟们的唯一要求。尼古拉·列文。”

列文看完字条，没有抬头，手里拿着字条站在柯兹尼雪夫面前。

他想从此忘记这个不幸的哥哥，又意识到这样是很卑劣的，这两种想法在心中搏斗着。

“他显然是想侮辱我，”柯兹尼雪夫继续说，“可是他侮辱不了我，我是一心想帮助他，可是我知道，这是无能为力的。”

“是的，是的，”列文连声说。“我理解和珍视你对他的态度，不过我还是去看看他。”

“你要是想去，就去吧，不过我劝你不要去，”柯兹尼雪夫说。“就是说，在我这方面，我没有什么怕的，他无法挑唆你来跟我闹；但是对于你来说，我劝你最好不去。没法子帮助他。不过，你想怎样就怎样吧。”

“也许，没办法帮助他，但我觉得，尤其在这种时候……哦，这不相干……我觉得，于心不安。”

“哦，这我不懂，”柯兹尼雪夫说。“我只懂得了一点，”他补充说，“那就是忍让的教训。自从尼古拉弟弟变成这个样子以后，我对待所谓卑劣行为的态度就不同了，就姑息起来……你知道，他干了些什么呀……”

“啊，这真可怕，太可怕了！”列文连声说。

列文向柯兹尼雪夫的仆人问清了尼古拉的地址以后，就准备马上去找他，但又仔细想了想，决定还是改到下午再去。首先必须办过这次来莫斯科要办的事情，才能有平静的心境。他离开哥哥家，就来到奥布朗斯基的官府，打听了一下谢尔巴茨基家的情形，前往他听说可以找到吉娣的地方。

九

下午四点钟，列文揣着一颗怦怦跳动的心在动物园门口下了车，顺着小径向山上溜冰场走去，他料定可以在那里找到她，因为在门口看到了谢尔巴茨基家的轿式马车。

这是一个晴朗而寒冷的日子。门口停着一排排轿式马车、雪橇、出租马车，还有不少宪兵。在大门口，在干干净净的小径上，在雕花梁木的俄式小屋之间，到处都是衣着整洁、帽子在阳光下闪闪发亮的人群。一株株老桦树那茂密的枝条都被雪压得弯了下来，好像是穿起了节日的袈裟。

他顺着小径往溜冰场走，一路上自言自语：“不要翻腾，要镇定。你翻腾什么？你怎么啦？安静点儿，傻东西！”他对自己的心说。他越是拼命要自己镇定，越是紧张得气都喘不上来。有一个熟人见到他，唤他的名字，列文却连他是谁都没有认出来。他来到山脚下，山坡上往上和往下的滑雪板的铁链子发出一片叮当声，还有下滑的滑雪板的唰唰声和欢乐的人声。他又走了几步，面前就出现了溜冰场，他立刻就在溜冰的人群中找到了她。

他是凭着他满心的欢喜和害怕，知道她就在这儿的。她站在溜冰场那一头，正在和一位太太说话儿。她的服装和姿势似乎都没有什么特别之处，但是列文在人群中找她，就像在荨麻丛中找玫瑰花一样容易。一切都因她而大放异彩。她是使周围一切绽开笑靥的微笑。他心想："难道我能到冰上去，到她跟前去吗？"他觉得，她所在的地方似乎是不能去的圣地，有一会儿，他几乎要走了，因为他是那样害怕。他必须控制自己，还必须考虑到，在她周围就有各种各样的人来来去去，而他自己也是可以到那儿去溜冰的。他走下去，像对太阳一样对她不敢多看，但也像对太阳一样，即使不去看，还是看得见她。

每星期的这一天，这一天的这个时候，同一个圈子的、彼此都相识的人都要来冰上聚会。这儿有炫耀绝技的高手，也有扶着椅背胆怯而笨拙地学步的初学者，有孩子，也有为延年益寿而溜冰的老人。列文觉得他们都是与众不同的幸运儿，因为他们能在这儿，就在她身旁。所有溜冰的人似乎都心安理得地在追赶她，赶过她，甚至跟她说话儿，一个个尽情享用良好的冰面和晴朗的天气，快快活活，似乎也完全不是因为有她在场。

吉娣的堂弟尼古拉·谢尔巴茨基穿着短短的上衣和紧身裤，脚蹬溜冰鞋，坐在长凳上，一看见列文，就冲他叫了起来：

"嘿，全俄第一名溜冰高手！来了很久了吗？冰面好极啦，快穿上冰鞋！"

“我没有冰鞋呀！”列文一面回答，一面因为在她面前这样大胆和放肆心中暗暗吃惊，同时片刻不离地注视着她，虽然眼睛没有看她。他觉得，太阳渐渐在向他靠近。她在拐弯的地方很不灵便地摆动了一下她那裹在长靴里的秀足，显然很胆怯地朝他溜过来。一个身穿俄式长衣的男孩子使劲挥动了几下双臂，把身子弯向地面，很快就赶过了她。她溜得不怎么平稳；她把双手从吊在带子上的暖手筒里抽出来，挓挲着，以防摔倒，眼睛看着她已经认出来的列文，朝他笑着，同时也笑自己的胆怯。她打了个弯，用她那矫健的秀足一蹬，便溜到堂弟跟前，抓住他的胳膊，微微笑着朝列文点了点头。她比他想象的更要娇艳。

他每想到她，都能十分真切地想象出她的整个身姿，尤其是那不大的、披着淡黄头发的头，带着孩子般的开朗、和善神气，那样自然地摆放在端正丰满的少女肩上，显得那样美丽动人。她脸上那股孩子般神气，配上她的身段那种苗条的美，使她具有一种特别的魅力，他是深深领略到的。但是，往往意想不到地使人倾倒的是她那温柔、安详而真挚的眼神，尤其是她的微笑，常常将列文带进一种神奇境界，在这一境界中他感到心旷神怡，他记得自己在童年时难得的一些日子里就是这样的。

“您来这儿很久了吗？”她说着，向他伸过一只手来。“谢谢您！”列文捡起从她的暖手筒里掉出来的手帕，她又说。

“我吗？没多久，我昨天……我是说今天……才到的，”列文因为激动，一下子没有听明白她问的话，就回答说。“我想来看看您，”他说过这话，立刻想起他是为什么来找她的，发起窘来，脸红了。“我还不知道您会溜冰，而且溜得这样好。”

她仔细看了他一眼,似乎是想弄明白他发窘的原因。

“您的称赞是很难得的。这里一直有人在说,您是了不起的溜冰高手呢。”她一面说,一面用戴黑手套的纤手掸去落在暖手筒上的霜花。

“是的,我一度对溜冰很热心,很想达到完美的地步。”

“您好像干什么事都很热心,”她笑着说。“我真想看看您溜冰。您就穿上冰鞋,咱们一块儿来溜吧。”

“一块儿溜哩!真会有这样的事吗?”列文看着她,心中想道。

“我这就去穿。”他说。

于是他就去穿冰鞋。

“先生,您很久没到我们这儿来啦,”溜冰场的侍者一面说,一面扶住他的脚,把后跟扭紧。“您不来,这儿简直没有一个真正的高手了。这样行吗?”他一面紧皮带,一面说。

“行,行,请快一点儿,”列文好不容易憋住情不自禁地流露在脸上的幸福微笑,回答说。他心想:“是的,这就是生活,这就是幸福!一块儿,咱们一块儿来溜吧。她说的呢。我现在就对她说说吗?可是我很怕开口,就因为我现在很幸福,至少是有幸福的希望……那怎么办呢?……不过应该说呀!应该说,就是应该说!决不能优柔寡断!”

列文站起来,脱下大衣,在小屋旁那高低不平的冰面上轻轻跑了几步,就跑到平滑的冰面上,毫不费劲地溜起来,不论快跑,慢跑,不论向前、向后,左转、右转,似乎都是单凭自己的心意。他胆怯地来到她跟前,但是她的微笑又使他镇定下来。

她把一只手伸给他，他们就肩并肩地溜起来，渐渐加快速度，溜得越快，她把他的手握得越紧。

"要是跟您在一起，我早就学会了。不知为什么我就是相信您。"她对他说。

"在您依靠着我的时候，我也就相信自己了。"他说。可是他立刻就因为说出这话觉得害怕，脸也红了。果然，他一说出这话，她脸上的亲切表情顿时消失，好像太阳躲进乌云里。列文看出他所熟悉的她这种表示深思的脸部变化，她那光溜溜的额头上出现了皱纹。

"您没有什么不愉快的事吧？不过，我没有权利这样问。"他连忙说。

"为什么呀？……没有，我什么不愉快的事也没有，"她冷冷地回答，并且立刻又补充说："您没有看见林侬小姐吗？"

"还没有。"

"您去看看她吧，她多么喜欢您呀。"

"这是怎么一回事儿？我惹她不快了。上帝呀，帮助我吧！"列文想了想，就朝坐在长凳上那个一头灰白鬈发的法国老小姐跑去。她笑嘻嘻地龇着一口假牙，像迎接老朋友一样迎接他。

"啊呀，瞧，我们都长了岁数，"她用眼睛瞟着吉娣，对他说，"也都见老了。小熊[①]已经变成大熊啦！"法国老小姐又笑着说，并且提起他以前和三位小姐开玩笑，把她们比做英国童话里的三只熊。"还记得吗，您以前这样说过？"

这事他简直不记得了，可是她已经为这句笑话笑了十来年，

①原文为英语。

并且很喜欢这句笑话。

“哦，您去吧，你们去溜吧。我们的吉娣溜得挺好了，不是吗？”

等列文又跑回吉娣身边，她已经不再绷着脸了，眼睛里又流露出真挚和亲切的神气，可是列文觉得她的亲切中有一种特别的、故作平静的意味。于是他惆怅起来。她谈了谈这位上了年纪的家庭女教师，谈了谈她的怪癖，然后就问起他的生活情形。

“冬天您在乡下难道不觉得寂寞吗？”她问道。

“不，不寂寞，我事情多得很。”他说，同时觉得她是要他依照她这种平静的语调说话，他也无力脱离这种语调，就像初冬那次一样。

“您这次来，要住很久吗？”吉娣问他。

“我不知道。”他回答说，却连想也不想，自己说的是什么。他一想到，如果他受这种平静的朋友语调限制，他又会空手而回，一无所获，于是他决定打破这种局面。

“怎么会不知道？”

“我不知道。这取决于您呀！”他说，但说过这话立刻就觉得害怕了。

不知是她没听见这话，还是她不愿意听，反正她好像打了一个趔趄，脚磕碰了两下，就匆匆地从他身边溜走了。她溜到林侬小姐跟前，对她说了几句什么话，就朝妇女换鞋的小屋溜去。

“我的上帝，我做了什么呀！我的上帝呀！帮助我，教导我吧。”列文祷告说，同时觉得很需要剧烈地运动一下，就奔跑起来，左旋右转，在冰上兜起圈子。

这时候，一个年轻人，很出色的溜冰新手，嘴里叼着香烟，穿着冰鞋，从咖啡室里走了出来，跑了两步，就又蹦又跳、咔嚓咔嚓地顺着台阶往下溜。他溜到下面，两臂那很随便的姿势都没有改变，就在冰场上溜了起来。

“嘿，这倒是新花样儿！”列文说过，立刻就跑上去，想玩玩这种新花样儿。

“别摔坏了，没练过可不行！”尼古拉·谢尔巴茨基对他叫道。

列文上了台阶，尽量在上面跑了几步，便溜了下来，一面用手臂在这种不熟练的动作中保持着平衡。在最后一级台阶上他绊了一下，但是一只手刚刚触及冰面，就猛一使劲，恢复了平衡，便笑着溜了开去。

“他这人真好，真可爱，”这时候吉娣和林侬小姐从小屋里出来，带着亲切而无声的微笑，像看着好哥哥一样看着他，心里想道。“难道我有什么错儿吗？难道我做了什么坏事吗？人家说我卖弄风情。我知道我爱的不是他；但我跟他在一起总觉得很快活，而且他又是这么好的一个人。不过，他为什么说这种话呀？……”她想道。

列文跑得满脸通红，他看到吉娣要走，又看到来接她的母亲站在台阶上，就停下来，沉思了一会儿。他脱下冰鞋，在动物园门口追上了她们母女。

“很高兴看到您，”公爵夫人说。“我们还像往常一样，星期四接待客人。”

“这么说，就是今天啦？”

“我们很高兴接待您。”公爵夫人淡淡地说。

这种冷淡的态度使吉娣觉得难受，于是她忍不住要弥补一下母亲的冷淡。她转过头来，笑吟吟地说：

“再见！”

这时奥布朗斯基歪戴着帽子，一张脸和眼睛都放着光，像个得胜的英雄似的高高兴兴朝动物园里走来。可是他一走到岳母面前，岳母问起陶丽的健康状况，他回答时就流露出一脸忧愁和负疚的神气。他闷闷不乐地小声和岳母说了一会儿话，这才挺起胸膛，挽住列文的胳膊。

“怎么样，咱们走吧？”他问道。“我一直在想着你，你来了，我真高兴。”他带着意味深长的神气看着他的眼睛说。

“走吧，走吧。”列文怀着幸福的心情回答说，因为他耳朵里还回响着那“再见”的声音，眼前还闪现着说这话时的笑靥。

“上英国饭店还是爱弥塔日饭店？”

“随便。”

“好吧，就去英国饭店。”奥布朗斯基说。他选择英国饭店，是因为他在英国饭店欠的账比在爱弥塔日欠的账多。所以他认为不去英国饭店不好。“你有马车吗？那太好啦，因为我已经把我的那辆打发走了。”

两个朋友一路上都没有说话。列文在寻思吉娣脸上的表情变化意味着什么。他一会儿认为是大有希望的，一会儿又悲观失望，看清楚他的希望是没有根据的，可是同时又觉得自己完全变成了另一个人，不像他看到她的微笑和听到她说“再见”之前那样子了。

奥布朗斯基一路上想的是晚餐的菜单。

“你喜欢比目鱼吧？”快到饭店门口的时候，他问列文。

“什么？”列文反问道。“比目鱼吗？是的，我太喜欢比目鱼了。”

十

列文跟着奥布朗斯基一起走进饭店的时候，他不由得发现奥布朗斯基脸上和整个身上有一股特别的神气，似乎是一股压抑着的喜洋洋的神气。奥布朗斯基脱下大衣，歪戴着帽子，往餐厅里走去，一面对那些围上来的身穿燕尾服、手拿餐巾的鞑靼侍者吩咐着。他不住地向左向右点头，向遇见的熟人致意，在这里也像在任何其他地方一样，认识的人见到他都很高兴。他走到酒台跟前，就着干鱼喝了几口酒，对柜台里面那个浓妆艳抹，一身都是缎带、花边和一头鬈发的法国女人说了两句酸溜溜的话，逗得这个法国女人捧腹大笑。这个法国女人好像全部是由假发、花粉和香料油做成的，列文就因为感到恶心，一口酒也没有喝。他好像来到很肮脏的地方，急忙走开了。他的心中还萦回着吉娣的音容笑貌，他的眼睛在笑着，闪耀着得意和幸福的光彩。

“请到这边来，大人，这儿清静些，大人，”一个特别殷勤的头发花白的鞑靼老头说。这老头屁股很大，燕尾服的后襟叉了开来。“请吧，大人。”他对列文说。为了表示对奥布朗斯基敬重，他也殷勤招呼他的客人。

一眨眼工夫他就在青铜吊灯下面一张已铺了桌布的圆桌上又铺了一块干净桌布，把丝绒椅子推了推，就拿着餐巾和菜单站在奥布朗斯基面前，听候吩咐。

“大人，您要是肯赏光，有一个单间就要空出来了：戈里曾公爵和一位太太这就要走。新鲜牡蛎也到啦。”

“啊，牡蛎！”

奥布朗斯基沉思起来。

“是不是改变一下计划，列文？”他指着菜单说。他的脸上露出非常迟疑的神情。“牡蛎好不好？你要注意！”

“是弗伦斯堡货，大人，我们没有奥斯坦德①货。”

“弗伦斯堡货是弗伦斯堡货，可是，新鲜不新鲜呢？”

“昨天刚到，大人。”

“那好吧，是不是就先来牡蛎，然后把整个计划也变动一下，怎么样？”

“随便怎样都行。我最喜欢的是菜汤和麦粥，不过这儿自然没有这种东西。”

“尊意指的是不是俄国麦粥？”鞑靼老侍者朝列文弯下腰来问道，就像保姆对小孩子一样。

“不必了，说实在话，你点的菜，都不错。我刚刚溜过冰，肚子也饿了。”他发现奥布朗斯基脸上有不高兴的神气，又补充说：“你别以为我不欣赏你点的菜，我吃起来一定很喜欢。”

“当然啦！不管怎么说，吃是人生一大乐事，”奥布朗斯基说。“那么，伙计，就给我们来二十个，不，二十个太少，来三十个牡蛎，一个蔬菜汤……”

“普伦丹叶尔汤。”鞑靼老侍者应声说。但是奥布朗斯基显然

①费伦斯堡，德国城市。奥斯坦德，比利时城市。

不愿意为他提供用法语报菜名的机会。

“蔬菜汤,明白吗? 再来个浓汁比目鱼,再来个……煎牛排。注意,要好的。哦,再来只阉鸡,怎么样,还有水果罐头。”

鞑靼老侍者想起奥布朗斯基一向不喜欢照法文菜单点菜,就没有跟着他重复菜名,不过自己还是抓住机会把所点的菜用法语全部重复了一遍:“普伦丹叶尔汤、秋尔保·索斯·鲍马尔舍、普拉尔·阿·列斯特拉冈、色拉·杰·弗流伊……”接着像装了弹簧似的,很麻利地把菜单放下,拿起酒单,递给奥布朗斯基。

“咱们喝什么酒?”

“随便,不过要少一点儿,就香槟吧。”列文说。

“怎么? 开头就喝香槟? 不过,好吧,就这样。你喜欢白封的吗?”

“卡舍·布兰。”老侍者用法语应声说。

“好吧,那就先上牡蛎和这种牌子的酒,以后上什么再说。”

“遵命。葡萄酒要什么样的?”

“来纽意的吧。不,还是老牌沙勃利吧。”

“遵命。要不要您的干酪?”

“好吧,就来帕尔玛干酪。你是不是喜欢别的什么?”

“不,我随便。”列文忍不住微笑,说。

于是老侍者转身跑去,跑得燕尾服后襟不住地摆动。过了五分钟,他端着一盘带珠母色贝壳的打开来的牡蛎,用手指头夹着一瓶酒,像飞一样走了进来。

奥布朗斯基揉搓了一下浆硬的餐巾,塞到背心领口里,舒舒服服地摆开两臂,吃起牡蛎。

“挺不错。”他一面用银匙把牡蛎吧唧吧唧地从珠母色贝壳里往外挑，一个接一个地吃着，一面说。“挺不错。”他又说一遍，一面抬起湿润而发亮的眼睛，忽而望望列文，忽而望望鞑靼老侍者。

列文也在吃牡蛎，虽然他觉得面包夹干酪更有味道。不过他很欣赏奥布朗斯基那种狼吞虎咽的神气。就连鞑靼老侍者，一面打开瓶塞，把泡沫乱飞的葡萄酒往精致的高脚玻璃杯里倒，一面也带着很明显的得意笑容理着自己的白领带，看着奥布朗斯基。

“你不怎么喜欢牡蛎吧？”奥布朗斯基一面说，一面把自己杯子里的酒喝干，“还是你有什么心事？嗯？”

他想让列文快活快活。可是列文不仅不快活，而且感到局促不安。他有他的心思，因此来到这饭店里，看着一些人带着太太在一个个单间里吃喝，看着侍者跑来跑去，忙忙碌碌，觉得可怕，觉得不舒服。这儿是铜器、镜子、煤气灯、侍者的天地，他觉得这一切都带有污辱性。他很怕玷污了他心中的感情。

“我吗？是的，我心里有事；不过，除此以外，这一切都使我很不舒服，”他说。“你想象不出，这一切对于我这个乡下人来说，有多么别扭，就像我在你那儿看到的那位先生的指甲一样……”

“是的，我看到你对格里涅维奇的指甲很感兴趣。”奥布朗斯基笑着说。

“我看不惯，”列文回答说。“你设身处地，体会体会我的心情，用一个乡下人的眼光来看看。我们在乡下总是尽可能使自己的手利落些，便于干活儿。因此我们经常剪指甲，有时还卷袖子。可是这儿的人故意留指甲，能留多长就留多长，而且袖口缀的纽扣像小碟子一样大，这么一来，两只手就什么事也不能干了。”

奥布朗斯基快活地笑起来。

“是的,这就表示,他不必干粗活儿了。他是用脑力的……”

“也许是的。不过我还是觉得别扭,正如这会儿我觉得这事儿也很别扭:我们乡下总是尽可能快点儿把饭吃完,吃完了好干活儿,可是咱们现在却是尽可能把吃饭时间拉得长一点儿,因此,咱们才吃牡蛎……”

“哦,那当然,”奥布朗斯基应声说。“不过这正是文明的目的:一切为了享受。”

“哦,如果这是文明的目的的话,那我宁可做野蛮人。”

“你本来就很野蛮。你们列文家的人都很野蛮。”

列文叹了一口气。他想起了哥哥尼古拉,感到羞愧和难受,皱起了眉头;可是奥布朗斯基谈起另一个话题,立刻吸引了他的注意力。

“怎么样,今天晚上你到我们那儿,就是说,到谢尔巴茨基家去吗?”他推开骨骨棱棱的空牡蛎壳,把干酪挪到面前,意味深长地闪动着眼睛说。

“是的,我一定去,”列文回答说。“尽管我觉得公爵夫人的邀请并不热情。”

“瞧你!瞎说什么呀?这是她的气派……喂,伙计,来汤!……这是她的气派,贵夫人气派嘛,”奥布朗斯基说。“我也要去,不过我要先去参加一下巴宁娜伯爵夫人的音乐会。哦,你怎么不野蛮呢?你一下子就从莫斯科消失了,这事该怎样解释呢?谢尔巴茨基一家人时常向我问起你,好像我必定知道似的。可是我只知道一点:你常常做谁也不会做的事。"

"是的,"列文缓慢而激动地说。"我野蛮,你说得对。不过,我野蛮,不在于我走了,而是在于,现在我来了。现在我来……"

"啊,你多么幸福呀!"奥布朗斯基看着列文的眼睛,插嘴说。

"你怎么看出来?"

"我凭烙印识骏马,凭眼睛识恋中人,"奥布朗斯基念了两句诗。"你的一切都在前面呀。"

"难道你的一切都过去了吗?"

"不,虽然不是一切都过去了,但你是有希望的,我却只有现有的,就这现有的也是乱糟糟的。"

"怎么回事儿?"

"不妙呀。不过我不想谈我的事,而且说也说不清楚,"奥布朗斯基说。"哦,你究竟为什么事到莫斯科来的? ……喂,收掉!"他大声吩咐鞑靼老侍者。

"你能猜到吗?"列文一面回答,一面用他那在深处闪着亮光的眼睛盯着奥布朗斯基。

"我能猜到,不过这事儿我不能先开口。从这一点你就可以看出来,我猜得对不对。"奥布朗斯基带着微妙的笑容看着列文说。

"那么,你究竟要对我说点儿什么呢?"列文用哆嗦的声音说,并且觉得脸上所有的肌肉都在哆嗦。"你对这事儿怎么看呢?"

奥布朗斯基一直用眼睛盯着列文,慢慢把自己杯子里的葡萄酒喝干。

"我吗？"奥布朗斯基说，"我就盼望这事儿呢，再没有什么事儿像这样盼望了。这是再好不过的事儿。"

"不过你是不是弄错了？你知道咱们说的是什么事儿吗？"列文用眼睛紧紧盯着对方说。"你以为这事儿可能吗？"

"我以为可能。为什么不可能？"

"不，你真的以为这事儿可能吗？不，你还是把你所想的全说出来！哦，如果，如果我遭到拒绝呢？……我甚至认定会……"

"你究竟为什么这样想呢？"奥布朗斯基看着他激动的样子，笑着说。

"有时候我觉得会这样。因为这事儿不论对我，不论对她，都太可怕了。"

"呃，不管怎样，这对于一个姑娘来说，决没有什么可怕的。任何姑娘遇到求婚，都认为是光彩的事。"

"是的，任何姑娘都是这样，不过她不是这样。"

奥布朗斯基笑了。他非常了解列文这种感情，非常了解，在他的心目中天下的姑娘分为两类：一类是除她之外的天下所有姑娘，这些姑娘具有人类的一切缺陷，都是非常平凡的姑娘；另一类就是她一个人，没有任何缺陷，天下所有的人都望尘莫及。

"等一下，加点儿酱油。"他说着，按住列文那只要把酱油瓶推开的手。

列文照他说的给自己加了酱油，但他不让奥布朗斯基再吃。

"别吃，等一等，等一等，"他说。"你要明白，这对于我是一个生死攸关的问题。我从来没有跟任何人谈过这事儿。这事儿也只有跟你谈，跟任何人都不能这样谈。因为，尽管你我在各方面都不一样:趣味不一样,观点不一样,处处都不一样;可是我知道,你是喜欢我,了解我的,所以我也非常喜欢你。可是,看在上帝面上,你把话全说出来吧。”

“我对你说的,就是我心里想的,”奥布朗斯基笑着说。“不过我还要对你说说:我妻子是一个非常了不起的女人……”奥布朗斯基想起自己和妻子的事,叹了一口气,沉默了一会儿之后,又说下去:“她有先见之明。她看人看得很透;不但如此,她还知道今后会怎样,尤其是在婚姻方面。比如说,她曾预言,沙霍芙斯卡娅小姐会嫁给勃伦登。当时谁也不相信这话,可结果就是这样。她也是站在你这方面的。”

“你这是什么意思?”

“是这样,她不仅很喜欢你,她还说,吉娣一定会做你的妻子。”

列文一听到这话,顿时笑逐颜开,这笑是一种感动得要流泪的笑。

“她这样说哩!”列文叫起来。“我一向都在说,她,你的妻子,简直太好了。这就够了,这事儿谈够了。”他说着,站了起来。

“好吧,不过你坐下呀。”

可是列文坐不住了。他迈着矫健的步子在小小的房间里来来回回走了两趟,又挤了挤眼睛,让眼泪看不出了,这才又在桌边坐下来。

“你要明白,”他说,“这不是恋爱。我恋爱过的,但这跟那不是一回事儿。这不是我的感情,而是一种外在的力量支配着我。要知道,我上次走掉,是因为我断定这事儿是不可能的,你要明白,这种幸福是人世间难得有的。不过我自己有过一番搏斗,我看出来,没有这我就活不下去。所以要解决……”

“那你究竟为什么多次走掉呀?”

“哎,别着急!啊,要说的话、要问的事多着呢!你且听我说!你想象不到,你说的话对我起了什么样的作用。我太幸福了,幸福得简直令人生厌;我把什么都忘了。我今天听说,尼古拉哥哥……知道吗,他在这儿……我连他也忘了。我觉得,连他也是幸福的。这有点儿像发了疯。不过有一点很糟……你是结过婚的,你理解这种心情……糟的是,我们都是有些年纪的,都有过一些事儿……不是恋爱,而是造孽……却忽然要接近一个纯洁无瑕的姑娘;这太恶劣了,所以不能不觉得自己配不上。”

“唉,你的罪孽不多嘛。”

“唉,还是有的,”列文说,“反正是有的,‘我怀着厌恶的心情回忆我这一生,我颤抖,我诅咒,我痛心疾首……’就是这样。”

“有什么办法,世上的事就是这样呀。”奥布朗斯基说。

“唯一的安慰就在于我一向喜欢的那句祷告词中:饶恕我吧,不是凭我的好处,而是凭你的仁慈。也只有这样,她才能饶恕我。”

十一

列文喝完自己的一杯酒,他们就沉默了一会儿。

“还有一点我应该对你说说。你认识伏伦斯基吗?”奥布朗斯基问列文。

“不，我不认识。你问这干什么？”

“再去拿一瓶酒来。”奥布朗斯基对那个斟酒的老侍者说。老侍者偏偏在不需要在场的时候，围着他们转来转去。

“我为什么要认识伏伦斯基？”

“你要认识认识伏伦斯基，因为他是你的情敌之一。”

“伏伦斯基是什么人？”列文说着，脸色变了，奥布朗斯基刚才还在欣赏的那种孩子般的得意神气不见了，出现了懊恼和不快活的神气。

“伏伦斯基是基里尔·伊凡诺维奇·伏伦斯基伯爵的一个儿子，是彼得堡花花公子的一个活标本。我在特维尔服役的时候就认识他了，那时他常去招募新兵。他非常有钱，长相又漂亮，交游很广，是一个侍从武官，同时又是一个非常招人喜欢的、和善的小伙子。而且还不光是一个和善的小伙子。我到这儿以后还了解到，他很有教养，又很聪明；这是一个很有前程的人。”

列文皱起眉头，没有作声。

“哦，你走后不久他就来到这儿，据我看来，他爱吉娣爱得神魂颠倒，而且，你也明白，她母亲……”

“可是，对不起，我一点也不明白。”列文阴沉地皱着眉头说。而且他立刻想起哥哥尼古拉，想起自己竟然把他忘记，实在卑鄙。

“你别急，别急嘛，”奥布朗斯基笑着，拍了拍他的胳膊说。“我把我所知道的都对你说了。并且再说一遍，在这一微妙的爱情事件中，从各方面来揣测，我以为希望在你这一边。”

列文身子靠到椅背上，一张脸都白了。

“不过我还是劝你尽快把事情解决了。”奥布朗斯基一面给他斟酒,一面又说道。

“不用啦,谢谢,我不能再喝了,”列文说着,把自己的酒杯推开。“我要醉了……哦,你近来怎么样?”他又这样说,显然是想换一换话题。

“再说一句:不管怎样,我劝你尽快把问题解决,今天不必谈,”奥布朗斯基说。“明天早晨你就去正正经经地求婚,上帝会保佑你的……”

“你不是一直想到我那儿去打猎吗?到春天就来吧。”列文说。

现在他心里十分后悔,觉得真不该和奥布朗斯基谈这件事。有关彼得堡的一名什么军官跟他竞争的话以及奥布朗斯基的推测和劝告,玷污了他的一腔特殊的感情。

奥布朗斯基微微笑了笑。他理解列文此刻的心情。

“我有时间一定去,”他说。“是啊,老弟,女人好比螺旋桨,把什么都弄得团团乱转。我的情况就很糟,糟得很。都是因为女人。你坦率地对我说说,”他掏出一支雪茄,一只手按住酒杯,又说道,“你给我出出主意。”

“究竟是怎么一回事儿?”

“是这么一回事儿。比如说吧,你结了婚,你很爱你的妻子,可是另外有一个女子把你迷住……”

“对不起,这种事儿我可是一点也不理解,就好像……就像我无法理解,我怎么会在吃饱之后,从面包店门口经过,又溜进去偷面包。”

奥布朗斯基的眼睛比平时更亮了。

"怎么不会？面包有时候实在太香，叫人不能不吃。

我若是战胜情欲，
称得上伟大圣贤；
但若是一败涂地，
倒也算艳福不浅！"①

奥布朗斯基一面念，一面意味深长地笑着。列文也忍不住笑了笑。

"是啊，不过，还是说正经的吧，"奥布朗斯基继续说。"你要知道，那女子是一个温柔、可爱、多情的人儿，独身一人，非常可怜，把什么都牺牲了。现在，既然事情已经做出来，你想想看，难道能把她抛开吗？就算为了不破坏家庭生活，应该跟她分手吧，可是难道就不能可怜可怜她，让她称称心，让她别那样痛苦吗？"

"噢，这我就不懂了。你要知道，在我看来，天下的女人分为两种……也就是……更确切地说：有的是女人，有的嘛……我还没有看见过美貌而堕落的女子，而且也不可能见到。像那个坐在柜台后面的涂脂抹粉、满头鬈发的法国女人之类的女人，我觉得那是妖魔，所有堕落的女人都是这样的。"

"福音书里那个女人②呢？"

①系奥地利音乐家施特劳斯的著名歌剧《蝙蝠》中的唱词。原文为德语。

②指福音书中所说的改邪归正的妓女，抹大拉的马利亚。

“呃，可别说这话！基督要是知道到处乱用他的话，就决不会说这话了。福音书里的话很多很多，可是大家只记得这么几句。不过，我说的不是我所想的，而是我感觉的。我对于堕落的女人有一种厌恶感。你害怕蜘蛛，我就害怕这些妖魔。你大概也没有研究过蜘蛛，不知道蜘蛛的特性；我也是这样。”

“你这样说说倒容易；就好比狄更斯小说里的那位先生，遇到难题就用左手往右肩后面扔。可是不承认事实是不解决问题的。你还是说说，究竟我该怎么办，怎么办？妻子老得很快，可是你还正当年。转眼工夫就觉得对妻子没有爱情了，不管你怎样尊敬她。这时候忽然遇到称心如意的人儿，你就完了，全完了！”奥布朗斯基用无可奈何的口气说。

列文淡淡地一笑。

“是的，完了，”奥布朗斯基继续说。“可是究竟该怎么办呢？”

“可别去偷面包。”

奥布朗斯基哈哈大笑起来。

“好一个道德君子！可是你要明白，现在有两个女人：一个是坚持她的权利，这权利就是你的爱情，而你是无法给她爱情的；另一个女人为你牺牲了一切，而且什么也不要求。你该怎么办呢？有什么法子呢？最可悲之处就在这儿。”

“如果你想知道我对这事的看法，那我可以告诉你，我不相信这有什么可悲之处。为什么这样说？因为，据我看，爱情……有两种爱情，你该记得，就是柏拉图在他的《酒宴》中所说的两种，两种爱情是人的试金石。有些人只懂得这一种爱情，有些人只懂得另一种爱情。那些只懂得非柏拉图式爱情的人没有必要谈什么可悲之处。这种爱情没有什么可悲不可悲的。'多谢您满足了我的欲望,再见吧。'可悲不可悲尽在这儿了。至于柏拉图式的爱情,不会有什么可悲的,因为这样的爱情是纯洁无瑕的,因为……"

这时候列文想起自己的罪过和他经历过的内心斗争。所以他出人意外地补充说:

"不过,也许你说得对。很可能……只是我不知道,实在不知道。"

"你要知道,"奥布朗斯基说,"你是一个非常单纯的人。这是你的美德,也是你的缺点。你自己天性单纯,就要求人生一切事都是单纯的,其实往往不是这样。比如,你瞧不起社会公务活动,因为你要求一切事情都符合其目的,然而往往不是这样。你还要求一个人的一举一动都有其目的,要求爱情和家庭生活永远是一回事儿,然而往往不是这样。五光十色的人生,一切魅力,一切美,都是由光明和黑暗组成的。"

列文叹了一口气,什么也没有回答。他在想自己的事,没有听奥布朗斯基的话。

忽然,他们两个人都感觉出来,虽然他们是朋友,虽然他们在一起吃饭,喝酒,酒本来应该使他们更加亲近,可是他们都感觉各人在想各人的事,彼此互不关心。奥布朗斯基已经不止一次体验过这种饭后不是更亲近而是格外疏远的感觉,知道在这种情况下应该怎么办。

"算账!"他喊了一声,便来到旁边大厅里,立刻就遇到他熟识的一位副官,跟他谈起一个女演员和供养她的人。奥布朗斯基和列文谈过话之后,和副官一谈起来,就感到轻松愉快,因为他和列文谈话总感到思想和精神格外紧张。

鞑靼老侍者送来账单,总共二十六卢布零几个戈比,外加小费,列文应摊十四卢布,要是在别的时候,他这个乡下人肯定会吓一跳,可是现在他毫不在意,付了账,便回家去换衣服,要去谢尔巴茨基家,他的命运就要在那里决定。

十二

谢尔巴茨基公爵家的吉娣小姐芳龄十八岁。她是这一年冬天才在交际界抛头露面。她在交际界博得的赞赏超过她的两个姐姐,也超过公爵夫人的预料。不仅出入莫斯科舞场的年轻人几乎个个迷上了吉娣,而且在第一个冬天就出现了两个郑重其事的求婚者:列文以及他走后立即出现的伏伦斯基伯爵。

列文在冬初的出现,他的频繁来访和他对吉娣很明显的爱慕,使吉娣父母第一次郑重其事地谈她的婚事,并且发生了争吵。公爵看中了列文,说列文配吉娣再好不过了。公爵夫人却使用起女人家惯用的绕开问题的办法,说吉娣还太年轻,说列文还没有什么真心实意的表示,说吉娣对他没有什么情意,还说了别的一些理由;可是她没有说出主要的理由,那就是她盼望女儿有个更好的夫婿,她不喜欢列文,她不了解他。等到列文突然走掉,公爵夫人十分高兴,非常得意地对丈夫说:“你瞧,我说的不错吧!”等到伏伦斯基上场,她就更高兴了,认为自己完全说对了,认为吉娣一定会找到一个不单是好的、而且是荣耀的夫婿。

在吉娣母亲眼里，列文跟伏伦斯基无法相比。母亲不喜欢列文那些古怪而偏激的议论，不喜欢他在交际界的不灵活，她认为这种不灵活来自他的傲慢自大，不喜欢他的生活，她认为那种天天跟牲口和庄稼汉打交道的生活是粗野的；她还很不喜欢的是，他既然爱上她的女儿，出入他们家已有一个半月，却似乎还在等待，观望，似乎害怕一旦开口求婚会有失面子，却不懂得，经常出入有待嫁姑娘的人家，是应该表明来意的。而且忽然间，不等表白，一下子就走掉了。“幸亏他很不招人喜欢，吉娣没有爱上他。”母亲想道。

伏伦斯基处处符合吉娣母亲的心意。他非常富有，非常聪明，门第高贵，既然是侍从武官，自会有锦绣前程，又是一个俊美的男子。再也不能希望有更好的了。

伏伦斯基在舞会上明明白白地向吉娣献殷勤，跟她跳舞，经常来他们家，可见他的真心实意是无可怀疑的。可是，尽管如此，母亲在整整一个冬天里一直是忐忑不安，忧心忡忡。

公爵夫人自己在三十年前出嫁，那是姑妈做的媒。男方的一切情形事先已经知道了。后来未婚夫来相看姑娘，女方也相看了他；做媒的姑妈问明了彼此的印象，并且转告了。印象是很好的。然后在约定的日子向父母求婚，这期待中的求婚也就被答应了。一切都顺顺当当，十分简单。至少公爵夫人感觉是这样。但是轮到她为女儿择婿，却觉得这种似乎很平常的嫁女儿的事是那样不容易，不简单。在两个大女儿陶丽和娜塔丽雅出嫁的事上，她担了多少心，烦了多少神，花了多少钱，跟丈夫吵了多少回呀！如今，为了小女儿出嫁的事，她还是那样担心，那样烦神，而且跟丈夫争吵得比两个大女儿出嫁时更厉害。老公爵也像一切做父亲的一样,特别注重女儿的贞洁和名声;他对几个女儿,尤其是他最心爱的女儿吉娣,管束得很不恰当,而且动不动就要和夫人吵,说她把女儿带坏了。公爵夫人自从和两个大女儿在一起那时候起,就习惯了这一套,不过现在她觉得公爵的严格管束更有道理了。她看到,近年来社会风气大变,做母亲更难了。她看到,像吉娣这样年纪轻轻的姑娘都在组织什么团体,参加什么讲习班,跟男子自由交往,单独坐车上街,很多姑娘不行屈膝礼,尤其是,都认定选择丈夫是她们自己的事,不是父母的事。"现在嫁姑娘跟以前不一样了。"所有那些年轻姑娘,以至于那些年纪大的人,都在这样想和这样说。可是现在究竟怎样嫁姑娘,公爵夫人却没有听到任何人说起过。法国那种父母为儿女做主的风俗现在不时兴了,大家都不赞成了。英国那种完全由姑娘自己做主的风俗也不行,在俄国社会做不到。俄国这种由媒人撮合的风俗,大家都认为有点儿胡闹,包括公爵夫人自己在内,都在嘲笑这种做法。可是究竟怎样出嫁,怎样嫁姑娘,谁也不知道。凡是和公爵夫人谈起这种事的人,对她说的话都一样:"算了吧,那种老规矩如今该丢掉啦。要知道,是年轻人结婚,不是父母结婚;所以,让年轻人想怎么办就怎么办吧。"那些没有女儿的人说说这种话倒是很容易;公爵夫人却明白,女儿一旦跟男人接近,就可能爱上男人,可能爱上不想结婚的人,或者爱上不配做丈夫的人。不管别人怎样劝她,如今年轻人的事应当由年轻人自己做主,她都不肯相信这一点,就像她不能相信有朝一日实弹手枪将成为五岁孩子的最好玩具。因此,公爵夫人为吉娣操的心,比起为两个大女儿操的心更要多些。

她现在怕的是,伏伦斯基对她的女儿不过只是献献殷勤罢了。她看出来,女儿已经爱上了他,不过她感到安慰的是,他是一个正派人,不会干出那种事儿。可是同时她又知道,在如今社交自由的风气下,很容易使女孩子热昏了头脑,而男人一般都把那种罪过看得不算什么事儿。上个星期,吉娣把她和伏伦斯基跳玛祖卡舞时谈的话对母亲说了。她听了这话,有些放心了,但还不是完全放心。伏伦斯基对吉娣说,他们弟兄俩一向在各方面都很听母亲的话,凡是重大的事,不跟她商量,从来不做决定。他说:"现在我就盼望着我妈从彼得堡来,盼望着一种非同一般的幸福。"

吉娣在说这话的时候,不认为这话有什么意义。可是母亲的理解就不同了。她知道伏伦斯基天天盼望老夫人来,知道老夫人会高兴儿子的选择的,她也感到奇怪,他居然因为怕得罪母亲而不求婚;不过她十分希望婚事成功,尤其是希望使自己的一颗七上八下的心得到宽慰,所以就相信这话。公爵夫人看到大女儿陶丽遭到不幸,以致准备离开丈夫,心里不管有多么难受,但她真正操心和忧虑的还是小女儿的终身大事。今天,列文的出现使她增添了新的忧虑。她觉得小女儿曾经一度钟情于列文,怕的是,小女儿会顾及多余的旧情,拒绝伏伦斯基的求婚。总之,怕的是列文这一来,会把这件眼看就要定下来的婚事搅乱,破坏了。

"怎么,他来了很久了吗?"等她们回到家里,公爵夫人就问到列文。

"今天刚来,妈妈。"

“我有一件事要说说……”公爵夫人开口说。吉娣从她那板得紧紧的脸上,猜出她要谈的是什么事。

“妈妈,”她涨红了脸,急忙转过头对着妈妈,“请求您,请求您,这事不要说了。我知道,我全知道。”

母亲所希望的,正是她希望的,可是母亲希望的动机却使她感到是一种侮辱。

“我只是想说说,既然让一个人抱了希望……”

“妈妈,好妈妈,看在上帝面上,不要说吧。这事儿说起来太可怕了。”

“不说了,不说了,”母亲看到女儿眼里的泪水,就说,“不过,好孩子,有一点:你答应过我,你什么事都不瞒着我。没有什么事瞒着我吧?”

“从来没有,妈妈,什么事也没有隐瞒,”吉娣红了脸,抬起眼睛对直地看着母亲的脸,回答说。“不过我现在没有什么要说的。我……我……就是想说,我也不知道该说什么,该怎样说……我不知道……”

“是的,看她这眼睛,就知道她不会说谎。”母亲看着她那种着急和幸福的神气,笑着想道。公爵夫人笑的是,现在她心中想的事,在这个可怜的孩子眼里,是多么大,多么重要呀。

十三

在吃过晚饭到晚会开始之前的这段时间里,吉娣的心情就像一个小伙子面临大决战时的心情。她的心怦怦直跳,脑子里不住地翻腾。

她觉得,他们两个第一次见面的这个晚上,应该是决定她的命运的一个晚上。所以她不停地想象着他们,有时一个一个地想,有时同时想着他们两个。每当她想到过去的情形,她总是怀着愉快和亲切的心情恋恋不舍地回想她和列文的关系。童年的回忆,有关去世的哥哥和列文的友情的回忆,为她和列文的关系增添了一层特别的诗意的魅力。她相信列文爱她,能得到列文的爱,她感到荣幸,感到高兴。她想起列文就觉得轻松愉快。一想起伏伦斯基,就觉得有点儿不自在,尽管他是一个温文尔雅、彬彬有礼的人;似乎有点儿作假,不是他作假,他是非常随便、非常可亲可爱的,而是她自己作假;然而她和列文在一起的时候,就觉得自己非常随便和坦然。可是她一想到将来会和伏伦斯基在一起,眼前就出现光辉幸福的前景;一想到将来会和列文在一起,就觉得前景是一片迷雾。

她上楼去穿夜礼服,朝镜子里看了看,就高兴地发现,她是在自己最好的一个日子里,她浑身的力量能运用自如,这对于应付面前的事是十分需要的;她觉得自己外表是文静的,动作是优美从容的。

七点半钟,她刚刚走进客厅,仆人就通报说:“康斯坦丁·德米特里奇·列文到。”公爵夫人还在自己的房间里,公爵也还没有出来。“真的来了!”吉娣想道,全身的血液都朝心里涌来。她朝镜子里看了看,看到自己的脸都发了白,吓了一跳。

现在她十分清楚,他所以来得特别早,是为了单独和她见面,向她求婚。这时候她才第一次看到事情的另一面,完全不同的一面。这时她才明白,问题不仅关系到她一个人,不仅是她跟谁在一起才会幸福的问题,她爱谁的问题,而是马上就会伤害她所爱的一个人。而且是残酷地伤害……为什么?就因为他,这个可爱的人,爱她,恋上了她。可是,没有办法,就需要这样,就应该这样呀。

“天啊,难道要我亲口对他说这话吗?”她想道。“我对他说什么呢?难道我就对他说我不爱他吗?那不是真心话。究竟我该对他说什么呢?就说,我爱上了别人?不,这不行。我要躲开,要躲开。”

她听到他的脚步声时,她已经快到门口。“不行!这样不好。我怕什么呢?我又没做什么坏事。该怎样就怎样好啦!我要说真话。况且,跟他在一起不会不自在的。瞧,他来了。”她看到他那强壮而畏畏缩缩的身姿和那双紧紧盯着她的明亮的眼睛,自己在心中说。她对直地看着他的脸,仿佛恳求他怜悯,并且伸出手来。

“我来得不准时,似乎太早了。”他扫视了一下空荡荡的客厅,说。等他看到期望的情形已经出现,没有人妨碍他表白爱情了,他的脸沉了下来。

“噢,不。”吉娣说过,便在桌旁坐下来。

“不过,我就是希望单独跟您见面。”他开口说。他没有坐下,也不看她,为的是不致丧失勇气。

“妈妈这就出来。她昨天太累了。昨天……”

她这样说,自己却不知道嘴里说的是什么,而且一直用恳求和亲热的目光看着他。

他抬眼看了看她,她脸红了,不说了。

"我对您说过,我不知道是不是要住很久……说这取决于您了……"

她把头垂得越来越低,自己也不知道怎样对待眼前的事。

"说过这取决于您了,"他重复说。"我是想说……我是想说……我就是为这事儿来的……希望……做我的妻子!"他说出口来,虽然自己也不知道是怎么说的;不过他感觉到,最可怕的话已经说出来了,就停下来,朝她看了看。

她艰难地喘着气,没有看他。她心花怒放,觉得幸福极了。她怎么也没有想到,他的爱情表白竟会对她产生这样强烈的作用。不过这种状态只是持续了一小会儿。她想起了伏伦斯基。她抬起她那双诚挚明亮的眼睛看了看列文,看到他那一张失望的脸,就急忙回答说:

"这不可能……请原谅我……"

一分钟之前,他觉得她是多么可亲,她是怎样维系着他的生命呀!可是此刻她变得跟他多么隔膜,多么疏远呀!

"这不可能不是这样。"他说,眼睛也没有看她。

他鞠了一个躬,就想走。

十四

可是这时候公爵夫人走了进来。她看见只有他们两个在这里,并且看见他们那副尴尬的模样,顿时脸上露出惊愕的神气。列文向她鞠了个躬,什么也没有说。吉娣没有作声,连眼睛也没有抬。“感谢上帝，她回绝了。”她心里想道，于是她又满面春风，露出每星期四迎接客人的那种常有的笑。她坐下来，问起列文在乡下的生活。列文又坐下来，等待客人到来，好悄悄地走掉。

过了五分钟，吉娣的女友，去年冬天出嫁的诺德斯顿伯爵夫人来了。

这是一个病态的神经质女子，又瘦，又黄，一双眼睛乌黑发亮。她爱吉娣，也像一般已婚女子爱姑娘一样，她对吉娣的爱总是表现在一个愿望中，就是希望按照自己的幸福理想让吉娣嫁人，所以她希望吉娣嫁给伏伦斯基。初冬时候她在吉娣家常常遇到列文，她一直不喜欢他。她见到他，总是喜欢拿他开玩笑。

“我就喜欢他那种傲气十足地看待我的神气：要么认为我愚蠢，不愿意跟我谈他那些高深的话，要么用居高临下的态度对待我。我真喜欢他那种居高临下！我就高兴他看不惯我。”她说的就是列文。

她说得很对，列文确实看不惯她，而且瞧不起她，瞧不起的正是她引以为荣、自以为优越之处，那就是她的神经质，她对于一切粗俗的、日常生活中的东西那种蔑视和冷漠的高贵态度。

在诺德斯顿伯爵夫人和列文之间形成了在社交界常见的一种关系，那就是表面上还是友好的，实际上彼此非常瞧不起，以至于彼此都不会认真对待，以至于彼此都不会生气。

诺德斯顿伯爵夫人立即向列文发起攻击。

“噢，康斯坦丁·德米特里奇！您又光临我们这堕落的巴比伦[①]啦，”她想起冬初时候列文曾经把莫斯科说成是巴比伦，就一

①巴比伦，是古代繁华的城市，常常借指花天酒地的都市。

面把黄黄的纤手伸给他，一面说。“怎么，是巴比伦变好了，还是您变坏了？”她带着嘲笑的神气回头看着吉娣，又补充一句。

“夫人，我的话您记得这样清楚，我感到不胜荣幸，”列文已经恢复了常态，立即很习惯地对诺德斯顿伯爵夫人采取了反唇相讥的态度，就回答说。“想必我的话给您的印象太深了。”

“啊，当然啦！我还一字不漏地记下来呢。喂，怎么样，吉娣，你又溜过冰啦？……”

于是她和吉娣聊起来。列文觉得，现在走掉不论有多么尴尬，可是做这种尴尬事，比起整个晚上待在这里，看着偶尔瞅他一眼又急忙躲开他的目光的吉娣，总要轻松些。他就要起身，可是公爵夫人发现他默默无语，就转过来和他说话。

“您来莫斯科，要住一阵子吧？您好像忙着地方自治会的事儿，怕也不能住很久吧？”

“不，夫人，自治会的事儿我已经不管了，”他说。“我这次来，要住几天。”

“他是有什么特别的事儿，”诺德斯顿伯爵夫人打量着他的绷得紧紧的脸，心里想道，“不知为什么他没兴致高谈阔论了。不过我来逗逗他。我顶喜欢让他在吉娣面前出洋相，现在就让他出出洋相。”

“康斯坦丁·德米特里奇，”她对他说，“请您给我讲讲，这是怎么一回事儿，——这种事儿您是无所不知的嘛，——在我家卡卢加庄上的庄稼汉和婆娘们喝酒把他们所有的一切都喝得光光的，没有钱给我们缴租了。这是怎么一回事儿？您一向是拼命称赞庄稼汉的呀。”

这时又有一位太太走进客厅，于是列文站了起来。

“对不起，夫人，这事儿我实在一点不知道，所以无可奉告。”他说过这话，回头看了看跟着那位太太进来的一位军官。

“想必这就是伏伦斯基了。”列文想道。为了证实这一点，他朝吉娣望了望。吉娣已经匆匆朝伏伦斯基瞥了一眼，又回头看了看列文。单凭她那情不自禁地大放光彩的眼睛这一瞥，列文就明白了，她爱的是这个人，清清楚楚，明明白白，就像她亲口对他说的一般。可是这到底是个什么样的人呢？

现在，不管好还是不好，他都不能不留下了。他需要知道，吉娣爱的是一个什么样的人。

有一些人，遇到不论在哪一方面胜过自己的敌手，就迫不及待地撇开对方好的一面，专看对方坏的一面；有一些人恰恰相反，最希望在得胜的敌手身上找到对方胜过自己的素质，因此忍着揪心的痛楚专门寻找对方的长处。列文就属于后一种人。不过，他要在伏伦斯基身上寻找长处和招人喜欢之处是不难的。他一眼就看了出来。伏伦斯基是一个个头儿不高、身体强壮的黑发男子，一张和蔼的、漂亮的脸，格外文静，格外清秀。从他的容貌到身姿，从他那剪得短短的黑发、刮得光光的下巴到宽松的崭新军服，处处显得潇洒倜傥，风度翩翩。伏伦斯基给进来的太太让过路之后，便走到公爵夫人面前，然后又走到小姐身边。

在他朝她身边走去的时候，他那一双清秀的眼睛闪出特别温柔的光彩，他带着暗暗得意和几乎看不出的幸福的微笑（列文觉得是这样）彬彬有礼、小心翼翼地朝她俯下身子，把他那不大然而宽阔的手伸给她。

他跟所有的人都打过招呼，寒暄几句，便坐了下来，没有朝一直注视着他的列文看一眼。

“让我来给你们介绍一下。”公爵夫人指着列文说。“这位是康斯坦丁·德米特里奇·列文。这位是阿历克赛·基利洛维奇·伏伦斯基伯爵。”

伏伦斯基站起来，亲切地望着列文的眼睛，握了握他的手。

“今年冬天我本来可以跟您一起吃顿饭的，”他洒脱而爽朗地微微笑着说，“可是您突然到乡下去了。”

“康斯坦丁·德米特里奇又瞧不起又憎恨城市和我们这些城里人呢。”诺德斯顿伯爵夫人说。

“可见我的话给您的印象太深了，让您记得这样牢。”列文说完，就想起刚才已经说过这话，脸一下子红了。

伏伦斯基朝列文和诺德斯顿伯爵夫人看了看，微微笑了笑。

“您一直在乡下吗？”他问道。“我想，在乡下冬天很乏味吧？”

“要是有事情干，就不乏味，而且乡下生活本身就不乏味。”列文很不客气地回答说。

“我很喜欢乡下。”伏伦斯基说。他听出列文的语气，装作没有在意。

“不过我想，伯爵，您是不肯一直住在乡下的。”诺德斯顿伯爵夫人说。

“不知道，我没有住过多久。我常常有一种很奇怪的心情。我和妈妈在尼斯①住过一个冬天之后，我从来没有那样怀念乡村，怀念到处是树皮鞋和庄稼汉的俄国乡村。您也知道，尼斯本身就

①尼斯，法国南部的一个疗养和游览胜地。

是很乏味的。还有那不勒斯，索伦多，也只是短期住住有意思。也正是在那些地方我往往会特别真切地想起俄国，也就是俄国的乡村。那些地方就像是……”

他既是对吉娣，也是对列文说的，他那安详而亲切的目光一会儿转向这个，一会儿转向那个，显然他是想到什么就说什么。

他发现诺德斯顿伯爵夫人有话要说，自己没有说完就住了口，留神听她说起来。

谈话片刻没有停过，这样一来老公爵夫人留作后备，以便在无话可谈时顶上去的两门重炮：古今教育问题和普遍兵役制问题，就没有推出来，诺德斯顿伯爵夫人也没有机会挖苦列文了。

列文想加入大家的谈话，却插不进嘴；他每一分钟都对自己说：“现在该走了。”可是他没有走，在等待什么。

谈起扶乩和灵魂的问题，于是相信招魂术的诺德斯顿伯爵夫人讲起她亲眼看到的一些神奇的事。

“哈，夫人，看在上帝面上，您务必带我去看看这种事儿！我还从来没见过这种稀罕事儿，虽然我到处寻找。”伏伦斯基笑着说。

“好，下一个礼拜六吧，”诺德斯顿伯爵夫人笑着说。“那么您，康斯坦丁·德米特里奇，是不是相信呀？”她问列文。

“您何必问我呢？您知道我会怎样说嘛。”

“不过我想听听您的意见。”

“我的意见就是，”列文回答说，“这种扶乩证明所谓文明的上流社会不比庄稼汉高明。庄稼汉相信毒眼[①]，相信中邪，相信蛊

①一种迷信说法：有一种眼睛，看到人就能害人。

术,我们就……"

"怎么,您不相信吗?"

"我无法相信,夫人。"

"可是,如果是我亲眼看到的呢?"

"乡下婆娘们也说,她们都亲眼看到过妖魔鬼怪。"

"这么说,您认为我是在扯谎了?"

她很不高兴地笑起来。

"不是的,玛莎,康斯坦丁·德米特里奇是说他无法相信。"吉娣说着,为列文红了脸,列文看出这一点,更加恼火,就想回敬几句,可是伏伦斯基马上带着他那爽朗而愉快的笑容上前救援,免得出现不愉快的局面。

"您认为完全没有可能吗?"他问道。"为什么不可能?我们认为电是存在的,虽然我们没有看见过电;为什么就不可能存在新的、我们还不知道的能量,这种能量……"

"在发现电的时候,"列文很快就打断他的话说,"那只是发现了这种现象,不知道电是怎么产生的,不知道有什么作用,过了若干世纪,才想到应用它。招魂术呢,恰恰相反,一开头就是扶乩,灵魂降临,然后才说这是一种未知的能量。"

伏伦斯基很用心地在听列文说话,就好像他显然对他的话很感兴趣,一直很用心地在听。

"是的,不过招魂师说:现在我们还不知道这是一种什么样的能量,但这种能量是存在的,而且在诸如此类情况下就能起作用。至于这种能量是怎么来的,就让科学家去阐明吧。是的,我看不出,为什么不可能有一种新的能量,如果这种能量……"

“那是因为，”列文打断他的话说，“电的作用是经常发生的，您只要拿松香在皮毛上摩擦，每次都会出现一定的现象，可是在这方面不是每次都行，可见这不是自然现象。”

伏伦斯基大概觉得在客厅里谈这类事太严肃了，因此没有再反驳，而是想方设法改变话题，就快活地笑了笑，朝女士们转过身去。

“让我们现在就来试一试吧，夫人。”他说。可是列文还想把他想说的话说完。

“我想，”列文又说下去，“招魂师们企图把他们那些怪事说成是一种新的能量，那是决不能自圆其说的。他们干脆说这是一种精神能量，并且还想对它进行物质试验。”

大家都在等待他把话说完。他也感觉到这一点。

“可是我想，您可以成为一个了不起的扶乩师，”诺德斯顿伯爵夫人说，“您身上有一股灵气。”

列文张开嘴，想说点什么，可是脸红了红，什么也没有说。

“小姐，让我们现在就来试一试扶乩吧，”伏伦斯基说。“老夫人，您答应吗？”

于是伏伦斯基站起来，用眼睛寻找小桌。

吉娣站起来去找小桌，从列文身边走过时，他们的目光相遇了。她心里着实怜悯他，尤其同情他的不幸，因为他的不幸是她造成的。“如果能原谅我的话，就请原谅吧，”她的目光说，“我太幸福了。”

“我痛恨所有的人，恨您，也恨我自己。”他的目光回答说。于是他拿起帽子。但是他命定不能走。就在大家刚刚想在小桌旁坐下，列文正要走的时候，老公爵走了进来，跟太太们打过招呼，便和列文说起话来。

“哎呀！”他很高兴地说。“来了很久了吗？我还不知道你来了呢。看见您太高兴了。”

老公爵对列文说话，有时称“你”，有时称“您”。他拥抱了列文，并且因为和列文说话，没有注意到伏伦斯基，伏伦斯基早已站起来，安静地等待着老公爵和他说话。

吉娣觉得，在那件事情之后，父亲的亲热会使列文非常难受。她也看到父亲到末了才冷淡地向伏伦斯基还了个礼，看到伏伦斯基带着亲切而大惑不解的神气看了看父亲，很想弄明白却怎么也不明白，为什么会对他这样不客气。吉娣看到这情景，脸红了。

“公爵，您让康斯坦丁·德米特里奇到我们这边来吧，”诺德斯顿伯爵夫人说。“我们要做试验呢。”

“什么试验？扶乩吗？哦，对不起，诸位女士和先生，依我看，还不如投投铁环有味道哩，”老公爵望着伏伦斯基说，猜想这玩意儿是他想出来的。“投投铁环还有点儿意思。”

伏伦斯基带着惊愕的神气用他那清秀的眼睛看了看公爵，微微笑了笑，立刻就和诺德斯顿伯爵夫人谈起下星期将要举行的一次盛大舞会。

“我想，您也参加吧？”他对吉娣说。

列文等老公爵一转过身去，就悄悄走了出来。这天晚上他带走的最后印象，就是吉娣在回答伏伦斯基是否参加舞会时那张幸福的笑脸。

十五

晚会结束后，吉娣把她和列文谈的话对母亲说了说，而且，尽管她非常怜悯列文，但一想到有人向她求过婚，心里还是非常高兴。她毫不怀疑她这样做是应该的。可是她上床以后很久都睡不着。有一个印象一直离不开她的脑际。那就是列文站在那里听父亲说话，打量着她和伏伦斯基的时候，他那张脸和皱着的眉头以及眉头下面那流露着灰心丧气神情的和善的眼睛。她为他难过起来，眼里不由得涌出了泪水。不过她立刻想到，她是为了谁而拒绝他的。她真切地想起那张英俊、清秀的脸，那雍容高贵的风度和待人接物的和蔼态度。她想起她所爱的那个人是怎样爱她，她心里又高兴起来，于是她带着幸福的微笑躺在枕头上。"他真可怜，真可怜，可是有什么办法呀？这不能怪我，"她对自己说。可是心里却有一个声音在对她说另外一番话。她不知道，她后悔的是她当初挑起了列文的爱，还是现在拒绝了他。"上帝保佑，上帝保佑，上帝保佑！"她不住地自言自语，直到睡去。

这时候，在楼下公爵的小小书房里，父母常常为爱女进行的争吵又一次开场了。

"怎么？就这样啊！"公爵挥舞着双臂叫道，并且马上把自己的灰鼠皮睡衣大襟掩上。"就是说，您没有自尊心，没有人格，您这样低三下四、糊里糊涂地找女婿，要把女儿脸面丢尽，把女儿毁了！"

"哎哟，看在上帝面上，别这样吧，公爵，我究竟怎么啦？"公爵夫人几乎哭着说。

她和女儿谈过话以后，喜气洋洋，满心欢喜，像往常一样来向公爵道晚安，虽然她不想把列文求婚和女儿拒绝的事告诉他，可是却向丈夫暗示说，她认为女儿和伏伦斯基的事已有结果，只等他母亲一到，就可以定下来了。公爵一听这话，一下子就火了，骂出难听的话来。

“您干的什么事呀？您竟然这样，第一，您引诱求婚的小伙子，全莫斯科都会传说这件事，而且有根有据。您既然举行晚会，就把大家都请来，而不是专请挑出来的几个小伙子。您就把所有那些活宝贝儿(公爵这样称呼莫斯科的年轻人)都请来，再请一位钢琴师，让大家跳跳舞，不要像今天这样，专挑几个来撮合，我看着就恶心，真恶心，这一下子您达到目的了，把女儿头脑弄糊涂了。列文比他们好一千倍。那个彼得堡的花花公子，他们都是在机器上造出来的，都是一模一样，都是坏蛋。就算他是嫡亲皇子，我女儿一点也不稀罕！”

“我究竟怎么啦？”

“要不然……”公爵怒吼起来。

“我知道，要是听你的话，”公爵夫人打断他的话说，“咱们的女儿永远也嫁不出去。要是这样的话，那就应该到乡下去。”

“最好就是到乡下去。”

“不过你听我说。难道我是巴结他吗？我一点也没有巴结。一个年轻人嘛，而且是一个很好的年轻人，爱上了她，她好像也……”

“哼，好像！万一她真的爱上了他，可是他如果和我一样，连想也不想结婚,那怎么办?……哎哟!但愿我的眼睛别看到!……'嗬,扶乩,嗬,尼斯,嗬,舞会……'"公爵想象着他就是妻子,每说一句,行一个屈膝礼。"可是,瞧着吧,咱们会给吉娣造成不幸,她也会真的昏了头脑……"

"可是,你究竟为什么要这样想呢?"

"我不是想,我是知道;我们看这种事有眼光,女人家就没有。我看到有一个人是有真心实意的,那就是列文;我还看到一只鹌鹑,叫得热闹,不过想快活一阵子罢了。"

"哼,你才是昏了头哩……"

"等你清醒过来,就晚啦,就像陶丽的事儿一样。"

"唉,好啦,好啦,咱们不谈啦。"公爵夫人想起不幸的陶丽,就不让他再说了。

"那么好,再见吧!"

老两口画了十字相互祝福,又互吻了,但都还觉得各人的意见仍然是各人的意见,就各自走开了。

公爵夫人起初断然相信这天晚上吉娣的终身大事有了结果,对伏伦斯基的真心实意无须怀疑;可是老头子的一番话又使她心乱如麻。等她回到自己房里,也像吉娣一样,带着吉凶难料的惶恐心情在心里祷告了好几遍:"上帝保佑,上帝保佑,上帝保佑吧!"

十六

伏伦斯基从来没有过过真正的家庭生活。他母亲年轻时是一个红极一时的交际花，在婚后，尤其是在孀居时期，有许多风流韵事，在社交界闹得风风雨雨。至于父亲，他几乎不记得了，他是在贵族子弟军官学校长大成人的。

他一出学校便是一个非常年轻而漂亮的军官，立刻就进入富有的军官的圈子。虽然他有时也出入上流社会，但他的恋爱兴趣却在上流社会之外。

在经历了奢华而放荡的彼得堡生活之后，他在莫斯科第一次尝到了同一位纯洁、可爱而且倾心于他的上流社会姑娘接近的美妙滋味。他连想也没想过，在他跟吉娣的关系中会有什么不好的地方。在舞会上，他主要是跟她一起跳舞；他经常出入她家。他跟她谈的都是通常在交际场上谈的各种各样的废话，不过他常常情不自禁地使废话带有一层专门对她的意思。尽管他没有对她说过当着大家的面不能说的话，他却感到她对他越来越依恋了。而且，他越是感觉到这一点，心里越是愉快，对她也就越发温存。他不知道，他对待吉娣的这种行为有一定的叫法，那就是非婚姻意图的勾引少女行为，这种勾引行为正是像他这样漂亮的年轻人常有的恶劣行为之一种。他觉得，是他首先发现这种乐趣，所以他要尽情享受自己发现的乐趣。

要是他能听见这天晚上吉娣父母说的话，要是他能想到她家里人的看法，听说如果他不和吉娣结婚她将会很不幸，他一定会大吃一惊，不相信这种事儿。他无法相信，这种使他，尤其是使她得到这么大乐趣的事儿，会有什么不好。他更无法相信他应当结婚。

他觉得结婚是永远不可能的。他不仅不喜欢家庭生活，而且就他们这些单身汉的共同看法来看,成立家庭,尤其是做一个丈夫,是自找麻烦,自己跟自己过不去,更是非常可笑的。可是,尽管伏伦斯基想也想不到吉娣父母说的是什么话,可是这天晚上他一离开谢尔巴茨基家,就觉得他和吉娣在精神上的秘密关系牢牢地确定下来了,应该有一点儿行动了。但是究竟可以而且应该有什么样的行动,他却想不出来。

"妙的是,"他从谢尔巴茨基家往回走的路上,像往常一样带着从他们家得到的、也由于他整晚上没抽烟而产生的神清气爽的愉快感觉,带着她对他的爱情在他心中激起的又一阵醉意,一面想着,"妙的是,我和她都什么也没有说,可是我通过目光和语调的秘密交谈彼此十分了解了,这等于她今天比任何时候更明白地对我说了她爱我。而且她表现得多么可爱,多么纯真,尤其是多么信任呀!我觉得自己也变好了,变纯洁了。我觉得我有真情了,我有许多好处了。那一双可爱的含情脉脉的眼睛呀!当她说:而且非常……"

"这又怎么样?这也挺不错。我很快活,她也很快活。"然后他开始考虑再到哪里去消磨这个夜晚。

他掂量了他可以去的几个地方。"俱乐部?去打牌,跟伊格纳托夫一块儿喝香槟?不,不去。到'花街'去,到那儿可以找到奥布朗斯基,有歌曲,有康康舞[①]。不,我讨厌了。这不是,就因为我变好了,所以我喜欢上谢尔巴茨基家去。还是回家去吧。"他径直回到杜索旅馆,走进自己的房间,吃过晚餐,脱掉衣服,把头一放到枕头上,就睡着了,像往常一样睡得很熟,很安稳。

---

①康康舞,法国的一种黄色舞。

十七

第二天上午十一点，伏伦斯基上彼得堡铁路火车站去接母亲。他在车站大台阶上碰到的第一个人就是奥布朗斯基。奥布朗斯基是在等候乘同一班车来的妹妹。

“哦！阁下！”奥布朗斯基高声喊道。“你来接谁呀？”

“我接妈妈，”伏伦斯基像所有的人遇到奥布朗斯基一样，笑逐颜开地回答说，并且握了握他的手，便一起走上台阶。“她今天从彼得堡来。”

“我昨晚等你到两点钟。你从谢尔巴茨基家出来又上哪儿去了？”

“回家了，”伏伦斯基说。“老实说，昨天去过谢尔巴茨基家以后，我实在太高兴，所以哪儿也不想去了。”

“我凭烙印识骏马，凭眼睛识恋中人。”奥布朗斯基又像上次对列文一样朗诵起来。

伏伦斯基带着并不否认的神气笑了笑，不过他马上转了话题。

“你来接谁呢？”他问道。

“我吗？我来接一个漂亮女子。”奥布朗斯基说。

“原来如此呀！”

“谁歪着看事情，谁有歪心思。我是接我妹妹安娜。”

“哦，是卡列宁夫人吧？”伏伦斯基说。

“你想必认识她吧？”

“好像见过。也许没有……说真的,我不记得了。”伏伦斯基一听到卡列宁夫人这名字,就模模糊糊觉得有一种古板、枯燥的味道,所以心不在焉地回答说。

“不过,我那鼎鼎大名的妹夫阿历克赛·亚力山大罗维奇,你想必是认识的。全世界都知道他呢。”

“我只知道他的名声和相貌。我知道他很聪明,有学问,有点圣人味道……不过你也知道,这一切……跟我不相干[①]。”伏伦斯基说。

“是的,他是一个很了不起的人,有点儿保守,不过是一个极好的人,”奥布朗斯基说,“一个极好的人。”

“噢,这样他也就更走红了,”伏伦斯基笑着说。“啊,你也来啦,”他对站在门口的母亲的那个高个子仆人说,“到这儿来吧。”

伏伦斯基近来特别喜欢跟奥布朗斯基亲近,除了像大家一样,见到奥布朗斯基就觉得愉快之外,还因为在他的心目中奥布朗斯基是和吉娣联系在一起的。

“怎么样,礼拜天咱们请那位女歌星吃饭好吗?”他笑嘻嘻地挽住奥布朗斯基的胳膊,对他说。

“行。我来邀集人。哦,你昨天跟我的朋友列文认识了吧?”奥布朗斯基问道。

“可不是。不过不知为什么他很快就走了。”

“他是一个极好的人,”奥布朗斯基说,“不是吗?”

“我不知道,”伏伦斯基回答说,“不知为什么所有的莫斯科人都有点儿不太客气,自然,跟我说话的这一位除外,”他戏谑地

①原文是英语。

补充一句。“不知为什么这些莫斯科人总是摆着一副挑衅的架势，怒气冲冲的，仿佛随时准备给人一点颜色看看……”

“这是有的，确实是有的……”奥布朗斯基快活地笑着说。

“怎么样，快到了吧？”伏伦斯基问一个铁路职工。

“火车已经开出了。”那个职工回答说。

车站上的准备活动，搬运夫的来回奔跑，宪兵和铁路职工的出现以及接客人的纷纷到来，越来越明显地表示火车就要到了。透过寒冷的雾气，可以看见一些工人身穿小皮袄，脚蹬软毡靴，跨过弯弯线路上的铁轨，向前走着。远处的铁轨上响着机车的汽笛声和重东西滚动的隆隆声。

“不，”奥布朗斯基很想把列文有意向吉娣求婚的事对伏伦斯基说说，这时就说道，“不，你对我们列文的看法不对。他是一个非常神经质的人，有时确实使人不喜欢，不过有时倒也非常可爱。他天性忠厚，诚实，一颗心像金子一般。不过昨天有特殊原因，”奥布朗斯基带着意味深长的微笑说下去，完全忘记了昨天他对自己的好友真心实意的支持，而且现在他也怀着同样的支持心情，只不过支持的是伏伦斯基罢了。“是的，为什么他特别高兴，或者特别不高兴，那是有原因的。”

伏伦斯基站下来，直截了当地问：

“这是怎么一回事儿？是不是他昨天向你姨妹求婚了？”

“很可能，”奥布朗斯基说。“我看，昨天就是这么一回事儿。是的，如果他走得很早，而且情绪很坏的话，那就是这样……他恋上她很久了。我真替他难过。”

“原来如此呀！……不过我想，她完全有希望找一个更好的夫婿，”伏伦斯基说过这话，挺起胸膛，又踱起步来。“不过，我不了解他，”他补充一句。“是啊，这情形确实很难受！就因为这样，许多人宁愿去找窑姐儿。在那儿，如果弄不到手，只能证明你的钱不够，可是在这儿，要看人家是不是瞧得起你。哦，火车到了。”

真的，机车汽笛已经在远处叫了。过了几分钟，站台就震动起来，机车喷吐着因为寒冷朝下直扑的蒸气，缓慢而有节奏地摇动着中轮杠杆，带着弯腰弓背、穿得厚厚的、浑身霜雪的司机驶了过来；煤水车之后，便是一节满载着行李和一条汪汪直叫的狗的车厢渐渐移动过来，越来越慢，站台震动得越来越厉害；终于一节节客车进了站，抖动几下，便停了下来。

一个神气活现的列车员不等车停下，就一面吹哨子一面跳下车来。一些性急的乘客也跟着他一个一个往下跳：有一名近卫军军官，身子笔挺，神情严峻地向四周围打量着；有一个机灵的小商人，手拿提包，快活地笑着；还有一个背着口袋的庄稼人。

伏伦斯基站在奥布朗斯基旁边，打量着一节节车厢和下车的旅客，完全忘记了母亲。他因为刚才听到有关吉娣的事，心里又兴奋又快活。他的胸脯不由得挺了起来，眼睛也亮了。他觉得自己是个胜利者。

“伏伦斯基伯爵夫人在这节车厢里。”那个神气活现的列车员走到伏伦斯基面前说。

列车员的话唤醒了他，使他想起母亲，想起马上就要和母亲见面。他在内心里并不尊敬母亲，也不爱她，虽然自己也没有意识到这一点。尽管依照他所处的社会的观念，凭他所受的教育，他对待母亲不能有别的态度，只有百分之百的孝顺和尊敬，然而越是需要在表面上孝顺和尊敬，他在内心里越是不尊敬她，不爱她。

十八

伏伦斯基跟着列车员朝车厢里走去。他在门口站下来，给一位下车的太太让路。伏伦斯基凭着社交界人素有的眼力，只对这位太太的外貌瞥了一眼，就断定她是上流社会的人。他道了一声歉，就要朝车厢里走去，可是觉得还需要再看她一眼，不是因为她长得很美，不是因为她的整个身姿所显露出来的妩媚和优雅的风韵，而是因为经过他身边时，她那可爱的脸的表情中有一种特别温柔、特别亲切的意味儿。当他回头看的时候，她也转过头来。她那一双明亮的、在浓密的睫毛下面显得乌黑的灰眼睛亲切而留神地注视着他，像是在认他，接着又立刻转向走来的人群，像是要寻找什么人。在这短短的一瞥中，伏伦斯基发现有一股被压抑着的生气，闪现在她的脸上，荡漾在她那明亮的眼睛和弯了弯朱唇的微微一笑中。仿佛在她身上有太多的青春活力，以至于由不得她自己，忽而从明亮的目光中，忽而从微笑中流露出来。她有意收敛起眼睛里的光彩，但那光彩却不听她的，又在微微一笑中迸射出来。

伏伦斯基走进车厢。他的母亲是一个黑眼睛、鬈头发的干瘦老太太。她眯缝起眼睛打量着儿子，那薄薄的嘴唇微微笑着。她从座位上站起来，把提包交给侍女，把一只又干又小的手伸给儿子，接着又托起儿子的头，在他的脸上吻了吻。

“收到电报了吗？你好吗？感谢上帝。”

“您一路上好吗？”儿子说着，在她旁边坐下来，情不自禁地倾听着门外一个女子说话的声音。他知道这是他刚才在门口遇到的那位太太在说话。

“我还是不同意您的话。”那位太太说。

“这是彼得堡的看法，夫人。”

“不是彼得堡的看法，只是女人家的看法。”她回答说。

“好吧，夫人，让我吻吻您的手吧。”

“再见，伊凡·彼得罗维奇。哦，您去看看，我哥哥来了没有，叫他到我这儿来。”那位太太在门口说过这话，又走进车厢里来。

“怎么样，您找到哥哥了吗？”伏伦斯基伯爵夫人问那位太太。

伏伦斯基恍然大悟，这就是卡列宁夫人。

“令兄就在这儿，”他说着，站了起来。“真对不起，我刚才没认出您来，而且咱们见面时间太短了，”伏伦斯基一面说，一面鞠躬，“所以您想必也不记得我了。”

“哦，不，”她说，“我可以说是很了解您了，因为我和令堂一路上谈的都是您的事呢，”她说着，终于让按捺不住的青春活力从微笑中流露出来。“可是我还没见到哥哥呢。”

“你去把他叫来，阿历克赛。”老伯爵夫人说。

伏伦斯基走到站台上，喊道：

“奥布朗斯基！这儿来！”

可是卡列宁夫人却没有等哥哥，一看到他，就迈着矫健而轻盈的步子走出车厢。等哥哥一走到她跟前，她立即用左臂搂住哥哥的脖子，迅速地把他拉过来，使劲儿吻了吻，那动作的利落和优美使伏伦斯基感到惊愕。伏伦斯基目不转睛地看着她，笑着，自己也不知道为什么笑。等他想起母亲在等他，就又走进车厢里。

“她挺可爱，不是吗？”伯爵夫人说起卡列宁夫人。“她丈夫让她跟我坐在一起，我也很高兴。我跟她谈了一路。哦，你呢，我听说……你的高尚的爱情一直还是连连不断呢。这更好，我的好孩子，这更好。”

“我不知道您指的是什么，妈妈，”儿子冷冷地回答说。“好啦，妈妈，咱们走吧。”

卡列宁夫人又走进车厢，来向伯爵夫人告别。

“这不是，伯爵夫人，您见到儿子了，我也见到哥哥了，”她快活地说。“我的事儿也全讲完了，再也没什么可讲的了。”

“才不是呢，”伯爵夫人拉住她的手说，“我跟您在一起，就是把天下走遍，也不会觉得寂寞。有一些可爱的女子，跟她们谈话也觉得愉快，相对无言也觉得愉快，您就是这样的一个。您也不必为您的儿子操心：总不能一辈子不离开呀。”

卡列宁夫人一动不动地站着，身子挺得格外直，她的眼睛在笑着。

“安娜·阿尔卡迪耶芙娜[①]有一个八岁的儿子哩，”伯爵夫人向儿子解释说，“她从来没有离开过他，这一次把儿子留在家里，老是不放心。”

---

①安娜的全名是安娜·阿尔卡迪耶芙娜·卡列尼娜。卡列尼娜是随丈夫卡列宁姓，也就是卡列宁夫人之意。

“是啊，我和伯爵夫人一直在谈哩，我谈我的儿子，她谈她的儿子。”卡列宁夫人说。她的脸上又浮起微笑，很亲切的笑，是对他的。

“大概这使您感到很厌烦了。”他毫不怠慢，立即接过她抛给他的风情之球，说道。可是她不愿意继续用这种腔调说下去，就又对老夫人说：

“非常感谢您。我都不觉得，昨天一天就过去了。再见吧，老夫人。”

“再见，我的好朋友，”老夫人回答说。“让我吻吻您漂亮的脸蛋儿吧。我索性倚老卖老，直截了当地说一句：我简直爱上您了。”

尽管这是老一套的恭维话，卡列宁夫人却信以为真，而且因此十分高兴。她的脸红了红，就微微弯下身子，把脸凑到老夫人的嘴唇上，然后又直起身子，带着荡漾在唇边和眼角的那种微笑，把手伸给伏伦斯基。他握了握她伸给他的纤手，她也紧紧握住他的手，并且大胆地摇晃了几下，他因为这样带劲儿的握手感到非常高兴，觉得有什么特别的意味儿。她快步走了出去。她身躯相当丰满，走起路来却出奇地轻盈。

“太可爱了。”老夫人说。

她的儿子也在这样想。他目送着她，直到她那婀娜的身姿看不见为止；他的脸上一直带着微笑。他从窗口看到她走到哥哥跟前，挽住他的手，很起劲地对他说起话来，显然说的是跟他伏伦斯基完全不相干的事，这使他感到懊丧。

“哦，妈妈，您身体一直很好吗？”他又向母亲问了一遍。

“一直很好，非常好。亚力山大很逗人喜欢。玛丽雅也长得很好看。她挺好玩儿。”

于是她又说起她最关心的事，也就是孙子的洗礼，她就是为这事上彼得堡去的。她还说起皇上对大儿子的特殊恩宠。

“那不是，拉夫伦季也来了，”伏伦斯基望着窗外说，“如果没有别的事，咱们现在可以走了。”

跟随老夫人来的老管家走进车厢报告说，一切都收拾好了，于是老夫人站起来，准备走。

“咱们走吧，这会儿人少了。”伏伦斯基说。

侍女拿起提包，抱起小狗，管家和搬运夫拿起另外几件行李。伏伦斯基挽起母亲的胳膊；可是，在他们走出车厢的时候，忽然有几个人带着惊恐的神色从他们身边跑过。站长也戴着他那颜色与众不同的制帽跑过去。显然是出了什么意外事儿。许多人离开火车向后跑去。

“怎么啦？……怎么啦？……在哪儿？……撞上了！……轧死了！……”走过的人纷纷传说着。

奥布朗斯基和妹妹手挽着手，也带着惶恐的神色走了回来，在车厢门口站住，避开拥挤的人群。

太太们又进了车厢，伏伦斯基和奥布朗斯基就跟着人群去了解车祸的详情。

一名看道工，不知是喝醉了酒，还是因为天太冷把头都裹起来，没有听见火车倒车，被轧死了。

伏伦斯基和奥布朗斯基还没有回来，两位夫人就从老管家嘴里听到了车祸详情。

奥布朗斯基和伏伦斯基都看到了血肉模糊的尸体。奥布朗斯基显然非常难过。他皱着眉头,好像就要哭出来。

“哎呀,好可怕呀!哎呀,安娜,你可是不能看!哎呀,好可怕呀!”他不住地说。

伏伦斯基没有说话,他那漂亮的脸很严肃,但十分平静。

“哎呀,老夫人,您真不能看,”奥布朗斯基说。“他老婆也来了……她那样子真可怕……她一头扑到尸体上。听说,家里有一大帮人,全靠他一个人养活呢。真可怕呀!”

“能不能为她想点儿什么办法?”卡列宁夫人焦灼不安地小声说。

伏伦斯基朝她看了看,就立即走出车厢。

“我一下子就回来,妈妈。”他在门口回过头说了一句。

几分钟之后,他回来的时候,奥布朗斯基已经在和老夫人谈那个新来的歌星了,老夫人一面焦急地望着门口,等着儿子。

“现在咱们走吧。”伏伦斯基一进来,就说。

他们一起下了车。伏伦斯基和母亲走在前面。卡列宁夫人和哥哥走在后面。在车站出口处,站长追了上来,走到伏伦斯基跟前。

“您交给副站长两百卢布,请问,您这是给谁的?”

“给那个寡妇,”伏伦斯基耸耸肩膀说。“我真不明白,这有什么可问的。”

“是您给的吗?”奥布朗斯基在后面叫道。他紧紧攥了攥妹妹的手,又补充说:“太好了,太好了!他这人真是好极了,不是吗?再见吧,老夫人。”

于是他和妹妹站了下来，找她的侍女。

他们出站的时候，伏伦斯基家的马车已经走了。从站里出来的人还在纷纷议论刚才出的事儿。

“死得好惨呀！”一位先生从旁边走过，说。“听说，轧成了两截。”

“我看，恰恰相反，这样死最轻松，一眨眼就过去了。”另一个人说。

“这种事儿怎么不设法提防呀！”还有一个人说。

卡列宁夫人坐上马车，奥布朗斯基惊愕地看到她的嘴唇在哆嗦，看到她使劲儿憋着眼泪。

“您怎么啦，安娜？”等他们走出几百丈之后，他问道。

“这是不祥之兆呀。”她说。

“胡说什么！”奥布朗斯基说。“你来了，这就是最要紧的。你真想象不到，我对你抱多大的希望。”

“你早就认识伏伦斯基了吗？”她问道。

“是的。你可知道，我们希望他和吉娣结婚呢。”

“是吗？”安娜小声说。“哦，现在咱们来谈谈你的事吧，”她又说，并且甩了甩头，就好像要甩掉多余的、碍事的东西似的。“就谈谈你的事吧。我一接到你的信，就来了。”

“是啊，全指望你呢。”奥布朗斯基说。

“那你就原原本本地对我说说吧。”

奥布朗斯基就说了起来。

马车来到家门口，奥布朗斯基扶妹妹下了车，叹了一口气，握了握她的手，自己就到衙门里去了。

十九

安娜来到房里的时候，陶丽正和现在已经很像父亲的浅色头发胖男孩一起坐在小客厅里，听他念法文读本。小男孩一面念，一面转悠着小褂上一个勉强挂住的扣子，一心要把扣子扯下来。母亲几次把他的手拉开，可是那胖乎乎的小手还是在玩那扣子。母亲就把扣子扯下来，放到口袋里。

"手老实些，格里沙。"她说过，又拿起她编织了很久的毛毯。她在心里难受的时候，总是织织毛毯。现在她又心烦意乱地织起来，手指头一起一落的，并且数着针数。尽管她昨天就叫仆人对丈夫说，他的妹妹来不来不干她的事，她还是为她的到来做好了一切准备，并且很急切地等待着小姑。

陶丽痛不欲生，心灰意冷。不过，她没有忘记，小姑安娜是彼得堡一位要人的太太，是彼得堡的贵夫人。就因为这样，她没有照她对丈夫说的话行事，也就是没有忘记小姑要来。"是的，毕竟这事儿一点也怪不得安娜，"陶丽想。"我觉得她这人再好也没有了，而且她对待我也一直很亲热，很爱护。"是的，就她在彼得堡卡列宁家得到的印象来说，她是不喜欢他们那个家庭的；他们家庭生活的各方面都有一种虚伪做作的味道儿。"可是我有什么理由不接待她呢？只要她不来安慰我就行！"陶丽想道。"一切安慰，开导，基督式的饶恕，这一切我反复想过一千遍了，全没有用。"

这些天来，陶丽只是和孩子们在一起。她不愿意说自己的伤心事，自己有伤心事就不能去谈别人的事。她知道，不管怎样，她会把一切都说给安娜听的；所以，一会儿，她想到可以对她说说，就感到高兴；一会儿，又想到还得把自己受的屈辱对她，对他的妹妹说说，还得听她那些老一套的劝告和安慰的话，就感到懊恼。

她不住地看钟，时时刻刻都在等待她到来，但是却像常有的情形一样，偏偏忽略了客人到来的那一小会儿，所以没有听到铃声。

她听见已经来到门口的衣服窸窣声和轻盈的脚步声，转过头来，在她那憔悴的脸上情不自禁地流露出来的不是喜悦，而是惊愕。她站起来，一把把小姑抱住。

"怎么，你已经到啦?"她一面说，一面吻安娜。

"陶丽，我看见你多高兴呀！"

"我也很高兴。"陶丽很勉强地笑着说，一面看着安娜脸上的表情，很想弄清楚她是否知道那件事。"想必知道了。"她发现安娜脸上有同情的神气，心里就这样想。"哦，咱们走吧，我带你到你的房里去。"她想尽可能把谈正题的时间往后拖一拖，就又这样说。

"这是格里沙吗？我的天，他长得多高啦！"安娜说着，吻了吻他，眼睛一直看着陶丽，她站了下来，脸红了红。"不，哪儿也不用去。"

她解下头巾，摘下帽子，她那到处鬈曲的黑发有一绺被帽子挂住，她甩甩头，把头发抖落下来。

"你光彩照人，真是又幸福，又健康呀！"陶丽几乎带着妒意说。

“我吗？……是的，”安娜说。“我的天，丹尼娅！你跟我的谢辽沙同岁呢，”她对跑进来的女孩子说。她把她抱起来，吻了吻。“多好看的小姑娘，真好看呀！把几个孩子都让我看看。”

她提起每一个孩子，不仅记得他们的名字，而且记得出生年月、性格以及害过一些什么病。陶丽不能不认为这是难能可贵的。

“好，咱们就去看看他们吧，”陶丽说。“可惜瓦夏还在睡觉呢。”

她们看过孩子们以后，就在客厅里坐下来，这时只有她们两个，面对着咖啡，安娜端起托盘，随后又把托盘推开。

“陶丽，”她说，“哥哥对我说了。”

陶丽冷冷地看了安娜一眼。她等待她说虚情假意的同情话，可是这一类的话安娜却一句也没有说。

“陶丽，好嫂子！”她说，“我既不想替他说话，又不想安慰你；那是没有用的。不过，好嫂子呀，我真替你难过，打从心底替你难过！”

她那浓密的睫毛下面明亮的眼睛里一下子就汪起泪水。她往嫂子跟前坐了坐，用她那嫩生生的纤手抓住嫂子的手。陶丽没有闪开，可是脸上的冷淡表情并没有改变。她说：

“安慰我是没有用的。一出了那种事儿，什么都失去了，什么都完了！”

她一说出这话，她脸上的表情顿时变得温和了。安娜拉起陶丽那又干又瘦的手，吻了吻，就说：

“不过，陶丽，该怎么办，怎么办呢？在这种可怕的局面下，怎么办才好呀？这就应该想一想了。”

“什么都完了，没什么好想的了，”陶丽说。“你要知道，最糟糕的是我没法甩开他；有几个孩子，我舍不得离开。可是我又没法跟他过下去，看到他我就受不了。”

“陶丽，好嫂子，他对我说过了，可是我还想听你说说，你就把一切都对我说说吧。”

陶丽用疑问目光朝她望了望。

安娜脸上的同情和爱护的神情显然不是装出来的。

“好吧，”她忽然说。“不过我要从头说起。我怎样出嫁，你是知道的。我是我妈教养大的，不仅天真无知，而且非常糊涂。我什么也不懂。我听人家说，做丈夫的都要把自己以前的事对妻子说说，可是司基瓦……”她改口说，“司捷潘·阿尔卡迪奇却什么也没有对我说过。你也许不相信，可是我一直以为我是他亲近过的唯一女人。我就这样过了八年。你要知道，我不仅没想到他会有外心，而且认为这是不可能的，可是，你瞧，我就抱着这样的想法忽然一下子知道了全部可怕的事，肮脏的事……你替我想想吧。本来满以为自己是幸福的，可是忽然……”陶丽憋住哭，继续说下来，“忽然看到一封信……他给他的情妇，给我们的家庭女教师的信。是的，这太可怕了！”她急忙掏出手绢，把脸捂住。“如果是一时冲动，那还可以谅解，”她沉默了一会儿，又继续说下去，“可他是处心积虑，想尽鬼花样欺骗我……又是跟哪一个呀？……一面还做我的丈夫，一面跟她在一起……这太可怕了！你是无法理解的……”

“不，我能理解！我能理解，我的好陶丽呀，我能理解。”安娜握着她的手说。

“你以为他能理解我的处境有多么可怕吗?”陶丽又说。“一点也不！他天天快快活活,扬扬得意呢。”

“才不呢!”安娜立刻打断她的话说。“他挺可怜,他后悔得要命……”

“他能够后悔吗?”陶丽凝视着小姑的脸,打断她的话,问道。

“是的,我了解他。我看他实在可怜。你我都是了解他的。他心肠好,可是他很骄傲,现在却觉得没脸见人。最使我感动的就是(安娜一下子就猜到最能打动陶丽的是什么)……有两件事使他很痛心:一件是他没脸见孩子们,另外一件就是他爱你……是的,是的,在世界上他最爱的就是你,”她看出陶丽想反驳,急忙抢着说,“爱你却又给你造成痛苦,使你伤透了心。他老是在说:‘不,不,她不会饶恕我的。’”

陶丽一面听小姑说话,一面若有所思地朝一旁望着。

“是的,我明白,他的处境很糟;有罪的人往往比无罪的人更难受,如果他能感觉到一切不幸都是由于他的罪过的话,”她说。“可是怎么能饶恕呢？既然有了那个女人,我怎么能再做他的妻子呢？现在我再和他生活在一起,那是很痛苦的,就因为我爱惜我过去对他的爱情……”

她哭了起来,说不下去了。

但就像有意似的,她的心一软下来,就又说起刺激自己的话来。

“那女人又年轻又漂亮嘛,”她又说下去。“你可知道,安娜,是谁把我的青春、我的美貌消磨掉了？是他和他的孩子们呀。

我天天伺候他，我的一切都在他身上消耗完了，现在他遇上一个鲜嫩的贱货，自然更喜欢啦。他们一定在一起说我呢，也许更坏，连提也不提。你明白吗？”她的眼睛里又燃起怒火。“在这之后他再对我说这说那……怎么，我还能相信他吗？永远不能。是的，一切都完了，一切，那成为我的安慰、成为我的辛苦劳累的报酬的一切……你能相信吗？比如我刚才教格里沙念书，以前这是一种乐趣，现在却成了一种痛苦。我何必卖力，何必劳累呢？要小孩子干什么呢？最可怕的是，我的心一下子完全变了，我对他的爱、对他的情没有了，对他只有恨，是的，只有恨了。我恨不得把他杀了……”

“陶丽，好嫂子，我都明白，不过你不要折磨自己。你太伤心，太气愤了，因此有许多地方你看走了样子。”

陶丽安静下来。她们有两分钟没有说话。

“怎么办呢，安娜，你帮我想想吧。我什么都反复想过了，可是什么办法也想不出来。”

安娜也想不出什么办法，但是她的心对嫂嫂的每一句话和脸上的每个表情都有直接的反应。

“我只说一点，”安娜开口说，“我是他妹妹，我知道他的性情，知道他那种健忘的脾性（她在脑门前做了一个手势），知道他会完全着迷，但也会完全后悔。他现在就无法相信，无法明白，他怎么会做出他做的那种事来。”

“不，他明白，他很明白！”陶丽打断她的话说。“可是我……你把我忘了……难道我好过吗？”

“你别急。在他对我说这事儿的时候，说实在的，我还不理解你的处境有多么可怕。我只是看到他,看到家庭乱了套;我很可怜他。可是,跟你谈了谈以后,我作为一个女人,就看到了另一面。我看到你的痛苦,心里真说不出多么替你难受!可是,陶丽,好嫂子,我完全理解你的痛苦,只有一点我不知道:我不知道……我不知道你心里对他还有多少爱。只有你知道,是不是还有足够的爱支持你饶恕他。如果还有的话,就饶恕他吧!"

"不。"陶丽说起来;可是安娜又吻了一下她的手,把她的话打断了。

"我比你更了解上流社会,"安娜说。"我了解像司基瓦这样的人,知道他们怎样看待这种事儿。你说,他会跟她在一起说你什么。才不会哩。这些男人干着偷鸡摸狗的事,可是在他们的心目中,家庭和妻子那还是很神圣的。不管怎样他们还是瞧不起那些女人,那些女人也妨害不了他们对家庭的感情。他们在家庭和那些女人之间划了一条不可逾越的界线。我不明白这是怎么回事儿,但事实就是这样。"

"是的,可是他亲过她了呀……"

"陶丽,听我说,好嫂子。当年司基瓦爱上你的时候,我是看见的。我记得那时候,他跑到我那儿,说到你,还流泪呢,你在他心目中多么富有诗意,多么崇高呀!我知道,他同你生活越久,你在他心目中变得越崇高。我们还常常取笑他哩,笑他每说一句话都要加上一句:'陶丽真是一个了不起的女人。'你在他心目中永远是神圣的,现在还是这样。这次冲动不是他有心……"

"可是,如果以后还要冲动呢?"

"我看,这是不会的……"

“好吧，不过，要是你遇上了，也能饶恕吗？”

“我不知道，我说不准……不，我能，”安娜想了想，说。她想象了一下这样的处境，在内心的天平上衡量了一番，又补充说：“是的，我能，我能，我能。是的，我会饶恕的。我会和原来不一样了，是的，不过我会饶恕的，而且是完全饶恕，就像没有那回事儿，根本没有那回事儿一样。”

“哦，那当然，”陶丽很快地接话说，就好像她说的是她考虑过多次的，“要不然那就不是饶恕了。要是饶恕，就得完完全全饶恕。好啦，咱们走吧，我带你到你的房间里去，”她说着，站起来，一面走一面把安娜搂住。“我的好妹妹，你来了，我多么高兴呀。我好过些了，好过多了。”

二十

这一天，安娜整天都待在家里，就是说，待在奥布朗斯基家里。她没有接见任何人，虽然已经有几个熟人听说她来了，当天就来拜访她。安娜整个上午都是跟陶丽和孩子们在一起。她只是打发人送一张字条给哥哥，叫他务必回家来吃午饭。她写道：“来吧，上帝是仁慈的。”

奥布朗斯基在家里吃的午饭；谈的是家常话，妻子和他说话，又称起“你”，这是很久没有过的。夫妻之间原来的隔阂依然存在，但是已经不谈什么分离的话了。奥布朗斯基看到有交换意见与和解的可能了。

刚吃过午饭，吉娣就来了。她认识安娜，但不怎么了解她。

所以吉娣来到姐姐家，不能不有点儿惶恐，不知道这位人人交口赞誉的彼得堡贵夫人怎样对待她。可是安娜很喜欢她，这一点她立刻就看出来了。安娜显然很欣赏她的美丽和年轻。吉娣还没有定下神来，便觉得自己不仅受到她的感染，而且觉得自己爱上了她，就像一般年轻姑娘爱慕已婚和年长的妇女那样。安娜不像一个上流社会的贵夫人，也不像有了八岁的孩子的母亲。要不是她眼睛里那惊动和吸引着吉娣的严肃而有些忧郁的神情，凭她那动作的灵活、她的娇艳以及凝聚在她的脸上，时而从微笑中，时而从目光中流露出来的勃勃生气，她倒是像一个二十岁的姑娘。吉娣觉得安娜十分纯真，什么也不掩饰，不过也觉得她另有一个崇高的、她吉娣无法理解的复杂的、诗意的精神境界。

饭后，等陶丽一回到自己的房里，安娜就很快地站起来，走到正要吸雪茄的哥哥跟前。

"司基瓦，"她快活地挤着眼睛，对他画着十字，用眼睛朝门口指了指，对他说，"去吧，上帝保佑你。"

他领会了她的意思，丢下雪茄，走了出去。

等奥布朗斯基走过之后，她又回到沙发上，坐在孩子们的包围圈里。不知是因为孩子们看出妈妈喜欢这位姑姑，还是因为他们自己觉得她身上有一股特殊的魅力，先是两个大的，然后像常有的情形一样，几个小的也学他们的样儿，在饭前就缠住新来的姑姑，再也不离开她。他们就像在玩一种游戏，看谁能坐得离姑姑近些，看谁能挨到她，谁能拉着她的纤手，亲她，玩她的戒指，或者至少摸摸她衣服上的皱边儿。

"好啦，好啦，咱们还像刚才那样坐。"安娜说着，坐到原来的地方。

于是格里沙的头又钻到她的胳膊底下，紧紧贴住她的衣服，脸上露出得意和幸福的神气。

“哦，什么时候举行舞会呀？”她问吉娣。

“下个星期。是一次盛大的舞会呢。在一些舞会上总是很快活的，这一次就是。”

“噢，有那样一种总是很快活的舞会吗？”安娜带着亲切的讥笑口吻说。

“奇怪是奇怪，不过是有的。在鲍布利晓夫家总是快活的，在尼基丁家也是这样，可是在梅日科夫家就往往很乏味。您难道没有发觉吗？”

“不，好妹妹，对我来说已经没有什么快活的舞会了，”安娜说。于是吉娣又在她的眼睛里看到那个没有对她开放的特别境界。“对我来说，只是有一些舞会叫人觉得不那么难受和乏味罢了……”

“您怎么会在舞会上感到乏味呢？”

“我又怎么不会在舞会上感到乏味呢？”安娜问。

吉娣发觉安娜知道会有什么样的回答。

“因为您总是最美呀。”

安娜最容易脸红。她红了脸，说：

“第一，从来不是这样；第二，就算是这样，这对我又怎样呢？”

“这次舞会您去吗？”吉娣问。

“我想，我不能不去。你就拿去吧。”她对丹尼娅说。丹尼娅正在把很容易脱落的戒指从她那白白的、尖端细细的手指上往下捋。

“要是您能去，我就太高兴了。我多么想在舞会上看到您呀。”

“如果能去的话，一想到至少可以使您高兴，那我就心满意足了……格里沙，别揪头发，就这样已经够乱啦。”她说着，理了理格里沙玩的那一绺耷拉下来的头发。

“我想象您在舞会上穿紫色衣裳呢。”

“为什么一定要穿紫色的?”安娜笑着问。“喂，孩子们，去吧，去吧。听见没有? 古丽小姐叫你们去喝茶哩。”她说着，从孩子堆里抽身出来，打发他们到餐室里去。

“我可是知道您为什么叫我去参加舞会。您对这次舞会抱着很大的希望，所以就巴不得人人都在场，人人都参加。”

“您怎么知道的呀? 就是的。”

“啊! 你正处在一个多么美好的时候呀，”安娜继续说下去。“我记得和熟悉这蔚蓝色的雾，就像瑞士那山里的雾一样。这蔚蓝色的雾笼罩着童年即将结束时那个幸福时代的一切，离开那又幸福又欢乐的广阔天地，路就越来越窄，等到走进那穿廊，那就有欢乐也有恐惧了，尽管那穿廊似乎也是光明和美好的……谁没有走过这条路呀?”

吉娣微笑着，没有说话。“可是她是怎样走过来的呢? 我真想知道她的全部恋爱史呀。”吉娣想道，同时想起她丈夫卡列宁那俗不可耐的外貌。

“我知道一点事儿。司基瓦对我说的，我祝贺您，我很喜欢他，”安娜继续说，“我在火车站遇到伏伦斯基了。”

“啊，他上火车站去了吗？”吉娣飞红了脸问道。“司基瓦对您说了些什么？”

“司基瓦全说给我听了。我真是太高兴了。我昨天是和伏伦斯基的母亲同车来的，”她继续说，“他母亲不停地对我谈他的事；他是她的宝贝儿；我知道，做母亲的都是偏爱的，不过……”

“他母亲究竟对您说了些什么？”

“哈，说的可多呢！所以我知道，他是她的宝贝儿，不过还是可以看出来，这是一个讲义气的男子……比如，她说他要把全部财产都让给哥哥，说他在小时候就做过不寻常的事，救过一个落水的女子。一句话，是个英雄。”安娜笑着说，同时想起他在车站上给人家两百卢布的事。

不过她没有说那两百卢布的事。不知怎的，她想起这事儿就有点儿不愉快。她觉得，这事儿跟她有点儿什么关系，有一种不应该有的意味儿。

“老夫人再三请我上她家里去，”安娜继续说，“我也很高兴看看老人家，明天我就去看她。哦，感谢上帝，司基瓦在陶丽房里待了很长时间啦。”安娜补充一句，改变了话题，并且站了起来，吉娣觉得似乎她因为什么事感到不愉快。

“不，是我第一！不，是我！”孩子们喝完茶，吵吵嚷嚷地朝安娜姑姑跑来。

“大家一齐到！”安娜说过这话，便笑哈哈地迎着孩子们跑去，把这一堆闹哄哄的、快活得直叫的孩子搂住，并且一起倒在地上。

二十一

快到大人喝茶的时候,陶丽才从自己的房里走了出来。奥布朗斯基没有出来。他想必是从后门出了妻子的房间。

“我怕你在楼上冷,”陶丽对安娜说,“我想让你搬到楼下来,这样咱们就靠得更近了。”

“哎呀,不要为我操心吧。”安娜一面回答,一面注视着陶丽的脸,很想弄清楚是不是和解了。

“你在这儿要暖和些。”嫂子说。

“我对你说吧,我不论在哪儿,都能睡得跟土拨鼠一样。”

“你们这是说的什么呀?”奥布朗斯基从房里走出来,向妻子问道。

吉娣和安娜一听到他说话的口气,立刻就明白,已经和解了。

“我想让安娜搬到楼下来,可是要换换窗帘。谁也换不好,我得亲自动手了。”陶丽回答他说。

“天知道,他们是不是完全和解了呢?”安娜听到她的冷淡、平静的口气,心里想道。

“哎呀,得了,陶丽,你总是自找麻烦,”丈夫说。“好啦,你要是同意,一切由我来办吧……”

“是的,一定和解了。”安娜想道。

“我知道你办事情都是怎么办的,”陶丽回答说,“你把办不成的事都交给马特维去办,自己转身就跑掉,他把什么都弄得一团糟。”陶丽说这话的时候,嘴角浮现出平素那种讥讽的微笑。

“完全、完完全全和解了，”安娜想道，“感谢上帝！”因为和解是她促成的，心里十分高兴，情不自禁地走到陶丽跟前，吻了吻她。

“绝对不会的，你怎么这样瞧不起我和马特维呀？”奥布朗斯基微微笑着对妻子说。

整个晚上，陶丽像往常一样对待丈夫总带一点儿讥笑的神气，奥布朗斯基却又快活又得意，但不让得意之色过分流露，以免让人觉得他得到饶恕便忘记了自己的罪过。

在九点半钟，奥布朗斯基家特别高兴、特别愉快的家庭茶余夜话被一件似乎极平常的事破坏了。不过不知为什么大家都觉得这件很平常的事有点儿奇怪。在谈到彼得堡共同的熟人时，安娜很快地站了起来。

“我的照相簿里有她的照片呢，”她说，“顺便也让你们看看我的谢辽沙。”她带着做母亲的得意的笑容说。

快十点钟了，平时这时候她要和儿子互道晚安，而且常常在赴舞会之前亲自安顿儿子睡觉，此时她离儿子这么远，不由得惆怅起来。不论大家在谈什么事，她的心总是要飞回她那鬈发的谢辽沙身边。她很想看看他的照片，谈谈他。她一看到有了由头，就站起来，迈着她那轻盈而利落的步子前去取照相簿。通往她的房间的楼梯正对着外面大楼梯的平台。

就在她走出客厅的时候，前厅里的铃响了。

“这会是谁呢？”陶丽说。

“要是来接我，那就太早了；要是来找谁，那就太晚了。”吉娣说。

“一定是送公文来了。”奥布朗斯基插嘴说。当安娜走到楼梯口的时候，一名仆人跑上来通报有客人来到，这时来客就站在灯光下。安娜朝下面一看，立刻就认出是伏伦斯基，不知为什么她心里顿时出现一种又高兴又慌乱的奇怪心情。他站着，没有脱大衣，正在口袋里掏一样什么东西。她走到楼梯中间的时候，他抬起眼睛，看到了她，在他的脸部表情中出现了一种羞惭和惶恐的神气。她微微点了点头，就上楼去了，接着就听到奥布朗斯基大声喊他进去，又听到伏伦斯基用不高的柔和而平静的声音表示谢绝。

安娜拿着照相簿回来的时候，他已经走了。奥布朗斯基说，他是来问问明天他们请一位外来的名人吃饭的事。

“他怎么也不肯进来。他这人多怪呀。”奥布朗斯基又说。

吉娣的脸红了红。她以为只有她明白他为什么来，又为什么不进来。“他到我家去过了，”她想道，“没有找到我，就想到我在这儿；可是他不进来，因为他觉得太晚了，而且安娜在这儿。”

大家互相看了看，什么也没有说，就看起安娜的照相簿。

一个人在晚上九点半上朋友家问问打算请客的事，没有进门，本没有什么特别和奇怪的；可是大家都觉得这事儿奇怪。最觉得奇怪和不自在的是安娜。

二十二

当吉娣和母亲登上灯火通明、摆满鲜花、站满扑了香粉、身穿红色长袍的仆人的宽大楼梯时，舞会刚刚开始。大厅里传出像蜂房里那样均匀的沙沙的动作声。当她们站在摆满盆花的楼梯平台上对着镜子整理头发和衣服时，大厅里传出小提琴那小心翼翼的清楚的声音，乐队开始演奏第一支华尔兹了。一个浑身香水气味、对着另一面镜子理了理白色鬓发的穿便服小老头儿，在楼梯上碰到她们，显然因为很欣赏他不认识的吉娣，给她们让了路。一个没有胡子的青年，也就是谢尔巴茨基老公爵称为活宝贝儿的上流社会青年，穿着领口特别大的背心，一面走一面理着雪白的领带，向她们鞠了一个躬，走过去之后，又回来请吉娣跳卡德里尔舞。第一圈卡德里尔舞她已经答应了伏伦斯基，所以她只能答应同那位青年跳第二圈。一位军官正在扣手套上的扣子，在门口让了路，一面捋着小胡子，一面欣赏玫瑰一般的吉娣。

尽管吉娣在服饰、发式和准备参加舞会的各方面都费了不少心思，花了很多工夫，可是她现在穿着色彩斑斓的网纱连衣裙和玫瑰色衬裙那么雍容、那么飘洒地步入舞厅，仿佛这一切花结、花边和服装上的一切饰物都没有花费过她和她家里人一分钟工夫，仿佛她生来就带着这网纱、花边和高高的头发，头发上还长着一朵带两片叶子的玫瑰花。

就要进入舞厅的时候，老公爵夫人想给她抻抻卷起来的腰带，吉娣微微闪了闪身子，躲开了。她觉得，她身上的一切自然是非常好看、非常优美的，一点也用不着整理了。

这是吉娣最幸福的一天。她的连衣裙没有一处不合身，花边披肩一点不往下溜，花结不皱也不脱落，粉红色高跟鞋一点不夹脚，穿着非常舒服，浓密的淡黄色假髻贴在她那小小的头上，就像自己的头发一样。长手套上的三个扣子都扣得好好的，没有松开，那手套裹住她的手，并没有改变手的模样。那系着肖像颈饰的黑丝绒绦带，特别温柔地绕着她的脖子。这丝绒绦带很有魅力，吉娣在家里在镜子里看到自己脖子的时候，就觉得这丝绒绦带在说话呢。别的方面也许都还有可斟酌之处，这丝绒绦带却肯定是迷人的。吉娣在这舞厅里朝镜子里的丝绒绦带看了一眼，也不由得笑了。看着那裸露的肩膀和手臂，就像碰到大理石一样感到凉丝丝的，这是她特别喜欢的一种感觉。她的眼睛闪闪发亮。她的朱唇也因为意识到自己的魅力不能不笑。她还没有走进舞厅，还没有走到那一群周身都是网纱、缎带、花边和鲜花，在等待着邀舞的妇女跟前（吉娣从来没有在这群妇女中停留过），就有人来请她跳华尔兹舞，而且来邀请的正是最出色的舞伴、舞蹈明星、著名舞蹈教练、舞会主持人、身材匀称的已婚美男子耶戈鲁什卡·科尔松斯基。他和巴宁伯爵夫人跳过第一圈华尔兹，刚刚把她放开，扫视了一下自己的兵马，也就是几对开始跳舞的男女，一看到进来的吉娣，就迈着舞蹈教练特有的那种潇洒的快步来到她面前，鞠了一躬，也不问她是不是愿意，就伸出手去搂她的纤腰。她回了一下头，看把扇子交给谁，女主人就笑眯眯地把扇子接了过去。

“您准时来到，太好了，”他搂住她的腰，对她说，“要不然迟到可是一种坏作风。”

她弯起左臂，搭到他的肩上，于是她那一双穿着粉红色皮鞋的纤足就随着音乐的节拍在光滑的镶花地板上轻盈而匀和地转动起来。

“跟您跳华尔兹一点不费力，”在跳华尔兹开头的慢步舞时，他对她说，“好极了，多么轻快，多么利落。”他几乎对所有的好舞伴都是这样说的。

她听到他的称赞，笑了笑，继续从他的肩头上打量着整个舞厅。她不像那初次抛头露面的姑娘，舞厅里所有的脸融合成一个仙境般的景象；她也不像那些跑腻了舞场的姑娘，觉得舞厅里所有的脸都熟悉得令人生厌。她介乎二者之间：她是很兴奋的，同时也相当镇定，能够观察舞厅里的一切。她看到舞厅的左边角落里聚集着交际界的精华。那儿有袒露到不能再露的美人儿、科尔松斯基的妻子丽蒂，有女主人，有秃顶油光锃亮的克利文，交际界精华汇集之处，往往他都要在场；许多小伙子朝那边望着，却不敢走过去；吉娣也看到司基瓦在那儿，接着就看到穿着黑丝绒连衣裙的安娜那优美的身段和头部。他也在那儿。自从拒绝列文求婚的那天晚上以后，吉娣就没有看见过他。她的敏锐的眼睛一下子就认出他来，甚至发觉他在看她呢。

“怎么样，再来一圈吧？您不累吗？”科尔松斯基轻轻喘了几口粗气，说。

“不了，谢谢。”

“把您送到哪儿去呀？”

“好像卡列宁夫人在这儿……请把我送到她那儿去吧。”

“遵命。”

于是科尔松斯基渐渐放慢脚步，跳着华尔兹径直向左边角落里的人群移动，一面嘴里说着：“对不起，太太们，对不起，对不起，太太们。”一面在花边、网纱、缎带的海洋中旋转着，连一根羽毛也没有挂到；他把自己的舞伴急剧地旋转了一圈，转得她那穿着绣花长筒丝袜的玉腿露了出来，她的长裙像扇子一样展了开来，蒙住了克利文的膝盖。科尔松斯基鞠了一个躬，挺了挺敞开的胸膛，就伸出手想把她搀到安娜跟前去。吉娣红了红脸，把裙裾从克利文的膝盖上拉下来。她多少有些头晕，向周围扫了一眼，寻找安娜。安娜没有像吉娣一心希望的那样穿紫色衣裳，却穿了一件黑丝绒敞胸连衣裙，露出她那像老象牙一样光润丰满的肩膀和胸脯，以及圆圆的胳膊和纤手。她的连衣裙镶的都是威尼斯花边。她的头上，在她那没有掺假发的一头黑发中，有小小的一束紫罗兰，在白色花边之间的黑腰带上也有这样的一束。她的发式并不引人注目，引人注目的是那老是在脑后和鬓边翘着的一圈圈任性的鬈发，这为她更增添了几分风韵。在那光润而丰腴的脖子上挂着一串珍珠。

吉娣每次看到安娜，都爱慕她，并且想象她一定会穿紫色衣裳，可是现在看见她穿着黑色衣裳，吉娣才觉得以前没有充分领略她的真正魅力。现在看到了她这副出人意料的新模样。吉娣现在才明白，安娜不能穿紫衣裳，她的魅力就在于她这个人总是比服饰更突出，服饰在她身上从来就不引人注目。这件镶着华丽花边的黑色连衣裙就不显眼，这不过是一个镜框，引人注目的只是她这个人：雍容，潇洒，优雅，同时又快快活活，生气勃勃。

她站在那里，一如往常，身子挺得特别直，吉娣走到这一堆人跟前时，她正微微偏着头同男主人说话。

“不，我不想说什么责备的话。”她就什么事情回答他说，“虽然我无法理解。”她又耸耸肩膀说。接着，她立刻带着亲切的、有保护意味的笑容转身和吉娣打招呼。她用女性特有的目光匆匆扫视了一下吉娣的服饰，便用头做了一个极其轻微、但是吉娣能领会的赞赏动作，表示赞赏她的服饰和美丽。“你们也跳到这边厅里来啦。”她说了一句。

“这是我最可靠的舞伴之一，”科尔松斯基说着，向他还没有见过的安娜鞠了一躬。“公爵小姐为舞会增添不少欢乐和光彩呢。安娜·阿尔卡迪耶芙娜，跳一圈华尔兹吧。”他弯着腰说。

“你们认识吗？”主人问道。

“我们跟谁不认识呀？我和贱内就像一对白狼，人人都认识我们，”科尔松斯基回答说。“跳一圈华尔兹吧，安娜·阿尔卡迪耶芙娜。”

“要是能不跳的话，我就不跳。”安娜说。

“今天不跳可是不行。”科尔松斯基回答说。

这时伏伦斯基走了过来。

“好的，如果今天不跳不行的话，那咱们就来吧。”她说着，也没有理会伏伦斯基的鞠躬，很快地把手搭在科尔松斯基的肩上。

“为什么她不满意他呢？”吉娣发现安娜有意不理睬伏伦斯基的鞠躬，心里想道。伏伦斯基走到吉娣面前，提起请她跳第一圈卡德里尔舞的事，并且因为这几天没有机会去看她表示歉意。吉娣一面欣赏安娜的舞姿，一面听他说话。她等着他请她跳华尔兹，可是他没有邀请她，因此她惊讶地看了他一眼。他的脸红了红，这才急忙请她跳华尔兹，可是他刚刚搂住她的细腰，只迈出第一步，音乐就突然停了。吉娣看了看他那跟她挨得很近的脸，她这含情脉脉的一瞥却没有得到他的回报，后来过了好几年，还常常觉得心里刺痛，觉得是一种难以忍受的耻辱。

“对不起，对不起！跳华尔兹，华尔兹！”科尔松斯基在大厅的另一头喊道，并且立即搂住身边的一位小姐，跳了起来。

二十三

伏伦斯基和吉娣跳了好几圈华尔兹。吉娣跳完华尔兹，便走到母亲跟前，刚刚和诺德斯顿伯爵夫人说了几句话，伏伦斯基就来请她跳第一圈卡德里尔舞。在跳卡德里尔舞的时候，没有谈什么有意义的话，只是断断续续地谈到科尔松斯基夫妇，他把他们说成是一对可爱的四十岁的孩子，说得非常好玩儿，有时也谈到将来的公共剧场，只有一次，当他问起列文是不是在这里，并且说他很喜欢他时，谈话才触及了她的心灵。不过吉娣对卡德里尔舞并没有抱更大的期望。她心情激动地等待着跳玛祖卡舞。她认为，一切都应该在跳玛祖卡舞时见分晓。在跳卡德里尔舞时，他没有约请她跳玛祖卡舞，并没有使她感到不安。她相信，她会像在以往的舞会上那样跟他一起跳玛祖卡舞的，因此有五个人约请跳玛祖卡舞，她都谢绝了，说是已经有人了。整个舞会，直到最后一圈卡德里尔舞，吉娣觉得就像是一个充满欢乐色彩、音响和动作的梦中仙境。她只有在极度疲劳，非休息不可的时候，才不跳舞。但是在她和一个无法摆脱的很乏味的青年跳最后一圈卡德里尔舞时，却凑巧成了伏伦斯基与安娜的对舞者。自从大家都开始跳舞以来，她还没有碰见过安娜，这时她忽然看到安娜又是一种完全不同的、令人意想不到的模样儿了。她在安娜身上看到她自己在情场得意时常常出现的那种兴奋的样子。她看到，安娜醉了，饮的是男子倾慕的美酒。她熟悉这种心情，也熟悉这种心情的表现特征，现在就在安娜身上看到了：看到了眼睛里那颤动的、闪烁不停的光芒，那情不自禁地浮现在朱唇上的幸福和兴奋的微笑，还有那格外优美、利落、轻盈的动作。

“是谁呢？”她自己问自己。“是所有的人还是有一个人呢？”这时和她跳舞的青年说话丢了话头，怎么也接不上来，她也不帮他克服窘态，表面上服从着科尔松斯基那又快活又洪亮的口令，听他一会儿叫大家围成一个大圈儿，一会儿叫大家排成一排，自己却在仔细观察着，而且她的心收缩得越来越紧了。“不，使她陶醉的不是大家的欣赏，而是一个人的爱慕。这个人是谁呢？难道就是他吗？”每次他和安娜说话，安娜的眼睛里就迸射出喜悦的光芒，那朱唇上也浮起幸福的微笑。她好像是在竭力克制自己，尽量不露出喜悦的神气，可是喜悦的神气不知不觉就出现在她的脸上。“可是他又怎样呢？”吉娣朝他看了看，大吃一惊。吉娣清清楚楚地在安娜脸上看到的东西，她在他身上也看到了。他那一向沉着、刚健的风度和脸上那泰然自若的神情哪儿去了？不对了，他现在每次对她说话，总要微微弯下头，好像很想在她面前跪下来，而且在他的目光中只有唯命是从和诚惶诚恐的神情了。“我不愿冒犯您，”他的目光仿佛每次都这样说，“不过我要救救我自己，就是不知道该怎么办。”他脸上的表情是吉娣从前从来没有见过的。

他们谈的是彼此都认识的一些人，谈的是最没有意义的话，可是吉娣觉得，他们说的任何一句话都能决定他们的和她的命运。奇怪的是，尽管他们确实谈的是伊凡·伊凡诺维奇说法语说得多么可笑,叶列茨卡雅应该能找到更好的夫婿,这些话在他们来说却是有意义的,而且他们也像吉娣一样感觉到这一点。在吉娣心里,整个舞会、整个世界都罩上了迷雾。只是因为受过严格的教育,她才勉强支持着,做别人要求她做的事情,也就是跳舞,回答问话,说话,甚至微笑。不过,到了跳玛祖卡舞的时候,已经纷纷把椅子拉开,有几对舞伴也从边厅往大厅里移动,这时吉娣顿时感到绝望了,慌了。她已经拒绝了五个人,现在就跳不成玛祖卡舞了。甚至连被邀请的希望也没有了,正是因为她在交际界太走红,所以谁也不会想到直到这时候还没有人请她跳舞。应该对母亲说她身体不舒服,要回家去,可是她又没有劲头儿这样做。她觉得心灰意懒。

她走进小会客室里,一下子坐到安乐椅上。那轻纱连衣裙下摆像云彩一般飘起来绕在她那细腰上;一条裸露出来的细细的娇嫩的玉臂无力地耷拉下来,沉没在粉红色舞裙的褶皱里;她的另一只手拿着扇子,使劲儿扇她那火辣辣的脸。虽然她的样子很像一只蝴蝶刚刚落在青草上,眼看就要展开美丽的翅膀飞起来,可是她心里感到绝望、痛苦极了。

"也许是我误解了,也许没有这么一回事儿呢?"她想道。

于是她又回想刚才见到的种种情景。

"吉娣,你这是怎么啦?"诺德斯顿伯爵夫人悄没声地踩着地毯走到她跟前,说。"这事儿我真不明白。"

吉娣的下嘴唇哆嗦了两下,她很快地站了起来。

"吉娣,你不跳玛祖卡吗?"

"不,不。"吉娣带着哭腔说。

“他就当着我的面请她跳玛祖卡,”诺德斯顿伯爵夫人知道吉娣明白这他和她是谁,就这样说,“她说:您怎么不和谢尔巴茨基公爵小姐跳呀?”

“哼,我一点不稀罕!”吉娣回答说。

除了她自己,谁也不了解她的处境,谁也不知道她拒绝了也许她爱过的一个人的求婚,她所以拒绝,是因为她信任另一个人。

诺德斯顿伯爵夫人找到跟她跳过玛祖卡舞的科尔松斯基,叫他去邀请吉娣。

吉娣是在打头的一对儿里,幸好她不用说话,因为科尔松斯基一直在忙着对他手下的兵马发号施令。伏伦斯基和安娜几乎就在她对面坐着。她那敏锐的眼睛看到了他们;当他们跳到一块儿的时候,她又在近处看到他们;她看到他们越多,越是相信她的不幸已成定局。她看出来,他们觉得在这到处是人的大厅里只有他们两个人。她在伏伦斯基那表情一向刚毅洒脱的脸上看到一种使她吃惊的不知所措和唯命是从的表情,很像一条听话的狗做了错事时的表情。

安娜微笑,他就微笑。她沉思起来,他也收敛起笑容。有一种超自然的力量把吉娣的目光吸引到安娜的脸上。她穿着朴素的黑衣裳是很美的,那戴着手镯的丰满的手臂是很美的,那挂着一串珍珠的玉雕般的脖子是很美的,那蓬松的鬈发是很美的,那一双纤足和手臂的轻盈优雅的动作是很美的,那洋溢着生气的娇艳的脸是很美的,不过在她的美艳之中有一种可怕的、残酷的意味儿。

吉娣比以前更赞赏她了,心里也就越来越痛苦了。吉娣觉得自己完了，这种心情也在脸上流露出来。当伏伦斯基跳玛祖卡舞碰到她时，一下子竟没有认出她来，就因为她变得太厉害了。

“好精彩的舞会呀！”他对她这样说，只是为了说点儿什么。

“是的。”她回答说。

玛祖卡舞跳到一半的时候，安娜一面重复着科尔松斯基新发明的复杂花样，一面走到圈子中央，抓住两个男舞伴，并且招手叫一位太太和吉娣过去。吉娣一面朝她走，一面带着恐惧的神气望着她。安娜眯缝起眼睛看着她，握了握她的手，笑了笑。可是等她看到吉娣的脸只是用绝望和惊讶的表情回答她的微笑，就转过身去，和另一位太太快快活活地说起话来。

“是的，她有一种与众不同的、妖魔般的、格外迷人的魅力。”吉娣在心中说。

安娜不愿留下来吃晚饭，可是主人却一再挽留她。

“行啦，安娜·阿尔卡迪耶芙娜，”科尔松斯基说着，把她一只裸露的玉臂挟到他的燕尾服袖子底下。“我还想跳几圈科奇里昂舞哩！才美呢！”

于是他慢慢移动，竭力要把她拉过去。主人带着赞许的神气微笑着。

“不，我不能留下来。”安娜笑着回答说；尽管她在笑，可是科尔松斯基和主人从她回答的果断口气听出来，她是不会留下来的。

“不跳吧，就这样我在莫斯科你们这一次舞会上跳的舞，比在彼得堡整个冬天跳的还要多呢，”安娜回头看着站在她旁边的伏伦斯基，说。“我要休息休息，好上路呢。”

“您一定要明天就走吗?”伏伦斯基问。

“是的,我是这样想,”安娜回答时,露出惊讶的神气,似乎没想到他会这样大胆地问她。不过,在她说这句话的时候,在她的眼睛和微笑中颤动着的压制不住的光芒把他的心燃着了。

安娜走了,没有留下吃晚饭。

二十四

“是的,我有些地方是令人反感,令人不喜欢,”列文从谢尔巴茨基家出来,一面朝哥哥的寓所走,一面想着。“我跟别人不合群。都说我骄傲。不,我连骄傲也不是。真要是骄傲的话,就不会去碰这种钉子,落到这般地步。”于是列文想起伏伦斯基,觉得他又幸福又和善,又聪明又文静,想必从来没有落到像他今天晚上这样糟的境地。“是的,她应该挑选他。就应该这样,我不能埋怨谁,没什么好埋怨的。只能怪我自己。我有什么理由认为她会愿意和我缔结终身呢?我是什么人?我算得上什么?一个微不足道的人,谁也用不着,谁也不稀罕。”这时他想起尼古拉哥哥,于是很高兴地回想起他的种种情形。“他说世界上的一切都是卑鄙龌龊的,不是很对吗?我们过去和现在对尼古拉哥哥的评价未必公正。普罗科菲哥哥看到他穿着破烂皮袄,喝得醉醺醺的,自然就认为他是一个没出息的人;可是我认为他不是这样。我知道他的心,知道他和我很像。可是我没有去找他,却去吃饭,又到这儿来。”列文走到路灯底下,看了看笔记本里记的哥哥的地址,就叫了一辆马车。列文在去找哥哥的很长的一路上,历历在目地回想着他所知道的尼古拉哥哥的种种往事。他想起哥哥在大学时期以及毕业后的一年里，不顾同学们的嘲笑，过着修士一般的生活，严格奉行宗教教规教仪，做礼拜，持斋，放弃各种各样的享受，尤其是不近女色；后来忽然异想天开，结交了一些最下流的人，从此过起花天酒地的日子。后来想起那个孩子的事。他从乡下领了一个孩子来抚养，因为一时气愤把孩子狠狠打了一顿，打成残废，因而吃了官司。又想起他和那个赌棍的事。他输给那个赌棍一笔钱，付了一张支票，后来他又告发那赌棍骗了他。（这就是柯兹尼雪夫代付的那一笔钱。）又想起他因为打架闹事在警察局关了一夜。想起他和柯兹尼雪夫打的无赖官司，说柯兹尼雪夫没有把母亲财产中应得的一份给他。还想起不久前他到西部边区任职，因为殴打乡长而吃的官司……这一切都非常恶劣，不过列文完全不像那些不了解尼古拉、不了解他的全部经历、不了解他的心地的人一样，把他看得那样恶劣。

列文记得，在尼古拉信奉上帝，持斋，做礼拜，过修士生活的时候，在他求助于宗教来抑制他的情欲的时候，不仅没有谁支持他，而且所有的人，包括他列文在内，都嘲笑他。大家都讥诮他，叫他挪亚①，叫他修士；可是等他放荡起来，谁也不帮助他，而是都带着害怕和厌恶的心情躲避他。

列文觉得，不管尼古拉哥哥生活多么放荡，他的心灵，他的心灵深处，并不比那些瞧不起他的人坏些。他生来就有无法控制的性情和有限的智力，这怪不得他。其实他总是想做一个好人。“我

①《旧约全书·创世记》第六章第九节中说：“挪亚是个义人，在当时的时代是个完全人。”

要把什么都对他说说，也叫他把什么都说出来，我要让他明白，我是爱他的，所以也是了解他的。”列文在十点多钟来到记事本上记的那家旅馆时，在心中打定了主意。

“楼上十二号和十三号房间。”看门人回答列文说。

“在家吗？”

“应该在家。”

十二号房间的门半开着，有一股淡味的劣等烟草的浓烟随着一道灯光冲了出来，里面还有列文不熟悉的一个人的声音；可是列文听出哥哥就在里面，因为听到了他的咳嗽声。

他进门的时候，那个不熟悉的声音在说：

“一切要看事情办得是否合理，是否凭良心。”

列文朝门里面看了看，看到说话的是一个头发浓密、身穿紧腰长外衣的年轻男子，还有一个麻脸年轻女子，穿着没有领子和袖子的毛呢连衣裙，坐在沙发上。没有看到哥哥。列文一想到哥哥竟然和这样一些不三不四的人混在一起，感到十分痛心。谁也没听到他来了。于是列文一面脱套鞋，一面倾听那个穿长外衣的人说话。那人在谈一个企业。

“哼，见鬼去吧，特权阶级，”哥哥一面咳嗽，一面说道。“玛莎！给我们端饭去，要是还有酒，就拿来；要是没有，就去买。”

那女子站起来，从屏风后面走出来，看到了列文。

“有一位先生来了，尼古拉·德米特里奇。”她说。

“找谁？”尼古拉很生气地问。

“是我呀。”列文说着，朝亮处走去。

“我是谁？”尼古拉更生气地又问了一遍。可以听到他的衣服在什么东西上挂了一下,他就很快地站了起来,于是列文在面对自己的门口看到了哥哥那异常熟悉、但又粗野又病弱得使人吃惊的又高又瘦、佝偻着的身躯和一双惊愕的大眼睛。

他比三年前列文上一次看到他时更瘦了。他穿着一件短上衣。他的手和粗大的骨骼显得更粗大了。头发比以前稀疏了,嘴上还是那样直直的小胡子,还是那样的眼睛带着奇怪和天真的神气望着来客。

“哎呀,柯斯加!”他认出弟弟,一下子叫了起来,眼睛里也放射出喜悦的光彩。不过就在同一分钟里,他回头看了看那个年轻人,头和脖子做了一个列文十分熟悉的痉挛般的动作,好像是领带勒得他难受;接着他那干瘦的脸上就出现了一种完全不同的粗野、痛苦和冷酷的表情。

“我给您和谢尔盖·伊凡诺维奇写过信,说我不认识你们,也不想认识你们。现在你,现在您有什么事?”

他完全不像列文想象的那样。列文想到他的时候,把他性格中最坏、最使人受不了的地方,也就是使人很难相处的地方忘记了;现在他一看到他的脸,尤其是看到头部痉挛地转动,他就想起了这一切。

“我来看看你,不是为了什么事,”他怯生生地回答说。“我就是来看看你。”

尼古拉看到弟弟胆怯,显然心软了。他哆嗦了几下嘴唇。

“噢,你是这样呀?”他说。“哦,你进来,坐下吧。你吃饭吗?玛莎,拿三份晚饭来。不,等一下。你知道,这位是谁吗?”他指着那个穿长衣的人对弟弟说。“这是克里茨基先生,还是我在基辅的朋友，是一个很了不起的人。他当然受到警察的迫害，因为他不是一个卑鄙的人。”

接着他习惯地扫视了一下房间里所有的人。他看到站在门口的女子正要走，又把她喊住：“我叫你等一下嘛。”于是他又环顾着所有的人，就像列文以往见惯了的那样，语无伦次、前言不搭后语地对弟弟说起克里茨基的经历：他是怎样因为创办贫寒学生救济会和星期日学校而被大学开除，后来怎样进民办学校当教师，又怎样被赶出民办学校，后来又怎样为一点什么事吃了官司。

“您是基辅大学的吗？”列文为了打破接着出现的很别扭的沉默状态，就问克里茨基。

“是的，上过基辅大学。”克里茨基皱起眉头，很恼火地说。

“这个女人嘛，”尼古拉打断他的话，指着那个女子说，“是我的人生伴侣，叫玛丽雅·尼古拉耶芙娜。是我从窑子里把她领出来的，”他说这话的时候，抽动了一下脖子。“但是我很爱她，尊重她，而且我要求，”他提高嗓门儿而且皱起眉头补充说，“凡是想跟我认识的人都要爱她和尊重她。她等于是，完全等于是我的妻子。这样，你就知道应该拿她当什么人了。如果你以为有损你的身份，那就请便，这儿就是门。”

他的眼睛又带着询问的神气扫了扫所有的人。

“怎么会有损我的身份呢，我不明白。”

“玛莎，那你去叫人端饭来，三份饭，还有伏特加和葡萄酒……不，等一等……不，不用了……你去吧。”

二十五

“你看，”尼古拉使劲皱着眉头，抽搐着。他显然不知道该说什么，做什么。“你可看到……”他指了指房间角落里用绳子捆着的一捆捆铁条。“你看到这个吗？这是我们就要创办的事业的开端。这事业就是生产合作社……”

列文几乎没有听。他凝视着他那枯黄的肺痨病人的脸，越来越可怜他。他没有心思去听哥哥对他讲合作社的事。他看出来，这个合作社不过是最后一层装潢，免得自己看不起自己。尼古拉继续说：

“你也知道，资本家压迫工人。我们的工人、农民担负着全部劳动重担，他们的处境却是：不论怎样卖力干活儿，都无法摆脱牛马般的状况。他们本可以用劳动的全部利润来改善自己的状况，获得空闲时间，从而可以受到教育，可是全部剩余价值都被资本家剥夺了。社会结构就是这样不合理，所以他们干的活儿越多，商人和地主赚的钱越多，可是他们却永远做牛做马。这种制度必须改变。”他说完了，用询问的目光朝弟弟看了看。

“是的，那当然啦。”列文注视着哥哥那凸出的颧骨下泛起的红晕，说道。

“所以我们在建立一个钳工合作社，合作社的全部产品以及利润，尤其是生产工具，都是共有的。”

“合作社在哪里办呀？”列文问。

“在喀山省沃维德列姆村。”

“为什么要在乡里呀？我觉得乡村里的事本来就够多的了。为什么钳工合作社要在村里办呢？”

“就因为庄稼人以前是奴隶，现在还是奴隶，而且你和谢尔盖不高兴的就是，要把庄稼人从奴隶状态中解救出来。”尼古拉一听到反对意见，就很恼火地说。

列文这时打量着阴暗而肮脏的房间，叹了一口气。这一声叹息好像更把尼古拉惹火了。

“我知道您和谢尔盖的贵族老爷观点。我知道他绞尽脑汁为现存的罪恶辩护。”

“不对，你为什么要说谢尔盖呢？”列文笑着说。

“谢尔盖吗？还用说为什么！”尼古拉提到谢尔盖的名字，一下子就叫了起来，“就因为……还说什么呀？只不过……你为什么上我这儿来？你瞧不起这个，很好，你就走你的吧，走吧！”他从椅子上站起来，喝道，“走吧，快走吧！”

“我一点也不是瞧不起，”列文胆怯地说。“而且也不是争论。”

这时玛莎回来了。尼古拉气嘟嘟地看了看她。她快步走到他跟前，低声说了几句话。

“我身体不好，很容易发火，”尼古拉渐渐镇静下来，喘着粗气说，“再说，你别跟我谈谢尔盖和他的文章。那简直是胡说八道，骗人的鬼话，自欺欺人。一个不懂得什么是正义的人，怎么能够谈正义呢？您看过他的文章吗？”他问克里茨基，一面又坐到桌子旁边，拨开撒了半桌子的纸烟，以便腾出地方。

“我没有看过。”显然不愿意插嘴的克里茨基阴沉地说。

“为什么?”这一下子尼古拉对克里茨基发火了。

“因为我觉得不必在这上面浪费时间。”

“倒是要请问,您怎么知道是浪费时间呢?有许多人看不懂那篇文章,因为太深奥了。但我是另一回事儿,我看透了他的心思,知道那为什么是站不住脚的。”

大家都不说话了。克里茨基慢慢站起来,拿起帽子。

“不吃晚饭吗?那好,再见吧。明天您把钳工带来。”

克里茨基一走出去,尼古拉便笑了笑,睐了睐眼睛。

“这人也不好,”他说,“我也看出来啦……”

可是这时克里茨基在门外叫他。

“还有什么事?”他说着,就到走廊里找他去了。就剩下列文和玛莎。列文就和她说起话来。

“您和哥哥在一起很久了吗?”他问她。

“已经有一年多了。他的身体很坏了。酒喝得太多。”她说。

“怎么喝法?”

“就喝伏特加,很伤身体。”

“喝得很多吗?”列文小声问。

“是的。”她胆怯地望着门口说。这时门口出现了尼古拉。

“你们谈什么呀?”他皱着眉头,张皇地看看这个又看看那个,说,“谈的什么呀?”

“没谈什么。”列文有些发窘地说。

“你们不愿说,那就随便。不过你跟她没有什么好谈的。她是窑姐儿,你是老爷。”他抽动着脖子说。

“你呀,我看出来,什么都明白,什么都看得很重,而且很惋惜我走错了路。”他又提高声音说。

“尼古拉·德米特里奇，尼古拉·德米特里奇。”玛莎走到他身边，又低声对他说了几句话。

“嗯，好的，好的！……晚饭怎么样啦？哦，来啦，”他看见茶房端着托盘来了，就说。“这儿，放在这儿，”他气嘟嘟地说过这话，立刻拿起伏特加，斟了一杯，馋巴巴地喝干了。“来吧，想喝吗？”他立刻快活起来，对弟弟说。“哼，提起谢尔盖就够了，我看到你还是很高兴的。不管怎么说，总不是外人。来，喝吧。你说说，你在做些什么？”他一面往下说，一面津津有味地嚼着一块面包，又斟了一杯酒。“你过得怎么样？”

“我像以前一样，一个人住在乡下，管管庄稼事儿。”列文一面回答，一面惊骇地注视着哥哥那副吃喝的馋相，尽量装作没有注意。

“你怎么不结婚呀？”

“结不成。”列文红了红脸，回答说。

“怎么会呢？我是完啦！我把自己一生断送了。不过我过去和现在都是这样说，要是当年在我非常需要的时候把我那份产业给了我，我这一生就是另外一种样子了。”

列文急忙把话岔开。

“你可知道，你的瓦尼亚在我的波克罗夫庄上做账房管事呢？”他说。

尼古拉抽搐了几下脖子，沉思起来。

“你给我说说，波克罗夫庄上的情形怎么样？房子还在吗？那些白桦树，还有我们的教室，都在吗？看园子的菲利浦还活着吗？我多么忘不了那亭子和沙发呀！不过你要注意，房子里什么也不要动，而且要快点儿结婚，还要把过去有的东西再摆设起来。要是你的妻子很好的话，我就去看你。"

"那你现在就到我那里去吧，"列文说。"我们一定会过得非常快活！"

"我要是知道不会碰到谢尔盖，就上你那儿去了。"

"你不会碰到他的。我过日子完全不依靠他。"

"嗯，但是，不管怎么说，你必须在我和他之间挑选一个。"他带着羞怯的神气看着弟弟的眼睛说。这种羞怯的神气打动了列文。

"你要是想知道我在这方面真正的看法，那我就告诉你，在你和谢尔盖的争执中，我不袒护任何一方。你们两个都不对。你的不对多是在表面上，他的不对多是在内心上。"

"啊，啊！这一点你明白啦，这一点你明白了吗？"尼古拉高兴地叫起来。

"但是，不瞒你说，我更看重跟你的感情，因为……"

"为什么？为什么？"

列文不能说，他之所以看重跟尼古拉的感情，是因为尼古拉很不幸，很需要关心。可是尼古拉明白了他要说的正是这话，就皱起眉头，又拿起了酒瓶。

"够了，尼古拉·德米特里奇！"玛莎说着，伸出圆滚滚的光胳膊去夺酒瓶。

"放开！别管我！我揍你啦！"他嚷道。

玛莎笑了笑，笑得又亲切又和蔼，使尼古拉也受到了感染，于是她接过酒瓶。

“你以为她什么也不懂吗?”尼古拉说。“她比我们所有的人都懂道理。她有些地方很好,很可爱,不是吗?”

“您以前从来没来过莫斯科吧?”列文为了说点儿什么,就这样问她。

“你对她不要称您。她会害怕的。除了当初问她愿不愿从良的那位法官,谁也没有对她称过您。天哪,这世上多没有道理呀!”他忽然叫了起来。“那些新机关,那些民事法官,自治会,都是一些什么玩意儿呀!”

于是他说起他和一些新机关打过的交道。

列文听他在说。列文本来和他一样,也认为所有的公共机关都是不起什么作用的,也常常发表这样的意见,可是现在从哥哥嘴里听到这话,却感到不愉快。

“等到了阴间这一切我们就明白了。”列文开玩笑说。

“到阴间吗?哎呀,我可不喜欢阴间!真不喜欢,”他用恐惧的、发了疯似的眼睛盯住弟弟的脸,说。“死好像能摆脱一切卑鄙龌龊和乌七八糟的玩意儿,那当然很好,不过我害怕死,害怕得不得了。”他浑身打了个哆嗦。“你喝一点儿吧?想来一点儿香槟吗?是不是出去走走。咱们上茨冈人那儿去吧!你可知道,我简直爱上茨冈歌舞杂耍和俄罗斯歌儿了。”

他的舌头开始不听使唤了,说话也颠三倒四了。列文在玛莎的帮助下,劝住他不出去,并且让他躺了下来,他已经烂醉如泥了。

玛莎答应有什么事就给列文写信,并且劝尼古拉到列文那里去住。

二十六

列文早晨离开莫斯科,傍晚就回到家里。一路上他在车厢里和邻座的旅客谈政治,谈新修筑的铁路,而且还像在莫斯科那样,头脑里乱糟糟的,很不满意自己,觉得有些羞臊;他在家乡的车站下了车,看到竖着衣领的独眼车夫伊格纳特,又在车站窗子里射出来的朦胧灯光下看到自己那垫着毛毯的雪橇、那捆着尾巴、马套上带铃铛和流苏的马。伊格纳特在放行李的时候,给他讲了几件村里的新闻,又说包工头来过了,巴瓦也生了小牛,直到这时他那乱糟糟的头脑才渐渐清楚了,对自己的不满心情也渐渐消散。这只是他一看到伊格纳特和马时的感觉。等他穿起给他带来的皮袄,把身子裹了裹,上了雪橇,雪橇走动起来,他考虑起要在村里办的一些事情,一面看着那匹原来骑人、现在拉套、受过劳损但依然矫健的顿河骏马,这时他就开始用完全不同的目光来看待他这次遇到的事了。他觉得自己就是自己,不希望像别人那样。他只是希望他现在比过去好一些。第一,他决定从此不再指望结婚会带给他什么特别的幸福,因此也就不再像这样轻视现在的一切。第二,他今后决不再沉湎于肮脏的色欲,因为他在决定求婚的时候,一想到过去在这方面的一些事,是那样痛心。再就是,他想到尼古拉哥哥,下定决心今后再也不能把他忘记,要经常关心他,随时注意他的情形,万一他有什么不好,就可以去帮助他。他觉得,那不会很久的。再就是,哥哥关于共产主义的一些话,当时他丝毫没有当一回事儿的，现在却不由得思索起来。他认为改造经济结构是无稽之谈，不过他总觉得自己的富裕与老百姓的贫困相比是很不合理的，现在他就自己下定决心，为了使自己完全心安理得，今后要多干活儿，生活上要更俭朴，尽管他以前干的活儿也很多，生活上也不奢侈。他觉得这一切都是极容易做到的，所以他一路上浮想联翩，十分愉快。他怀着憧憬美好新生活的振奋心情在晚上八点多钟回到家里。

从以前的保姆、现在当女管家的阿加菲雅房间的窗子里射出来的灯光照在房前的雪地上。阿加菲雅还没有睡。她把库兹玛叫醒。库兹玛睡眼惺忪地光着脚跑到台阶上。猎狗拉斯卡也跑了出来，汪汪直叫，差点儿把库兹玛绊倒。拉斯卡在列文的膝盖上蹭了一会儿，就直立起来，想把前爪搭到他的胸膛上，却又不敢。

"老爷，你回来得好快呀。"阿加菲雅说。

"我想家呢，阿加菲雅。做客千般好，不如早还家呀。"他回答过她的话，便走进书房。

书房被端进来的蜡烛慢慢照亮了。一样样熟悉的东西显露出来：鹿角，书架，壁炉上的镜子和早就该修理的烟囱，父亲当年的大沙发、大书桌，书桌上那本打开的书、破烟灰碟，他用过的笔记本。他看到这一切，一时间产生了怀疑，怀疑他一路上设想的新生活未必能建立起来。这种种生活痕迹好像一把抓住了他，对他说："不行，你离不了我们，你不能变成另外一种样子，你以前怎样，今后还要怎样：还是那样彷徨不定，老是对自己不满，想改变现状而力不从心，堕落，天天盼望得不到的也不可能得到的幸福。”

但这是他的许多东西说的，而他的心里却有另一个声音在说：不应该因循守旧，自己要怎样对待自己的事都是可能的。于是他听从这个声音，走到角落里，那里放着一对三十六磅重的哑铃，他举起哑铃做体操，为的是使自己的精神振作起来。门外响起脚步声。他急忙把哑铃放下。

管家走进来，说感谢上帝，家里平安无事，但是告诉他，荞麦在新的烘房里烘焦了。列文听了非常生气。新烘房是列文设计的，有一部分是他的发明创造。管家一向反对这种烘房，现在他就怀着暗暗得意的心情声明荞麦烘焦了。列文却断然相信，要是荞麦烘焦了的话，那只是因为没有按照他说过一百次的操作方法行事。他恼火起来，就把管家训斥了一顿。不过，他从展览会上高价买来的良种母牛巴瓦生了小牛，倒也是一件很重大的喜事。

“库兹玛，把皮袄给我。您再叫人把马灯拿来，我要去看看。”他对管家说。

良种牛的牛棚就在房子后面。列文从丁香树下的雪堆旁走过去，穿过院子，便来到牛棚前。结了冰凌的门一打开，就冲出一股热烘烘的牛粪气味。几条牛一见到很不习惯的马灯灯光，吃了一惊，在新鲜干草上动了起来。黑花斑荷兰牛那宽宽的、光溜溜的脊背闪了一下。公牛别尔库戴着鼻环躺着，看见有人走过，本想站起来，可是又改变了主意，只打了两声响鼻。像河马一样高大的红毛美人儿巴瓦转过身去遮住小牛，不让人看见，并且在小牛身上到处闻着。

列文走进牛栏，把巴瓦浑身上下打量了一遍，便扶着红花斑小牛用摇摇晃晃的长腿站起来。着急的巴瓦本想叫几声，可是列文很快就把小牛推到它身边，它也就放下心来，只是喘了几声粗气，便用粗糙的舌头舔起小牛。那小牛拱来拱去，把鼻子杵到妈妈乳房底下，还摇了几下尾巴。

"往这儿照照，费多尔，把马灯提过来，"列文一面打量小牛，一面说。"像它娘哩！别看毛色像它爹。好看极了。身子又长又粗。瓦西里，小牛好看吧？"他对管家说。他因为看见小牛十分高兴，不再为荞麦的事生管家的气了。

"像娘又怎么会不好看呢？哦，您走后第二天包工头谢苗就来了。康斯坦丁·德米特里奇，您要和他讲好价钱，"管家说。"机器的事我以前已经向您报告过了。"

列文一听到这个问题，立即就全神贯注地考虑起又大又庞杂的家业的种种细节，于是出了牛棚，径直朝账房走去，同管家和包工头谈了一阵之后，就回家，一直来到楼上客厅里。

二十七

房子是老式的，很大，列文虽然一个人住着，但整座房子里都生了炉火，都占用着。他知道这是没道理的，而且也知道这样不好，违反他现在的新计划，但这座房子对列文来说就是整个的天地。他的父母过去就生活在这个天地里，死在这个天地里。他们过的生活，列文认为是完美无缺的理想生活。他梦想跟自己的妻子、自己的家庭重新过一过这样的生活。

列文几乎不记得他的母亲。有关母亲的概念成为他的神圣的往事。在他的想象中，他未来的妻子应该是一个和他母亲一模一样的又美丽又圣洁的理想女人。

他不仅无法想象婚外对女人的爱，而且他往往首先想到的是家庭，然后才是帮他建立家庭的女人。所以，他对婚姻的看法也就和大多数朋友的看法不一样。大多数朋友认为，婚姻不过是社会生活中许多事情之一；列文却认为这是终身大事，关系着一生的幸福。现在他不得不抛弃这一套了。

他走进平时喝茶的小客厅，在他的安乐椅上坐下来，拿起一本书，阿加菲雅给他端了茶来，并且照例说一声“老爷，我坐了”，便在窗口一张椅子上坐下来。这时，说也奇怪，他觉得他并没有脱离他的梦想，而且没有这些梦想他就活不下去。跟她也好，跟别的女子也好，反正这梦想是要实现的。他看着书，想着书里说到的事，有时停下来听絮絮叨叨的阿加菲雅说话；而同时家业和未来家庭生活的种种情景乱纷纷地出现在他的脑海里。他觉得，在自己内心里有一种什么东西渐渐放慢速度，渐渐停住，渐渐稳定下来。

他听阿加菲雅说普罗霍尔怎样忘记上帝，把列文送给他买马的钱拿去拼命喝酒，还把老婆打得半死；他一面听，一面看书，一面回想着看书引起的种种思想的全过程。这是丁铎尔[①]谈热力的一本书。他想起他曾经批评丁铎尔，认为他在实验的熟练方面太自满，认为他缺乏哲学观点。忽然，他的脑子里又出现了一个高兴的想法：“再过一两年我就有两头荷兰牛了，而且巴瓦可能还活着，别尔库会有一打儿女，那就为这三头好牛锦上添花，太美

①丁铎尔(1820—1893)，英国物理学家。

了!”他又拿起书来。

“是的,电和热是同一种东西;但在解方程式时能不能用一个数来代替另一个数呢？不行。那这是怎么一回事儿呢？一切自然力之间的联系凭本能也是可以感觉到的……特别令人高兴的是,巴瓦的女儿已经是一头红花斑牛了,一群牛呀,再加上这三头……太好了！我带着妻子和客人们去迎接牛群……妻子会说:我和康斯坦丁就像照应孩子一样照应这头小牛。客人会说:您怎么对这种事儿这样感兴趣呀？她会说:凡是他感兴趣的事,我都感兴趣。可是,她是谁呢?”于是他想起在莫斯科的事……“唉,怎么办呢？我并没有错。不过现在一切都要重新做起了。说这样不可能,那样不可能,都是胡说。要奋斗,就能生活得更好,比原来好得多……”他抬起头,沉思起来。老狗拉斯卡还没有充分享受主人回来的欢乐,跑到院子里叫了几声,就摇着尾巴,带着清新空气味儿跑了回来,走到他跟前,把头伸到他的手底下,委屈地叫着,要他抚摩。

“它就是不会说话,”阿加菲雅说。“虽然是狗……可也知道主人回来了,知道主人心里不快活哩。”

“怎么说我不快活呀?”

“难道我还看不出来吗,老爷？我应该知道老爷的心思了。从小就在老爷家长大。不要紧,老爷。只要身体壮实,良心清白就行了。”

列文凝神看着她,觉得很奇怪,她怎么知道他的心思。

“怎么,再给您来杯茶吧?”她说过,拿起茶杯,走了出去。

拉斯卡一个劲儿地把头往他的手底下伸。他抚摩了它几下,它马上在他脚边蜷成一个圈儿,头枕在伸出的一条后腿上。为了表示现在一切都好,一切都称心如意,它微微张开嘴,吧嗒了几下嘴唇,用黏黏的嘴唇把一口老牙盖好,便安静下来,露出一副幸福而安详的神气。列文仔细注视着它这个最后的动作。

"我也应该这样!"他在心里说,"我也应该这样! 不要紧……一切都很好。"

二十八

舞会之后,第二天清早安娜就打电报给丈夫,说她今天就离开莫斯科。

"不,我必须走,必须得走了,"她向嫂子说明她必须改变原来的打算,那口气就好像她想起有数不清的事情等着她,"不,还是今天走好!"

奥布朗斯基没有在家里吃午饭,但他说过要在七点钟回来送妹妹。

吉娣也没有来,只送来一张字条,说她头痛。就只有陶丽和安娜跟孩子们以及英国女教师一起吃饭。不知是因为孩子们没有常性,还是特别敏感,反正都觉得安娜今天完全不像他们那样喜欢她的那一天了,感觉她已经不关心他们了。总之,他们忽然不跟姑姑玩儿了,也不再喜欢她了,丝毫不管她走不走的事了。安娜整个上午都忙着做动身的准备。她给莫斯科的一些熟人写信,记自己的账目,收拾东西。陶丽总觉得安娜神思不定,心烦意乱,这种心情陶丽是多次体验过的,这种心情不是无来由的,多半隐藏着对自己的不满。饭后安娜到自己房里去换衣服，陶丽跟着她走进去。

“你今天多么怪呀！”陶丽对她说。

“我吗？你觉得我怪吗？我不是怪，是心里不好受。我有时会这样。老是想哭。这是很傻的，不过很快就会过去，”安娜急忙说，并且把红了的脸俯到小小的手提包上，一面把睡帽和麻纱手绢往手提包里塞。她的眼睛特别明亮，泪水不停地在眼睛里颤动着。“我现在舍不得离开莫斯科，就像当时舍不得离开彼得堡那样。”

“你到这儿来，做了一件好事。”陶丽凝神望着她说。

安娜用泪汪汪的眼睛看了看她。

“不要说这话，陶丽。我没有做什么，也做不出什么。我常常感到奇怪，为什么大家都商量好了来娇惯我。我做了什么呢？我又能做什么呢？你能饶恕他，那是因为你心里有那样深的爱……”

“要不是你，天知道会怎样呢！你多么幸福呀，安娜！”陶丽说。“你心里完全是开朗的、舒畅的。”

“就像英国人说的，各人心里有各人的烦恼事①呀。”

“你有什么烦恼事？你一直是那样开朗嘛。”

“有的！”安娜突然说。在流过眼泪之后出人意外地在她的嘴边出现了一种诡秘的微笑，似乎觉得有什么事非常好笑。

“就算有吧，那你这烦恼事也是可笑的，而不是难受的。”陶丽笑着说。

①原文为英语。

“不，是难受的。你可知道，我为什么今天走，而不是明天走？我心里有话一直憋着，我愿意对你说说。”安娜身子靠在安乐椅上，眼睛盯着陶丽的眼睛，果断地说。

陶丽看到安娜一张脸红到了耳朵根，一直红到脖子上那乌黑的鬈发的发根，不禁吃了一惊。

“嗯，”安娜继续说。“你可知道，吉娣为什么不来吃饭？她吃我的醋呢。我破坏了……是因为我，她在舞会上不是高高兴兴，而是很痛苦。不过，说真的，真的，我没有错儿，或者只有一点点错儿。”她说“一点点”这个词儿是用细声细气的声音说的。

“啊，你说这话多么像司基瓦呀！”陶丽笑着说。

安娜感到委屈。

“不是呀，不是呀！我可不是司基瓦，”她皱着眉头说。“我所以对你说，就因为我丝毫不怀疑自己。”安娜说。

但就在她说这话的时候，她就觉得这话不是真心话了；她不仅怀疑自己，而且一想到伏伦斯基，就觉得心慌，她所以要提前走，就是为了避免再和他见面。

“是的，司基瓦对我说了，你和他跳过玛祖卡，还说他……”

“真想不到这事弄得这样可笑。我只是想成全他们，谁知适得其反。也许，我无意之间……”

她脸红了，没有说下去。

“噢，这一点他们立刻就感觉到了！”陶丽说。

“但是，假如他在这方面当真有些什么的话，那我是很失望的，”安娜打断她的话说。“我相信这一切会被忘记，吉娣也会不再恨我。”

“不过，安娜，我对你说句实话，我不太赞成吉娣这门婚事。如果他伏伦斯基在一天里就能爱上你的话，那这事儿还是吹掉的好。”

“哎呀，我的天，那就太荒唐了！”安娜说。她听到陶丽把她的心思说出来，脸上又泛起浓浓的得意的红晕。“这样一来，我就是离开了，也已经成为吉娣的仇人了，可我是多么喜欢她呀。啊，她是多么可爱呀！不过，陶丽，这事你还能补救吧？嗯？”

陶丽好不容易才忍住笑。她很爱安娜，不过看到安娜也有弱点，她很高兴。

“成为仇人吗？那是不会的。”

“我真希望你们都爱我，就像我喜欢你们一样；现在我更爱你们了，”她含着眼泪说。“哎呀，我今天多傻呀！”

她用手绢擦了擦脸，就开始换衣服。

就要动身的时候，迟迟不归的奥布朗斯基才赶了回来，满面红光，喜气洋洋，浑身都是酒气和香烟气味儿。

安娜的多情善感也感染了陶丽，当她最后一次拥抱小姑时，她小声说：

“记住，安娜：你为我做的事，我是永远不会忘记的。你也记住，我是爱你的，而且会永远爱你，你是我最好的朋友！”

“我不明白你为什么说这话。”安娜一面吻着她，一面憋着眼泪说。

“你过去了解我，现在也了解我。再见吧，我的好妹妹！”

二十九

“好啦,感谢上帝,一切都过去了!”当安娜跟直到第三遍铃响还站在车厢过道里的哥哥最后一次告别时,脑子里首先出现的就是这样一个念头。她坐在软座上,跟安奴什卡在一起;她在卧车昏暗的灯光中朝周围看了看。“感谢上帝,明天就可以看到谢辽沙和阿历克赛·亚力山大罗维奇了,可以照老样子过我的安安稳稳的、过惯了的日子了。”

安娜虽然还没有消除一天来的忧虑心情,可是她又高兴又有条理地安排了旅途的事。她用灵巧的纤手把红色手提包打开,又锁上,拿出了一个小靠枕,放在自己膝盖上,把两条腿包得好好的,便舒舒服服地坐了下来。一个有病的太太已经躺下睡了。另外两个太太和她说起话儿。那个胖老太太一面包着两条腿,一面抱怨车厢里的暖气。安娜回答了几句,可是看不出谈话会有什么味道儿,就叫安奴什卡拿来一盏小马灯,挂在座位的扶手上,从提包里拿出一把裁纸刀和一本英国小说。起初她看不进去。先是嘈杂声和走动声打搅她,后来火车开动了,又不能不听听那轧轧的响声;然后是雪花敲打左边的车窗,并且粘在玻璃上;又看到衣服裹得紧紧的、半边身子落满雪花的列车员走过去,再就是大家谈起外面可怕的大风雪,——这都分散了她的注意力。再往后仍然是这一切反复出现:依然是轧轧的震动声,依然是敲打车窗的雪花,依然是忽热忽冷的暖气,依然是那些面孔在昏暗中来来回回闪动,依然有说话声,但是安娜已经开始看小说,而且也明白所看到的是什么了。安奴什卡已经打起瞌睡,红色手提包放在膝盖上,用一双大手抓着,手上戴着手套,有一只手套已经破了。安娜在看小说,也看得进去,可是她看起来并不愉快,也就是说,跟踪别人的生活足迹并不愉快。她太想亲身经历一番了。她看到小说中女主人公照应病人,她就想轻悄悄地在病房里走走;看到国会议员发表演说,她也想发表这样的演说;看到玛丽小姐骑马打猎,捉弄嫂子,泼辣得令人吃惊,安娜也很想亲自试试。但她又无事可做,于是她一面用纤手摆弄着光溜溜的裁纸刀,勉强看下去。

小说的男主人公已经渐渐获得英国式的幸福,得到男爵爵位和领地。于是安娜也想跟他一起到领地去,可是她忽然觉得,他应该害臊,她也应该为此感到害臊。不过他究竟有什么可害臊的呀?"我又有什么可害臊的呀?"她又委屈又惊愕地这样问自己。她把书放下,身子靠在椅背上,两手紧紧握着裁纸刀。没有什么可害臊的。她一一回想了她在莫斯科的事。一切都很好,都是令人愉快的。想起舞会,想起伏伦斯基和他那张多情的、温顺的脸,想起自己和他的全部关系,觉得没有什么可害臊的。可是就在她回想的时候,羞臊感渐渐增强了;就在她想起伏伦斯基的时候,心里好像有一个声音对她说:"很温暖,太温暖了,很热火哩。"她在座位上换了个姿势,很果断地对自己说:"那有什么呢?有什么大不了的?难道我怕正视这事儿吗?那有什么呢?难道在我和那个军官小伙子之间,除了一般的熟人关系之外,还有或者可能会有什么别的关系吗?"她毫不在乎地笑了笑,就又拿起书来,可是她再也看不进去了。她用小刀在窗玻璃上刮了刮,又把光溜溜、凉丝丝的刀面子贴到腮上,一股没有来由的喜悦感突然涌上心头,她高兴得差点儿笑出声来。她感到,她的神经像弦一样,在弦轴上绷得越来越紧。她觉得她的眼睛睁得越来越大,手指和脚趾紧张地颤动着,胸中憋得喘不上气来,在这摇曳不定的昏暗灯光中的一切形象和响声却异常清楚,使她感到惊讶。这时她的疑惑心不断地出现:不知火车前进还是后退,还是根本没有动;挨着她坐的是安奴什卡,还是别的女人?"那在扶手上的是什么,是皮大衣还是野兽?我怎么在这儿呀?是我自己还是别的女人?"她陷入这种迷糊状态,自己也害怕起来。可是有一股什么劲儿在把她往迷糊境界中拉,她也可以凭自己心意由它去拉或者摆脱它。她站起身来,定一定神,推开羊毛毯,脱下厚厚的长衣上的披肩。她清醒了一小会儿,知道那个穿着掉了扣子的粗布长外套的瘦瘦的汉子是一个管暖气的,知道他是来看温度表的,知道一阵风雪就是跟着他冲进门来的;可是后来一切又模糊了……那个长腰身的汉子啃起墙上的什么东西,那个老太太把腿伸得有整个车厢那么长,使车厢里成了黑乎乎的一片;接着是一阵可怕的尖叫声和轰隆声,仿佛要把什么人撕碎;然后是一片耀眼的通红火光,然后一切被墙遮住。安娜觉得自己跌了下去。不过这一切并不可怕,倒是很快活。一个衣服裹得紧紧的、浑身是雪的人对着她的耳朵喊了一句什么。她站起来,定了定神;她明白,火车进站了,那人是列车员。她叫安奴什卡把脱下来的披肩和头巾拿给她,她穿戴好了,朝门口走去。

"您要出去吗?"安奴什卡问。

"是的,我想透透气。这儿太热了。"

她开了门。狂风和暴雪迎面朝她扑来,跟她争夺车门。她觉得这也很快活。她把门拉开，走了出去。那风好像就在等着她呢，这时高兴得呼啸起来，想把她卷起来，把她刮走，但她用手抓住冰凉的门柱，按住衣服，走下车来，来到车厢后面。风在踏级上很猛烈，但在站台上被车厢挡住，小多了。她张开胸膛舒畅地吸着雪花飞舞的寒冷的空气，站在车厢旁边，环顾着站台和灯火明亮的车站。

三十

可怕的暴风雪从车站拐角后面扑过来，敲打着一根根柱子，在列车车轮之间狂呼怒啸。一节节车厢、一根根柱子、一个个的人，凡是看得到的东西都是一边挂满了雪，而且越来越厚。暴风雪平息了一小会儿，接着又以不可抵挡之势更凶猛地扑了过来。不过，一些人还是来回跑着，快快活活地聊着，踩得月台的木板咯吱咯吱直响，不住地把大门打开又关上。一个弯弯的人影在她脚下滑过，接着就听到锤子敲打钢铁的声音。“把电报给我！”从另一边黑沉沉的暴风雪中传来一个气嘟嘟的声音。“请到这儿来！二十八号！”又有几个不同的声音在叫着，接着就有几个穿得厚厚的、身上挂满了雪的人跑过去。有两个嘴里衔着香烟的先生从她身边走过去。她又深深呼吸了一下，好把空气吸够；她已经从暖手筒里抽出手来，准备抓住门柱，进入车厢，这时有一个穿军大衣的人来到她跟前，遮住了摇曳的灯光。她回头一看，立刻认出伏伦斯基的脸。他行了一个军礼，就在她面前弯下身来，问她是否需要什么，他能不能为她效劳。她好一阵子什么也没有回答，凝神看着他,尽管他站在阴影里,她却看到了,也许她以为是看到了他脸部和眼睛的表情。这又是昨天深深触动了她的心的那种敬重和倾慕的表情。这两天来,甚至刚才,她一再地对自己说,伏伦斯基不过是她到处可以遇到的、完全一模一样的无数青年人中的一个,她连想也用不着去想他;可是现在,在跟他相遇的最初一刹那间,她就沉浸在又喜悦又得意的心情中。她不必问他为什么来到这里。她清楚得很,就像他对她说的一样,他来到这里,是因为她到哪儿,他就到哪儿。

“我还不知道您也走呢。您为什么走呀?”她放下正要去抓门柱的手,说。她的脸放起光来,流露出掩饰不住的喜悦和生气。

“我为什么走吗?”他对直地看着她的眼睛,反问道。“您要知道,我走是因为,您到哪儿,我就到哪儿,”他说,“我没办法不这样。”

就在这时候,狂风好像冲破了什么障碍,把车厢顶上的雪撒下来,吹得什么地方脱落的铁皮叮当直响,机车的汽笛也在前面如怨如诉地叫起来。暴风雪的恐怖景象这时她觉得更加壮美了。他说的正是她心里希望而在理智上害怕的话。她什么也没有回答,但他在她的脸上看到了心里的斗争。

“要是我说的话使您不高兴,那就请您原谅我。”他恭顺地说。

他说得很有礼貌,很恭敬,但又那样坚决,那样执着,使她好一阵子无言可答。

“您说这种话,很不好,如果您是个好人,那我请您把这话忘掉,我也会忘掉的。”她终于说。

“您的每一句话，您的一举一动，我都永远不会忘记，也无法忘记……”

“够了，够了！”她叫起来。他正如饥似渴地盯着她的脸，她就想在脸上装出一副严厉的神气，但是装也装不出来。于是她一手抓住冰凉的门柱，跨上踏级，急急地走到车厢过道里。但是她在这窄小的过道里站下来，在心中思索起刚才的事。她不用回想自己的话，也不用回想他的话，凭感觉就明白了，这片刻的谈话使他们极其接近了。这使她又害怕又感到幸福。她站了一会儿，便走进车厢，在自己的位子上坐了下来。原来那种使她很苦恼的精神紧张状态不仅恢复了，而且加强了，以至于她自己都害怕身上有什么东西会绷断。她一夜都没有睡。不过，在这种紧张中，在联翩的浮想中，没有什么不愉快和阴郁的意味儿；相反，倒是有一种使人高兴、使人振奋、使人热辣辣的东西。天快亮时，安娜在座位上打起瞌睡，等她醒来，天已经大亮，火车快要到彼得堡了。她立刻想起家庭、儿子、丈夫以及这一天和今后的种种操心事。

到了彼得堡，火车一停下来，她就下了车，首先引起她注意的就是丈夫的脸。“哎呀，我的天！他的耳朵怎么这样啦？”她望着他那冷冷的、堂堂的仪表，特别是他那一对现在使她感到惊讶的、撑住圆礼帽边缘的大耳朵，心里想道。他一看到她，便迎着她走来，嘴上堆出平素他那种淡淡的微笑，那一双疲惫无神的大眼睛对直地望着她。她一看到他那直勾勾的、疲惫的目光，就有一股很不愉快的感觉压上心头，似乎她希望看到的他不是这个样子。特别使她吃惊的，是她一见到他就产生了一股不满意自己的心情。这是一种由来已久的、熟悉的感觉，很像她对待丈夫的虚情假意。但是以前她没有察觉这种心情，现在她清楚而痛切地意识到了。

“哦，你瞧，亲爱的丈夫像新婚第一年一样亲爱，望你望得心急如焚呀。”他慢条斯理、细声细气地用一种几乎经常对她用的腔调说。谁要是真的用这种腔调说话，那是非常可笑的。

“谢辽沙好吗？”她问道。

“这就是对我满腔热情的全部报答吗？”他说。“他很好，很好……”

三十一

伏伦斯基这一夜连想都不想睡。他坐在自己的座位上，一会儿直直地望着前方，一会儿打量着进进出出的人。如果先前他那种不动声色的样子使不认识他的人感到惊讶和生气的话，现在他就更显得傲慢和自负了。他看人好像是在看什么东西。一个坐在他对面的在地方法院任职的神经质年轻人，就很恼火他这种样子。那年轻人又向他借火抽烟，又找他说话，甚至还捅了捅他，想让他感到他不是东西，而是一个人，但伏伦斯基看着他还是像看一盏灯一样。那年轻人觉得在这种不把他当人的压力下就要失去控制，便扮了一个鬼脸。

伏伦斯基什么东西也没有看见，什么人也没有看见。他觉得自己像个皇帝，倒不是因为他相信他给安娜留下什么印象，他的确还不相信是这样，而是因为她给他留下的印象使他觉得幸福和得意。

这一切会有什么结局,他不知道,甚至都没有想过。他觉得,在此之前分散乱用的劲头儿现在已经集结成一股,不屈不挠地用于追求一个幸福的目标。而且他因此感到幸福。他只知道,他对她说的是实话,她到哪儿,他就到哪儿,他现在认为人生的全部幸福,人生的唯一意义,就是看到她,听到她的声音。当他在博洛戈耶下车去喝矿泉水,看见安娜的时候,不由自主地,第一句话就把他心里所想的告诉了她。而且因为告诉了她,她知道了,而且在想着这话,他感到高兴。他一夜没有睡。回到自己的车厢里之后,他一直回想着看到她的种种情形,回想着她的每一句话,于是他的脑际浮现出已见端倪的未来的种种情景,使他心神荡漾。

等他在彼得堡下了火车,他觉得自己在一夜未眠之后依然精力饱满,神清气爽,就像刚刚洗过冷水澡一样。他在自己的车厢旁边站下来,等待她出来。"我要再看她一眼,"他情不自禁地微笑着,在心里说,"我要看看她走路的姿势,看看她的脸。也许她会说点儿什么,转过头看看,笑一笑。"可是,他还没有看到她,就看到她的丈夫由站长恭恭敬敬地陪着在人群里走着。"哦,是的!她丈夫!"现在伏伦斯基才第一次真正明白了,丈夫是跟她结合在一起的人。他本来也知道她有丈夫,但他不相信他的存在,直到看见他,看见他的脑袋、肩膀和穿黑长裤的腿,尤其是看见这个丈夫带着专有的神情心安理得地挽住她的胳膊时,他才完全相信了。

他看见卡列宁,看见他那新刮的彼得堡式的脸和那种微微驼背、头戴圆礼帽、踌躇满志的姿态,就相信他的存在,而且感到很不愉快,就好像一个人口渴得要命,跑去喝泉水,却发现一条狗、一只羊或者一头猪在这水泉里喝过水，并且把水搅浑了。卡列宁那种扭动整个臀部和笨拙的两腿的走路姿势特别使伏伦斯基看着难受。他认为只有自己才有不容怀疑的资格爱她。不过她还是那个样子；她的神态、风度还是那样打动了他，使他愉快，使他兴奋，使他心中充满幸福感。他吩咐那个从二等车厢里跑来的德籍仆人拿着行李先走，他自己向她跟前走去。他看到这对夫妻别后第一次见面，凭着一个有情人敏锐的眼力看出她和他说话多少有点拘谨的神情。他暗下里断言："不，她不爱他，她不会爱他的。"

就在他从后面向安娜走近的时候，他高兴地发现，她感觉到他走近了，并且本来要回头看的，但已知道是他，就又和丈夫说话。

"您晚上睡得好吗？"他说着，向她和她丈夫一并鞠了一个躬，让卡列宁认为是在向他鞠躬，至于卡列宁认识不认识他，那就由他了。

"谢谢您，很好。"她回答说。

她的脸显得有些疲惫，脸上也没有了那股时而在微笑中时而在眼睛里流露出来的生气；然而在她对他的一瞥中，她的眼睛里却有一点什么东西闪了一下，尽管那火花闪了一下就熄灭了，他却因为这一瞥感到幸福。她向丈夫看了一眼，想知道他是不是认识伏伦斯基。卡列宁带着不快的神气望着伏伦斯基，漫不经心地回想着这是什么人。伏伦斯基的镇定和自信，碰到卡列宁那种冷冰冰的自负，就像镰刀碰到了石头。

"这位是伏伦斯基伯爵。"安娜说。

“噢！我们好像认识。”卡列宁伸过一只手，淡淡地说。又对安娜说：“你和母亲一道走，却和儿子一道回来。”他把每个字都说得清清楚楚，好像说一个字就是拿出一个卢布。“您想必是来休假的吧？”他又问伏伦斯基，但不等回答，他又用玩笑的语气问妻子：“怎么样，在莫斯科离别时流了不少眼泪吧？”

他对妻子说这话，是想让伏伦斯基知道，他要一个人跟妻子在一起了，而且还向伏伦斯基转过身去，举起手碰了碰帽檐。可是伏伦斯基对安娜说：

“希望有幸能到府上去拜访”。

卡列宁用疲惫的眼睛看了看伏伦斯基。

“欢迎，”他冷冷地说，“每逢星期一我们接待客人。”然后，他完全撇开伏伦斯基，对妻子说：“真是好得很，我碰巧有半个钟头的时间来接你，可以向你表示我的亲爱。”他依然是用玩笑的语气这样说。

“你把你的亲爱说得太过分了，我可是看不出来，”她也用玩笑的语气说，一面情不自禁地倾听着在他们后面走的伏伦斯基的脚步声。“我才不稀罕呢！”她在心里说。接着就问丈夫，她不在家谢辽沙是怎么过的。

“哦，好极啦！玛丽艾特说他很乖……我要说句使你伤心的话……他不想你，不像你丈夫这样。不过我要再一次表示感谢，我的朋友，你早一天回来，是给我的赏赐。我们那可爱的茶炊准会高兴得要命。（他一向把赫赫有名的李迪雅伯爵夫人叫作茶炊，因为她不论遇到什么事总要生气、冒火。）她几次问起你。所以，我斗胆奉劝你，今天就去看看她。她对什么事都很操心呢。现在她除了自己种种操心事以外，还很关心奥布朗斯基夫妻和解的事呢。”

李迪雅伯爵夫人是她丈夫的朋友，是彼得堡上流社会一个圈子里的中心人物，安娜也因为丈夫的关系，跟那个圈子里的人最接近。

“我给她写过信了呀。”

“可是她还要听听详细情形。要是不太累的话，我的朋友，你就去一趟吧。好啦，你坐康德拉基的车子回去，我要到委员会去。我又可以不必一个人吃饭了，”卡列宁继续说，而且已经不是用玩笑的语气了。“你也许不相信，我是多么习惯了……”

于是他好一阵子握着她的手，带着一种很特别的微笑扶她上了马车。

三十二

家里第一个出来迎接安娜的是儿子。他不顾家庭女教师的呼喊，从楼梯上朝她跑来，一面欢天喜地地叫喊着：“妈妈，妈妈！”他跑到她跟前，一下子就吊在她的脖子上。

“我对您说过是妈妈嘛！”他对家庭女教师大声说。“我知道嘛！”

儿子也像丈夫一样，在安娜心中引起一种近似幻灭的感觉。她把他想象得比他实际上好。她只好回到现实中来，欣赏他的本来面目。不过，他本来的样子，那黄黄的鬈发，蓝蓝的眼睛，穿着紧紧的长筒袜的端正而结实的小腿，也都是很可爱的。安娜在和他接近与亲热时，体验到几乎是一种肉体上的快感。她看到他那单纯、信任和亲热的目光，听到他那天真的问话，感到精神上的安慰。安娜拿出陶丽给孩子的礼物，又对儿子说了说莫斯科有一个叫丹尼娅的小姑娘是什么样子，那个丹尼娅会读书，还会教别的孩子读书。

“怎么，我不如她吗？”谢辽沙问。

“我看，你是天下最好的孩子。”

“这我知道。”谢辽沙笑着说。

安娜还没有喝完咖啡，就有仆人通报说李迪雅伯爵夫人来了。李迪雅伯爵夫人是一个高高的、胖胖的女人，脸色憔黄，一双黑眼睛却又清秀又深沉。安娜很喜欢她，但是今天却好像第一次发现她也有种种缺点。

“怎么样，我的朋友，把橄榄枝[①]送到了吗？”李迪雅伯爵夫人一走进来，就问道。

“是的，没事儿了，不过这事本来就不像我们所想的那样严重，”安娜回答说。“总的说，是我嫂子太顶真了。”

不过，关心各种各样闲事的李迪雅伯爵夫人却有个习惯，从来不听她所关心的事；她打断安娜的话说：

“是啊，世界上的苦恼事和邪恶事太多了，我今天就伤透了脑筋。”

“怎么一回事儿呀？”安娜竭力忍住笑，问道。

“天天为真理打舌战，又打不出一个结果，我有点厌倦了，有时简直非常泄气。姐妹会（这是一个博爱的、爱国的宗教团体）的

①橄榄枝是和平的象征。这里指为奥布朗斯基夫妇调解的事。

事本来进行得很好，可是有了那些先生，就什么事也做不成了，”李迪雅伯爵夫人带着无可奈何的苦笑说。“他们抓住一种想法，加以歪曲，然后又庸俗又无聊地进行议论。只有两三个人，包括你丈夫在内，明白这一事业的真正意义，其他一些人就只能败事。昨天普拉夫京给我写来一封信……”

普拉夫京是侨居国外的一个著名的泛斯拉夫主义者，于是李迪雅伯爵夫人把他来信的内容说了说。

然后伯爵夫人又说了说反对教会联合运动的一些阴谋诡计和不快的事，就匆匆地走了，因为今天她还要参加一个团体的会议和斯拉夫委员会的活动。

“这一切以前也是这样，可是我以前怎么没有注意呢？”安娜在心里说。“是不是她今天气坏了？其实是很可笑的：她的目的是行善，她是个基督徒，可她总是气嘟嘟的，她总是有冤家对头，而且总是在基督教和行善方面的冤家对头。”

李迪雅伯爵夫人走后，又来了一位朋友，是一位司长夫人。她说了说城里的种种新闻，三点钟就走了，但答应来吃晚饭。卡列宁还在部里。客人走过后，安娜就利用饭前的时间照料儿子吃饭（他都是单独吃饭），收拾自己的东西，看了桌上堆着的信件和便条，并且写了回信。

她在路上曾经有过的没来由的羞臊感和不安心情完全消失了。在习惯的生活环境里，她觉得自己又是理直气壮、无可指责的了。

她带着惊讶的心情想起昨天的情形。“那有什么呀？一点事也没有。伏伦斯基说了些傻话，说了就算完了，而且我也回答得很得体。这事不必对丈夫说,也不能说。说出来反而把小事当成大事。”她想起来,她说过在彼得堡她丈夫手下有一个青年几乎向她求爱,卡列宁回答说,生活在社会上,任何女子都会遇到这种事儿,他完全相信她知道分寸,他任何时候都不会贬低她和贬低自己,而至于无端猜疑。“这么看来,没必要说吧?是的,感谢上帝,没什么好说的。”她在心中说。

三十三

卡列宁四点钟从部里回来,可是像常有的情形一样,没有来得及到她房里来。他走进书房去接见等候求见者,并且要在秘书送来的几份公文上签字。快到吃饭的时候来了几位客人(平常总有几位客人在卡列宁家吃饭):卡列宁的老表姐,那位司长和夫人,一个被推荐到卡列宁手下任职的年轻人。安娜来到客厅里招待他们。五点正,彼得大帝的青铜大钟还没有敲第五下,卡列宁就走出书房,系着白色领带,穿着燕尾服,还佩着两枚勋章,因为吃过饭他就要出门。卡列宁生活中的每一分钟都有事,都是排定了的。为了办完他每天要办的事,他总是严格遵守时间。“不慌不懈”是他的座右铭。他走进客厅,和大家打过招呼,便一面向妻子笑着,一面匆匆坐下来。

“是啊,我的孤独生活结束了。你真不知道一个人吃饭有多么不舒服呀。”他把“不舒服”这个词儿说得特别重。

吃饭的时候,他和妻子谈了谈莫斯科的事,带着嘲笑的神气问了问奥布朗斯基家的情形;不过多半还是大家一起谈,谈彼得堡官场和社会上的一些事情。饭后他又陪了客人有半个钟头，就又笑嘻嘻地握了握妻子的手，出门去参加会议。这天晚上安娜既没有上培特西公爵夫人家去，虽然公爵夫人一听说她回来，叫她今天晚上就去；也没有到戏院去，虽然今天已订好包厢。她没有出门主要是因为她打算穿的衣服还没有做好。总之，客人走后安娜理过自己的衣物，就觉得十分烦恼。她一般不用花很多钱就能穿戴得很好，在去莫斯科之前就把三件衣服拿给女裁缝去改做。衣服要改做得看不出是原来的衣服，而且应该在三天以前就改做好。结果两件衣服还没有动手，一件改得不合安娜的要求。女裁缝前来解释，硬说这样更好些，惹得安娜发了很大的脾气，过后想起来却不好意思。为了让心情完全平静下来，她走到孩子的房里，跟儿子在一起过了整整一个晚上，亲自服侍他睡下，画了十字，把被子给他盖好。她哪儿也没有去，这天晚上过得就这样好，心里很是高兴。她感到那么轻松，感到那么心安理得，那么清楚地看出来，她在火车上认为那样不得了的事，不过是社交生活中一件微不足道的平常事，不论面对别人、面对自己都没有什么羞愧的。安娜坐到壁炉前，读起英国小说，等着丈夫。九点半，听到他按铃的声音，接着他走进房里来。

"你终于回来了！"她说着，伸给他一只手。

他吻了吻她的手，挨着她坐下来。

"我从各方面看出来，你这次出门一切顺利。"他对她说。

"是的，非常顺利。"她回答说。接着她从头说起一路上的情形：跟伏伦斯基伯爵夫人在一起的情形，到达莫斯科的情形，铁路上的意外事故。然后又说了说她开头怎样怜惜哥哥，后来又怎样怜惜嫂嫂。

“我不认为可以宽恕这样的人,虽然他是你的哥哥。”卡列宁严厉地说。

安娜笑了笑。她明白,他说这话正是为了表示,他不会因为考虑到亲戚关系而不说心里话。她知道丈夫这一特点,很喜欢这个特点。

“一切都平安无事,你也回来了,我很高兴,”他又说。“哦,有关议会里通过的我那个新法案,那里是怎么说的?”

安娜却一点也没有听到有关那个法案的议论。她竟如此轻易地忘掉他那样看重的事,心里感到很不好意思。

“在这里恰恰相反,这事引起极大反响。”他得意扬扬地笑着说。

她看出来,卡列宁很想对她说说他在这方面的高兴事儿,于是她问这问那来引他说。他便得意扬扬地笑着说了说由于这个法案通过他博得的一片赞扬声。

“我非常、非常高兴。这就证明,在我们这儿对这种事终于开始树立合理而坚定的观点了。”

卡列宁就着奶油和面包喝完第二杯茶,便站起来,朝自己的书房走去。

“你哪儿也没有去,想必很寂寞吧?”他说。

“才不哩!”她说着,跟着他站起来,送他穿过客厅到书房去。“你现在看什么书呀?”她问。

“我在看李尔公爵的《地狱之诗》,”他回答说。“是一本很好的书呢。”

安娜笑了笑，就像一般人嘲笑心爱的人的嗜好那样，然后挽住他的手臂，把他送到书房门口。她知道晚上看书已成为他必不可少的习惯。她知道，尽管公务几乎占去了他的全部时间，他认为还是必须时时注意知识领域出现的一切重大现象。她也知道，他真正感兴趣的是政治、哲学和神学方面的书，艺术跟他的天性是格格不入的，但是，尽管如此，或者不如说正因为如此，卡列宁从不放过艺术领域有重大影响的现象，认为涉猎一切是自己的责任。她知道，卡列宁在政治、哲学、神学方面常常产生疑问，或者说，常常在探索；但在艺术和诗歌，尤其是在音乐方面，尽管他一窍不通，他却有最明确、最坚定的见解。他喜欢谈莎士比亚、拉斐尔、贝多芬，喜欢谈新的诗歌和音乐流派的影响，各种流派他都能分得清清楚楚，有条有理。

"好啦，上帝保佑你，"她在书房门口说。书房里已经点起一支有罩的蜡烛，安乐椅旁边还有一瓶水。"我要往莫斯科写封信。"

他握了握她的手，又吻了吻。

"他毕竟是一个很好的人，诚实，善良，在自己的事业上很有成就，"安娜回到自己房里后，在心里说，好像是有一个人在说他不好，说不能爱他，她在替他辩护。"不过他的耳朵怎么挓挲得那样怪呀！是不是因为他刚刚理过发？"

十二点正，安娜还坐在写字台前给陶丽写信，就听见穿拖鞋的匀称的脚步声，梳洗完毕的卡列宁腋下夹着一本书，来到她跟前。

"该睡了，该睡了。"他别有一种意味地微笑着说，并且走进了卧室。

“他凭什么那样看他呀?”安娜想起伏伦斯基看卡列宁的目光,在心里说。

她脱了衣服,走进卧室,可是她的脸上不仅没有她在莫斯科时不住地从她的眼睛和微笑中流露出来的那种生气,相反,她心中的火花现在好像熄灭了,也许是远远地隐藏到什么地方去了。

三十四

伏伦斯基离开彼得堡的时候,把自己在滨海大街的一大套住房留给他的朋友和要好的同事彼特利茨基照管。

彼特利茨基是个青年中尉,出身并不怎样显贵,不仅不富有,而且负债累累,天天晚上都喝得烂醉,还常常因为各种各样荒唐事和肮脏事被关禁闭,可是同事们和当官的都很喜欢他。伏伦斯基在十一点多钟乘车从车站来到自己的住所门前,看到门口停着他很熟悉的一辆马车。他按过门铃,就听见门里面几个男人的哈哈笑声和女人的细语声以及彼特利茨基的叫嚷声:“如果是个坏蛋,就别让他进来!”伏伦斯基不让勤务兵通报,自己轻手轻脚地走进第一个房间。彼特利茨基的女友希尔顿男爵夫人穿着亮闪闪的紫缎连衣裙,那金发掩映下的红红的脸蛋儿也亮闪闪的;她正坐在圆桌旁煮咖啡,像金丝雀一样说着话,满屋子回响着她的巴黎口音。彼特利茨基穿着军大衣,卡梅罗夫斯基骑兵大尉穿着一身军装,大概都是刚从军队里回来,都坐在她旁边。

“好呀!伏伦斯基!”彼特利茨基腾地跳起来,把椅子一推,叫了起来。“主人驾到！男爵夫人，用新咖啡壶给他煮点咖啡。真没想到！我希望你会满意你书房里的这件装饰品，”他指着男爵夫人说。“你们想必认识吧？”

“那当然啦！”伏伦斯基快活地笑着，握着男爵夫人的纤手说。“那还用说！我们是老朋友了。”

“您出门回家了，”男爵夫人说，“那我得走了。哦，要是我碍事的话，我这就走。”

“夫人，您在哪儿，就把哪儿当您的家，”伏伦斯基说。“您好，卡梅罗夫斯基，”他冷冷地握了握卡梅罗夫斯基的手，说。

“您就从来不会说这样好听的话。”男爵夫人对彼特利茨基说。

“不，怎么不会？等吃过饭我也会说点儿好听的。”

“吃过饭就不值钱了！好吧，我就给您煮咖啡，您去洗洗脸，收拾一下吧，”男爵夫人说过，又坐下来，很细心地拧着新咖啡壶上的一个螺丝。“彼尔，把咖啡拿来，”她对彼特利茨基说。她把他的姓彼特利茨基亲昵地叫成彼尔，是不想掩饰她和他的关系。“我再加上一点儿。”

“那样味道儿就坏了。”

“不，不会坏的！哦，您的夫人呢？”男爵夫人忽然打断伏伦斯基和彼特利茨基的谈话，问道。“我们在这儿让您去成了亲，您把夫人带回来了吗？”

“没有，男爵夫人。我生来是一个茨冈人，到死还是一个茨冈人。”

“这样更好，这样更好。咱们来握握手吧。”

男爵夫人没有放开伏伦斯基的手，就夹杂着许多玩笑话对他说起她最近的生活打算，并且征求他的意见。

“他总是不肯跟我离婚！我有什么办法呀?（他就是她的丈夫。）我现在就想起诉。您对我这事儿有什么意见？卡梅罗夫斯基，当心咖啡，已经潽了。您瞧，我实在忙不过来呀！我想起诉，因为我要我那一份财产。您可知道那种混账话，说我好像对他不忠实呢，”她带着轻蔑的神气说，“因此他就想霸占我的财产。”

伏伦斯基愉快地听着这个俏丽女子快活的娇声细语，随声附和着，半真半假地给她出着主意，总之立刻采用了他惯用的和这一类女人说话的腔调。在他的彼得堡天地里，所有的人都分成完全相反的两类。一类是低级的：这些人庸俗、愚蠢，尤其是可笑，他们主张一个丈夫只能和一个结发妻子共同生活，姑娘必须贞洁，女人要有羞耻心，男人要有丈夫气概，要克己、持重，要养育孩子，要自食其力，要偿还债务，以及诸如此类的愚蠢主张。这是一类古板可笑的人。而另外一类人才是真正的人，他们都属于这一类，这一类人主要应该是风流的，漂亮的，慷慨的，勇敢的，快活的，沉湎于情欲之中而不脸红，对其他一切付之一笑。

伏伦斯基因为从莫斯科带来另一个天地里的种种印象，在最初一刹那感到十分惊愕；但也只是一刹那，很快他就像把两脚套进一双旧拖鞋，又走进自己原来那个轻松愉快的天地里。

咖啡一直没有煮好，而是溅了大家一身，潽了，正好造成很需要的效果，那就是引起一阵喧闹和大笑，并且弄脏了贵重的地毯和男爵夫人的衣裳。

“好啦，现在再见吧，要不然您永远也不会去洗脸，在我心里就会记下一个高贵的人的主要罪行,不爱清洁。那么,您要不要我拿刀捅他的喉咙?”

“一定要,而且要拿得让您的纤手离他的嘴唇近些。他吻一吻您的纤手,事情就圆满解决了。”伏伦斯基回答说。

“那咱们今天在法兰西剧院见!”她的衣服窸窣响了一阵,她就不见了。

卡梅罗夫斯基也站了起来,伏伦斯基不等他走,跟他握了握手,便朝盥洗室走去。在他洗脸的时候,彼特利茨基对他简单地说了说自己的情况,说了说他在伏伦斯基走后有什么样的变化。钱一点也没有了。父亲说不再给他钱,也不替他还债。裁缝要告他的状,另外一个人也说一定要叫他坐牢。团长说,如果还是这样胡闹,就得离开军队。男爵夫人简直讨厌透了,尤其因为她老是想给他钱花。倒是有一个美人儿,他可以让伏伦斯基看看,那真是个天仙,纯粹东方型的,“你可知道,那简直就是女奴利百加[①]。”昨天他还和别尔科舍夫吵了一场,还想和他决斗,不过,当然不会出什么事的。总而言之,一切都挺好,一切都非常快活。并且,因为彼特利茨基不想让同事深入了解他的处境的种种详情,就给他讲起各种各样有趣的新闻。伏伦斯基在自己住了三年的住所的非常熟悉的环境里,听着彼特利茨基讲着非常熟悉的事,体验到回到他过惯了的无忧无虑的彼得堡生活的愉快。

“不可能!”他正在洗脸池里洗他那结实红润的脖子,这时他放下洗脸池的踏板,叫起来。“不可能!”他听到罗拉抛弃非尔丁

①利百加,《旧约全书·创世记》中一个非常美丽的女奴。

果夫而和米列耶夫同居，就叫了起来。“他还是那样蠢，那样自得吗？哦，布祖鲁科夫怎么样？”

“哈，布祖鲁科夫闹了一个笑话，太妙啦！”彼特利茨基叫了起来。“你知道，他是个舞迷，宫廷舞会他一次也不肯放过。有一次，他戴着一顶新式的盔形帽去参加盛大舞会。你见过新式盔形帽吗？很好看，很轻。他正站在那里……不，你听嘛。”

“我是在听嘛。”伏伦斯基用毛巾擦着身子，回答说。

“大公夫人和一位大使走了过来，该他倒霉，他们正好谈的是新式盔形帽。大公夫人就想让大使看看新式盔形帽……他们看到我们这位宝贝就站在那儿呢。（彼特利茨基学了学他头戴盔形帽站着的样子。）大公夫人请他把盔形帽给她看看，他却不肯。怎么一回事儿呀？大家一个劲儿地朝他挤眼睛，点头，皱眉头。快给她呀。他就是不给。一动也不动。你想想吧……有一个人……叫什么来着……已经要抓他的帽子了……他就是不给！……那人就一把抓下来，递给大公夫人。‘这可是一顶新帽子呀，’大公夫人说。她把帽子一翻转，你猜怎样，只听到哗啦一声，从里面掉出一个梨子和糖果，糖果有两磅重！……那是他这个宝贝儿藏起来的！”

伏伦斯基笑得前仰后合。后来过了很久，他们已经谈起别的事情的时候，只要一想起盔形帽的事，他就龇出一嘴结实而整齐的牙齿，哈哈大笑起来。

伏伦斯基听完种种新闻后，便由仆人服侍着穿好制服，前去报到。他打算在报到之后到哥哥家去，到培特西家去，然后再去拜访几家，为的是开始进出一些交际场所，在那里他可以遇到卡列宁夫人。正如往常在彼得堡那样，他一离开家，就打算直到深夜也不回来。

第二部

一

这一年冬末，在谢尔巴茨基家里举行过一次医生会诊，为的是诊断吉娣的病情，以便对症下药，使她那越来越衰弱的身体恢复健康。吉娣病了，而且随着春天的渐渐临近，她的身体越来越差。家庭医生给她吃鱼肝油，随后给她吃含铁剂，随后又是硝酸银，可是不论哪一样都没有奏效，又因为他提出要她春天出国疗养，所以请来了一位名医。这位名医并不老，而且是一个很漂亮的男子，他要求检查病人的全身。他似乎带着特别快活的意味一再地说，处女的羞怯只不过是野蛮时代的残余，一个还不老的男子触摸裸露的年轻姑娘身体，是再自然不过的事了。他认为这是自然的事，因为他天天这样做，好像并没有觉得也没有想到这有什么不好的地方。所以他认为处女的羞怯不仅是野蛮时代的残余，而且也是对他的侮辱。

只能听他的了。因为，尽管所有的医生都上的是同样的学校，读的是同样的书，学的是同样的医学，尽管有些人说这位名医是个庸医,然而在公爵夫人家里以及在她那个圈子里,不知为什么却认为只有这位名医有特别的本领,只有他能治吉娣的病。这位名医在羞得张皇失措的病人身上仔细检查了一遍之后,细心地洗了洗手,就站在客厅里和公爵说话。公爵皱着眉头,一面咳嗽,一面听医生说话。他见过世面,一向不糊涂,不爱生病,不相信医学,对于这一套把戏心里感到很恼火,尤其因为也许只有他完全了解吉娣的病因。"简直是一条空叫的猎狗。"他听着医生不着边际地谈女儿的病情,不由得把猎人常用的这个词儿用到这位名医身上,在心里这样说。然而医生还勉强忍着,才没有流露出对老公爵的轻蔑神气,并且勉强迁就着他那低下的理解水平。医生明白,和老头子没有什么可谈的,这一家的当家人是母亲。他打算在她面前好好地卖弄一番。这时公爵夫人和家庭医生一起走进客厅。公爵走开了,为的是尽量不让人察觉他认为这出戏太可笑。公爵夫人心里十分慌乱,不知道怎样才好。她觉得自己对不起吉娣。

"哦,大夫,我们家幸与不幸全看您了,"公爵夫人说。"有什么话都要对我说说。"她本来想问:"还有没有救?"可是她的嘴唇哆嗦起来,这话她怎么也说不出来。"怎么样呀,大夫?……"

"请等一下,夫人,我要和我的同行商量一下,然后再把我的意见向您奉告。"

"那我们不能奉陪吗?"

"请便吧。"

公爵夫人叹了一口气,走了出去。

等到只剩下两位医生的时候,家庭医生就怯生生地说起自己的意见，认为是初期肺结核，不过……等等，等等。名医听他说着，听到一半，看了看自己的老大的金表。

“是这样呀，”他说。“不过……”

家庭医生说到一半就恭恭敬敬地住了口。

“您要知道，我们还不能断定就是初期肺结核。没有出现空洞之前，什么也不能肯定。不过我们可以这样猜测。症状也是有的：营养不良，神经亢奋，等等。问题在于：如果有可能是肺结核，应该怎么办，才能保持营养？”

“不过，您也知道，这种情况总是包含有精神上的、心理方面的因素。”家庭医生带着意味深长的笑容斗胆插嘴说。

“是的，那当然啦，”名医又看了看表，回答说。“请问，亚乌兹桥修好了吗？还是仍然要绕路走？”他问。“啊！修好啦。好呀，那我二十分钟就可以到了。那我们刚才说的，问题就这样定了：要保持营养，调节神经。两者是相互联系的，必须双管齐下。”

“可是，要不要出国呢？”家庭医生问。

“我绝对不赞成出国。请您注意：如果真是我们还不能诊断的初期肺结核，那出国并没有好处。必须有一种药物，能够保持营养，而不危害身体。”

于是名医提出用苏打水治疗的方案。他提出用苏打水治疗，主要是因为苏打水没有任何害处。

家庭医生恭恭敬敬地用心听着。

“不过，我看出国也有好处，那就是改变一下生活习惯，换换环境，免得睹物伤情。再说，做母亲的也有这样的想法。”他说。

“啊！好的，要是这样，那就让她们去吧；不过那些德国骗子会害人的……可不能听他们的……嗯，那就让她们去吧。”

他又看了看表。

“啊！已经不早了。”他说着，朝门口走去。

名医向公爵夫人提出（这是出于礼貌），他要再看看病人。

“怎么！再检查一遍！”母亲恐怖地叫道。

“噢，不是，夫人，只是有些地方再仔细看看。”

“那就请吧。”

于是母亲陪着医生走进客厅去看吉娣。吉娣站在客厅中央，面容消瘦，两颊绯红，因为害羞眼睛里闪着一种很特别的光芒。医生一走进来，她顿时满脸通红，眼睛里涌出泪水。她觉得她的病和为她治病都是多么荒唐、多么可笑的事！她觉得，为她治病，就像把打碎的花瓶拼合起来一样可笑。她的心碎了。他们想用药丸和药粉治她的病，怎么行呢？可是不能伤母亲的心，何况母亲已经觉得自己对不起她。

“请您坐下，小姐。”名医说。

他微微笑着在她对面坐下，按着脉搏，又提出一些很无聊的问题。她回答了几句，突然火了，站了起来。

“对不起，大夫，不过这实在毫无必要。同样的话您已经问过我三遍了。”

名医没有生气。

“生病就是容易发火，”等吉娣走出去，他对公爵夫人说。“不过，我看完了……”

于是名医把公爵夫人当作格外聪明的女人，很科学地向她说明了小姐的病情，结论是一定要饮服那种毫无用处的水。问起是不是应该出国，医生沉思起来，好像是在思索如何解答这个难题。答案终于做出来：可以出国，但不能相信那些骗子，一切只能向他求教。

医生走后，家里好像出了什么喜事。母亲回到女儿身边，快活起来，吉娣也装作快活起来。她现在经常得装假，几乎时时刻刻得装假。

“说实话，妈妈，我没有病。不过，您要是想出国，那咱们就去吧！”她说，并且为了表示对这次出门很感兴趣，就说起准备出门的事。

二

医生一走，陶丽就来了。她知道今天要会诊，就不顾自己产后起床不久(她在冬末又生了一个女孩)，也不管自己有许多烦恼和操心事，就丢下吃奶的孩子和生病的一个女儿，前来打听今天决定的吉娣的命运如何。

“嗯，怎么样？”她走进客厅，还没有脱帽子，就问道。“你们都很快活嘛。大概是很好吧？”

家里人本想把医生说的话对她说说，可是，那医生虽然说得头头是道，说了很久，可是别人却怎么也说不清他说的是什么。有意义的只是已经决定到国外去。

陶丽不由得叹了一口气。她最贴心的妹妹要走了。她的日子还是很不愉快的。在和解之后，她对丈夫总是委屈迁就。安娜接合的裂缝并不牢固，家庭关系的裂痕又在老地方出现。事情倒是没有什么事情，但奥布朗斯基几乎总是不在家，钱也几乎总是花得光光的，于是陶丽又怀疑他不忠实，常常感到很苦恼，她现在已经很不愿意猜疑，很怕再尝那种嫉妒的痛苦滋味。第一次嫉妒的爆发，那滋味已经尝过了，再也不会那样了，即使再发现他不忠实，也不会像第一次那样震动她了。现在再发现他不忠实，也只能使她失去她的家庭生活习惯，她只要漠视他这一弱点，尤其是她自己这一弱点，就能够欺骗自己。此外，一大家人过日子有许许多多事，她时时刻刻都要操心：要么，婴儿没有喂好；要么，奶妈走了；要么，就像现在这样，一个孩子病了。

"你那几个孩子怎么样？"母亲问。

"唉，妈妈，您自己的操心事就不少了。莉莉病了，我怕是猩红热。我现在是来问问妹妹的事，要不然，如果是猩红热的话，——但愿不是，——那我就待在家里不出门了。"

医生一走，老公爵也从书房里走了出来。他把脸凑过去让陶丽吻了吻，和她说了几句话，便对妻子说：

"怎样决定的，出国吗？哦，你们想叫我怎样？"

"我想，你留在家里吧，亚力山大。"妻子说。

"随你们便。"

"妈妈，怎么不叫爸爸跟我们一块儿去呀？"吉娣说。"那样他快活，我们也快活。"

老公爵站起来，用手抚摩了几下吉娣的头发。她仰起头，勉强笑着看着他。她总觉得，在家里他最了解她，虽然他很少谈到她。她因为是最小的一个，也就是父亲最钟爱的一个，所以她觉得，正因为父亲最爱她，也就最了解她。现在，当她的目光遇到他那凝视着她的蓝蓝的慈祥的眼睛时，她就觉得他看透了她，看出她心中种种不好的变化。她红着脸，朝他探过身去，等待亲吻，但他只是拍了拍她的头发，说：

"这混账的假发！叫人挨不到真正的女儿，只能抚摩到哪个死娘们儿的头发。哦，怎么样，陶丽，"他对大女儿说，"你那位公子哥儿在干什么呀？"

"没什么，爸爸，"陶丽知道说的是她丈夫，就回答说。"总是在外面跑，我几乎见不到他。"她忍不住带着冷笑补充说。

"怎么，他还没有到乡下去卖树林吗？"

"没有，他一直在准备动身。"

"原来是这样啊！"公爵说。"那么我也要准备动身吗？那我就遵命，"他坐下来，对妻子说。"我看，你呀，吉娣，"他又对小女儿说，"你最好还是有朝一日醒来说：我一点病也没有呀，很快活呀，又可以一大早跟爸爸一块儿到冰天雪地里去散步了。不是吗？"

父亲说得似乎很随便，可是吉娣听了这话很慌乱，以至惊慌失措，就像一个被揭发的罪犯。"是的，他全知道，全明白，他说这话是告诉我，虽然是耻辱，但必须忍受耻辱。"她鼓不起勇气来回答什么话。正要开口，却哇地一声哭了起来，便从房间里跑了出去。

"看你开的好玩笑！"公爵夫人责怪起丈夫。"你总是……"她数落起来。

公爵听夫人数落了好一阵子，一言不发，可是他的脸色越来越阴沉了。

“她太伤心了，可怜的孩子，太伤心了，只要稍微一提到那成了病根的事，她就难过死了，可是你还不觉得呢。唉！真是看错人了！”公爵夫人说。陶丽和公爵从她语气的变化听出她说的是伏伦斯基。“我真不懂，怎么没有法律来制裁这种可恶的坏人。”

“哼，我真不想听了！”公爵阴沉地说过这话，从安乐椅上站了起来，就像要走了，可是在门口又站了下来。“法律是有的，好太太，既然你要我说话，那我就告诉你，这一切都怪谁：怪你，怪你，全怪你。制裁这种坏家伙的法律一向是有的，现在也有。是啊，假如没有那种不该有的事，我虽然老了，也要跟那个花花公子决斗。是啊，可是现在你就给她治病吧，把那些骗子手都请来吧。”

公爵似乎还有许多话要说，但是夫人一听到他的口气，就像往常遇到重大问题时那样，立刻和缓下来，并且后悔起来。

“亚力山大，亚力山大呀。”她小声说着，朝他走去，并且放声哭起来。

她一哭起来，公爵也软了下来。他走到她跟前。

“啊，好啦，好啦！我知道，你也很难受。有什么办法呢？其实也算不了什么。上帝是仁慈的……谢谢……”他这样说，因为自己已经不知道在说什么了，同时也是为了回答他在自己手上感觉到的夫人的带泪的吻。接着他从房里走了出来。

吉娣流着眼泪一走出去，陶丽就凭着一个做母亲的当家过日子的习惯立刻看出来，这里有些女人家的活儿需要去做，她就准备做做。她摘下帽子，挽起袖子，就准备动手。在母亲责怪父亲的时候，她曾经试着劝阻母亲，但也只能劝到不失孝敬为止。在公爵发脾气的时候，她没有作声；她为母亲感到羞臊，因为父亲转眼间就又和善起来，觉得父亲可亲。可是等父亲走后，她就准备去做最要紧的、非做不可的事了，——那就是到吉娣房里去安慰她。

“妈妈，我早就想告诉您：列文这一次到这儿来，是想向吉娣求婚，您知道吗？列文对司基瓦说过的。”

“那又怎么样？我不明白……”

“也许吉娣拒绝了他吧？……她没有对您说吗？”

“没有，不论这一个，还是那一个，她都没有说过；她太要强了。不过我知道，都是因为那一个……”

“是啊，您倒想想看，她竟然拒绝了列文。我知道，要不是有那一个的话，她是不会拒绝他的……后来那一个却完全辜负了她的一片情意。”

公爵夫人一想到她太对不起女儿，就觉得太可怕，于是她生起气来。

“唉，我简直一点也不懂！现在什么事都想自作主张，什么话也不对做母亲的说，可这么一来就……”

“妈妈，我去看看她吧。”

“去吧。难道我不叫你去吗？”母亲说。

三

吉娣的小小的房间非常雅致，一片粉红色，摆满古老的萨克森瓷器玩偶，这房间就像两个月前吉娣本人一样，红红的，充满生气，洋溢着快活气氛。陶丽一走进来，就想起去年她们一起快快活活、亲亲热热地布置这个房间的情形。她一看到吉娣坐在离门口很近的一张矮椅子上，眼睛一动不动地盯着地毯的一角，她的心一下子就凉下来。吉娣看了看姐姐，脸上那冷冷的、有几分严峻的表情也没有改变。

“我现在回去，就要待在家里不出来，你也不能来看我了，”陶丽说着，挨着她坐下来。“我想和你谈谈。”

“谈什么呀？”吉娣恐慌地抬起头来，急忙问道。

“除了谈你的痛苦，还谈什么？”

“我没有什么痛苦。”

“得了，吉娣。你真以为我不知道吗？我全知道。你听我的话，这算不了什么……这种事儿我们都有过。”

吉娣没有作声，一脸严峻的表情。

“他不值得你为他痛苦。”陶丽单刀直入地说。

“是不值得，因为他没有把我放在眼里，”吉娣用颤抖的声音说。“别说了！请你别说了！”

“这是谁对你说的呀？谁也没说这话。我相信，他以前爱你，现在还是爱你，不过……”

“哎呀，我觉得最可怕的就是这种同情！”吉娣忽然火了，叫了起来。她在椅子上转过身去，脸涨得通红，手指头急促地动了起来，忽而用这只手，忽而用那只手握握她拿着的皮带扣环。陶丽知道妹妹在火气上来时有两手换来换去抓东西的习惯。她知道吉娣在发火时会不顾一切，会说出许多不该说的、不好听的话来，陶丽就想安慰她，但是已经晚了。

“什么,你想跟我谈,要我明白什么？什么？”吉娣急急地说。“是要我明白,我爱上了一个根本不把我放在心上的人,而且我因为爱他而病得要死吗？这就是做姐姐的对我说的话呀,这样的姐姐还以为……以为……以为她是同情我呢！……我才不稀罕这种同情和虚情假意!”

“吉娣,你真不讲理。”

“你为什么要来折腾我呀?”

“我呀,正好相反……我看到你心里不痛快……”

可是吉娣在火头上根本听不进她的话。

“我没有什么好伤心的,也没有什么好宽心的。我这人挺要强,决不会低三下四去爱一个不爱我的人。”

“我也没有这样说呀……有一件事,你要对我说说实话,”陶丽抓住她的手说,“你告诉我,列文对你说了吗？……”

一提到列文,吉娣似乎丧失了最后的自制力;她从椅子上腾地跳起来,把皮带扣环扔到地上,两手急促地做着手势,说了起来:

“为什么又把列文扯上？我真不懂,你为什么非要我难受不可？我说过,还可以再说一遍,我很要强,我绝对不会,绝对不会做你做的那种事,——回过头再去爱一个对你变了心、爱过另一个女人的人。这事我真不懂,真是不懂！你能这样,我可不能!”

吉娣说过这些话,朝姐姐看了看,看到姐姐伤心地低下头,没有作声,她本想出去就没有出去,在门口坐了下来,用手帕捂住脸,也低下了头。

沉默了有两三分钟。陶丽想着自己的事。她总感觉自己受到屈辱，经妹妹这样一提，这种屈辱感就使她心中特别难受。她没有想到妹妹会这样冷酷，很生她的气。可是她忽然听到衣裙的响声，同时听到再也憋不住的大哭声，就有一双手从下面伸过来搂住她的脖子。吉娣跪在她面前。

“好姐姐，我简直，简直太不幸了！”吉娣歉疚地小声说。

她那一张娇艳的脸带着一脸的泪水埋到陶丽的裙子里。

眼泪就像是一种少不了的润滑油，没有眼泪，姐妹间沟通思想的机器就无法正常运转。流过眼泪之后，姐妹俩谈的并不是她们的心事；但就是谈旁的事，她们也相互了解了。吉娣明白了，她在气头上说的姐夫变心和姐姐受屈辱的话深深刺痛了可怜的姐姐的心，但姐姐原谅了她。在陶丽来说，也明白了她想了解的一切；她看出她猜对了，吉娣伤心，伤心到无法劝慰的地步，就是因为列文向她求婚，她拒绝了他，而伏伦斯基却辜负了她的一片情意，看出她愿意爱列文，痛恨伏伦斯基。在这方面吉娣一句话也没有说；她说的只是自己的心情。

“我一点也不伤心，”她镇静下来之后，说，“可是，不知你是不是能明白这种心情，我觉得一切都很坏，很讨厌，很荒唐，而且首先就是我自己。你恐怕无法想象，我把一切看得有多么坏。”

“你能把一切看得究竟有多么坏呢？”陶丽笑着问道。

“坏得透顶，荒唐得透顶；我简直没法对你说。这不是苦恼，也不是烦闷，而是要坏得多。就好像我心中一切好的东西都不见了，只剩下顶坏的东西。唉，该怎样对你说呢？”她看到姐姐眼里露出大惑不解的神气，就说道。“刚才爸爸一开口对我说话……我就觉得他不过是想把我嫁出去。妈妈带我去参加舞会，我就觉得，她所以带我出去，无非是要我快点儿出嫁，免得成为累赘。我知道这不对，可是我没办法驱除这些想法。我见不得那些所谓求婚者。我觉得他们老是在量我的尺寸。以前我穿着舞衣到哪儿去，觉得简直是一种享受，我自己常常欣赏自己；现在我觉得难为情，很不自在。唉，有什么办法呀！医生呢……哼……”

吉娣踌躇起来；她本来想再说，自从她有了这种变化之后，她就看着奥布朗斯基非常不顺眼了，她一看到他，就不能不觉得他是最荒唐、最不像样子的人。

“就这样，我觉得一切都荒唐透了，坏透了，”她又说。“这就是我的病。也许，这会好的……”

“你别这样想嘛……”

“我没办法不想。只有在你家里，只有跟孩子们在一起，我才觉得快活。”

“可惜你不能到我家去。”

“不，我要去。我害过猩红热的，我这就去跟妈妈说。”

吉娣一定要去，就到姐姐家去了。孩子们确实害了猩红热，她就一直护理孩子们。姐妹俩精心照料，六个孩子的病全都好了，可是吉娣的健康并没有好转，于是谢尔巴茨基一家就在大斋节出国去了。

四

彼得堡上层人士的圈子其实是一个大圈子；大家彼此都认识，甚至彼此都有来往。不过在这个大圈子里还有许多小圈子。

安娜·卡列尼娜和三个不同的小圈子都有密切的关系，在里面都有自己的朋友。一个是她丈夫的官场的圈子，包括他的同僚和下属，这些人因为各种各样错综复杂的关系联系在一起，而又分散于不同的社会阶层。安娜起初对这些人有一种近乎虔敬的心情，现在很难记起有这种心情了。现在她认识他们所有的人，就像在一个县城里大家都相互认识一样。她知道谁有什么样的习惯和嗜好，知道谁有什么难言之隐；知道他们彼此的关系以及他们和朝廷的关系；知道谁是谁的靠山，谁依靠的是什么；知道谁和谁在哪些方面看法一致，在哪些方面意见分歧。但是这个男人感兴趣的官场的圈子，尽管有李迪雅伯爵夫人的诱导，却从来引不起她的兴趣，她总是躲避这个圈子。

安娜接近的另一个小圈子，就是卡列宁借以青云直上的那个圈子。这个圈子的中心人物就是李迪雅伯爵夫人。形成这个圈子的是一些年老色衰、笃信上帝的慈善妇女和精明、有学识、追求功名的男子。这个圈子里的一个聪明人把这个圈子称作“彼得堡社会的良心”。卡列宁很看重这个圈子，善于和各种人相处的安娜来彼得堡生活之后，就是首先在这个圈子里找到朋友的。可是现在，她从莫斯科回来以后，就讨厌起这个圈子。她觉得，不论是她，不论是他们那些所有的人，都是在装腔作势，她在这个圈子里觉得非常苦闷，非常不舒服，所以她就尽可能少去拜访李迪雅伯爵夫人。

最后，与安娜有关系的第三个圈子其实就是交际界，这是舞会、宴会和华丽服饰的天地。这个交际界一只手抓住宫廷，免得落到“半上流社会”[1]地步。这个圈子里的人自以为瞧不起“半上流社会”,其实他们的情趣不仅相近,而且完全是一样的。安娜是通过她的表嫂培特西公爵夫人和这个圈子保持关系的。这位公爵夫人每年有十二万卢布进项。公爵夫人自从安娜一进入交际界就特别喜欢她,处处照顾她,把她拉进自己的圈子,并且常常嘲笑李迪雅伯爵夫人那个圈子。

“等我老了,也丑了,我也会那样的,”培特西说。“可是像您这样年轻、这样漂亮的女人,进那个养老院就太早了。”

安娜起初尽可能避开培特西公爵夫人这个圈子,因为在那里的开支超过她的进项,再说起初她也更喜欢第一个圈子;可是她从莫斯科回来以后,就完全反过来了。她避开那些道义上的朋友,而经常进出大的交际场所。她在那些场所常常遇到伏伦斯基,在这种相遇中尝到欢乐,心荡神怡。培特西娘家姓伏伦斯基,她就是伏伦斯基的堂姐,安娜在培特西家里遇到他的时候也就特别多。在哪儿可以遇到安娜,伏伦斯基就到哪儿去,只要有机会,就向她倾诉自己的爱情。她从来不给他什么话茬儿,但她每次遇到他,她心中就涌起一股兴奋劲儿,就像在火车上第一次见到他的那一天一样。她自己也感觉出来,一见到他,她的眼睛里就迸射出喜悦的光彩,嘴唇就会笑起来,她简直无法抑制这种喜悦的表情。

起初安娜真的相信,她很不满意他这样放肆地追求她;但是她从莫斯科回来之后,没过多久,她有时去参加晚会,原以为会遇

①指资产阶级社会中,不属于上流社会却竭力模仿上流社会生活方式的妇女。

到他却没有见到他，就感到无限惆怅，因此她完全明白了，她是在欺骗自己；她明白了，这种追求不仅没有使她不快，而且已经成为她生活的全部兴趣。

这是那位著名歌星第二次演唱，整个交际界人士都来到剧院里。伏伦斯基从正厅第一排座位上看见了堂姐，不等幕间休息，就来到她的包厢里。

“您怎么没有来吃饭呀？”她对他说。“我真惊讶，恋中人的眼睛有这样尖，”她又笑嘻嘻地小声说，声音小得只有他一个人能听见：“她不在。不过，等歌剧完了，您到我家来吧。”

伏伦斯基带着询问的神气看了看她。她把头一点。他笑了笑，表示感谢，就挨着她坐下来。

“我可是常常想起您那些风凉话儿！”一直把追踪这桩风流韵事的发展当作特殊乐趣的培特西公爵夫人继续说。“这一切都到哪儿去啦？您现在被拴住了，我的好兄弟。”

“我就希望被拴住呢，”伏伦斯基带着他那泰然自若、和蔼可亲的笑容回答说。“说实在的，怪只怪被拴得不怎么牢呢。我已经开始失去希望了。”

“您会有什么希望呀？”培特西替朋友委屈地说，“咱们彼此心里是有数的……”但是她的眼睛里闪着火花，表示她非常清楚，就跟他自己一样清楚，他会有什么样的希望。

“毫无希望呀，”伏伦斯基龇着一嘴整齐的牙齿笑着说。“对不起，”他说着，从她手里拿过望远镜，从她那光肩膀上面打量起对面的一排包厢。“我怕我会惹人笑话的。”

他很清楚，在培特西和交际界一切人的眼里，他决不会是可笑的。他很清楚，在这些人眼里，追求一个姑娘或者任何一个没主儿的女子而追求不上，这样的角色是可笑的；但如果追求一个有夫之妇，并且豁上一条命，拼死拼活要跟她私通，这样的角色就有几分敢作敢为的了不起的色彩，绝不会是可笑的，所以他那小胡子底下闪着快活而得意的微笑，放下望远镜，看了看堂姐。

“那您为什么不来吃饭呀？”她一面欣赏着他，一面说。

“这事我应该对您说说。我有事，您猜什么事？我让您猜一百次，一千次……您也猜不着。我在给一个做丈夫的和侮辱他妻子的人调解呢。是的，真的！”

“怎么样，调解好了吗？”

“差不多了。”

“这事您一定要给我说说，”她说着，就站起来。“您下次休息时来吧。”

“不行。我要到法国剧院去了。”

“不听尼尔松[①]唱啦？”培特西惊愕地问，虽然她怎么也分不清尼尔松的演唱和任何一个歌女有什么不同。

“有什么办法呀？我要在那里和他们见面，都是为了我调解的这件事。”

“和事佬是有福的，可以进天国，”培特西记得她听什么人说过类似的话，就说道。“好吧，您就坐下，说说是怎么一回事儿吧。”

于是他又坐了下来。

①尼尔松（1843—1921），瑞典戏剧女高音歌唱家。她的演唱当时在欧洲十分轰动。

五

“这事儿有点莽撞，可是太有意思了，我实在想对您说说，”伏伦斯基笑嘻嘻地看着她，说道。“我不说姓名。”

“但我会猜的，这倒更好些。”

“那您就听着：有两个快活的小伙子坐车去……”

“不用说，那是你们团里的军官啦？”

“我没有说是军官，只是两个刚吃过早饭的小伙子……”

“换句话说：是喝过酒的小伙子。”

“也许是的。他们是到一个同事家去赴宴，都高高兴兴的。他们看到，有一个很漂亮的女子坐的马车赶到了他们前头，那女子回头看了看，而且，至少他们觉得，还朝他们点了点头，笑了笑。他们自然就追了上去。让马使足劲儿跑起来。使他们吃惊的是，那美人儿的马车就在他们去的那一家大门口停了下来。美人儿朝楼上跑去。他们只看见那短面网下面的红唇和秀美的纤足。”

“这事您说得这样有滋有味，我看您就是这两个中的一个。”

“您刚才怎么对我说的？话说这两个年轻人走进同事家里，这同事家办的是饯行宴席。他们在那里也许多喝了几杯，这在饯行宴席上是常有的事。吃饭的时候他们问起这座楼楼上住的是什么人。谁也不知道。只是在他们问是否有小姐住在楼上的时候，主人家的仆人才回答说，这儿小姐很多。吃过饭后，两个年轻人来到主人的书房里，给那个不知名的女子写信。他们写了一封很热和的信，表白爱情，并且亲自送到楼上，有什么不清楚的地方，还可以当面解释一番。”

“您怎么给我讲这种丑事呀？啊？”

“他们按了门铃。出来一名侍女，他们把信交给她，并且一再对侍女说，他们简直爱得发了狂，说不定会当场死在这门口。那侍女正大惑不解地和他们交谈着，突然出来一位先生，一脸腊肠般的络腮胡子，脸红得跟龙虾一样，声明说，这房里除了他的妻子，再没有住什么人，并且把他们赶了出来。”

“您怎么知道他的胡子，像您说的那样，是腊肠般的呀？”

“您听我说嘛。今天我去给他们调解来。”

“哦，怎么样呢？”

“顶有意思的地方这就到了。原来这是一对恩爱夫妻，是一位九品文官和他的妻子。九品文官告了状，于是我就做调解人，而且是个多么了不起的调解人呀！我敢对您说，就是塔列伦[1]也没法跟我比。”

“疙瘩在哪儿呀？”

“您听着嘛……我们老老实实赔罪：‘我们心里很难过，请您原谅这次不应有的误会。’留腊肠胡子的九品文官有点儿心软了，可是他也想说说自己的心情，等他一说起自己的心情，就又火了，说起粗话，于是我只好又施展起我的外交才能。就说：‘我也认为他们的行为不好，但请您谅解，这是个误会，而且他们都年轻；再说，他们刚刚吃过早饭，您也明白，他们实在后悔，请您原谅他们的过错。’九品文官又心软了，说：‘我也明白，伯爵，我也想饶恕

①塔列伦（1754—1838），法国外交家，善于玩手腕。

他们,可是您要知道,我的妻子,像我妻子这样清白的女人,竟然遭到什么小流氓的跟踪、侮辱和调戏……'您要知道,有一个小流氓当时就在那儿,我只好又给他们调解。我又施展起外交本领,可是等到事情刚刚有些眉目,那位九品文官就又火起来,脸涨得通红,腊肠胡子竖了起来,于是我又得运用外交手腕了。"

"哎哟,这事儿一定要给您说说!"培特西对一位走进她的包厢的太太说。"他简直要叫我笑死了。"

"嗯,祝您成功。"她说着,把不拿扇子的一个手指头伸给伏伦斯基吻了吻,又动了动肩膀,让缩上去的连衣裙束胸溜下来,为的是等她出去,走到脚灯跟前,在煤气灯和众目睽睽之下时,让她的玉肩和酥胸充分袒露出来。

伏伦斯基到法国剧院去了,他确实要到那里去见那位从不放过法国剧院一场演出的团长,跟团长谈谈三天来一直使他忙活着、使他非常开心的调解工作。卷入这件事的有他很喜欢的彼特利茨基,还有那个不久前才来的可爱的小伙子、很好的同事、凯德罗夫公爵少爷。而更主要的是,这件事关系到团的名誉。

这两个人都在伏伦斯基的骑兵连里。九品文官魏登来向团长告状,说团里两个军官调戏他的妻子。据魏登说,他结婚才半年,他年轻的妻子和母亲在教堂里做礼拜,突然感到身体不舒服,显然是因为怀了孕,再也站不住了,见到一辆很漂亮的马车,就坐上马车回家。这时就有两个军官追赶她,她很害怕,就更不舒服了,上了楼梯就跑回家里。魏登从衙门里回来,听到门铃声和说话的声音,便走了出来,看到两个醉醺醺的军官手里拿着信,就把他们推了出来。他要求严办。

“是啊，不管怎样说，”团长把伏伦斯基请了去，对他说，“彼特利茨基越来越不像话了。没有哪一个礼拜不闹事儿。这个九品文官是不肯罢休的，他还会再往上告。”

伏伦斯基看到这件事很不体面，又不可能举行决斗，应该想方设法使那位九品文官消消气，私下了结这件事。团长所以要找伏伦斯基，正因为知道他这人高明，机灵，尤其是一向看重团的荣誉。他们商量了一番，决定让彼特利茨基和凯德罗夫随伏伦斯基一起去向那位九品文官赔礼。团长和伏伦斯基都明白，伏伦斯基的名字和宫廷侍从武官的头衔对于软化九品文官的态度会起很大的作用。确实这两个条件起了一部分作用；可是正如伏伦斯基所说的，调解的结果如何，还很难料。

伏伦斯基来到法国剧院，和团长一起走进休息室，对他说了说自己的成功和不顺利之处。团长思索了一番，决定不再管这件事了，但后来为了寻开心，又向伏伦斯基问起他们见面的详细情形。伏伦斯基说，九品文官刚刚有点和缓下来，一说起事情的经过，忽然又冒火了，伏伦斯基不等说完最后一句调解的话，就把彼特利茨基推到前面，自己趁机溜了出来，团长听到这里，忍不住哈哈大笑了好一阵子。

“这事儿很不像话，不过太好笑了。凯德罗夫是没办法跟那位先生打架的！那位先生火极了，不是吗？”团长笑着反问道。“今天克列尔怎么样？好极了！”他说的是新来的法国女演员。“不管看多少遍，她天天都不一样。只有法国人才有这样的本事。”

六

培特西公爵夫人不等最后一幕结束，就离开剧院回家来了。她刚刚走进她的梳妆室，往她那苍白的长脸上扑了一些粉，搽了搽，梳了梳头，吩咐仆人在大客厅里摆茶，一辆一辆的马车就陆续来到滨海大街她家的大宅第门前。客人们纷纷在宽敞的大门口下了车。为了感化行人，天天早晨在玻璃门里面读报的肥胖的看门人，这时轻轻地开了大门，让来客从他身边走进去。

女主人和一些客人几乎同时走进客厅：刚刚梳好头、搽好粉的女主人从一个门里走进来，客人们也从另一个门进了大客厅。大厅里深颜色的墙壁，柔软的地毯，华灯之下有一张大桌子，白桌布被灯光照得耀眼欲花，桌上摆着银茶炊和晶亮的白瓷茶具。

女主人在茶炊旁坐下来，脱掉手套。在几名动作轻悄的仆人帮助下，大家把椅子拉开，分成两部分坐下来：一部分围着茶炊坐在女主人跟前，另一部分坐在客厅那一头，围着那位一身黑丝绒、两道清秀的黑眉毛的美丽的大使夫人。两个圈子里的谈话，正如往常刚开头那样，都是东一句、西一句的，不时被招呼声、寒暄、敬茶所打断，好像是在摸索究竟该谈什么。

“她作为一个演员真是才艺绝伦；显然她精心研究过考尔巴哈[1]，”大使夫人那个圈子里有一个外交官说，“你们可曾留意她是怎样倒下的……”

“哎呀，对不起，咱们就不谈尼尔松吧！谈她谈不出什么新鲜

①考尔巴哈(1804—1874)，德国画家。

东西了，”一个穿老式绸连衣裙、一头淡黄头发、没有眉毛、不戴假发的红脸胖太太说。这是米雅赫基公爵夫人，她心地单纯而态度粗野，因此绰号叫胡闹的孩子。米雅赫基公爵夫人坐在两个圈子当中，听着，一会儿参与这边说说，一会儿参与那边说说。“今天就有三个人对我说起考尔巴哈，说的话都一样，就像串通好了的。我真不明白，他们怎么这样喜欢这句话。”

谈话被这几句评语打断了，又不得不另找话题。

“您给我们讲点有意思的事儿吧，可是不要太刻薄的。”最擅长文雅的谈话的大使夫人对那位外交官说。外交官这时也不知道再说什么好了。

“恐怕这是很难的，因为只有刻薄的话才好笑，”他笑着说。“不过我来试试吧。您出个题目吧。全在于题目。有了题目，文章就好做了。我常常想，上个世纪那些著名的演说家在今天也很难说出什么俏皮话了。所有的俏皮话都已经叫人听厌了……”

开头谈得很文雅，但正因为谈得太文雅，就又谈不下去了。还是得采取最可靠的、屡试不爽的办法，那就是说说刻薄的挖苦话。

“你们不觉得杜什凯维奇有点路易十五气派吗？”外交官瞟着那个站在桌旁的淡黄头发的漂亮年轻人说。

“可不是！他的气派和这客厅是一样的，所以他常常在这儿。”

这话得到了支持，因为这话暗示的正是在这客厅里不能说的事，那就是杜什凯维奇和女主人的关系。

围着茶炊和女主人的一圈人，同样在围绕着三个少不了的话题，即社会新闻、剧院和议论他人，东一句西一句地乱扯了一阵子之后，一涉及最后一个话题，即说起刻薄的挖苦话，也都来了劲儿。

“你们听说，玛尔季歇娃——不是女儿，是妈妈，——自己定做了一件鲜红鲜红的衣服吗？”

“不可能！哦，也许会的，那可就太妙啦！”

“我真奇怪，她这样聪明，——她本来不蠢嘛，——怎么会看不出，她有多么可笑。”

议论和嘲笑起倒霉的玛尔季歇娃，人人都有话说了；大家就叽里呱啦谈得热闹起来，就像烧着了的篝火。

培特西公爵夫人的丈夫是个和蔼可亲的胖子，是个热心的版画收藏家，知道妻子有客人，就在去俱乐部之前到客厅里来看看。他踩着柔软的地毯悄没声地走到米雅赫基公爵夫人跟前。

“您怎么喜欢起尼尔松啦？”他说。

“哎哟，怎么能这样偷偷溜过来呀？您把我吓死了，”她回答说。“请您别跟我谈歌剧吧，您对音乐一窍不通。还是我来迁就您，跟您谈谈您的彩陶和版画吧。您就说说，最近在旧货市场买了一些什么宝贝吧？”

“要我给您看看吗？不过您在这方面是外行呀。”

“给我看看吧。我见识过的，那些……他们叫什么来着……那些银行家……他们有许多很美的版画。他们拿给我们看过。”

“怎么，您上舒茨堡家去过吗？”女主人在茶炊那边问道。

“去过的，朋友。他们请我和丈夫去吃饭，还告诉我，宴席上的调味沙司就花了一千卢布呢，”米雅赫基感觉到大家都在听她说话，就高声说，“而且是很糟的沙司，绿油油的。我们不能不回请他们，我花了八十五戈比做的沙司，大家都非常满意。我可不会去做一千卢布的沙司。”

“她真是谁也比不上！”女主人说。

“真了不起！”有一个人说。

米雅赫基公爵夫人说话总能产生这样的效果。她能得到这种效果的秘诀就在于，她说话虽然不怎么得体，就像现在这样，但她说的是有点意思的平常事儿。在她所处的圈子里，这样的话往往能抵得上最俏皮的话。米雅赫基公爵夫人不明白，为什么会有这样的效果，但她知道就有这样的效果，而且她就利用这一点。

因为在米雅赫基公爵夫人说话的时候，大家都在听她说，大使夫人那边的人也都不说了，女主人就想让大家凑到一块儿来，便对大使夫人说：

“你们当真不想喝茶吗？你们还是到我们这边来吧。”

“不啦，我们在这儿挺好。”大使夫人笑着回答过，又继续谈开了头的话。

他们谈得非常快活。他们说的是卡列宁夫妇。

“安娜从莫斯科回来以后大变了。她有点儿奇怪。”她的一个女友说。

“主要的变化是她带回了伏伦斯基的影子。”大使夫人说。

“那有什么呢？格林兄弟[1]有一篇童话，写的是一个没有影子的人，写一个人没有了影子。这是因为什么事对他的惩罚。我一

①雅科布·格林（1785—1863）和威廉·格林（1786—1859），兄弟二人是德国著名的童话作家。

直不明白,这怎么能惩罚。不过一个女人没有影子想必是不愉快的。”

“是啊,不过有影子的女人往往没有好下场。”安娜的女友说。

“你们当心舌头上长疔疮,”米雅赫基公爵夫人听到这些话,立即插嘴说。“安娜是个极好的女人。我很不喜欢她的丈夫,但非常喜欢她。”

“您究竟为什么不喜欢她的丈夫呢?他是一个多么了不起的人物呀,”大使夫人说。“我丈夫说,像他这样雄才大略的人,在整个欧洲也很少见呢。”

“我丈夫也对我说过这话,可是我不信,”米雅赫基公爵夫人说。“要不是咱们的丈夫都这样说,咱们会看清本来面目的,依我看,卡列宁简直很蠢。这话我只能悄悄地说……现在就完全清楚了,不是吗?以前,人家叫我把他当成聪明人的时候,我总是在找他的聪明之处,因为看不出他有什么聪明之处,还以为是我自己蠢呢。可是等我一说,但还是悄悄地说,他很蠢,——事情就非常清楚了,不是吗?”

“您今天多么刻薄呀!”

“一点也不刻薄。我没有别的办法。我们两个人中间总有一个很蠢。您也知道,谁都不能说自己蠢。”

“谁也不满足自己的财产,谁都满足自己的聪明。”外交官念起法国的诗句。

“就是这话了,”米雅赫基公爵夫人连忙对他说。“不过,最要紧的是,我可不准你们说安娜的坏话。她可是太好了,太可爱了。要是人家都爱上她,像影子一样跟着她,她又有什么办法呢?”

“我可是连想也没想说她什么呀。”安娜的女友申辩说。

“即使没有人像影子一样跟着我们,那也不能证明我们就有权对别人说三道四。”

米雅赫基公爵夫人把安娜的女友狠狠奚落了两句之后,便站起来,和大使夫人一起加入桌子旁边那个圈子,在这里大家正在谈普鲁士国王。

“你们在那儿说谁的坏话呀?”培特西问道。

“说的是卡列宁夫妇。公爵夫人给卡列宁做了鉴定。”大使夫人笑着在桌旁坐下来,回答说。

“可惜我们没有听见,”女主人说着,朝门口望去。“哦,您到底来了!”她笑嘻嘻地对走进来的伏伦斯基说。

伏伦斯基不仅认识这里所有的人,而且天天和他们见面,因此他走进来的时候神态非常从容,就好像一个人刚出去一会儿就回来了。

“我从哪儿来吗?”他回答大使夫人的问话说。“没有办法,只好招认了。我从滑稽剧院来。恐怕看了有一百次了,可是总觉得新鲜有趣儿。妙极了!我知道这很不体面;可是我一看歌剧就打瞌睡,看滑稽戏却可以看到最后一分钟,而且非常开心。今天……”

他说出法国女演员的名字,就想说说她的什么事儿;可是大使夫人装出一脸害怕的神气,打断他的话,说:

“这种可怕的事请您别说吧。”

“好吧,我不说,何况这些可怕的事大家都是知道的。”

“假如看待这种戏也能像看待歌剧一样,大家就都去看了。”米雅赫基公爵夫人附和说。

七

门处响起脚步声。培特西公爵夫人知道这是安娜到了,就看了看伏伦斯基。他望着门口,脸上出现了一种很奇怪的新的表情。他喜滋滋地、全神贯注的同时又是怯生生地望着走进来的安娜,慢慢欠起身来。安娜走进了客厅。她像往常一样,袅袅婷婷,步子又矫健又轻盈,和交际场上其他女子走路的姿态显然不同,她也没有改变视线的方向,朝女主人跟前跨了几步,走到她跟前,同她握了握手,嫣然一笑,而且就带着这笑容回头看了看伏伦斯基。伏伦斯基深深地向她鞠了一躬,并且把一张椅子给她推过去。

她只是点了点头作为回答,红了红脸,就皱起眉头。不过她立即就连忙向一个个熟人点头招呼,握着一只只伸过来的手,一面对女主人说:

“我刚才在李迪雅伯爵夫人家,本想早点来的,可是一坐就坐了老半天。约翰爵士在她那儿。这人很有意思。”

“哦,就是那位传教士吗?”

“是的,他说起印度的生活,有趣极了。”

因为她的到来而中断的谈话,又像风吹的灯火一样,摇来摆去,失去了重心。

“约翰爵士！是的，约翰爵士。我见过他。他很健谈。符拉西耶娃简直迷上他了。”

“最小的符拉西耶娃要嫁给托波夫，是真的吗？”

“是的，据说已经定了。”

“我真佩服当父母的。据说这是恋爱结合的呢。”

“恋爱结合吗？您的想法多么不合潮流呀！现在还有谁谈恋爱的事呀？”大使夫人说。

“有什么办法呢？这种愚蠢的老一套的风气还没有绝迹呢。”伏伦斯基说。

“这对于保持这种风气的人，尤其是坏事。据我所知，幸福的婚姻都是靠的理性。”

“是的，不过，靠理性结合的幸福常常会烟消云散，正是由于原来不承认的爱情又死灰复燃。”伏伦斯基说。

“不过，我们所说的理性婚姻，是指那些双方都不再狂热的。这就像猩红热，害过了就不再害了。”

“这么说，对恋爱也要进行人工接种，像种牛痘一样啦。”

“我年轻时爱过一个教堂执事，”米雅赫基公爵夫人说。“不知道这对我是不是有些预防作用。”

“不，说实在的，我认为，要想懂得爱情，必须先犯错误，然后再改正。”培特西公爵夫人说。

“连结过婚的也得这样吗？”大使夫人用玩笑的口气说。

“改正过失，不分早迟。”外交官说了一句英国谚语。

“就是这话了，”培特西接话说，“就是要犯错误再改正。对于这种事儿您是怎样看的？”她向安娜问道。安娜嘴边隐隐约约挂着不动声色的微笑，一声不响地听着这场谈话。

“我看呀，”安娜玩弄着脱下来的一只手套说，“我看……如果说，有多少个脑袋，就有多少种想法，那么，有多少颗心，也就有多少种爱情。”

伏伦斯基一直在看着安娜，屏住呼吸在等待，看她说什么。等她说出这话来，他才舒了一口气，好像脱离了危险似的。

安娜忽然对他说：

“哦，我收到莫斯科来的一封信。信上说，谢尔巴茨基家的吉娣病得很厉害。”

“真的吗？”伏伦斯基皱起眉头说。

安娜板着脸看了看他。

“这事儿您不关心吗？”

“正相反，我很关心。信上是怎么说的，能告诉我吗？”他问道。

安娜站起来，走到培特西跟前。

“请给我一杯茶。”她说着，在培特西椅子后面站下来。

就在培特西公爵夫人倒茶的时候，伏伦斯基走到安娜跟前。

“信上怎么说呀？”他又问了一遍。

“我常常想，男人都不懂得什么叫不高尚，可是天天在说这种事儿。”安娜不回答他的话，却说道。“我早就想对您说啦。”她补充一句，便走了几步，在角落里一张摆着照相簿的桌子旁边坐下来。

“我不太明白您这话的意思。”他说着，把一杯茶递给她。

她向旁边的一张沙发瞟了一眼，于是他立即坐下来。

“是的，我是想对您说说，”她只是说，眼睛也不看他。“您的所作所为不好，不好，很不好。”

“难道我不知道我的所作所为不好吗？可是我这样做都是为了谁呀？”

“您为什么要对我说这种话？”她板着脸看着他说。

“您知道为什么呀。”他又大胆又高兴地回答说，同时迎住她的目光，没有垂下眼睛。

他没有发窘，她倒发窘了。

“这只能证明您无情。”她说。但她的目光却在说，她知道他是有情的，就因为这样她怕他。

“您刚才说的事是一个错误，不是爱情。”

“您记住，我不准您说这个词儿，这个讨厌的词儿，”安娜打了个哆嗦，说。但她立刻感觉出来，她一用“不准”这个词儿，就表示她认为自己对他有一定的权力，这也就是鼓励他诉说爱情。“这话我早就想对您说了，”她继续说，一面很果断地看着他的眼睛，一张脸红得火辣辣的。“我今晚是特意来的，知道会遇到您。我是来告诉您，这事到此为止了。我从来没有在人家面前红过脸，可是您却一定要使我觉得自己有什么过错。”

他望着她，她脸上流露的另一种精神的美使他心醉。

“您想要我怎样呢？”他简单而认真地说。

“我希望您到莫斯科去请求吉娣宽恕。”她说。

“您不希望这样。”他说。

他看出来，她说的话是她强迫自己说的，不是她想说的。

“如果您真的像您说的那样爱我的话，”她小声说，“那您就这样做,也好让我心里平静。”

他的脸顿时放起光来。

“难道您不知道,您就是我的整个生命?我不能平静,也就没法让您平静。没有爱情,就没有我整个的人……是的。我无法把您和我分开来想。在我来说,您和我是一体。所以不论在我,还是在您,我看不出今后有平静的可能性。我看到有可能绝望,很不幸……或者有可能很幸福,而且又是何等幸福呀!……难道这不可能吗?”说末了一句他只是动了动嘴唇;但是她听见了。

她竭力想运用自己的理智说些应该说的话;但是理智已经不听使唤,她只是用含情脉脉的目光看着他,什么话也没有说。

“终于盼到了!”他欣喜若狂地想。“就在我已经感到失望,感到不会有什么结果的时候,终于盼到了!她爱我呢。她承认了。”

“那您就为了我这样做吧,今后再也不要对我说这种话了,咱们做个好朋友吧。”这是她说出的话,可是她的眼神说的完全是另外一种话。

“我们做朋友是不可能的,这您自己也知道。我们要么成为人间最幸福的人,要么成为最不幸的人,——这全看您了。”

她想说点什么,但他又抢在前头说:

“其实我只有一个要求,要求有权利抱有希望,有权利痛苦思念,就像现在一样;如果连这都不行,您吩咐我走开,我这就走开。如果有我在您感到不快,那您以后就不会再看到我了。”

“我不想把您撵到哪儿去。”

“只是请您什么也不要改变。一切还像原来一样,”他用颤抖的声音说。“哦,您丈夫来了。”

果然，这时卡列宁迈着稳重的方步走进客厅。

他打量了一下妻子和伏伦斯基，便走到女主人跟前，坐下来端起茶杯，就放开他那不慌不忙、一向洪亮的嗓门儿说起话来，用的是他用惯了的戏谑口吻，在取笑一个什么人。

“您的伦布里耶[1]满座啦，”他环顾着所有在座的人说，“全是美女和雅士呀。”

培特西公爵夫人却受不了他这种腔调，她一向把这叫作讪笑[2]腔调。她作为一个聪明的女主人，立刻就引他谈普遍兵役制这种严肃的问题。一谈起这问题，卡列宁劲头儿就来了；听到培特西公爵夫人抨击新条令，他就一本正经地为新条令辩护起来。

伏伦斯基和安娜依然坐在小桌子旁边。

“这可是有点儿不像话了。”一位太太瞟着伏伦斯基、安娜和她的丈夫说。

“我刚才这么说的吗？”安娜的女友说。

而且不光是这两位太太，几乎所有在客厅里的人，包括米雅赫基公爵夫人和培特西本人在内，都一次又一次地打量那两个离开大家这个圈子的人，好像这碍了他们的事。只有卡列宁一次也没有朝那边看，一直谈得很带劲儿。

培特西公爵夫人发觉这事给大家造成很不愉快的印象，就悄悄地把一个人拉到自己的位子上去听卡列宁说话，自己走到安娜跟前。

“您丈夫说话又清楚又明确，我一向很佩服，”她说。“再深奥

①伦布里耶，指巴黎伦布里耶公爵夫人举办的文人雅士集会。

②原文为英语。

的道理，经他一说，我都懂了。”

“哦，可不是！”安娜没有听明白培特西对她说的任何一个字，却带着一脸幸福的微笑应声说。她随即走到大桌子那边，跟大家一起谈起来。

卡列宁坐了半个钟头之后，便走到妻子跟前，要她一起回家，可是她看也没有看他，只是回答说，她要留下来吃晚饭。卡列宁鞠了个躬，就走了。

安娜的车夫，一个穿着锃亮皮外套的肥胖的鞑靼老汉，很吃力地勒着冻得发抖、在门口直打转转的左套的灰马。一名仆人拉开车门，站在旁边。看门人手扶大门，站在那里等候。安娜用灵巧的纤手从皮袄钩扣上解着被挂住的袖口花边，垂下头，喜滋滋地听着出来送她的伏伦斯基说话。

“您本来什么也没有说；就算我也没有要求什么，”他说，“不过，您也知道，我需要的不是友谊，我这一生只能有一种幸福，就是您很不喜欢的那个词儿……是的，就是爱情……”

“爱情……”她用内心的声音慢慢地跟着他说了一遍。就在她解下袖口花边的同时，她突然说：“我所以不喜欢这个词儿，是因为这个词儿在我来说有太多的含义，远不是您所能理解的。”她说着，凝神看了看他的脸。“再见吧！”

她把手伸给他握了握，便迈着轻盈而矫健的步子从看门人身旁走过去，上了马车。

她的目光和手的接触，把他的全身都烧热了。他吻了吻自己手上她接触到的地方，便坐上马车回家去，一路上心里美滋滋的，因为他想到今天晚上比最近两个月更接近了自己的目标。

八

卡列宁看到妻子和伏伦斯基坐在另一张桌子旁边并且很带劲地谈着什么事，本来不认为有什么异常和有失体统；可是他发现客厅里其他人都觉得这有些异常和有失体统，所以他也就觉得有失体统了。他决定要和妻子谈谈这件事。

卡列宁回到家里，像往常一样走进自己的书房，在安乐椅上坐下来，拿起一本论教皇统治的书，在夹了裁纸刀的地方打了开来，像往常一样一直读到一点钟。他只是偶尔擦擦他那高高的额头，摇摇头，好像是要驱赶什么。到了一定的时间他就站起来，漱洗一下，做好睡前的准备。安娜还没有回来。他腋下夹着一本书走上楼去；但是这天晚上他不像往常那样思索和考虑衙门里的事，却老是在想着他的妻子和跟她有关的不快的事。他一反自己的习惯，没有上床睡觉，却倒背起两手在房里前前后后地踱起来。他无法睡觉，觉得首先必须好好考虑考虑这新出现的情况。

在卡列宁暗自决定要和妻子谈谈的时候，他觉得这事很容易，很简单；可是现在，等他一考虑起这新出现的情况，就觉得这事很复杂，很困难了。

卡列宁从来不猜疑。他认为，猜疑是对妻子的侮辱，对妻子应该信任。至于为什么应该信任，也就是为什么完全相信他的年轻妻子永远会爱他，他没有问过自己；但是他从来没有不信任过，因为他一向信得过，而且常常对自己说，应当信得过。可是现在，尽管他的认识并没有改变，仍然认为猜疑是一种可耻的感情，认为应该信任，却觉得自己面对着不合常情的、无法解释的局面，不知道该怎样才好。卡列宁面对现实生活，面对他的妻子除他之外有可能爱上别的什么人的局面，却觉得这很不合常情和无法理解，就因为这是生活本身。卡列宁过了一辈子，在官场上干了一辈子，只是和生活的映象打交道。在他碰到生活本身的时候，每一次他都躲避开去。现在他体验到一种心情，就好像一个人很平静地从一座横跨深渊的桥上走过，忽然看到桥断了，下面就是万丈深渊。这深渊就是生活本身，这桥就是卡列宁所过的那种虚伪的生活。他第一次想到妻子有可能爱上别人的问题，感到非常可怕。

他没有脱衣服，迈着方步前前后后地走着，走到点着一盏灯的餐厅里吱咯吱咯响的镶木地板上，走到幽暗的客厅里的地毯上，客厅里也只是在沙发上方有一盏灯，照着不久前才挂上的他的巨幅画像，又走进她的起居室，里面点着两支蜡烛，照着她的亲友的几幅画像和她的写字台上他早已十分熟悉的那些精美的小玩意儿。他穿过她的起居室，走到卧室门口，就又转身往回走。

每来回走一趟，他多半要在明亮的餐厅的镶木地板上停下来，对自己说："是的，这事必须解决，必须制止，必须说说我对这事的看法和我的决定。"于是他又往回走。"可是究竟说什么呢？什么样的决定呢？"他到了客厅里又这样自己问自己，自己也无法回答。"到底出了什么事呢？"他在快要回到她的起居室时又自己问自己，"什么事也没出嘛。她和他说话说了老半天。可是这算什么呢？一个女人在交际场所和人家说说话儿有什么稀罕的？

况且,猜疑就等于把自己和她都看低了。”他一面往她的起居室里走,一面在心里说。可是这种推论,以前他觉得很有分量的,现在却觉得毫无分量,毫无道理了。于是他又从卧室门口转回身朝客厅走去。可是他一回身往幽暗的客厅里走,就有一个声音对他说,这事儿不对头,既然别人都注意到了,那就说明有点儿什么。于是他在餐厅里又对自己说:“是的,这事儿一定要解决和制止,一定要说说我的看法……”可是在客厅里就要往回走的时候,他又问自己:“怎样解决呢?”接着又问自己:“出了什么事儿呢?”又回答:“什么事儿也没有。”他又想起来,猜疑是把妻子看低了,可是到了客厅里他又认定是出了什么事儿。他的思想和他的身体一样,不停地转着圈圈儿,怎么也转不出新名堂。他意识到这一点,就擦了擦额头,在她的起居室里坐下来。

在这里,看着她的写字台和上面摆着的孔雀石信笺夹以及未写完的信,他的想法忽然变了。他思索起有关她的事,想想她是怎么想的,感觉如何。他第一次实实在在地想到她的个人生活、她的思想、她的愿望。一想到她可能有而且应该有自己独有的生活,他就觉得非常可怕,就赶紧把这种想法驱赶开。这正是他害怕窥视的深渊。设身处地地想别人之所想,感别人之所感,是和卡列宁格格不入的一种精神活动。他认为这种精神活动是一种有害的和危险的空想。

“最糟糕的是,”他想道,“恰恰就在这时候,在我的事业(他想到他现在提出的方案)快要大功告成的时候,在我需要心情宁静和集中全部精力的时候,却偏偏碰上这种毫无意义的担心事儿。可是有什么办法呢?我可不是那种遇到麻烦和担心事就没有勇气去正视的人。”

“我得好好想想，加以解决和排除。”他说出声来。

“她的感情问题，她心里有什么念头和可能有什么念头，那我管不着，那是她的良心问题，要由宗教去管，”他在心里说。因为想到弄清了新出现的情况属于什么性质的问题，感到很轻松。

“就是这样，”卡列宁又在心里说，“她的感情之类的问题是她的良心问题，我管不着。我该管的事是有明确章程的。我作为一家之主，必须引导她，因此对她负有一部分责任。我必须指出我所看到的危险性，警告她，甚至行使我的权力。我必须对她说说。”

于是卡列宁就在头脑里有条有理地编排好了今晚要对妻子说的话。他一面考虑他要说的话，一面惋惜自己把自己的时间和精力像这样毫无价值地花到家庭问题上。尽管这样，他还是像准备做报告一样，清清楚楚、有条有理地安排好了这次讲话的程式和顺序。“我要说的、要表示的意见如下：第一，说明舆论和体面的重要性；第二，从宗教方面阐明婚姻的意义；第三，如有必要，则指出儿子可能遭到的不幸；第四，指出她自己可能遭到的不幸。”于是他把手指交叉在一起，掌心向下，使劲舒展了一下，手指关节就咯吧咯吧响了起来。

这个姿势，这个交叉手指并且让手指嘎巴作响的坏习惯，总能使他镇静下来，使他清醒，他现在正是很需要清醒。门外有马车的声音，那声音越来越近。卡列宁在客厅中央站了下来。

响起女人上楼的脚步声。卡列宁已经准备好要说的话，这时站在那里，紧紧扳着交叉的手指，看会不会还有什么地方咯吧作响。只有一个关节咯吧响了一下。

他一听到楼梯上那轻盈的脚步声，就知道她这就到了，虽然他对自己准备好的一番话十分满意，他还是为面临的这番交谈提心吊胆……

九

安娜垂着头，抚弄着头巾的穗头走进来。她满面红光；但这红光不是喜悦的光彩，却像是黑夜里熊熊大火的火光。安娜看见丈夫，抬起头来，像刚刚醒来似的，笑了笑。

“你还没睡呀？真怪！”她说着，解下头巾，也没有停住脚步，径直朝梳妆室走去。“该睡了，阿历克赛。”她在门里面说。

“安娜，我要和你谈谈。”

“和我谈吗？”她惊讶地说；就从门里面走出来，朝他看了看。“有什么事吗？谈什么呀？”她一面问，一面坐下来。“好哇，要是非谈不可，那咱们就来谈谈吧。不过最好还是睡觉。”

安娜说的话都是顺口而出的，她自己听着自己的话，都惊异自己的说谎本领。她说得多么随便，多么自然，多么像是她真的要睡觉！她觉得自己披上了一件戳不透的谎言的铠甲。她觉得有一股无形的力量在帮助她，支持她。

“安娜，我应当警告你。”他说。

“警告？”她说。“为什么事？”

她那样随便、那样快活地望着他，要是有谁不像丈夫那样了解她，决不会发现她的语调和她的话的意思有什么不自然之处。

但他是很了解她的；他知道，只要他上床比平时晚五分钟，她就会注意到，就会问原因；他知道，她不论有什么样的开心事，有什么样的快乐或苦恼，都会立刻告诉他；现在他却看出来，她根本不想理会他的心情，也丝毫不想说她自己的心思，所以，他就觉得这里面大有文章了。他看出来，她那一向对他开放的心灵深处，现在对他关闭了。不仅如此，而且他从她的语调听出来，她并不因此感到难为情，而是好像直截了当地告诉他：是的，关闭了，就应该这样，今后也是这样。他现在的心情，就好比一个人回到家来，却吃了闭门羹。“不过，也许还能找到钥匙呢。”卡列宁想道。

“我要警告你的是，”他低声说，“由于轻佻和不检点，你可能成为交际界议论的话柄。你和伏伦斯基伯爵（他用从容的语调很果断地说出这个名字）谈得过分起劲儿，引起大家对你的注意。”

他一面说，一面望着她那一双笑吟吟的、因为难以捉摸他现在觉得很可怕的眼睛，而且他在说的时候，就感觉到自己的话无用和白说。

“你总是这样，”她回答说，就好像完全没有明白他的意思，故意装作只听明白了他最后一句话。“有时我苦闷，你不高兴；有时我快活，你也不高兴。我是谈得很快活。这又使你生气啦？”

卡列宁打了个哆嗦，又交叉起手指头，想让手指头咯吧响儿下。

“哎呀，请你别扳吧，我实在不喜欢。”她说。

“安娜，你怎么这样啦？”卡列宁控制住自己，也不扳手指头，低声说。

“究竟是怎么回事儿呀？”她带着半真半假的惊讶神气说。

"你要我怎样呀?"

卡列宁沉默了一会儿,用手擦了擦额头和眼睛。他看出来,他并没有照他原来所想的去做,也就是不是警告妻子不要在众目睽睽之下犯什么过错,倒是不由得操心起她的良心问题,而且在想方设法拆除他想象中的一道墙。

"我是想对你说说,"他又冷冷地、平心静气地说,"我要求你听我说说。你也知道,我一向认为猜疑是一种低下的、侮辱性的心情,我决不允许自己被这种心情所左右;不过有一些众所周知的礼法,是不能随意违犯的。今晚我并没有在意,可是从你给大家的印象来判断,大家都注意到你的举止不完全得当。"

"我简直一点也不懂,"安娜耸耸肩膀说。她心想:"他倒是无所谓哩,而是因为大家都注意了,他才不安呢。"她又说了一句:"阿历克赛,你身体有点儿不舒服吧?"便站起来要走,但是他跨到前面,看那架势是要把她拦住。

他的脸色很难看,很阴沉,安娜从来没见过他这个模样。她站了下来,把头向后仰了仰,又向一边歪了歪,用她那敏捷的手把头上的发针一根一根地往下摘。

"好吧,我就听听,还有什么,"她带着嘲笑的口气很镇静地说。"我倒很想听听呢,因为很想知道是怎么一回事儿。"

她说着,说的口气那样平静自然,那样不含糊,措辞用语那样滴水不漏,连她自己都觉得惊讶。

"我没有权利详细分析你的感情,而且我认为这也是无益的,甚至是有害的,"卡列宁又说起来。"不过我们如果挖掘一下自己的心灵,常常可以挖出里面潜藏的东西。你的感情——那是你的良心问题；然而我必须对你、对我自己、对上帝尽我的责任，指出你应尽的责任。我们终生结合在一起，不是人为的结合，而是上帝安排的。破坏这种结合只能是犯罪，犯这一类的罪是要受到严厉惩罚的。”

“我一点儿也不明白。哎呀，我的天哪，我多么想睡觉呀！”她说着，用手很快地拨弄着头发，搜索剩下的发针。

“安娜，看在上帝面上，别这样说吧，”他和善地说。“也许我说得不对，不过你要相信，我说这话，不光是为了我自己，同时也是为了你。我是你丈夫，我爱你。”

有一小会儿她低下了头，眼睛里嘲笑的光芒也消失了；但是她一听到“爱”这个词儿又火了。她在心里说：“他爱我吗？难道他会爱吗？要不是他听到有‘爱’这回事儿，他永远也不会用这个词儿。他连懂也不懂什么叫爱。”

“阿历克赛·亚力山大罗维奇，真的，我不明白，”她说。“你认为怎样，就明明白白说出来吧……”

“对不起，让我把话说完。我是爱你的。不过我说的不是我自己；这事儿主要关系到我们的儿子和你自己。我再说一遍，很可能，你觉得我的话是多余的，不恰当的；很可能，这是出于我的误解。如果是这样的话，那就请你原谅我。可是，如果你觉得有一点点儿根据的话，那就请你想一想，如果你心里有什么要说的，就对我说一说……”

卡列宁自己没有觉察到，他说出来的完全不是他准备好的那一套。

“我没有什么好说的。而且……”她勉强忍住笑，突然很快地说，“真的，该睡觉了。”

卡列宁叹了一口气，没有再说什么，就朝卧室走去。

等她走进卧室，他已经躺下了。他的嘴闭得紧紧的，眼睛也不看她。安娜在自己的床上躺下来，时刻等待着他再开口和她说话。她又害怕他开口，又希望他开口。可是他没有作声。她一动不动地等了很久，也就把他忘记了。她想着另一个人，看到了他，并且觉得，一想到他，就心潮激荡，充满了越出常规的喜悦。忽然她听到均匀而平静的鼾声。开头有一小会儿，卡列宁好像害怕自己的鼾声，停止了；可是，呼吸了两下之后，鼾声又带着另外一种平静而均匀的节奏响起来。

“晚啦，晚啦，已经晚啦。”她微微笑着小声说。她睁着眼睛一动不动地躺了很久，那眼睛里的光芒，她觉得自己在黑暗中能看得见。

十

从这天晚上起，卡列宁和他的妻子过的日子就和以前不同了。并没有发生什么特别的事。安娜照常出入交际场所，特别是常常到培特西公爵夫人家里去，处处都会遇见伏伦斯基。卡列宁看到这情形，但是无可奈何。他多次想引她推心置腹地谈谈，可是她都用一道无法突破的快快活活的扑朔迷离的墙把他挡住了。表面上一切和原来一样，但是他们内在的关系却完全变了。卡列宁这个在国务活动方面有雄才大略的人物，在这方面却觉得自己无能为力了。他像一头公牛，乖乖地低下了头，等待利斧劈下来，因为他觉得那利斧已经举到了他的头上。他每次思索起这件事，都觉得应当再试一试，觉得还有希望用善心、温情和规劝来挽救她，使她醒悟，所以他天天都准备和她谈谈。可是他每次一开始和她谈话，就觉得那主宰着她的恶意和欺骗的幽灵也主宰着他，他和她说的话完全不是他原来想说的，语气也完全不是他原来想用的。他和她说话不由自主地用起他惯用的反唇相讥的语调。这种语调是无法说出他要对她说的话的。

十一

这事对伏伦斯基来说，差不多整整一年来成为他生活中的唯一欲望，代替了他以前的一切欲望；这事对安娜来说，是不可能的，可怕的，因而是更使人神往的幸福的理想，——这一欲望得到了满足。他脸色煞白，哆嗦着下颌，站在她面前，一再要求她放心，他自己也不知道要她放心什么，怎样才能放心。

“安娜！安娜！”他用哆嗦的声音说。“安娜，看在上帝分上！……”

不过，他说的声音越大，她那原来骄矜、快活、如今羞愧难当的头垂得越低，她弯着身子，从她坐的沙发床上溜到地板上，溜到他的脚下；要不是他把她扶住，她就会倒在地毯上。

“我的上帝呀！饶恕我吧！”她把他的手紧紧按在自己的胸前，抽搭着说。

她觉得自己罪孽深重，大逆不道，所以她只有低声下气，请求饶恕；而现在她在这人世间除了他以外再没有什么人了，所以她就向他恳求饶恕。她望着他,浑身感到自己低下,什么话也说不出来。他这时的感觉,却像一名凶手看到被他夺去生命的尸体时的感觉。这被他夺去生命的尸体就是他们的爱情,他们初期的爱情。回想起这种为之付出羞愧难当的可怕代价的事,就觉得有些可怕和可憎。这种精神上被剥得一丝不挂的羞愧感使她受不了,也传染给了他。然而,不管凶手面对死者的尸体有多么害怕,还是要把尸体切成碎块,掩藏起来,还要享用凶手谋杀的成果。

于是,凶手就像迫不及待似的带着一股狂暴劲儿扑向尸体,又是撕扯,又是切割;他就是这样在她的脸上和肩上拼命吻起来。她抓住他的一只手,一动也不动。"是的,这些吻是用这种羞愧换来的。是的,就连这只手,这永远属于我的手,是我的同伙的手。"她拉起这只手,吻了吻。他跪下来,想看看她的脸;可是她把脸藏起来,什么也没有说。最后,她好像镇定下来,站了起来,把他推开。她的脸还是那样美丽,但因此更显得可怜了。

"一切都完了,"她说。"除了你,我什么也没有了。这你要记住。"

"这就是我的生命,我不会不记住的。为了这种幸福的片刻……"

"什么幸福呀!"她厌恶而恐惧地说。这种恐惧也不由得传染给了他。"看在上帝分上,不要说了,再也别说了。"

她很快地站起来,闪到一边去。

"再也别说了。"她又说一遍,就带着一种使他诧异的冷冷的失望神情和他分了手。她觉得,此时此刻无法用言语来表达这进入新生活时的羞愧、喜悦和恐惧心情,她也不愿意说这种心情,不愿意用不确切的言语把这种心情亵渎了。但就是后来,到了第二天,第三天,她不仅还是找不到语言来表达这种错综复杂的心情,而且头脑里乱糟糟的,怎么也找不到头绪来好好想一想。

她在心里说:“不行,现在我还不能好好想这事儿;等以后我定下心来再想吧。”可是她永远也不能平心静气地想这事儿。每当她想到她做的事儿,想到今后她会怎样,她应该怎么办,就觉得非常害怕,她就连忙把这些念头驱赶开。

“以后,以后等我定下心来再想吧。”她在心里说。

可是在梦里,在她无法控制自己的思绪的时候,她的境况就以很不成体统的形式赤裸裸地出现在她的面前。她几乎夜夜都要做同一个梦。她梦见,两个人一块儿给她做丈夫,两个人都拼命和她亲热。卡列宁哭着吻她的双手,并且说:“现在有多么幸福呀!”伏伦斯基也在这儿,他也是她的丈夫。她觉得奇怪,不知道以前她为什么觉得这是不可能的,于是她笑着对他们说,这样简单多了,这样他们两个人就都满意,都幸福了。但是这个噩梦般的梦境常常使她憋得透不过气来,她总是带着恐惧的心情醒来。

十二

列文刚从莫斯科回来的那一段时间里,每当他想起遭到拒绝的耻辱就不寒而栗、面红耳赤的时候,他就对自己说:“当初我考物理得了一分因而留级的时候,我也是这样面红耳赤,不寒而栗,以为我一切都完了;在我为姐姐办事把事情办坏的时候,我也是这样认为自己一点儿用也没有了。事实又怎样呢?现在过了几年,想起来就觉得奇怪,不知道这种事为什么会那样使我苦恼。现在这桩苦恼事也会这样的。过些时候,我就会把这事看淡了。”

可是过了三个月,他对这事并没有淡忘,他还是像开头一些日子那样,一想起这事就觉得十分痛苦。他无法定下心来,因为他很久以来一直盼望着过家庭生活,觉得自己早已到了成家的年龄,却仍然没有娶亲,而且娶亲的事现在比以往任何时候更遥远了。他自己痛切地感觉到,就像他周围所有的人都感觉到的一样,他这样年纪的人过独身生活是不好的。他记得,在去莫斯科之前他见到喜欢跟他聊天的、心地单纯的喂牲口的庄稼人尼古拉,他对他说:“哈,尼古拉!我要娶亲啦!”尼古拉就像谈一件天经地义的事一样,连忙回答说:“早就该娶亲啦,康斯坦丁·德米特里奇。”可是现在,娶亲的事比以往任何时候更渺茫了。位子被人占据了,而且,现在每当他在想象中把他认识的随便哪一个姑娘摆到这个位子上的时候,就觉得这根本不行。此外,他一想起遭到拒绝的事以及他在这件事上所扮演的角色,就羞臊得无地自容。不管他怎样对自己说,这事一点也怪不得他,但是一想到这事,就和想到其他一些类似的可耻事儿一样,不由得就面红耳赤,打起哆嗦。他以前也和任何人一样,有过他意识到的不良行为,他在良心上应当因此感到难受。然而回想起那些不良行为,却远远不像回想起一些微不足道然而使人羞臊的往事那样使他难受。这些创伤永远也愈合不了。现在除了那些往事之外,又加上遭到拒绝的事以及那天晚上他呈现在别人面前的可怜状态。不过时间和工作还是起了应有的作用。痛苦的往事渐渐被农村生活中他觉得不算什么、其实很重要的一些事所掩盖。一星期一星期地过去，他对吉娣的思念渐渐少了。他急切地等待着她已经出嫁或者日内即将出嫁的消息，希望这样的消息彻底治好他的心病，就像拔掉病牙一样。

这时候，春天到了，既非姗姗来迟，又非时暖时寒，是一个美好的、来得很爽快的春天，是草木、鸟兽和人类皆大欢喜的少有的好春天。这美好的春天更鼓舞了列文，使他决心抛开过去的一切，以便坚定地、独立自主地安排好自己的独身生活。虽然他回乡下时所带的许多计划并没有实行，然而最主要的一项，在生活上保持纯洁，他是遵守的。他不再感到羞愧，不像往常在道德败坏之后那样羞愧难当，他能够大胆地正视众人的眼睛。二月里他就收到玛丽雅一封来信，信上说尼古拉哥哥的病情日益恶化，可是他又不肯就医。列文就因为收到这封来信，便上莫斯科去看哥哥，说服了哥哥去找医生看病，并且出国到温泉去疗养。他这样成功地说服了哥哥，又借钱给他作出国费用，而没有惹哥哥生气，因此他感到非常高兴。除了到春天特别需要照管的农事，除了读书以外，列文在冬天就开始写一部有关农业的书，其纲要就是，劳动者的性质在农业中和气候、土壤一样，是一种绝对因素，因此农学的一切原理，不单是根据土壤和气候因素，而是根据土壤、气候和劳动者一定的不变性质等因素推断出来的。所以，尽管他幽居独处，也许正因为幽居独处，他的生活格外充实。只是有时候感到美中不足的是，他不能把萦绕在脑子里的一些想法和阿加菲雅以外的什么人谈谈，尽管他也常常和阿加菲雅谈谈物理学、农业理论，尤其是哲学；哲学已成为阿加菲雅爱谈的话题。

春天很久不肯露脸儿。大斋期的后两个星期一直是晴朗而寒冷的天气。白天里,冰雪在阳光下融化;到夜里,气温又降到零下七度。雪面上结起厚厚的冰壳子,坐马车可以在上面行驶。复活节时候还是满地冰雪。复活节后第二天,忽然刮起暖洋洋的风,乌云涌来,下了三天三夜暖和的暴雨。到星期四,风息了,涌起灰蒙蒙的浓雾,好像是为了掩盖大自然变化的秘密。在雾里,水流动起来,河冰碎裂,漂动,泡沫翻飞的浑浊的流水流得更快了,到了复活节后第一周周末,傍晚浓雾消散,乌云化作朵朵白云四散奔逃,天空晴朗了,春天露出了真面目。第二天早晨,明亮的太阳升起来,迅速吞食了水面上结的一层薄冰,整个温暖的大气因为充满了复苏的大地的水蒸气而颤动起来。老草绿了,嫩草冒出尖尖的芽儿,雪球花树、醋栗树和黏黏的、带酒香的桦树都鼓出芽儿,在缀满金色小花的柳枝上,有一只开始外出采蜜的蜜蜂嗡嗡叫着。望不见的云雀在绿茸茸的草地和结了冰凌的庄稼茬地上空歌唱,凤头麦鸡在灌满黄褐色积水的洼地和沼泽地上空如怨如诉地叫着,仙鹤和鸿雁带着春天的欢叫声高高地飞过。脱了毛只长出一片片新毛的牲口在牧场上放声大叫,弯腿的羊羔在掉了毛的咩咩叫的母羊周围欢蹦乱跳,腿脚灵活的孩子在到处是光脚印子的半干的小路上奔跑,洗衣妇女那快活的声音在池塘边叽叽喳喳响个不停,家家院子里响起庄稼人修理犁耙的斧声。真正的春天来到了。

十三

列文穿上大皮靴,第一次脱下皮大衣,穿起呢子上装,就出去视察农事,一路上涉过一道道在阳光下耀眼欲花的流水,时而在冰上走,时而踩在烂泥里。

春天是计划和设想的时节。列文来到户外,就像一棵树到了春天还不知道它那包在饱鼓鼓的胚芽里的新的枝枝杈杈怎样伸展和往哪儿伸展,他也不太清楚,现在在他心爱的农事上究竟该采取一些什么样的措施,但是他觉得,他有许许多多最好的计划和设想。他首先去看看牲口。一头头母牛已经放到围场上,在阳光下晒得暖洋洋的,闪动着已经换过的光油油的新毛,哞哞叫着,一心要到田野上去。列文欣赏了一会儿他熟悉得无微不至的一头头母牛,就吩咐把母牛赶到田野上去,把牛犊放到围场上来。放牲口的汉子就快快活活地跑去准备到田野上去。看牲口的娘们儿撩起裙子,露出光光的、白白的,还没有晒黑的腿脚,手拿树条子在烂泥里扑哧扑哧地跑着去赶牛犊,把哞哞直叫、因为春天到来快活得发了疯的一头头牛犊往外面赶。

列文去看今年生的牛犊,这些牛犊长得特别好,先生下的几头牛犊已经有农家的母牛那样大了,巴瓦生的小牝牛才三个月,也有周岁小牛那样高了,他欣赏了一会儿,便吩咐把食槽抬到外面来,在围场上给牛犊喂干草。可是冬天一直没有用过的围场上,秋天竖的木栅已经坏了。他派人去叫木匠,依照他的安排,木匠这时应该在做打谷机的,然而却还在修理耙,那耙本来应该是在谢肉节之前就修好的。这使列文非常恼火。他恼火的是,农事上一直有一些邋邋遢遢的现象,他这么多年来全力以赴地想方设法加以克服,但这种现象还是一再出现。他查清楚了,那木栅因为冬天用不着,搬到耕马的马厩里,在那里弄坏了,因为本来是拦小牛的,做得很不结实。此外,这一下也弄清楚了,他本来在冬天就吩咐检查和修理耙和各种农具的,并且为此还特地找了三个木匠,可是现在都没有修理好,已经到了该耙地的时候,耙还在修理。列文派人去找管家,可是马上又亲自去找他。管家就像这一天的万物一样,喜气洋洋,穿着羊羔皮镶边的皮袄从打谷场走来,手里搓弄着一截干草。

"为什么木匠没有做打谷机?"

"我昨天就想禀报啦:要修理修理耙呢。因为就要耙地了。"

"冬天干什么来着?"

"您要这种木匠有什么用呀?"

"小牛围场的木栅哪儿去了?"

"我叫他们摆在老地方的。您拿这帮人有什么办法呀!"管家摇着手说。

"不是拿这帮人没办法,是拿这种管家没办法!"列文很恼火地说。"我养着您是干什么的!"他叫起来。但是一想到这也没有用,说了一半就不说了,只是叹了一口气。"怎么样,可以播种了吗?"他停了一会儿,问道。

"土耳钦那边的地,明天或者后天就可以种了。"

"三叶草呢?"

"我派瓦西里和米什卡去了,他们在种哩。就是不知道能不能种得下去:地里太烂啦。"

"种几亩?"

"六亩。"

"为什么不都种上?"列文叫起来。

三叶草只种六亩,而不是把二十亩都种上,这使列文更加恼火。根据理论和他自己的经验,三叶草只有尽早播种,差不多要在雪地里播种才好。可是列文从来没有做到这一步。

“没有人啦。您拿这帮人有什么办法呀?三个人没有来。就连谢苗……”

“好啦,就把干草的事搁一搁也好呀。”

“我已经搁下了呀。”

“那么,人都到哪儿去啦?”

“五个人在做蜜渍水果(他说的是混合肥料[①])。四个人在翻燕麦,就怕发霉呀,康斯坦丁·德米特里奇。”

列文非常清楚,这“就怕发霉”,就是说,那英国燕麦种已经完了,——又是没有照他吩咐的去办。

“我在大斋期间就说过嘛,要装通风管道呀!……”他又叫起来。

“您放心吧,到时候一切都办得好好的。”

列文气嘟嘟地把手一挥,就到谷仓里去看燕麦,然后又回到马厩里。燕麦还没有坏。不过,雇工们用锨在翻燕麦,其实可以把燕麦直接放进底下的仓里。列文就这样吩咐过,又从这儿抽出两个雇工去种三叶草,他对管家的气也就消了。再说,天气又这样好,也不能生气。

“伊格纳特!”他朝着挽起袖子在井边冲洗马车的车夫叫道。“给我备马……”

“您要哪一匹?”

①在俄语中,“蜜渍水果”和“混合肥料”近似。

“噢,就科尔比克吧。”

“遵命。”

趁车夫备马的工夫,列文为了缓和跟管家的关系,又把在前面转来转去的管家叫到跟前,对他说起春天要干的一些农活儿以及农事上的一些打算。

运送肥料要早点儿开始,好在第一次刈草之前全部运完。远处那片地要不停地翻耕,这样就可以保持其为秋耕休闲地。刈草还是不采用对分制,而是花钱雇人。

管家用心听着,而且显然在强迫自己赞成东家的设想;可他还是露出列文非常熟悉而且总是因此非常恼火的那种无可奈何的沮丧神气。这种神气好像是在说:这一切都很好,但是不是能行,那就要看天意了。

没有什么比这种腔调更使列文痛心的了。但这样的腔调是他雇用过的所有管家的共同腔调。所有的管家对他的设想都抱同样的态度,因此他现在已经不再生气了,而是感到痛心,觉得自己更加斗志昂扬,一定要战胜这种自发性势力,因为这种势力老是跟他作对。他想不出别的名称,就把这种势力叫作“看天意”。

“要看是不是忙得过来呀,康斯坦丁·德米特里奇。”管家说。

“怎么会忙不过来呢?”

“干活儿的人一定还要雇十五个。可是没有人来。今天来了几个。做一个夏天要七十卢布呢。”

列文不做了。那种势力又跟他作对了。他知道,不管他们怎么努力,他们凭实在价钱怎么也雇不到四十个或者三十七八个以上的干活儿的人;雇到四十个,再多没有了。可是他还是不能不进行斗争。

“要是没有人来,就派人到苏里,到契菲罗夫卡去。要去找呀。”

“派人就派人,”瓦西里·费多罗维奇垂头丧气地说。“还有,马也没有力气啦。”

“要添几匹。这我知道嘛,”他笑着说,“您总是凑合;不过今年我不让您照您那一套办了。一切我都自己来。”

“您就这样,好像已经睡得太少了。有东家亲自照管,我们更高兴……”

“就是在桦树谷那边种三叶草吗?我去看看。”他说着,跨上车夫牵过来的那匹浅黄色小马科尔比克。

“小溪过不去呢,康斯坦丁·德米特里奇。”车夫喊道。

“噢,那我走树林。”

这匹闲了很久的驯顺的小马迈开轻快的溜蹄步,见了水洼打起响鼻,不住地撒着欢儿,踩着院子里的烂泥出了大门,驮着列文来到田野上。

如果列文在牲口院子里和谷仓里感到快活的话,到了田野上,就更加快活了。他随着小骏马的溜蹄步有节奏地左右摇晃着,穿过那还留着一片片松软的、花花搭搭的、带有稀稀落落的脚印的残雪的树林,呼吸着带有清爽的雪味的暖烘烘的空气,看到自己的每一棵树,看到树皮上的青苔发了绿,看到树上的胚芽已经饱鼓鼓的,都感到十分高兴。等他出了树林,面前就出现了平坦而辽阔的丝绒地毯般的小麦地,没有缺苗的地方,也没有水淹的地方,只是洼地里有的地方还有一片片正在融化的残雪。他看到农民的马和马驹在践踏他的麦地,也不生气,只是吩咐他遇到的一个汉子把马赶走。他遇到庄稼人伊巴特,问他:“怎么样,伊巴特,快要下种了吧?”伊巴特回答说:“先要耕地呀,康斯坦丁·德米特里奇。”列文听到这又好笑又愚蠢的回答也不生气。他越走越高兴,脑子里浮现出农事上的一些计划,一个比一个更好:所有的土地都顺着南北线栽上柳树,这样雪就不会积得太久;划出六成做耕地,三成作备用并种植牧草,在田野的尽头开辟一个饲养场,挖一口水塘,再做一些活动畜栏供移动时用。这样,种上三百亩小麦,一百亩土豆,一百五十亩三叶草,就没有一亩荒地了。

他带着一脑子幻想,小心翼翼地勒着马顺着田埂走着,免得践踏自己的麦地。他来到播种三叶草的雇工们跟前。一辆装种子的大车不是停在地边,而是停在耕地上,冬小麦经过车轮碾压和马蹄践踏,坏了一大片。两个雇工坐在田埂上,看样子是在合抽一个烟斗。装在大车上的拌种子用的黄土没有研碎,压成了、也许是冻成了硬块。一看到东家来了,雇工瓦西里就朝大车走来,米什卡就开始播种。这种情形是不怎么好的,不过列文很少对雇工发脾气。等瓦西里来到跟前,列文就叫他把马牵到地边去。

“不要紧,老爷,麦子还能长得起来。”瓦西里回答说。

“不要犟嘴,”列文说,“叫你怎么办就怎么办。”

“是,老爷,”瓦西里说着,抓住马笼头。“瞧我们种的,康斯坦丁·德米特里奇,”他讨好说,“头等的活儿。只是难走得要命!树皮鞋上拖了有一普特烂泥。”

“你们怎么用没有筛过的土呀?”列文说。

“我们能揉碎嘛。”瓦西里说着，抓起一把种子，并且在掌心里揉起黄土。

确实怪不得瓦西里，因为是别人把没有筛过的黄土给他装上车的。然而这事总是令人不快的。

列文多次很有效地试用过一种他很熟悉的方法，这种方法既能平息自己的火气，又能把他觉得很坏的事重新变为好事，现在他就用起这种方法。他看了看米什卡怎样拖着粘在两只脚上的大泥巴团子往前走，就跳下马来，从瓦西里手里接过筛子，亲自播种起来。

“你刚才种到哪儿啦？”

瓦西里用脚点出一个记号，于是列文就尽自己的本事播种起来。地里非常难走，就像在沼地里一样，列文种完一行就满头大汗了，于是停下来，把筛子还给瓦西里。

“哦，老爷，到夏天看到这一行，可别骂我呀。”瓦西里说。

“怎么啦？”列文觉得用这种方法已经有了效果，就快活地说。

“到夏天您就瞧瞧吧。就会看出不一样了。您就看看去年春天我播种的庄稼吧。就像量过的一样！我这个人呀，康斯坦丁·德米特里奇，就像给亲爹干活儿一样卖力。我做事不喜欢马虎，也不让别人马虎。东家喜欢，我们也喜欢。瞧瞧吧，”瓦西里指着田野说，“真叫人心里高兴呀。”

“今年春天是很好呀，瓦西里。”

“这样的春天，连老一辈人都没见过。我在家的时候，我家老头子也种了大半亩小麦。可以说，长得都和燕麦分不清呢。”

“你们家早就开始种小麦了吗？”

“还是您前年教我们种的呀；您还给了我家两斗种子呢。卖掉四分之一，又种了大半亩。”

“好吧，当心点儿，把土块揉碎，”列文一面说，一面朝马走去，“要看着米什卡。要是苗出得好，每亩给你五十戈比。”

“谢谢老爷。我们就这样已经很感激您了。”

列文跨上马，朝去年种了三叶草的地，朝已经翻耕好、准备种春小麦的地走去。

留茬地上的三叶草出苗出得非常好。这时已经完全返了青，从去年的小麦残秆中露了出来，碧绿碧绿的。马腿在没有完全化冻的泥地里一直陷到踝骨，每一条腿往外拔都要发出咕叽咕叽的声音。在耕过的地里，马简直无法行走：只是在有薄冰的地方才可以站得住，而在化了冻的垄沟里马腿一直陷到踝骨以上。耕地耕得非常好，再过两天就可以耙一遍，可以下种了。一切都很好，一切都令人愉快。往回走时列文驱马朝小溪走去，希望水退了，能涉水过溪。果然涉过了小溪，还惊起了两只野鸭。“水鹬也该出来啦。”他在心里说。恰巧就在转弯朝家里走的时候碰到了看林子的，看林子的说他猜测有水鹬是对的。

列文放马小步朝家里跑去，为的是早些吃饭，在黄昏到来之前把猎枪准备好。

十四

列文兴高采烈地骑着马快要到家的时候，听见大门口那边有马车的铃声。

“是的，这是从火车站来的，”他想道，“莫斯科的火车就是这时候到……这是谁呢？怎么，这是尼古拉哥哥吧？他说过嘛：也许到温泉去，也许到你那儿去。”开头有一小会儿他觉得害怕和不快，怕的是尼古拉哥哥一来，会搅乱他这种幸福的春天的心境。可是他因为有这种心情害起臊来，于是他就像立刻张开心灵的怀抱，由衷欢欣地、一心一意地期待和盼望来的是他的哥哥。他打了一下马，从一棵合欢树后面跑出来，便看见从火车站来的一辆三匹马拉的出租雪橇和一位穿皮袄的先生。这不是哥哥。“哦，如果来者是一个叫人喜欢的人，跟他谈谈也不错。”他想道。

“哎呀！”列文举起双手，快乐地叫道。“贵客临门啦！哎呀，我见到你多高兴呀！”列文一认出是奥布朗斯基，就叫了起来。

“我准可以弄清楚了，她有没有出嫁，或者什么时候出嫁。”他想。

在这春光明媚的日子里，他感觉到，想到她一点也不痛苦了。

“怎么，没想到吧？”奥布朗斯基说着，下了雪橇。他的鼻梁上、腮上和眉毛上都带着泥块子，但是红光满面，显得又快活，又健康。“我来看看你，这是一；”他一面说，一面和他拥抱，亲吻，“来打打野味，这是二；再就是来卖叶尔古绍沃的树林，这是三。”

“太好啦！这春天怎么样？你怎么坐雪橇来呀？”

“坐马车就更糟啦，康斯坦丁·德米特里奇。”那个很熟识的赶雪橇的回答说。

“啊，看见你真是非常、非常高兴呀。”列文发自内心地像孩子一般高兴地笑着说。

列文把客人领到客房里，把奥布朗斯基的行李——一个旅行袋、一支带套子的猎枪和一袋雪茄——也送进去，就让他梳洗和换衣服，自己便趁这个工夫来到账房里，说说耕地和三叶草的事。一向很关心家庭体面的阿加菲雅在前厅里迎住他，问他怎样备饭。

“您想怎样就怎样好啦，只是要快点儿。”他说过，就去找管家。

等他回来，奥布朗斯基已经梳洗完毕，满面春风地从客房里走了出来，他们就一起朝楼上走去。

“啊，我终于来到你这儿，有多么高兴呀！这一下子我可以看到你在这儿的神秘行动是怎么回事儿了。不过，说实在的，我真羡慕你。多么好的房子呀，这儿的一切有多么好呀！又亮堂，又开阔，”奥布朗斯基说。他忘记并非一年到头都是春天，也不都是像今天一样的晴天。“而且你的老保姆有多么好呀！要是有一个系围裙的漂亮丫头就更妙了；不过你既然过惯了修士生活，一向古板，这样也就不错了。”

奥布朗斯基讲了许多有趣的消息，特别使列文感兴趣的消息是，柯兹尼雪夫今年要到乡下来他这里过夏天。

关于吉娣和谢尔巴茨基一家的情形，奥布朗斯基只字未提；他只是转达了妻子对列文的问候。列文非常感谢他的体贴周到，欢迎他的来访。像往常一样，列文在幽居独处的时间里积累了许多想法和感触无法对周围的人说，现在他一股脑儿倒给了奥布朗斯基，说了带有诗情的春天的欢乐，说了农事上的不顺利和今后的打算，又说了说他对他读过的一些书的看法和想法，尤其着重说了说自己的著作的大意,他的著作的主旨就是批判一切旧的农业著作,虽然他自己并未觉察这一点。奥布朗斯基一向和蔼可亲,什么事情稍有暗示就能明白,这次来访期间特别和蔼可亲,而且列文还发现他有一种很使人喜欢的新特点,那就是对他很敬重并且似乎很温柔体贴。

阿加菲雅和厨师为了把饭菜做得特别好,花了不少心思和力气,其结果就是,两位饿极了的朋友一坐下来吃小吃,就吃了不少黄油面包、咸鹅和腌蘑菇,再就是列文吩咐把汤端上来,不等馅饼了,厨师本来想靠馅饼在客人面前特别露一手的。不过,尽管奥布朗斯基吃惯了山珍海味,还是觉得这里的一切都美味可口:那草浸酒、面包、黄油,尤其是那咸鹅、蘑菇、荨麻汤、白汁鸡、克里木葡萄酒,一切都非常鲜美,非常有味儿。

"好极了,好极了,"他在吃过一道烤菜之后,吸着一支老粗的雪茄说。"我来到你这儿,就好像从喧闹和颠簸的轮船上来到宁静的海岸上。哦,你说对劳动者这个因素应当进行研究,并且应当根据这个因素选择经营农业的方法。我在这方面是外行;不过我觉得,理论及其运用对劳动者也有影响。"

"是的,不过你要注意:我谈的不是政治经济学,我谈的是农业科学。农业科学应当像一切自然科学一样,要考察实有的现象和劳动者及其经济学的、民族学的特点……"

这时阿加菲雅端着果酱走了进来。

"啊,阿加菲雅,"奥布朗斯基嘬着自己那肥胖的手指头尖,对她说,"您的咸鹅好极啦,草浸酒好极啦!……怎么样,康斯坦丁,该出门了吧?"他又对列文说。

列文朝窗外望了望快要落到光秃的树梢后面的太阳。

"该出门啦，该出门啦，"他说。"库兹玛，套车！"便跑下楼去。

奥布朗斯基也下了楼，自己小心翼翼地解下帆布枪套，把漆得锃亮的枪匣打了开来，动手安装他那支贵重的新式猎枪。库兹玛已经预感到有一笔可观的酒钱要到手，就跟定了奥布朗斯基，又给他穿袜子，又给他穿靴子，奥布朗斯基也就高高兴兴让他去做。

"我约了商人梁比宁今天到这儿来，康斯坦丁，你关照一下，如果他来了，就叫他进来等一等……"

"莫非你要把树林卖给梁比宁吗？"

"是的，莫非你认识他吗？"

"当然认得。我常和他打'肯定'和'绝对'的交道。"

奥布朗斯基笑了。"肯定"和"绝对"是这个商人的口头禅。

"是的，他说话非常好笑。它就知道东家要上哪儿去！"他拍了拍猎狗拉斯卡的头，又说了一句。拉斯卡小声叫着，围着列文打圈圈儿，一会儿舔舔他的手，一会儿舔舔他的靴子和猎枪。

等他们走出来，敞篷马车已经在门口等着了。

"路不远，不过我还是叫人套了车；要不，咱们是不是走着去？"

"不，还是坐车好些，"奥布朗斯基说着，朝马车走去。他坐上车，用虎皮毯子把两腿裹好，抽起雪茄。"你怎么不抽烟呀！雪茄——这不是一般的享受，是享受的皇冠和顶峰。哦，这才是生活！这儿有多好呀！我多么想过过这样的生活呀！"

"谁又不让你这样呢？"列文笑着说。

“真的，你是一个很幸福的人。你喜欢什么，就有什么。喜欢马有马，喜欢狗有狗，喜欢打猎就打猎，喜欢农事就做农事。”

“也许这是因为，我有什么就喜欢什么，得不到什么也不伤心。”列文想起吉娣，就这样说。

奥布朗斯基明白他的意思，朝他看了看，但什么也没有说。

列文很感激奥布朗斯基，因为奥布朗斯基一向很机灵，发现列文怕谈谢尔巴茨基家的事，就只字不提他们家的事；然而列文现在倒是很想打听打听那件使他非常苦恼的事，却没有勇气开口。

“哦，你的情形怎么样？”列文觉得老是想着自己的事不大好，就这样问道。

奥布朗斯基的眼睛放射出快活的光彩。

“你是不承认，一个人有了一份面包的时候，还可以吃点儿好吃的奶油面包；依你看，这就是犯罪；可是我认为没有爱情的生活不是生活，”他凭自己的心意理解列文的问话，就这样说。“有什么办法呢，我生来就是这样呀。而且，说实在的，这样对任何人都没有多大害处，自己却得到无穷的乐趣……”

“怎么，又有什么新的事儿吗？”列文问。

“有的，老弟！……你可知道，有一种属于奥西安[①]笔下的女人……那是在梦里才能见到的女人……现在现实中就有这样的女人……这样的女人很了不起。你要知道，女人这种玩意儿，不论你怎么研究，总归是新鲜的。”

---

①奥西安，传说中的三世纪克尔特族游侠和行吟诗人。他笔下的女子多是神秘的，悲剧性的。

“那还是不研究好些。”

“不。有一位数学家说过,快乐不在于发现真理,而在于探索真理。”

列文一声不响地听着。不论他怎样费劲儿,都无法体会自己的朋友的心情,无法理解他的感情和研究这样的女人的乐趣。

十五

打猎的地方不远,就在小白杨树林里的小河旁。马车来到树林边,列文就下了车,领着奥布朗斯基来到一块已经化了雪的又是苔藓又是烂泥的林中空地的边上。他自己又回到另一边,走到两棵连根生的桦树跟前,把猎枪靠在一根低低的枯枝的丫杈上,脱下长袍,重新勒了勒腰带,又试了试两条手臂是否活动自如。

一直跟在他后面的灰毛老猎狗拉斯卡小心翼翼地在他对面蹲下来,竖起耳朵。太阳眼看就要落到大森林后面;夹杂在白杨林中的一棵棵白桦树那耷拉着的树枝,缀满饱鼓鼓的、眼看就要绽开的胚芽,在霞光中显得清清楚楚。

在残雪尚未化尽的密林里,流水还像蜿蜒的小溪一样潺潺流动着。小小的鸟儿叽叽叫着,不时地从这棵树飞到那棵树上。

在一片寂静中,可以听见落叶由于土地解冻和青草生长而蠕动的沙沙声。

“多么有意思呀！青草生长都能听得见、看得见！”列文看出有一片石板色的白杨落叶在几棵小草芽儿旁边轻轻蠕动,就自言自语道。他站着,听着,时而朝下看看那一片青苔的湿漉漉的土地，那竖着耳朵倾听的拉斯卡，时而望望面前一直铺展到山脚下的还没有泛绿的林海，时而仰望布满片片白云的暗淡下来的天空。一只老鹰慢悠悠地划动着翅膀，在远处的树林上空高高地飞过；还有一只也是那样朝同一方向飞去，很快就不见了。鸟儿在丛林里叫得越来越响，越来越嘈杂了。不远处有一只猫头鹰呜呜地叫起来，拉斯卡打了个哆嗦，小心翼翼地走了几步，便歪着头倾听起来。有一只布谷鸟在小溪那边叫起来。布谷鸟先用很平常的嗓门儿咕咕叫了两声，然后就嘶哑地、急急忙忙地叫起来，叫声连成了一片。

“多么有意思呀！布谷鸟都叫了！”奥布朗斯基从灌木丛里走出来，说。

“是的，我听见了，”列文很不情愿地回答说，因为不愿用自己听着也不愉快的声音破坏林中的寂静。“现在快出来了。”

奥布朗斯基又隐身在灌木丛里。列文只看见火柴的火光一闪，接着就看见红红的香烟火和一缕青烟。

咔嚓！咔嚓！那是奥布朗斯基扳枪机的声音。

“这是什么在叫？”奥布朗斯基要列文注意一种拖长的咕咕叫声，那声音很像是小马驹淘气时尖细的嘶叫声。

“噢，这你不知道吗？这是一只公兔。别说话了！听，飞来了！”列文几乎叫起来，一面扳动枪机。

听到的是远远的、尖细的叫声，而且合着猎人非常熟悉的节拍，过两秒钟又响起第二声，第三声，在第三声之后就是嚯尔嚯尔的叫声了。

列文左右张望，就看见暗蓝色的天空里，在融合成一片的白杨树那柔嫩的新芽上方,有一只正在飞着的鸟。那鸟对直地朝列文飞来:那越来越近的嚯尔嚯尔声,就像一下一下地在撕绷得很紧的布,已经在耳边响着了;已经看得见那鸟的长喙和颈子。就在列文瞄准的一刹那间,在奥布朗斯基站的灌木丛里闪起一道红光。那鸟就像箭一般落了下来,接着又向上飞去。又闪起一道红光,一声枪响;那鸟拼命地拍打着翅膀,仿佛想尽量留在空中不下来,接着就不动了,待了一刹那,就啪嗒一声,沉甸甸地落到烂泥地上。

"难道没打中吗?"奥布朗斯基因为被烟遮住,看不清楚,叫起来。

"在这儿呢!"列文指着拉斯卡说。拉斯卡竖着一只耳朵,摇晃着翘得高高的毛茸茸的尾巴尖儿,慢步走着,好像有意延长快乐时刻,而且好像是在笑着,衔着死去的鸟儿朝主人走来。"嘿,我真高兴,你打中啦。"列文说,同时又因为打下这只水鹬的不是他,不免有些妒意。

"枪准而打不准,那才丑哩,"奥布朗斯基一面回答,一面装枪。"嘘……来了。"

真的,鸟鸣声一声接一声传来。两只水鹬嬉戏着,互相追逐着,不再嚯尔嚯尔叫,只是尖声叫着朝两个猎人的头顶上飞来。一连响了四枪,那两只水鹬像燕子一样来了个急转弯,就不见了。

…………

这次打水鹬打得很漂亮。奥布朗斯基又打了两只,列文也打了两只,只是有一只没找到。天渐渐黑下来。明亮的银色的金星已经在白桦树后面的西方天边放射出柔和的光辉,阴沉的大角星也已经在东方的高处闪着红红的火光。列文看到头顶上的北斗星时隐时现。水鹬已经不再飞了;但是列文决定再等一会儿,等到在树枝下面的金星升到树枝上面,北斗星全部显露出来。金星已经升到树枝上面,北斗星的斗和斗柄已在暗蓝色的天上完全显露出来,可是他还在等。

"该回家了吧?"奥布朗斯基说。

树林里已经静下来,没有一只鸟飞动了。

"再待一会儿。"列文回答说。

"随你吧。"

他们现在相距十五步左右站着。

"司基瓦!"列文冷不丁地说。"你怎么不告诉我,你的姨妹出嫁没有,或者什么时候出嫁?"

列文觉得自己非常镇定,非常平静,以为不论听到什么样的回答都不会激动。可是,奥布朗斯基的回答却是他万万没有料到的。

"她过去和现在都没有想过出嫁,倒是病得很厉害,医生要她到国外去。大家还在为她的生命担心呢。"

"你说什么!"列文叫起来。"病得很厉害?她怎么啦?她怎样……"

就在他们说这话的时候,拉斯卡竖起了耳朵,朝天空望了望,又带着责备的神气朝他们看了看。

"偏偏在这时候说起话来啦,"拉斯卡想道。"鸟儿飞来啦……瞧,就是的。这一下子他们要错过了……"拉斯卡又想道。

可是就在这当儿,两个人忽然都听到了尖厉的叫声,那声音就好像鞭打他们的耳朵，于是两个人都猛地抓起枪来，立刻闪起两道火光，在同一刹那间响了两枪。飞得很高的一只水鹬顿时收拢起翅膀，落在树丛里，砸得细细的嫩枝条一弯一弯的。

“太妙啦！共同的战果！”列文叫道，并且立即就和拉斯卡一起跑到树丛里去找水鹬。“且住，为什么很不愉快呀？”他回想道。“哦，是吉娣病了……有什么办法呀，真叫人难过。”他想道。

“哈，找到啦，真能干！”他说着，从狗嘴里接下暖乎乎的鸟儿，放进几乎已经装满的猎袋。“找到啦，司基瓦！”他叫道。

十六

在回家的路上，列文详细地问起吉娣的病情和谢尔巴茨基家的打算。他听了之后，心里非常高兴，虽然他羞于承认这一点。高兴的是，他还有希望；更高兴的是，她使他尝到的痛苦，如今她也尝到了。可是，等奥布朗斯基说起吉娣的病因并且提到伏伦斯基的名字时，列文却打断他的话：

“我没有任何权利打听别人的家事，说实在的，我也丝毫不感兴趣。”

列文在一分钟之前还是那样快活，现在一下子就阴沉下来。奥布朗斯基发现他很熟悉的这种迅速地脸部表情变化，微微笑了笑。

“卖树林的事你和梁比宁谈妥了吗？”列文问道。

“是的，谈妥了。价钱很好，三万八。预付八千，其余的在六年内付清。这事儿我忙活了很久。再没有人出更高的价钱了。”

“这就是说，你把树林白送掉了。”列文阴沉地说。

“为什么是白送掉呢？”奥布朗斯基知道列文此刻会认为一切都是不好的，就和颜悦色地笑着说。

“因为每亩树林至少要值五百卢布。”列文回答说。

“哎呀，你们这些乡下财主真够人受的！”奥布朗斯基用开玩笑的口气说。“瞧你们这种看不起我们城里人的口气！……说起做生意，那我们一向精通这一行。不瞒你说，我一切都算得好好的，”他说，“树林卖得很合算，所以我还怕那家伙变卦呢。因为那不是材用林，”奥布朗斯基说出“材用林”这样的行话，为的是让列文明白他的担心是不必要的，“主要是柴用林。而且每亩不超过三十立方，他却给我二百卢布一亩。”

列文轻蔑地笑了笑。他心想：“我知道，这种习气不光他一个人有，城里所有的人都有。他们在十年里到过乡下两三次，听到三两句乡下话，就运用起来，也不管是不是地方，满以为什么都懂了。又是材用林，又是三十立方。说是说，其实什么也不懂。”

“我不想教你在衙门里怎样写公文，”他说，“如果有必要，我还得向你请教呢。不过，你以为你完全懂得有关树林这一行，那就太自信了。这一行很难呀。究竟有多少树，你数过没有？”

“树怎么数呀？”奥布朗斯基一直想让自己的朋友摆脱不愉快的心情，就笑着说。“数沙子，数天上的星星，就是有天大的本领也不行呀……”

“不过，梁比宁那种天大的本领就行。商人买树林，没有一个不数树的，除非像你这样白白送给他。你的树林我是很熟悉的。我年年都在那儿打猎。你的树林每亩值五百卢布现钞，他却给你两百卢布,还要分期付款。就是说,你白送给他三万卢布。”

“好啦,不能一味地空想呀,”奥布朗斯基无可奈何地说。“那为什么没有人肯出更高的价钱呢?”

“因为他和别的买卖人都有勾结,他给了他们好处。我和那些人都打过交道,我很了解他们。那都不是买卖人,是投机取巧的贩子。只赚百分之十、十五的生意,他们是不肯做的,只等着用二十戈比买进一个卢布的东西。”

“好啦,别说了!你是心情不好。”

“一点也不是。”列文阴沉地说,这时他们已经来到大门口。

大门口已经停着一辆马车,马车包着铁皮和皮革,用宽宽的皮套紧绷绷地套着一匹很肥壮的马。车上坐着替梁比宁赶车的管家,那一张红红的脸紧绷绷的,腰带也勒得紧绷绷的。梁比宁已经在房里,在前厅里迎住两位朋友。梁比宁是个高高的、瘦瘦的中年人,留着小胡子,尖尖的下巴刮得光光的,一双暴突的眼睛迷迷糊糊的。他身穿长襟的蓝色常礼服,纽扣一直排到腰部以下,穿的长筒靴在踝部打皱,腿肚子部分笔直,外面还套一双大套靴。他用手帕把自己的脸上下左右擦了一遍,抻了抻本来就很平整的常礼服,满面春风地迎接他们,向奥布朗斯基伸出一只手去,好像要抓什么东西。

“啊,您也来啦,”奥布朗斯基说着,把手伸给他。“好极了。”

“我不敢不听阁下的吩咐呀,虽然道路实在太坏。一路上简直像是步行,不过还是准时到了。康斯坦丁·德米特里奇,我向您请安,”他对列文说过,也想去抓他的手。可是列文皱起眉头,装作没有看见他的手,并且在掏水鹬。“两位打猎消遣吗?请问,这是什么鸟呀?"梁比宁带着不屑一顾的神气看着水鹬,问道,"想必味道不错。"他又带着不以为然的神气摇了摇头,似乎很怀疑,干这种事儿是否合算。

"你想到书房里去吗?"列文阴沉地皱着眉头,用法语对奥布朗斯基说。"你们就到书房里去,在书房里谈谈吧。"

"完全可以,在哪儿都行。"梁比宁神气活现地说,似乎是想让人知道,怎样跟人打交道,跟什么人打交道,这在别人也许是很困难的,可是在他来说,不论什么时候,不论在什么场合,都不成问题了。

梁比宁走进书房,习惯地向四下里打量了一遍,好像是要找圣像,可是找到圣像之后,并不画十字。他又像对水鹬那样带着怀疑的神气看了看装满书的书橱和书架,带着不屑一顾的神气笑了笑,又带着不以为然的神气摇了摇头,怎么也不明白,为什么要干这种不合算的事。

"怎么样,把钱带来了吗?"奥布朗斯基问道。"请坐。"

"我们是不会舍不得给钱的。我是来见见您,商量商量。"

"商量什么呀? 您坐嘛。"

"坐是可以的,"梁比宁说着,坐下来,以一种极其别扭的姿势把手臂支在椅背上。"要让让价呀,公爵。太过分啦。钱都准备好了,绝对不会少一文。钱是不成问题的。"

列文这时已经把猎枪放进柜子里,就要出门,但听到商人的话,又站住了。

"就这样您已经是把树林白白拿走了,"他说。"他到我这里来得太晚了,要不然我会给他标个价钱的。"

梁比宁站起来，一声不响地笑着，从下到上把列文打量了一遍。

“康斯坦丁·德米特里奇手太紧了，”他微微笑着对奥布朗斯基说，“绝对没法买他的东西。每次买他的小麦，都要出大价钱。”

“我为什么要把自己的东西白白送给您呢？我又不是在地上捡来的，也不是偷来的。”

“对不起，这时代想偷肯定是不可能的。这时代一切都得绝对依法办事，一切都得光明正大，不光是不能偷了。我们都是凭良心说话。树林价钱太高，实在不合算。我要求哪怕让一点点也好。”

“你们究竟谈妥了没有？如果谈妥了，那就没有什么讨价还价的，如果没有谈妥的话，”列文说，“这树林我来买。”

梁比宁脸上的笑容顿时消失了。脸上出现了老鹰一般狠毒而残暴的表情。他用干瘦的手指迅速解开常礼服，露出没有塞到裤腰里的衬衣、背心上的铜纽扣和表链，很快地掏出一只鼓鼓囊囊的旧皮夹。

“请收下吧，树林是我的了，”他很快地画了一个十字，并且伸着一只手，说。“把钱收下吧，树林是我的了。梁比宁做生意就是这样的，绝对不算小，”他又皱着眉头，摇着皮夹子说。

“我要是你，就不会急着卖。”列文说。

“那怎么行啊，”奥布朗斯基惊讶地说，“我已经答应了呀。”

列文走出书房，砰地一声把门带上。梁比宁看着房门，微微笑着摇了摇头。

“年轻气盛，绝对是孩子气。凭良心说，我买这座树林，只不过是图个名气，就是说，买下奥布朗斯基的树林的不是别的什么人，而是我梁比宁。至于是不是合算，那就只有天知道了。只好听天由命了。请写个地契吧……”

一个小时之后，商人掩好衬衫，把常礼服上的纽扣一一扣上，口袋里装着契约，坐上他那包得好好的马车，回家去了。

“哼，这些老爷！”他对管家说，“都是一样货色。”

“这话一点不假，”管家一面回答，一面把缰绳交给他，扣起皮遮篷。“不过，这笔买卖该恭喜您了吧，米海尔·伊格纳季奇？”

“噢，噢……”

十七

奥布朗斯基装着鼓鼓囊囊的一口袋商人提前三个月交给他的期票，走上楼去。买卖树林已经成交，钱已经在口袋里，打猎又很顺手，奥布朗斯基快活得不得了，所以他特别想驱散列文的恶劣情绪。他很想在吃晚饭的时候快快活活地结束这一天，就像这一天开始那样。

确实，列文心情很不好，尽管他很想在这位嘉宾面前表现出和蔼可亲、盛情殷殷的样子，可是他无法控制自己的情绪。吉娣没有出嫁的消息渐渐使他的心乱了。

吉娣没有出嫁而且病了，是因为爱上一个瞧不起她的人而病的。这耻辱仿佛也落到了他的头上。伏伦斯基瞧不起她，她却瞧不起他列文。因此，伏伦斯基就有权瞧不起列文，所以他是他的敌人。不过,这一切列文都没有去想。他只是模模糊糊感觉到,这对他是一种侮辱,所以并不是这件伤心事使他恼火,而是他觉得一切事都不顺眼。奥布朗斯基上当受骗,糊里糊涂把树林卖掉,而且就是在他家里卖掉的,他想起来就感到恼火。

"哦,完了吗?"他在楼上迎住奥布朗斯基,说。"想用饭吗?"

"是的,我是不客气的。我来到乡下,觉得胃口好极了!你怎么不留梁比宁吃饭呀!"

"哼,见他的鬼去吧!"

"不过,你怎么那样对待他呀?"奥布朗斯基说。"你连手都不跟他握。为什么连手都不握呀?"

"因为我不跟奴才握手,奴才比他还要强一百倍。"

"你真是老顽固!不是要打破阶级界限吗?"奥布朗斯基说。

"谁高兴打破,就打破好啦,我可是很反感。"

"我看,你是个十足的老顽固。"

"说实在的,我从来没想过我是什么人。我就是康斯坦丁·列文,再没什么了。"

"再就是心情不好的康斯坦丁·列文。"奥布朗斯基笑着说。

"是的,我心情不好,你知道为什么吗?就因为,恕我直言,你糊里糊涂把树林卖了……"

奥布朗斯基和善地皱起眉头,就像一个人无故受到埋怨和指责一样。

"哎,算了吧!"他说。"往往是这样,有人卖掉什么东西,不是总有人在卖过之后马上就说'这要值钱得多'吗?可是在卖的时候,就没有人肯出更高的价钱……是的,我看出来,你痛恨这个可怜的梁比宁。”

“也许是痛恨。可是你知道为什么痛恨吗？你又要说我是老顽固，或者说我是别的什么。可是我看着贵族各方面都在败落，还是感到懊恼，感到痛心，因为我也是贵族，而且，尽管要打破阶级界限，我还是高兴做贵族。再说，败落并不是由于奢侈，假如是由于奢侈，那倒算不了什么。过豪华生活，本就是贵族的事情，那是只有贵族才会过的。如今在我们周围的庄稼人都在买地，这我并不痛心。当老爷的什么事也不干，庄稼人一天干到晚，就是要把不干活的人挤掉。就应该这样。我为庄稼人高兴。可是，看到这种败落是由于某种天真（我说不出这叫什么样的天真），我就感到痛心。现在就有一个波兰承租人用半价向一位住在尼斯的贵夫人买了一份好田产。现在就有人向商人出租土地，租金十卢布一亩的地只收一个卢布一亩。现在你又无缘无故送给那个骗子三万卢布。”

“那又怎么办呢？每一棵树都要数数吗？”

“一定要数。你没有数，梁比宁可是数过了。梁比宁的孩子们今后就有了生活费和教育费，你的孩子们恐怕就难说了！”

“好啦，那就原谅我吧，不过，这样去数未免有点儿小家子气。我们有我们的事，他们有他们的事，他们就是要赚点儿。再说，事情既然做了，也就算了。哦，还有煎蛋哩，这可是我顶喜欢吃的玩意儿。阿加菲雅还要给咱们喝这种绝妙的草浸酒哩……”

奥布朗斯基在桌旁坐下来，和阿加菲雅开起玩笑，一再地对她说，这样好的午饭和晚饭他很久没吃过了。

“您至少还夸奖夸奖呢，”阿加菲雅说。“可是康斯坦丁·德米特里奇,不论给他吃什么,哪怕是给他吃面包皮,他吃过就走。”

不论列文怎样使劲儿控制自己,他还是闷闷不乐。他要问奥布朗斯基一个问题,可是下不了决心,想不出方法,找不到机会,不知道该怎样问,什么时候问。奥布朗斯基已经回到楼下自己的房间里,脱了衣服,又洗了脸,穿起皱边的睡衣,躺下了,可是列文还待在他的房里不走,谈着各种各样琐碎的事情,没有勇气问他想问的问题。

“这肥皂做得多么精致呀,”他打量着一块香皂,一面把香皂打开,一面说。这是阿加菲雅为客人预备的,不过奥布朗斯基没有用。“你瞧,这简直是一件艺术品。”

“是的,现在什么都非常讲究了,”奥布朗斯基带着睡意舒舒服服地打着呵欠说。“比如说,剧院,就连这些娱乐场所……呵……呵……呵!”他打起呵欠。“到处都是电灯……呵……呵!”

“是啊,电灯,”列文说。“是啊。哦,现在伏伦斯基在哪儿呀?”他突然把肥皂放下,问道。

“伏伦斯基吗?”奥布朗斯基煞住呵欠,说,“他在彼得堡。你走后不久,他就走了,后来就再也没到莫斯科来过。康斯坦丁,我老实告诉你吧,”他说着,把胳膊撑在桌上,一只手托住他那红红的漂亮的脸,那一双和善、油亮、睡意惺忪的眼睛像星星一样放着光。“这要怪你自己。你见了情敌就怕了。还是我当时对你说的:我不知道谁的希望更大。你怎么不拼一拼呢?我当时就对你说过……”他没有张嘴,光用牙床打了个呵欠。

“他是不是知道我求过婚呢?”列文看着他,想道。“知道的,他脸上就有外交官那种故弄玄虚的神气。”他在心里说，并且觉得自己脸红了，于是一声不响地盯着奥布朗斯基的眼睛。

“如果说她当时有一点儿什么的话，那也不过是迷恋他的外表，”奥布朗斯基继续说。“你要知道，他那种十足的贵族气派和未来的社会地位，并没有使她动心，而是使她母亲动心。”

列文皱起眉头。他那遭到拒绝的创伤本来已经愈合，这时却又像刚刚受伤的新创伤一样，使他心里痛楚起来。不过，他是在家里，在家里是有四壁保护的。

“等一等，等一等，”他打断奥布朗斯基的话说，“你说什么贵族气派。请问：伏伦斯基或者别的什么人的贵族气派，那种可以不把我放在眼里的贵族气派，究竟何在呢？你认为伏伦斯基是贵族，我可是不这样看。这个人，父亲靠钻营起家，母亲天知道没有和谁发生过关系……不，对不起，我认为我和跟我一样的人才是贵族，这些人的家庭都是三四代以上的世家，都有很高的教养（才能和智力那是另一回事儿），这些人从来不在谁面前低三下四，从来不依靠谁，就像父辈和祖辈那样。我也认识很多这样的人。我数树林里的树，你觉得是低下的，你就白送给梁比宁三万卢布。不过你可以收到地租，还可以收到我不知道的什么，我却收不到，所以我要珍视祖上的产业和劳动所得……我们才是贵族，那些专门依靠权贵们的恩典过日子、两角钱就可以收买的人并不是贵族。”

“你这是骂谁呀？我倒是赞成你的话，”奥布朗斯基快活地、真心实意地说，虽然他觉得列文所说的两角钱就可以收买的人，也包括他在内。他真的很喜欢列文那股激动劲儿。“你骂谁呀？

你说的有关伏伦斯基的话，虽然有许多地方是不对的，不过我现在不谈这些了。我要老实对你说的是，我要是你的话，就要跟我一块儿上莫斯科了……”

“不，我不知道你是不是了解，反正对我来说都是一样了。我可以告诉你：我求过婚，遭到了拒绝，所以如今对我来说，有关卡捷林娜·亚力山大罗芙娜的事只是一件痛苦的、难为情的往事了。”

“为什么？这是瞎说！”

“咱们还是不谈吧。如果我有什么唐突之处，就请你多多担待，”列文说。现在他因为说出了心里的话，心情又像早晨那样了。“你不生我的气吧，司基瓦？请你不要生气。”他说着，笑嘻嘻地抓住他的手。

“当然没有，一点也没有，而且也没有什么好生气的。我们把话都说出来了，我倒是很高兴呢。哦，你也知道，早晨打猎往往是很成功的。去不去呀？我恨不得连觉都不睡，打完猎就直接上车站。”

“那太好了。”

十八

尽管伏伦斯基在感情生活方面心猿意马，如癫似狂，他的外在生活却仍然沿着上流社会和团里种种关系与利害所构成的习惯的轨道进行着，没有变化，也没有停止过。团的利益在伏伦斯基的生活中占有重要地位，因为他爱团，更因为团里的人都喜欢他。团里的人不仅喜欢伏伦斯基，而且尊敬他，以他为荣，因为他这个人非常有钱，又有很好的教养和才气，前程远大，名誉和地位都是唾手可得，然而他却不看重这一切，而是处处关心团的和同事们的利益。伏伦斯基意识到同事们对他有这种看法，所以，他除了喜欢这样的生活以外，还觉得自己必须使大家保持对他的这种看法。

当然，他没有和任何一个同事谈过他的风流韵事，也不曾在最放纵的狂饮中说漏了嘴（其实他从来没有醉到无法控制自己的地步），而且，要是有哪个轻率的同事说话暗指他的艳事，他就堵他的嘴。可是，尽管如此，他的艳事还是传遍了京城，大家或多或少地猜到了他和卡列宁夫人的关系。多数青年人所羡慕他的，正是这种关系的最棘手之处，那就是卡列宁身居高位，因此这种关系就可以在社交界格外引人注目。

大多数嫉妒安娜的年轻女子，对于舆论界一向说她正派，早已十分反感，现在她们猜测的事果然出现，感到非常高兴，只等舆论一旦完全转变，她们就把鄙视的心情一股脑儿向她发泄出来。她们已经准备了不少泥块，一旦时机来到，就朝她身上扔去。多数上了年纪的人和身居高位的人，对于这种酝酿中的社会丑闻感到不满。

伏伦斯基的母亲知道儿子的艳事之后，起初感到很得意，因为在她看来，没有什么比上流社会的风流韵事更能为一个漂亮的年轻人增光的了，还因为，她非常喜欢的、跟她谈过不少她的儿子的情形的卡列宁夫人，终于也和一切美貌而高贵的女子一样了，伏伦斯基伯爵夫人认为美貌而高贵的女子就应该这样的。可是最近她听说儿子不肯担任委派给他的一个很有前程的职务，只是为了留在团里，好经常同卡列宁夫人约会，还听说有些上层人士因此对他很不满，于是她的态度就变了。她还不高兴的是，从她听到的有关这事的一切情况来看，这并不是她所赞赏的那种社交界的风流艳事，而是维特[1]式的不顾一切的狂恋，如别人对她说的，这种狂恋有可能使他丧失理智。自从他突然离开莫斯科之后，她一直没有见过他。于是她通过大儿子叫他来见她。

大哥也很不满意这个小弟。他并不分析这是什么样的恋爱，是高尚的还是低下的，热烈的还是不热烈的，正当的还是不正当的(他自己虽然已经有了几个孩子，却还养着一个舞女，所以他对这种事宽大为怀)；但是他知道，这种恋爱是需要讨得喜欢的那些人所不喜欢的，所以他很不赞成弟弟的行为。

除了军中的事和社交活动之外，伏伦斯基还有一件事，那就是玩马，他玩马玩得入了迷。

今年要举行一次军官障碍赛马。伏伦斯基报名参赛，买了一匹英国纯种牝马，而且，尽管他在热恋中，他还是热烈地，虽然不是一心一意地，迷恋起即将举行的赛马……

这两种迷恋并不互相妨碍。相反，他很需要有一种恋爱以外的活动和爱好，也好使他恢复精力，使他那过分激动的情感得到休息。

①维特，歌德名著《少年维特之烦恼》中的主人公，因失恋而自杀。

十九

在红村赛马的那一天,伏伦斯基提前来到团的公共食堂吃牛排。他不需要太严格地节制饮食,因为他的体重四普特半,正合标准;但也不能再胖了,因此他不吃面食和甜食。他敞着上装坐着,露着雪白的背心,两肘支在桌子上,一面在等他要的牛排,一面望着一本摊在盘子上的法国小说。他望着书,只是为了避免和进进出出的军官们说话,他在想心思。

他想的是安娜答应在今天赛马之后和他相会的事。但是,他已经有三天没看见她,而且,由于她丈夫从国外回来,他不知道今天能不能和她相会,也不知道怎样才能打听到情况。他最近一次和她相会是在堂姐培特西的别墅里。他是尽可能少到卡列宁家的别墅里去。现在他想要到那里去,就考虑怎样去的问题。

"当然,我要说是培特西叫我来问问,她是不是去看赛马。当然,我要去。"他自己拿定了主意,就抬起头来不再看书了。他真切地想象到见到她时的幸福情形,一张脸就放起光来。

"派一个人到我家里去,叫家里人把三马篷车套上。"他对那个给他端来一银盘热气腾腾的牛排的堂倌说,随即就把盘子拉了拉,吃了起来。

从旁边的弹子房里传来撞球声和说笑声。门口出现了两位军官:一位是年轻小伙子,面容清瘦虚弱,是不久前从贵族军官学校毕业来到团里的;另一位是肥胖的老军官,戴着手镯,肥厚的眼皮把眼睛挤成一条小缝儿。

伏伦斯基朝他们瞟了一眼,皱起眉头,装作没有看见,眼睛就对着小说,一面吃一面看起来。

“怎么？吃点儿东西准备好好干一场吗?”肥胖的军官在他旁边坐下来,说。

“可不是。”伏伦斯基皱着眉头说,一面擦着嘴,也不看他。

“你不怕发胖吗?”肥胖的军官一面给年轻军官转着椅子,一面说。

“什么?”伏伦斯基摆出一副厌恶的神气,露出一嘴整齐的牙齿,生气地说。

“你不怕发胖吗?”

“堂倌,白葡萄酒!”伏伦斯基没有回答他,却对堂倌说,并且把书挪在另一边,又接着看下去。

肥胖的军官拿起酒单,转身对着年轻军官。

“咱们喝什么酒,你来挑吧。”他把酒单递给他,看着他说。

“好吧,就要莱茵葡萄酒。”年轻军官一面说,一面怯生生地瞟着伏伦斯基,千方百计地要用手指头抓住刚刚长出来的小胡子。他看到伏伦斯基连头也没有转过来,就站了起来。

“咱们到弹子房里去吧。”他说。

肥胖的军官乖乖地站起来,于是他们朝门口走去。

这时高高的、体格匀称的骑兵大尉雅什文走了进来,把头昂得高高的朝着两个军官点了点,便走到伏伦斯基跟前。

“哎呀！你在这儿!”他用他的大手使劲拍了拍伏伦斯基的肩章,叫道。伏伦斯基很生气地回过头来,可是他的脸立刻就放起光来,露出他素有的从容镇定的亲切神气。

“真聪明，阿历克赛，”大尉用粗喉咙大嗓门儿说。“现在你就吃一点儿，再喝上一杯吧。”

“其实我不想吃。”

“瞧，粘在一块儿了，”雅什文看着那两个军官这时从食堂里走了出去，带着嘲笑的神气说。他挨着伏伦斯基坐下来，和椅子的高度相比，那两条腿就太长了，于是那穿着紧身马裤的大腿和小腿折成了锐角形。“你昨天怎么不到克拉斯宁剧院去呀？演得真不错呢。你到哪儿去啦？”

“我在培特西家里坐住了。”伏伦斯基回答说。

“啊！”雅什文应声说。

雅什文这个赌棍和酒徒，这个不仅不讲求道德、而且讲求不道德的人，在团里是伏伦斯基最好的朋友。伏伦斯基喜欢他，因为他有非凡的体力，主要表现为豪饮不醉，通宵不眠而毫无倦意，又因为他有强大的精神力量，这表现在对待长官和同事们的态度上，能够使他们又怕他又敬重他，这也表现在赌博上，敢于下上万的赌注，而且不管喝了多少酒，赌起来照样精明、果断，因此在英国俱乐部里公认他是头号赌徒。伏伦斯基敬重他和喜欢他，特别是因为感觉到雅什文不是喜欢他的名声和财富，而是喜欢他这个人。在所有的人当中，伏伦斯基只愿意和他一个人谈谈自己的艳事。他觉得，雅什文虽然似乎蔑视一切感情，却只有他能够理解如今充实了他的整个生活的炽热的爱情。此外，他相信雅什文确实不以编造流言蜚语为乐事，而且能正确理解他的感情，也就是说，知道并且相信这种爱情不是逢场作戏，不是开心解闷，而是一种严肃得多、重要得多的事情。

伏伦斯基没有和他谈过自己的艳事，但是知道他全都知道，全都理解得很对，他很高兴从他的眼神中看到这一点。

“啊，可不是！”雅什文听到伏伦斯基说在培特西家坐住了，就应声说，并且眏了几下他的黑眼睛之后，便抓住左边的小胡子往嘴里塞起来，这是他的一种坏习惯。

“哦，你昨天怎么样？赢了吗？”伏伦斯基问。

“八千。但有三千靠不住，未必会给。”

“哦，那你在我身上输了也不算什么了。”伏伦斯基笑着说。（这次赛马雅什文在伏伦斯基身上下了一大笔赌注。）

“我怎么也不会输。就恐怕马霍丁不行。”

于是谈话转为预测今天的赛马，此刻伏伦斯基也只能想赛马了。

“咱们走吧，我吃完了。”伏伦斯基说着，站起来，朝门口走去。雅什文也站起来，挺直了他的长腿和长背。

“我吃饭还早了一点儿，不过我要喝点儿。你先走，我就来。喂，来酒！”他用他那喊口令出了名的、能震得窗玻璃打战的厚重的声音叫道。“不，不用了，”他随即又叫道。“你要回家，那我跟你一块儿去。”

于是他和伏伦斯基一起走了。

二十

伏伦斯基住在一座宽敞、干净、隔成两间的芬兰式木屋里。彼特利茨基在兵营里也和他住在一起。伏伦斯基和雅什文走进屋里的时候,彼特利茨基还在睡觉。

“起来吧,该睡够啦。”雅什文说着,进了里屋,推了推把鼻子埋在枕头里、头发蓬乱的彼特利茨基。

彼特利茨基一下子跪起来,朝四下里看了看。

“你哥哥到这儿来过,”他对伏伦斯基说,“他把我叫醒了,活见鬼,他说还要来。”他又拉着毛毯,倒在枕头上。“别捣蛋嘛,雅什文,”他很生气地对扯着他的毛毯的雅什文说。“别捣蛋!”他转过脸来,睁开眼睛。“你还是告诉我,喝点儿什么好;我嘴里真不是味道儿……”

“最好是伏特加,”雅什文瓮声瓮气地说。“捷列欣科!给老爷拿伏特加和黄瓜来!”他叫道,显然他很喜欢听自己的嗓门儿。

“你说伏特加好吗?嗯?”彼特利茨基皱着眉头,揉着眼睛问。“你要喝吗?那咱们就一起喝吧!伏伦斯基,你喝吗?”彼特利茨基说着,爬了起来,一面用虎皮毛毯裹着身子。

他走到里屋门口,举起双手,用法语唱起来:“‘从前屠勒国有个国王[1]…’伏伦斯基,你喝吗?”

“去你的吧。”伏伦斯基一面说,一面穿起跟班递给他的常礼服。

“你这是上哪儿去呀?”雅什文问他。“哦,马车都来了。”他看到三驾马车来到,又说。

“到马厩里去,我还要找布梁斯基问问马的事呢。”伏伦斯基说。

伏伦斯基确实说过要去离彼得高夫十俄里的地方去找布梁

①歌德的《浮士德》中的一句。

斯基，把买马的钱给他送去；他也确实想抓紧时间到那里去一下。但是两位同事立刻明白了，他不光是要到那儿去。

彼特利茨基一面继续唱着，一只眼睛挤了挤，努了努嘴，好像是说：我们知道你找的是不是布梁斯基。

“当心可别迟到！”雅什文只是说，为了换个话题，又说：“我的栗色马怎么样，好使唤吗？”他朝窗外望着他卖给伏伦斯基那匹驾辕的马，问道。

“等一等！”彼特利茨基朝着已经出了门的伏伦斯基喊道。“你哥哥给你留下一封信和一张字条呢。等一等，放到哪儿去了？”

伏伦斯基站了下来。

“嗯，究竟在哪儿呀？”

“放到哪儿去了呢？这真成了问题！”彼特利茨基用食指从鼻子上往上一划，郑重其事地说。

“快说呀，别胡闹！”伏伦斯基笑着说。

“我没有生过壁炉。总在这儿的什么地方。”

“哎，别胡扯啦！信到底在哪儿？”

“不是胡扯，我真的忘了。也许是我做梦梦见的吧？等一等，等一等！你生什么气呀！要是你昨天也像我一样，一个人喝了四瓶酒，你也会忘记你是睡在什么地方的。等一等，我来想一想！”

彼特利茨基走进里屋，躺到自己的床上。

“等一等！我当时就这样躺着，他就站着。对对对对啦……就在这儿！”于是彼特利茨基从褥子底下把信掏了出来。他就是把信藏在褥子底下了。

伏伦斯基接过信和哥哥的字条。这正是他预料中的母亲的来信,责备他没有去看她,再就是哥哥写的字条,说是要和他谈谈。伏伦斯基知道,这都是为了那事儿。“这跟他们有什么相干呀?”伏伦斯基想道。就把信和字条揉了揉,塞在常礼服两个纽扣之间,好在路上仔细看一看。他在过道里遇到两位军官:一位是他们团的,还有一位是别的团的。

伏伦斯基的住所经常是军官们聚会的场所。

“哪儿去?”

“有事,到彼得高夫去。”

“你的马从皇村送来了吗?”

“送来了,可是我还没有看到呢。”

“听说,马霍丁的‘角斗士’瘸了。”

“瞎说!不过,你们怎么能在这样的烂泥地上赛马呀?”另一位军官说。

“哈,我的救星到了!”彼特利茨基看见进来的人,叫了起来,这时勤务兵已经用托盘端着伏特加和腌黄瓜站在他面前。“这是雅什文叫我喝点酒提提神。”

“哦,你们昨天闹得我们够受,”来人中的一个说,“叫我们一夜没有睡。”

“不,我们收场多妙呀!”彼特利茨基说起来。“沃尔科夫爬到屋顶上,说他很伤心。我就说:来点儿音乐吧,葬礼进行曲!他就在葬礼进行曲声中在屋顶上睡着了。”

“喝吧,一定得喝点儿伏特加,然后再喝矿泉水和很多柠檬,”雅什文站在彼特利茨基身边说,就像母亲叫孩子吃药一样,

“然后再多多少少喝点儿香槟，就一小瓶吧。”

“这很有道理。等一等，伏伦斯基，咱们一起喝吧。”

“不，诸位，再见吧，今天我不能喝酒。”

“怎么，怕增加体重吗？好吧，那我们就来喝。来矿泉水和柠檬。”

“伏伦斯基！”他已经走到过道里，有一个人叫道。

“什么事？”

“你最好把头发剪一剪，要不然你的头发太浓了，尤其是在你那秃顶上。”

伏伦斯基确实不到时候就开始谢顶了。他龇着一嘴整齐的牙齿快活地笑起来。于是他把帽子往秃了的前顶上拉了拉，便出了门，坐上马车。

“上马厩去！”他说过，就想把信掏出来好好看一看，但接着就改变了主意，免得在赛马之前分散注意力。“以后再看吧！……”

二十一

临时马厩是个板棚，就搭在跑马场旁边。伏伦斯基的马昨天就应该牵到这儿来的。他还没有见过他的马。近几天他一直没有亲自骑马调练，而是委托驯马师调练，所以他一点也不知道这马来时怎么样，现在又是什么状况。他一下车，他的马夫兼随从，即所谓马童，老远就认出他的马车，就把驯马师叫了出来。那个干瘦的英国人，穿着长筒靴和短上装，只有下巴底下留着一小撮胡子，迈着骑手那种不灵活的步子，张开两肘，摇摇摆摆地走出来迎接他。

“喂，弗鲁-弗鲁怎么样？”伏伦斯基用英语问道。

“很好，先生[①]，很好，先生。”英国人的声音是从喉咙深处发出来的。“您最好不要进去，”他掀着帽子，又说。“我才套上笼头，马很不安生。最好不要进去，免得把马惊了。”

“不，我要进去。我想看一看。”

“咱们就进去吧。”英国人皱起眉头，依然没有张嘴说道。于是他摆动两肘，迈着蹒跚的步子在前面带路。

他们走进板棚前面的小院子。穿着干净上衣、打扮得漂漂亮亮的值班的年轻小伙子，手里拿着扫帚，上前迎住他们，就跟在他们后面。板棚里有五匹马都在各自的栏里。伏伦斯基知道，他的劲敌马霍丁那匹高大的枣红马角斗士今天也应该送到，拴在这里。伏伦斯基想看看自己的马，但他更想看看他没有见过的角斗士。可是伏伦斯基知道，按照赛马礼节上的规定，不仅不能看对手的马，而且连问问都是有失体统的。就在他在通道上走的时候，值班小伙子打开了左边第二个栏的门，于是伏伦斯基看到一匹高大的枣红马和四条雪白的腿。他知道这就是角斗士，但是他带着转脸不看别人打开的书信那样的心情，转过脸去，走到弗鲁-弗鲁的栏门前。

“这儿的马是马克……马克……的。这名字我怎么也说不来。”英国人用他那指甲十分肮脏的大拇指隔着肩膀指着角斗士那个栏说。

---

①原文是英语。英国人先用英语回答，接着用俄语回答。

“马霍丁的吗？是的，这是我的劲敌。”伏伦斯基说。

“假如由您骑那匹马，”英国人说，“我一定把赌注押在您身上。”

“弗鲁-弗鲁性子急些，那匹马强壮些。”伏伦斯基听到夸奖他的骑术，高兴地笑着说。

“障碍赛马全看骑术和魄力。”英国人说。

魄力，也就是毅力和胆量，伏伦斯基不但觉得自己是足够的，而且更重要的是，他深信天下再没有什么人比他更有魄力了。

“您真的认为不需要再训练了吗？”

“不需要了，”英国人回答说。“请您不要大声说话。马不怎样安生。”他朝锁着的单马栏点了点头说。这时他们已站在这个栏的门前，可以听到里面有马蹄在干草里乱动的声音。

英国人把门打开，伏伦斯基便走进只有一个小窗洞的光线微弱的单马栏。戴了笼头的栗色马站在栏里，不停地在新鲜干草上倒换着四条腿。伏伦斯基把昏暗的单马栏扫视了一遍之后，又情不自禁地细心观察起自己这匹心爱的马的整个体形。弗鲁-弗鲁是一匹中等身材的马，论体形不是无可指责的。马的整个骨骼是细小的；虽然胸骨向前突出，胸部却很狭窄。臀部有些下垂，两条前腿，尤其是两条后腿，内翻得很厉害。前后腿的肌肉都不特别肥厚；不过马前肚部分格外宽阔，因为在调练中腹部很细，这一点就格外显眼。从正面看，膝部以下的腿骨不比手指粗，但从侧面看，却格外粗大。马的整个身体，除了肋部以外，好像被夹压了一下，变成了一根长条。不过这马也有很了不起的优点，足可使人忘记它的一切缺点。这优点就是纯种，照英国人的说法，就是最管用的马种。那光滑而灵敏的薄薄的皮肤包着的一道道血管底下，露出鼓突突的肌肉，就像骨头一样坚硬。干瘦的头却有一双鼓鼓的、明亮而灵活的眼睛。那头在鼻子下部放宽了，成为两个突出的鼻孔，可以看见鼻孔里面那充血的黏膜。马的全身，尤其是头部，流露出一种剽悍而又温顺的神气。这马是那种通人性的动物，所以不说话，只是因为嘴的构造使他不能说话罢了。

至少伏伦斯基觉得，这马是懂得此时此刻他看着它时的全部心情的。

伏伦斯基一走进来，这马就深深地吸了一口气，使劲侧歪着鼓鼓的眼睛，连眼白都发了红，对直地盯着进来的两个人，摇晃着笼头，咚咚地倒换着四蹄。

“嘿，您看，这畜生多么不安生呀。”英国人说。

“喔，好宝贝儿！喔！”伏伦斯基一面说着安慰话儿，一面朝马跟前走去。

但是他越走近，那马越是不安生。只是等他走到马头紧跟前的时候，那马才突然安静下来，那一块块肌肉也在又薄又柔和的毛皮下面抖动起来。伏伦斯基抚摩了几下那结实的马脖子，理了理那尖尖的脖颈子上的一绺倒到一边去的鬣毛，把脸凑到它那张得大大的，像蝙蝠嘴巴一样的灵敏的鼻孔上。那马用张得大大的鼻孔大声地吸了一口气，又喷了出来，打了个哆嗦，便竖起尖尖的耳朵，把结实的黑嘴唇向伏伦斯基伸过来，好像是要咬他的袖子。但是一想起戴着笼头，就抖动了一下笼头，又倒换起四条细细的腿。

“别怕，好宝贝儿，别怕！”他说着，又抚摩了几下马的臀部。

他看出马的情况非常好,就高高兴兴地从马棚里走了出来。

马的激动也传染给伏伦斯基。他觉得全身的血液都涌向心脏,他也像马一样,想蹦跳,想咬人。他感到又害怕又欢喜。

"好吧,那我就指望您了,"他对英国人说,"六点半要准时到。"

"没问题,"英国人说。"您现在到哪儿去呀,阁下?"他问,而且他忽然用起了"阁下"这一称呼,这是他几乎从来没有用过的。

伏伦斯基惊讶地抬起头来,看了看英国人,尽可能不看他的眼睛,而看他的额头,很惊讶他竟敢这样问他。可是,等他明白了英国人这样问他是没有把他当主人,而是当作赛马的骑手,就回答说:

"我有事要找布梁斯基,过一个钟头就回来。"

"这个问题今天我听到多少遍了呀!"他在心里说,而且他脸红了,这在他是难得有的。英国人细心地看了看他。似乎看出了伏伦斯基要上哪儿去,就又说:

"最要紧的是赛马前要平心静气,"他说,"不要生气,也不能有丝毫烦恼。"

"好的[①]。"伏伦斯基笑着回答说,接着就跳上马车,吩咐车夫赶着车上彼得高夫去。

马车没有走多远,从早晨就显示出下雨之势的乌云涌了上来,下起了倾盆大雨。

"糟了!"伏伦斯基一面拉起车篷,一面在心里说。"本来就到处是烂泥,这一下子就要完全变成沼泽地了。"他一个人坐在上了

①原文是英语。

篷的马车里，掏出母亲的信和哥哥的字条，看了一遍。

是的，说来说去就是那回事儿。所有的人，他的母亲，他的哥哥，都认为必须干涉他在爱情上的事。这种干涉激起他的愤恨——这种心情他是很少有的。“这碍他们什么事？为什么所有的人都认为非管管我的事不可？为什么他们盯住了我就不放？就因为他们认为这是他们不能理解的事。假如这是上流社会那种普普通通的下流的男女关系，他们也就不会管我了。他们觉得，这有点不同，这不是逢场作戏，这个女人对于我来说竟比生命还重要。这就无法理解了，所以他们就恼火了。不论我们命运如何，下场怎样，那是我们自找的，决不会怨天尤人。”他在心里用“我们”这个词儿把自己和安娜联系起来说。“哼，用不着他们教导我们怎样生活。他们根本不懂得什么叫幸福，他们不知道，我们要是没有这种爱情，就说不上什么幸福和不幸福，而是根本就不能活下去。”他在心里说。

他恼恨大家干涉他，正因为他心里觉得大家的感觉是对的。他觉得，他和安娜的爱情不是一时的冲动，那种冲动很快会过去的，就像交际界的许多风流韵事那样，除了愉快的或不愉快的回忆，不论在男的或女的生活中，什么痕迹也留不下。他完全感觉出来，他的处境和她的处境都是非常令人难受的，他们在整个交际界都处于显眼的地位，要隐瞒他们的爱情，要说谎和蒙混是很困难的；而且这种说谎、蒙混、做假、时时刻刻想到别人，是在他们的爱情如此炽烈，以至于除了他们的爱情，两个人都忘记了世界上的一切的时候。

他真切地回想起他不得不违反本性一再说谎、作假的情形，尤其真切地想起不止一次在她脸上发现的那种因为不得不说谎和作假而感到羞惭的神情。这时他心中出现了一种很奇怪的心情,自从他和安娜发生关系以后他心中有时就会出现这种心情。这是一种极其厌恶的心情:是厌恶卡列宁,厌恶自己,还是厌恶整个上流社会,他说不清楚。不过他总是把这种奇怪的心情驱赶开去。现在他就振作了一下精神,又继续想自己的心思。

"是的,她以前是不幸的,但却是高傲的、心安理得的;现在就不能心安理得、不能骄矜了,虽然她尽量不表露这一点。是的,这种情形该结束了。"他暗自下了决心。

于是他的头脑里第一次出现了一个明确的想法:必须结束这种说谎作假的日子,而且越快越好。"我和她都抛弃一切,两个人一起躲到什么地方去,除了我们的爱情,什么也不要。"他在心里说。

二十二

暴雨不久就停了。当伏伦斯基的马车由大步奔跑的辕马带着已经松了缰绳在泥泞中奔跑的两匹拉套的马拉着来到彼得高夫的时候,太阳又露面了。那一座座别墅的屋顶,大街两边花园里那一株株老椴树,都水淋淋、亮闪闪的,雨水快快活活地从树枝上往下滴,从屋顶上往下淌。他已经不去想这场雨会使跑马场变成什么样子,这时他只是感到高兴,因为有了这场雨他就一定能和她单独相会,他知道,刚从温泉回来的卡列宁还没有从城里出来。

伏伦斯基一心想跟她单独相会，为了不惹人注意，像往常一样不等过小桥就下了车步行。他不走正门的台阶，而是进了院子。

“老爷来了吗？”他问园丁。

“没有。太太在家。请您走正门吧，那儿有人，会开门的。”园丁回答说。

“不，我从花园里进去吧。”

他料定只有她一个人在这里，并且很想出其不意地来到她眼前，因为他没有说过今天要来，她一定想不到他在赛马之前会来。于是他按住军刀，顺着两旁种满花草的铺沙小径，小心翼翼地朝着面向花园的露台走去。此时此刻伏伦斯基完全忘记了他一路上想着的自己处境的困难和痛苦。他一心想的是，他马上可以见到她，不是想念中的她，而是实实在在的、活生生的、整个的她。当他为了不发出响声，踮着脚走上缓斜的露台台阶的时候，他突然想起他常常忘记的、成为他和她的关系中最难受的一面的东西，那就是她的儿子和她的儿子那种带有疑问的、他觉得也带有敌意的目光。

这孩子常常成为他们关系中的最大障碍。有他在场，不论伏伦斯基，还是安娜，不仅不好说那种不能在别人面前说的话，而且也不好用暗语说那种孩子不可能懂的事儿。这一点他们并没有商量过，这是自然而然形成的。他们认为欺骗这个孩子也是对他们本身的一种污辱。有他在场，他们只能像普通朋友一样谈话。不过，尽管这样小心谨慎，伏伦斯基还是常常看到这孩子用留神和大惑不解的目光注视着他，看出这孩子在对待他的态度中有一种奇怪的胆怯神情，看出他对他的态度是变化不定的，有时亲热，有时冷淡和拘谨。似乎这孩子感觉到，这个人和他母亲之间有一种很重要的关系，这种关系的意义他是无法理解的。

确实，这孩子觉得他不能理解这种关系，很想弄清楚，却怎么也弄不清楚，他对待这个人应当有什么样的感情。但小孩子对于别人感情的流露是很敏感的，所以他清楚地看出来，父亲、家庭教师和保姆不但都不喜欢伏伦斯基，而且用一种厌恶和恐惧的目光看着他，虽然从来没有说起过他，而母亲却把他看成最好的朋友。

“这究竟是怎么一回事儿？他是什么人？应该怎样爱他？如果我不懂，那要怪我，也许是我太笨，也许我是一个坏孩子。”这孩子常常这样想。就是因为这样，出现了他那种注视、疑问，带点儿敌意的神气，那种使伏伦斯基非常局促不安的胆怯和变化不定的表情。有这孩子在场，伏伦斯基近来常有的那种奇怪的无缘无故的厌恶感就一定会在他的心中出现。有这孩子在场，在伏伦斯基和安娜心中都会出现一种感觉，感到自己就像一个航海者，从罗盘上看到自己高速航行的方向远远偏离正确的航线，却又无法停航，看到一分钟比一分钟离正确的航线更远，也看到，要承认自己误入歧途，就等于承认自己灭亡。

这孩子正因为用天真的目光看待生活，就好比是一个罗盘，可以指出他们偏离他们知道而又不愿意知道的航向有多远。

这一次谢辽沙不在家，只有她一个人在家，而且坐在露台上，等着外出游玩遇雨的儿子回来。她派一名男仆和一名侍女找他去了，自己就坐在这里等着。她穿着宽边绣花的白色连衣裙坐在露台一角的花丛后面，没有听见他来。她低着她那黑色鬈发的头，把额头贴在栏杆上放着的一把冰凉的喷水壶上，那戴着他十分熟悉的戒指的一双玉手就扶着喷水壶。她的整个身姿、她的头、脖子和手臂的美，每一次都像意外事一样，使他吃惊。他站下来，心醉神迷地望着她。他刚刚想迈步朝她跟前走去，她就感觉到他来了，便推开喷水壶，转过她那热辣辣的脸来迎他。

“您怎么啦？身体不舒服吗？”他一面用法语说着，一面朝她跟前走去。他本想跑到她跟前去，可是一想起也许还有别的人，就朝露台的门口望了望，脸红了红，就像每一次他觉得应该害怕和应该四下里望一望时就脸红那样。

“不，我身体很好，”她说着，站起来，紧紧握了握他伸过来的手。“我没有想到……你来。”

“我的天！你的手多凉呀！”他说。

“你把我吓了一跳，”她说。“我一个人在这儿等谢辽沙呢，他到外面玩去了；他们等会儿要到这儿来的。”

然而，尽管她拼命使自己镇定，她的嘴唇还是不住地哆嗦着。

“请原谅我到这儿来，可是我要是看不到您，就一天也过不下去。”他像往常那样，依然用法语说，为的是避免用俄语里的“您”和“你”，用“您”冷得不得了，用“你”有危险。

“原谅什么呀？我太高兴了！”

“不过你是身体不舒服，或者有什么烦恼，”他继续说，同时没有放开她的手，并且弯下身子对着她。“您想什么呀？”

“我一直在想着一件事。”她笑着说。

她说的是实话。不论什么时候问她在想什么，她都会这样回答：想着一件事，想的是自己的幸福与不幸。他看到她的时候，她就是在想着：为什么这种事在别人身上，比如在培特西（她知道她和杜什凯维奇的暧昧关系），不算什么事儿，可是在她身上就这么难受呢？今天她想起这事儿，不知为什么特别难受。她问他赛马的事。他回答她的问话，看到她很激动，为了尽可能分散她的注意力，就用十分随便的口气说起如何准备赛马的详细情形。

"告诉他，还是不告诉他呢？"她望着他那一双宁静的、亲切的眼睛，心中想道。"他这样快活，一心一意想着自己的赛马，说出来他也不会真正理解，不会理解这事对我们的全部意义的。"

"不过，您还没有告诉我，我进来的时候您在想什么呀，"他不再说赛马的事，这样说道，"请您告诉我吧！"

她没有回答，多少把头低了低，皱着眉头带着询问的神气用她那双明亮的眼睛从长长的睫毛底下望着他。她那玩弄着一片树叶的手哆嗦着。他看到这情景，于是他的脸上流露出那种使她非常动心的百依百顺的神气，奴隶般的忠诚神气。

"我看出来，是有什么事儿。我知道您有了忧愁事儿，而又不能为您分忧，难道我会有片刻的安宁吗？看在上帝分上，告诉我吧！"他又用恳求的口气说。

"是的，他要是不理解这事儿的全部意义，那我也不能原谅他。还是不说吧，何必要试他呢？"她心里想着，眼睛还是那样看着他，并且感觉到那玩弄树叶子的手哆嗦得越来越厉害了。

"看在上帝分上吧！"他抓住她的手，又说了一遍。

"要我说吗？"

"说吧，说吧，说吧……"

"我怀孕了。"她又轻又慢地说。

她手里的树叶哆嗦得更厉害了，但她的眼睛一直没有离开他，想看看他听到这话会怎样。他的脸发了白，想说点儿什么，却没有说，放开了她的手，并且垂下了头。“是的，他懂得这事儿的全部意义。”她在心中说，并且很感激地握了握他的手。

不过，她以为他也像她，像一个女人那样懂得这事儿的意义，那就错了。他一听到这个消息，就十倍强烈地感觉到，那种奇怪的对什么人的厌恶感又冲上他的心头。但同时他也明白了，他所盼望的转折点现在来到了，再也无法瞒住她的丈夫了，这种不自然的状态无论如何也得快点儿了结了。然而，除此以外，她的激动也传到了他身上。他用动情的、温顺的目光看了看她，吻了吻她的手，就站起来，一声不响地在露台上来来回回踱了起来。

“是的，”他说着，毅然决然地朝她跟前走去。“不论是我，不论是你，都没有把我们的事儿看作儿戏，现在我们的命运已经定了，”他向四下里张望着，说，“必须了结我们过的这种处处作假的生活。”

“了结？究竟怎样了结呀，阿历克赛？”她小声说。现在她放心了，她的脸上洋溢着温柔的微笑。

“离开你的丈夫，把我们的一生结合在一起。”

“就这样已经结合在一起了呀。”她用勉强能听得见的声音回答说。

“是的，不过要完全结合，完全结合。”

“可是怎么办呀，阿历克赛，你教教我吧，怎么办呀？”她带着嘲笑自己无可奈何的处境的凄然神色说。“难道有什么法子可以摆脱这种处境吗？难道我不是我丈夫的妻子吗？”

“不论什么样的境地都是有出路的。就是要下决心，”他说。“不论怎么样，都会比你现在的处境好。我看出来，不论交际界，还是你的儿子、你的丈夫，这一切都使你有多么痛苦。”

“哦，不过丈夫算不得什么，”她带着很随便的冷笑说。“我不管他，我没有想到他。没有他这个人。”

“你说的不是真心话。我了解你。你也为他难过。”

“他连知道都不知道嘛，”她说。忽然她的脸上泛起两片浓浓的红云；两腮、额头和脖子都红了，眼睛里涌出羞愧的泪水。“咱们还是不谈他吧。”

二十三

伏伦斯基过去虽然没有像现在这样坚决，但已经有好几次试着引导她商量自己的处境问题，每次听到的都是很表面化的、很轻松的意见，就像现在她回答他的要求一样。似乎这里面有她无法弄清楚或者不愿意弄清楚之处，似乎她一谈起这事，她，真正的安娜，就隐藏起来，出现了另外一个古怪的、与他格格不入的女人，这个女人他又不喜欢，又怕，而且处处跟他作对。可是今天他下决心要把所有的话都说出来。

“他知道，还是不知道，”伏伦斯基用他平素那种坚定而沉着的语气说，“他知道，还是不知道，这不干我们的事。我们不能……您不能这样过下去，尤其是现在。”

“依您看，应该怎么办呀？”她依然带着轻松的嘲笑口气问道。她本来很怕他不把她的怀孕当作一回事儿的，现在听他说为此一定要采取什么措施，又感到苦恼了。

“把一切都告诉他，并且离开他。”

“很好，就假定我这么办吧，”她说。“您知道，这一来会怎么样呢？我可以预先把一切说一说，”于是她那一分钟之前还是温柔可亲的眼睛里放射出恼怒的光芒。“‘啊，您爱上别人，跟他发生罪恶的关系啦？(她模仿丈夫的腔调，就像卡列宁说这话一样，把“罪恶的”这个词儿说得特别重。)我曾经叫你提防，不要在宗教、民事和家庭方面造成什么后果。您却不听我的。现在我不能容许败坏我的名声……(和我儿子的名声，)’”她本想这样说的，可是她不能拿儿子开玩笑。“‘……不能容许败坏我的名声，’以及诸如此类的话，”她补充说。“总而言之，他会说许多官腔官调的话，会毫不含糊、毫不犹豫地说，他不会放过我，他会采取一切手段来消除这种丑事。他说过了，就会很镇定地、一步一步地做到。就是这么回事儿。这不是一个人，是一架机器，当他发作起来的时候，是一架很凶的机器。”她一面说，一面仔细回想着卡列宁的姿态、说话的样子和他的性格，把她能够在他身上找到的不好的地方都当作他的过错，一点也没有因为她对他犯了大罪而原谅他。

“不过，安娜，”伏伦斯基一心想安慰她，就用恳切而温柔的口气说，“还是得告诉他，然后看他怎样，再决定下一步。”

“怎么，逃走吗？”

“为什么就不能逃走呢？我看不能再这样过下去。并不是为了我自己，——我看出来，您太受罪了。”

“是啊，逃走，要我做您的姘头吗？”她恶狠狠地说。

“安娜!”他用亲切的责备口吻说。

“是啊,”她继续说,“做您的姘头,把什么都断送了……”

她又想说,把儿子也断送了,但是她不忍心说。

伏伦斯基无法理解,像安娜这样个性刚强而诚实的人,怎么能安于这种说谎作假的状况而不想摆脱;他却没有想到,这其中主要的原因就是她不忍心说出的儿子。每当她想到儿子,想到他以后将怎样看待她这个抛弃父亲的母亲时,她就为自己的所作所为感到十分害怕,以至于无法思考,只能像一般女人一样尽可能用似是而非的推理和语言来安慰自己,为的是让一切照旧,为的是可以忘记今后儿子将会怎样这个可怕的问题。

“我请求您,我恳求您,”她突然抓住他的手,用完全不同的诚恳而温柔的声音说,“以后再也不要和我说这种话吧!”

“不过,安娜……”

“再也不要说了。不要管我吧。我处境的屈辱与可怕,我是完全知道的;不过这种事并不像你想的那样容易解决。你就不要管我,听我的吧。再也不要和我说这种话了。你能答应我吗?……不,不,你要答应我!……”

“我什么都能答应,不过我不能安宁,尤其是在你说出这种情况以后。你不能安宁的时候,我是不会安宁的……”

“我呀!”她重复说。“是的,我有时很痛苦;不过,如果你今后再也不和我谈这种事的话,痛苦会过去的。只要你和我谈这事,我就很痛苦。”

“我不明白。”他说。

“我知道,”她打断他的话说,“你这个天性诚实的人说谎做假有多么难受，我为你可惜。我常常想，你是为我断送了自己的一生。”

“我现在也是在想，”他说，“你怎么能为了我牺牲自己的一切呢？你要是不幸，那我不能原谅自己。”

“我不幸吗？”她说着，带着喜悦的微笑含情脉脉地望着他，朝他跟前走去，“我就像一个饥饿的人，得到了食物。也许，这个人还感到冷，衣服也破烂了，也感到羞臊，但不是不幸。我不幸吗？不，这就是我的幸福……”

她听见回家来的儿子的说话声，就匆匆地朝露台四周围扫了一眼，霍地站起来。她的眼睛里燃起他很熟悉的那种火焰，她用戴满戒指的一双玉手很利落地捧住他的头，对着他看了好一阵子，然后把自己的脸和张开的笑吟吟的嘴唇凑过去，吻了吻他的嘴唇和两只眼睛，便把他推开。她想走，可是他把她拉住。

“什么时候？”他神魂颠倒地望着她，小声说。

“今天夜里，一点钟。”她小声说过，便沉重地叹了一口气，迈着又轻又快的步子去迎接儿子。

谢辽沙是在大花园里遇雨，就和保姆在亭子里坐了一阵子。

“好啦，再见吧，”她对伏伦斯基说。“一会儿就要去看赛马了。培特西说过要来接我一块儿去。”

伏伦斯基看了看表，就匆匆走了。

二十四

伏伦斯基在卡列宁家露台上看表的时候，心神十分不安定，一心一意地想着心思，所以他看到表上的指针，却没有看清是几点钟。他来到大路上，就小心翼翼地踩着烂泥朝自己的马车走去。他完全沉醉在和安娜的热恋中，以至于连想都没有想，已经是几点钟了，还有没有时间到布梁斯基那儿去。他这时就像常有的情形一样，只保持着表面的记忆力，只记得做过什么事之后下一步该做什么。他走到车夫跟前，车夫在浓密的椴树那已经歪斜的阴影里坐在驭座上打瞌睡。伏伦斯基欣赏了一会儿那肥壮的马匹之上像闪光的柱子一般盘旋飞舞的一群群蚊蚋，便把车夫唤醒，跳上车去，叫车夫赶着车上布梁斯基家去。直到走出七八俄里之后，他才醒悟过来，看了看表，看清已经五点半钟，知道他要迟到了。

这一天有好几场比赛：骑兵比赛，然后是军官二里赛、军官四里赛，再就是他参加的那场比赛。那场比赛他是能赶得上的，但他要是到布梁斯基家去，他就刚刚能赶得上，而且等他赶到的时候，宫廷的人都要全到了。那是不太好的。不过他已经对布梁斯基说过要上他家去，所以他决定还是去，就吩咐车夫不顾一切地赶着马快跑。

他来到布梁斯基家，在他家只待了五分钟，就上了车往回赶。高速的行车使他放下心来。他和安娜关系中一切痛苦的事，他们谈话之后依然留下的茫然心情，都从他的头脑里飞走了。他现在快快活活地、非常兴奋地想着赛马，想着他还是能赶上比赛。等待今宵幸福约会的念头只是偶尔地像明亮的火光一样在头脑里闪一闪。

他的马车赶过一辆又一辆从别墅和城里来看赛马的人的马

车，他感受到的赛马的气氛越来越浓，他的心也就越来越沉浸到即将到来的赛马中。

他的住所里已经没有一个人了，大家都去看赛马了，他的跟班就在大门口等他。跟班趁他换衣服的时候告诉他，第二场比赛已经开始，有好几位先生来问过他，马童也从马厩里来过两趟了。

伏伦斯基不慌不忙地换好衣服（他从来不慌忙，一向能够从容镇定），就上了车径奔马厩。在马厩里他就看到赛马场周围人山人海，各种车辆，行人，士兵，一个个小亭子里都挤满了人。看样子，正在进行第二场比赛，因为就在他走进马厩的时候，他听见铃声。他在马厩前正好遇到马霍丁那匹白腿的枣红马角斗士，那马披着蓝边橘黄色马衣，竖着两只似乎很大的蓝边的耳朵，被人牵着朝赛马场走去。

“科尔德在哪儿？”他问马夫。

“在马棚里上鞍。”

弗鲁-弗鲁站在打开的马栏里，已经上好了鞍。正要牵它出来。

“我没有迟到吧？”

“很好！很好！[①]很好！很好！”英国人说。“不要紧张。”

伏伦斯基又打量了一眼浑身哆嗦的骏马那一副剽悍可爱的模样，好不容易移开视线，就走出马棚。他在最有利的时刻朝亭子走去，为的是不引起任何人注意。二里赛马就要结束，所有的目光都集中到跑在前面的近卫重骑兵团军官和他后面的近卫骠骑兵团军官身上，两个人都拼命地驱马朝终点冲去。所有的人都

①原文为英语。

从赛马场中间和圈外涌向终点,一群近卫重骑兵团的士兵和军官高声喊叫,欢呼他们的长官和同事即将取得胜利。伏伦斯基悄没声地来到人群中间,几乎正是在比赛结束铃响的时候,这时浑身溅满泥浆、第一个跑到的高个子近卫重骑兵团军官已经伏在马鞍上,松了缰绳,放开了那匹气喘吁吁、出汗出得浑身发了乌的灰色牡马。

那牝马倒动着四条腿,放慢那庞大身躯的迅速运动,那位近卫重骑兵团军官也像一个沉睡醒来的人一样,向四周围扫了一眼,很费劲儿地笑了笑。一大群熟识的人和不熟识的人把他团团围住。

伏伦斯基有意躲避那一群在亭子前面又矜持又随便地活动和交谈的上流社会的上等人。他知道,安娜、培特西和他的嫂子都在那里,他有意不到她们那里去,免得分神。可是不断地有熟人碰到他,把他拦住,对他说说刚才两场比赛的情形,问他为什么迟到。

就在骑手们被召到亭子里去领奖,大家的注意力都集中到那里的时候,伏伦斯基的哥哥亚力山大来到他面前。亚力山大是一位佩戴金肩章的上校,个头儿不高,也像弟弟一样敦实,但是更漂亮,脸色更红润,红红的鼻子,开朗的、带有酒意的面孔。

"你收到我的字条了吗?"他说。"什么时候都找不到你。"

亚力山大·伏伦斯基尽管生活放荡,而且是一个出了名的酒鬼,却是在宫廷中很得宠的人。

现在他虽然和弟弟谈的是他觉得很不愉快的事,可是他知道许多人的目光会集中到他们身上,就装出一副笑嘻嘻的样子,好像他是在和弟弟说笑话，说的是一件无关紧要的事。

“我收到了，说实在的，我不明白，你操心的是什么事。”阿历克赛说。

“我操心的就是，刚才我还发现你不在这儿，还有星期一那天有人见到你在彼得高夫。”

“有些事情，只能由直接相关的人说长道短，你所操心的事就是这样的事……”

“是的，不过，那样就没有前途了，就不……”

“我请你别管就是了。”

伏伦斯基那阴沉的脸煞白煞白的，那尖尖的下巴哆嗦起来，这在他是很少有的。他是一个心地非常和善的人，很少生气，可是一旦生气，而且哆嗦起下巴，那他是很不好惹的，亚力山大很清楚这一点。亚力山大就快活地笑了笑。

“我只是想把妈妈的信交给你。你给她回封信，比赛之前不要心烦。祝你得胜。”他笑着加了一句，便走开了。

但是他走开之后，又有人很亲热地打招呼，伏伦斯基就站了下来。

“你连朋友都不认识啦！你好呀，老弟！”说话的是奥布朗斯基。他那红润的脸，他那油亮的、梳得整整齐齐的络腮胡子，在这彼得堡的显贵中间也像在莫斯科一样出色。“我是昨天来的，能看到你比赛得胜真是高兴。咱们什么时候好好谈一谈？”

“明天你到食堂来吧。”伏伦斯基说过，握了握他的大衣袖子，表示道歉，便离开他，朝赛马场中央走去，这时已经有人把参加障碍大赛的马往那里牵了。

跑过的马精疲力竭，浑身汗淋淋的，由马夫牵着朝马厩走去；参加下一场比赛的另一些马一匹接一匹来到场上，一匹匹精神抖擞，戴着风帽，勒紧肚带，很像一种奇怪的大鸟，多半是英国种马。细长而剽悍的骏马弗鲁-弗鲁被牵着朝右边走去，那强劲的、长长的蹄腕子走起路来像装了弹簧一样。离它不远处已经有人在为耷拉着耳朵的角斗士卸马衣。角斗士那高大、漂亮而匀称的身形，那异常好看的臀部，那短得出奇、紧紧连接着马蹄的蹄腕子，不由得吸引了伏伦斯基的注意力。他正想走到自己的马跟前去，却又被一个熟人叫住。

“瞧，卡列宁在那儿！”和他说话的那个熟人说。“他在找妻子呢，他妻子就在亭子里。您没有看到她吗？”

“没有，没有看到。”伏伦斯基回答说，而且连看也没有看这位熟人指的卡列宁夫人所在的亭子，就朝自己的马走去。

伏伦斯基还没有来得及看看马鞍，说说马鞍是否上得妥当，骑手们就被召集到亭子里去抽签决定号码和起跑点。十七位军官神态庄重而严肃，有许多张脸都发了白，一齐来到亭子里抽签。伏伦斯基抽到第七号。这时听到口令声：“上马！”

伏伦斯基感觉到他和另外几个骑手已成为所有的眼睛注视的中心，因此他是带着很紧张的心情走到自己的马跟前的，但他在这种情况下在动作上总是从容、沉着的。科尔德为了庆祝赛马，穿起了最讲究的服装：黑色礼服的纽扣扣得整整齐齐的，那浆得笔挺的衬领紧紧贴在双颊上，还戴了黑色圆礼帽，穿了长筒皮靴。他像往常一样，沉着镇定，威风凛凛，亲自握着两根缰绳，站在马前面。弗鲁-弗鲁依然在浑身哆嗦着，就像打摆子一般。那火辣辣的眼睛瞟着朝它走来的伏伦斯基。伏伦斯基把一个指头杵到肚带底下试了试。那马更使劲地瞟了他一眼，龇了龇牙，竖起一只耳朵。英国人皱了皱嘴唇，想对检查他装鞍的人表示讥笑。

“上马吧，上了马就不怎么紧张了。”

伏伦斯基最后一次扫视了一下他的敌手们。他知道，一跑起来他就看不见他们了。有两个骑手已经上了马朝出发的地方走去。伏伦斯基的好友和很厉害的敌手加里曾正围着那匹枣红色牡马打圈子，那马不让他骑。一位穿着紧身马裤的矮个子近卫骠骑兵军官模仿英国人的骑马姿势，像猫一样俯伏在马的臀部，纵马驰去。库佐夫列夫公爵脸色煞白，骑着他那匹格拉波夫养马场的纯种牝马，由一个英国人拉着缰绳。伏伦斯基和他的同事们都认识库佐夫列夫，知道他那神经“脆弱”和十分爱虚荣的特点。他们知道，他什么都怕，害怕骑战马；但现在正因为这种比赛是可怕的，因为可能会有人摔断脖子，每一道障碍旁边都站着医生，都有带红十字的救护车和护士，他才决定参加比赛。他们的目光相遇了，伏伦斯基就带着亲切和赞许的神气朝他挤了挤眼睛。只有一个人他没有看到，那就是他的劲敌，骑着角斗士的马霍丁。

“不要着急，”科尔德对伏伦斯基说，“有一点要记住：遇到障碍物不要勒马，也不要鞭打，让马想怎样就怎样。”

“好的，好的。”伏伦斯基接过缰绳说。

“要是能行的话，就跑在最前头；万一落后了，直到最后一分钟也不要泄气。”

那马还没有来得及动一下，伏伦斯基矫健地腾身一跃，就踏上那带齿的钢马镫，那结实的身子就轻轻地、稳稳地坐到咯吱作响的皮马鞍上。右脚插进马镫之后，他就很熟练地在手指中间把双股缰绳调理了一下，科尔德就松了手。弗鲁-弗鲁好像不知道应该先跨出哪一条腿，用长脖子紧紧扯着缰绳，走动起来，就像装了弹簧似的，把柔韧的背上的骑手颠得摇来晃去。科尔德加快步子，跟在后面。不安生的马拼命跟骑在马上的人捣蛋，一会儿把缰绳扯向这边，一会儿扯向那边，伏伦斯基又吆喝又用手勒缰绳，就是无法使马安生。

他们朝出发点走去，已经快要走到被拦截的河边。有许多骑手在前面，也有许多骑手在后面，这时伏伦斯基忽然听到身后烂泥路上有一匹马飞驰的声音，就看到马霍丁骑着他那耷拉着耳朵的白腿的角斗士赶到他前面。马霍丁龇着他那长长的牙齿笑了笑，伏伦斯基却气嘟嘟地瞪了他一眼。伏伦斯基本来就不喜欢他，现在又把他看作最危险的敌手；马霍丁纵马从旁边跑过去，惊了他的马，更使他恼火。弗鲁-弗鲁扬起左腿大跑，跑了两步，就对勒得太紧的缰绳生起气来，换成了摇摇晃晃的碎步，颠得骑手一跳一跳的。科尔德也皱起眉头，几乎是跑着溜蹄步跟在伏伦斯基后面。

二十五

参加这一场赛马的军官有十七名。比赛要在亭子前面周围四俄里的椭圆形广场举行。在广场上设置了九道障碍：一条小河，就在亭子前面的一道两俄尺高的大板栏，一条干沟，一条水沟,一道斜坡,一道爱尔兰式鹿寨(这是最难跨越的障碍之一),是用树枝垒成的一道墙,墙后面还有马看不见的一条沟,因此马必须一下子跨过两重障碍,不然就有生命危险;然后还有两条水沟和一条干沟;比赛的终点就在亭子对面。但比赛的起点并不在广场上,而是在广场旁边一百俄尺以外,在这段距离内设置了第一道障碍——一条被拦截的三俄尺宽的小河,骑手们可以随意驱马跳越或者蹚水过河。

骑手们排队排了三次,但每一次都有谁的马抢先冲出去,只好又从头再来。直到发令起跑的行家谢斯特林上校都有些火了,他才终于第四次喊出:"出发!"于是骑手们跑起来。

就在骑手们排队时,所有的眼睛、所有的望远镜都一齐对准了这五颜六色的一群骑手。

"出发了！跑起来啦!"在静静地等待了一阵子之后,四面八方都叫起来。

观众成群成群地或者单独地来来回回跑起来,为的是看得更清楚。在开头一会儿堆成一堆的骑手们拉开了距离,可以看到,他们三三两两,一个接一个地朝河边驰去。在观众看来,他们都是一同起跑的,然而在骑手们看来,一秒两秒之差对他们都有巨大的意义。

过分急躁和不安生的弗鲁-弗鲁开头错过了一刹那,就有好几匹马抢到了前头,可是不等跑到河边,伏伦斯基就使劲扯了扯紧紧扯着缰绳的马,很轻易地超过了三匹马,他的前面就剩了在他面前均匀而轻快地摆动着屁股的马霍丁的角斗士,还有最前面的驮着不死不活的库佐夫列夫的威武俊美的狄安娜。

在开头几分钟里，伏伦斯基自己很不镇定，也无法使马镇定。他在第一道障碍之前，也就是过小河之前，一直不能操纵马的动作。

角斗士和狄安娜几乎在同一时刻跑到河边，纵身一跃，就飞到了对岸；弗鲁-弗鲁也悄没声地像飞一样跟着它们腾空而起，但就在伏伦斯基感觉自己在空中的时候，他忽然看到，几乎就在他的马蹄之下，库佐夫列夫和他的狄安娜在河对岸挣扎（库佐夫列夫在马跳起来之后松了缰绳，于是马同他一起栽了个跟斗）。这些细节是伏伦斯基后来知道的。此刻他只能看到脚下，看到弗鲁-弗鲁要落脚的地方可能是狄安娜的腿，也可能是头。但是弗鲁-弗鲁却像一只从高处跳下的猫，在跳跃中四条腿和脊背都使了使劲儿，就越过了那匹马，继续朝前跑去。

"啊，好宝贝儿！"伏伦斯基在心里说。

过了小河以后，伏伦斯基的马镇定下来了，他也就能驾驭它了，于是他就打算跟在马霍丁后面越过大板栏，然后在没有障碍的二百俄丈距离内超过他。

大板栏就竖在御亭前面。当他和领先一马之距的马霍丁渐渐接近"魔鬼"（大板栏的名称）的时候，皇上、所有皇亲国戚和一群群的平民百姓都望着他们。伏伦斯基感觉到四面八方的眼睛都注视着他，但是他什么也看不见，只看见自己的马的耳朵和脖子、迎着他跑来的大地以及在他前面迅速敲着节拍、仍然保持原来距离的角斗士的臀部和白腿。角斗士纵身一跃，什么也没有碰到，摇了摇短尾巴，便从伏伦斯基眼前消失了。

"真漂亮！"有人叫道。

就在这一瞬间，在伏伦斯基的面前眼下闪现出大板栏的木板。他的马在动作上没有丝毫变化就飞腾到板栏上方；木板不见了，只听到后面砰的响了一声。他的马见角斗士跑在前面，发急了，在板栏前面过早地跃起，所以一只后蹄在板栏上碰了一下。不过马的步伐并没有变化，伏伦斯基在脸上溅了一个小小的泥团子之后，立刻就明白了，他的马又和角斗士保持原来的距离了。他又看到角斗士的臀部、短尾巴和又是依然不能远离的飞跑着的白腿。

就在伏伦斯基想到应该现在就超过马霍丁的时候，弗鲁-弗鲁就明白了他的心思，不用任何鼓励，就拼命加快速度，从最有利的一面，也就是从围绳那一面逼近马霍丁。马霍丁紧贴着围绳不让。伏伦斯基刚刚想到从外边也可以超过去，弗鲁-弗鲁就改变了步子，开始从外面绕过去。弗鲁-弗鲁那汗湿得发了乌的肩膀已经和角斗士的臀部并齐了。有好几步是两匹马并排跑的。但是他们快要到下一道障碍前的时候，伏伦斯基为了不兜大圈子，使劲扯了扯缰绳，就在斜坡上很快地超过了马霍丁。他看到马霍丁那溅满泥浆的脸一闪而过。他甚至觉得马霍丁还笑了笑。伏伦斯基超过了马霍丁，但他感觉出马霍丁立即紧紧跟在后面，并且不断地听到背后角斗士那有节奏的蹄声和急促而精力充沛的喘息声。

随后的两道障碍，水沟和栅栏，很轻易地越过了，但伏伦斯基听到角斗士的喘息声和蹄声越来越近了。他给马加了一鞭，就高兴地感觉到马很轻松地加快了速度，角斗士的蹄声又像原来那样远近了。

伏伦斯基跑在最前头了，这正是他所希望的，也是科尔德劝他要做到的，他现在相信一定能取胜了。他越来越兴奋，越来越快活，越来越觉得弗鲁-弗鲁可亲可爱。他很想回头看看，但他不敢这样做，而且他尽可能使自己镇定，尽可能不驱赶马，让马留点后劲儿，他觉得角斗士就留着后劲儿。就剩下一道最难跨越的障碍了；如果他能抢在所有的人前头越过这道障碍，他就能第一个跑到终点。他朝爱尔兰鹿寨驰去。他和弗鲁-弗鲁同时老远就看到这道鹿寨，他们俩，也就是他和马，同时都担心了一下。他在马耳朵上看出有犹豫不决的意味，就扬起鞭子，但立即又感觉到担心是没有必要的：马知道该怎么样。那马使劲儿一跃，就像他所期望的一样，离开地面，稳稳当当地飞到了空中，又凭着惯性力量，远远地越过了干沟；于是弗鲁-弗鲁不费什么劲儿就按原来的节拍、跨着原来的步伐继续往前跑起来。

“伏伦斯基，真漂亮！”他听到人群里的喝彩声。他知道，这是站在这道障碍旁边的团里同事和朋友们的喝彩声。他听出雅什文的声音，但是没有看到他。

“啊，我的好宝贝儿！”他一面想着弗鲁-弗鲁，一面听着背后的动静。“也跳过来了！”他听到背后角斗士跳越的声音，在心中说。只剩下最后一道两俄尺宽的水沟了。伏伦斯基对水沟连看也不看，只是一心想远远地拉开距离第一个跑到终点，就上上下下地操纵起缰绳，让马头随着奔跑的节拍起落。他感觉出来，马已经使出仅剩的后劲儿；不仅脖子和肩上汗淋淋的，而且鬣毛上、头上、尖尖的耳朵上的汗水都一滴一滴地往下落，呼吸又急又短促。不过他知道，凭这点后劲儿跑完剩下的二百俄丈是绰绰有余的。单凭他感觉到自己更贴近地面，并且也因为马的动作特别轻柔了，他就知道他的马大大加快了速度。马轻易地飞过了水沟，就像没有在意似的，马就像鸟儿一般飞了过去；但就在这时候，伏伦斯基惊骇地感觉到，他没有跟上马的动作，自己也不知道怎么回事儿，一屁股坐在马鞍上，犯了一个无法饶恕的糟透了的错误。他的状况一下子改变了，他也明白，出了可怕的事。他还没弄清究竟出了什么事儿，就看到那枣红马的白腿在身边闪了闪，马霍丁就从一旁飞驰而过。伏伦斯基一只脚碰到地面，他的马就倒在这只脚上。他刚刚把脚抽出来，那马就喘着粗气横倒下来，那细细的、汗淋淋的脖子拼命使着劲儿想站起来，却站不起来，就在他脚边地上挣扎起来，像一只被击落的鸟儿。伏伦斯基的笨拙动作折断了马的脊梁骨。不过这是后来过了很久他才明白的。这时他只是看到，马霍丁很快地跑远了，他却一个人摇摇晃晃地站在一动不动的烂泥地上，弗鲁-弗鲁喘着粗气躺在他面前，并且朝他弯过头来，用一只好看的眼睛望着他。伏伦斯基还是不明白出了什么事儿，依然在拉着马的缰绳。那马像鱼一样浑身抖动起来，抖动得鞍翅噼啪直响，两条前腿撑了起来，却怎么也撑不起后半截身子，接着摇晃了几下，又横倒下去。伏伦斯基急得变了形的脸煞白煞白的，下颌不住地哆嗦着，用靴后跟踢踢马肚子，又扯扯缰绳。可是马没有动，而是把鼻子杵进泥里，只是用它那会说话的眼睛望着主人。

“唉呀呀！”伏伦斯基抓住自己的头，哼哼起来。“唉呀呀！我这是怎么回事儿呀！”他叫道。“这赛马就输啦！而且都是我自己的过错，可耻的过错，不可饶恕的过错！这可爱又可怜的马就叫我毁了！哎呀呀！我这是怎么回事儿呀！”

观众、医生和助手以及同团的军官们一齐向他跑来。他觉得遗憾的是，自己倒是好好的，一点没有受伤。马的脊梁骨断了，只能一枪了事。伏伦斯基什么问话也不能回答，也不能和任何人说话。他转过身去，也不去拾起头上掉下来的帽子，就离开赛马场，自己也不知道要上哪儿去。他觉得自己很不幸。他生平第一次尝到最难受的不幸滋味，而且这是无法补救的不幸，自己一手造成的不幸。

雅什文拿着帽子追上他，把他送回家，半个小时之后，他才清醒过来。但这次赛马的情形却长期留在他的心中，成为他一生中最痛苦、最伤心的往事。

二十六

卡列宁同妻子的关系表面上还是和以前一样。唯一的不同就是他比以前更忙了。他还和往年一样，一到开春时候就到国外温泉去疗养，以便恢复由于年年冬季十分繁重的公务受到损害的健康，并且和往常一样，在七月里回来，立即带着饱满的精力忙起他的日常公务。还是和往常一样，他的妻子到别墅去避暑，他就留在彼得堡。

自从培特西家晚会之后那次交谈以来，他再也没有和安娜说过自己的怀疑和猜忌，而他惯用的那种模仿别人说话的腔调，现在用在他和妻子的关系中，再合适不过了。他对妻子有点儿冷淡了。他在那天夜里第一次和她交谈，她避而不谈，他因此似乎只是有点小小的不满。他对她有点儿恼火,如此而已。“你不愿意跟我谈谈,”他似乎在心里这样对她说,“这样对你更不好。现在你就是求我,我也不跟你谈了。这样对你更不好。”他在心里说。就好像一个人救火没有救成,很生气自己白花了力气,就说:“那你瞧吧！就烧光好啦!”

他这个在官场上又精明又机灵的人,却不明白这样对待妻子有何等不理智。他不明白这一点,是因为他非常害怕明白自己的真正处境,所以他把心里那一口箱子关得紧紧的,上了锁,贴了封条,那里面隐藏着他对家庭的感情,也就是对妻子和儿子的感情。他本来是一个很关心孩子的父亲,可是自从去年冬末以来,对儿子特别冷淡起来,而且对儿子也像对妻子一样,常常采用取笑的态度。“喂,年轻人!”他常常这样招呼儿子。

卡列宁常常想,也常常说,不论哪一年,都没有今年这样繁多的公务。他却没意识到,今年是他自己为自己想出许多事务,这是他免得打开那口箱子的一种手段,因为那里面藏着他对妻子和儿子的感情以及他对他们的一些想法,而且那感情和想法在里面藏得越久,越是可怕。假如有谁能够问问卡列宁,他对妻子的行为是怎样想的,温文和善的卡列宁什么也不会回答,而是会对问他这话的人非常生气。因此,每当有人问起他妻子的健康情形时,卡列宁的脸上就会出现一种高傲和冷峻的神气。卡列宁一点也不愿意去想他妻子的行为和感情,事实上他也是一点也不想。

卡列宁家往常的别墅在彼得高夫,李迪雅伯爵夫人通常也要住在这里过夏天,和安娜为邻,经常和她来住。今年夏天李迪雅伯爵夫人却不肯到彼得高夫来住,一次也没有上安娜这儿来,并且向卡列宁暗示,安娜不宜跟培特西和伏伦斯基接近。卡列宁表示,他的妻子无可怀疑,板起脸不叫她说下去,而且从此以后他就躲着李迪雅伯爵夫人。他不愿意看到,也没有看到,社交界已经有许多人侧眼看他的妻子;他不愿意明白,也不明白,为什么他的妻子一定要到培特西住的皇村去住,那里就离伏伦斯基那个团的军营不远。他不让自己想这事儿,而且也从来不想;可是同时他在内心深处是清楚的,尽管他从来不承认,尽管不仅没有什么证据,也没有什么蛛丝马迹,他却知道他是一个被欺骗的丈夫,因此是极其不幸的。

在他和妻子幸福地度过的八年时间里,他看到别人家不贞的妻子和被欺骗的丈夫,有多少次他在背地里说:“这怎么能容忍呀?怎么不摆脱这种尴尬局面呀?”可是现在轮到他头上,他却不仅不考虑怎样摆脱这种局面,而且根本不愿意知道这回事儿,他不愿意知道,就是因为这事儿太可怕、太难堪了。

卡列宁从国外回来以后,来过别墅两次。一次在这儿吃午饭,一次陪着客人过了一个晚上,但还是照往年习惯,一次也没有在这儿过夜。

赛马那天,本来是卡列宁很忙的一天;可是,就在他早晨安排活动日程的时候,便决定一吃过早中饭就上别墅去看妻子,再从那儿去赛马场,所有宫廷的人都要去看赛马的,所以他也应该去。他要去看妻子,是因为他自己决定每星期去看她一次,以保持体面。此外,按照惯例,这一天他必须给妻子送钱去,作为她前半个月的开支。

他一向能控制自己的思想,所以,想了想有关妻子的这件事之后，就再也不让自己的思想继续去接触有关她的事。

这天上午，卡列宁很忙。昨晚李迪雅伯爵夫人给他送来一本小册子，是彼得堡一位到过中国的著名旅行家写的，还附了一封信，要求他接见这位旅行家，说从各方面来看，这是一个很有意思的和很有用的人。卡列宁昨天晚上没有来得及把小册子看完，今天早晨才看完了。接着就来了请求办事的人，然后就是报告、接见、任命、免职，奖金、年金、薪俸的分配，书信来往，——这都是卡列宁所谓的例行公事，占去了很多时间。然后就是私事，医生来访，账房来见。账房没有占去多少时间。他只是把卡列宁要用的钱交给他，又简单地报告了一下情况，说到情况不太好，因为今年出门次数多，开支大，所以入不敷出。不过，这位医生是彼得堡的名医，和卡列宁的交情很不错，占去了很多时间。卡列宁没想到他今天会来，见他来了很惊讶，更惊讶的是，医生非常仔细地询问他的健康状况，还听了听他的胸部，敲了敲又摸了摸他的肝脏。卡列宁不知道，他的朋友李迪雅伯爵夫人发现他今年健康状况不好，就请医生来给他检查。“您就为我这样做吧。”李迪雅伯爵夫人对医生说。

“我要为俄罗斯这样做，伯爵夫人。”医生回答说。

“是一个无法估价的人才呀！”李迪雅伯爵夫人说。

医生觉得卡列宁的健康状况很不好。他发现他的肝脏肿大了很多，营养不良，温泉疗养毫无效果。他嘱咐他，多做体力活动，尽量减少精神上的紧张，更主要的是，不能有任何忧虑，也就是说，是卡列宁做不到的事，就像不叫他喘气一样。医生走了，留给卡列宁的是很不愉快的感觉，感觉他的健康状况很不好，而且不能恢复了。

医生从卡列宁家出来，在台阶上碰见他的好朋友、卡列宁的秘书斯留丁。他们是大学里的同学，虽然很少见面，彼此却很敬重，很要好，因此医生对别人都不说，只对斯留丁坦率地说了说他对患者的意见。

“您来给他看看，我太高兴了，”斯留丁说。“他身体不好，我觉得……哦，怎么样？”

“噢，您听我说，”医生一面说，一面从斯留丁头上朝他的车夫招了招手，叫车夫把马车赶过来。“您听我说，”医生说着，把鞣皮手套的一个指头套到雪白的手上，并且抻了抻。“要是不让弦绷紧，想把弦弄断，是很困难的；可是如果让弦绷紧到最大限度，只要用手指头往绷得紧紧的弦上一按，弦就会断。他在公务上辛辛苦苦，兢兢业业，这就是说他的弦已经绷紧到最大限度；再加上别的压力，而且是非常沉重的压力。”医生意味深长地扬起眉毛，说出最后一句。“您去看赛马吗？”医生又问一句，便走下台阶，朝马车走去。“是啊，是啊。当然要费很多时间。”医生这是回答他没有听清楚的斯留丁说的一句什么话。

占去很多时间的医生一走，著名的旅行家就来了。卡列宁运用了他刚才读小册子所得的以及他原来在这方面的知识，使旅行家对他在这方面的高深见解和渊博学识感到惊讶。

在旅行家到来的时候，同时通报有一位来到彼得堡的某省首席贵族来访，卡列宁必须和他谈一谈。首席贵族走后，卡列宁要和秘书一起把例行公事办完，还要为一件重大的事去拜访一位要人。卡列宁在五点钟要吃饭的时候才赶回来，和秘书一起吃过饭,就请秘书和他一起到别墅去,然后一起去看赛马。

卡列宁虽然自己也没有意识到,但他总是找有第三者在场的机会同妻子见面。

二十七

安娜听到大门口有车轮碾压碎石子声音的时候,她正站在楼上大镜子前面,安奴什卡帮她钉连衣裙上最后一个花结。

"培特西来还早呀。"她想道,然后朝窗外看了看,就看到马车和从马车里露出来的卡列宁的黑礼帽以及她十分熟悉的那一对耳朵。"这就糟了;难道要在这儿过夜吗?"她想道,并且觉得,这样一来可能会出现极其可怕的、不得了的事儿,于是她不再犹豫,立刻堆出一副笑脸,满面春风地出去迎接他,同时感觉到她已经很熟悉的说谎作假的魔鬼又来到她心中,就立即向这个魔鬼投降,说起话来,自己也不知道说的是什么。

"哎呀,太好啦!"她一面说,一面把手伸给丈夫,并且像对家里人一样笑眯眯地跟斯留丁打招呼。"你在这儿过夜,行吗?"这是说谎作假的魔鬼指点她说的第一句话。"咱们现在就一道去看赛马。只不过我已经答应了培特西。一会儿她就坐车来接我。"

卡列宁一听到培特西的名字,就皱起眉头。

"哦,那我就不拆散你们这一对老搭档了,"他用平常那种取笑的口吻说。"我就和米海尔·瓦西里耶维奇一起去。医生也叫我多走走路。我就一路走过去,就好像我在温泉那样。"

"不用着急,"安娜说。"要喝茶吗?"她打了打铃。

“上茶,再告诉谢辽沙,爸爸来了。哦,你身体怎么样?米海尔·瓦西里耶维奇,您还没有到我这儿来过呢。您瞧,我这儿的露台有多好。”她忽而对这个,忽而对那个说着话儿。

她说得很随便,很自然,但说得太多,也太快了。她自己也感觉到这一点,尤其是从米海尔·瓦西里耶维奇看她的好奇的眼神里,她发现他在观察她。

米海尔·瓦西里耶维奇立即走到露台上。

她挨着丈夫坐下来。

“你的气色不怎么好呀。”她说。

“是的,”他说,“今天医生来看过我,花了一个钟头的时间。我觉得,是我的哪一位朋友叫他来的:把我的身体看得太值钱了……”

“哦,医生究竟怎么说?”

她问了他的身体健康,又问他的公务,还劝他休息休息,搬到她这儿来住。

这一切她都说得很快,很开心,而且眼睛里放射着特别的光彩;但卡列宁现在丝毫不注意她这种语调。他只是听见她说的话,而且只是听其本身的直接含意。他回答她也很随便,虽然用的是取笑的口气。这次谈话从头到尾没有什么特别之处,可是后来安娜每想起这次短暂的会面,都要羞臊得无地自容。

家庭女教师领着谢辽沙走了进来。如果卡列宁敢于观察一下的话,他会发现谢辽沙看看父亲又看看母亲的那种茫然失措的胆怯眼神的。可是他一点也不愿意看,就什么也没有看出来。

“哦,年轻人!长成大人了。真的,简直是一个男子汉啦。你好呀，年轻人。”

他又把手伸给吓慌了的谢辽沙。

谢辽沙本来就有点儿怕父亲，现在，自从卡列宁开始叫他年轻人之后，自从他头脑里出现了不知伏伦斯基是友是敌这个问题以来，他就处处躲避父亲。这时他就像请求保护似的，回头看了看母亲。只有和母亲在一起他才快活。这时卡列宁和家庭女教师说起话来，一面搂住儿子的肩膀，谢辽沙却感到别扭得难受，安娜看到，他差点儿要哭出来。

儿子进来的时候，安娜红了红脸，这时她看到谢辽沙很不自在，急忙站起来，把卡列宁的手从儿子肩上拉开，吻了吻儿子，把他领到露台上，自己又马上回到房里。

“已经不早了，”她看了看表，说，“怎么培特西还不来呀！……”

“是啊，”卡列宁说着，站了起来，交叉起两手，扳得手指头咯吧咯吧响起来。“我来也是给你送钱的，因为空话填不饱肚子呀，”他说。“我想，你是需要的。”

“不，不需要……哦，需要，”她说这话的时候，眼睛也不看他，而且脸红到了头发根。“哦，我想，你看完赛马会到这儿来吧。”

“那当然！”卡列宁回答说。“哦，彼得高夫的一枝花儿，培特西公爵夫人来啦，”他看了看窗外一辆来到跟前的马车说。那是一辆英国马车，全副皮套，那小小的车厢特别高。“多么豪华！多么漂亮呀！好，咱们也走吧。”

培特西公爵夫人没有下车，只是她那个穿套鞋、披斗篷、戴黑色礼帽的仆人在大门口跳下车来。

“我走了,再见吧!”安娜说过,吻了吻儿子,又走到卡列宁跟前,把手伸给他。“你来得太好了。”

卡列宁吻了吻她的手。

“好啦,那就再见吧。你回头来喝喝茶,那太好了!”她说过之后,便满面春风地、喜气洋洋地走了出去。可是,等她一看不见他了,她就感觉出她手上他的嘴唇接触过的地方,厌恶得打了个哆嗦。

二十八

卡列宁来到赛马场的时候,安娜已经和培特西坐在汇集了所有上流人士的亭子里了。她老远就看到了丈夫。两个人,丈夫和情人,是她生活的两个中心,不需要借助外部感官,她就能感觉出他们来到跟前。她老远就感觉丈夫朝她跟前走来,就不由得注视起他在浪潮般的人群中走动的神气。她看到,他一面朝亭子这边走,时而居高临下地回答那种带有巴结意味的鞠躬,时而友好地、漫不经心地同平等身份的人打招呼,时而殷勤地等待权贵们的顾盼,并且摘下他那压到耳朵尖的大圆礼帽。她很熟悉这一套,对这一套十分反感。“一心要功名,一心要升官——他朝思暮想的就是这个,”她在心里说,“至于高尚的理想,热心教育,笃信宗教——这一切无非是他谋求升官的手段。”

他朝女士们的亭子望着(他对直地朝她这儿望着,但在罗纱、绸带、羽毛、阳伞和鲜花的海洋中却没有认出自己的妻子来),她从他的目光看出来，他是在找她；但是她装作没有看见他。

“阿历克赛·亚力山大罗维奇！”培特西公爵夫人朝他喊道，“您想必没有看到夫人吧；她在这儿呀！”

他的脸上露了露他那种冷冷的笑容。

“这儿真是五彩缤纷，令人目不暇接呀。”他说过，便朝亭子里走来。他对妻子笑了笑，就像一个做丈夫的跟妻子刚刚见过面又碰到时那样；又跟公爵夫人和其他一些熟人打招呼，对不同的人给予不同的对待，也就是说，对妇女就说一两句笑话，对男子就寒暄几句。在下面，亭子旁边站着一位侍从武官，是一个出名的聪明和有教养的人，卡列宁一向对他非常尊敬。卡列宁就和他攀谈起来。

正是两场赛马的间歇时间，因此没有什么妨碍他们谈话。侍从武官说赛马没有什么益处。卡列宁不赞成他的看法，说赛马有种种好处。安娜一字不漏地听着他那尖细而平和的声音，觉得他说的每一个字都是虚伪的和刺耳的。

四俄里障碍赛开始了，她朝前探了探身子，目不转睛地看着伏伦斯基朝马走去，跨上马去，同时还听得见丈夫那讨厌的、依然没有停的说话声。她为伏伦斯基担惊害怕，心里已经很难受，可是更使她难受的是她觉得一直不曾停过的丈夫那尖细的声音和那种十分熟悉的语调。

“我是一个坏女人，一个堕落的女人，”她想道。“可是我不喜欢撒谎，我厌恶撒谎，他（丈夫）却把撒谎当作家常便饭。他什么都知道，什么都看得见；如果他能够这样心平气和地说谎，究竟有什么感觉呢？如果他杀死我，杀死伏伦斯基，我倒是尊敬他。可是不,他要的只是谎言和面子。”安娜在心里说,并未去想她究竟要求丈夫怎样和希望丈夫是个什么样的人。她也不明白,今天卡列宁特别爱说话,以至使她非常恼火,不过是他心里不安和烦躁的表现。就像一个受伤的孩子,蹦蹦跳跳,活动活动肌肉,为的是忘记疼痛,卡列宁同样也需要活动活动脑子,为的是冲淡有关妻子的一些想法,在有她在场和有伏伦斯基在场或者有人常常提到伏伦斯基的名字的时候,这些想法就一定会出现。小孩子自然会蹦蹦跳跳,他自然会说得头头是道。他说:

“军官赛马、骑兵赛马都有危险性,这是比赛中免不了的。如果英国可以在军事史上标榜最显赫的骑兵业绩的话,那只是因为英国历来重视提高人和马的素质。我认为,竞赛具有重大的意义,我们却往往只看到最表面的一层。”

“不是表面的哟,”培特西公爵夫人说。“听说有一个军官断了两根肋骨呢。”

卡列宁像往常那样笑了笑,这种笑只是露露牙齿,什么也不表示。

“公爵夫人,就算这不是表面的,而是内在的,”他说,“不过问题不在这里,”他又转过身去对那位刚才跟他认真交谈的将军说,“不要忘记,参加赛马的都是选择了这一职业的军人,还要承认,任何行当都有艰难困苦的一面。这乃是军人分内的事。拳击和西班牙斗牛之类荒唐的运动是野蛮的表现,但专门化的运动乃是文明的象征。”

“不,下一次我再也不来了;这叫我太紧张了,”培特西公爵夫人说。“不是吗,安娜?”

“紧张是紧张，可是不看也不行，”另一位太太说。“假如我是一个古罗马的女人，一场格斗也不会放过。”

安娜什么也没有说，一直拿着望远镜，朝一个地方望着。

这时有一位高高的将军从亭子里走过。卡列宁住了口，急忙而又庄重地站起身来，向路过的将军深深地鞠了一躬。

“您没有参加比赛吗？”将军和他开玩笑说。

“我赛的是更难的一种。”卡列宁恭恭敬敬地回答说。

虽然这回答毫无意义，将军却装出一副从聪明人嘴里听到聪明话并且完全明白俏皮何在的神气。

“这有两个方面，”卡列宁又说下去，“表演者一方面和观众一方面；就观众来说，喜欢这类场面是文化素养不高的表现，这我同意，不过……”

“公爵夫人，来打赌吧！”奥布朗斯基在下面对培特西说。“您押谁呀？”

“我和安娜押库佐夫列夫公爵。”培特西回答说。

“我押伏伦斯基。赌一副手套。”

“行！”

“多么漂亮呀，不是吗？”

旁边的人说话的时候，卡列宁沉默了一会儿，可是他马上又说起来。

“我也是这样看的，不过有些勇猛的运动……”他本想说下去。

可是这时候骑手们跑起来了，谈话都停止了。卡列宁也不说了。大家都站起来，朝河边望去。卡列宁对赛马不感兴趣，因此他不看那些骑手，而是心不在焉地用疲惫的眼睛打量起观众。他的目光停留在安娜身上。

安娜脸色煞白，异常紧张。显然，她除了看着一个人以外，谁也看不见，什么也看不见了。她一只手哆哆嗦嗦地握着扇子，连气也不喘。他朝她看了看，又急忙转过头，看看别人的脸。

“哦，这位太太和其他一些太太也都很紧张嘛；这是很自然的。”卡列宁在心里说。他想不去看她，但是他的目光却不由自主地朝她身上跑。他又望着她的脸，竭力不看清清楚楚表现在她脸上的神情，然而他还是由不得自己的心意，恐怖地在她脸上看到他不愿看到的表情。

库佐夫列夫在河边第一个落马，使所有的人都很紧张，但卡列宁却从安娜那得意扬扬的煞白的脸上看出来，她所注视的那个人没有落马。在马霍丁和伏伦斯基越过大板栏之后，紧跟在他们后面的一名军官一头栽到地上，跌得昏了过去，观众中响起一片惊骇的声音，卡列宁看到，安娜甚至没注意这回事儿，她好不容易才明白周围的人说的是什么。于是他越来越勤、越来越紧地盯着她。安娜全神贯注地凝视着纵马飞驰的伏伦斯基，也感觉到丈夫那冷冷的目光从一旁盯着她。

有一刹那她把头转过去，带着询问的神气看了看他，微微皱了一下眉头，就又把头转过来。

“哼，我反正就这样了。”她好像这样对他说，而且她再也不去看他了。

这场赛马很糟，十七个人当中有半数以上落马，受伤。到比赛要结束的时候，大家心里都惶惶不安，尤其因为皇上很不满意。

二十九

大家都大声地表示自己的不满,有人说了一句:"怎么玩起狮子来啦!"①大家都重复着这句话。大家都觉得害怕,所以,伏伦斯基落马,安娜"哎哟"大叫一声,并不显得有什么特别的。可是接着在安娜脸上出现的变化,就真的失态了。她简直失魂落魄了。就像一只被逮住的鸟儿,乱扑腾起来:一会儿要站起来到什么地方去,一会儿转身朝着培特西。

"咱们走吧,咱们走吧。"她说。

培特西却没有听见。培特西弯下身子,同走到她跟前的一位将军在说话儿。

卡列宁走到安娜跟前,殷勤地向她伸过一只手去。

"要是愿意走的话,咱们走吧。"他用法语说;但是安娜正在注意听将军说话,没有注意到丈夫。

"听说,腿也跌断了,"将军说。"这真是太不像样子了。"

安娜没有回答丈夫的话,却举起望远镜,朝着伏伦斯基落马的地方望去;可是那地方太远,又挤了那么多人,简直一点也看不清楚。她放下望远镜,就想走;可是这时有一名军官骑马跑来,向皇上报告什么事。安娜把身子朝前探了探,听起来。

"司基瓦!司基瓦!"她朝哥哥喊道。

但是哥哥没有听见。她又想走出去。

"要是愿意走的话,我再一次向你伸出手。"卡列宁说着,碰

①这是一句挖苦话。说的是许多马翻倒在地,好像狮子打滚儿。

了碰她的手臂。

她带着厌恶的神气躲开他，也不看他的脸，只是回答说：

“不，不，别管我，我不走。”

这时她看到，有一位军官从伏伦斯基落马的地方穿越广场朝亭子里跑来。培特西朝他挥了挥手帕。

那位军官带来消息说，骑手没有受伤，但马断了脊梁骨。

安娜听到这消息，很快地坐下来，用扇子捂住脸。卡列宁看到，她是在哭，不仅憋不住眼泪，而且憋不住哭出声来，哭得胸脯一起一落的。卡列宁用身子把她遮住，好让她有时间恢复常态。

“我第三次伸出我的手。”过了一阵子，他又对她说。安娜望着他，不知道说什么才好。培特西公爵夫人过来给她解围。

“不，阿历克赛·亚力山大罗维奇，是我把安娜带来的，我也说过带她回去。”培特西插嘴说。

“对不起，公爵夫人，”他很有礼貌地笑着，但是坚决地看着她的眼睛说。“我看出来，安娜身体不大舒服，我想让她跟我一起走。”

安娜恐惧地回头看了看，乖乖地站起来，把一只手放在丈夫的手臂上。

“我叫人到他那儿去问问，再叫人去告诉你。”培特西对着她的耳朵说。

在亭子出口处，卡列宁还像往常一样见到人就说说话儿，安娜也像往常一样，该回答就回答，该说话就说话；但是她六神无主，就像在梦里一样挽着丈夫的手臂走着。

“他摔死没有呢？是真的吗？他能不能来呢？我今天能不能

见到他呢?"她想道。

她一声不响地坐上卡列宁的马车,又一声不响地离开停车的地方。虽然卡列宁什么都看到了,可他还是不肯去想妻子的真正状况。他只看到一些表面的迹象。他看到,她的举止有失检点,就认为必须对她说说这一点。可是他很难光说这一点,不再往下说。他开了口,要对她说说,她的举止有失检点,可是不由自主地说出了另外的话。

"我们竟然都爱看这种残酷的场面,"他说。"我发现……"

"什么？我不明白。"安娜轻蔑地说。

他感到受了侮辱,立刻说起他想说的话。

"我要对您说说。"他说道。

"来了,这一下子要摆开来谈谈了。"她想道,顿时感到十分可怕。

"我要对您说说,您今天的举动有失检点。"他用法语对她说。

"我的举动怎么有失检点?"她大声说,并且很快地朝他转过头去,直盯住他的眼睛,但已经完全不是像先前那样带着矫饰的快活神气,而是带着强硬的神气,好不容易用强硬的神气掩盖着内心的恐惧。

"注意。"他指着车夫背后打开的小窗户,对她说。

他欠起身来,把小窗户拉上。

"您看到什么地方有失检点?"她又问一遍。

"就是在一名骑手落马的时候,您没有掩盖住您那种痛心绝望的心情。"

他等着她反驳;可是她一言不发,眼睛朝前面看着。

“我曾经要求您在交际场所注意自己的一举一动,免得让那些爱搬弄是非的人说您的闲话。那时候,我说的是内心的态度问题,现在我说的就不是这个了。现在我说的是表现出来的态度了。您的举动太不检点了,所以我希望以后不能再有这样的事。”

他的话她连一半也没有听进去,她在他面前感到恐惧,而且一直在想着,伏伦斯基是不是真的没有摔死。说骑手没有受伤,马断了脊梁骨,说的是不是就是他?等卡列宁说完了,她只是装出嘲笑的神气笑了笑,什么也没有回答,因为她没有听清他说的是什么。卡列宁开头说得理直气壮,但是当他清楚地意识到他说的是什么时,她的恐惧也传染给了他。他看到她那种笑,心里出现了一种奇怪的错觉。

他在心里说:“她嘲笑我的猜疑哩。是的,她马上就会对我说上次对我说过的话:我的猜疑是毫无根据的,这太可笑了。”

现在,在他眼看就要把一切都摊开来的时候,他最希望的是,她还像以前一样带着嘲笑的神气回答他,说他的猜疑是毫无根据的,是可笑的。他所知道的事太可怕了,所以他现在什么都愿意相信。可是她那张惶恐而忧愁的脸上的表情,说明现在连欺骗的意思也没有了。

“也许,我说错了,”他说。“要是这样的话,那就请您原谅我。”

“不,您没有说错,”她无所顾忌地看了看他那冷冰冰的脸,慢慢地说。“您没有说错。我是痛心绝望,而且不能不痛心绝望。我现在听您说话,心里就想着他。我爱他,我是他的情妇,我讨厌您,怕您,恨您……您想把我怎样就怎样好啦。”

她朝马车的角落里一仰,双手捂住脸,哭了起来。卡列宁一动不动,也没有改变视线那朝前的方向。但是他的脸上忽然出现死人般的庄重的一动不动的神气,而且这种表情一路上直到别墅都没有改变。快要到家的时候,他依然带着这样的表情朝她转过头来。

“好吧!不过,我要求,”他的声音哆嗦了,“在我采取措施维护我的名誉并且把我的意见通知您之前,在外表上保持体面。”

他先下了车,又搀扶她下来。他当着仆人的面一声不响地握了握她的手,便又上了马车,回彼得堡去。

他走后不久,培特西公爵夫人的仆人就给安娜送来一张字条:

“我派人去问过阿历克赛的身体情况,他回信说,身体好好的,没有受伤,不过很泄气。”

“这样他会来的!”她想道。“我把什么都对他说了,这有多好呀。”

她看了看表。还有三个钟头。她想起上次约会的种种情形,她的血就沸腾起来。

“我的上帝,多么幸福呀!这事儿是可怕的,不过我爱看他那张脸,爱这个不寻常的可爱的人儿……丈夫!哼,算啦……是的,谢天,谢地,我和他一刀两断啦。”

三十

谢尔巴茨基一家寄居的德国的小小的温泉疗养地，也像一切有人群聚居的地方一样，好像经过了例行的社会结晶过程，社会的每个成员都被固定在一定的、不变的位置上。就比如一滴水在严寒中会固定下来，获得雪花结晶体的一定形状，每一个新来到温泉的人也都会立即被安排到其特定的位置上。

谢尔巴茨基公爵及其夫人与小姐[1]，就凭着他们租用的房子、他们的声望和结交的朋友，立即被定型在一定的、恰如其分的位置上。

这一年温泉疗养地来了一位真正的德国公爵夫人，就因为这样，社会的结晶过程来得更快了。谢尔巴茨基公爵夫人一心要让自己的女儿结识这位贵夫人，所以在第二天就让她去谒见。吉娣穿着在巴黎定做的非常朴素，也就是非常雅致的夏季连衣裙，深深地、袅袅娜娜地行了一个屈膝礼。德国公爵夫人说："我希望，玫瑰花儿很快就回到这美丽的脸儿上。"于是谢尔巴茨基家一定的生活轨道就安排定了，要脱离这条轨道已经不可能了。谢尔巴茨基一家还结识了英国一位勋爵夫人的一家、一位德国伯爵夫人及其在最近一次战争中负伤的儿子、一位瑞典学者、康纳特兄妹。然而谢尔巴茨基一家无意之中交往最多的却是莫斯科的一位太太玛丽亚·叶芙盖尼耶芙娜·耳基晓娃和她的女儿，虽然吉娣不喜欢她的女儿，因为她的女儿也和她一样害的是相思病，还有

---

①原文为德语。

一位莫斯科的上校，这位上校吉娣小时候就见过他，他穿军服、戴肩章的时候就熟悉他，而且就在这里，他那一副神气，那一双小小的眼睛，那系着花领带的敞着的脖子，显得格外可笑，并且缠住人就不放，非常讨厌。等到这一切都这样安排定了，吉娣就感到苦闷起来，何况公爵又到卡尔斯巴德去了，只剩了她和母亲。她对她认识的人不感兴趣，觉得他们再也不会有什么新鲜之处。她现在最大的兴趣是观察和猜测她不认识的人。因为天性关系，吉娣认为人人身上都有一切美好的东西，尤其是在她不认识的人身上。现在就在她猜测某某是什么人，他们之间是什么关系以及他们是什么样的人的时候，便想象他们有最了不起的、最高尚的品格，并且要通过自己的观察加以证实。

在这些人中间，吉娣特别感兴趣的是一个俄国姑娘。这姑娘是和一位有病的俄国太太，大家都称她施塔尔夫人的，一起来到温泉的。施塔尔夫人也是上流社会的人，可是她病得厉害，不能走动，只有在难得有的晴朗日子里坐轮椅到温泉上来。但是，正如谢尔巴茨基公爵夫人说的，与其说是因为有病，不如说是因为骄傲，施塔尔夫人不和任何俄国人来往。这个俄国姑娘是服侍施塔尔夫人的，此外，吉娣还发现，她和所有重病的病人都很要好，重病的病人在温泉疗养地是很多的，她极其自然地经常照应他们。据吉娣观察，这个俄国姑娘不是施塔尔夫人的亲戚，也不是用人。施塔尔夫人叫她瓦伦加，别的人都叫她瓦伦加小姐。吉娣除了喜欢观察瓦伦加小姐跟施塔尔夫人和其他一些不相识的人的关系以外，对这个姑娘本身也是说不出的喜欢，而且从相遇的目光中感觉出来，瓦伦加也很喜欢她。

这位瓦伦加小姐不是已经过了青春妙龄，而是好像一个人没有青春；看上去她又像十九岁，又像三十岁。就她的相貌来说，尽管带有病容，不能说是难看，倒应该说是好看。如果不是她的身体太瘦，她的头与她的中等身材不相称的话，她的身材也是很好看的。不过看来她对男人没有什么吸引力。她很像一朵美丽的花儿，虽然花瓣还未落，但已经萎蔫，没有芳香了。此外，她对男人没有吸引力，还因为她缺少吉娣有得太多的东西，那就是压抑着的生命之火和对于自己的魅力的感觉。

瓦伦加小姐好像总是一心一意忙着什么事情，丝毫不能分心，似乎因此她不能对任何别的事感兴趣。她特别吸引吉娣的正是她这种截然相反的态度。吉娣觉得，在她身上，在她的生活方式中，可以找到自己现在苦苦寻求的东西：生活情趣和生活价值——也就是世俗男女关系之外的生活情趣和生活价值，现在吉娣十分厌恶那种女子对待男子的态度，觉得那好比恬不知耻地摆出商品，等待买主。吉娣越是仔细观察这位不相识的朋友，越是相信这位姑娘就是她心目中的完人，就越想跟她认识。

两位姑娘每天都要遇见好几次，每次见面吉娣的眼睛好像都在说："您是什么人？您怎么啦？您真的是我想象中那样完美的人吗？不过千万不要以为，我死乞白赖地要成为您的朋友，"她的眼神又说，"我只是很欣赏您，喜欢您。"不相识的姑娘的眼神回答说："我也很喜欢您，您也非常、非常可爱。如果我有时间的话，会更喜欢您的。"确实，吉娣看到她总是很忙：要么把一群俄国孩子从温泉带开去，要么给夫人送毛围巾来，并且给她围好，要么想方设法劝慰发火的病人，要么为什么人去选购喝咖啡的点心。

谢尔巴茨基一家来后不久，有一天早晨温泉浴场上又出现了两个人，大家都用不友好的目光注视着他们。一个是高高的、有点驼背的男子，一双大手，一件短得跟他的身材很不相称的旧大衣，一双天真同时又非常可怕的黑眼睛；另一个是面目和善的麻脸女子，衣着很差，很不美观。吉娣一认出他们是俄国人，就开始在想象中编织他们的美丽动人的恋爱史。可是公爵夫人在旅客簿上看到这就是尼古拉·列文和玛丽雅·尼古拉耶芙娜，就对吉娣说了说这个尼古拉是多么坏的一个人，于是她对这两个人的种种幻想立刻消失了。与其说是因为母亲对她说的话，倒不如说因为这是康斯坦丁·列文的哥哥，吉娣一下子就对这两个人极其反感了。尼古拉那抽动脑袋的习惯，现在就使吉娣感到说不出的厌恶了。

她觉得，在他那一双紧紧盯着她的可怕的大眼睛里似乎流露着憎恨和嘲笑的神气，因此她尽可能躲着他，不跟他见面。

三十一

这是一个阴雨日子，整个上午都在下雨，病人都带着伞聚集在游廊里。

吉娣、她的母亲和那个得意扬扬地穿着在法兰克福买的现成的西式礼服的莫斯科上校在一起走着。他们贴着游廊的一边走，为的是尽可能躲着在另一边走的尼古拉·列文。瓦伦加穿着深颜色的连衣裙，戴着垂边的黑帽，跟一个瞎眼的法国女人来回走着，从这一头走到那一头，每次和吉娣碰面，她们都要交换友好的目光。

“妈妈，我可以去跟她说说话儿吗？”吉娣注视着这位不相识的朋友，发现她正朝温泉边上走去，她们可以在那里碰到一起，就对母亲说。

“要是你想这样，那我就先去了解一下她的情形，我亲自去一下，”母亲回答说。“你看出她有什么特别的地方吗？看样子，她是专门陪伴病人的。要是你愿意的话，我可以去认识一下施塔尔夫人。我认识她的嫂子。”公爵夫人傲然昂起头，又补充了一句。

吉娣知道，母亲恼火的是，施塔尔夫人似乎不肯跟她认识。吉娣也就没有坚持自己的要求。

“她真是好得不得了，多么可爱呀！”她望着瓦伦加说，这时瓦伦加正在把一个杯子递给那个法国女人。“您瞧，多么朴实，多么可爱！”

“我觉得可笑，你竟迷恋上她，”公爵夫人说，“算啦，咱们还是回去吧。”她看到尼古拉·列文跟他的女人和一位德国医生迎面走来，他还气冲冲地大声跟医生说着什么事情，她就又说了一句。

她们刚刚转身要往回走，就听见那已经不是高声说话，而是争吵了。尼古拉·列文站了下来，叫嚷着，医生也冒火了。他们四周围了一大群人。公爵夫人和吉娣连忙走了开去，上校却挤到人群中去探听那是怎么一回事儿。

过了几分钟，上校又赶上了她们。

“那是怎么一回事儿呀？”公爵夫人问道。

“真是丢人现眼！”上校回答说。“就怕在国外遇到俄国人。

那个高个子先生和医生吵了起来，骂了许多脏话，怪医生看病看得不对，还挥动了手杖。真是丢脸！”

“哎呀，多么不好呀！”公爵夫人说。“那么，结果怎样呢？”

“幸亏那个……那个戴蘑菇形帽子的女子拉开了。好像那是一个俄国女人。”上校说。

“是瓦伦加小姐吧？”吉娣高兴地问道。

“是的，是的。是她第一个站出来，挽住那位先生的胳膊，把他拉开了。”

“您瞧，妈妈，”吉娣对母亲说，“我钦佩她，您还觉得奇怪呢。”

从第二天起，吉娣在观察这位不相识的朋友的时候，就发现她跟尼古拉·列文和他的女人的关系，已经像她跟其他一些被保护人一样了。她常常走到他们跟前，说说话儿，替那个不懂任何外语的女人当翻译。

吉娣更是一再地恳求母亲允许她去跟瓦伦加认识认识。去见妄自尊大的施塔尔夫人，就像是攀交走出的第一步，不论公爵夫人觉得这有多么不愉快，她还是去问了问瓦伦加的情况，在了解了她的底细之后，便得出结论，跟她认识尽管不会有多大的好处，但也不会有坏处，因此她就亲自去找瓦伦加，先跟她认识认识。

公爵夫人就选定了女儿朝温泉走去、瓦伦加在面包铺对面站下来的时候，走到她面前。

“让我和您认识认识吧，”她带着她那不失身份的微笑说。“我女儿太喜欢您了，”她说。“您也许不认识我。我是……”

"应该说,彼此都很喜欢,公爵夫人。"瓦伦加连忙回答说。

"昨天您为我们那个可怜的同胞做了多么好的事呀!"公爵夫人说。

瓦伦加的脸红了红。

"我不记得,我好像没做什么事呀。"她说。

"怎么没有,您使那个列文避免了一场不愉快。"

"哦,那是他的女伴叫我去的。我就尽量劝慰他:他病得厉害,对医生很不满意。我照应这种病人照应惯了。"

"是啊,我听说您和施塔尔夫人,好像她是您的姑妈吧,一起在孟通住过。我认识她的嫂子。"

"不,她不是我的姑妈。我叫她妈妈,但我不是她生的;我是她抚养大的。"瓦伦加红了红脸,回答说。

这一切说得那样坦率,脸上那真挚而开朗的表情是那样可爱,公爵夫人也就明白了,吉娣为什么那样喜欢这个瓦伦加。

"哦,那个列文怎样了?"公爵夫人问道。

"他要走了。"瓦伦加回答说。

这时候,吉娣看见母亲已经跟不相识的朋友认识了,欢天喜地地从温泉那边走过来。

"哦,吉娣,你那么想认识这位……"

"这个瓦伦加,"瓦伦加笑嘻嘻地提示说,"大家都这样叫我。"

吉娣高兴得脸都红了,一声不响地握住这位新朋友的手握了好一阵子,瓦伦加没有握她的手,却把手放在她的手里动也不动。瓦伦加小姐的手没有回答握手,她的脸却亮起来,绽出安详、快乐,虽然带几分凄然神气的笑容,露出大大的、然而非常好看的牙齿。

"我早就希望这样了。"她说。

"可是您那么忙……"

"啊,才不是呢,我一点也不忙,"瓦伦加回答说,可是就在这时候,她不得不把两个新朋友丢下了,因为有两个俄国小女孩朝她跑来,这是一个病人的两个女儿。

"瓦伦加,妈妈叫你去呢!"她们嚷道。

于是瓦伦加跟着她们走了。

三十二

公爵夫人打听到的瓦伦加的身世、她和施塔尔夫人的关系以及施塔尔夫人本人的情况是这样的:

施塔尔夫人是一个多病的、热心肠的女人,有些人说她折腾得丈夫好苦,有些人说是她丈夫生活放荡,折腾得她好苦。等她生下第一个孩子的时候,已经和丈夫离了婚;那孩子一生下来就死了。施塔尔夫人家里人知道她感情脆弱,怕这事对她打击太大,就拿当天夜里在彼得堡的同一所房子里生下的御厨的女儿充当她的孩子。这孩子就是瓦伦加。施塔尔夫人后来知道了瓦伦加不是她的女儿,但继续抚养她,况且不久之后瓦伦加的亲生父母也都死了。

施塔尔夫人在国外南方已经住了十几年,从来不曾离开病床。有些人说,施塔尔夫人是得到社会公认的一位乐善好施、笃信宗教的妇女;有些人说,她是一个心地高尚的人,她认为什么事对别人有好处,就做什么事。谁也不知道她信的是什么教,是天主教,耶稣教,还是正教;不过有一点是肯定无疑的,那就是她和各种教会、各种教派的上层人物都有很亲密的关系。

瓦伦加一直和她住在国外,所以凡是认识施塔尔夫人的人,都认识和喜欢瓦伦加,都称呼她瓦伦加小姐。

公爵夫人打听到这种种情况之后,就觉得女儿同瓦伦加接近没有什么不体面的了,何况瓦伦加的品行和教养又都是极好的,法语和英语都说得极其流利,而更重要的是,她还替施塔尔夫人传话说,夫人因病无缘结识公爵夫人,感到十分遗憾。

吉娣和瓦伦加结识之后,越来越迷恋这个朋友,而且天天都在她身上发现新的优点。

公爵夫人听说瓦伦加唱得很好,就请她晚上到她们家来唱歌。

"吉娣会弹琴,我们这儿有一架钢琴,钢琴是不太好,不过您的歌儿会给我们很大的快乐。"公爵夫人带着假笑说,吉娣现在特别不喜欢她这种笑,因为她发现瓦伦加不愿意唱。不过晚上瓦伦加还是来了,而且带了乐谱来。公爵夫人把玛丽亚·叶芙盖尼耶芙娜母女和上校也请来了。

瓦伦加似乎丝毫不在乎有陌生人在场,立刻走到钢琴跟前。她不会自己伴奏,但照谱唱得非常好。弹得一手好钢琴的吉娣就给她伴奏。

"您有很了不起的天才。"瓦伦加声情并茂地唱完第一支歌之后，公爵夫人对她说。

玛丽亚·叶芙盖尼耶芙娜也向她表示感谢和赞赏。

“你们瞧，”上校望着窗外说，“有多少人来听您唱歌呀。”确实，窗外来了很大的一群人。

“我很高兴能使大家快乐。”瓦伦加朴实地回答说。

吉娣得意扬扬地望着她的朋友。她赞赏她的艺术才华，也赞赏她的嗓音、她的那张脸，但最赞赏的还是她的态度，就是说，瓦伦加显然没有把自己的歌唱放在心上，丝毫不在意大家的夸奖；她仿佛只是在问：还要不要再唱？是不是够了？

“如果这是我的话，”吉娣在心里想道，“这会使我多么得意呀！看到窗外这一大群人，我会多么高兴呀！她却毫不在意。她这样做，只是想不让妈妈失望，使妈妈高兴。她心里究竟是怎么一回事儿呢？为什么她就能这样超然物外，无动于衷呢？我多么想知道这一点并且学习她这一点呀。”吉娣打量着她那张沉静的脸，想道。公爵夫人请瓦伦加再唱一支，瓦伦加就直着身子站在钢琴边，用她那又瘦又黑的手打着拍子，又唱了一支歌儿，唱得还是那样柔美，那样清脆动听。

乐谱里接下来一页是一支意大利歌曲。吉娣弹完序曲，就转头看了看瓦伦加。

“咱们跳过这一支吧。”瓦伦加红了红脸说。

吉娣带着惊愕和询问的神气盯住瓦伦加的脸。

“好，那就换一支。”吉娣立刻明白，必然有什么事同这支歌有联系，就赶紧翻着乐谱说。

“不，”瓦伦加一只手按住乐谱，微微笑着回答说，“不，就唱这一支吧。”于是她又唱了这一支歌儿，唱得还是像先前一样沉着、镇定，像先前一样好听。

等她唱完了，大家又向她道过谢，就喝茶去了。吉娣就和瓦伦加来到房子旁边的小花园里。

“这支歌儿使您联想起一件往事，是吗？”吉娣说。“您不必说，”她急忙补充说，“只要说一声：是或者不是。”

“不，怎么不能说？我就说说，”瓦伦加坦率地说，而且不等回答就说下去：“是的，是有一件往事，而且是一件很痛苦的往事。我爱过一个人，我为他唱过这支歌儿。”

吉娣睁大眼睛，默默地、很感动地望着她。

“我爱他，他也爱我；可是他妈妈不同意，他就娶了另外一个姑娘。他现在就住在离我们不远的地方，我有时能看见他。您没想到我也有过恋爱史吧？”她说着，有一道火焰在她那好看的脸上闪了闪，吉娣觉得这就是当初烧遍她的全身的那种火焰。

“我怎么会想不到呀？假如我是一个男子，一旦认识了您，就不会再爱别的什么人。我只是不懂，他怎么会迎合母亲的心意，把您忘掉，而使您这样不幸；他太没有情义了。”

“才不是呢，他是一个很好的人，而且我也不算不幸；我倒是很幸福的。哦，今天咱们不再唱了吗？”她说着，朝房里走去。

“您多么好呀！您多么好呀！”吉娣叫起来，并且把她拦住，吻了吻。“我要是有一丁点儿像您就好了！”

“为什么您要像什么人呢？您本身就很好嘛。”瓦伦加带着她那种亲热而疲倦的微笑说。

“不，我一点也不好。哦，您还是对我说说……等一等，咱们坐下来,”吉娣说着,又拉着她挨着自己在长凳上坐下来。“您告诉我,想到一个人不珍视您的爱情,想到他不肯,您不觉得是受了侮辱吗?……”

“不是他不珍视呀;我相信他是爱我的,但他是一个孝顺儿子呀……”

“哦,但如果他不是顺从母亲的心意,而是他自己要这样呢?……”吉娣说着,就感到自己泄露了秘密,感到羞得通红的脸暴露了自己的心思。

“那就是他自己不好了,那我也不会原谅他。”瓦伦加显然明白了现在已经不是在谈她的事,而是在谈吉娣的事,就这样回答说。

“可是,如果有了耻辱呢?”吉娣说。“耻辱是无法忘记的,无法忘记。”她想起最后一次舞会上音乐停止时她朝伏伦斯基看的那一眼,就说道。

“有什么耻辱呀?您又没做什么坏事。”

“比做坏事还坏,是可耻呀。”

瓦伦加摇了摇头,把一只手放在吉娣的手上。

“有什么可耻的呀?”她说。“您总不会对一个对您冷淡的人说您爱他吧?”

“当然不会;我从来没有对他说过什么,但他是知道的。不,不,眼神、举止是有所表现的。我就是活到一百岁,也忘不了。”

“那又有什么呢?我不明白。问题在于,您现在是不是爱他。”瓦伦加直截了当地说。

“我恨他;我也不能原谅自己。”

“那又为什么呢?”

“耻辱呀,丢脸呀。”

“哎呀,要是都像您这样感情脆弱,那还得了,”瓦伦加说。“没有一个姑娘没有经历过这种事儿。而且这一切都是无关紧要的。”

“那么,什么事要紧呢?”吉娣带着惊讶而好奇的神气盯着她,问道。

“哎呀,要紧的事多着呢。”瓦伦加笑着说。

“到底哪些事呀?”

“哎呀,更要紧的事有很多很多。”瓦伦加不知道说什么好,就这样回答说。这时却听到公爵夫人在窗口呼唤的声音:

“吉娣,外面很凉呀! 要么你把披肩拿去,要么到房里来。”

“真的,不早了!”瓦伦加说着,站起来。“我还要到柏尔特夫人那里去一下呢;她要我去。”

吉娣拉住她的手,带着十分好奇和恳求的神气用眼睛问她:“究竟什么事最要紧呀? 为什么您能这样安之若素呀? 您是知道的,就告诉我吧!”可是瓦伦加甚至没明白吉娣的眼神问的是什么。她一心想着今天还要到柏尔特夫人那里去一下,还要在十二点以前赶回家去伺候妈妈喝茶。她走进房里,把乐谱收拾好,向大家告过别,就要走。

“请允许我送送您吧。”上校说。

“是啊,现在夜深了,怎么能一个人走路呀?”公爵夫人也跟着说。“就是让巴拉莎送送您也好呀。”

吉娣看到,瓦伦加一听说还要人送她,好不容易才忍住笑。

“不用，我总是一个人走路，从来没有出过什么事儿。”她说着，拿起帽子，又吻了吻吉娣，就这样一直没说什么事要紧，腋下夹着乐谱，迈着矫健的步子消失在夏夜黑茫茫的夜幕中，把什么事要紧、她为什么能这样安之若素和自尊自重的秘密也带走了。

三十三

吉娣也和施塔尔夫人相识了。她与施塔尔夫人结识，再加上她和瓦伦加的友情，不仅对她有重大影响，而且在她痛苦的时候对她是一种安慰。她所以得到安慰，是因为结识她们之后，在她眼前展现出一个崭新的天地，一个崇高而美好的天地，这个天地与她经历的一切毫无共同之处，她可以站在这个天地的高处泰然自若地观察她所经历的一切。展现在她面前的，除了她一向沉湎于其中的本能生活之外，还有精神生活。这种精神生活是宗教展示的，不过这宗教同吉娣从小就熟悉的那种宗教，同表现在祈祷上，表现在常常可以遇到熟人的寡妇院里的通宵礼拜上，表现在跟着牧师背诵斯拉夫经文方面的宗教毫无共同之处；这是一种崇高、神秘、结合了一系列美好思想感情的宗教，不仅可以信奉这种宗教，因为这是完全应该的，而且可以热爱这种宗教。

这一切吉娣不是从语言中听到的。施塔尔夫人和吉娣谈话，就像和一个可爱的孩子谈话，就像欣赏自己的童年往事一样，欣赏这个可爱的孩子。她只有一次提到，只有爱和信仰是人类一切苦难的安慰，基督对我们的怜悯是无微不至的，而且她马上就改变了话题。可是，吉娣从她的一举一动、一言一语中，从吉娣所说的她那圣洁的目光中，尤其是从吉娣通过瓦伦加了解到的她的整个身世中，从她的种种方面了解了“什么事要紧”和以前不知道的许多事。

但是，不论施塔尔夫人品格多么高尚，她的身世多么感人，她的言语多么高雅、和悦，吉娣却无意中在她身上发现了一些使她困惑不解的特点。她发现，在问到她家里的人的时候，施塔尔夫人轻蔑地笑了笑，这是不符合基督教仁爱精神的。她还发现，每次见到有天主教牧师在施塔尔夫人那里的时候，她总是尽可能让自己的脸躲在灯罩的阴影里，并且很特别地笑着。这两点发现不论多么微不足道，但却使她困惑不解，因而她对施塔尔夫人产生怀疑。可是瓦伦加，独身一人，没有亲人，没有朋友，心灰意冷，无所向往，无所惋惜，倒是吉娣所能想象的最完美的人。她从瓦伦加身上理解到，一个人只要能忘记自己，热爱别人，就能心安理得，就能幸福和完美。吉娣就想做一个这样的人。现在吉娣一旦明白了什么事最要紧，就不再满足于赞赏这一切，而是立即全心全意地投身于展现在她面前的这种新生活中去。依照瓦伦加所讲的施塔尔夫人和其他一些人的所作所为，吉娣已经为自己制订出未来生活的计划。她要像瓦伦加多次讲到的施塔尔夫人的侄女阿琳那样，不论住在哪里，都要去寻找不幸的人，尽一切可能去帮助他们，散发福音书，为病人、罪犯和临终的人读福音书。她特别向往的是，要像阿琳那样为罪犯读福音书。不过这一切都是秘密的幻想，吉娣对母亲、对瓦伦加都没有说过。

然而，就在等待时机大规模实行自己的计划的时候，吉娣现在就在这里，在有这么多病人和不幸的人的温泉疗养地，很容易找到效法瓦伦加、推行自己的新的做人准则的机会。

公爵夫人起初只是发现，由于吉娣对施塔尔夫人，尤其是对瓦伦加，产生了如她所说的狂热，因而受到强烈的影响。她看到，吉娣不仅模仿瓦伦加的行为，而且不由自主地模仿她走路、说话和眨眼睛的姿态。可是后来公爵夫人就发现，不光是这样着迷，女儿心中还在进行着一场重大的精神变化。

公爵夫人看到，吉娣每天晚上都在读施塔尔夫人送给她的福音书，这在以前是不曾有过的；还看到她常常躲着社交界的熟人，倒是常常跟瓦伦加照料的一些病人，尤其是跟有病的画家彼得罗夫那可怜的一家人常常来往。吉娣显然引以为荣的是，她在这个家庭中担当着护士的职责。这一切都很好，公爵夫人一点也不反对，何况彼得罗夫的妻子又是一个非常正派的女人，而且那位德国公爵夫人发现了吉娣的行为，大加称赞，称她是安慰天使。假如不是有些过分的话，这一切本来是很好的。公爵夫人看到女儿走向极端，就对她说了说。

"不论何时何事都不能走极端。"她对女儿说。

但是吉娣什么也没有回答；她只是在心里想，学基督做好事是不能说过分的。如果遵奉教义，有人打你的右脸，连左脸也转过来由他打，有人要拿你的里衣，连外衣也由他拿去，还有什么过分可言呢？可是公爵夫人不喜欢这种过分，更不喜欢的是，她觉得吉娣不愿意向她袒露自己的心思。吉娣确实对母亲隐瞒着自己的新看法和新感情。她所以隐瞒，并不是因为她不尊重、不爱自己的母亲，而只是因为她是她的母亲。她宁可向别的什么人袒露自己的心思，却不愿向母亲袒露。

“不知为什么安娜·巴芙洛芙娜很久没有到我们家来了，”公爵夫人说起彼得罗夫的妻子。“我曾经叫她来。可是她好像有点儿不高兴。”

“不会吧，我没有感觉到，妈妈。”吉娣涨红了脸说。

“你很久没到她家去了吧？”

“我们准备明天就去游山。”吉娣回答说。

“好的，你们就去吧。”公爵夫人回答说，一面打量着女儿的发窘的脸，竭力猜测她发窘的原因。

这一天瓦伦加来吃午饭，说安娜·巴芙洛芙娜改变主意，明天不去游山了。公爵夫人发现，吉娣的脸又红了。

“吉娣，你和彼得罗夫家没有什么不愉快的事吧？”等瓦伦加走后，公爵夫人问道。“为什么她不再送孩子来，她也不到我们家来了？”

吉娣回答说，她们之间什么事也不曾有过，她也一点不明白，为什么安娜·巴芙洛芙娜好像有点不满意她。吉娣说的完全是实话。她不知道安娜·巴芙洛芙娜对她态度改变的原因，但是她在猜测。她猜测的是那种事儿，那是她不能告诉母亲，也不能对自己说的。那种事儿即使自己知道了，连对自己也不能说出口；万一猜错了，那是很糟糕，很难为情的。

她一遍又一遍地仔细回想自己跟这一家人的关系。她回想起她们见面时安娜·巴芙洛芙娜那和善的圆脸上流露出的真挚的欢喜神气；回想起她们怎样在背地里谈彼得罗夫的病情，怎样商量不让他干事情，带他出去玩儿，因为他不能干事情；回想起那个最小的男孩怎样依恋她，喊她“我的吉娣”，没有她就不肯睡觉。

这一切有多么好呀！接着又想起彼得罗夫那穿着棕色上装的瘦瘦的身子和长长的脖子，那稀稀的鬈发，那一双带有询问神气的、吉娣起初感到很可怕的蓝蓝的眼睛以及在她面前强打精神、强装有生气的模样。她想起自己开头怎样使劲儿克服像对待一切痨病病人那样的对他的厌恶感，怎样煞费苦心想出话来跟他说话。她想起他望着她的那种羞涩而感动的目光，以及自己在这种场合下心中出现的又怜惜又不自在并且意识到自己在做好事的奇怪心情。这一切有多么好呀！可是这一切都是开头一段时间的事。现在，几天以前，忽然一切都完了。安娜·巴芙洛芙娜一面装出殷勤的样子接待吉娣，一面紧紧盯着她和丈夫。

难道他在她接近时那种发自内心的喜悦，就是安娜·巴芙洛芙娜对她冷淡的原因？

“是的，”她想道，“前天安娜·巴芙洛芙娜就懊恼地说：‘瞧，他一直在等您呢，您不来他连咖啡都不喝，虽然身体虚弱得不得了。’她说这话的时候，有点儿不自然，跟她那善良的本性很不相称。”

“是的，也许，在我给他送毛毯的时候，她也是很不愉快的。这事本来很平常，可是他接毛毯时那样不自然，谢了那么老半天，弄得我也不自然起来。还有我那幅肖像，他画得那么好。而更主要的，是那又羞涩又温柔的眼神！是的，是的，就是这样！”吉娣怀着恐惧的心情在心中又说一遍。“不，这不可能，不应该这样！他多么可怜呀！”接着她又在心中这样说。

这种疑虑损伤了她的新生活的魅力。

三十四

谢尔巴茨基公爵去过卡尔斯巴德之后，又去巴登和吉兴根探望俄国朋友，照他自己说的，去闻了闻俄国气味，在温泉疗养季节快结束的时候，才回到家里人这里来。

公爵和公爵夫人对国外生活的看法完全相反。公爵夫人觉得国外一切都非常好，而且，尽管她在俄国社会有很稳固的社会地位，她在国外还是想方设法装得像一位欧洲太太，装也装不像，——因为她本来就是一位俄国贵夫人，——所以就处处做作，做作得自己也觉得有点儿别扭。公爵则相反，认为国外一切都很糟，过欧洲生活觉得难受，处处保持俄国的习惯，并且有意显示他在国外比他实际的样子更不像欧洲人。

公爵回来显得瘦了，两腮的皮肉耷拉下来，但心情极其愉快。他看到吉娣完全康复，更加高兴。他听说吉娣跟施塔尔夫人和瓦伦加交上朋友，公爵夫人又把所观察到的吉娣的一些变化对他说了，他觉得困惑不解，使他产生了那种常有的猜疑心，担心这种种一切会使女儿不再听他的话，还怕女儿从他的卵翼下跑出去，跑到他管不着的地方去。可是他一向慈祥而愉快，在卡尔斯巴德住过一阵子之后更是如此，所以这不愉快的消息也就淹没在慈祥和愉快的海洋里了。

回来后的第二天，公爵就穿着他的长大衣，带着他那俄国人的皱纹和撑在白硬领上的虚肿的双颊，欢欢喜喜地和女儿一起朝温泉浴场走去。

这是一个晴和的早晨。一座座整洁敞亮、带小花园的楼房，一个个面孔红红的、手臂也红红的、喝足了啤酒、快快活活地跑来跑去的德国侍女，明丽的阳光，都使人心旷神怡。可是他们离温泉越近，越是常常遇见病人，病人的模样在井井有条的德国生活的正常环境中就显得越发可怜。这种鲜明的对照已经不再使吉娣感到惊讶。明丽的阳光，苍翠的树木，悦耳的音乐，在她看来正是她时时注意的这些熟悉的面孔及其喜怒哀乐的天然背景。可是在公爵看来，这阳光灿烂的六月的早晨，乐队演奏的流行的华尔兹的快活的声音，尤其是那些健壮的德国侍女的模样儿，跟这些从欧洲各地汇集来的无精打采的半死不活的人连在一起，显得有点不像样子，不成体统。

在爱女挽着手臂跟他一起走的时候，他虽然感到十分得意，感到好像又回到青春时代，但这时似乎因为自己的步伐矫健有力和四肢粗壮感到不自在和不好意思。他感到自己几乎是一个在大庭广众之下赤身露体的人。

“你给我介绍介绍你那些新朋友吧，”他用胳膊肘夹了夹女儿的胳膊说。“我现在也喜欢这糟糕的索登温泉了，因为它把你的病治好了。不过你们这儿令人伤感，很令人伤感。这是谁呀？”

吉娣向他介绍了他们遇到的一些熟识的和不熟识的人。在花园门口他们遇见瞎眼的培尔特夫人和她的领路人。公爵看到这位法国老太太一听出吉娣的声音就露出很感动的神气，他感到很高兴。她立刻带着法国人那种分外热情的神气和公爵谈起来，称赞他有这样一个好女儿，当着吉娣的面把她捧上了天，叫她宝贝、珍珠和安慰天使。

“哦，那她就是第二号天使了，”公爵笑着说。“她管瓦伦加小姐叫第一号天使呢。”

“嗬！瓦伦加小姐确实是天使，那是没话说的。”培尔特夫人附和说。

他们在游廊里就遇到了瓦伦加。她提着一个很雅致的红色手提包，急急忙忙迎着他们走来。

“瞧，爸爸回来了！”吉娣对她说。

瓦伦加就像她做任何事情那样又大方又自然地做了一个介乎鞠躬和屈膝礼之间的动作，并且立刻就像跟任何人谈话那样又大方又坦率地跟公爵谈了起来。

“我当然知道您，知道得很清楚。”公爵笑着对她说。吉娣很高兴地从父亲的笑中看出来，他喜欢她这个朋友。他又说：“您这样急急忙忙上哪儿去呀？”

“妈妈在这儿，”她对吉娣说。“她一夜没有睡，医生劝她出来走走。我给她送针线活儿。”

“这就是第一号天使喽！”等瓦伦加走后，公爵说。

吉娣看出来，他很想取笑瓦伦加，但他怎么也不忍心这样做，因为他太喜欢她了。

“这一下咱们就能见到你所有的朋友了，”他又说，“也能见到施塔尔夫人了，如果她肯赏脸的话。”

“怎么，你难道认识她吗，爸爸？”吉娣发现父亲在提到施塔尔夫人时眼睛里露出嘲笑的神气，不禁惶恐地问道。

“我认识她丈夫，也多少有点儿认识她，那还是在她加入虔诚派以前。”

“什么叫虔诚派呀,爸爸?”吉娣问道。她听说施塔尔夫人那种高贵的气质竟有一个名称,感到非常惊愕。

“我也不太清楚。只知道她不论遇到什么事都要感谢上帝,不论遇到什么灾难,就连死了丈夫,也要感谢上帝。说来也好笑,因为他们的日子过得很苦。”

“这是什么人?模样儿多么可怜呀!”他发现长凳上坐着一个不高的病人,穿着棕色的大衣,那白色的裤腿在没有肉的细腿上皱出奇怪的皱褶,就问道。

这位先生把自己的草帽举到稀稀的鬈发之上,露出高高的、被帽子勒红了的额头。

“这是彼得罗夫,是一位画家,”吉娣红了脸回答说。“那是他的妻子。”她又指着安娜·巴芙洛芙娜说。安娜·巴芙洛芙娜就在他们走近的时候,好像故意去追赶一个顺着小路跑开去的孩子。

“他多么可怜,他那张脸多么可爱呀!”公爵说。“你怎么不过去呀?他好像有话要对你说呢。”

“好吧,咱们就过去,”吉娣说着,毅然决然转过身去。“您今天觉得身体怎样?”她向彼得罗夫问道。

彼得罗夫拄着手杖站起来,怯生生地朝公爵望了望。

“这是我女儿,”公爵说。“咱们也认识认识吧。”

画家鞠了一个躬,笑了笑,露出分外耀眼的白牙齿。

“我们昨天就等您呢,小姐。”他对吉娣说。

他在说这话的时候,身子摇晃了一下,接着他就重复这个动作,竭力装成他是有意这样做的。

“我是想来的,可是瓦伦加说,安娜·巴芙洛芙娜派人来说,你们不去了。”

“我们怎么不去呢?”彼得罗夫涨红了脸,立刻咳嗽起来,一面说,一面用眼睛寻找妻子。“安娜,安娜!”他喊道。在他那细细的白脖子上,一条条青筋像绳子一样绷得紧紧的。

安娜·巴芙洛芙娜走了过来。

“你怎么叫人去对公爵小姐说我们不去了!”他哑了嗓子,就很生气地低声对她说。

“您好,小姐!”安娜·巴芙洛芙娜说这话时带着一脸假笑,很不像她以往的态度。“认识您真是太高兴啦,”她对公爵说。“我们早就盼着您了,公爵。”

“你怎么叫人去对公爵小姐说我们不去了呢?”画家又一次哑着嗓子低声说,而且更加生气,显然因为嗓子不听他使唤,不能表达他想用的语气,感到很懊恼。

“哎呀,我的天! 我还以为我们不去了呢。”妻子懊丧地回答说。

“怎么回事儿,什么时候……”他咳嗽起来,并且摆了摆手。

公爵举了举帽子,就和女儿一起走开了。

“唉,哎呀!”公爵重重地叹了一口气,“真可怜呀!”

“是的,爸爸,”吉娣回答说。“你要知道,他们有三个孩子,一个用人也没有,几乎没有一点收入。他只能从画院领到一点点儿。”她绘声绘色地说起来,竭力压制着由于安娜·巴芙洛芙娜突然对她改变态度而产生的不安心情。

“哦,这位就是施塔尔夫人。”吉娣指着一辆轮椅说。轮椅里有一个什么东西包在枕头里,裹在灰色和蓝色衣料里,躺在阳伞底下。这就是施塔尔夫人。后面站着一个面色阴郁的健壮的德国雇工，是给她推轮椅的。旁边站着一位淡黄头发的瑞典伯爵，吉娣知道他的名字。有几个病人在轮椅旁边慢慢走着，打量着这位夫人，好像是在看什么怪物。

公爵走到她跟前。吉娣立刻在他眼里看到那种使她困惑不解的嘲笑神气。他走到施塔尔夫人面前，就用现在已经很少有人能说的那种典雅的法语说起话来，说得格外恭敬，格外亲切。

“我不知道您是否记得我，不过为了感谢您对小女的一番热忱，我必须提一提自己。”他摘下帽子，并且一直没有戴上帽子，对她说。

“是亚力山大·谢尔巴茨基公爵，”施塔尔夫人说着，抬起她那圣洁的眼睛看着他，吉娣发现那眼睛里有不高兴的神气。“见到您非常高兴。我真是太喜欢您的女儿了。”

“贵体一直没有康复吗？”

“不过我已经习惯了。”施塔尔夫人说过，给公爵和瑞典伯爵作了介绍。

“您的风采依然不减当年，”公爵对她说。“我已经有十年或者十一年无缘见尊颜了。”

“是啊，上帝给人苦难，也就给人承担苦难的力量。我常常感到奇怪，不知道这条命拖下去干什么……往那一边盖盖！”她生气地对瓦伦加说，因为瓦伦加用毯子给她盖腿没有盖好。

“想必是为了行善呀。”公爵用眼睛笑着说。

“是善是恶自有上帝判断，”施塔尔夫人发现公爵脸上微妙的表情，就说。“那么，您能把那本书给我送来吗，亲爱的伯爵？太感谢您了。”她对那个年轻的瑞典人说。

“哎呀！”公爵看到站在旁边的莫斯科上校，叫了起来，向施塔尔夫人鞠了一躬，便带着女儿跟莫斯科上校一道离开了。

“这就是我们的贵族呢，公爵！”莫斯科上校因为施塔尔夫人不跟他结识对她很不满意，就有意带着讥笑的神气说。

“她一直是这个样子。”公爵回答说。

“那么，公爵，您在她生病之前，也就是说，在她躺倒之前就认识她吗？”

“是的。我看着她躺倒的。”公爵说。

“据说，她十年没有起床了。”

“她起不来，因为她的腿太短。她的身材非常难看……”

“爸爸，这不可能！”吉娣叫起来。

“这是爱说坏话的人说的，好孩子。不过反正够你那位瓦伦加受的。”他又说。“唉，这些有病的太太！”

“才不是呢，爸爸！”吉娣激动地反驳说。“瓦伦加很崇拜她。再说，她做了多少好事呀！真是无人不知，无人不晓呀！人人都知道她和阿琳。”

“也许是这样吧。”他用胳膊肘夹了夹她的手臂说。“不过，如果做好事做得谁也不知，谁也不晓，那就更好了。”

吉娣不说话了，不是因为她无话可说；而是即使对父亲也不愿暴露她内心的一些想法。不过，说也奇怪，尽管她下决心不依从父亲的看法，不让他踏进她心中的圣地，可是她感觉到，整整一个月来保留在她心中的施塔尔夫人的神圣形象从此消失了，就像是用旧衣服做成的人形，一旦明白那不过是一件衣服，人就没有了。只剩下一个短腿的女人，因为身材难看天天躺着，还要责备百依百顺的瓦伦加，就因为没有给她盖好毯子。吉娣不论怎样使劲儿想象，都无法恢复施塔尔夫人原来的形象了。

三十五

公爵的愉快心情感染了家里人，感染了朋友们，甚至也感染了他们的德国房东。

公爵和吉娣一起从温泉浴场回来，并且请了上校、玛丽亚·叶芙盖尼耶芙娜和瓦伦加来喝咖啡，他便吩咐把桌椅搬到小花园里栗树底下，在那儿摆早餐。房东和仆人们受到他的快活心情的影响，也都活跃起来。他们都知道他慷慨大方。过了半个小时，住在楼上的一位患病的汉堡医生，就在窗口羡慕地望着这一伙儿聚集在栗树下的快快活活的健康的俄国人了。在一圈圈摇曳不定的树叶阴影下，公爵夫人头戴缀着紫色缎带的帽子，坐在铺着白色桌布，摆了咖啡壶、面包、黄油、干酪、野味的桌子旁边，在给大家斟咖啡，切奶油面包。公爵坐在桌子的另一头，不停嘴地吃着，快快活活地高声说着话儿。他把自己买来的一些东西在旁边摆开来，有雕花小木盒、木雕小玩意儿、各种各样的裁纸刀，这些东西他在各个温泉疗养地买了一大堆，是要分赠给大家的，包括侍女丽斯欣和房东。他用他那糟得可笑的德语跟房东说笑话，说治好吉娣的病的不是温泉，而是他的美味饭食，尤其是他的黑李子汤。公爵夫人嘲笑丈夫的俄国习气，但是她非常快活，非常带劲儿，这是她到温泉以来不曾有过的。上校像往常一样，听到公爵讲笑话笑嘻嘻的;但在他自以为深有研究的欧洲问题上,他站在公爵夫人一边。温厚的玛丽亚·叶芙盖尼耶芙娜听公爵讲到可笑之处,笑得前仰后合。连瓦伦加也失去自制,听到公爵讲的笑话也憋不住轻轻地然而喜气洋洋地笑起来,这是吉娣从来没见过的。

这一切都使吉娣很高兴,然而她还是心事重重。父亲对她的朋友和她爱上的这种生活的有趣的看法,等于无意中向她提出一个问题,使她无法回答。在这个问题之上,又加上她和彼得罗夫一家关系的变化,今天这变化显得极其明显和不愉快。大家都很快活,吉娣却快活不起来,这就使她分外苦恼。她的心情就像小时候受处罚被关在自己房里,听到姐姐们快活的笑声时那种心情。

"哦,你买这么多东西干什么呀?"公爵夫人笑着说,一面把一杯咖啡递给丈夫。

"只要我一出去,比如说,只要一走到小铺门口,就有人向我兜生意,一连声地叫:'老爷,大人,阁下。'只要一叫'阁下',我就受不住了:十个塔勒[1]就没有了。"

"原来只是因为无聊呀。"公爵夫人说。

"当然是因为无聊,无聊得很呢,简直不知道日子怎样打发。"

"怎么会无聊呀,公爵?现在德国有趣的东西多着呢。"玛丽亚·叶芙盖尼耶芙娜说。

"可是有趣的东西我全都见识过了:黑李子汤我尝过,豌豆灌

①塔勒,德国银币。

肠我尝过。全都领略过了。”

“不，公爵，不管怎么说，他们的各种设施是很有意思的。”上校说。

“有什么意思呀？他们一个个都很得意，好像把所有的人都征服了。可是我有什么好得意的呢？我什么人也没有征服，只有自己脱靴子，还要自己把靴子放到门外去。早晨起来，马上穿起衣服，到餐室里去喝那难喝得要命的茶。在家里就不同了！可以不慌不忙地醒来，发点儿脾气，唠叨一阵子，好好儿醒一醒困劲儿，想想心思，不用着急。”

“可是，时间就是金钱，您忘记这一点啦。”上校说。

“要看什么时间呀！有时候一个月不值半卢布，可是有时候不论多少钱都换不到半个小时。是这样吧，吉娣？你怎么这样闷闷不乐呀？”

“我没什么。”

“您要到哪儿去呀？再坐一会儿吧。”他对瓦伦加说。

“我该回家了。”瓦伦加说着站起来，又咯咯笑起来。

等她笑过了，告过别，便到里屋去拿帽子。吉娣跟着她进去。她觉得瓦伦加现在也成了另外一个人了。她不是变坏了，而是和她原来心目中的那样子不同了。

“哎呀，我好久没有这样笑过了！”瓦伦加一面收拾伞和提包，一面说。“您爸爸多好呀！”

吉娣没有作声。

“咱们什么时候再见面呀？”瓦伦加问道。

“妈妈想到彼得罗夫家去。您不去吗？”吉娣试探瓦伦加说。

“我去，”瓦伦加回答说。“他们准备走了，我答应帮他们收拾行李。”

“那我也去。”

“不，您去干什么？”

“为什么不去？为什么？为什么？”吉娣睁大眼睛说，并且抓住瓦伦加的伞，不让她走。“别走，等一等，究竟为什么？”

“没什么；您爸爸回来了嘛，再说，他们跟您在一起感到拘束。”

“不，您告诉我，为什么您不希望我常到彼得罗夫家去？您不是不希望吗？为什么呀？”

“我没有说过这话。”瓦伦加镇静地说。

“不，请您说说吧！”

“全都说说吗？”瓦伦加问道。

“全都说，全都说！”吉娣应声说。

“其实也没什么大不了的，只不过米海尔·阿历克谢耶维奇（画家的名字）原来想早些走，现在却不想走了。”瓦伦加笑着说。

“说呀！说呀！”吉娣阴郁地望着瓦伦加，催她说下去。

“哦，不知为什么，安娜·巴芙洛芙娜说，他不愿意走，是因为您在这里。这话自然很不恰当，可是他们就是因为这事儿，因为您才争吵的。您也知道，这些病人是容易生气的。”

吉娣一言不发，眉头皱得越来越紧，只有瓦伦加一个人在说话，想方设法安慰她，让她平心静气，看到她就要发作，瓦伦加不知她会怎么样——是要哭还是要说什么。

“所以您最好还是不去……您要明白，您不必生气……”

“我这是活该，我这是活该!”吉娣很快地说起来，一面去抓瓦伦加手里的伞，也不看朋友的眼睛。

瓦伦加看着好朋友发小孩子脾气，非常想笑，但又怕惹她恼火。

“怎么活该呢？我真不懂。”她说。

“就是活该，因为这一切都是假的，都是装出来的，不是出自本心。我干吗要去管别人呀？结果我成了人家争吵的原因，结果我做的是谁也不要我做的事。所以一切都是假的！假的！假的！……”

“装假又为的是什么呢?”瓦伦加小声说。

“哎呀，多么愚蠢，多么窝囊呀！我真不应该呀……一切都是假的!”她一面说，一面把伞打开又收拢。

“装假究竟又为什么呀?”

“为的是让别人，让自己，让上帝看着好一点儿，为的是欺骗大家。不，我现在再也不干这种事了！宁可坏一点儿，但至少不说假话，不是骗子!”

“谁是骗子呢?”瓦伦加用责备的口气说。“您好像是说……”

但是吉娣正在火头上，不让她把话说完。

“我不是说您，完全不是说您。您是十全十美的。是的，是的，我知道您是十全十美的；不过我是很坏的，有什么办法呢?我要是不坏的话，也就没有这种事儿了。我是怎样就怎样好啦，可是我不再装假了。安娜·巴芙洛芙娜跟我有什么相干呀！他们想怎样过就怎样过好啦，我也照我想的过。我不能变成另外的人……这一切都不对头，不对头！……”

“究竟什么事不对头呀?”瓦伦加大惑不解地说。

“一切都不对头。我只能凭心意过日子,您却是照章法过日子。我喜欢您就是喜欢您,您喜欢我想必只是为了挽救我,教导我!”

“您这话不对。”瓦伦加说。

“我没有说别人,说的是我自己。”

“吉娣!”传来母亲的声音,“到这儿来,把你的项链拿给爸爸看看。”

吉娣没有同自己的朋友和解,就带着高傲的神气从桌上拿起项链盒子,朝母亲那边走去。

“你怎么啦?你的脸怎么这样红?”母亲和父亲异口同声地说。

“没什么,”她回答说,“我这就来。”说着就又跑了回来。

“她还在这儿!”她想道。“天呀,我对她说什么好呢!我是怎么啦,我说的是什么呀!我干吗要叫她生气?我怎么办呀?我对她说什么好呢?”吉娣想着,在门口站了下来。

已经戴起帽子的瓦伦加手里拿着阳伞坐在桌旁,在看被吉娣弄断的弹簧。她抬起头来。

“瓦伦加,请您原谅我,原谅我吧!”吉娣小声说着,朝她跟前走去。“我不记得我说了些什么。我……”

“我实在不是有意使您伤心。”瓦伦加笑着说。

她们和解了。可是自从父亲回来以后,吉娣觉得原来生活的那个天地完全变了。她不抛弃她所了解到的一切,但是她明白了,自以为可以做一个她想做的人,那是欺骗自己……她好像猛醒过来；感觉出不作假、不吹嘘而让自己保持在自己想达到的崇高思想境界中有多么困难；此外，她还感觉出她生活于其中的这个痛苦、疾病和垂死的人的天地多么令人难受；她觉得为了爱这一切而竭力克制自己是很痛苦的，因此她就想快点儿去呼吸呼吸新鲜空气，回俄国去，到叶尔古绍沃去，她从来信中知道，姐姐陶丽已经带着孩子们到叶尔古绍沃去了。

但她对瓦伦加的爱并没有减弱。在告别的时候，吉娣恳请她到俄国上他们家里去。

“等你结婚的时候，我一定去。”瓦伦加说。

“我永远不结婚。”

“哦，那我就永远不去。”

“好吧，那我就为这个结婚好啦。您可要记住，不能失信！”吉娣说。

医生的预言实现了。吉娣恢复了健康，回到俄国。她不像以前那样无忧无虑，那样快活，但她的心情是平静的。她在莫斯科的伤心事已成为往事。

第三部

一

谢尔盖·伊凡诺维奇·柯兹尼雪夫想休息一下脑力，却没有像往常那样出国，而是在五月底来到乡下弟弟家里。依他的看法，最好的生活就是乡下生活。他现在就是来弟弟这里享受这种生活乐趣的。列文非常高兴，特别是因为他知道今年夏天尼古拉哥哥不会来了。但是，尽管列文对柯兹尼雪夫是尊敬和亲爱的，然而他和这位哥哥一起在乡下感到不舒服。他看到哥哥对乡村的态度，就觉得不舒服，甚至不愉快。在列文来说，乡村是生活的地方，也就是酸甜苦辣都有的地方，劳动的地方；对柯兹尼雪夫来说，一方面，乡村是劳动后休息的地方，另一方面，乡村又是清除腐败影响的有效消毒剂，这样的消毒剂他是乐于服用，并且感到有效的。对列文来说，乡村好就好在它是劳动的场所，而劳动无疑是有益的；对柯兹尼雪夫来说，乡村之所以特别好，就因为在乡下可以什么事也不做，而且也应该什么事不做。此外，柯兹尼雪夫对老百姓的态度，也使列文有些反感。柯兹尼雪夫说，他喜欢老百姓，也了解老百姓，常常和庄稼人聊天，而且他能做到平易近人，不装腔作势，不摆架子，而且从每次交谈中都能看出老百姓普遍有的一些好素质，足以证明他是了解老百姓的。列文不喜欢哥哥这种对待老百姓的态度。对列文来说，老百姓是共同劳动的主要伙伴，而且，尽管他对庄稼人十分尊重，对庄稼人怀有一种骨肉之情，并且如他所说的，这种感情是和乳母的乳汁一起被他吸进血液的，然而他作为他们共同事业的伙伴，虽然有时也赞赏他们的强壮、温顺和讲道理，然而在共同的事业中需要其他品质的时候，常常会对他们的麻木、懒散、酗酒和说谎感到恼火。如果有人问列文喜欢不喜欢老百姓，他肯定不知道应该怎样回答。他对老百姓和对一般人一样，又喜欢又不喜欢。因为他是一个善良的人，他对一般人自然是喜欢的多，不喜欢的少，对老百姓也是这样。但是他不能像喜欢或不喜欢什么特殊的东西那样对待老百姓，因为他不仅跟老百姓生活在一起，不仅他的一切利害都跟老百姓连在一起，而且他认为自己是老百姓的一员，看不出自己和老百姓有什么特别的长处和缺陷，无法拿自己跟老百姓对比。此外，虽然他作为东家和调停人，尤其是作为参谋（庄稼人都很信任他，常常从几十俄里之外跑来向他求教），一直跟庄稼人保持着最密切的关系，他对老百姓却没有固定的看法，如果问他是否了解老百姓，他也难于回答，就像问他喜欢不喜欢老百姓那样。说他了解老百姓，就等于说他了解一切人。他经常观察和了解各种各样的人，其中也包括庄稼人，他认为庄稼人是很好的人和有趣的人，并且不断地在他们身上发现新的特点，不断地改变原来对他们的看法，不断地产生新的看法。柯兹尼雪夫则相反。正如他喜欢并称赞乡村生活，为的是和他不喜欢的那种生活相对照，同样，他喜欢老百姓，为的是和他不喜欢的那个阶层的人相对照，同样，他喜欢老百姓，也是喜欢跟一般人相反之处。在他那清晰的头脑里，对老百姓的生活方式形成了清楚明确的概念，这种概念部分地来自老百姓生活本身，但主要是取其相反的一面。他从来没有改变自己对老百姓的看法和同情老百姓的态度。

每逢兄弟俩在看待老百姓方面发生争论时，柯兹尼雪夫总是能说赢，正是因为他对老百姓、对老百姓的特性、本质和情趣有明确的看法，列文却没有什么明确和固定的看法，因此在争论时常常显得自相矛盾。

在柯兹尼雪夫看来，他这个小弟是一个很好的年轻人，一颗心摆得端正（他用法语这样形容），尽管思想也相当敏捷，可是极容易受一时的观感左右，因此常常自相矛盾。他有时以兄长的宽厚态度为他讲解事情的道理，但认为跟他争论没有什么趣味，因为太容易把他驳倒了。

列文把哥哥看成一个大智大贤、真正高尚的人，在公益事业方面具有特殊的才能。但是，列文年岁越大，对哥哥的了解越深，在他的内心深处就越是常常想到，他感到自己完全缺乏的这种从事公益事业的能力，并不是什么长处，相反，倒是一种缺陷，缺乏一种什么——不是缺乏善良、正当、高尚的愿望和情趣，而是缺乏活力，缺乏所谓心灵这种东西，缺乏一种志向，不能在无数人生道路中选定一条，为之奋斗终生。他对哥哥了解越深，越是发现哥哥和其他许多从事公益事业的人并不是一心热爱公益事业，而是从理智上断定从事这种事业是很好的，只是因为这样才从事这种事业。列文所以有这样的推断，还因为他发现哥哥对公益问题和灵魂永生问题，并不比对一局棋或者新机器的灵巧构造更感兴趣。

此外，列文在乡下跟哥哥在一起感到不舒服，还因为列文在乡下，尤其是在夏天，总是忙着农活儿，夏天的白天虽然很长，要干的活儿还是干不完，可是柯兹尼雪夫却在休息。但是，虽然现在他在休息，也就是不写文章，他却习惯了脑力活动，很喜欢把出现的一些想法用优美简练的语言表达出来，并且喜欢让什么人听听。最常见、最自然的听众便是弟弟。所以，尽管他们的关系亲密无间，列文还是不好意思丢下他一个人。柯兹尼雪夫喜欢躺在草地上晒太阳，躺着晒上很久，并且懒洋洋地聊着。

“你恐怕不相信，”他对弟弟说，“这种山野人的懒散对于我是一种多么大的快乐。脑子里什么念头也没有，空空荡荡。”

可是列文坐在这里听他说话实在觉得没有意思，特别是因为他知道，如果他不去管，会把牲口粪拉到没有耕过的地里去，如果他不去看，会把粪胡乱撒掉；犁头也不会上紧，等到脱落了，就要说，铁犁不管用，还不如木犁好，等等。

“这样热的天，你来来回回地跑，真也够受。”柯兹尼雪夫说。

“不，我只是到账房去一会儿。”列文说过，便朝地里跑去。

二

六月初的一天，老保姆兼管家阿加菲雅搬着她刚腌好的一罐子蘑菇往地窖里去，滑了一下，跌倒了，跌伤了手腕。来了一位当地的医生，是一个爱说话的年轻人，刚刚从医学院毕业的。他把她的手看了看，说没有脱臼，扎好绷带，就留下来吃饭。他显然很高兴有机会能够和大名鼎鼎的柯兹尼雪夫谈谈，并且为了表示他对事情的高明见解，就把在当地道听途说的一些事对他说了说，以说明地方自治办得很坏。柯兹尼雪夫仔细听着，询问着，而且因为有新听众在场来了劲儿，滔滔不绝地谈了起来，发表了几点精辟而中肯的见解，博得了青年医生的敬佩，于是他又进入列文十分熟悉的那种兴奋状态，那是在一场精彩而起劲的谈话之后都要出现的。医生走后，柯兹尼雪夫就想带上钓竿到河边去。他喜欢钓鱼，而且似乎因为喜欢干这种无聊的事感到扬扬得意。

列文要到耕地和草场上去，就趁便用马车把哥哥带去。

这是夏季的转折期，在一年中的这时候，当年的收成已成定局，已经开始考虑来年的播种，割草的时候也到了；这时候黑麦已全部抽穗，一片灰绿色，还没有灌浆的、轻飘飘的麦穗随风摇摆着；这时候碧绿的燕麦夹杂着一簇簇黄色野草，参差不齐地生长在晚播地上；这时候早荞麦已经长得密密匝匝，盖住了土地；这时候被牲口踩得像石头一样坚硬并且踩出一条条小路的休耕地已经翻耕了一半；这时候已经拉到田野上的一堆堆干粪到黄昏时候便散发出浓浓的粪味儿，和草香混合到一起；在洼地上，像海洋似的一片片保护得很好的草地正等待收割，中间夹杂着一堆堆被除掉的酸模那发了黑的茎秆。

这是农事中短暂的休歇时期，眼看着一年一度的、年年庄稼人都要全力以赴的收获季节就要到来。丰收在望。这时的夏日是晴朗、炎热的，夜晚是短促、多露的。

弟兄俩要到草地去，必须穿过树林。柯兹尼雪夫一路上欣赏着枝叶如海洋的林中美景，时而向弟弟指指那阴面发黑、夹杂着一片片黄色托叶的含苞待放的老椴树，时而指指当年的小树那翡翠般绿油油的新叶。列文不喜欢说也不喜欢听有关自然美景的话。他认为语言会冲淡他所看到的美。他一面随声附和哥哥的话，一面不由得思索起别的事。他们穿过树林以后，他的全部注意力就被高地上休耕地的景象吸引去了。在休耕地上，有的地方野草开始发黄，有的地方被践踏得乱糟糟的，被划成一个个小块，有的地方堆着一堆堆牲口粪，有的地方已经翻耕过了。有一些大车排着队在田野上行进。列文数了数大车，非常高兴，觉得需要的东西都运出来了。他一看到草地，思想就转到割草问题上来了。他总是觉得在割草方面有什么特别触及要害之处。来到草地上，列文把马勒住。

朝露还留在密密草丛下层的小草上，柯兹尼雪夫为了不湿脚，要弟弟赶着大车从草地上过去，一直赶到钓鲈鱼的柳树丛跟前。尽管列文很舍不得压坏自己的草地，还是把大车赶到了草地上。高高的青草摇摇晃晃地围着车轮和马腿打转转儿，把种子粘在湿漉漉的车辐和车毂上。

哥哥调理好钓竿，在柳丛旁边坐下来，列文把马牵过去，拴起来，便走进密不通风的灰绿色大海一般的草地。在原来积水的地方，已经结满种子的丝绸般的茂草几乎齐腰深了。

列文横穿过草地，来到大路上，遇见一个肿了一只眼睛的老头子，老头子带着一箱蜜蜂。

“怎么？是逮来的吗，福米奇？”他问道。

“哪里是逮来的呀，康斯坦丁·德米特里奇！自己的能保住就不错了。这已经是第二次离窝儿了……亏得小伙子们给撵了回来。他们正在给您耕地。卸下马，骑上去撵回来了……”

“哦，你看怎么样，福米奇，现在就割草，还是再等一等？”

“还等什么呀！照我们的习惯，还得等到圣彼得节。不过您总是割得早一些嘛。没什么，上帝保佑，草长得好极了。足够牲口吃的了。”

“可是天气呢，你看怎么样？”

“那是老天爷的事了。也许，天气不会错的。”

列文回到哥哥跟前。什么也没有钓到，但柯兹尼雪夫并不感到扫兴，而是显得心情十分愉快。列文看出来，他因为和医生说话说得来了劲儿，很想再说说话儿。列文却相反，一心想早点儿回家，好安排一下找人明天割草的事，解决他十分操心的割草方面的一些问题。

“好啦，咱们走吧。”他说。

“急什么呀？再坐一会儿吧。瞧你身上怎么都湿透啦！虽然没钓到，可是挺有意思。钓鱼打猎的好处就是可以接近大自然。这蓝湛湛的水真是太美啦！”他说。“这芳草萋萋的河岸常常使我想起一个谜语，——你知道吗？青草对河水说：咱们摇摇晃晃，摇摇晃晃。”

“我不知道这个谜语。”列文无精打采地回答说。

三

“你可知道,我在想你的事呢,”柯兹尼雪夫说。“照那位医生对我说的来看,你们县里简直太不像话了;那个年轻人倒是不蠢呢。我对你说过,现在还要对你说:你不出席会议,完全推开地方自治会的事,是不好的。要是正派人都躲得远远的,情形当然不会好的。我们出钱,有钱付薪水,可是既没有学校,又没有医生,也没有接生婆,没有药房,什么也没有。”

“我试过了嘛,”列文很不高兴地小声回答说,“我不行呀!有什么办法呢!”

“你怎么不行?说实在的,我不明白。要说不关心,没有能力,我看都不是;难道不就是因为懒惰吗?”

“这样那样都不是。我试过了,我看出来,我实在无能为力。”列文说。

他没有怎么注意听哥哥的话。他注视着河那边的耕地,看到一样黑乎乎的东西,却看不清那是一匹马,还是骑在马上的管家。

“你怎么无能为力呢?你试过,没有遂你的心意,你就灰心丧气。怎么没有一点儿好强心呀?”

“好强心嘛,”哥哥的话刺到了他的痛处,他就说,“我不懂什么叫好强心。要是在大学里,有人对我说,别人都懂微积分,我却不懂,——这时候应该有好强心。可是在这方面,首先得相信需要有干这一类事的一定才干,更主要的是,得相信所有这一类事都是十分重要的。”

“这是什么话！难道这种事不重要吗？”柯兹尼雪夫说。他感到十分不快，因为他十分关心的事，弟弟竟认为是不重要的，尤其因为弟弟显然没有用心听他的话。

“我不觉得有什么重要，我没有兴趣，又有什么办法呢？……”列文回答说。他已经看清楚，他看到的那就是管家，看样子，管家已经让干活儿的人离开耕地。干活儿的人正在卸犁头。“难道已经耕完了吗？”他心想。

“哦，不过，你听我说说，”哥哥沉下他那聪明而漂亮的脸，说道，“凡事都有个界限。做一个独立不羁的人、诚实的人，不喜欢作假，这是很好的，——这我都知道；不过，你说的一些话，不是毫无意思，就是一点不对头。你既然热爱老百姓，就像你一再说的那样……”

“我从来没有这样说过。”列文在心里说。

“……怎么能认为老百姓坐以待毙是不重要的呢？无知的娘们儿拿孩子们瞎折腾，老百姓愚昧无知，任何一个文书都可以随意摆布他们，而你是有办法帮助他们的，你却不帮助他们，因为照你看来，这不重要。”

于是柯兹尼雪夫要他二者必择其一：“要么是你没有自知之明，看不出你能做些什么；要么是你不愿意放弃自己的安宁和放下架子；我不知道为什么会这样。”

列文觉得自己只有屈服或者承认自己对公益事业不够热心。而这是使他感到委屈和不快的。

“二者都有吧，”他很干脆地说。“我看不出，怎么能……”

“怎么不能？不能把钱好好地安排安排，改善医疗条件吗？”

“我认为不可能……我们这个县有四千平方俄里，再加上道路不通，暴风雪，农活儿又忙，我看无法做到处处都有医生照料。而且我根本就不相信医疗。”

“哦，对不起，这话是不对的……我可以给你举出千万个例子来……那么，学校呢？”

“要学校干什么？”

“你这是什么话呀？难道可以怀疑教育的作用吗？如果你受教育有好处的话，别人受教育也会有好处。”

列文觉得自己在精神上被逼到了墙上，所以火了，不由得说出他不热心公益事业的主要原因。

“也许，这都是很好的；不过我何必操心建立医疗站和学校问题呢？我从来不看病，也不会送我的孩子进学校，农民也不愿把孩子送去，而且我还不怎么相信有必要把孩子们送进学校呢。”他说。

柯兹尼雪夫听到这种意外的说法一时间怔住了，可是他立刻想好了新的进攻方案。

他沉默了一会儿，拉起一根钓竿，又甩出去，就微微笑着对弟弟说起来。

“哦，对不起……首先，医疗站是有用的。咱们就为阿加菲雅请来了当地医生嘛。”

“哼，我看，那条胳膊今后就伸不直了。”

“这还要到以后再看……还有，有文化的庄稼人和雇工对你更有用处，更可贵。”

“不，你随便去问问谁吧，”列文断然回答说，“雇工有了文化反而更糟。那就连路也修不成了；桥一造起来，就会被偷掉。”

“不过，”柯兹尼雪夫皱起眉头说，因为他不喜欢别人说话矛盾，尤其是像这样不断地从这一点跳到那一点，毫无联系地列举新的理由，这就使人不知道该回答什么，“不过，问题不在这里。请问，你是不是承认，教育对老百姓是有益的？”

“我承认。”列文随口说，但他立刻想到，他说的不是心里想的。他觉得，如果他承认这一点，哥哥就会向他证明，他说的是毫无意思的废话。至于怎样证明，他不知道，但他知道，毫无疑问会在逻辑上向他证明这一点的，于是他等待着这样的论证。

论证起来竟比列文预料的简单得多。

“如果你承认这是有益的，”柯兹尼雪夫说，“那么，你作为一个正直的人，就不能不热爱、不能不支持这种事业，因此也不会不愿意为这种事业出力。”

“不过我还不承认这种事是好事呀。”列文红了脸说。

“怎么？你刚才不是说……”

“就是说，我既不承认这是好事，也不承认这是办得到的事。”

“你不花力气，就不可能知道能不能办到。”

“好，就算这样吧，”列文说，虽然他认为完全不是这样，“就算这样好啦；不过我还是看不出，为什么我要操心这种事。”

“你这是什么意思？”

“不，既然咱们谈起来了，那你就从哲学观点给我解释解释吧。”列文说。

“我不明白，这跟哲学有什么关系。”柯兹尼雪夫说。列文听他的口气，觉得他好像认为列文没有资格谈哲学。这使列文十分恼火。

“有关系！”列文气愤地说。“我认为，我们一切所作所为的动力无非是个人幸福。我作为一个贵族，现在看不出地方自治会有什么地方有助于增进我的福利。道路并没有变好，而且也不可能变好；我的马在很坏的道路上也能给我拉车。医生和医疗站我都用不着。调解官我也用不着，我从来不找调解官，以后也不会去找。学校我不但用不着，而且就像我对你说的，是有害无益的。对我来说，地方自治机构不过是一种负担，要每亩地缴纳十八戈比，要到城里去，跟臭虫一块儿过夜，还要听各种各样的废话和胡扯，可是个人利益并不鼓励我这样做。”

“对不起，”柯兹尼雪夫微微笑着打断他的话说。“当初个人利益也没有鼓励我们为解放农民出力，可是我们出过力呀。”

“不！”列文越来越恼火地说。“解放农民那是另一回事儿。其中就有个人利益。是想挣脱套在我们所有善良人身上的枷锁。可是当地方自治会的议员，商议的是需要多少清道夫，怎样铺设城里的下水道，我又不住在城里；当陪审员，审讯庄稼人偷了一块咸肉，就得一连几个钟头听辩护人和检察官胡言乱语，还要听审判长审问傻老头儿阿廖什卡：‘被告先生，您是不是承认偷咸肉的事儿？’‘啥事儿呀？’”

列文已经说得上了劲儿，模仿起审判长和傻老头儿阿廖什卡的样子；他觉得这都没有离题。

柯兹尼雪夫却耸了耸肩膀。

“哎，你这是想说什么呀？”

"我只是想说,那些跟我……跟我的利益有关的权利,我什么时候都会全力以赴地加以维护的。当年宪兵搜查我们大学生宿舍,检查我们的信件,我就想尽办法维护我们的权利,维护我的受教育权和自由权。我理解兵役制,兵役制关系着我的孩子、兄弟和我自己的命运;我愿意讨论那些跟我有关的问题;可是要商议怎样支配地方自治会的四万卢布,或者审判傻老头阿廖什卡,那我就不懂,就无能为力了。"

列文滔滔不绝地说起来,好像冲开了语言的堤坝。柯兹尼雪夫笑了笑。

"要是明天你受到审讯,怎么样,让你在旧的刑事法庭上受审讯更舒服些吗?"

"我不会受审讯的。我永远不会杀人,就用不着审讯我。这就完了!"他接着说下去,又扯到完全不相干的事,"我们的地方自治机构和所有这一切,就像我们在三一节插的桦树枝儿,为的是让它像在欧洲自己长成的桦树林,我无法真心实意地为它浇水,也无法相信这就是桦树。"

柯兹尼雪夫只是耸了耸肩膀,表示惊讶不解,怎么会在他们的争论中出现桦树枝儿,虽然他立刻明白了弟弟这是想说什么。

"对不起,这样是争论不出个结果来的。"他说。

可是,列文知道自己对公益事业不热心,就很想为这一点辩护,于是他继续说下去。

"我以为,"列文说,"任何一种活动,如果没有个人利益作基础,是不可能持久的。这是普遍的原理,哲学原理,"他又用果断的口气说出哲学这个字眼儿,似乎想表示,他也跟别人一样有资格谈哲学。

柯兹尼雪夫又笑了笑。他心想:“他也有一套合乎自己脾胃的哲学呢。”

“哦,你还是别谈哲学吧,”他说。“自古以来哲学的主要任务就在于探索个人利益与公共利益的必要联系。不过这与本题无关,与本题有关的是,我需要修正你的比喻。桦树不是插的,是栽的,是种的,需要细心照料。只有那些能够体验和看重他们制度中的重要和优越之处的民族,才有前途,才能称得起有历史地位的民族。”

于是柯兹尼雪夫把问题引向列文所不理解的哲学历史范畴,说明他的见解完全是错误的。

“至于你不喜欢这种事儿,恕我直言,这是我们俄国人的懒散和贵族习气,我相信,这是你一时迷误,将来会改正的。”

列文没有作声。他觉得他全线被击溃,但他同时又觉得,他的意思并没有为哥哥所理解,只是他不知道为什么哥哥没有理解:是他没有把自己的意思说清楚呢,还是哥哥不愿意或者不能够理解他的意思?可是他不去深入思考这些事了,也不反驳哥哥,而是思索起完全与此无关的一件自己的事。

柯兹尼雪夫收起最后一根钓竿,解下马,他们就回家了。

四

列文在和哥哥谈话时思索的那件自己的事就是:去年有一天他去看割草,对管家恼火起来,就运用了他平息怒火的办法——

从庄稼人手里拿过一把镰刀,自己割了起来。

他喜欢干这种活儿,所以他有好几次亲自动手割草。家门前的整片草地就是他割完的,而且今年春天他就定下计划,要天天跟庄稼人一起割草。哥哥来了以后,他就一直在考虑:是不是还是去割草呢?他不好意思天天把哥哥一个人丢在家里,而且他也怕哥哥讥笑他干这种事儿。可是在穿过草地的时候,就想起割草的情景,他差不多已经拿定主意要割草。在跟哥哥很激烈地交谈过一阵子之后,他又想起他这个打算。

“需要干干体力活儿,要不然我的性情肯定要变坏了。”他想道,并且决定要割草,不管在哥哥和老百姓面前这会使他多么难为情。

一到晚上,列文就来到账房,对农活儿作了一些安排,并且派人到村子里去找人来割草,明天就在卡里诺夫草地上开镰,那是最大、最好的一块草地。

“请您把我的镰刀送给基特,叫他磨好了明天送来;也许我也去割草。”他竭力克制着难为情的心情说。

管家笑了笑,说:

“是,遵命。”

晚上喝茶的时候他又对哥哥说了说。

“天气似乎晴稳了,”他说。“明天我就开始割草了。”

“我很喜欢这种活儿。”柯兹尼雪夫说。

“我太喜欢了。我有时跟庄稼人一起割草,明天我就想割上一整天。”

柯兹尼雪夫抬起头来,带着好奇的神气看了看弟弟。

“这是什么意思？跟庄稼人一样，割上一整天吗？”

“是的，这是非常愉快的。”列文说。

“作为一种体力锻炼，这是很好的，不过你未必干得下来。”柯兹尼雪夫不带任何讥笑意味地说。

“我试过了。开头是够受，后来也就习惯了。我想，我不会落后的……”

“原来如此啊！不过你说说，庄稼人对这事是怎么看的？恐怕他们会笑老爷古怪吧。”

“不，我想不会的；不过这是一种非常愉快同时也是非常辛苦的活儿，简直连想也没工夫想。”

“可是你怎么跟他们一起吃饭呢？总不好意思把红葡萄酒和烤火鸡给你送去呀。”

“不用送，我只要在跟他们一起休息的时候回家一趟就行了。”

第二天早晨，列文起身比平时早，可是因为安排农活儿耽搁了一阵子，所以当他来到草地上割草的时候，割草的人已经在割第二趟了。

他在高坡上就看见坡下草地那有了阴影的、已经割掉的部分，一条条发灰的空行，一堆堆黑乎乎的衣服，那是割草人割第一趟时就地脱下来的。

等他渐渐来到近处，就看见割草人一个接一个排成长长的一串，此起彼落地挥舞着镰刀，有的穿着外衣，有的只穿着小褂。他数了数，一共是四十二个人。

他们在草地上一块高低不平的洼地里慢慢移动着，那里原来有一道拦河坝。列文认出了几个自己的人。其中有叶米尔老汉，穿着长长的白色小褂，弯腰挥舞着镰刀；有给列文赶过车的小伙子瓦西卡，非常起劲地在割着；还有基特，列文的割草师傅，是一个瘦小的汉子。他也不弯腰，走在最前面，好像是在玩镰刀，在割着他那很宽的一行。

列文下了马，把马拴在路边，自己便走到基特跟前，基特从灌木丛里拿出另一把镰刀，交给他。

“磨好啦，老爷；快得跟剃头刀一样呢。”基特笑着脱了脱帽子，把镰刀递给他，说。

列文接过镰刀，试了试。割草人割完自己的一趟，一个个满头大汗、高高兴兴地走到大路上，笑呵呵地跟东家打招呼。他们都看着他，却没有人开口说话，直到一个身穿羊毛上衣、没留胡子、满脸皱纹的高个子老汉来到大路上，和他说话以后，大家才说起话来。

“要小心，老爷，既然上了阵，可不能掉队呀！”他说。于是列文听到割草的人们压抑着的笑声。

“我尽量不掉队就是了。”他说过，便站到基特后面，等待一齐开始。

“要小心呀。”老汉又说一遍。

基特让了个地方，列文就跟着他割起来。长在路边的草很矮，列文很久没有割草，大家一齐看着他，又有点儿不自在，所以开头割得很糟，尽管他使劲儿挥舞镰刀。他听到背后的说话声：

“镰刀没装好，把子太短啦，瞧，他的腰弯成什么样子啦。”有一个人说。

“镰后跟多用劲儿就好啦。”另一个人说。

“没什么，不要紧，割一阵子就顺手了，”老汉又说。“瞧，这就行了……割得太宽了，这样要累死人的……东家给自己干活儿多卖力气呀！可是你瞧，没割干净呀！要是我们这样，就挨骂了。”

草渐渐柔软些了。列文听着，但不答话，只是跟在基特后面，尽可能割得好一些。他们前进了有一百来步。基特一个劲儿往前走，停也不停，丝毫没露出疲劳的样子；可是列文已经害怕自己撑持不下去了；他实在太累了。

他觉得自己的力气快用完了，就决定请基特停一停。可是就在这时候基特自动停下来，弯下腰，抓起一把草，把镰刀擦了擦，就磨起来。列文直起腰来，舒了一口气，向周围看了看。跟在他后面的一个汉子，显然也很累了，因为他不等割到列文跟前，就停下来，磨起镰刀。基特磨好自己的镰刀，又给列文磨了磨，他们就又往前割。

在第二回合中还是这样。基特一镰又一镰地割着，停也不停，也不劳累。列文跟在他后面，竭力不掉队，可是他越来越吃力了：眼看着他就要支持不住了，可是就在这时候基特停下来，磨起镰刀。

他们就这样割完了第一趟。这长长的一趟，列文割得特别吃力；等到这一趟割完了，基特把镰刀往肩上一搭，慢腾腾地顺着自己留在这一趟上的脚印往回走的时候，列文也同样顺着自己的一趟往回走了。尽管汗水像冰雹一样从脸上往下滚，从鼻子上往下滴，整个脊梁湿漉漉的，就像从水里捞出来的一般，可是他心里十分高兴。而他特别高兴的是，现在他知道他能够坚持下去了。

使他扫兴的只是，他这一趟割得很不好看。“我要少甩胳膊，多用整个身子。”他一面想，一面拿基特割的笔直的一趟同自己割的那到处撒的是草、参差不齐的一趟作比较。

列文发现，第一趟基特割得特别快，大概是想试试东家的体力，而且这一趟又很长。后来的几趟就容易些了，可是列文还是得使出浑身的力气，才不至于落在庄稼人的后面。

他什么也不想，什么也不希求，只求不落在庄稼人后面，尽可能把活儿干好。他只听见镰刀的嗖嗖声，只看见前面基特那越走越远的笔直的身子、弯弯的半圆形空趟、在自己的镰刀刃下像波浪一般慢慢倒下去的青草和野花，以及前面这一趟的尽头，到那儿就可以歇一歇了。

在干得正欢的时候，他那热汗淋漓的肩上忽然有一种凉爽的快感，他不明白这是怎么一回事儿，是怎么来的。在磨镰刀的时候，他朝天空看了看。只见黑压压的阴云涌了上来，大颗大颗的雨点落了下来。有些庄稼人走去把上衣穿起来；有些庄稼人和列文一样，感到神清气爽，只是高兴地耸耸肩膀。

他们割了一趟又一趟。有长趟，也有短趟，草也是有好有坏。列文丧失了任何时间概念，简直不知道此刻是早是晚。此刻他在劳动中开始起变化，这变化使他得到很大的快乐。在干得最欢的时候，他往往会忘记他是在做什么，只觉得轻松愉快，而在这样的时刻，他割的一趟几乎跟基特割的一样整齐好看。但是只要一想起他是在做什么，而且有心要竭尽力量割好些的时候，就立刻感到十分吃力，而且割得也不好了。

又割完一趟，他就想再换一趟，可是基特停下来，走到高个子老汉跟前,小声和他说了几句话。他们俩都看了看太阳。“他们这是说什么呀？怎么不换趟呀？”列文在心里说,却没有想到,庄稼人已经不停地割了四个多钟头,他们该吃早饭了。

“该吃饭了,老爷。”老汉说。

“到时候了吗？好,那就吃饭吧。”

列文把镰刀交给基特,就跟那些到放衣服的地方去拿面包的庄稼人一起,穿过被雨打潮了的长长的一大片割过了的草地,朝自己的马走去。这时他才明白,他看错了天气,雨把他的草打湿了。

“草要坏了。”他说。

“不要紧,老爷,雨天割草,晴天搂嘛！”老汉说。

列文解下马,就回家去喝咖啡。

柯兹尼雪夫刚刚起身。不等柯兹尼雪夫穿好衣服,来到餐室,列文就喝好咖啡,又去割草了。

五

吃过早饭以后,列文排的位置已经不是原来的了。一边是一个爱说笑话的老汉,就是他请东家跟他在一起的;另一边是一个年轻汉子,去年秋天刚娶亲,是第一次出来割草。

这老汉挺直身子,均匀地、大踏步地迈动着两只外撇的脚,在前面走着,动作又利落又匀称,看样子并不比走路时甩胳膊更费劲儿,就像玩儿一样把一码齐的高高的青草割倒在地。好像不是他,而是锋利的镰刀自动钻进绿油油的草丛里的。

列文后面是年轻汉子米什卡。他的头发用青草扎着,那年轻而好看的脸不住地使着劲儿;但是,别人一看他,他就笑笑。看样子,他宁死也不承认他干得很吃力。

列文在他们两个中间割着。在最热的时候他觉得割草并不吃力。浑身出汗,倒是使他感到凉快了;太阳晒着脊背、头和挽起袖子的胳膊,倒是给他增添了干活儿的狠劲儿和韧性。那种无思无虑的状态越来越经常出现,在这种时刻里可以不想自己是在干什么。镰刀自动地在割着。这是幸福的时刻。更愉快的是,等他们来到每趟尽头处的河边,老汉用湿漉漉的茂草擦擦镰刀,在清亮的河水里把镰刀涮一涮,用装磨石的小匣子舀起河水,请列文喝的时候。

"请吧,尝尝我的克瓦斯!好喝吧?"他眨着眼睛说。

列文确实从来没有喝过这种带有绿萍和铁皮磨刀石匣的铁锈气味的温乎乎的水。喝过水之后,就一只手扶着镰刀,悠然自得地慢慢踱回去,这时候可以擦擦往下直流的汗,敞开胸膛呼吸呼吸,望望拉成长串的割草人以及四周围的情景,树林里和田野上的景象。

列文割得越久,越是常常感到忘记了自己,在这样的时刻里,已经不是手在挥舞镰刀,而是镰刀本身带动着一个越来越有知觉的充满活力的身体,而且,就像有魔力似的,不用想到干活儿,活儿就自动进行着,有条不紊,丝毫不差。这是最幸福的时刻。

只有在要割小土包周围的草或者遇到没有除掉的酸模,不得不停止这种无意识的活动而考虑考虑的时候,他才感到困难。老汉干这事儿很轻松。遇到小土包,他就改变动作,时而用刀后跟,时而用刀尖，用短促有力的动作从两边把小土包周围的草割掉。他在这样割的时候，一直注视和观察着面前出现的情形；他一会儿摘下一穗野果，自己吃或者请列文吃，一会儿用刀尖削下一截小枝，一会儿看见鹌鹑从他的镰下飞走，他就看看鹌鹑窝儿，一会儿去逮跑到路上的蛇，用镰刀当叉子把蛇叉起来，给列文看看，又把蛇扔掉。

不论列文，还是他背后的年轻汉子，都觉得像这样变换动作十分困难。他们俩做定了一种紧张的动作，干得非常紧张吃力，也就无法改变动作而且同时观察面前出现的情形。

列文没有注意时间是怎样过去的。要是有人问他割了多少时间，他会说是半个钟头，其实已经到了午饭时候。正准备另起一趟，这时老汉向列文指了指四面八方隐隐出现的男女孩子，孩子们穿过高高的草丛或者顺着大路朝割草人走来，一双双小手提着面包口袋和塞了破布的克瓦斯瓦罐。

“瞧，小家伙们来啦！”他指着孩子们说，并且手搭凉棚望了望太阳。

又割了两趟，老汉便停下来。

“哦，老爷，该吃饭啦！”他很果断地说。于是，割草人割到河边之后，便一个个穿过空地朝放衣服的地方走去，送饭的孩子们就坐在放衣服的地方等他们呢。庄稼人三三五五地聚成堆儿，远些的就在大车底下，近的就在柳丛脚下，柳丛上披了一些青草。

列文坐到他们跟前，他不想回家了。

庄稼人在老爷面前早就不感到有什么拘束了。他们纷纷准备吃饭。有些人在洗脸，有些年轻小伙子在河里洗澡，还有一些人在收拾地方准备休息，解面包口袋，扯克瓦斯罐子上塞的破布。那老汉把面包掰了掰放到碗里，用匙把儿压碎了，把磨刀石匣里的水倒进去，又把面包研了研，撒了一点儿盐，便面朝东方祷告起来。

“请吧，老爷，尝尝我的泡面包。”他对着碗盘起腿坐下来说。

泡面包味道非常好，列文一吃，就不想回家吃饭了。他和老汉一起吃过饭，就和他谈自己的家事，引起他很大的关切，又把自己所有的事情和老汉可能感兴趣的情况对他说了说。他觉得自己对他比对哥哥更亲近，他对这个人感到十分亲热，不由得亲热地笑着。等老汉又站起来，做过祷告，拿青草做枕头，立刻就在柳丛下躺下来的时候，列文也照着这样做了，而且尽管在阳光下苍蝇一个劲儿叮着，小虫儿爬得汗漉漉的脸和身子痒痒的，他还是立刻就睡着了。直到太阳绕到柳丛的另一边，已经晒到他的时候，他才醒来。老汉早就不睡了，坐在那里给小伙子们磨镰刀。

列文朝周围看了看，简直不认得这块地方了：一切都变了。一大片草地已经被割干净，点缀着一趟趟被割倒的芳香的青草，在夕阳的斜照下闪耀着一种新的异样的光彩。河边那割去了草的柳丛，原来看不见、现在显露出青钢色的弯弯曲曲的河水，那站起来走动的一个个庄稼人，草地上未割到的地方那像陡壁一般的茂草，那在光秃了的草地上空盘旋的老鹰，——一切都显得跟先前不一样了。列文醒过来之后，便在心里估量起已经割了多少，今天还能割多少。

四十二个人干的活儿真是不少。这块大草地，在劳役制时期够三十人割两天的，现在却割完了。只剩下边角上一些短趟还没有割。列文却希望这一天尽可能多割一些,所以看到太阳那么快地往下落,感到很懊丧。他一点也不觉得疲劳;一心只想尽可能多干点儿,快些,再快些。

“你看怎么样,咱们把马施金高地也割了吧?”他对老汉说。

“到时候看吧,太阳已经不高了。给大家伙儿喝点儿伏特加好吗?”

在午后小吃时间,大家又坐下来,吸烟的人吸起烟来,老汉就向大家伙儿宣布说:“割完马施金高地,有酒喝。”

“哈,割去!走吧,基特!加劲儿干吧!晚上好好喝一顿。干吧!”大家一齐嚷起来,不等吃完面包,就又干起来。

“喂,伙计们,下劲儿干吧!”基特说过,几乎飞跑过去带头干起来。

“快点儿,快点儿!”老汉说着,跟在他后面,很轻易地赶上了他,“我要赶过你了!小心点儿!”

年轻的、年老的都在你追我赶地割着。而且,不管他们割得多么快,他们都不糟蹋草,一趟趟割得还是那么干净,那么整齐。剩下的一块边角五分钟就割完了。不等后面的几个人割完自己的一趟,前面的一些人就拿起衣服往肩上一搭,穿过大路朝马施金高地走去。

当他们带着叮当作响的磨刀石匣走进马施金高地上树木茂密的峡谷时,太阳眼看就要落到树梢头了。谷地中央的草有齐腰深,又嫩,又柔软,叶子又肥厚,树林里有些地方的茂草中还点缀着一朵朵蝴蝶花。

大家简短地商量了一下是横割还是竖割之后,叶尔米林就带头割了起来。叶尔米林是个黑黑的大汉,也是出名的割草能手。他打头割完了一趟,转回头又割起来,大家就一齐跟着他,朝坡下割到谷底,又上坡一直割到树林紧边上。太阳已经躲到树林后边,已经下露水了,割草人只有在山包上才晒得到太阳,而在雾气腾腾的低洼处和另一边,他们就是在有露水的凉阴里割草了。活儿干得很欢。

青草被割倒时发出清脆的声音,散发着浓烈的香气,割倒的草堆成高高的一行又一行。从四面八方聚集来割短趟的割草人你追我赶地割着,腰上的磨刀石匣叮当乱响,一会儿是镰刀相碰的声音,一会儿是磨刀石打磨镰刀的哧哧声,一会儿是快活的叫喊声。

列文依然在年轻汉子和老汉中间割着。已经穿起羊皮褂的老汉还是那样快活,那样风趣,动作还是那样利落。在树林里不断有肥嘟嘟的桦树蘑菇跟茂草一起被镰刀斩断。可是老汉一遇到蘑菇,就弯下腰拾起来,揣到怀里,说:"又是送给老婆子的一样礼物。"

不论割又湿又柔软的草有多么容易,在谷地的陡坡上爬上爬下还是很吃力的。老汉却毫不在乎。他依然那样挥舞着镰刀,那双穿着老大的树皮鞋的脚迈着稳稳当当的小步慢慢地往陡坡上爬,而且,尽管晃悠着整个身子和耷拉在衬衣下面的短裤,一路上他不漏掉一棵草、一个蘑菇,还照样跟割草人和列文说着笑话。列文跟在他后面,常常以为拿着镰刀爬这种空手都很难爬的陡坡肯定要跌倒,可是他爬上去了,而且做了该做的事情。他觉得,有一种外力在推动他。

六

马施金高地割完了。庄稼人割好最后一趟,便穿起衣服,高高兴兴回家去。列文上了马,恋恋不舍地和庄稼人分了手,便骑马朝家里走去。他在山头上回头看了看:庄稼人已经隐没在洼地上升起的浓雾中,只能听见他们那快活的粗喉咙大嗓门儿的说话声、笑声和镰刀互相碰击的叮当声。

当列文浑身是汗,蓬乱的头发粘在额头上,前胸和后背湿得发了黑,快快活活地说着话儿冲进哥哥房里的时候,哥哥早已吃过饭,正在自己房里喝着柠檬冰水,翻阅着刚刚从邮局取来的报纸和杂志。

"我们把一整块草地全割完啦! 哈,真是太好啦,太妙啦! 你今天过得怎么样?"列文说。他已经完全忘记了昨天那场不愉快的谈话。

"我的老天爷! 你这是什么模样呀!"柯兹尼雪夫一看到就很不满意地打量着弟弟说。"门呀,快把门关上呀!"他叫起来。"你肯定放进来有整整十个苍蝇。"

柯兹尼雪夫最讨厌苍蝇,在他的房间里只有夜间才开窗子,门也是尽可能关着。

"真的,一个苍蝇也没有进来。即使进来了,我也能逮住。你真不相信有多么快乐呀! 你今天过得怎样呀?"

"我挺好。不过你真的割了一整天吗? 我想,你一定饿得像狼一样了。库兹玛都给你准备好了。"

“不，我一点也不想吃。我在那儿吃过了。我现在去洗洗脸。”

“哦，去吧，去吧，我这就到你房里去，”柯兹尼雪夫摇着头，看着弟弟说。“快去吧，”他又笑着说了一句，接着把书收拾起来，就准备走。他忽然高兴起来，不想跟弟弟离开。“哦，下雨的时候你在哪儿呀？”

“算什么下雨呀？只滴了几滴。哦，我这就来。就是说，你今天过得挺好啦？那就好极了。”于是列文就去换衣服。

过了五分钟，兄弟俩又在餐室里会面了。虽然列文觉得自己不想吃，他坐下来吃饭，只是为了不让库兹玛败兴，可是一吃起来，就觉得这顿饭特别香了。柯兹尼雪夫笑嘻嘻地望着他。

“哦，对了，你有一封信，”他说。“库兹玛，请你去拿来，在楼下。别忘了把门关上。”

信是奥布朗斯基寄来的。列文把信念了一遍。奥布朗斯基是从彼得堡写来的：“我收到陶丽来信，她在叶尔古绍沃，她的一切情形都不如意。请你去看看她，帮她出出主意吧，你什么事都懂。她见到你一定十分高兴。就她一个人在那儿，可怜巴巴的。岳母一家人还在国外。”

“这太好了！我一定要到那儿去一趟，”列文说。“要不然咱们就一块儿去。她真是一个好女人呀。不是吗？”

“离这儿不远吧？”

“有三十来俄里。也许有四十俄里吧。不过这段路挺好。很好走。”

“那很好。”柯兹尼雪夫一直笑着说。

弟弟那副神气也使他快活起来。

“嗬，你的胃口真不坏！”他望着他那俯在盘子上的晒成了棕红色的脸和脖子说。

“太好啦！你也许不相信，这是治疗各种乱七八糟的毛病的妙方呢。我要给医学增添一个新名词：*劳动疗法*[①]。”

“哦，你似乎不需要这种疗法。”

“是的，不过各种各样神经有毛病的人都需要。”

“是啊，这应该试一试。你要知道，我本想到割草的地方去看看你的，可是天气热得实在难受，我走到树林那儿就不想走了。我坐了一会儿，就从树林里走到村子里，遇见你的奶妈，就向她打听庄稼人对你是怎么看的。据我理解，他们并不赞成你的做法。奶妈就说：‘这不是老爷做的事。’总之我觉得，在老百姓看来，他们所谓的‘老爷’的活动应该是有一定之规的。所以他们不希望老爷越出他们心目中形成的框框。”

“也许是这样吧；不过这真是一种很大的乐趣，我这一生还没有尝到过呢。而且这也没有什么坏处。不是吗？”列文回答说。“要是他们不喜欢，那又有什么办法呢？不过，我想，这没有什么。是吗？”

“总之，”柯兹尼雪夫又说，“我看，你今天很高兴。”

“非常高兴。我们把整片草地都割完了。而且我在那儿还结交了一个多么好的老汉！你真想象不出，他是多么有意思！”

“哦，那你今天是很高兴。我也很高兴。第一，我解了两个棋局，其中一局非常妙，——开头先走小卒。等会儿我走给你看

①原文为德语。

看。再就是我想了想咱们昨天谈的一番话。”

“什么？你想昨天谈的话？”列文说。他怡然自得地眯着眼睛，吃饭胀得呼哧呼哧地喘着，怎么也想不起昨天谈过一些什么话。

“我认为，你的话有一部分道理。我们的分歧就在于，你把个人利益当作动力，我却认为，凡是有一定文化教养的人都应当关心公共福利。也许，你说得对，人更愿意从事有实际利益的活动。总之，你的脾性，如法国人说的，太容易冲动；你要么什么事也不干，一干起来就发狠劲儿，连命都不要。”

列文听哥哥说话，却一点没有听明白，而且也不想明白。他只是怕哥哥问他什么问题，因为那样就可以看出来，他一点没有听进去。

“就是这样啊，伙计。”柯兹尼雪夫拍着他的肩膀说。

“是的，当然啦。那有什么呢！我不坚持自己的意见，”列文带着孩子般歉疚的微笑回答说。“我究竟跟他争论什么来？”他想道。“当然啦，我也对，他也对，一切都挺好。不过该到账房去把事情安排一下了。”他伸着懒腰，微微笑着，站了起来。

柯兹尼雪夫也笑了笑。

“你想出去走走，那咱们一块儿去吧，”他说，因为他真不愿意离开生气勃勃、浑身是劲儿的弟弟。“咱们一块儿走走，你要是到账房去，咱们也一块儿去。”

“哎呀，老天爷！”列文突然大叫起来，使柯兹尼雪夫吓了一跳。

“你怎么啦，怎么回事儿？”

“阿加菲雅的手怎样啦？”列文敲着自己的头说。“我把她都忘啦。”

“好多了。”

“哦，我还是快去看看她。不等你戴好帽子，我就可以回来。”

于是他像哗啷棒一样，嗒嗒地敲着靴后跟，跑下楼去。

七

奥布朗斯基到彼得堡去办一项官事，这事尽管非官场的人无法理解，但对官场的人来说却是最自然、最清楚、最要紧的事，——那就是让部里想到自己，——不办这项事就不能做官。就在他为了去办这项事几乎带上家里所有的钱，到赛马场上和别墅里去快快活活消磨日子的时候，陶丽却为了节省开支，带着孩子们到乡下去住。她来到给她做陪嫁的村子叶尔古绍沃，这儿离列文的波克罗夫村五十俄里，春天就是在这儿卖掉树林的。

叶尔古绍沃那高大的旧房子早已坏了，公爵当年就把厢房翻修和扩大了。二十年前，陶丽还是孩子的时候，厢房还是很宽敞、很舒服的，虽然也像所有的厢房一样，侧面朝南，朝着通车马的林荫道。可是如今厢房也已经破旧了。奥布朗斯基今年春天来卖树林的时候，陶丽就叫他看一看房子，该修的地方叫人修一修。奥布朗斯基也和一切负心的丈夫一样，非常关心妻子生活上的舒适，亲自把房子察看了一番，他认为必须办的事，都作了安排。他认为，所有的家具必须用珠皮呢蒙面，必须挂上窗帘，清除花园里的杂草,在池塘上架一座小桥,栽种各种花木;可是他却忘记了其他很多必要的事情,就因为这些事情没有做,后来陶丽受了不少罪。

奥布朗斯基不管怎样尽心竭力要做一个体贴入微的丈夫和父亲,他却怎么也记不住他是有妻子和儿女的。他有独身者的爱好,就喜欢独立不羁地寻找乐趣。他回到莫斯科,就很得意地对妻子说,一切都办好了,房子收拾得漂亮极了,很希望她去住住。妻子到乡下去住,从各方面来说,对于奥布朗斯基都是一件很愉快的事:孩子们身体会好些,开支会少些,他也更自由些。陶丽认为到乡下过夏天也是必要的,尤其是对于害过猩红热以后还没有复原的那个女孩子,再就是可以躲避一些小小的不快,躲避零零星星的债务,那些卖柴的、卖鱼的、鞋匠天天讨债逼得她够受。此外,她想下乡,还因为她希望把吉娣接到乡下来住一阵子,吉娣在仲夏时候就要从国外回来了,医生嘱她进行水浴治疗。吉娣从温泉来的信中说,跟陶丽一起在叶尔古绍沃消夏,重温她们的童年往事,再没有什么事比这更使她高兴的了。

乡下生活的开头一些日子里,陶丽感到非常困难。她小时候在乡下住过。在她的印象中,乡下是逃避城市中一切烦恼的场所,乡下生活虽然不讲究(这一点陶丽并不在乎),然而又便宜,又方便:什么都有,什么都很便宜,什么都可以弄到,孩子们在乡下也很快活。然而现在,她作为一个主妇来到乡下,却看到一切都不像她所想的。

她们来到乡下的第二天,就下起倾盆大雨。到夜里,走廊里进了水,孩子们房里也进了水,只好把一张张小床搬到客厅里。

厨娘也没有；据看牲口的女人说，九头母牛中，有的已怀犊，有的还是牛犊，有的老了，有的乳大奶少；没有奶油，牛奶连孩子们喝都不够。鸡蛋也没有。母鸡也弄不到，烧的和炖的都是一些很瘦的黑乎乎的老公鸡。找不到娘们儿擦洗地板，所有的娘们儿都在土豆地里。想坐车出去玩也不行，因为唯一的一匹马很不听驾驭，一上套就撒欢。洗澡也没有地方，因为河滩都被牲口糟蹋得不成样子，而且就在大路旁；连散散步都不行，因为牲口常常穿过倒塌的围墙冲进花园，而且有一头很凶的公牛，喜欢大声吼叫，看样子也喜欢抵人。能装衣服的橱子也没有。衣橱是有的，橱门却关不紧，而且有人从旁边走过，橱门就自动敞开。铁锅和瓦罐也没有。连洗衣锅和使女用的烫衣板都没有。

开头一些日子里，陶丽不但没得到休息和安宁，反而落到她认为非常可怕的灾难境地，因而感到大失所望。她竭力张罗，觉得还是无可奈何，时时刻刻都噙着涌到眼睛里的泪水。管家是一个退役骑兵司务长，奥布朗斯基喜欢他，见他相貌好看而且彬彬有礼，把他从看门人提升上来。他对陶丽受苦受难丝毫无动于衷，恭恭敬敬地说："毫无办法呀，老百姓就是坏透了。"他一点也不帮忙。

看来是毫无办法了。可是在奥布朗斯基家里，也像在所有的人家一样，有一个不惹人注意、然而却极其重要、极其有用的人物，那就是玛特廖娜。她安慰太太，劝她说，总会雨过天晴的（这是她常说的话，马特维也从她嘴里学到了这话），而且她自己也不慌不忙、不急不躁地行动起来。

她立刻就和女管家交起朋友，当天就和男女管家一起在刺槐底下喝茶，并且商量种种事情。刺槐树下很快就成了玛特廖娜的俱乐部，就在这里，通过这个由女管家、村长和账房管事组成的俱乐部，生活上的种种难题渐渐得到解决，一个礼拜之后，果然雨过天晴了。屋顶修好了，厨娘找到了，找的是村长的干亲家母，母鸡买来了，奶牛也出奶了，花园用栅栏围了起来，木匠做了压衣服、床单用的磙子，衣橱上安了搭钩，橱门不会自动打开了，做了烫衣板，蒙了粗布，就放在安乐椅扶手上，靠在五斗橱上，使女房里也就散发出熨衣服的气味儿。

"这就好啦！您还老是觉得灰心绝望呢。"玛特廖娜指着烫衣板说。

甚至还用草苫子搭了一个洗澡棚。莉莉就在里面洗起澡来。陶丽的期望实现了，虽然是部分地实现，虽然她所期望的不是安宁的生活，而是方便的乡村生活。陶丽带着六个孩子是不可能安宁的。有的孩子生病，有的孩子眼看要生病，有的孩子有什么毛病，有的孩子显得脾气很坏，等等，等等。很少、很少有短短的安宁的时候。然而这种辛苦和操心却是陶丽唯一能得到的幸福。假如没有这一切，她就孤孤单单，只能想想并不爱她的丈夫。而且，尽管做母亲的看到孩子生病、担心孩子生病、看到孩子有坏毛病，心里是非常痛苦的，然而孩子们现在已经在用小小的欢乐来补偿她的痛苦了。这种欢乐极其微小，就像沙里的金子一样不易发现，她在心情不好的时候，就只看到痛苦，只看到沙子；然而也有心情好的时候，这时候就只看到欢乐，只看到金子了。

现在，在冷冷清清的乡下生活中，她越来越经常地领略到这种欢乐。她常常望着孩子们，想方设法让自己相信，她是看错了，她这个做母亲的太偏爱自己的孩子了；然而她还是不能不常常对自己说，她的孩子们都非常好，所有六个孩子，尽管长得不一样，然而都是难得见的好孩子，所以她为他们感到幸福，感到自豪。

八

五月底，在一切事情或多或少都有了头绪的时候，她接到丈夫的回信，回答她诉说乡下情况安排得不好的那封信。他请她原谅，说他考虑不周到，并且保证一旦有机会就来看他们。这样的机会一直没有，所以直到六月初，陶丽还是一个人住在乡下。

在圣彼得节前的礼拜天，陶丽带着所有的孩子到教堂去领圣餐。她在同妹妹、母亲和朋友们推心置腹地谈论哲学问题时，她在宗教方面的自由思想常常使他们感到吃惊。她有自己的奇怪的轮回教，而且信得很虔诚，却很少关心教会的教义。不过她在家庭中还是严格按照教会的要求行事，这不光是为了做榜样，而且也是出自本心。所以，孩子们将近一年没有领受圣礼，她就于心不安了。于是她在玛特廖娜的完全赞同和支持下，决定现在，就在夏天，去领受圣礼。

陶丽在事前好几天就考虑怎样打扮所有的孩子。衣服做好了，有的改做了，洗过了，折边和褶边放宽了，纽扣钉上了，缎带也准备好了。只有英国女教师自动为丹尼娅做的那件连衣裙，使陶丽伤了不少脑筋。英国女教师在改做这件衣服的时候，把衣缝弄错了，袖口开大了，差一点把这件衣服完全糟蹋了。丹尼娅穿起来显得肩膀非常窄，叫人看着难受。不过玛特廖娜设法嵌进一块三角衬垫，又做了小披肩。衣服的毛病是纠正过来了，但是差不多跟英国女教师吵了一场。不过，到第二天早晨，一切都准备停当了，快到九点钟的时候——他们要求牧师到九点钟举行圣礼，——打扮得花枝招展的孩子们就欢天喜地地站在门口马车旁边等待母亲了。

由于玛特廖娜的周旋，没有用不听驾驭的大青马套车，套的是管家那匹枣红马。陶丽为自己梳妆打扮忙活了一阵子之后，穿着一身雪白的轻纱连衣裙出来上车了。

陶丽梳头和穿衣服都是很用心，很兴奋的。以前她梳妆打扮是为了自己，为了使自己美丽动人。后来，她年岁越大，越不喜欢打扮；她看出自己容颜衰老了。可是现在她又愉快而兴奋地打扮起来。现在她打扮不是为了自己，不是为了自己好看，而是因为她是这一伙小天使的母亲，她不能破坏整体形象。她最后照了照镜子，感到满意了。她是很美的。不过不是她过去参加舞会时所希望的那种样子的美，而是她现在的想法所要求的那种美。

在教堂里，除了庄稼人、管院子的人和他们的婆娘们，再没有别的人。但是陶丽看到了，也许是她自以为看到了她和她的孩子们招引来的赞美的目光。孩子们不仅打扮得花枝招展，十分好看，而且举止活泼、有礼、非常可爱。阿廖沙虽然站得不怎么好：老是回头，想看看自己衣服的后身；但他还是异常可爱的。丹尼娅像个大人一样站着，还照看着几个小的。而最小的莉莉见什么都露出天真的惊讶神气，显得特别可爱；当她领过圣餐，说“请再给一点儿”[1]的时候，叫人很难憋住不笑。

---

①原文为英语。

在回家的路上，孩子们都觉得是做了一件了不起的事，一个个都很安生。

在家里，一切也都很好；可是在吃早饭的时候格里沙吹起口哨，更坏的是，他不听英国女教师的话，因此不准他吃甜饼。假如陶丽当时在场的话，在这样高兴的日子里她是不让处罚孩子的；可是现在她不能不维护英国女教师的威信，支持英国女教师的决定，格里沙就吃不到甜饼了。这就多多少少破坏了大家的高兴心情。

格里沙哭了，说尼古拉也吹过口哨，却没有受罚，说他哭不是因为吃不到甜饼——这他一点也不在乎，——他哭是因为对待他不公平。这实在叫人太难过了。于是陶丽决定去和英国女教师商量一下之后，就饶恕格里沙。她就去找她。但是就在她经过客厅的时候，看到了一个场面，使她心里高兴得不得了，不禁眼睛里涌出泪水，而且她自己做主饶恕了罪犯。

受处分的格里沙坐在客厅角落里的窗台上。丹尼娅端着碟子站在他身旁。她说是要给洋娃娃吃，要求英国女教师允许她把自己的一份甜饼拿到孩子们的房里去，实际上却拿来给弟弟吃。格里沙一面继续哭诉他受到处罚很不公平，一面吃着送来的甜饼，同时抽抽搭搭地在说："你也吃，咱们一块儿吃……一块儿吃。"

丹尼娅先是怜惜格里沙，后来又意识到自己的行为高尚，因此她的眼里也噙着泪水；不过她也不客气地吃着自己的一份甜饼。

他们看见母亲，吓了一跳，但看了看她的脸色之后，就明白了他们做得很好，于是笑了起来，嘴里还塞满了饼子，就用手擦起那笑呵呵的嘴唇，抹得那喜洋洋的脸上到处都是眼泪和果酱。

"哎呀呀！雪白的新衣裳呀！丹尼娅！格里沙！"母亲一心想保住新衣裳，就这样说，不过她眼睛里噙着泪水幸福而欢喜地笑着。

脱下新衣裳，给女孩子们穿上女褂，给男孩子们穿上旧上衣，并且吩咐套车，要出去采蘑菇和洗澡。使管家伤心的是，又套上了他那匹枣红马。孩子们的房里响起一片欢天喜地的尖叫声，一直到出门去洗澡的时候才停止。

采蘑菇采了满满一篮子，就连莉莉都找到了桦树蘑菇。以前总是古丽小姐找到蘑菇，就指给她看；可是现在她自己找到一个很大的桦树蘑菇，于是大家一齐欢欢喜喜地叫起来："莉莉找到蘑菇啦！"

然后他们坐上车来到河边，马车在白桦树下停下来，他们就去洗澡。车夫捷伦基把一个劲儿驱赶牛虻的马拴到树上，便在白桦树荫下草地上躺下来，抽起烟斗，孩子们那欢乐的叫声一刻不停地从浴场上向他耳边飞来。

虽然照顾所有的孩子，不让他们淘气，是很操心的，要记住从各人身上脱下来的袜子、裤子、鞋子而不弄乱，把所有的纽扣和带子解开、系上，是很麻烦的，然而陶丽一向喜欢洗澡，而且认为孩子们洗澡很有好处，所以她觉得跟所有的孩子一起洗澡是最快乐的事。抚摩着一双双胖乎乎的小腿，给他们脱下小袜子，把光溜溜的小身子抱起来，浸到水里，听着那又惊又喜的尖叫声，看着这些浑身是水的小天使那睁着一双双惊骇而快活的眼睛、气喘吁吁的神气，她觉得再快乐也没有了。

有一半孩子已经穿好衣服的时候，有几个出来采羊角芹和提牛奶罐的穿得漂漂亮亮的娘们儿来到洗澡的地方，怯生生地站了下来。玛特廖娜把其中一个叫过来，让她把掉进水里的被单和一件小褂晒一晒，陶丽就和几个娘们儿聊起来。她们起初只是捂着嘴笑，也听不懂她的问话，但过了一小会儿她们胆子就大了，聊了起来，对孩子们表示衷心的赞赏，立刻博得陶丽的喜欢。

"哎呀，你真美呀，像糖一样白，"一个娘们儿欣赏着丹尼娅，摇晃着脑袋说。"就是太瘦啦……"

"是啊，她刚刚生过病。"

"哎呀，就是说，也给你洗澡啦。"另一个娘们儿对怀抱里的孩子说。

"没有，他才三个月呢。"陶丽得意地回答说。

"真是的！"

"你有孩子吗？"

"本来有四个，只剩下两个了：一个男孩，一个女孩。就在今年开斋期给女孩断的奶。"

"女孩多大啦？"

"两岁啦。"

"你喂奶怎么喂那么久呀？"

"我们这儿时兴要喂三个斋期呢……"

于是谈起陶丽最感兴趣的话题：怎样生孩子？孩子生过什么病？丈夫在哪儿？是不是经常回家？

陶丽真不想离开这些娘们儿，跟她们聊天太有意思了，她们的情趣太投合了。陶丽最高兴的是，她清楚地看出来，这些娘们儿最赞赏的是她有这么多孩子，而且孩子们都这样好。这些娘们儿使陶丽笑得很开心，却使英国女教师很懊恼，因为就是她不明白这种笑的起因。有一个年轻娘们儿一直盯着最后穿衣服的英国女教师，在她穿第三条裙子的时候，年轻娘们儿憋不住评论起来："哎哟哟，穿了一条又一条，简直没有完啦！"她这样一说，大家一齐哈哈大笑起来。

九

陶丽戴着头巾，由一群刚刚洗过澡、头发还湿漉漉的孩子包围着，坐上车回家去的时候，车夫说：

"有一位老爷来了，好像是波克罗夫村的。"

陶丽探身朝前望了望，看到头戴灰色礼帽、身穿灰色大衣迎面走来的列文那熟悉的身影，高兴极了。她什么时候见到列文都很高兴，但现在她却是特别高兴，因为他是在她最光彩的时候看到她。再没有谁比列文更懂得她的了不起了。

他一看到她，就觉得置身于自己想象的未来家庭生活的一幅画面之中。

"您简直像是带着一窝小鸡的母鸡，达丽雅·亚力山大罗芙娜。"

"啊，多么高兴见到您呀！"她说着，把手伸给他。

"您高兴见到我，却不给我个信儿。我哥哥住在我这儿呢。我是收到司基瓦的信，才知道您在这儿呢。"

“收到司基瓦的信啦?”陶丽惊讶地问道。

“是的,他来信说您到这儿来了,他想,您也许有什么事要我帮忙。”列文说。可是他一说出这话,就感到难为情了,于是不再说话,扯下两片椴树嫩叶,放在嘴里嚼着,一声不响地跟着马车继续往前走。他所以感到难为情,是因为他猜想到,外人帮助来做本应由丈夫来做的事,陶丽会觉得不愉快的。陶丽确实也很不喜欢奥布朗斯基这种把自己家里的事推诿给别人的作风。而且她也立刻明白了,列文是理解这一点的。就因为这样通达人情,明白事理,陶丽才喜欢列文。

“当然,我明白,”列文说,“这只是说,您想见见我,我也很高兴看看您。当然,我可以想象,您在城里住惯了,在这儿会觉得处处不方便,所以,如果有什么需要我帮忙的地方,我一定尽力而为。”

“噢,不用!”陶丽说。“开头是有些不方便,多亏了我家的老保姆,现在一切都安排得好好的了。”她指着玛特廖娜说。玛特廖娜知道说的是她,所以又快活又亲热地对列文笑着。她认识他,知道这是小姐可选的佳婿,很希望能成就这件好事。

“请您上车吧,我们可以往这边挤一挤。”她对他说。

“不,我走走好啦。孩子们,谁愿意和我一块儿跟马赛跑呀?”

孩子们不怎么认识列文,不记得什么时候见过他,但是见了他没有流露出那种又拘束又厌恶的奇怪心情。孩子们见到装腔作势的大人常常会流露出这种奇怪的心情,并且常常因此受到很严厉的责骂。不论在哪一方面弄虚作假,也许能欺骗最精明、最有眼力的人;但是不论弄虚作假掩饰得多么巧妙,连最笨的小孩子都会识破,并且表示厌恶。不论列文有什么样的缺点,却没有一点装腔作势的样子,所以孩子们对他表现出亲热的神气,就像他们在母亲脸上看到的那样的。两个大孩子立刻应他的邀请,从车上跳到他跟前,跟他一起跑起来,一点也不拘束,就好像是在跟保姆、跟古丽小姐或者跟妈妈一起跑。莉莉也要跟他在一块儿,母亲就把她交给他;他就让她坐在肩上,扛着她跑起来。

“不要怕,不要怕,达丽雅·亚力山大罗芙娜!”列文快活地笑着对陶丽说,“我不会摔倒,也不会让她掉下来的。”

陶丽看着他那灵活、矫健、小心谨慎和精神极其专注的动作,就放下心来,又快活又赞许地笑着,望着他。

在这乡下,列文跟孩子们以及他所喜欢的陶丽在一起,不禁表现出他常常会有的那种孩子般的快活神气,陶丽特别喜欢他这种神气。他一面跟孩子们跑,一面教他们做体操,说着蹩脚的英语,惹得古丽小姐咯咯直笑,还对陶丽讲着自己在乡下做的事情。

吃过午饭以后,陶丽一个人陪他坐在阳台上,谈起了吉娣。

“您知道吗?吉娣要到这儿来跟我一起过夏天呢。”

“真的吗?”他说过,脸一下子就红了,为了改换话题,立刻又说:“就给您送两头奶牛来好吗?如果您要付钱的话,那就每月给我五个卢布,只要您不觉得难为情。”

“不用,谢谢您了。我们这儿什么都有了。”

“哦,那就让我看看您的奶牛吧,要是您允许的话,我来指点指点怎样喂奶牛。关键在于饲料。”

列文为了改换话题,就对陶丽谈起喂养奶牛的道理,这道理就在于,奶牛只是一架把饲料变成牛奶的机器,等等。

他说着这些话,心里却渴望听到有关吉娣的详细情况,同时又怕听到。他怕的是,他好不容易平静下来的心境又要被扰乱。

"是啊,不过,这种种事情都要有人来照料,又有谁来照料呀?"陶丽很勉强地回答说。

她靠着玛特廖娜,把家务事安排得好好的了,再也不想变动什么;再说,她也不相信列文在农事方面的知识。至于奶牛是制造牛奶的机器,她也怀疑这种道理。她觉得,这一类的道理只会妨碍做事情。她觉得一切都要简单得多:只要像玛特廖娜说的那样,给"花斑儿"和"白肚皮"多喂些料、多饮点水,不让厨子把厨房里的泔水拿去饮洗衣妇的奶牛就行了。这是很清楚的。而有关粮食饲料和草类饲料那一套道理是靠不住的,是不容易明白的。不过,主要的是,她想谈谈吉娣的事。

十

"吉娣给我来信说,她现在什么也不希望,就希望清静和安宁。"陶丽沉默了一会儿以后说。

"怎么,她的身体好些了吧?"列文激动地问道。

"谢天谢地,她完全康复了。我一直就不相信她会有什么肺病。"

"啊呀,我太高兴了!"列文说。就在他说这话和默默望着陶丽的时候,陶丽觉得他脸上有一种令人感动的、无可奈何的神气。

"您听我说,康斯坦丁·德米特里奇,"陶丽带着她那种和善而有几分嘲笑意味的微笑说，“您为什么生吉娣的气呀？”

“我吗？我没有生气。”列文说。

“不，您生气了。您在莫斯科的时候，为什么既不到我们家来，又不上她家去呢？”

“达丽雅·亚力山大罗芙娜，”他说着，脸一直红到头发根，“我很奇怪，连您这样好心肠的人，怎么对这事儿一点感觉也没有呀。您怎么一点也不怜悯我呀，既然您知道……”

“我知道什么呀？”

“您知道我求过婚，知道我碰了壁。”列文脱口而出。一分钟之前他对吉娣怀着的一腔柔情顿时被受辱的愤恨所代替。

“您怎么以为我会知道呢？”

“因为这事儿所有的人都知道了。”

“这您就说错了；我就不知道这事儿，虽然我也猜测过。”

“噢！那您现在知道了。”

“我原来只知道有一件什么事儿，这事儿使她十分痛苦，她要求我永远不要提这事儿。她既然不告诉我，也就不会告诉任何人。你们究竟是怎么一回事儿呀？您就对我说说吧。”

“我对您说过了，就是那样嘛。”

“什么时候？”

“就在我最后一次去你们家那时候。”

“不过，我要告诉您，”陶丽说，“我非常、非常可怜她。您痛苦，不过是因为自尊心受到伤害……”

“也许是的，”列文说，“可是……”

陶丽打断他的话，说：

"可是她够受呀,我真是非常、非常可怜她。现在我全明白了。"

"哦,达丽雅·亚力山大罗芙娜,请您原谅我,"他说着,站起来。"再见吧!达丽雅·亚力山大罗芙娜,再见。"

"不,您等一等,"她抓住他的袖子说。"等一等,请坐下。"

"我请求,我请求,咱们不谈这事儿吧。"他说着,坐下来,同时觉得似乎已经被埋葬了的希望又在他心中苏醒,而且蠢蠢欲动了。

"假如我不喜欢您,"陶丽说,并且眼睛里涌出泪水,"假如我不像这样了解您的话……这事儿咱们就不谈了。"

似乎已成死灰的感情渐渐复活,渐渐抬头,渐渐占据列文的心。

"是的,我现在全明白了,"陶丽继续说下去。"这种事儿你们是不懂的;你们男人自由自在,可以任意挑选,你们总是很清楚自己爱的是谁。可是一个待嫁的姑娘,害羞的姑娘,只能从远处看看你们男人的姑娘,就只能凭言语来判断一切,所以姑娘常常有一种不知道该说什么的心情。"

"是的,要是心里没有什么想法的话……"

"不,想法是有的,可是您想想吧:你们男人想找一个姑娘,可以上门去,去接近,去观察,看看所找的是不是自己的意中人,然后,等到认定这就是所爱的人,就求婚……"

"哦,并不完全是这样。"

"反正一样,等你们的爱情成熟了,或者在两个之中选定了一个,就可以去求婚。却不问问姑娘是怎样想的。希望姑娘自己选择,可是她无法选择,只能回答:同意或不同意。"

"能选择,在我和伏伦斯基之间选择过了。"列文在心里说。于是在心里复活了的希望又死去,只是沉甸甸地压在他心头。

"达丽雅·亚力山大罗芙娜,"他说,"买衣服或者别的什么商品,是可以这样挑选的,爱情可不能这样。选定了,那就是最好的……翻来覆去挑选可是不行。"

"哎哟,自尊心呀自尊心!"陶丽说。她似乎很轻视他的自尊心,似乎自尊心与只有女人能懂得的另一种感情相比太微不足道了。"就在您向吉娣求婚的时候,她正好处于无法回答的境地。她正在犹豫不决。是您还是伏伦斯基,她拿不定主意。他是她天天见到的,她却很久没见到您了。假如她年岁大一些,比如说,要是我处在她的位子上,就不会犹豫了。我一向对他很反感,事情也就很简单了。"

列文想起了吉娣的回答。她说的是:不,这不可能……

"达丽雅·亚力山大罗芙娜,"他冷冷地说,"我很珍视您对我的信任;我以为,您想错了。不管我做得对不对,您如此轻视的这种自尊心还是存在的,因此在我来说,任何关于卡捷琳娜·亚力山大罗芙娜的想法都是不可能有的,——您要明白,这是完全不可能的。"

"我只是再说一句:您要明白,我说的是我的妹妹,我爱她,就像爱自己的孩子一样。我不是说她爱您,我只是想说,她当时拒绝您并不说明什么。"

"我不知道!"列文跳起来说。"您可知道,您这样使我多么痛心!这就好比,您死了一个孩子,别人却对您说:这孩子多好呀,多好呀，本来可以活的呀，您本来可以看着他多么高兴呀！可是他死了，死了，死了呀……”

“您多么可笑呀，”陶丽也不管列文有多么激动，带着苦笑说。“是的，我现在越来越明白了，”她若有所思地说下去。“那么，等吉娣来了，您就不到我们这儿来了吗？”

“是的，不来了。当然，我并不是要躲着卡捷琳娜·亚力山大罗芙娜，不过尽量避免因为我在场而使她不愉快。”

“您真是太可笑，太可笑了，”陶丽很亲热地看着他的脸，又说了一遍。“好啦，就算咱们根本没谈这事儿吧。丹尼娅，你来干什么？”陶丽用法语向走进来的女孩子问道。

“妈妈，我的铲子在哪儿呀？”

“我说法语，你也要说法语。”

女孩子想说话，但是忘记了法语的铲子是怎么说的；母亲给她提示了，然后她就用法语说，到哪儿去找铲子。这也使列文感到不愉快。

现在他觉得陶丽家里的一切以及她的孩子们的一切完全不像原来那样可爱了。

“她为什么要和孩子们说法语呀？”他想道。“这多么不自然，多么做作呀！这连孩子都感觉到了。学了法语，却丢掉了本色。”他在心里说，却不知道这一切陶丽已经反复想过几十次，认为尽管会有损本色，用这种方法来教育孩子们还是必要的。

“您要上哪儿去呀？再坐一会儿吧。”

列文留下来喝茶，但他的愉快情绪已经烟消云散，感到很别扭了。

喝过茶之后，列文走到前厅里吩咐套车。等他回到房里，看到陶丽十分激动，一脸的烦恼，眼里噙着泪水。就在列文出去的时候，出了一件事，在陶丽来说是一件大事，一下子把她今天幸福的心情和因为孩子感到自豪的心情破坏了。格里沙和丹尼娅因为争皮球打起架来。陶丽听到孩子们的房里有吵闹声，跑了出去，就看到他们正打得难分难解。丹尼娅揪住格里沙的头发，格里沙气得一张脸变了模样，用小拳头朝她身上乱打。陶丽一看到这场面，心都碎了，就好像是一片黑暗朝她的生活压下来：她明白了，她是那样引以为自豪的孩子，不仅都是很平常的，而且甚至是不好的、教养很差的孩子，是有粗暴野蛮毛病的坏孩子。

别的什么事情她都不能谈，也不能想了，而且也不能不把自己的不幸对列文说说。

列文看出来，她很难过，就想方设法安慰她，说这不能说有什么不好，所有的孩子都喜欢打架；可是，他虽然这样说，心里却在想："不，我就不会装腔作势，不会跟我的孩子说法语，而且将来我的孩子也不会是这样的；只要不娇惯孩子，不摧残孩子，孩子就会好得很。是的，将来我的孩子不会是这样的。"

他告过别，就走了，她也没有挽留他。

十一

七月中旬，姐姐那个村子的村长到波克罗夫村来见列文，报告庄稼事和割草情况。姐姐的村子在二十俄里以外。姐姐地产的主要收入来自河滩的草地。在往年,是以每亩二十卢布的价钱让给庄稼人去割。列文掌管这份地产后,他察看了草地,认为价钱还应该高些,就定为每亩二十五卢布。庄稼人不肯出这个价钱,而且列文还怀疑,他们挡掉了其他买主。于是列文亲自到那里去,吩咐一部分用雇工、一部分用分成的办法来割草。原有的庄稼人千方百计阻挠这种新办法的推行,可还是推行了新办法,因此第一年草地的收入就几乎增加了一倍。去年和前年庄稼人还在表示反对,可是依然照这种办法在进行收割。今年庄稼人按照分成三分之一的办法承包了全部草地,所以现在村长来报告说,草已全部割完,因为怕下雨,他把账房请了去,当着账房的面把草分了,并且已经给东家堆起十一垛干草。列文问到那块大草地上总共收了多少干草,他回答得含含糊糊。从他回答的含糊,从他问也不问就急急忙忙把草分了,以及从这汉子的整个语调,列文明白了,这次分草有蹊跷,于是决定亲自去查一查这件事。

列文在午饭时候来到这个村子,把马留在一个跟他要好的老汉家里,老汉是哥哥的奶妈的男人。列文就到养蜂场去找这个老汉,想从他那儿了解割草的详细情形。喜欢说话的、相貌堂堂的巴敏内奇老汉高高兴兴地接待列文,带他看了看自己的全部家业,详细说了说自己的蜜蜂和今年分窝的情形;可是等列文问起割草的情形,他却说得含含糊糊,很不愿意说。这就更证实了列文的猜测。他到草场上去,仔细看了看草垛。每垛干草不可能有五十车。为了拆穿庄稼人的花招,列文吩咐立即叫来运干草的大车,把一垛干草拆开,运到棚子里去。结果一垛干草只有三十二车。尽管村长辩白说,干草很泡,一堆成垛就压实了,而且又赌咒发誓说，一切都是对得起上帝的，列文还是坚持说，干草是不经他同意分掉的，因此他不能按每垛五十车来接收干草。争论了很久之后，问题这样解决：这十一垛干草按五十车一垛归庄稼人，就算他们的分成，重新分出一份干草给东家。这场谈判和分配干草一直进行到下午。在分配最后一部分干草的时候，列文委托账房继续监督，自己在插了柳枝作标记的干草垛上坐下来，欣赏着人群熙熙攘攘的草场。

在他的前方，在沼地那边的河湾里，有一群穿得花花绿绿的娘们儿在干着活儿，一面叽叽喳喳地高声说笑；散乱的干草在嫩绿的再生草地上很快变为一条条弯弯曲曲的灰墙。男子汉手拿草叉跟在娘们儿后面，一条条灰墙于是变成一个个又宽又高的泡鼓鼓的草垛。在左边已经割干净的草地上，有不少大车，干草一大叉一大叉地被装到车上去，草垛一个个消失，变成一辆辆满载的大车，那芳香的干草一直装得耷拉到马屁股上。

“割草割得真是时候！干草好极啦！”坐在列文旁边的老汉说。“香得像茶叶，不像干草！瞧那股装干草的劲头儿，就好像小鸭子抢食撒下的谷子！”他指着装运干草的人说。“午后已经拉走一大半了。”

“怎么，是最后一车吗？”他大声问一个小伙子，那小伙子站在车厢前面，挥动着缰绳头儿，赶着大车从旁边经过。

“最后一车了，爹！”那小伙子勒住马大声回答说，又笑嘻嘻地回头看了看一个坐在车厢里也在快活地笑着的面色绯红的娘们儿，就又赶着车往前走。

“这是谁呀？是你儿子吗？”列文问道。

“我的小儿子。”老汉亲切地笑着说。

“多好的小伙子呀！”

“这孩子不坏。”

“娶亲了吧？”

“娶了，到圣菲力浦节已经有两年了。”

“怎么，有孩子了吧？”

“什么孩子呀！整整一年他什么也不懂，还害臊呢，”老汉回答说。“瞧这干草！简直香得像茶叶呀！”老汉想改变话题，就又把刚才的话说了一遍。

列文留神打量起小伙子伊凡·巴敏诺夫和他的妻子。他们在离他不远的地方装车。伊凡站在大车上，她那年轻美丽的妻子先是很灵活地把干草抱给他，后来用叉子递给他，他把干草接过去，摊开来，压结实。那年轻娘们儿干得又轻松，又快活，又麻利。那压实了的大片的干草一下子叉不起来。她先把草扒一扒，把叉子叉进去，然后又快又猛地把全身的重量压在叉子上，接着就弓一弓勒着红色宽带的脊背，直起身来，挺出白围裙裹着的丰满的胸脯，很麻利地用手把叉子一挥，就把一大束干草高高地甩到车上。伊凡显然在想方设法不让她白费劲儿，他把两条胳膊张得大大的，急忙接住甩上去的干草，摊在车上。那娘们儿把最后一些干草用耙子搂了搂甩上来之后，把落进脖子里的草屑掸干净了，重新系了系溜到还没有晒黑的白白的额头上的红头巾，就爬到大车底下去拴车绳。伊凡教她怎样把绳子拴到滑轮上，听到她说的一句什么话，哈哈大笑起来。在两个人的面部表情中显露着刚刚觉醒的炽烈的青春爱情。

十二

车扎好了。伊凡跳下车来,牵住那匹肥壮的好马的缰绳。那娘们儿把草耙扔到大车上,便迈着矫健的步子,摆动着两臂,朝围成圈儿在跳舞的一些娘们儿走去。伊凡赶着车上了大路,加入干草车的队伍。一个个娘们儿肩荷草耙,晃动着花花绿绿的衣衫,快快活活地高声说笑着跟在大车后面。一个粗犷的女声领头唱起歌儿来,唱到反复的地方,就有四五十个不同的响亮的声音,有粗也有细,一齐接上去,又从头合唱起这支歌儿。

唱歌的娘们儿渐渐来到列文跟前,他觉得好像是一片乌云带着欢乐的雷声向他涌来。乌云涌到跟前,把他笼罩住了,他坐的这草垛以及其他一些草垛和大车,还有整个的草地和远处的田野,——一切都配合着这夹杂着叫声、口哨声和咯咯声的粗犷而欢快的歌声轻轻颤动着。列文羡慕起这种健康的喜悦,很想参与表现这种欢乐的生活。可是他什么也不会,只能躺着看看和听听。等到唱歌的人群不见了,歌声也听不见了,列文因为自己孤独,自己不做体力活儿,自己跟这些人作对,心里感到苦恼得不得了。

有几个为干草的事跟他争吵得最凶的庄稼人,也就是他得罪过的或者想欺骗他的那几个人,都快快活活地向他鞠躬,显然对他没有也不可能有什么怨恨,而且不仅不可能愧悔,甚至不可能记得他们想欺骗他了。这一切都淹没在欢乐的共同劳动的海洋里了。上帝给了时间,上帝给了力气。时间和力气都用于劳动,劳动本身就是奖赏。为谁劳动？劳动结果是什么？那是无关紧要的、多余的考虑了。

列文常常欣赏这种生活，常常羡慕过这种生活的人，可是今天，尤其是他看到伊凡·巴敏诺夫对待他年轻妻子的情景之后，他第一次清清楚楚地意识到，要想把他过的如此乏味、空虚、不自然和孤独的生活变成这种勤劳、纯洁和共同的美好生活，全在于他自己。

跟他坐在一块儿的老汉早就回家了，所有的人都走开了。路近的都回家去了，路远的都去准备吃晚饭，准备在草地上过夜。没有人注意列文，列文依然躺在草垛上，看着，听着，想着。留在草地上过夜的人在短促的夏夜里几乎通宵没有睡。先是听到晚饭时大家快活的说话声和大笑声，后来又是歌声和笑声。

除了欢乐，漫长的一天劳动在他们身上没有留下什么痕迹。快到黎明时候，一切都静了下来。只能听到沼地里青蛙不停的夜鸣声和草地上的马在升起的晨雾中打响鼻的声音。列文清醒过来之后，从草垛上爬起来，看了看星星，知道天快要亮了。

“啊，我究竟该怎么办呢？我怎样才能做到这一步呢？”他在心里说，一面竭力要把他在这短促的夏夜里反复想的和感受的理出个头绪。他所想的和感受的可以分为三种思绪。一种是抛弃他过去的生活，抛弃他那些无益的知识，抛弃他所受的一无用处的教育。这种抛弃对于他是一种乐事，在他来说是很简单、很容易的。另一种思绪和设想是关于他现在希望过的那种生活的。他清楚地感觉到那种生活的朴实、纯洁和正当，相信能够在那种生活中获得他痛感缺乏的乐趣和心安理得感。可是第三种思绪却是在如何完成从原来的生活到新生活的转变问题上打圈圈儿。在这方面他就一点明确的想法也没有了。“要有妻子吗？要有活儿干，非干活儿不可吗？要离开波克罗夫村吗？要买地吗？参加村社吗？娶一个农家姑娘吗？我究竟怎样才能做到这一步呢？”他又问自己，而且也找不到答案。“不过，我一夜没睡，所以头脑不怎么清楚，”他在心里说。“我以后会想出个头绪的。有一点是肯定无疑的，那就是这一夜把我的人生道路决定了。我原来关于家庭生活的一切梦想都是荒唐的，不对头的，”他在心里说。“这一切简单多了，也好多了……”

“多美呀！”他望着停在天空中央他的头顶上的贝壳般的奇形怪状的朵朵白云，想道。“这美好的夜晚的一切多么美好呀！什么时候一下子就出现了这么多的贝壳？刚才我仰望天空，天空还什么也没有，只有两片白云。是啊，我对人生的看法也就是这样在不知不觉间改变了的呀！”

他走出草地，顺着大路朝村子走去。微风吹动，天色灰暗了。黑暗的时刻到了，在光明完全战胜黑暗的黎明到来之前通常都有这样的时刻。

列文冻得缩着身子，快步走着，眼睛看着地面。“这是什么？有马车来了。”他听到铃声，想道，于是抬起头来。在四十步之外，有一辆顶上带行李箱的四驾马车，正顺着他走的这条青草萋萋的大路迎面驰来。两匹辕马避开车辙，紧紧贴着辕杆，可是斜坐在驭座上的老练的车夫却让辕杆对准一条车辙，这样车轮就走平坦的地方了。

列文只注意到这些，没有去想这是谁来了，漫不经心地朝马车里看了一眼。

马车里有一个老太婆在角落里打盹，窗边坐着一位年轻姑娘，显然刚刚醒来，双手握着白色睡帽的绸带。那姑娘一脸开朗、沉思的神气，心里想着微妙、复杂、列文无法理解的心思，从列文头顶上望着日出前的曙光。

就在这景象即将消失的一刹那，那一双真挚的眼睛朝他看了看。她认出他来了。她又惊又喜，一张脸放起光来。

他不会看错的。这眼睛在世界上只有一双。世界上只有一个人能为他汇集起人生的全部光明和人生意义。这个人就是她。这个人就是吉娣。他明白了，她这是从火车站到叶尔古绍沃去。于是在这不眠之夜里一直在他心里翻腾的许多念头，他所下定的决心，一下子都烟消云散了。他一想起自己梦想要娶农家姑娘，就觉得厌恶。只有那里面，在那很快地远去、已经跑到大路的另一头的马车里，那里面才有答案，才能解开他近来苦苦思索的人生之谜。

她再也没有朝外面望。马车弹簧的声音已经听不见了，铃铛声音也只是隐约可闻了。狗吠声表明马车已经过了村子。这时只剩下周围空旷的田野、前面的村子和他自己，他孤孤零零，形单影只，踽踽独行在荒野大道上。

他仰望天空，希望能看到他欣赏过的那象征着他今夜思想和感触全过程的贝壳般云片。天空再没有什么东西像贝壳了。在那高不可测的天空已经发生了神秘的变化。贝壳般的云片连影子也没有了，在整整半边天上浮动着越来越碎小的云朵，就好像铺了一张平坦的地毯。天空变蓝了，也明亮了，不过依然还是带着那样亲切然而神秘莫测的神气回答他询问的目光。

“是的，”他在心里说，“不论这种生活，这朴实勤劳的生活，有多么美好，我也不能回到这种生活中。我爱她呀。”

十三

除了跟卡列宁最接近的人以外，谁也不知道这个看似极其冷静、极其理智的人，却有一个与他的整个气质格格不入的弱点。他见不得小孩子或女人的眼泪。他一见眼泪就心慌意乱，完全丧失思考能力。他的办公室主任和秘书知道这一点，总是事先关照那些求见的女人，如果不想坏自己的事的话，千万不要哭。“他会生气的，那就不愿听您的话了。”他们总是这样叮嘱说。确实，在这类场合，眼泪引起的卡列宁的心慌意乱，往往表现为暴躁，发脾气。“我没办法，一点办法也没有。请您走吧！”他在这种情况下往往会这样叫起来。

在从赛马场回来的路上，安娜对他说了自己和伏伦斯基的关系，接着就双手捂住脸哭起来的时候，卡列宁尽管对她满腔愤恨，同时却感觉到又像往常见到眼泪那样，心里乱了。他知道这一点，也知道此时此刻流露感情是不相宜的，就竭力克制心中任何感情的流露，所以他动也不动，也不看她。因此在他脸上出现了僵硬的奇怪表情，使安娜感到十分惊愕。

等他们来到家门口，他扶她下了车，又压了压自己的愤恨，像往常一样很有礼貌地跟她道了别，还说了几句应付话：他说，明天将他的决定告诉她。

妻子的话证实了他最坏的猜疑，在他心中引起剧烈的创痛。由于她的眼泪引起他对她产生了一种奇怪的怜惜感，这创痛更加剧了。可是，等到马车里剩下他一个人，使他又惊又喜的是，他觉得可以完全不必这样怜惜了，近来他又猜疑又嫉妒，非常苦恼，今后就不必要了。

他的感觉就好像一个人拔掉了一颗痛了很久的牙齿。一个病人在经受了剧烈的痛楚之后，在感觉到从牙床上拔掉了比头本身还大的东西之后，就在他还不相信自己福至运转的时候，忽然感到那样长久使他过不好、使他天天焦虑的东西再也不存在了，他又可以不单单为自己的牙齿生活、思考和操心了。卡列宁就有这样的感觉。这痛楚是奇怪的和剧烈的，不过现在已经过去了；他觉得他又可以过下去，又可以不单单考虑妻子了。

“没有廉耻、没有良心、没有宗教信仰的一个堕落的女人！这我以往就知道，以往就看出来了，尽管我因为怜惜她，竭力欺骗我自己，”他在心里说。他确实觉得他以往就看出了这一层；他回想他们过去生活中的一些详情细节，以前他不觉得有什么不好的，现在这些情节就清楚地表明，她以往就是一个坏女人。“我和她结为夫妻，实在是错了；错是错了，我却没有什么不好之处，因此我不应该倒霉。过错不在我，”他在心里说，“过错在她。不过她跟我不相干了。对于我来说，她已经不存在了……”

他不再关心她和儿子今后的遭遇如何，他对待儿子也像对待她一样，感情完全变了。现在他只关心一个问题，那就是怎样用最好、最体面、自己做起来最方便，因而也是最妥当的方式甩掉由于她的堕落而溅在他身上的泥污，继续沿着奋发有为、正当有益的生活道路前进。

"我不能因为一个下贱女人做了罪恶的事就不幸；我只是应当找到一个最好的办法，以便脱离她使我陷入的困境。我会找到办法的，"他心里想着，眉头皱得越来越紧了。"我不是第一个，也不是最后一个。"于是，且不说历史上的事例，就从重新出现在大家记忆中的墨涅拉俄斯的美丽的海伦[①]算起，卡列宁想起许许多多当代上流社会里妻子对丈夫不贞的事实。"达利亚洛夫、波尔达夫斯基、卡里巴诺夫公爵、巴斯库丁伯爵、德拉姆……是的，还有德拉姆……这样正直有为的人也是……谢苗诺夫、恰金、西果宁，"卡列宁一一回想着。"就算这些人常常遭到无知的嘲笑，可是我从来不认为这有什么，不过是一种不幸，我一向很同情这种不幸，"卡列宁在心里说，虽然这不是事实，虽然他从来没有同情过这种不幸，而且他听到妻子对丈夫不贞的事例越多，越是认为自己了不起。"这种不幸是人人都会碰到的。我也就碰到了。问题就在于，怎样用最好的办法对待这种境况。"于是他一一详细思考处于他这种境地的人所采取的办法。

"达利亚洛夫是进行决斗……"

卡列宁年轻时对决斗就特别关注，就因为他生来是一个胆小的人，而且他很清楚这一点。卡列宁一想到手枪对准自己，就毛骨悚然，所以这一生他从来没有拿过任何武器。正因为害怕，他从小就常常想到决斗，设身处地地想想把自己的生命置于危险境

①《美丽的海伦》是德国作曲家奥芬·巴赫的轻歌剧，当时在俄国上演。海伦是希腊神话中的美人，斯巴达王墨涅拉俄斯的妻子，被特洛伊王子拐走。

地的情景。他在做了官,有了权势之后,早就忘记了这种心情;可是已成为习惯的这种心情现在又抬头了,而且怕自己胆怯怕得非常厉害,所以卡列宁想到决斗问题,又不敢想决斗问题,翻来覆去考虑了很久,虽然他早就知道,他在任何情况下都不会和人决斗。

“毫无疑问,我们的社会还非常野蛮(不光是英国),所以许多人,包括卡列宁特别看重的一些人在内,都从好的方面来看待决斗;可是后果怎样呢?假如我找人决斗,”卡列宁继续想下去,真切地想象到挑战之后他将度过的夜晚和对准他的手枪,不禁打起哆嗦,也就明白了,他是永远不会干这种事的,“比如说,我找他决斗。比如说,有人教会我开枪,”他继续想下去,“我们各自站到位置上,我把枪机一扳,”他闭上眼睛想道,“这么一来,我就把他打死了,”卡列宁想着,摇了摇头,想驱除这种愚蠢的想法。“为了表明自己对犯罪的妻子和儿子的态度而去杀人,有什么意思呢?我该拿她怎么办,还是照样要考虑拿出个主意。但更可能而且毫无疑问的是,我会被打死或者被打伤。我是无辜的,成为牺牲品,被打死或打伤,那就更没有意思了。而且不仅如此,由我这方面来挑起决斗,那也是不光彩的行为。难道我事先不知道,我的朋友们决不会让我去决斗,决不会让俄国的栋梁之材去冒生命危险吗?结果又会怎么样呢?结果就会是,我事先知道这事不会有什么危险,只是想通过这种挑战为自己增添一种虚假的光彩。这是不名誉的,是虚伪的,这是自欺欺人。决斗是毫无意义的,谁也不希望我决斗。我的目的是要维护我的声誉,要想在官场上有所作为,声誉是不可缺少的。”卡列宁一向很看重官场上的活动,现在他看得更是特别重要了。

卡列宁在考虑和抛弃了决斗的办法之后，就又考虑起离婚——这是他所想起的那些丈夫采取的另一种办法。卡列宁一一回想了他所知道的离婚案件（这样的案件在他所熟悉的上层社会是很多的），却找不到一件是出于和他相同的目的。在那些案件中，丈夫都是让出或卖出不贞的妻子，而另一方，本来因为犯罪无权结婚的，却和另一个男人结成似乎合法化了的不正当夫妻关系。卡列宁看出来，在他这种情况下要想做到合法的离婚，也就是只把有罪的妻子休掉的离婚，是不可能的。他看出来，他所处的复杂的生活环境，不可能提供法律所要求的揭发妻子犯罪的丑恶证据；还看出，即使有这样的证据，也不便提出来，因为人们对这类事是最敏感的；如果提供这样的证据，在舆论方面他遭受的损害一定会比她更大。

离婚的做法只能酿成一宗出丑的案件，那是他的对头冤家求之不得的，可以借机诽谤他，贬低他崇高的社会地位。他的主要目的是安定事态而不引起风波，这是通过离婚也达不到的。此外，离了婚，甚至一提出离婚，显然妻子就可以和丈夫断绝关系，而和情夫在一起。卡列宁虽然自以为对妻子抱着一种不屑一顾的冷漠态度，但是在心里对她还剩了唯一的一种感情，那就是不愿意让她顺顺当当地和伏伦斯基结合，不愿意让她觉得犯了罪反而合算。他一想到这事就恼火得不得了，所以他一想起来，心里就痛苦得哼哼起来，而且在马车里欠起身子，换了换位置，然后皱着眉头，用毛茸茸的车毯裹他那一双怕冷的干瘦的腿，裹了老半天。

“除了正式离婚以外，还可以像卡里巴诺夫、巴斯库丁和那位好心肠的德拉姆那样办，就是说，和妻子分居，”他定下心来，继续想道。不过这个办法也不合适，会像离婚一样出丑，更主要的是，那就和正式离婚一样，把他的妻子抛到伏伦斯基的怀抱里。“不行，这不可能，不可能！”他又一面裹着车毯，高声说起来。“我不能不幸，她和他也不应该幸福。”

在不明真相的时候，他猜疑，嫉妒，十分苦恼，妻子一番话，就好像给他拔掉了病牙，痛过一阵子之后，嫉妒心也就消失了。不过这种心情只是换成了另一种心情，那就是希望她不仅不能称心如意，而且要因为自己的罪行受到惩罚。他不承认有这种心情，但在内心深处却十分希望她因为破坏他的安宁和名誉而吃苦头。卡列宁又一一地考虑了决斗、离婚和分居的办法，又一次否定这些办法之后，就认定了可行的办法只有一个：把她留在自己身边，把事情隐瞒住，不让世人知道，采取一切相应的办法斩断他们的关系，而更主要的是——这是他自己对自己都不肯承认的——要惩罚她。“我应当宣布我的决定，那就是，在考虑了她为家庭造成的痛苦状况之后，认为采取其他办法都不行，只有在表面上维持原状[①]，这对双方都好些，我也同意维持这样的状况，不过她得严格地照我的意见办，那就是跟情夫断绝往来。”卡列宁在做出这个决定之后，又想到一个很重要的理由，可以证明这个决定的正确。“我只有按照这个决定行事，才符合宗教精神；”他在心里说，“只有按照这个决定办，我才不是抛弃有罪的妻子，而是给她悔改的机会，甚至于——不管这在我有多么痛苦——我还牺牲一部分精力来帮她悔改，挽救她。”虽然卡列宁也知道，他不可能

①原文为拉丁语。

对妻子有什么道德上的影响,也知道,一切帮她悔改的打算,除了虚伪,不会有什么结果;虽然他在痛苦的时刻,从来也没有想过去寻求宗教指引,然而现在,在他觉得他的决定符合宗教要求的时候,这种宗教上的许可却使他十分高兴,而且也部分地使他定下心来。在对宗教普遍冷淡和漠不关心的情况下,他一向高举宗教的旗帜,现在在如此切身有关的重要问题上,谁也不能说他的做法不符合宗教精神了,一想到这里,就觉得高兴。卡列宁在进一步考虑细节的时候,甚至都看不出,为什么他和妻子的关系不能仍然和以前一样。毫无疑问,他再也不能像以前那样尊敬她;但没有也不可能有任何理由,因为她是一个不贞的坏妻子而打乱自己的生活,让自己受苦受难。"是的,时间会过去的,时过境迁,各方面又会恢复原来的样子,"卡列宁在心里说,"也就是恢复到这样的地步,使我不再觉得生活过程中有过什么风波。她应该不幸,但我没有过错,所以我不能不幸。"

十四

当马车快要到彼得堡的时候,卡列宁不仅完全拿定了主意,而且拟好了他要给妻子的信的腹稿。卡列宁走进门房,看了一眼部里送来的信件和公文,就吩咐拿到他的书房里去。

"把车卸了吧,我什么人也不接见,"他加重语气说出"不接见"几个字,以回答门房的问话,他说话时带着几分得意的口气,表示他的心情很好。

卡列宁在书房里来回踱了两趟,便在大书桌旁站下来。仆人已经预先走进来在书桌上点起六支蜡烛。他扳得手指头咯吧咯吧响了几声，便坐下来，把纸摊开，拿起笔来。把两肘搁在桌上，歪着头，想了一小会儿，就写起信来，连停也不停。他对她不用抬头，而且用法文写，使用法文的代词“您”，因为这不像俄语里那样有冷淡的意味。

在我们最近一次谈话时我曾向您表示，关于这次所谈的事，我要把我的决定告诉您。我仔细考虑过种种情况之后，现在我就履行诺言，写信给您。我的决定是这样的：不论您的行为如何，我认为我无权拆散我们的夫妻关系，因为我们的结合是上帝的安排。家庭不能因为个人心意、个人好恶，甚至也不能因为夫妻一方犯罪而被破坏，所以我们还应当像原来一样过下去。这对我，对您，对我们的儿子都是必要的。我深信，您已经痛悔并且还在痛悔已成为此信起因的那件事，并且深信您会跟我齐心协力来根除我们不和的原因，忘却过去的一切。如果不这样，您自己也会想到，等待着您和您的儿子的将会是什么。这一切我希望见面时再详细谈谈。因为避暑季节即将结束，我请您尽速回彼得堡，至迟不要过星期二。您回城的一切事自会有安排的。请您注意，我特别看重我这一要求。

阿·卡列宁

随信附上您生活开支可能要用的钱——又及。

他把信看了一遍，觉得很满意，尤其因为他还想起送钱给她；

既没有激烈的言语,没有责备,也没有纵容姑息。主要的是,为她的归来搭了一座金桥。他把信折好,用老大的象牙裁纸刀压压平,就把信和钱一起装进信封,于是很高兴地按了按铃,每当他使用他那摆得整整齐齐的文具时,总是感到很高兴。

“把这信交给信差,叫他明天送到别墅交给安娜·阿尔卡迪耶芙娜,”他说着,站了起来。

“遵命,大人;把茶送到书房来吗?”

卡列宁吩咐过把茶送到书房里来,便一面玩弄着老大的裁纸刀,朝安乐椅走去。安乐椅旁有一盏点好的灯和一本已经开始读的论述埃及象形文字的法文书。安乐椅上方挂着一幅安娜的肖像,嵌在椭圆形金边镜框里,那是一位有名的画家画的,画得很美。卡列宁朝画像看了看。那一双深奥莫测的眼睛带着嘲笑和放肆的神气看着他,就像这天傍晚他们交谈时那样。卡列宁觉得,画家妙笔画出的那头上的黑黑的丝带、黑黑的头发、白嫩的手和戴着戒指的无名指,都流露出令人难以忍受的放肆和挑战的意味。卡列宁对着画像看了一会儿,浑身打起寒战,嘴唇哆嗦起来,并且发出“布尔尔”的声音,于是转过身去。他连忙坐到安乐椅上,打开书本。他试着看书。可是怎么也不能恢复他原来对埃及文字的浓厚兴趣了。他看着书,却想着别的事。他想的不是妻子的事,而是最近发生在官场上的一件很复杂的事,是他在这个时期最关心的一项公务。他觉得他现在对这一事件了解得比任何时候更深入,而且他可以毫不自夸地说,他心中已经有了一个很妙的想法,可以解决这个问题,可以提高自己在官场中的声望,挫败自己的政敌,因而可以对国家作出很大的贡献。等仆人摆好茶，走了出去，卡列宁就站起来，朝书桌走去。他把公文夹往桌子中央推了推，便带着隐隐约约的得意的微笑从笔架上取下一支铅笔，专心致志地看起有关这宗复杂事件的报告。这里就说说这宗复杂事件。卡列宁作为一名政府要员的特性，也就是每一个步步高升的官员都有的特点，使他能够青云直上的特点，那就是，除了一心一意地追逐功名、稳健、廉洁和威信之外，还在于不看重官样文章，简化公文往返，尽可能直接接触实际，力求节省开支。恰好那个著名的“六月二日委员会”就提出扎赖斯克省的农田灌溉的问题，这事属卡列宁这个部的管辖范围，是浪费开支和做官样文章的突出实例。卡列宁知道事实就是这样。扎赖斯克省的农田灌溉是卡列宁的前任创办的。确实，这事已经花费而且还在花费着大量资金，而且毫无成效，显然今后也不会有什么结果。卡列宁一上任就明白了这一点，就想管管这件事；可是在开头一段时间，他觉得自己地位还不稳固，他知道，这会触动很多人的利益，这是不明智的；后来他忙起了别的事，简直把这件事忘了。这事也就像其他一切事情一样，依靠惰性自然而然地进行下去。（有许多人靠这项事业过日子，尤其是一个很有教养的音乐之家：个个女儿都会拉提琴，卡列宁认识这一家人，还为一个大女儿主过婚。）一个跟他作对的部曾经提过这个问题，卡列宁认为这是别有用心，因为每个部里都有很不对头的事情，只是出于一定的官场礼貌，没有人提出罢了。现在，既然人家已向他挑战，那他就勇敢地应战，并且要求任命一个特别委员会来研究和检查扎赖斯克省农田灌溉委员会的工作。但是，他对那些先生也丝毫不肯示弱。他还要求任命一个掌管非俄罗斯人事务的专门委员会。有关非俄罗斯人事务的问题是“六月二日委员会”偶然提出来，而得到卡列宁积极支持的，因为非俄罗斯人处境十分悲惨，这是刻不容缓的问题。在委员会里，这个问题成为几个部争论的导火线。同卡列宁作对的那个部的人一再说明，非俄罗斯人的状况十分美好，所提出的改革只能破坏他们的繁荣，如果说有什么不好的地方的话，那只是因为卡列宁的部没有推行法律所规定的一些措施。现在卡列宁就打算提出要求：第一，成立一个新的委员会，负责实地调查非俄罗斯人的状况；第二，如果非俄罗斯人的状况确实像委员会所掌握的官方材料所写的那样，那就另外任命一个新的学术委员会，从以下观点，即(1)政治观点，(2)行政观点，(3)经济观点，(4)人种学观点，(5)物质观点，(6)宗教观点，来研究造成非俄罗斯人悲惨状况的原因；第三，要求与他作对的那个部报告十年来该部为防止非俄罗斯人目前这种不良状况所采取的措施；第四，也就是最后，从委员会1863年12月5日的第17015号和1864年6月7日的第18308号报告可以看出来，该部所作所为直接违反根本法和管理法，即……第十八条和第三十六条附款的精神，要求该部说明这是为什么。当卡列宁迅速记下这些想法的要点时，他兴奋得脸都红了。他写满一张纸，便站起来，按了按铃，叫仆人送一张条子给办公室主任，叫他搜集他所需要的资料。他站起来，在书房里踱了一会儿之后，又看了看那画像，皱起眉头，轻蔑地笑了笑。他又看了看那本关于埃及文字的书，又有了兴趣，到十一点才去睡觉，等他躺到床上，想起妻子的事，他觉得这事已经完全不是那样可怕了。

十五

虽然伏伦斯基在对安娜说，她不能这样过下去，并且劝她把一切对丈夫说清楚的时候，她带着懊恼的心情坚决反对他的意见，然而在内心深处也认为自己过的是虚伪作假的、不清白的日子，一心想改变这种状况。她在和丈夫一起从赛马场回来的路上，一时激动，就把一切都对他说了；当时她尽管也感到痛苦，然而心中是高兴的。等到丈夫离开她之后，她自己对自己说，她该高兴了，现在一切水落石出了，至少不必虚伪作假，不必欺骗了。她觉得毫无疑问，她的状况从此明朗了。这种新的状况也许会很糟，然而摆明白了，不必遮遮掩掩的了。她心想，她说出这些话，使自己和丈夫都感到很痛苦，可是现在一切都摆明白了，倒也不坏。这天夜里她跟伏伦斯基相会了，但是没有把她和丈夫之间发生的事告诉他，虽然为了把一切都摆明白了，就应该把这事告诉他。

第二天早晨她一醒来，首先想到的就是她对丈夫说的那番话，她觉得那番话非常可怕，现在她简直无法理解，她怎么会说出那样一些奇怪的粗鲁的话，也无法想象，这会有什么样的后果。但是话已经说出来了，卡列宁也什么都没说，走掉了。“我见了伏伦斯基，也没有告诉他。就在他走的时候，我想把他叫回来，告诉他，可是又改变了主意，因为我一开头没有告诉他，就显得有些奇怪。为什么我想告诉他却没有告诉他呢？”回答这个问题的，是她脸上泛起的热辣辣的羞臊之色。她明白，她为什么欲言又止；她明白，是她感到羞臊。昨天晚上她觉得她的状况已经明朗了，现在她忽然觉得，不仅不明朗，而且走投无路了。以前她想也没想到会有什么耻辱，现在她害怕起耻辱。她一想到丈夫会怎样办，心里就出现一些极其可怕的想法。她想到，管家就要来把她赶出家门，她的丑事就要暴露在大庭广众之下。她问自己，等她被赶出门去，她上哪儿去呢，她找不到答案。

在她想到伏伦斯基的时候，她似乎觉得他不爱她了，觉得他已经开始把她当成一种累赘，觉得自己无法委身于他，并且因此对他产生了敌意。她似乎觉得，她对丈夫说的和她在脑子里不断重复的那些话，已经对所有的人说了，所有的人都听见了。她不敢看家里所有的人的眼睛。她不敢唤侍女，更不敢下楼去看儿子和家庭教师。

侍女已经在她的门口倾听了很久，这时自动走进她的房里。安娜用询问的神气看了看她的眼睛，并且惊骇得红了脸。侍女请求原谅她走进来，说是好像听到唤她。她送来衣服和一封信。信是培特西写来的。培特西提醒她，今天上午丽莎·梅尔卡洛娃和施托尔茨男爵夫人要带她们的倾慕者卡鲁日斯基和斯特列莫夫老头子到她家去打槌球。“您就来看看吧，就算是研究研究性情也好呀。我等您。”她在结尾写道。

安娜看完信，沉重地叹了一口气。

“不用伺候，什么也不要，”她对正在整理梳妆台上的香水瓶和刷子的安奴什卡说。“你去吧，我这就穿衣服出门，不用伺候，什么也不要。”

安奴什卡就出去了，可是安娜并没有动手穿衣服，还是像原来那样坐着,垂着头和双手,有时浑身哆嗦几下,似乎是想做什么动作,说点儿什么话,可是又不说不动了。她不停地反复呼唤着:"我的上帝!我的上帝!"但是,不论"上帝",不论"我的",在她都是没有任何意义的。尽管她从小受到宗教熏陶,从来没怀疑过宗教,然而她却从来不曾想过为自己的处境向宗教求救,就像她从来不曾想过向卡列宁本身求救一样。她早就知道,只有在不再做那种已成为她全部生活意义的事的条件下,才能求救于宗教。她不仅觉得痛苦,而且对于她从来不曾有过的一种新的精神状态开始感到恐惧。她感觉到,她心中的一切都开始变为两重的,就好像有时物体在疲倦的眼睛里变为两重的。她有时不知道她害怕的是什么,希望的是什么。是害怕还是希望,害怕或希望的是已有的还是会有的情形,以及希望的究竟是什么,她都不知道。

"哎呀,我这是做什么呀!"她忽然觉得头的两边痛起来,就自言自语道。等她定下神来,才发觉自己用两手抓着两鬓的头发,并且紧紧挤压着两边鬓角。她跳起来,来来回回踱起来。

"咖啡煮好了,老师和谢辽沙在等着呢。"安奴什卡又回来,又看到安娜还是原来的样子,就说道。

"谢辽沙?谢辽沙怎么样?"安娜整个早晨第一次想起自己有一个儿子,就很兴奋地问道。

"他好像做了错事。"安奴什卡笑着回答说。

"做了什么错事?"

"您的桃子放在角屋里,他好像偷吃了一个。"

提起儿子,一下子就使她脱离了她所处的绝境。她想起这几年她所起的母亲为儿子活着的作用,这种说法虽然夸大了很多,但有一部分也是符合实情的；于是她高兴地感觉到，在她所处的境地中有一块地盘，是不依赖于她和丈夫以及伏伦斯基的状况的。这块地盘就是她的儿子。不论她的状况如何，她都不能离开儿子。哪怕丈夫辱骂她，把她赶出去，哪怕伏伦斯基对她冷淡，继续过他的放荡不羁的生活（她又带着恼恨和责备的心情想到他），她也不能抛弃儿子。她有她的生活目的。因此她应该行动起来，行动起来以维护她和儿子的这种状况，不让别人把儿子夺走。甚至应该快点儿，尽可能快点儿行动起来，趁现在还没有从她手里把他夺走，应该带上儿子走掉。这才是她现在应该做的事。她必须镇定下来，脱离这种痛苦的处境。她一想到跟儿子直接相关的事，一想到就要带着儿子到什么地方去，心里也就镇定下来了。

她很快地穿好衣服，下了楼，迈着坚定的步子走进客厅，客厅里像往常一样，有咖啡，还有谢辽沙和家庭教师在等着她。谢辽沙穿一身白衣服，站在镜子下面的桌子旁边，弯着腰，低着头，在摆弄他采来的一些鲜花，带着一脸聚精会神的神气，那是她在他脸上经常看到的，是他很像父亲的一种神气。

家庭教师一脸特别严肃的神气。谢辽沙像往常一样尖声叫起来："啊，妈妈！"并且犹豫不决地停下来：是走过去迎接母亲并且扔下鲜花呢，还是做好花环，带着花环走过去？

家庭教师打过招呼之后，就啰里啰唆、详详细细地说起谢辽沙的过错，但是安娜没有听她的；她在考虑，是不是带她一起走。"不，不带她，"她打定了主意。"我一个人走，光带儿子。"

"是啊，这很不好，"安娜说过，便搂住儿子的肩膀，不是用严厉的，而是用胆怯的、使孩子又困惑又高兴的目光看了看他，又吻了吻他。“让我来照料他好啦。”她对感到惊讶的家庭教师说完，便拉着儿子的手，坐到摆好了咖啡的桌旁。

“妈妈！我……我……没有……”他说，并且竭力想从她的表情猜测她会因为桃子的事对他怎么样。

“谢辽沙，”等家庭教师一走出门去，她就说道，“这很不好，不过你以后不再这样了吧？你爱我吗？”

她觉得，泪水涌到她的眼睛里。“难道我能不爱他吗？”她凝视着他那惊骇而又欢喜的目光，心里想道。“难道他会跟父亲一道来惩罚我吗？难道他不心疼我吗？”眼泪已经从她的脸上流下来，于是她为了不让孩子看到眼泪，腾地站起来，几乎是跑到了阳台上。

几天来的雷雨之后，出现了寒冷而晴朗的天气。灿烂的阳光穿过一丛丛冲洗得干干净净的树叶，然而空气是寒冷的。

她浑身打了个哆嗦，因为冷，也因为心里害怕，在清新的空气里她更感到冷，更感到害怕了。

“去吧，到玛丽艾特那里去吧，”她对跟着她出来的谢辽沙说完这话，就在阳台上的草毯上踱了起来。“难道他们就不能原谅我，就不了解这都是不能不这样吗？”她在心里说。

她站下来，望了望那随风摆动的白杨树梢和一丛丛冲洗得干干净净、在寒冷的阳光中闪闪发亮的树叶，就明白了，他们是不会原谅她的，现在一切东西和一切人对她都会是无情的，就像这天空，就像这绿树一样。于是她又觉得心中的一切开始变为两重的。“不要想，不要想了，”她在心里说。“应该准备动身了。上哪儿去呢？什么时候走呢？带谁走呢？是的，就上莫斯科去，乘晚班车。就带安奴什卡和谢辽沙,只带一些随身用的东西。不过先要给他们两个都写封信。”她快步朝房里,朝自己的起居室走去,在桌旁坐下来,就给丈夫写信:

“事已至此,我再也不能留在您的家里了。我走了,带儿子一起走。我不懂法律,所以不知道儿子应该跟着父母的哪一方。可是我带走了,因为我没有他就活不下去。请您宽宏大量,让他跟着我吧。”

一直到这里,她写得都很快、很顺当,但是一写到请他宽宏大量,就想到她从来没看到他的宽宏大量,又想到需要写几句动人的话来结束这封信,就写不下去了。

“我又不能说我的过错和我的悔恨,因为……”

她又停下来,因为思路乱了。“不,”她在心里说,“一点也用不着。”于是她把信撕掉,重新写了一封,不提什么宽宏大量,就把信封起来。

另外还要写一封信给伏伦斯基。“我对丈夫全说了,”她写过这一句,坐了很久,再也写不下去。这太粗鲁,太不温柔了。“再说,我又能给他写什么呢?”她在心里说。脸上又泛起羞臊之色,想起他的平静,不觉对他恼火起来,于是把写了一句的信撕成碎片。“一点也用不着,”她在心里说过这话,便合上信笺夹,上了楼,向家庭教师和仆人们宣布,她今天要上莫斯科去,并且立即就动手收拾行李。

十六

管院子的、园丁和仆人在别墅的几个房间里来来回回走着，往外搬行李。衣橱和五斗柜都打了开来，已经有两次跑到小铺里去买绳子，地板上到处都是报纸。两个箱子、几个行李袋和捆好的毛毯已经搬到前厅里。一辆轿式马车和两辆出租马车停在台阶旁。安娜因为忙着收拾行装，忘记了内心的慌乱，这时正站在自己房间里的桌子旁边收拾自己的旅行包，安奴什卡对她说，有人乘着马车来了。安娜朝窗外一看，就看见卡列宁的信差正在台阶旁打门铃。

“你去看看，是怎么一回事儿。”她把两手放在膝盖上，在安乐椅上坐下来，带着准备好应付一切局面的镇定态度说。仆人送进来一个大信封，是卡列宁亲笔写的。

“信差奉命要回话。”仆人说。

“好的。”她说。等仆人一走出去，她就用打哆嗦的手指头把信撕开。一叠用小纸条扎着的没有折叠过的钞票从信封里掉了出来。她抽出信，从信的结尾看起来。她看到：“您回城的一切事自会有安排的。请您注意，我特别看重我这一要求。”她又继续倒着往上看，这样看了一遍，又从头开始，把信再看一遍。等她看完了，就觉得浑身发冷，觉得有一种意料不到的可怕的灾难来到她的头上。

早晨她后悔对丈夫说了那番话，就希望说了那番话和没有说一样。就希望这封信说明她的话等于没有说，使她能够像她希望的那样。可是现在这封信对于她来说,比她所能想象到的一切都要可怕。

“冠冕堂皇! 冠冕堂皇!”她说道。“当然,他总是冠冕堂皇的,他是基督徒,他宽宏大量! 哼,这个卑鄙无耻的家伙! 这一层,除了我,谁也不了解,也不会了解;而且我也不能说明白。大家都说,这是一个笃信宗教、有道德、正直而聪明的人;我所看到的,大家却看不到。大家不知道,八年来他怎样摧残我的生命,摧残我身上一切像活人之处,他从来没有想过,我是一个活的女人,是需要爱情的。大家不知道,他动不动就侮辱我,而且还自鸣得意。难道我没有尽可能,尽一切可能好好过日子,求一个好名声吗? 难道我没有想方设法爱他,在已经无法爱丈夫的时候,没有想方设法爱儿子吗? 可是到后来,我明白了,我不能再欺骗自己,我是一个活人,我没有罪,上帝生就我这样一个人,我要爱情,我要生活。现在怎么样呢? 他就是把我杀了,我也都可以忍受,都可以原谅,可是,瞧,他……”

“我怎么没有料到他会来这一手呀? 他来这一手,正是他那卑劣的本性决定的。他依然冠冕堂皇,可是我完了,我的境况就要更坏,更低下了……”她想起他信里的话:“您自己也会想到,等待着您和您的儿子的将会是什么。”于是她心想:“这是威胁,表示他要把儿子夺走,大概,按照他们的混账的法律,这是可能的。不过,难道我不知道他为什么要说这话吗? 他不相信我爱儿子,要么就是轻视(他还常常讥笑),非常轻视我这种感情,可是他知道我不会扔掉儿子,无法扔掉儿子,知道我如果没有儿子,就是和我所爱的人在一起也过不好日子,知道我如果扔掉儿子,离开丈夫,所作所为就会像一个最无耻、最卑劣的女人,——这他是知道的,知道我不会这样做。”

“我们还应当像原来一样过下去。”她想起信里的另一句话。“我们过的日子本来就很痛苦,近来这日子就非常可怕了。如今又会怎么样呢?这一切他都知道,知道我不会后悔,还要呼吸,还要爱;他知道,这样做,除了虚伪和作假,再不会有什么;可是他需要继续折磨我。我了解他,我知道,他可以在虚伪中优游自如,自得其乐,如鱼得水。可是,我不让他享受这种快乐,我要撕破他想用来把我缚住的这种虚伪的蜘蛛网;要怎样就怎样好啦。什么都比虚伪作假好!”

“可是怎么办呀?我的上帝!我的上帝!什么时候有女人像我这样不幸呀?……”

“是的,我要撕破,要撕破!”她跳起来,憋着眼泪,叫起来。于是她走到书桌旁,想给他另外写一封信。可是她已经在内心深处感觉到,她什么也无法撕破,她怎么也无法脱离原来的处境,不论这处境多么尴尬,多么窝囊。

她在书桌前坐下来,却没有写信,而是把两只手臂放在桌子上,头伏在手臂上,哭了起来,哭得抽抽搭搭,而且晃动着整个胸膛,就像小孩子在哭。她哭的是,她本来想使自己的状况明朗化,现在这幻想永远破灭了。她预料到,一切还会像原来一样,甚至比原来还坏得多。她觉得,她在上流社会享有的地位,今天早晨她还认为是微不足道的,现在对于她就是非常宝贵的了,她没有力量用这种地位去换取一个抛弃丈夫与儿子、和情夫姘居的女人的可耻地位。她觉得她不论怎样努力,都不能刚强起来。她永远享受不到恋爱的自由,倒是要永远成为一个有罪的妻子,一个瞒着丈夫,跟另外一个风流放荡、无法共同生活的男人过偷鸡摸狗的日子的妻子,时时刻刻担心被揭露。她知道,情形就会是这样的,而且,不仅是这种情形非常可怕,她甚至还无法设想这会有什么样的结局。于是她哭,憋也憋不住,就像挨了打的孩子。

她听到仆人的脚步声,连忙定下神来,为了不让仆人看到自己的脸,假装在写信。

“信差要回话。”仆人禀报说。

“回话吗?好的,”安娜说,“让他等一下。我会打铃的。”

“我能写什么呢?”她想道。“我一个人能决定什么呢?我知道什么呢?我要的是什么?我爱的是什么?”她又觉得,心里的一切又开始变为两重的了。她又害怕起这种感觉,于是抓住首先出现的能够使她避免想自己的行动的理由。“我要去见见阿历克赛(她在心里这样称呼伏伦斯基),只有他能告诉我应该怎么办。我要上培特西家里去;也许我在那里能见到他,”她在心里说,竟完全忘记了她昨天对他说不再到培特西家去的时候,他说既然这样他也不去了。她走到书桌前,给丈夫写道:“来信收到。安。”于是打了打铃,把字条交给仆人。

“咱们不走了。”她对走进来的安奴什卡说。

“再也不走了吗?”

“不,不要解行李,等明天再说,把马车也留下。我要到公爵夫人家去一下。”

“准备什么样的衣服?”

十七

培特西公爵夫人请安娜去看打槌球，打槌球的是两位贵妇人及其倾慕者。这两位贵妇人是彼得堡上流社会一个新的团体的主要代表人物。这个团体仿照模仿的风气，取名为“世界七奇”。这两位贵妇人所属的团体虽然是上层的，但和安娜经常出入的团体是完全敌对的。此外，丽莎·梅尔卡洛娃的倾慕者斯特列莫夫老头，是彼得堡最有权势的人物之一，是卡列宁的政敌。出于这种种考虑，安娜是不想去的，培特西的信里就含有担心她不去的意思。现在安娜却因为希望见到伏伦斯基，就愿意去了。

安娜到培特西公爵夫人家比所有的客人都早。

就在她进门的时候，伏伦斯基那个络腮胡子梳理得整整齐齐、很像一个宫廷侍从的仆人也来到门口。他在门口站住，摘下帽子，让她先走。安娜认出他来，这才想起来，伏伦斯基昨天说过他不来了。大概他就是为这事派人送条子来的。

她在前厅里脱外衣的时候，听到那个连说话也像宫廷侍从一样的仆人说：“这是伯爵给公爵夫人的。”说过就把条子递过去。

她很想问问他家老爷在哪里。她很想转回去，给他写封信，让他到她家来，或者她去找他。可是不论这样那样都不行了；通报她到来的铃声已经响过了，培特西公爵夫人的仆人已经侧身站在打开的门口，等着她走进里面的房间了。

“公爵夫人在花园里，这就去通报。您是否有兴致上花园里去？”另外一个房间里的另一个仆人报告说。

依然处在犹豫不决、不明不白的状况，和在家里一样，甚至更坏，因为什么事也不能做，也无法见到伏伦斯基，却要留在这儿，待在这些心情与她大不相同、不相干的人中间。不过她穿着夜礼服，她知道是很合身的；她也不孤单，四周围都是她见惯了的奢华而无所事事的人们，所以她觉得比在家里轻松些；她不必考虑她应该做什么。一切都自然而然地进行着。安娜看见培特西穿一身雅致得使她吃惊的白色女装，像往常一样对她笑了笑。培特西公爵夫人同杜什凯维奇和一位小姐一道走来。这位小姐是她家的亲戚，在显赫的公爵夫人家过夏天，在外省的父母是感到十分荣幸的。

想必安娜的神色有点异样，因此培特西一下子就看出来了。

"我没有睡好。"安娜一面回答，一面瞟着朝她们走来的仆人，她猜想，他是送伏伦斯基的条子来了。

"您来了，我多么高兴呀，"培特西说。"我累了，刚才是趁他们没来，想去喝杯茶。您去吧，"她对杜什凯维奇说。"您和玛莎到槌球场上去试试，就是割了草的那地方。咱们趁喝茶的工夫说说心里话儿，可以快快活活地聊一聊[①]不是吗？"她握着安娜那只拿伞的手，微微笑着对她说。

"好的，尤其因为我不能在您这儿待很久，我要去看看芙列妲老人家。我答应去看她已经有一百年了。"安娜说。说谎本来是违反她的天性的，但是在社交场合说谎不仅变得又简单又自然，而且甚至使她感到是一种乐趣。

她为什么说这一套在一秒钟之前还没有想到的话，她自己怎

①原文为英语。

么也无法解释。她说这话，只是因为她想到，既然伏伦斯基不来了，她必须抽出身子，想方设法和他见面。但是为什么她偏偏说起并不特别需要去看的老女官芙列妲，她也无法解释，不过，正如后来证明的，她想方设法和伏伦斯基见面，再也想不出比这更妙的办法了。

“不行，无论如何我也不让您走，”培特西仔细打量着安娜的脸，回答说。“说实话，要不是我喜欢您，我就生气了。您好像就怕跟我这里的人交往会玷污了您。请把茶给我们送到小客厅里来，”她像往常一样眯着眼睛对仆人说。她接过条子，看了一遍。“阿历克赛给我们玩起花招来了，”她用法语说，“他信上说他不能来呢，”她又说；那语气又随便又自然，就好像她从来没有想到，除了打槌球，伏伦斯基对安娜还有别的什么意义。

安娜知道培特西什么都知道，可是听着培特西在她面前说到伏伦斯基，她常常在一时间相信她什么也不知道。

“哎呀！”安娜似乎对这事毫不关心，很平静地说，并且又微微笑着继续说下去：“和您这儿的人交往怎么会玷污什么人呀？”这种语言游戏，这样隐瞒秘密，对于安娜也像对于一切女人那样，有很大的吸引力。不是非隐瞒不可，也不是为了什么，而是隐瞒本身吸引着她。“我不会比教皇更圣洁，”她说。“斯特列莫夫和丽莎·梅尔卡洛娃都是社会精华中之精华。再说，他们处处受欢迎，而我呢，”她把我字说得特别重，“也是从来不顽固，不偏执。我只是没有工夫。”

“不，您也许是不愿意和斯特列莫夫见面吧？就让他和卡列宁在委员会里较量去吧，这不干咱们的事。但在交际场上他可是我所知道的最讨人喜欢的人，而且是一个打槌球的好手。您就会看到的。尽管他那么大年纪迷恋上丽莎，那局面非常可笑，可是应该看到，他是多么有本事应付这种可笑的局面！他非常讨人喜欢。萨福·施托尔茨您不认识吗？这是一个新派人物，十足的新派人物。”

培特西说着这些话，然而安娜却从她那愉快而机灵的目光中感觉出来，她有几分了解她的处境，并且在想着什么办法。她们当时是坐在小房间里。

“不过我得给阿历克赛写一封信，”于是培特西坐到桌前，写了几行，就放进信封里。“我写的是要他来吃饭。我这儿有一位太太来吃饭，缺少男伴。您看，有说服力吗？对不起，我失陪一会儿。请您把信封上，叫人送去，”她在门口说，“有些事情我要去安排一下。”

安娜不再犹豫，拿着培特西的信在桌前坐下来，看也没看，就在下面写道：“我必须见到您。请到芙列姐家花园里。六点钟我在那儿等。”她把信封上，等培特西回来，当着她的面派人把信送出。

茶已经给她们送来摆在凉爽的小客厅的茶几上。这两个女子真的就像培特西刚才说的那样，趁客人未到，一面喝茶，一面说起心腹话儿。她们议论起她们正在等待的几个人，着重谈起丽莎·梅尔卡洛娃。

“她非常可爱，我一向很喜欢她。”安娜说。

“您应该喜欢她。她常常提到您。昨天看过赛马之后她来看我，没有遇到您，感到很遗憾。她说，您是真正的传奇式美人儿，假如她是一个男子,准会为您神魂颠倒的。斯特列莫夫说,她就这样也神魂颠倒了。”

“不过请您告诉我,我可是怎么也不懂,”安娜沉默了一会儿之后说,而且那语气很明显地表示她不是随便问问,她问的是她觉得特别重要的事。“请您告诉我,她和卡鲁日斯基公爵,和那个叫米什卡的,是怎么一回事儿?我很少见到他们。他们究竟是怎么一回事儿?”

培特西用眼睛笑了笑,仔细看了看安娜。

“这是一种新的方式,”她说。“他们都选择了这种方式。他们把一切框框儿都抛到九霄云外去了。不过是有方式和怎样抛的方式的。”

“哦,她和卡鲁日斯基究竟什么关系呀?”

培特西突然十分快活地放声大笑起来,这在她是难得有的。

“您这就侵犯米雅赫基公爵夫人的领域了。这问题太孩子气了,”培特西显然想憋住笑,却怎么也憋不住,于是爆发出那种带有感染性的大笑,难得笑的人笑起来往往是这样的。“这应该问问他们自己呀。”她噙着笑出来的眼泪说。

“哎呀,瞧您笑的,”安娜也不由得笑起来,说,“可是我怎么也不懂。我不懂丈夫是管什么事的。”

“丈夫吗?丽莎·梅尔卡洛娃的丈夫是给她拿拿围巾,随时准备伺候她的。至于内中情形如何,谁也不想去打听。您要知道,在上流社会里,像梳妆打扮之类的小事,是没有人去谈,甚至也没有人去想的。这事就是如此。”

“您是不是参加罗兰达卡夫人的庆祝宴会?”安娜为了改换话

题，就问道。

“我不想去。”培特西回答过，也不看自己的好友，就把香茶往透明的小茶杯里倒。把一杯推到安娜面前，又掏出烟卷，插在银烟嘴里，吸了起来。

“您也知道，我是处在幸福的状况中，”她端起茶杯，已经收敛起笑容说。“我了解您，也了解丽莎，丽莎是那种天性单纯的人，像小孩子一样，不懂得什么是好，什么不好。至少在非常年轻的时候很不懂事。现在她知道，这种不懂事对她正合适。现在她也许是故意装作不懂事，”培特西带着微妙的笑容说。“但不管怎样，这对她是很合适的。您要知道，对于同一件事，可以看得很悲观，因而使其变成一种痛苦，也可以看得很随便，甚至很快活。也许，您看待事情往往太悲观了。”

“我多么希望了解别人像了解自己一样呀，”安娜严肃而又深沉地说。“我比别人坏呢，还是比别人好？我以为，是坏些。”

“太孩子气了，太孩子气了，”培特西又说。“哦，他们来了。”

十八

先是听到脚步声和男人的说话声，然后是女人的说话声和笑声，不一会儿，走进来等待中的两位客人：萨福·施托尔茨和一个叫瓦西卡的红光满面、显得精力过剩的年轻人。显然，鲜牛肉、地菇和上等葡萄酒的养分都填充到他身上。瓦西卡向两位太太鞠了个躬，看了看她们，但只是看了一刹那。他随着萨福走进客厅，就跟着她在客厅里转悠起来，就像拴在了她身上似的，而且那一双亮闪闪的眼睛再也不离开她，就好像要把她吃掉。萨福·施托尔茨是一个黑眼睛的金发女人。她穿着高跟鞋，迈着矫健的碎步走进来，像男子那样同两位太太握了握手。

安娜从来没有见过这位新星，对她的美貌、打扮的过分时髦以及举止的大胆感到惊讶。她头上那有真也有假的淡黄色金发梳成高高的发髻，使她的头变得和她那袒露的丰满的胸部一样大。她的动作非常急速，每一走动，她那膝盖和大腿的形状都要从连衣裙下面露出来，不由得使人产生这样的疑问：在这堆成的摇来晃去的大山里面，她那上部裸露、下部和后面裹得严严的娇小而苗条的身躯后边真正的界限在哪儿？

培特西连忙把她介绍给安娜。

“您可知道，我们差点儿碾死两个当兵的，”萨福·施托尔茨立刻就说了起来，一面挤着眼睛，笑着，向后面扯着她一下子甩到一边去的裙裾。“我和瓦西卡坐在车里……哦，你们不认识吧。”于是她说了说年轻人的姓，把他介绍了一下，并且红了脸咯咯地笑起来，笑自己不该在陌生人面前叫他的小名瓦西卡。

瓦西卡又向安娜鞠了个躬，但一句话也没有对她说，就转身和萨福说话。

“您打赌输了。咱们先到了。您拿钱来。”他笑呵呵地说。

萨福更开心地笑起来。

“现在没有钱呀。”她说。

“那也行，以后给我。”

“好的，好的。哎呀，真是的！”她忽然对女主人说，“我真糟……我竟忘了……我给您带来一位客人。就是他。”

萨福带来而又忘记的这位年轻的不速之客倒是一位贵客，尽管他年纪很轻，两位太太都站起来迎接他。

这是萨福的一个新的倾慕者。他现在也和瓦西卡一样，跟住她寸步不离。

不一会儿，卡鲁日斯基公爵、丽莎·梅尔卡洛娃和斯特列莫夫来了。丽莎·梅尔卡洛娃是一个瘦瘦的黑发女子，生有一张东方型的娴静的面孔和一双美丽的、如大家说的那种深邃莫测的眼睛。她那一身深色服装的色调（安娜立刻注意到了，并且十分赞赏）和她的美貌十分配称。萨福动作异常急速，异常麻利，丽莎恰恰相反，异常温柔，异常飘洒。

然而，就安娜的眼光来说，丽莎要迷人得多。培特西对安娜说起她时，说她装得像一个不懂事的孩子，但等安娜见到她之后，就觉得这话是不对的。她确实就是一个不懂世事的、娇惯的，然而非常可爱的、没有城府的女子。不错，她的样子也和萨福一样；也和萨福一样，有两个倾慕者，一老一少，像拴在身上一样，时时刻刻跟着她，眼睛紧紧盯着她；然而她有一种超脱她周围的一切之处，就好比玻璃堆中有一颗光彩夺目的真宝石。这种光彩从她那美丽的、真正深邃莫测的眼睛里迸射出来。那描了黑眼圈的一双眼睛里射出的娴静而炽热的目光异常真挚动人。不论谁看到这双眼睛，都会觉得完全了解了她，了解了她，就不能不爱她。她一看见安娜，立刻笑逐颜开。

"哎呀，我见到您多么高兴呀！"她一面说，一面朝安娜走来。"我昨天在赛马场上刚刚要去看您，您却走了。就在昨天我多么想见到您呀。那太可怕了，不是吗？"她用她那种仿佛透露出整个心灵的目光看着安娜说。

“是啊，我怎么也没想到这种事这样令人激动。”安娜红着脸说。

这时大家都站起来，要到花园里去。

“我不去，”丽莎笑着说，并且坐到安娜跟前来。“您也不去吧？槌球有什么好玩儿的？”

“不，我很喜欢。”安娜说。

“就是了，您这是有什么办法，才不觉得无聊的？看您的样子，总是快快活活的。您活得像个样子，我可是无聊呢。”

“您怎么感到无聊呀？你们是彼得堡最快活的一伙儿嘛。”安娜说。

“也许，我们这个圈子以外的人更要感到无聊；不过我们，至少是我，并不快活，而是感到非常、非常无聊。”

萨福把香烟点着了之后，就和两个年轻人到花园里去了。培特西和斯特列莫夫还在坐着喝茶。

“怎么，无聊吗？”培特西说。“萨福说，他们昨天在您家里过得很快活呢。”

“哎呀，太乏味了！”丽莎说。“赛马之后大家一齐跑到我家里。来来去去，老是这些人！老是那一套。整个晚上都躺在沙发上。这有什么快活的呀？是的，您有什么办法，才不觉得无聊？”她又对安娜说。“一看到您，就可以看出来，这个女人也许幸福，也许不幸，但不会感到无聊的。您教教我吧，您有什么办法？”

“我什么办法也没有用过。”安娜被缠着问得红了脸，就回答说。

“这就是最好的办法。”斯特列莫夫插嘴说。

斯特列莫夫是一个五十来岁的人，头发白了一半，还很有精神，长得很丑，但一张脸显得很聪明，很有个性。丽莎是他的内侄女，他一有空就跟她待在一起。他虽然是卡列宁的政敌，但他见到安娜·卡列尼娜，这个交际场上的聪明人却竭力装得对自己敌手的妻子格外殷勤。

“什么办法也没有用过，”他乖巧地笑着接话说，“这就是最好的办法。我早就对您说了，”他对丽莎说，“为了不感到无聊，就不要去想您会感到无聊。这就好比，如果怕失眠，就不能害怕睡不着觉。安娜·阿尔卡迪耶芙娜对您说的就是这个道理。”

“我要是能说这话，那就太高兴了，因为这话不仅精辟，而且也是千真万确的。”安娜笑着说。

“不，您说说，为什么会睡不着觉，为什么会感到无聊？”

“要睡得着，必须做做事情，要快活，也必须做做事情。”

“如果谁也用不着我做事情，我何必做事情呢？要说装装样子，我可不会，我也不愿意。”

“您可是真难办。”斯特列莫夫说，眼睛也不看她，却又和安娜说起话来。

他因为很少见到安娜，除了说一些没意思的应酬话，什么话也不能说，但是他说这些应酬话，比如说她什么时候来到彼得堡，说李迪雅伯爵夫人多么喜欢她，总是带着一种表情，表示他一心想讨她喜欢，并且表示自己的尊敬，甚至不只是尊敬。

杜什凯维奇走进来，说大家都在等着打槌球呢。

“不要走吧，请您不要走。”丽莎听说安娜要走，就恳求说。

斯特列莫夫也帮她说话。

“跟这一伙儿人在一起和跟芙列妲老婆子在一起,那差别就太大了,”他说。“再说,您去了,正是她说说坏话的好机会,您在这儿只能产生另外一种心情,最美好的心情,那是和听人说坏话大不相同的。”他对她说。

安娜犹豫不决地沉思了一会儿。这个聪明人的奉承话,丽莎对她表示的天真的、孩子般的好感,以及她所习惯的这整个交际界的环境——这一切是多么舒服,而她要去做的事又是多么令人难受,以至于她一时间犹豫起来,考虑是不是留下来,是不是把交换意见的难受时刻再推迟一些。然而她想起来,如果想不出任何主意,她一个人回到家里又会是什么情形,想起自己两手抓住头发的姿势,那姿势想起来都是可怕的,所以她向大家道过别,就走了。

十九

伏伦斯基虽然在表面上过着很轻浮的社交生活,实际上他是一个很有心计的人。当他年纪很轻,还在武备学校的时候,有一次手头拮据,向别人借钱,遭到拒绝,他感到非常难堪,从此他就再也不使自己落到那样的地步。

他为了使自己的状况保持正常,每年有四五次,次数多些或少些,看情形而定,关起门来审查自己的收支情况。他把这叫作核算或者清理。

赛马后的第二天,伏伦斯基很晚才醒来,不刮脸,也不洗澡,穿起军服上衣，把钱、账单和信件摊在桌上，就算起账来。彼特利茨基醒来看到这个同事坐在桌边，知道他在这种情况下容易发火，就轻悄悄地穿好衣服，走了出去，免得打扰他。

任何一个人，如果详尽地了解自己种种情况的全部复杂性，都不免会认为这种种复杂情况以及弄清这些情况之难，只是他个人遇到的偶然的特殊情形，怎么也想不到，别的人也都有自己的情况，也像他的情况一样复杂。伏伦斯基就是这样。所以他心里不免得意也不无理由地想，任何别的人如果处在他这样困难的情况下，都会十分狼狈，免不了做出一些不好的事情。可是伏伦斯基觉得，现在他正是需要盘算盘算，弄清自己的状况，就不会造成狼狈的局面。

伏伦斯基先从最容易的着手，算算自己的收支状况。他用很小的字把自己所欠的账写在一张信纸上，算了算，看到自己欠债一万七千卢布，还有几百卢布，为了计算方便，就抛掉了。又数了数现款和银行存款，发现只剩了一千八百卢布，在年底以前也不会再有什么收入了。伏伦斯基把债务清单又看了一遍，把债务分成三类，重抄了一遍。第一类是必须立刻偿还的，或者，不管怎样，必须准备好还债的现款，以便在债主来讨时立即偿还。这一类欠款大约有四千：一千五百卢布是买马欠的，两千五百卢布是他要为年轻同事维涅夫斯基付的担保金，因为维涅夫斯基当着他的面输给一个赌棍这么多钱。伏伦斯基当时就想把钱付清（当时他身上有钱），可是维涅夫斯基和雅什文坚持要他们自己付，不让伏伦斯基付，因为钱不是他输的。这样倒也很好，可是伏伦斯基知道，这是一件很不光彩的事，虽然他参与这件事不过是因为他替维涅夫斯基作了口头担保，但他必须准备好这两千五百卢布，以便掷给那个赌棍，免得跟他啰唆。就这样，为了清偿这一类最紧迫的债务，要有四千卢布。第二类是不太紧迫的债务，要八千卢布。这主要是欠赛马场马房的，买燕麦和干草的，欠英国驯马师和马具商等人的。在这一类债务中，也必须拿出两千卢布分别应付一下，才能完全说得过去。最后一类债务是欠商店、旅馆和裁缝的，倒是用不着忧虑。所以，他目前至少需要有六千卢布来开销，可是他只有一千八百卢布。如果像大家估计伏伦斯基整个经济状况那样，他是一个每年有十万进项的人，那他有这样一些债务，是不会为难的；可是问题就在于，他远远没有这十万进项。他父亲留下的大宗产业，每年就有二十万进项，可是兄弟之间还没有分过财产。况且哥哥娶了没有任何财产的十二月党人的女儿瓦丽雅·契尔科娃公爵小姐，背了一身债，伏伦斯基就把父亲产业的全部进项都让给了哥哥，说定每年自己只要两万五千卢布。他当时对哥哥说，只要不结婚，这些钱足够他用了，他大概是永远不会结婚的。他哥哥率领的是一个最阔气的团，又是刚结了婚，所以不能不接受他的厚赠。她母亲自己也有一份产业，除说定的那两万五千卢布以外，每年她还给他两万卢布，他年年都要把这些钱花个精光。最近母亲因为他的恋情和离开莫斯科与他发生争执之后，不再给他寄钱了。伏伦斯基过惯了每年开销四万五千卢布的日子，今年只有两万五千卢布的收入，所以他的日子就不好过了。他又不能为了摆脱困境，向母亲要钱。他昨天收到母亲一封来信，感到特别恼火，因为信中暗示，她乐意帮助他在社交界和官场上取得成就，不乐意帮助他去过那种生活，那种生活是整个上流社会所不齿的。母亲想收买他，深深刺伤他的内心，使他对她更加冷淡了。但他也不能收回他已经说过的慷慨大方的话，虽然他现在模模糊糊预料到他和安娜的关系中可能会出现的一些情况，觉得他这种慷慨大方的话说得太轻率了，他就是不结婚也许需要有十万卢布的收入。但收回诺言是不行的。他只要一想起嫂子，一想起这位可爱而善良的瓦丽雅一有机会就向他提起，她永不忘记他的慷慨大方，非常珍视他的慷慨大方，就知道不可能收回诺言了。这种事就像殴打妇女、偷窃和说谎一样，是不能做的。只有一个办法是可行的，伏伦斯基就毫不犹豫地决定用这个办法：向高利贷者借一万卢布，这是不会有什么困难的，另外要节省一般的开支，再卖掉几匹赛马用的马。他打定主意之后，立刻给罗兰达卡写了一封信，因为罗兰达卡几次派人来说要买他的马。然后他叫人去请英国驯马师和高利贷者，又根据账单把现有的钱分配一下。做完了这些事，他就给母亲写了一封又冷淡又尖刻的回信。然后又从皮夹子里掏出安娜的三张纸条，看了一遍，就烧掉了。他想起昨天同她谈的一番话，于是沉思起来。

二十

伏伦斯基的生活之所以特别幸福，是因为他有一套章法，明确规定什么事该做，什么事不该做。这套章法所涉及的是很小范围的情况，可是这种章法是非常明确的，伏伦斯基从来没越出这一范围，他也从来不怀疑要照应该做的去做。这套章法明确规定：欠赌棍的钱必须付清，欠裁缝的钱不必付清；对男人不应该说谎，但对女人可以说谎；不能欺骗任何人，但可以欺骗做丈夫的；不能原谅别人的侮辱，但可以侮辱别人，等等。这些章法也许是不合理的，不对的，但却是不容置疑的。伏伦斯基奉行这些章法的时候，自己感到心安理得，可以把头抬得高高的。只是在最近一些日子，伏伦斯基考虑到他和安娜的关系问题，才开始感觉到，他的这一套章法不能完全适用于一切情况，而且觉得将来还会有许多困难和疑问，他还找不到章法可循。

他现在和安娜以及和她丈夫的关系，他认为是简单明了的。这种关系在他遵循的一套章法里有很明确的规定。

她是一个高贵的女子，一心一意地爱他，他也爱她，因此他认为她是一个值得尊敬的，甚至比正式妻子更值得尊敬的女子。他宁可把自己的手剁掉，也不允许自己用言语或暗示去侮辱她，不仅不能侮辱她，也不能不向她表示一个女子所能得到的最大尊敬。

他对待社会的态度也是明确的。这事儿大家可以知道，可以怀疑，但是谁也不应该讥笑，不应该议论。否则，他会叫乱说的人把嘴闭上，维护他所爱的女人那并不存在的好名声。

对待她丈夫的态度更是再明确不过了。自从安娜爱上伏伦斯基那一刻起，他就认为他对她的专有权是不容剥夺的。丈夫只是多余的、碍事的人物。毫无疑问，丈夫的处境是很可怜的，可是有什么办法呢？丈夫还剩下的唯一权利就是提出决斗，对这一手伏伦斯基一开始就准备好了。

可是最近一些日子，出现了他和她之间新的内部关系问题，这种关系很难捉摸，使伏伦斯基感到害怕。昨天她才对他说了，她怀孕了。于是他感觉到，这个消息以及她所期望于他的事，需要用另外一种态度来对待，那是在他所遵循的一套章法里完全没有规定的。确实他感到措手不及，而且在她向他说明怀孕的开头一小会儿，他的心指点他，要她抛掉丈夫。他就这样说了。可是现在，他仔细想想，就清楚地看出来，还是不这样为好，而且同时，他想到这事，就觉得害怕：这样做会不会很糟呢？

“如果我叫她离开丈夫，那就是要她跟我结合。我有足够的条件吗？我现在没有钱，怎么能带她走呢？就算我可以想出办法……可是我现在在服役，怎么能带她走呢？如果我说了这话，那就是说必须做好这样的准备，也就是要有钱，要退役。”

于是他沉思起来。退役不退役的问题引导他考虑起另一种隐蔽的、只有他一个人知道的，虽然秘而不宣、然而差不多是最要紧的人生意义问题。

做官是他儿时和少年时代就有的由来已久的梦想，这种梦想他虽然自己对自己也不承认，但却十分强烈，以至于这种功名心现在和他的爱情搏斗起来。他在社交界和军界迈出的最初几步是成功的，可是两年以前他犯了一个很大的错误。他因为希望表示自己独闯的精神，表示他能够晋升，拒绝了别人为他谋得的职位，希望这样能提高自己的身价；可是结果表明，他做得太过分了，这样一来，再没有人过问他的事了；他有意无意地为自己造成一个独立不羁的人的地位以后，就维持着这种地位，一行一动都要精心琢磨，仔细考虑，做出一副样子，好像他没有生任何人的气，不认为自己受到什么委屈，只希望别人不要管他的事，因为他过得很快活。实际上他从去年，从他上莫斯科的时候，他就开始不快活了。他觉得，摆出一副什么也能干，但什么也不愿意干的姿态，已经没有什么味道了；他觉得，很多人都以为他什么本事也没有，只不过是一个正直善良的小伙子罢了。他和卡列宁夫人的事闹得满城风雨，引起大家的注目，倒是为他增添了新的光彩，使得一直像小虫儿一样咬他的心的功名心暂时安静下来，可是一个星期之前这小虫儿苏醒了，而且咬得更厉害了。从儿时起就一直和他在一伙儿的伙伴，在武备学校是同学又是同时毕业的谢普霍夫斯科依，在学业和体操上，在惹是生非和追求功名方面，一向都和他不相上下，前几天从中亚细亚回来，他在那里连升两级，并且获得了像他这样年轻的将领不易得到的奖章。

他一来到彼得堡，大家都纷纷谈起他来，把他当做一等新星。他和伏伦斯基同年，又是同学，却已当了将军，并且有可能担当举足轻重的国家重任。然而，伏伦斯基虽然逍遥自在，风流倜傥，得到一个绝色女子的爱情，却不过是一个骑兵大尉，只能想怎样逍遥就怎样逍遥罢了。“当然，我不羡慕也不会羡慕谢普霍夫斯科依；但是他的高升却向我表明，一旦时机来到，就像我这样的一个人，也是可以青云直上的。三年前他的地位还和我一样。我退役，那就是断送自己的前程。留在军中，就什么也不会丧失。她自己说过，不想改变自己的状况。我呢，有她的爱情，就不能羡慕谢普霍夫斯科依。”于是他慢腾腾地捻着小胡子，从桌旁站起来，在房间里踱起来。他的眼睛放射出特别明亮的光彩，而且他觉得自己的心情又镇定，又平静，又愉快，这种心情是他在弄清楚自己的状况之后总要出现的。一切都清楚、明白了，就像以往每次算过账之后那样。他刮了刮脸，穿起衣服，洗了个冷水澡，便走了出去。

二十一

“我是来接你的。你今天清理时间好长呀，”彼特利茨基说，“怎么样，完了吗？”

“完了。”伏伦斯基只是眼睛笑着说，一面十分小心翼翼地捻着胡子尖儿，就好像他把事情料理得有条有理之后，任何太鲁莽、太急促的动作都会把条理打乱。

“你每次这样之后总是像洗过澡一样，”彼特利茨基说。“我从格里茨基（他们都是这样称呼团长）那儿来，大家都在等你呢。”

伏伦斯基没有回答，看着这位同事，心里想着别的事。

“哦，这音乐就是他那儿的吗？”他倾听着那传到他耳边的熟悉的低音喇叭声、波尔卡和华尔兹舞曲的声音，就说道。“什么喜庆事儿呀？”

“谢普霍夫斯科依来啦。”

“啊！”伏伦斯基说。“我还不知道呢。”

他的眼睛笑得更明亮了。

既然伏伦斯基自己认定有了她的爱情就是幸福，为爱情牺牲了功名，——至少他担当了这样的角色，——他就不能对谢普霍夫斯科依有什么嫉妒心，也不能因为他来团里不先来看他而生什么气。谢普霍夫斯科依是一个很好的朋友，他听说他来了十分高兴。

“啊,我太高兴了。”

团长杰明住的是很大的一座地主家的房子。一伙儿人都在楼下宽敞的阳台上。在院子里,伏伦斯基首先看到的是一些穿制服的歌手站在老大的酒桶旁边,又看到强壮而快活的团长被军官们簇拥着。团长走到阳台的第一级上,为了超越正在演奏的奥芬·巴赫的卡德里尔舞曲的声音,放大了嗓门儿,对站在一旁的几个士兵发着指示,还做着手势。一伙士兵、一位司务长、几名下士和伏伦斯基一起来到阳台前。团长回到桌前,端起酒杯又走到台阶上,举杯高呼:“为我们的老同事和英勇的将军谢普霍夫斯科依公爵干杯。乌拉!”

谢普霍夫斯科依也跟着团长,端着酒杯,满面春风地走了出来。

“你越来越年轻啦,邦达连科。”他对站在他跟前的已经在服第二期兵役的英姿勃勃、两颊红润的司务长说。

伏伦斯基有三年没看见谢普霍夫斯科依了。他留起络腮胡子,显得老成了,但依然是那样英俊,面貌和身材的动人之处与其说是漂亮,不如说是文雅和高贵。伏伦斯基在他身上发现的唯一变化,就是那种雍容自若的气派,那是博得声望并且相信这种声望得到公认的人常有的一种气派。伏伦斯基见识过这种气派,所以立刻就在他身上看出来了。

谢普霍夫斯科依正要下台阶,看见了伏伦斯基。欢喜的微笑使他的一张脸更亮了。他向上点了点头,举了举酒杯,用这种姿势向伏伦斯基致意并且表示,他不能不先去应酬司务长,因为司务长已经伸长脖子,撮起嘴唇,准备接吻。

“哦，他来啦！”团长叫起来。“雅什文还对我说，你心情不好呢。”

谢普霍夫斯科依吻了吻英姿勃勃的司务长那湿润、鲜红的嘴唇，便一面用手帕擦着嘴，走到伏伦斯基身边。

“啊，我多么高兴呀！”他说着，握着他的手，把他拉到一边。

“您照应他一下！”团长指着伏伦斯基高声对雅什文说过这话，便朝士兵们走去。

“你昨天怎么没去赛马场？我还以为在那儿可以见到你呢。”伏伦斯基打量着谢普霍夫斯科依说。

“我去的，可是迟到了。对不起，”他说过这话，又对副官说：“劳驾，请您替我按人头分发一下。”

于是他急忙从皮夹子里掏出三张一百卢布的钞票，并且红了红脸。

“伏伦斯基！吃点儿什么还是喝点儿酒？”雅什文问道。“喂，给伯爵来点儿吃的！你就喝点儿这个吧。”

团长的宴会进行了很长时间。

喝酒喝了很多。把谢普霍夫斯科依抬起来又摇晃又向空中抛。然后又把团长摇晃了一阵。然后团长亲自和彼特利茨基一起在歌手们伴唱下跳起舞来。后来团长有点儿累了，在院子里的长凳上坐下来，向雅什文谈起俄罗斯比普鲁士优越，尤其是在骑兵进攻方面。于是宴会一时间停止了。谢普霍夫斯科依走进房子里，到盥洗间去洗手。在那里遇到伏伦斯基。伏伦斯基用水在冲头。他脱了制服，把毛茸茸的、红红的脖子伸到龙头底下，用两手擦洗着脖子和头。伏伦斯基洗完了，挨着谢普霍夫斯科依坐下来。两个人坐在长沙发上,谈起了他们俩都很感兴趣的事。

“我常常听我妻子讲起你的事,”谢普霍夫斯科依说。“你常常见到她,我很高兴。”

“她和瓦丽雅很要好,这是我高兴见到的仅有的两个彼得堡女子。”伏伦斯基笑着回答说。他笑,是因为预见到他们的谈话即将转向什么话题,这是使他高兴的。

“是仅有的两个吗?”谢普霍夫斯科依笑着问道。

“我也知道你的情形,不过不光是通过你的夫人,”伏伦斯基说,脸上露出严肃的表情,表示不希望谈对方暗指的事。“我为你的成就感到十分高兴,不过我一点也不奇怪。我所期望的还要大些哩。”

谢普霍夫斯科依笑了笑。他显然很高兴这一评价,而且觉得也无须掩饰这一点。

“我却相反,老实说,自己期望的要小些。不过我是高兴的,十分高兴。我有功名心,这是我的弱点,我承认。”

“假如你没有成就,也许你就不会承认了。”伏伦斯基说。

“我不以为这样,”谢普霍夫斯科依又笑着说。“不是说,没有功名就不能活下去,不过那就没有意思了。当然,也许我的看法是不对的,但是我觉得,我干我选定的这一行还是有一些才能的,而且不论什么样的权力落到我手里,总要比落到我所认识的一些人手里好些,”谢普霍夫斯科依带着踌躇满志的神气说。“因此,掌握的权力越大,我越是高兴。”

“也许,这在你是如此,但不是每个人都如此。我原来也是这样想的,可是过着,过着,就觉得人不值得光为这个活着。”伏伦斯基说。

“对了！对了！”谢普霍夫斯科依笑着说。“开头我就是要谈谈我所听到的你的情况，谈谈你拒绝任职的事嘛……当然，我是赞成你的精神的。不过，做任何事情都要讲究方式方法。我以为，你的行为本身是好的，但是你的做法不对头。”

“做了的，已经做了，而且你也知道，我对做过的事，从不翻悔。再说，我现在也很好。”

“很好，这是暂时的。你不会就这样满足的。我对你哥哥就不说这话。他是个好小子，就和咱们这位东道主一样。你瞧瞧他！”他倾听着“乌拉”欢呼声，又加一句，“他很快活，可是你不会就此满足的。”

“我没有说我满足。”

“而且不光是这样。像你这样的人才，是很需要的。”

“谁需要呀？”

“谁需要吗？社会需要。俄国需要人才，需要一个政党，要不然一切都会越来越糟。”

“你这话是什么意思？是指别尔特涅夫那个反对共产主义者的党吗？”

“不是，”谢普霍夫斯科依生气地皱起眉头说，因为竟有人以为他也会这样胡编乱造。“这都是胡编乱造。总有人胡编乱造，以后还会有。根本没有什么共产主义者。但是搞阴谋的人总要捏造出一个很坏的、危险的党。这是老一套了。不是这样，需要的是一个像你我这样靠得住的人组成的有权力的党。”

“可是究竟为什么呀？”伏伦斯基说出好几个有权力的人的名

字。“为什么他们不算靠得住的人呢?”

“就是因为,他们没有或者生来就没有靠得住的财产,没有门第,不像我们这样生来就接近太阳。可以用金钱或者恩惠收买他们。他们为了保住地位,就得想出一种方针。于是他们就宣扬一种思想,一种连他们自己都不相信的有害的方针;整个这一套方针不过是获得官邸和若干俸禄的手段。你看看他们玩的那些花样,都不过是这一套。也许,我不如他们,我比他们蠢,虽然我看不出为什么我不如他们。但是我有一个肯定无疑很重要的优点,那就是我们不那么容易被收买。现在比什么时候都需要这样的一些人。”

伏伦斯基仔细听着,但是引起他注意的与其说是谢普霍夫斯科依的话的内容,不如说是他对事业的态度,他已经在考虑和当权者角逐,并且在这方面有自己的好恶,可是他伏伦斯基在公务方面所关心的还只是一个骑兵连的事。伏伦斯基也明白,谢普霍夫斯科依思考和理解事物的特殊能力,他的聪明和口才,在他所生活的圈子里是很少见的。他很嫉妒他,尽管他觉得这是很可耻的。

“在这方面我还是缺少一样重要的东西,”他回答说,“缺少权力欲望。以前有过,后来没有了。”

“对不起,这不是真心话。”谢普霍夫斯科依笑着说。

“不,是真心话,是真心话!……现在就是这样。”伏伦斯基为了表示真诚,补充一句。

“哦,现在是这样,那就是另一回事儿了;但这个现在不是永久的。”

“也许。”伏伦斯基回答说。

“你说，也许，”谢普霍夫斯科依似乎猜透了他的心思，继续说下去，“可是我要对你说肯定。就因为这样我想见到你。你的行为无可非议。这我是明白的，但你不应该过分。我只要求你给我行动的方便。我不是庇护你……话说回来，我为什么又不可以庇护你呢？你有多少次庇护我呀！我希望我们的友谊高于这一切。是的，”他像女人一样温柔地对他笑着说。“你给我行动的方便，离开这个团，我再悄没声地提拔你。”

“不过，你要明白，我什么也不需要，”伏伦斯基说，“只要一切都像原来一样就行。”

谢普霍夫斯科依站起来，面对着他。

“你说，一切像原来一样。我明白这是什么意思。不过你听我说：咱们是同龄人，也许，你认识的女人比我多。”谢普霍夫斯科依的笑容和手势在表示，伏伦斯基不用怕，他会又轻又小心地接触痛处的。“但我是结了婚的，所以可以请你相信，正如有人写到的，只要了解了你所爱的妻子，就比认识成千上万的女人更了解一切女人。”

“我们这就来！”有一位军官朝屋里探头看了看，说团长有请，伏伦斯基就大声回答说。

现在伏伦斯基很想把话听完，想知道他究竟要对他说什么。

“我就对你说说我的看法。女人是男子事业上的主要绊脚石。又爱女人又干什么事业，那是很难的。要想顺顺当当地爱女人而不使其成为障碍，唯一的办法就是结婚。怎样把我的想法对你说呢，怎样说呢……”喜欢打比喻的谢普霍夫斯科依说，“等一等，等一等！对了，这就好比背上包袱，又要用手做事，那就只有把包袱绑在背上才行，——这就是结婚。我结了婚，就有这样的感觉。我的双手一下子就腾出来了。但如果不结婚而背这种包袱，两手就完全占住了，什么事也做不成。你就看看马赞科夫、克鲁波夫吧。他们都是因为女人断送了自己的前程。”

“那是什么样的女人呀！”伏伦斯基想起这两个人所勾搭的法国女人和法国女演员，就说道。

“女人在上流社会的地位越牢固，那就越糟。那就好比，不是用双手抓住包袱，而是夺别人的包袱。”

“你从来没有恋爱过。”伏伦斯基望着前方，想着安娜，小声说。

“也许是的。不过你要记住我对你说的话。还有：女人总是比男人更能实事求是。我们把爱情看成什么了不起的事，她们却总是非常实际。”

“这就来，这就来！”他对走进来的一名勤务兵说。然而勤务兵不是像他所想的那样来请他们的。勤务兵交给伏伦斯基一封信。

“培特西公爵夫人派人送来给您的。”

伏伦斯基拆开信，脸唰地红了。

“我有点儿头痛，我要回家了。”他对谢普霍夫斯科依说。

“哦，那就再见吧。你给我行动的方便吗？”

“咱们以后再谈吧，我会在彼得堡找到你的。”

二十二

已经五点多钟了，为了及时赶到，同时为了不用大家都认识的自己的车马，伏伦斯基坐上雅什文的出租马车，吩咐车夫尽可能把车赶快些。这辆四座的老式马车十分宽敞。他在角落里坐下来，把腿伸到前面座位上，沉思起来。

模模糊糊意识到他的一些事情已经理出头绪。模模糊糊回想起谢普霍夫斯科依的友情和奉承，想到谢普霍夫斯科依把他看成有用之才，还有更重要的，眼前的幽会，——这一切汇合成一种总的观感，感到人生快乐。这种感觉异常强烈，以至于他不由得笑起来。他放开两腿，把一条腿架在另一条腿的膝盖上，用手抓住，揉了揉昨天落马时摔痛了的那条腿的强劲的腿肚，身子往后一仰，长长地舒了几口气。

"真好，真好呀！"他在心里说。他以前也常常觉得自己身上有一种欢乐感，但他从来没有像现在这样爱自己，爱自己的身体。感觉到强壮的腿上像这样微微有点儿痛，他是愉快的；胸部深呼吸时肌肉的感觉也是愉快的。这晴朗而寒冷的八月天，为安娜增添了绝望心情的，却使他感到振奋，使他那冲过冷水之后热辣辣的脸和脖子感到爽快。他觉得小胡子上的润发油香味在这新鲜空气里特别好闻。他在马车窗口看到的一切，在这清新寒冷的空气里的一切，在这淡淡的夕阳中的一切，不论是在夕阳中闪闪发光中一个个屋顶，轮廓分明的一道道栅栏和一个个屋角，还是偶尔遇到的行人和马车，动也不动的绿树和青草，生长着一畦畦齐齐整整的马铃薯的田野，那房屋、树木、马铃薯投下的斜斜的阴影，都显得那样清爽，那样愉快，那样健壮，就像他自己一样。一切都很美，就像一幅刚刚画好、上了光的风景画。

“快点儿，快点儿！”他把头探到窗外，对马车夫说，并且从口袋里掏出一张三卢布的钞票，塞给回过头来的马车夫。马车夫的手在车灯旁边摸索了一下，就听到鞭子的响声，于是马车在平坦的大道上飞驰起来。

“除了这种幸福，我什么也不需要。”他看着两个车窗中间的骨制铃纽，回想着最近一次看到的安娜的模样，心里想道。“我越来越爱她了。哦，芙列妲别墅的花园到了。她在哪儿呀？在哪儿呀？怎么回事儿？她为什么约我在这儿见面？为什么写在培特西的信上？”直到现在他才考虑起这一点，可是考虑已经没有时间了。不等马车上林荫道，他就叫车夫把车停住，他开了车门，跳下车来，走上通正房的林荫道。林荫路上一个人也没有；可是转头向右边一看，就看见了她。她的脸蒙着面纱，但是他的欢喜的目光一下子就抓住她那独特的、别有风韵的步态，那肩膀的样子和头的姿势，他的全身立刻就好像有一股电流通过。他觉得整个身上，从两腿的矫健动作，到肺部呼吸运动，更有了劲儿，嘴唇也有点儿发痒了。

她走到他跟前，紧紧握住他的手。

“我叫你来，你不生气吧？我非见到你不行呀。”她说；他透过面纱看到她的嘴唇那种严肃和紧张的样子，心情一下子就变了。

“我吗，我会生气？不过你怎么来的，到哪儿去？”

"到哪儿都行，"她说着，挽住他的臂肘，"咱们走走吧，我要和你谈谈。"

他明白了，一定是出了什么事儿，这不是一次欢乐的幽会。他在她面前不知如何是好：他还不知道她惊慌的原因，却已感到她的惊慌已经不知不觉传染了他。

"究竟怎么啦？怎么啦？"他问道，一面用臂肘夹住她的手臂，仔细观察她脸上的神情。

她一声不响地走了几步，鼓了鼓勇气，就一下子停了下来。

"昨天我没有告诉你，"她又快又重地喘着气说起来，"我和阿历克赛·亚力山大罗维奇一起回家的路上，我把一切都对他说了……我说我不能做他的妻子了……全都说了。"

他听着，不由得将整个身子俯过去，仿佛希望这样能减轻她的处境的痛苦。但是等她一说出这话，他一下子就直起身来，脸上露出高傲和严峻的神气。

"对，对，这样好些，好上一千倍！我明白，这有多么痛苦。"他说。

但她并没有听他的话，她在从他脸上的表情猜度他的心思。她不可能知道，他脸上的表情来自他头脑里首先出现的念头：现在决斗是不可避免的了。她从来没想到过决斗，因此她对这一闪而过的严峻神气作了别的解释。

她接到丈夫的信以后，心里就明白了，一切都还会是老样子，她无法摆脱自己的处境，无法抛下儿子去和情人在一起。她在培特西公爵夫人家里待了一个上午之后，更是这样想了。不过她认为这次约会还是极其重要的。她希望通过这次约会改变他们的处境，拯救她。如果他听到这消息，果断地、热情地、毫不犹豫地对她说“抛下一切，跟我走！”——她会抛下儿子跟他走的。可是这消息并没有在他身上引起她所期望的反映：他只是好像受到了什么侮辱。

“我一点也不痛苦。这是很自然的，”她气愤地说，“你看……”她从手套里抽出丈夫的信。

“我明白，明白，”他打断她的话，接过信，但是没有看，而是尽量安慰她，“我只有一个希望，一个要求，就是打破这种局面，让我可以为你的幸福奉献我的一生。”

“你还用对我说这话吗？”她说。“难道我还信不过吗？假如我信不过的话……”

“这是谁来了？”伏伦斯基突然指着迎面走来的两个女人说。“也许她们认识我们呢。”他慌忙带着她拐到旁边一条小路上。

“哎，我反正不在乎了！”她说。她的嘴唇哆嗦起来。他觉得，她的眼睛带着一种很奇怪的愤恨神气在面纱底下看着他。“我是说，问题不在这里，这一点我信得过；不过，这是他给我的信，你看看吧。”她又站了下来。

又像刚刚听到她和丈夫决裂的消息时那样，伏伦斯基看着信，不由地沉浸在很自然的感触中，这感触是他想到如何对待被侮辱的丈夫而引起的。现在，他手里拿着他的信，不由地想象起他早晚会收到的挑战书，想象起决斗的情景，到时候他脸上就像现在一样带着冷冷的、高傲的表情向空中开一枪，然后就站到被侮辱的丈夫的枪口下。这时他头脑里闪过一个想法，也就是刚才谢普霍夫斯科依对他说的和他今天早晨自己想的，那就是最好不要把自己束缚住;他也知道,这想法是不能对她说的。

他看完了信,抬起眼睛看了看她,在他的眼神里没有毅然决然的神情。她立刻明白了,这事他自己事先就想过了。她知道,不论他对她说什么,他说的都不会是他全部的心里话。她也明白了,她的最后一线希望落空了。这是出乎她的预料的。

"你看,这算什么样的一个人呀,"她用打哆嗦的声音说,"他……"

"恕我说一句,这样我倒是十分高兴,"伏伦斯基打断她的话。"看在上帝面上,让我把话说完,"他又说,并且用眼神恳求她容许他把话说清楚。"我很高兴,因为这不可能,怎么也不可能像他所想的那样维持原状。"

"究竟为什么不可能?"安娜噙着眼泪说。她显然认为他再说什么已经没有什么意义了。她觉得,她的命运已经定了。

伏伦斯基想说,他认为决斗是无法避免的,一决斗就无法维持原状了,但他说的是另外一番话。

"不能这样下去。我希望你现在就离开他。我希望,"他感到不好意思,脸红了一下,"希望你容许我来安排和考虑我们的生活。明天……"他正要说下去。

她不让他把话说完。

"那么儿子呢?"她叫起来。"你看见他信上说的吗?那就得离开儿子,这我做不到,我也不愿意。"

"可是天啊,究竟怎样才好呢?离开儿子还是继续维持这种窝囊状况?"

"谁窝囊呀?"

“都窝囊,你最窝囊。”

“你说窝囊……别说这话吧。我觉得这样的话没有意思,”她用打哆嗦的声音说。她现在很不希望他说假话。她现在只剩下他的爱情,她也要爱他。“你要明白,自从我爱上你的那一天起,一切都变了。对于我来说,你的爱情就是一切的一切。我有了你的爱情,就觉得自己十分高尚,十分刚强,一点也没有什么窝囊的。我为自己的状况感到自豪,因为……我自豪的是……自豪的是……”她说不出她为什么自豪。羞耻和绝望的泪水把她的喉咙堵住了。她站下来,放声痛哭起来。

他也觉得喉咙里有什么东西往上涌,鼻子发酸,生平第一次觉得自己就要哭出来。他说不出他为什么这样动情;他可怜她,他又觉得无法帮助她,同时也知道,她的不幸是他造成的,他做的事很不好。

“难道不能离婚吗?”他有气无力地说。她没有回答,只是摇了摇头。“难道就不能带着儿子离开他吗?”

“是啊。不过这一切都要看他怎样了。现在我得上他那里去了。”她冷冷地说。她本来就预感到一切都会维持原状,果然不错。

“礼拜二我要上彼得堡去,到时候一切都能决定了。”

“是的,”她说。“不过这事咱们就不用再谈了。”

安娜的马车,本来她打发走了,并且吩咐过要到芙列妲家花园栅栏边来接她的,这时候来了。安娜同他告过别,就坐上车回家了。

二十三

星期一举行“六月二日委员会”的例会。卡列宁走进会议厅，像往常一样同委员们和主席打过招呼，就在自己的位子上坐下来，一只手按着放在他面前的文件。在这些文件中，有他需要的一些材料和他准备作的声明的提纲。其实他并不需要什么材料。一切他都记得，认为无须在脑子里反复背诵他要说的话。他知道，到了时候，等他看到政敌那强装平静的脸对着自己，他的话就会滔滔不绝地倾泻出来，比他现在能够准备得更出色。他觉得，他的演说内容是极其重要的，每句话都很有意义。然而，他在听例行报告的时候，却装出一副若无其事的、与己无关的态度。不论是谁，看到他的露着青筋的一双白手那样斯文地用长长的指头抚摩着面前一叠白纸的边儿，看到他那头疲惫无神地朝一旁歪着，都不会想到，他的嘴马上就会滔滔不绝地说出许多话来，引起轩然大波，使委员们大叫大嚷，互相争吵，主席不得不起来维持秩序。等例行报告结束，卡列宁就用他那细细的嗓门儿小声说，关于处理非俄罗斯人的事，他也有一些意见要说一说。大家的注意力一齐集中到他身上。卡列宁清了清喉咙，不看他的政敌，但也像往常他发言时一样，随便选了坐在他面前的一个人看着——这次他选的是一个在委员会里从来不发表任何意见的老实的小老头儿，——就开始发表自己的意见。当他谈到根本法和管理法问题时，他的政敌就跳起来，进行反驳。另一位受到触犯的委员会成员斯特列莫夫也辩白起来，——于是会场上出现了轩然大波；

但是卡列宁胜利了，他的建议通过了。成立了三个新的委员会。到第二天，这次会议就成了彼得堡许多人议论的主要话题。卡列宁获得的声望甚至超过自己的预料。

第二天是星期二，卡列宁早晨醒来，得意扬扬地想起昨天的胜利，当办公室主任想讨好他，向他报告所听到的一些情形和委员会里的事的时候，尽管他很想装作若无其事的样子，但还是忍不住笑了笑。

卡列宁和办公室主任忙起公务，完全忘记了今天是星期二，是他规定的安娜回来的日子，所以当仆人来向他报告她回来时，他感到惊讶和愕然。

安娜清早就来到彼得堡；是根据她的电报，派了马车去接她的，因此，卡列宁应该知道她回来。但是等她回来，他没有出来接她。她听说他还没有出门，正在和办公室主任谈公事。她就叫人对丈夫说她回来了，随即就走进自己的房间，动手收拾自己的东西，一面等着他到她这儿来。可是过了一个钟头，他还没有来。她走到餐厅里，借口安排家务，故意大声说话，希望他到这儿来；可是他没有来，虽然她听到他送办公室主任时已经走到书房门口。她知道他照例很快就要去上班，她很想在这之前见到他，以便明确他们的关系。

她在大厅里来回走了一会儿，便毅然决然地朝他走去。等她走进他的书房，他已经穿起文官制服，显然准备出门了，却还坐在小桌旁，双臂搁在小桌上，闷闷不乐地望着前方。他还没看到她，她先看到他了，她明白，他是在想她的事。

他一看见她，就想站起来，可是又改变了主意，接着他的一张脸唰地红了,这是安娜以前从来没有见过的。接着他很快地站起来,走上前来迎她,却不看她的眼睛,而是朝上看着她的前额和头发。他走到她跟前,拉住她的手,请她坐下。

"您回来了,我很高兴,"他说着,挨着她坐下来,显然还想说点儿什么,讷讷起来。他几次想说,却欲言又止……尽管她在准备和他见面时想好了怎样轻蔑他和指责他,这时她却不知道该说什么好,她可怜起他来。就这样沉默了很久。"谢辽沙好吗?"他说,而且不等回答,又说:"我今天不在家里吃午饭,我现在就得走了。"

"我要到莫斯科去。"她说。

"不,您回来了,这很好,很好。"他说过这话,又不作声了。

她看出他无法先开口,她就先开口了。

"阿历克赛·亚力山大罗维奇,"她看着他说,并没有在他注视着她的头发的目光下垂下眼睛,"我是一个有罪的女人,我是一个坏女人,不过我还是像原来那样,像那一天对您说的那样,我来就是要告诉您,我不会有什么改变。"

"我并没有问您这个,"他突然果断地带着愤恨的神气直视着她的眼睛说,"我料定会这样。"他在愤怒之下,显然又完全恢复了自己的本色。"不过,正如我那天对您说的和我在信里写的,"他用又尖又细的嗓门儿说起来,"我现在再说一遍,这事儿我不是非知道不可。这事我可以不理会。不是所有的妻子都这样贤惠,这样急不可待地把如此愉快的消息告诉丈夫。"他把"愉快的"这个词儿说得特别重。"这事儿我可以不理会,只要这事儿不让外人知道,只要我的名声不受到玷污。所以我只是警告您,我们的关系应当和往常一样，只有在您不惜败坏自己的名声的情况下，我才不得不采取措施维护我的名声。”

“可是我们的关系不可能像往常一样了。”安娜带着恐惧的神气看着他，用胆怯的声音说。

她又看到他那种镇定自若的姿态，听到他那尖尖的、小孩子一般的、讥讽的声音，她对他的厌恶感驱散了对他的怜悯感，于是她只是感到害怕，可是不管怎样她还是想把自己的状况摆明白了。

“我不能做您的妻子了，既然我……”她本想说下去。

他恶狠狠地、冷冷地笑起来。

“恐怕，您所选择的那种生活，影响了您的观念。我十分尊敬也十分鄙视……尊敬您的过去，鄙视您的现在……所以我完全不同意您对我的话的理解。”

安娜叹了一口气，垂下了头。

“况且，我也不明白，像您这样有头脑的人，”他很激动地继续说下去，“怎么会直截了当地对丈夫说出自己的不贞，而不认为这有什么不体面，似乎您认为妻子忠于丈夫倒是不体面的。”

“阿历克赛·亚力山大罗维奇！您想要我怎样啊？”

“我要的是，我在这里遇不到那个人，我要您行为谨慎，让外人和仆人们不至于说闲话……要您不再和他见面。这要求似乎不算过分。能够这样，您就可以不履行一个贤惠妻子的责任，而享受贤惠妻子的权利。我要对您说的就是这些了。现在我该走了。我不在家里吃饭。”

他站起来，朝门口走去。安娜也站起来。他一声不响地弯了弯腰,让她先走。

二十四

列文在草垛上度过的一夜,不是白过的:他对自己经营的农业产生了反感,丧失了任何兴趣。尽管是丰收的年景,但是像今年这样遇到这么多的挫折,他和农民之间发生这么多的争执,却是从来没有过的,至少他觉得不曾有过,而且出现这些挫折和争执的原因他也完全明白了。他在干活儿中尝到了乐趣,因为干活儿他和庄稼人接近了,他羡慕庄稼人,羡慕他们的生活,他希望过这种生活,这在这天夜里已经不是他的梦想,而是他的打算,他已经仔细考虑了这一打算的详情细节,——就因为这样,他对自己经营的农业的看法完全改变了,他再也没有原来那样的兴致,而且也不能不看到自己和劳动者的不愉快关系,自己的事业就是建立在这种关系上。一群像巴瓦一样的良种母牛,全部施过肥、耕过的土地,九块围了柳棵子的平坦土地,九十亩施了基肥的地,好几架条播机,等等,——这一切都是极好的,如果一切事情都是他自己或者他和一些同他齐心协力的人来干的话。可是他现在清楚地看出来(他写的一部有关农业的书,说到农业的主要因素是劳动者,这对他有很大的帮助),他所经营的农业不过是他和劳动者之间的一场残酷而持久的斗争,在这场斗争中,他这一方总是千方百计要求把一切做得尽善尽美,另一方却是做到什么地步算什么地步。他还在这场斗争中看到,尽管他这一方尽最大努力,而另一方毫不用力,甚至不想用力,结果事情做不好,对谁都不利，白白糟蹋很好的农具、很好的牲口和土地。最重要的是，不仅用在这方面的精力是白白地浪费，而且现在，当他明白了他的经营的意义之后，不能不感到，他在这方面花费精力是最不值得的。实质上，他们斗争的是什么呢？他争的是每一个小钱（他也不能不争，因为只要他一松劲儿，就没有足够的钱支付工钱），而他们争的是舒舒服服、快快活活地干活儿，也就是像他们所习惯的那样干。为了他的利益，必须要求每个干活儿的人尽量多干活儿，而且不能粗心大意，不要损坏播种机、马拉耙、打谷机，而且要用心考虑所干的事情；然而干活儿的人却希望干得尽可能快活些，多多休息，尤其是要不操心，不烦神，不用脑筋。今年夏天列文处处都看出这一点。他选了几亩长满野草和野蒿、不能留种的坏地，派人去割三叶草做干草，可是他们割的都是能留种的好地，还辩白说，这是管家叫他们割的，还安慰他说，这干草肯定是特别好的。可是他知道，他们这样做是因为这些地割起来省力气。他派一台翻草机去翻草，翻了几趟就坏了，因为庄稼人坐在摆动的机翼下面的驭座上很不耐烦。还要对他说："您别烦神，娘们儿一会儿工夫就翻好了。"好几架犁都不能用了，因为干活儿的人从没想到把犁头提起，而是硬转弯，既折腾马匹，又毁坏土地；还叫列文不要担心。常常有马闯进小麦地，因为没有人愿意做守夜人，所以尽管列文不让轮流守夜，干活儿的人还是轮流守夜，万卡干了一天活儿之后，到夜里就睡着了，事后不过认个错儿说："随您处治吧。"有三头良种小牛胀死了，因为没有饮水就放进了再生的三叶草地里，而且他们怎么也不肯相信，小牛是吃三叶草胀死的，还说这算幸运的，因为邻村有一家在三天里就死了一百二十头。

所以出现这种种情形,并不是因为有谁对列文或者对他的家业不怀好意;恰恰相反,他知道,大家都很爱戴他,认为他是没有架子的老爷(这是最高的赞誉)。这种种情形的出现,只是因为他们想快快活活、无忧无虑地干活儿,他们不仅丝毫不关心、不理解他的利益,而且注定了与他的最根本利益相对立。列文早就不满意自己对家业的态度。他看到他的船漏水,可是他没有去找漏洞,也许是有意糊弄自己。可是现在他不能再糊弄自己了。他对他所经营的农业不仅已经不感兴趣,而且很反感了,所以他不能再经营下去了。

此外,吉娣就在离他三十俄里的地方,他想见到她,却又不能去看她。他在陶丽家里的时候,陶丽曾经叫他去:去向她妹妹重新求婚,她还向他暗示,妹妹现在会答应的。列文看到吉娣之后,自己也明白仍然是爱她的;但是他不能到陶丽家去,因为知道她在那里。他向她求婚而遭到拒绝,这就在他和她之间树立了不可逾越的障碍。他在心里说:“我不能仅仅因为她不能做她所想的男人的妻子,就去请求她做我的妻子。”他一想到这一点,就变得对她很冷淡,而且带有敌意。“我和她说话不能不带着责难的心情,看到她也不能没有愤恨的神气,这样一来,她也只能更加恨我,这也是应该的。再说,陶丽对我说过那番话之后,我现在怎么能到她家去呢?难道我能装作不知道她对我说的事吗?那我就宽宏大量,去见她,原谅她,宽恕她吧。我就在她面前扮演宽恕她并且把爱情恩赐给她的角色吧!……为什么陶丽要对我说这番话呢?如果我在无意中看见她,那是很自然的事,可是现在这就不行了,不行了!”

陶丽给他送来一封信，向他借一副女式马鞍给吉娣用。她在信里写道："我听说您有一副。希望您亲自送来。"

这他就无法理解了。一个贤惠女人怎么能这样降低自己的妹妹的身价！他写了十来次信，都撕掉了，于是就派人把马鞍送去，没有回信。写信说他会去，那不行，因为他不能去；写信说因为有事或者就要出门，他不能去，那更不好。他不附回信就带着做了一件羞愧的事的心情派人把马鞍送去之后，到第二天，就把他厌恶了的农事交托给管家，自己便到很远的一个县去拜访他的朋友斯维亚日斯基。斯维亚日斯基家附近有一些极好的水鹬栖息的沼地，他不久前还来信，请列文到他家去住些日子，这是列文早就答应过的。列文早就想到苏罗夫斯基县的沼地上去打打水鹬，但一直因为忙于农事不能去。现在他很高兴躲开附近的陶丽姊妹，尤其是躲开农事，正好去打打猎，打猎是他万般苦恼中最好的安慰。

二十五

去苏罗夫斯基县既没有火车，也没有驿车。列文就坐自己的马拉的大车去。

在半路上，他让车停下来，在一个富裕的庄稼人家里喂马。一个精神矍铄的秃顶老汉，满脸红红的、两颊已白的大胡子，出来开了大门，身子靠在门框上，让大车进去。老大的新院子收拾得干干净净，整整齐齐，还有几架烤过的木犁。老汉给赶车的指了指敞棚下一块地方，便请列文到上房去。一个穿得干干净净的年轻媳妇,光脚穿着套鞋,弯着腰在擦洗新的过道里的地板。她看到跟着列文跑进来的狗吓了一跳,并且叫了起来,但是看到这狗不咬人,立刻就笑起来,笑自己胆小。她用挽着袖子的手给列文指了指上房的门,就又弯下腰,藏起她那美丽的脸,继续擦洗地板。

“怎么,要茶炊吗?”她问道。

“好,就生起来吧。”

上房很大,有荷兰式壁炉,还有屏风。圣像下面有一张描花桌子、一条长凳和两把椅子。一进门有一个食器柜。护窗关着,苍蝇很少,房里十分干净,列文很怕一路上跑来、又在水洼里打过滚儿的狗把地板踩脏了,就给狗指了指门口角落里一块地方。列文在上房里打量了一遍之后,便来到后院里。那个俊俏的穿套鞋的年轻媳妇摇摇晃晃地挑着一担空水桶跑在他前面,到井边去挑水。

“你给我快点儿!”老汉快活地朝她喊了一声,就走到列文跟前。“怎么,老爷,您是上斯维亚日斯基家去吧?他也常常上我们这儿来,”他把胳膊肘支在台阶栏杆上,很带劲儿地和列文攀谈起来。

老汉讲他和斯维亚日斯基的交情才讲到一半,大门又咯吱咯吱响了,干活儿的人带着犁和耙从田野里回来了。拉犁拉耙的几匹马又肥壮又高大。干活儿的人显然都是自己家里的:两个小伙子,穿着印花布衬衫,戴着遮檐帽;另外两个是长工,穿着麻布褂,一个是老头子,一个是年轻小伙子。老汉走下台阶,走到马跟前去,动手卸马套。

“这是耕的什么地?”列文问道。

“耕的土豆地。我家也租了一块地。费道特,你不要把骟马放了,拴到食槽上去,再套别的马。”

“哦,爹,我要的犁头送来了吗?”一个高大而强壮的小伙子,显然是老汉的儿子,问道。

“在……在过道里,”老汉说着,把解下的缰绳绕了绕,扔在地上。“趁现在还没有吃饭,你把犁头安上。”

俊俏的媳妇挑着满满一担水进了过道。不知从哪儿又来了几个娘们儿:有年轻貌美的,有中年的,有年老色衰的,有带孩子的,有不带孩子的。

茶炊烟囱呜呜响起来;干活儿的人和家里的人把马安顿好之后,就来吃饭。列文从马车上拿来自己带的吃食儿,请老汉一起喝茶。

“哦,今天我们已经喝过了,”老汉说,不过显然他很高兴接受这一邀请。“也好,那就陪您喝几杯吧。”

喝茶的工夫,列文听到了老汉的全部家业史。老汉十年前向一个女地主租了一百二十亩地,去年就把这些地买下来,另外又向邻近一个地主租了三百亩地。他把很小的一部分最坏的地租出去,自己一家人和两个长工种四十亩。老汉诉苦说,他的景况不好。可是列文明白,他诉苦是出于客套,其实他的家业是十分兴旺的。假如景况不好的话,他就不会以每亩一百零五卢布的价钱买进土地,也不会给三个儿子和一个侄儿娶媳妇,也不会在失火之后两次盖房子,而且越盖越好。别看老汉诉苦,但可以看得出来,他为自己的富裕,为他的儿子、侄儿、媳妇,为他的牛和马,尤其为他所掌管的家业感到十分得意,他得意是有道理的。列文在和他交谈中了解到,他常常采取新办法。他种了很多土豆,列文坐车经过时看到他的土豆已经开过了花,开始长土豆了,列文的土豆才开花呢。种土豆的地是他借了地主家的新式犁翻耕的。他还种了小麦。老汉在锄燕麦的时候,把锄掉的燕麦拿来喂马,这件小事使列文特别震动。列文有多少次看到这样好的饲料白白糟蹋了,总想收集起来,可总是办不到。这一点老汉就办到了,所以他不能不赞赏这种饲料。

“娘们儿做什么吗?她们抱到大路上堆起来,大车就拉走了。”

“我们地主靠雇工总是靠不住。”列文说着,递给他一杯茶。

“谢谢,”老汉接过茶杯说,但是他指了指他吃剩的一块糖,表示不用放糖了。“怎么能靠雇工做事情呢?”他说。“只能弄得一团糟。就拿斯维亚日斯基家来说吧。我们知道,那土地黑油油的,可是说到收成,就不敢恭维了。太马虎了嘛!”

“你不是也雇人种地吗?”

“我们都是干活儿的。我们自己什么事都能做。雇工不行,就请走;我们自己能干得了。”

“爹,菲诺根要一点儿焦油。”穿套鞋的媳妇走进来说。

“就是这样呀,老爷!”老汉说着,站起来,慢腾腾地画了一个十字,向列文道过谢,就走了出去。

等列文走进下房去叫自己的车夫,就看见全家的男人都在桌子周围吃饭。娘们儿站着伺候。一个又年轻又强壮的儿子含着满嘴的饭在讲一件好笑的事,所以大家都在哈哈大笑,那个正在把菜汤往碗里舀的穿套鞋的媳妇笑得特别快活。

这个农家给列文留下幸福康乐的印象，很可能这与那个美貌的媳妇大有关系，这印象极其强烈，使列文怎么也不能忘记。他从老汉家去斯维亚日斯基家的一路上，不时地想起这个农家，似乎在这种印象中有什么东西要求他特别注意。

二十六

斯维亚日斯基是本县的首席贵族。他比列文大五岁，而且早就娶了亲。她的小姨妹住在他家里。这是列文很喜欢的一个姑娘。列文也知道，斯维亚日斯基夫妇很想把这个姑娘嫁给他。这一点他无疑是明白的，正像一切未婚男子都会明白这种事一样，虽然他从来没有对任何人说过。他也明白，尽管他想结婚，尽管从各方面来看这位非常迷人的姑娘会成为一个极好的妻子，但是，即使他没有爱上吉娣，要和她结婚也像登天一样不现实。因为这些他都明白，他本来指望到斯维亚日斯基家能得到的快乐，也就有些被冲淡了。

列文一接到斯维亚日斯基请他去打猎的信，立刻就想到这一点，但是，尽管这样，他认为斯维亚日斯基对他有这样的想法，不过是毫无根据的设想，所以他还是要去。此外，他在内心深处很想考验一下自己，再试试自己对这位姑娘有没有感情。斯维亚日斯基的家庭生活极其愉快，斯维亚日斯基本人也是列文所认识的地方自治会的最优秀人物，列文一向特别喜欢他。

斯维亚日斯基是常常使列文感到惊异的一个人。这种人的见解是很有道理的，虽然不是独到的，自成体系的，而其生活的方向是坚定不移的，自成体系的，与他的见解毫不相干，而且几乎总是背道而驰的。斯维亚日斯基是一个很有自由思想的人。他鄙视贵族，认为大多数贵族暗地里都是拥护农奴制的，只是不敢公开表示罢了。他认为俄罗斯已经灭亡了，就像土耳其一样，认为俄国政府坏透了，他从来不屑于认真批评政府的所作所为，可是同时他又在政府任职，而且是一个模范的首席贵族，每次出门，总要戴起带帽徽和红帽箍的制帽。他认为，只有在国外才能过像人的生活，他一有机会就出国去住住，可是他又在俄国经营着复杂的、改良的农业，并且十分关心地注视和了解俄国的现状。他认为俄国农民处在从猿到人的过渡阶段，然而在地方自治会选举会议上他比任何人都乐意同农民握手和听取他们的意见。他不信神，也不信鬼，可是他十分关心改善神职人员生活和减少教区问题，而且尤其操心的是，怎样保留自己村子里的教堂。

在妇女问题上，他站在激进的一方，认为妇女应该有充分的自由，尤其应该有劳动的权利，可是他和妻子过的日子，却使大家都羡慕他们那种和谐的、无子女的家庭生活，而且他一手安排妻子的生活，使她什么事也不做，什么事也做不成，只能和丈夫一起操操心，怎样打发时间更好些，更快活些。

如果列文没有从最好的方面看人的特点，他要了解斯维亚日斯基的性格是不会有什么困难和问题的；他会对自己说：不是傻瓜，就是坏蛋。一切也就明明白白了。可是他不能说他是傻瓜，因为斯维亚日斯基毫无疑问不仅非常聪明，而且很有学识，并且丝毫不卖弄自己的学识。他无所不知；但是只有在用得着的时候，才表露自己的学识。列文更不能说他是坏蛋，因为斯维亚日斯基无疑是一个诚实、善良、聪明的人，办事情愉快，热心，不懈不怠，得到周围所有的人很高的评价，他确实从来没有存心做过也不可能做过任何坏事。

列文千方百计想理解他，却无法理解，所以总是把他和他的生活看成一个难解的谜。

他和列文很要好，所以列文可以追问他，探索他对人生真正的看法；但总是徒劳。每次列文试图从他那敞着的心灵的外室往里闯，他总是有点儿慌乱，目光中会出现隐隐的恐惧神气，好像很怕列文识破他，就和颜悦色地进行抗拒。

现在，列文在自己对农事感到心灰意懒之后，特别高兴到斯维亚日斯基家去住住。且不说他看到这一对百事如意的幸福夫妻和他们的安乐窝会有多么愉快，现在他对自己的生活感到极不满意，就很想知道斯维亚日斯基能够生活得这样康泰、安定和愉快的秘诀。此外，列文知道，他会在斯维亚日斯基家见到附近的一些地主，他现在特别希望谈谈和听听有关收成、雇工等等农事方面的一些话。列文知道，通常都认为谈这些事是很庸俗的，但他现在却觉得只有谈这些事是重要的。“也许，这在农奴制时代，或者在英国，是不重要的。在以上两种情况下，各种章法都是现成的；可是现在在我们俄国，就在一切都翻了个儿，一切刚刚开始建立的时候，怎样建立章法的问题就成了俄国唯一的重要问题。”列文想道。

打猎并不像列文预料的那样好打。沼地干了，水鹬几乎没有了。他转悠了一整天，只带回来三只。可是，他也像往常打猎回来那样，带回来极好的胃口、极好的心情，还有振奋的精神，那总是会伴随他剧烈的体力活动而来的。在打猎的时候，就在他似乎什么也不想的时候，却不由得又想起那老汉和老汉的一家，他这所见所闻似乎要求他不仅要注意所见所闻，而且要他解决和他有关的问题。

晚上喝茶的时候，有两个来谈托管的事的地主在场，就谈起了列文所期待的最感兴趣的话题。

列文挨着女主人坐在茶桌旁，他得和她以及坐在他对面的姨妹说说话儿。女主人是一个圆脸膛、黄头发、个头儿不高的女子，脸上一直带着两个酒窝儿和微笑。列文竭力想通过她探索出她丈夫这个谜的谜底。但是他无法好好思索，因为他别扭得不得了。他别扭得不得了，是因为他觉得坐在对面的姨妹特意为他穿了连衫裙，特意开了梯形领口，露出白白的酥胸。这个梯形领口，也不顾她的胸脯非常白，或者尤其因为她的胸脯非常白，就使列文乱了方寸。他想，认为这领口是为他开的，也许错了，所以他认为自己无权看这胸口，就尽量不看；可是又感觉到，单是开这样的领口就要怪他。列文觉得，他好像欺骗了谁，他应该作一些解释，可是又觉得怎么也无法解释，因此一直红着脸，感到不安，感到非常别扭。他的别扭也传染了美丽的姨妹。不过女主人似乎未觉察这一点，特意让妹妹在一起说说话儿。

"您说，"女主人接住话头儿说下去，"我丈夫对俄国的什么事都不感兴趣。恰恰相反，他在国外快活倒是快活，但从来不像在这里那样。在这里他感到自己是在自己人中间。他有许多事要做，他生来对什么事都感兴趣。哦，您没有到过我们的学校吧？”

“我看到了……就是那所爬满常春藤的房子吧？”

“是的，这是娜斯嘉的事儿。”她指着妹妹说。

“您亲自在教书吗？”列文问道，尽管不看领口，但他觉得，不论朝那一边的哪个方向看，他都要看到领口。

“是的，我一直自己在教书，不过我们有一个很好的女教师。我们还教体操呢。”

“不用，谢谢了，茶我不要了，”列文说过，尽管觉得会有些失礼，但无法在这里继续谈下去，就红着脸站了起来。“我听到那边谈得很有意思呢，”他补充一句，便走到桌子的另一头，主人和两个地主就坐在那里。斯维亚日斯基侧身坐在桌旁，搁在桌上的一只手转动着茶杯，另一只手握住自己的大胡子凑到鼻子上，又放下，好像是在闻胡子的味儿。他用发亮的黑眼睛盯着那个发火的白胡子地主，显然觉得他说的话很叫人开心。那个地主在抱怨老百姓。列文明白，斯维亚日斯基知道怎样回答地主的抱怨，几句话就可以把他驳倒，但他处在他的地位上，是不会这样回答的，只能津津有味地听着地主这一番很可笑的话。

这个白胡子地主显然是一个顽固不化的农奴主和一直住在乡下的土财主。列文看到他穿着显然有些别扭的老式旧礼服，看到他那精明的、皱着眉头的眼睛，听到那一口地道的俄语和显然用惯了的颐指气使的口气，又看到他那无名指上戴着的老式订婚戒指和那一双晒得黑黑的好看的大手的果断动作，就看出这种特点。

二十七

“要不是舍不得丢掉家当……花了多少心血呀……那就什么也不管，什么都卖掉，像尼古拉·伊凡内奇一样去……听听法国歌剧。”那个地主快活地笑着，笑得一张精明的老脸都亮了。

“您就是舍不得丢呀，”尼古拉·伊凡内奇·斯维亚日斯基说，“可见还是有好处的。”

“好处只有一点，就是在家里过日子，什么都不是买的，不是租的。再说，还希望老百姓渐渐会懂些道理。要不然，您可相信，天天酗酒，胡闹！什么都变卖了，没有一匹马，没有一头牛。眼看要饿死了，可是如果您雇来干活儿，就老想给您捣蛋，还要去找治安法官告状。”

“您也可以找治安法官告状嘛。”斯维亚日斯基说。

“我告状？我才不干呢！惹许多闲话，就后悔莫及了。比如在养马场，拿了定钱，就跑掉了。治安法官又怎么样？他还说没有罪呢。什么都得靠地方法院和乡长。乡长照老规矩用鞭子抽。要不是这样，那就只有什么也不要。只有跑到天边去！”

这个地主显然是在挖苦斯维亚日斯基，但是斯维亚日斯基不仅不生气，而且觉得他说的很好玩儿。

斯维亚日斯基笑着说：

“可是我，列文，还有这位，”他指了指另一个地主，“我们经营农业都不用这一套。”

“是的，米海尔·彼得罗维奇也在经营，可是您问问他，究竟怎么样？难道那算是合理经营吗？”这个地主说，显然有意卖弄“合理”这个字眼儿。

“我的经营办法很简单，”米海尔·彼得罗维奇说。“感谢上帝。我的办法就是，准备好到秋天纳税的钱。到时候庄稼人就跑来：好爹爹，我的爷，救救命吧！是啊，总是乡亲嘛，可怜呀。于是，就垫付三分之一的税钱，只是要说清楚：伙计们，要记住，我帮了你们的忙，等用得着你们的时候，种燕麦也好，割草也好，收麦子也好，你们也要帮我的忙。并且要说定哪一户出多少劳役。他们中间也有靠不住的，这是事实。”

列文早就知道这种古老的办法，和斯维亚日斯基交换了一下眼色，就打断米海尔·彼得罗维奇的话，又和白胡子地主说话。

“那您认为究竟应该怎样？”他问道，“现在究竟应该怎样经营农业？”

“哦，那就像米海尔·彼得罗维奇那样办嘛：或者对分收成，或者租给庄稼人；这是可以的，可是这样国家总的财富就要完了。本来我的土地用农奴劳动和良好的经营，收成能达到种子的九倍，用对分的办法只能收到种子的三倍。一解放农奴，俄国完了！”

斯维亚日斯基用笑眯眯的眼睛看了看列文，甚至做了一个很轻微的嘲笑手势；可是列文并不觉得这个地主的话可笑，他对他的话的了解，超过了他对斯维亚日斯基的了解。这个地主为了说明俄国一解放农奴为什么就完了，又继续说下去，列文觉得其中有很多话是很有道理的，是很新鲜的，驳不倒的。这个地主说的显然是自己个人的想法，这是很少有的，而且这些想法不是他闲着没事儿为了活动活动脑筋想出来的，而是产生于他的生活环境，是他待在与世隔绝的乡下从各方面思考出来的。

“诸位要看到，问题就在于，任何改革都是靠权力推行的，”他说，显然想表示他不是没有学识。“就看看彼得大帝的改革，叶卡捷琳娜的改革，亚力山大的改革。就看看欧洲的历史。尤其是农业方面的改革。就拿土豆来说吧，土豆在我国也是强制引种的。就连木犁也不是一向使用的。木犁也是引进的，可能是在封建时代，但肯定是强制推广的。现在，在我们这时代，我们地主在农奴制时期就使用了改良农具，又是烘干机，又是扬谷机，又是施肥车，这种种农具都是我们靠自己的权力引进的，庄稼人开头反对，后来就学我们的样儿了。现在呢，废除了农奴制，取消了我们的权力，我们的农业，本来已经达到很高水平的，就要下降到最野蛮、最原始的状态了。我就是这样看的。”

“那究竟为什么呢？如果合理的话，那您可以雇人干活儿呀。”斯维亚日斯基说。

“没有权了呀。请问，我靠谁干呢？”

“这就对了，劳动力是农业的主要因素。”列文想道。

“就靠雇工呗。”

“雇工不肯好好干，不肯用好农具。我们的雇工只知道一件事，那就是酗酒，醉得跟猪一样，给他什么，毁掉什么。饮马让马胀死，有好马具就扯断，车轮胎换酒喝掉，把铁片放进打谷机里，好把打谷机弄坏。凡是不顺眼的东西，他们看着就讨厌。这样一来，整个农业水平就下降了。土地荒废了，长满了野蒿，要么就是让庄稼人瓜分了，原来能收一百万的，如今只能收几十万了。总的财富减少了。假如做同样的事，好好考虑考虑做法的话，那就不同了……”

于是他开始阐述自己的解放农奴方案，如果推行他的方案，这些缺陷就可以避免了。

列文对这一点不感兴趣，但是等他说完了，列文又转回去谈他前面的一个论点，并且是对着斯维亚日斯基说的，竭力想引他说出他的真正看法。

“说现在农业水平下降，说像我们这样对待雇工就不可能进行有益的合理经营，这话是很有道理的。”他说。

“我不认为是这样，”斯维亚日斯基已经是很认真地反驳说，“我看到的只是，我们不会经营农业，我看到，恰恰相反，我们在农奴制时代的农业水平不是太高，而是太低。我们没有机器，没有干活儿的好牲口，不能好好地管理，连算账也不会。您去问问当家的，他就不知道，怎样合算，怎样不合算。”

“这是两套账，”白胡子地主用讥诮的口气说。“不管你怎么算，等到把您的什么东西都糟蹋掉，那就怎么也不合算了。”

“为什么会糟蹋掉呢？破烂的打谷机，您那种土造的压榨机，是会弄坏的，可是我的蒸汽机就弄不坏了。一匹赖马，怎么叫来着？哦，叫揪种的，揪着尾巴才走的，是会使坏的；可是您要是养法国贝雪马，或者比秋格马，就不会使坏了。就是这么一回事儿。咱们应该把农业提高一些。”

“要是有本钱就好啦，尼古拉·伊凡内奇！您倒是很好的，我可是要供一个儿子上大学，几个小些的孩子念中学，所以我买不起法国马呀。”

“可以向银行贷款嘛。”

“让银行把我的家底子都拍卖掉吗？不行，谢谢吧！”

“说农业水平还需要提高，也能够提高，这话我不同意，”列文说。“我就是这样干的，我也有本钱，可是我什么也做不成。我不知道银行是为谁开的。至少我在农业上不论把钱花在哪一方面，全都亏本：养牲口——亏本，用机器——亏本。”

“这话就对了。”白胡子地主高兴得笑起来，附和说。

“这也不是我一个，”列文又说下去，“我可以列举所有进行合理经营的地主的事例；除了极少数例外，全都是亏本的。哦，您来说说，您经营的农业怎么样，很合算吧？”列文说过，立刻就在斯维亚日斯基的目光中发现了那种一闪而过的恐惧神气，那是他每次想闯进斯维亚日斯基心灵的内室时都会看到的。

此外，在列文来说，问这个问题完全不是真心实意要问。女主人刚才喝茶的时候就对他说过，今年夏天他们从莫斯科请来一个德国会计师，德国人得到五百卢布的报酬，核算了他们的经营情况，发现亏损三千卢布还要多些。究竟多少，她不记得了，不过，似乎德国人一分一厘都算到了。

一提到斯维亚日斯基经营农业是否合算，白胡子地主就笑了，显然他知道这位乡邻和首席贵族能有多少收益。

“也许不合算，”斯维亚日斯基回答说。“这只能说明，或者我是一个无用的当家人，或者我把资金用在提高地租标准上了。”

“啊，地租！”列文惊愕地叫起来。“也许，在欧洲有地租标准，在欧洲，花了力气，土地就会变好，可是在我们这儿，花了力气土地会越来越坏，也就是把地种坏了，可见，谈不到地租标准。”

“怎么没有地租标准呢？这是章法呀。”

“那我们就是不讲章法的：因为地租标准对我们毫不起作用，相反，只会把事情弄乱。哦，您倒是说说，地租的理论是否可以……”

“诸位要酸牛奶吗？玛莎，给我们来点儿酸牛奶或者草莓，”他对妻子说。“今年的草莓到现在还有哩。”

于是斯维亚日斯基带着十分愉快的心情站起来，走开了，显然认为谈话就在列文觉得刚刚开头的地方结束了。

列文少了一个交谈的对手之后，还继续和那个地主交谈，竭力向他说明，一切困难都是由于我们不愿意了解雇工的特性和习惯；可是那个地主就像一切离群索居、自思自量惯了的人一样，不善于理解别人的想法，特别迷恋自己的想法。他一再地说，俄国的庄稼人都是猪，喜欢过猪的日子，要想不让庄稼人过猪的日子，需要权力，可是没有权力，需要木棒，可是我们现在太自由了，一下子把用了一千年的木棒换成了什么律师和监狱，在监狱里还要供给下贱的臭庄稼人很好的菜汤，还要为他们计算有多少立方英尺的空气。

“为什么您认为，”列文很想回到本题上，就说道，“就不能和干活儿的人建立一种很好的关系，让活儿干得切实有益呢？”

“跟俄国老百姓永远不可能这样！没有权力呀。”白胡子地主说。

“究竟怎样才能建立新的章法呢？”斯维亚日斯基喝过酸牛奶，点起一支烟，又走到争论的客人跟前，说道。“能够和干活儿的人建立的关系是很明确的，是大家都清楚的，”他说。“野蛮时代的残余——原始公社及其连环保自然而然瓦解了，农奴制度消灭了，剩下的只有自由劳动，而自由劳动的形式是明确的，现成的，那就应该采用。长工，短工，佃农——不外乎这些。”

“可是欧洲就不满足于这些形式。”

“不满足，所以在寻找新的形式。肯定会找到的。”

“我说的就是这话，”列文回答说。“为什么我们自己不能寻找呢？”

“因为这就好比重新发明建筑铁路的方法。方法是现成的，早就发明了。”

“但是如果那些方法对我们不适用，如果那些方法并不高明呢？”列文说。

于是他又在斯维亚日斯基的眼睛里发现了恐惧的神气。

“哦，这就是：我们把事情看得太容易了，欧洲正在寻找的，好像我们已经找到了！这我都知道，不过，对不起，您了解欧洲在劳动组织问题上是怎么做的吗？”

“不，不怎么了解。”

“现在欧洲最优秀的人物都在研究这个问题。舒尔兹·特里奇[1]运动……还有，最自由的拉萨尔派[2]有关工人问题的大量著作……穆尔豪森[3]的做法——这已经是事实，您想必是知道的。”

“我知道是知道，但是很不清楚。”

“不，您说是这样说，恐怕您知道的不比我少。我当然不是社

①舒尔兹·特里奇(1808—1883)，德国经济学家，合作社运动创始人。

②拉萨尔(1825—1864)，德国小资产阶级社会主义者。拉萨尔派是以拉萨尔为首的德国社会民主党的机会主义流派。

③穆尔豪森，法国一个城市。

会学教授，不过我对这方面很感兴趣，说真的，如果您也感兴趣的话，您就研究研究吧。”

“可是他们究竟得出什么结论呢？”

“对不起……”

两个地主站起身来，于是斯维亚日斯基又一次制止了列文窥探他的心灵内室的令人不快的习惯，出去送客了。

二十八

列文这天晚上不耐烦和两位女士在一起了。因为他想到，他现在感觉到的农业的不景气，不是他个人的特殊情形，而是俄国农业的普遍状况，要和干活儿的人建立一种关系，不论干活儿的人在哪儿干活儿，都像在路上见到的老农家一样，这已经不是梦想，而是必须解决的问题，他想到这些，心情比任何时候都激动。而且他觉得，这问题可以解决，应该想方设法去解决。

列文向两位女士道过晚安，答应明天再待一天，跟她们一块儿骑马到官家森林里去看一处有趣的塌陷的地方，就在睡觉之前走进主人的书房，去拿斯维亚日斯基要他看的几本有关劳动者问题的书。斯维亚日斯基的书房是一个很大的房间，四面摆满书橱，有两张桌子：一张大写字台，摆在房间中央；另一张是圆桌，圆桌上有一盏灯，灯周围像众星捧月一样摆放着各种文字的最新报刊。写字台旁边有一架文件柜，抽屉里装着各类文件，上面都有金字标签。

斯维亚日斯基取出书来，便在一张摇椅上坐下来。

“你看的是什么呀?”他问站在圆桌旁翻看杂志的列文。

“哦,对了,那里面有一篇很有趣的文章,”斯维亚日斯基说的是列文手里拿着的那本杂志。“原来,”他又很起劲儿地说,“瓜分波兰的罪魁祸首不是腓特烈。原来……”

于是他以他特有的明快语言简要地说了说这个十分重要的、有趣的新发现。尽管列文此刻一心想着农业问题,他听着主人的话,心里不禁在问:“他头脑里在想些什么呢?为什么,为什么他对瓜分波兰这样感兴趣?”等斯维亚日斯基说完了,列文不由得问:“那又怎样呢?”可是再没有什么了。只是这“原来怎样怎样”很有趣儿。不过斯维亚日斯基没有说明而且认为没有必要说明为什么他对这事儿感兴趣。

“哦,我倒是对那个爱生气的地主很感兴趣呢,”列文叹了一口气,说。“他很聪明,而且说了很多真话。”

“哼,算了吧!不过是一个顽固不化的、暗藏的农奴主,他们都是这样!”斯维亚日斯基说。

“您是他们的首领呀……”

“是的,不过我是要带领他们走另一方向。”斯维亚日斯基笑着说。

“使我很感兴趣的是,”列文说,“他说得很对,我们的做法,也就是合理经营的办法,行不通,能行得通的只有放债式的经营方法,就像那个斯文的地主那样,要么就是最简单的办法。这又怪谁呢?”

“当然,怪我们自己。不过,说行不通也是不对的。瓦西里契科夫公爵[1]的办法就行得通。”

“工厂……”

“不过我还是不知道您为什么感到惊讶。老百姓现有的物质水平和认识水平都很低，显然会反对一切不熟悉的东西。在欧洲合理经营行得通，是因为老百姓受过教育；可见，我们就要教育老百姓，——问题就在这里。”

“可是究竟怎样教育老百姓呢？”

“要教育老百姓，需要三样东西：第一是学校，第二是学校，第三还是学校。”

“可是您自己也说，老百姓现有的物质水平很低。学校究竟能有什么用呢？”

“您可知道，您使我想起一个医生给病人治病的笑话：‘您最好试试泻药。’‘试过了，结果更糟。’‘那就试试水蛭疗法。’‘试过了，结果更糟。’‘哦，那就只有向上帝祷告了。’‘试过了，结果更糟。’我和您也是这样。我说政治经济学，您说更糟。我说社会主义，您说更糟。我说教育，您也说更糟。”

“不过学校究竟有什么用呢？”

“学校能满足老百姓的其他需要。”

“这我就怎么也不懂了，”列文激烈地反驳说。“学校怎么能帮助老百姓改善其物质状况呢？您说，学校、教育能满足老百姓其他需要。就因为这些需要老百姓无法满足，所以更糟。老百姓学会了加减法和教义问答，怎么就能改善自己的物质状况呢，这

---

①瓦西里契科夫公爵（1818—1881），俄国经济学家、政治家、地方自治活动家。写有许多著作，探讨农村改革后土地制度等问题。

我怎么也不懂。前天晚上，我遇见一个娘们儿抱着吃奶的孩子，我就问她到哪儿去。她说：'去找巫婆来，因为哭鬼缠住了娃娃，抱去治了治。'我问，巫婆怎样治哭病的。她说：'她把孩子放在鸡窝里的栖木上，再念念咒儿。'"

"对了，这可是您自己说的！为了不让她把孩子抱去放到鸡窝里治哭病，那就需要……"斯维亚日斯基笑着说。

"不是这样！"列文懊恼地说。"我认为这样治哭病就好比用学校医治老百姓。老百姓又穷又没有知识，这我们看得十分清楚，就像那娘们儿看到孩子有哭的毛病，因为孩子老是哭。可是为什么学校就能治贫穷和无知这样的毛病，那就叫人不懂了，就像放到鸡窝里为什么就能治哭的毛病一样叫人不懂。应该治一治老百姓贫穷的病根。"

"哦，至少在这一点上您和您十分不喜欢的斯宾塞[①]不谋而合了。他也说，教育可能是丰衣足食和生活舒适的结果，如他所说的，是经常洗涤的结果，而不是能读会算的结果……"

"哦，说我和斯宾塞不谋而合，我非常高兴，或者从另一方面说，我非常不高兴；不过这一层我早就知道。学校是没有用处的，有用的是好的经济体制，可以让老百姓富裕些，空闲时间多一些，到那时候也就会有学校了。"

"不过现在全欧洲的学校都是义务的。"

"您自己怎么在这一点上也和斯宾塞不谋而合呢？"列文问道。

可是在斯维亚日斯基的眼睛里又闪出恐惧的神气，他笑

①指赫伯特·斯宾塞(1820—1903)，英国唯心主义哲学家，社会学家。

着说：

“嘿，那个治哭病的故事太妙啦！真的是您亲自听到的吗？”

列文看出来，他是不会找到这个人的生活和他的思想的联系的。他的议论会得出什么结论，显然他觉得是无所谓的；他需要的只是议论议论。等他的议论把他带进死胡同，他就不愉快了。他就怕出现这样的局面，尽量避免这样的局面，就把话转到愉快的事儿上。

这一天的所见所闻，从半路上在老农家的见闻起，都使列文十分激动。在老农家的见闻似乎是今天的一切见闻和想法的基础。这个可爱的斯维亚日斯基，保持一些想法只是为了社会交往用的，显然还有另外一些生活原则是列文所不知道的，而同时他和广大群众在一起的时候，却用一些与他格格不入的思想来指导社会舆论；那个满肚子怨气的地主发牢骚是有道理的，但是怨恨整个阶级，怨恨俄国最优秀的阶级就没有道理了；还有，列文不满意自己的所作所为，模模糊糊地希望找到纠正这种种情形的办法——这一切就汇合成一种不安的心情和期望尽快解决的心情。

列文一个人在给他安排好的房间里，躺在手脚稍一活动都会弹起来的弹簧垫子上，很久都睡不着。斯维亚日斯基虽然说了很多高深的话，列文却一点也不感兴趣；那个地主说的一番道理倒是值得考虑的。列文不由得回想起他说的每一句话，并且在心中修改自己回答他的话。

“是的，我当时应该对他说：您说，我们的农业不行，是因为庄稼人憎恨一切改良，必须强制推行改良；不过，假如不实行改良，农业就根本不行的话，那您这话就对了；可是农业还是行的，只要像半路上在老农家见到的那样,干活儿的人能够按照他们的习惯做事情,还是行的。咱们大家对农业的不满,说明我们有错或者干活儿的人有错。我们很久以来就一个劲儿地照自己的办法干,照欧洲的办法干,也不管劳动力的特性。我们应该承认劳动力不是理想的劳动力,而是具有本身特性的俄国庄稼人,并且根据这种情况来安排农事。假如说(我当时应该这样对他说),您能像那个老农一样经营农业,您能想出办法让干活儿的人关心干活儿的效果,您能想出他们能够接受的改良方法,那么,即使不消耗更多的地力,也可以得到比以前多一倍或两倍的收成。您就把收成对分,把一半给干活儿的人;您剩下来的东西多些,干活儿的人得到的也多些。要做到这一点,必须放低经营水平,必须让干活儿的人关心经营效果。至于怎样才能做到这一点,那是需要细谈的问题,但无疑是能做得到的。”

列文想到这里,兴奋得不得了。他半夜没有睡着,仔细考虑怎样把自己的想法付诸实施。他本来不打算第二天走的,可是现在他拿定主意明天一早就回家。此外,那个穿大领口连衫裙的姨妹使他产生了一种好像做了什么坏事的羞愧感和悔恨感。而主要的是他必须回去,不能耽搁;要赶在冬小麦播种之前向庄稼人提出新的方案,种小麦就可以按照新的章法办事了。他下决心彻底改变以前的全部经营办法。

二十九

列文实行他的计划,遇到许多困难;可是他尽力而为,就这样，他虽然没有取得预期的效果，却得到一种信心，那就是可以毫不自欺地相信这事是值得花力气的。主要困难之一就是，农事已经在进行中，不能把一切都停下来，一切从头做起，而是必须在运行中调整机器。

他回家的当天晚上，就对管家说了说自己的计划。管家显然很高兴地赞同他的一部分话，就是承认在此之前的种种做法都是胡闹，是不合算的。管家说，这话他早就说过，可是却不肯听他的话。至于列文所提建议——以股东身份和劳动者一起经营农业，管家听了只是露出沮丧的神气，没有表示任何明确的意见，却立刻谈起明天必须把剩下的一些黑麦捆好运走和派人耕二遍地的事，于是列文就感觉出来，现在还谈不到这一步。

列文和庄稼人谈起这事，并且向他们提出按新的办法出租土地的时候，也很不顺利，那就是他们都忙着当前的活儿，没工夫考虑这种做法合算不合算。

心地单纯的养牲口人伊凡似乎完全理解列文的建议——让他一家分摊养牲口的收益，并且完全赞成这种事儿。但是等列文对他细谈未来的收益时，伊凡脸上却出现了惊慌的神气和无法再听下去的抱歉神气，并且赶紧去找一些不容耽搁的活儿：忽而拿起草叉把牲口棚里的干草往外叉，忽而去倒水，忽而去扫牲口粪。

另一个困难是，农民怎么也不相信，地主除了尽量榨取他们以外，还会有什么别的目的。他们认定，不论他对他们说什么，他的真正目的是永远不会告诉他们的。而他们自己，在表示意见时会说许多话，可是也决不会说出真正的目的何在。此外，列文觉得那个肝火很旺的地主说得很对，农民在订立任何契约时，都要把不强迫他们采用任何新的耕作方法和使用新式农具当作首要的、不可改变的条件。他们承认,新式步犁耕地要好些,快速联结犁耕地要快些,可是他们会举出千万条理由来说明既不能用这一样,也不能用那一样,而列文虽然认为看来就得放低农业水平,可是又觉得改良显然是十分有益的,不进行改良实在可惜。不过,尽管有这些困难,他还是达到了自己的目的,快到秋天的时候,事情就有头绪了,至少他觉得是这样。

起初列文想把整个家业原封不动地租给农民、雇工和管家用新的合作办法去经营,但是他很快就看出这样不行,就决定把家业划分开来。牲口、果园、菜园、草地和分成好几片的土地都要分别经营。列文觉得最理解他的做法的心地单纯的养牲口的伊凡,以自己一家人为主成立了一个劳动组,承包了养牲口的事。远处一块荒了八年的地,在聪明的木匠菲道尔·列祖诺夫的帮助下,由六家农民承包,用新的合作办法来耕种,庄稼人舒拉耶夫按同样的条件租下了所有的菜园。其余的还是按老办法经营。但这三个劳动组合却是新体制的开端,所以列文就全力以赴了。

是的,养牲口的情形到现在并没有比以往好些,伊凡坚决反对牛棚保暖和提取新鲜奶油,认为母牛在冷牛棚里不用吃很多饲料就行了,认为提取酸奶油更合算;他还要求照以往那样给他工钱;现在得到的钱不是工钱,而是预支的一部分收益,他对此一点也不感兴趣。

是的,菲道尔·列祖诺夫的合作组没有照说定的那样在下种之前翻耕两遍,说是时间太仓促了。是的,这个组的庄稼人虽然说定按新的章程办事,但却不把土地看作共同的土地,而是看作对分制的土地,这个组的庄稼人以及列祖诺夫本人都不止一次对列文说:“您还是收地租好些,您也省心些,我们也自在些。”此外,这些庄稼人一直在找种种借口,不肯照说定的那样在这片地上盖牲口棚和干草棚,一直拖到冬天。

是的,舒拉耶夫曾经想把他承包的菜园分成小块租给庄稼人。他显然完全曲解了,而且恐怕是故意曲解了让他承包土地的条件。

是的,列文在和庄稼人交谈,对他们说明这种做法的种种好处时,常常会感觉到庄稼人只是在听他说话的声音,他们拿定了主意,不管他说什么,都不会上他的当。当他和最聪明的庄稼人列祖诺夫交谈时,尤其感觉这样;而且他还发现在列祖诺夫的眼睛里有一种神气,那神气清清楚楚地表示他在嘲笑列文,还表示他有坚定的信心,如果有人会上当的话,那也决不是他列祖诺夫。

可是,尽管有这种种情况,列文认为事情还是在进行着,认为只要严格实行核算,坚决照他的想法做下去,以后他会向他们证明这种体制的种种好处的,到那时候事情就会自然而然进行下去了。

有这些事情,还有依然由他经管的那部分家业,再加上在书房里写自己的书,列文这一个夏天就非常忙了,简直没有工夫出去打猎。八月底,陶丽派仆人送还马鞍,他才知道她们姐妹已经到莫斯科去了。他觉得,他没有回陶丽的信,是很不礼貌的,想起来就不能不脸红,觉得这样就断了自己的路,今后再也不能到她们家去了。他和斯维亚日斯基不辞而别,也是很不礼貌的。他也再不能到他家去了。不过这一切他现在觉得都无所谓了。现在他最感兴趣的是用新办法经营自己家业的事,这一生还从来没有什么事使他这样感兴趣。他把斯维亚日斯基给他的书读了不止一遍,摘录了他所没有的一些资料,又阅读了有关这方面的一些政治经济学和社会主义的著作,但果然不出所料,他一点没有找到有关他着手进行的事的资料。他时时刻刻盼望在政治经济学著作中,比如在他最先热心研究过的穆勒的著作中,找到他所关心的一些问题的答案,然而他找到的只是从欧洲农业状况总结出来的一些规律;他怎么也看不出,这些不适用于俄国的规律为什么应该是共同的规律。他在论述社会主义的一些书中看到的也是同样的情形:要么就是一些美丽然而不切实际的空想,那是他在学生时代就迷恋过的;要么就是对现状的一些改良和修补办法,那现状是欧洲的现状,和俄国农业的现状毫无共同之处。政治经济学著作中说,欧洲财富过去和现在发展的规律是普遍的规律和不容怀疑的规律。社会主义的著作中说,按照这种规律发展,必然导致灭亡。不论这种著作,还是那种著作,不仅都没有解答,而且没有一点点暗示,让他列文,让所有的俄国农民和地主,怎样运用千万双手和千万亩土地,提高产量,为公众创造更多的财富。

既然他已经着手做这方面的事,他便认真阅读有关这方面的各种书籍,还打算秋天出国去进行实地考察,以免在这个问题上出现像他在各种问题上常常会出现的那种情形。往往,他在和别人交谈的时候,还没有完全理解别人的想法,就开始叙说自己的想法,别人就会冷不丁地对他说:“那么考夫曼是怎么说的?琼斯呢?杜波伊斯呢?米契里呢?您都没有读过嘛。您就读读吧。

这个问题他们早就研究过了。”

他现在很清楚地看出来，考夫曼和米契里没有什么可取之处。他知道他需要的是什么。他看得到，俄国有极好的土地和极好的劳动者，也看到，在某些情况下，比如在半路上看到的老农家，劳动者和土地可以生产许多，而在大多数情况下，在像欧洲那样投资的时候，生产就很少，而且他看出来，所以会这样，仅仅因为劳动者只有按照他们自己那一套才愿意干活儿和好好干活儿，而且这种对抗不是偶然的，而是一贯的，在老百姓精神中是有基础的。他认为，俄国人民有志气自觉地开发广大的荒无人烟的土地，直到把所有的土地都开发出来，因此必须坚持自己需要的一些方法，这些方法并不像通常所想的那样坏。所以他就想在他的书里从理论上论证这一点，并且通过自己在农业上的实践加以证实。

三十

在九月底，运来一批木材，是为了在租给劳动组的土地上盖牲口棚用的，还卖掉了奶油，分配了收益。在经营中实际情况非常好，至少列文觉得是这样。他还要从理论上把问题阐明，要完成他的著作。按照他的设想，他的著作不仅要在政治经济学方面引起一场革命，而且要彻底破除旧的科学，为新的科学——农民与土地关系的科学奠定基础。为此就需要出国，去实地考察国外在这方面的种种情形，找到确凿的证据，证明那里所做的一切是不必要的。列文只等把小麦卖掉，得到一笔钱就出国去。可是下起雨来，留在地里的庄稼和土豆都不能收，什么活儿都停下来，连小麦也卖不成了。道路一片泥泞，无法通行；有两盘水磨被大水冲走，而且天气越来越坏了。

九月三十日，太阳一早露了露面，列文满以为天气好了，就毅然决然地做起动身前的准备。他吩咐把小麦装上车，派管家去找商人要钱，自己也骑上马到各处去看看，以便在动身之前最后作一些安排。

可是，等他把事情办完，浑身就湿透了，雨水顺着皮衣时而流进他的脖子里，时而流进靴筒里，然而傍晚他还是带着非常高兴、非常振奋的心情回到家里。到傍晚时候，天气更坏了，老大的雪糁重重地打在浑身湿透、耳朵和头直打哆嗦的马身上，马不得不侧歪着身子走；列文戴着风帽却是不在乎的，所以他快快活活地朝周围打量着，时而看看车辙里那浑浊的流水，时而看看那一条条光光的枝丫上挂着的水滴，时而看看板桥上那一片片没有融化的白色雪糁，时而看看光秃的榆树周围堆得厚厚的依然肉嘟嘟的带汁水的落叶。尽管四周围一片阴沉景象，他却感到异常兴奋。他在远处一个村子里和庄稼人交谈过之后，就看出他们对新的关系已经开始习惯了。他到一个管院子的老汉家去烘衣服，那老汉显然很赞成列文的计划，自动提出要求入伙购买牲口。

“只要坚定不移地朝着自己的目标走下去，就会有结果，”列文想道，“花费力气干下去是有意义的。这不是我个人的事，而是关系着公共福利的问题。整个农业状况，主要是整个老百姓的状况，完全应该改变。变贫穷为人人富裕，变相互敌视为利害一致和息息相关。总之，这场革命是一场不流血的革命，然而也是一场最伟大的革命，先是在我们县的小范围内进行，然后扩展到全省，全俄国，全世界。因为一种正确的思想不可能不发生作用。是的，这是一个值得为之奋斗的目标。至于我康斯坦丁·列文，当初系了黑色领带去赴舞会，遭到吉娣拒绝，自己觉得那么可怜，那么下贱——其实那都不能说明什么。我相信，富兰克林当初想起自己的一切，也会觉得自己下贱，也会信不过自己。那都不能说明什么。他肯定也有他的阿加菲雅，可以对她说说自己的计划。”

列文这样想着心思回到家里的时候，天已经黑了。

到商人家去的管家回来了，拿到了一部分卖小麦的钱。和那个管院子的老汉也订好了合同。管家一路上看到，田野上到处都有庄稼，连动也没有动，这样看来，自己那没有运回的一百六十垛小麦和别人家的相比，就不算什么了。

列文吃过晚饭以后，像往常一样拿着一本书坐到安乐椅上，一面看书，一面继续想着与他的著作有关系的当前这次出国旅行。今天他特别清楚地意识到他的事业的全部意义，于是可以说明他的思想实质的整句整句的话也就自然而然地出现在他的脑际。“这应该记下来，”他想道。“这应该成为一篇简短的序言，我原来还以为不必要呢。”他站起来，正要朝写字台走去，躺在他脚下的拉斯卡也一面伸着懒腰站了起来，一面打量着他，好像是在问他往哪儿去。可是他没工夫去记了，因为几个头头儿来要求派工了，列文于是就到前厅里去迎接他们。

派过工之后，也就是安排过明天的活儿之后，又见过所有找他有事的庄稼人，列文又回到书房里，坐下来写作。拉斯卡躺到写字台底下了，阿加菲雅拿着袜子坐到她的老地方。

列文写了一阵子之后，忽然分外真切地想起吉娣、吉娣回绝他的情形和最后一次见面的情形。他站起来，在房里来回踱起来。

“有什么心烦的呀，”阿加菲雅对他说。“哦，您干吗老待在家里呀？最好还是上温泉去住住，况且您已经准备好了。”

“就这样我也得后天走，阿加菲雅·米海洛芙娜。还得把事情办完呀。”

“啊，您还有什么事情呀！就这样您送给庄稼人的还少吗？大家已经在说：你们家老爷因为这样会得到皇上恩典的。也真奇怪：您干吗老是为庄稼人操心呀？”

“我不是为他们操心，我这样做是为自己。”

阿加菲雅了解列文的农业计划的一切细节。列文常常把自己的一些想法详详细细地说给她听，也常常和她争论，不赞成她的解释。不过现在她完全误解了他的话。

“当然啦，为自己的灵魂是应该多想想，”她叹着气说。“就拿巴尔芬·杰尼西奇来说吧，别看他不识字，到死也问心无愧，人人都能像他一样就好啦，”她说起不久前死去的一名男仆。“给他授了圣餐，涂了圣油。”

“我说的不是这个，”列文说。“我是说，我这样做为的是自己有好处。要是庄稼人干活儿干得好些，我的好处也就大些。”

“哼，不管您怎样做，如果他是一个懒汉，不论干什么都是拖拖拉拉、马马虎虎的。如果有良心，就会好好儿干；如果没有良心，谁也没办法。”

“噢，您自己也说嘛，伊凡照应牲口比以前好了。”

“我要说的只有一件事，”阿加菲雅回答说，显然不是随口说的，而是经过周密考虑的，“您该成亲啦，就是的！”

阿加菲雅一提起他刚才也想过的事，他顿时觉得又伤心，又窝囊。列文皱起眉头，没有回答她，就又坐下来写作，在心里重温了一遍他想过的这部著作的意义。他只是偶尔地在一片寂静中听一听阿加菲雅那编织袜子的声音，有时想起他不愿回想的事，就又皱起眉头。

九点钟，忽然听到铃铛声和马车在泥泞中闷声闷气的颠簸声。

“哦，有客人来看您了，不会烦闷了，”阿加菲雅说着，就站起来，朝门口走去。但列文抢到了她的前头。他现在写不下去，很欢迎有客人来，不论是什么样的客人。

三十一

列文下楼梯下到一半，就听见前厅里传来他很熟悉的咳嗽声；但由于自己的脚步声他听得不太清楚，于是他希望是他听错了；一会儿他就看到那长长的、瘦骨嶙峋的、熟悉的身影，看来已经不可能错了，但他还是希望自己弄错了，希望这个一面脱皮袄、一面咳嗽的高个子男子不是他的哥哥尼古拉。

列文爱自己的哥哥，可是跟他在一起总是感到很痛苦。此时此刻，列文因为想起心事，再加上阿加菲雅这样一提，正心烦意乱，他觉得跟哥哥见面特别难受。他要见的不是他希望为他排遣烦乱心情的愉快、健康的外客，而是他的哥哥，哥哥对他了解得很透彻,会要他说出最隐秘的心事,迫使他把什么都说出来。而这正是他不愿意的。

列文一面因为这种卑劣的心情在生自己的气,一面朝前厅里跑去。等他在近处看到哥哥,自己那种失望心情立刻消失了,换成了一种怜悯心情。尼古拉哥哥以前瘦得和病得已经够可怕的了,现在却更瘦了,更憔悴了。这简直是一副包了皮的骨架子。

他站在前厅里,颤动着又长又细的脖子,在解脖子上的围巾,怪模怪样地苦笑着。列文一看到这种和善而温顺的笑容,就觉得自己的喉咙哆嗦起来。

"这不是,我到你这儿来啦,"尼古拉目不转睛地盯着弟弟的脸,用低沉的声音说。"我早就想来,可是一直身体不好。现在我已经好多了。"他用他那瘦削的大手捋着胡子说。

"是啊,是啊!"列文回答说。等到他们接吻,他的嘴唇感觉出哥哥身体的干枯,并且在近处看到他那双流露着奇怪的光彩的大眼睛时,更觉得可怕了。

几个星期之前,列文写信给哥哥,说他们家里没有分过的那一小部分产业卖掉了,哥哥现在可以分到自己的一份,大约两千卢布。

尼古拉说,他现在是来拿这笔钱,更重要的是来自己的老家住些日子,接触接触土地,像古代勇士那样汲取力量,今后也好出去闯荡。尽管他的身子佝偻得厉害,尽管他因为个头儿很高瘦得特别惊人,他的动作却还和往常一样又快又急促。列文把他领进书房。

哥哥这次换衣服特别细心,这在过去是很少有的,又梳了梳那又稀又直的头发,便笑嘻嘻地上了楼。

他的态度十分和善,心情十分愉快,列文记得他小时候常常是这样的。他甚至提到柯兹尼雪夫也不恼火。他看到阿加菲雅,和她说了一阵子笑话,还详细地问起几个年老的仆人。听说巴尔芬·杰尼西奇已经死了,他心里很难过。他脸上出现了恐惧的神情,不过他很快就恢复常态。

“是啊,他已经很老了嘛,”他说过这话,就换了话题。“哦,我要在你这儿住上一两个月,然后就到莫斯科去。你可知道,米亚赫科夫答应给我找个位子,我就要去当差了。现在我要完全换个样子生活了,”他继续说。“你可知道,我甩掉那个女人了。”

“你是说玛丽雅·尼古拉耶芙娜吗?怎么回事儿,为什么呀?”

“哎呀,她是一个很坏的女人!她给我干了许许多多不愉快的事。”但是他没有说,这些不愉快的事是一些什么样的事。他不能说,他把玛丽雅·尼古拉耶芙娜撵走,是因为茶太清淡,尤其因为她像照料病人一样照料他。“总而言之,我现在想完全换个样子生活。当然,我也和所有的人一样,做过许多荒唐事,不过财产是最没有意思的东西,我一点也不心疼。只要身体好就行,感谢上帝,我的身体现在好多了。”

列文听着,思索着该说些什么,可是怎么也想不出该说些什么。尼古拉大概也感觉到这一点;他问起弟弟的农事;列文也高兴谈谈自己的事,因为他不用装假就可以谈。他就对哥哥说了说自己的计划和自己的一些活动。

哥哥听着,但是显然对这种事不感兴趣。

这两个人是那样亲近,那样密切,对于他们来说,最细微的动作和音调表达的意思比言语能够表达的意思还多。

此时此刻,他们两个只想着一件事,那就是尼古拉的病和死期已近,这是压倒其他一切的事。但是不论列文,还是尼古拉,都不敢说这事,因此,不管他们说的是什么,都没有说出他们真正担心的事,只能说说假话。所以,等黄昏过去,到了睡觉的时候,他从来没有这样高兴过。他不论和什么样的外人在一起,不论拜访什么样的官方人士,从来都没有像今天这样不自然,这样虚假。他意识到这种不自然并且觉得不应该不自然,就更加不自然了。他真想为他这个不久于人世的亲爱的哥哥大哭一场,可是哥哥说今后怎样怎样生活,他不能不听,而且还要附和着说。

因为房子里潮湿,只有一个房间里生了炉子,所以列文就让哥哥睡在自己卧室里的屏风后面。

哥哥上了床,不知道是不是睡了,但也像很多病人一样,翻来覆去,不住地咳嗽,咳不出痰来的时候,嘴里就嘟哝着。有时呼吸十分困难,嘴里就说:“唉,我的上帝呀!”有时被痰堵住,就很恼火地骂起来:“哼!见鬼!”列文听着他的动静,很久没有睡着。列文脑子里千头万绪,但种种思绪却归结到一点:死。

死,万物不能逃脱的结局,第一次以不可抗拒之势出现在他的脑际。而在这个睡意蒙眬中呻吟、不分厚薄地时而呼唤上帝、时而呼唤魔鬼的亲爱的哥哥来说,这死已经不像他原来想象的那样遥远了。在他自己来说,死也是要来的——这一点他也感觉到了。不是今天,就是明天,不是明天,就是三十年之后,难道还不都是一样?至于这无法逃脱的死是怎么一回事儿,他不仅不知道，不仅从来没有想过，而且无法去想，不敢去想。

“我做事情，我想有所作为，可是我忘记了，一切都会完结，一切都要死。”

他在黑暗中蜷缩着身子，抱着双膝，坐在床上，屏住呼吸聚精会神地思索。可是他越是用心想，就觉得越清楚，无疑就是这样，他确实在生活中忘记了、忽视了一个小小的情况，那就是，死是一定要来的，一切都会完结的，什么也不值得开头，而且不论怎样都无可奈何。是的，这是很可怕的，不过就是这样的。

“我还活着嘛，那现在该怎么办，怎么办呀？”他灰心丧气地想。他点起蜡烛，小心翼翼地下了床，走到镜子前面，端详起自己的脸和头发。是啊，两鬓已经有白发了。他张开嘴。臼齿已经开始坏了。他露出肌肉发达的两臂。是的，很有力气。可是当年尼古拉身体也很强壮呀，现在在那儿靠残肺呼吸了。于是他顿时想起他们小时候怎样睡在一起，只要等菲道尔·波格丹内奇一出门，就互相扔枕头，哈哈大笑，笑得非常开心，洋溢着无穷无尽的生活幸福感，也顾不得害怕菲道尔·波格丹内奇了。“可是现在这变了形的空洞的胸膛……还有我，前景茫然……”

“咳！咳！哎，见鬼！你磨蹭什么，怎么不睡呀？”哥哥对他吆喝道。

“没什么，不知怎的，我睡不着。”

“我倒是睡得很好，我现在已经不出汗了。你来看看，摸摸我的衬衣。没有汗吧？”

列文摸了摸，又回到屏风这边，吹灭了蜡烛，可还是很久没有睡着。他刚刚有点儿明白了怎样活的问题，却又出现了一个无法解决的新问题——死。

“嗯,他快要死了,嗯,他恐怕活不到春天了,嗯,怎样救救他呢?我能对他说点儿什么呢?在这方面我懂得什么呢?我甚至都忘记有这么一回事儿了。”

三十二

列文早就发现,在和一些人相处中,如果他们过分谦让和恭顺以至使你感到不自在,那么很快就会由于其过分苛求和挑剔使你无法忍受。他觉得哥哥就是这样。果然,尼古拉哥哥的和善没有维持多久。第二天早晨他就发起脾气,拼命找弟弟的碴儿,专门刺他最痛的地方。

列文觉得自己不对,却又无法改正。他觉得,假如他们都不装假,而是说所谓推心置腹的话,也就是只说他们真正想的和感觉的,那他们只能相互看着眼睛,列文就只能说:“你要死了,你要死了,你要死了!”尼古拉就只能回答:“我知道我要死了;可是我害怕呀,害怕呀,害怕呀!”假如他们只说心里话的话,那就再也不能说什么了。但要是这样,那就无法过下去,所以列文就想做做他这一生想做而不会做的事,这种事,据他观察,许多人做起来从容自如,而且不这样就不能过日子:那就是他试着说了说违心的话;于是他一直觉得这样做十分虚伪,觉得哥哥看出他这一点,因为这样才发火的。

到第三天,尼古拉叫列文又说了说他的计划。尼古拉不仅指摘他的计划，而且故意把他的计划和共产主义混为一谈。

“你不过是把人家的想法拿了来，胡乱变了一下，就想用到不适用的地方。”

“我对你说嘛，这没有一点共同之处。他们否认财产、资本和遗产的合理性，我并不否认这种主要的刺激因素（列文本来自己也讨厌使用这种字眼，可是自从他专心著述以来，就不由得越来越多地使用起外来语），我只是想调整劳动关系。”

“就是了，你把人家的想法拿了来，去掉人家所有要紧的地方，就想标榜这是什么新东西。”尼古拉气嘟嘟地颤动着他那系了领带的脖子说。

“不过我的想法和人家一点不一样呀……”

“人家呀，”尼古拉眼睛里闪着恶狠狠的亮光，冷笑着说，“人家至少还有一点魅力，可以说，一种几何图案之美——清楚，明确。也许，那是乌托邦。但如果真的能够把过去的一切变成一块白板[①]：没有财产，没有家庭，那样劳动关系也就好了。可是你呢，什么也不是……”

“你为什么要混为一谈呢？我从来就不是共产主义者。”

“我原来倒是的，不过我发现这还为时过早，但这是合理的，有前途的，就像早期的基督教那样。”

“我只是认为，应该从自然科学家的观点来看待劳动力，也就是要研究劳动力，承认其特点……”

“这可是完全不必要的。劳动力在其发展的各个阶段，自会

①原文是拉丁语。

找到一定的活动形式。起初到处都是奴隶,后来是佃农[1],我们还有对分制,有土地出租,有雇工,——你还要找什么呢?"

列文一听到这话忽然恼火起来,因为在内心深处他就害怕这话说得对,——真的是他想在共产主义和现有的劳动形式之间进行调节,而这是未必办得到的。

"我是在为自己也为劳动者寻找提高生产率的劳动方式。我是想建立……"他很激烈地回答说。

"你什么也不想建立;你不过像你一贯的那样,想标新立异,表示你不光是剥削庄稼人,而且是抱有理想的。"

"哼,你这样想啊,那就别管我吧!"列文回答说,同时觉得自己左腮上的肌肉跳动起来,压制也压制不住。

"你以前没有,现在也没有什么信仰,只是想满足你的自尊心。"

"那好啊,你就别管我了!"

"我才不管你哩!早就该走了,你也见鬼去吧!我真后悔我来了!"

过后不论列文怎样想方设法安慰哥哥,哥哥却什么也不愿意听,说,还是分手好些,列文就看出来,哥哥只是过不了这种日子。

尼古拉已经收拾好行李要走了,列文又走到他面前,很尴尬地说,如果有什么地方得罪了他,就请他原谅。

"噢,好宽宏大量!"尼古拉说,并且笑了笑。"如果你希望自己是正确的,我可以给你这种愉快。你正确是正确,我还是要

①原文是英语。

走！”

临别的时候，尼古拉才吻了吻弟弟，并且突然用严肃得有些奇怪的目光看了看弟弟，说：

“不管怎样你都要多多原谅我，柯斯加！”而且他的声音也打起哆嗦。

只有这才是真心诚意说出的话。列文明白，这话的含意是：“你看到并且也知道，我活不久了，也许，咱们再也见不到了。”列文明白这意思，眼里不由得涌出泪水。他又吻了吻哥哥，可是什么也说不出来，也不知道该对他说什么了。

哥哥走后第三天，列文就出国了。他在火车上遇到吉娣的堂兄谢尔巴茨基少爷。他看到列文那副阴郁的神气大吃一惊。

“你怎么啦？”谢尔巴茨基问他。

“没什么，就是这样，人生在世快活事儿本来不多。”

“怎么不多？那你就跟我一道上巴黎去吧，不要到什么米卢斯去了。你去看看，那儿有多么快活！”

“不，我已经完了。我就要死了。”

“这就有意思了！”谢尔巴茨基笑着说。“我刚刚要开头哩。”

“我不久以前也是这么想的，可是现在我知道，我快要死了。”

列文说的是他近来心里真正想的。他看到什么都死亡或者走向死亡。但是他因此也就更醉心于他所兴办的事业。在死亡没有到来之前，总得想方设法活下去。他觉得黑暗笼罩了一切；但正是由于这种黑暗，他觉得他的事业才是这黑暗中引路的线，于是他使劲儿抓住，再不放手。

第四部

一

卡列宁夫妇仍然住在一座房子里,天天见面,但彼此完全像路人。卡列宁为自己定下守则,天天要和妻子见面,为的是不让仆人们猜疑;但是他尽可能不在家里吃饭。伏伦斯基从来不到卡列宁家里来,但是安娜却在外面和他相会,这也是丈夫知道的。

这种状况对于他们三个人都是很难受的,如果不是指望这种状况会改变,指望这是暂时的痛苦磨难,指望这会很快过去的话,他们之中的任何一个在这种状况下连一天也过不下去。卡列宁指望这种热恋会过去,就像一切事情都会过去一样,大家都会忘记这回事儿,他的名声也就保住了。至于安娜,这状况是她造成的,因而她最痛苦,她能忍受这样的状况,是因为她不仅指望,而且坚信这一切很快会得到解决,会有结果的。她一点不知道这种状况怎样解决,但她坚信,解决的办法很快就会有了。伏伦斯基不由得听命于她,也指望有什么外来的办法能解决一切痛苦磨难。

仲冬时候,伏伦斯基有一个星期过得十分乏味。他奉命接待一位来彼得堡的外国亲王,并且要带他参观彼得堡的名胜。伏伦斯基仪表堂堂,此外还掌握了举止既庄重又彬彬有礼的本领,惯于同这样的人物打交道,因此指派他接待亲王。但是这差事使他感到很重。亲王希望一处也不漏过,因为回国后别人会问他,某处某处他在俄国是否看过;而且他自己也很想尽情享受一番俄国的种种乐趣。伏伦斯基不得不在这两方面兼任他的向导。每天上午他们去参观名胜,每天晚上他们就参加民族风味的玩乐。亲王有极好的体格,这在亲王当中也是不常见的;他爱好体操,又注重养生之道,因此身体十分强壮,尽管他纵欲无度,依然光油油的,就像一条绿油油的荷兰大黄瓜。亲王游览过许多地方,认为现在交通方便带来的主要好处之一就是可以尝遍各种民族风味的乐趣。他到过西班牙,在西班牙唱过情歌,和一个弹曼陀林的西班牙女子有过风流事儿。在瑞士他打过羚羊。在英国,他穿着红色燕尾服参加障碍赛马,还打赌打过两百只野鸡。在土耳其他到过后宫,在印度他骑过大象,现在到了俄国,就希望领略一下种种俄国风味的乐趣。

伏伦斯基就好像做了他驾前的典礼官,不得不花费很多精力安排亲王参加各种各样的人向他介绍的俄国风味的玩乐。赛过马,吃过发面煎饼,猎过熊,乘坐过三驾马车,看过吉卜赛人的杂耍,纵情狂饮并且像俄国人一样把碗碟摔个粉碎。而且亲王特别容易掌握俄罗斯精神,把一盘一盘的碗碟摔得粉碎,还拉一个吉卜赛女郎坐在膝上,似乎还在问:还有什么呀,是不是俄国精神尽在于此了?

实际上，在种种俄国乐趣当中，亲王最喜欢的还是法国女演员、芭蕾舞舞女和白封的香槟酒。伏伦斯基对亲王之类人物是见惯了的，可是，不知是因为他自己近来变了呢，还是他和这位亲王太接近了，总之，他觉得这一个星期的日子特别难过。在整个这一星期中，他一直有一种感觉，就好像一个人被派来照应一个危险的疯子，又害怕疯子，又害怕同疯子太接近了自己也会精神失常。伏伦斯基总觉得，为了不卑躬屈节，必须时时刻刻保持不亢不卑的态度。使伏伦斯基惊愕的是，有些人拼命为亲王提供种种俄国风味的乐趣，亲王对待那些人的态度却是轻蔑的。他想研究俄国女子，伏伦斯基听到他对俄国女子的评论不止一次愤恨得涨红了脸。这位亲王所以使伏伦斯基感到特别不痛快，主要是因为他从亲王身上看到了他自己。他在这面镜子里看到的，是使他的自尊之心感到不快之处。这是一个十分愚蠢、十分自负、十分健壮、十分爱干净的人，再没有什么了。他是一个很有气派的人，这是事实，伏伦斯基也不否认这一点。他和地位更高的人相处，平等对待，并不谄媚奉迎；和同辈的人在一起，很随便，很坦率；和地位低的人在一起，抱一种俯就的和善态度。伏伦斯基自己也是这样，并且认为这是很大的美德。但是他和亲王在一起，他是地位低的，对待他的这种俯就的和善态度却使他感到气愤。

“混蛋！难道我也是这样吗？”他在心里说。

不管怎么说，到第七天，亲王在去莫斯科之前和他告过别，向他表示过感谢之后，他是非常高兴的，因为他摆脱了这种不自在的局面和这一面令人不快的镜子。他们是打了一整夜的熊，表演了俄罗斯人的勇猛劲头儿之后，回来的路上，在火车站告别的。

二

伏伦斯基回到家里,就看到安娜的来信。她写道:“我病了,心里很烦闷。我不能出门,但也不能再见不到您。今天晚上您来吧！七点钟阿历克赛·亚力山大罗维奇去参加会议,要开到十点钟。”他觉得她不顾丈夫的禁令,叫他直接到家里去,有些奇怪,可是他想了一会儿,决定还是去。

伏伦斯基在这个冬天升为上校,离开那个团,单独居住。他吃过早饭,就躺到沙发上,在五分钟时间里,近几天他所见到的各种各样乱糟糟的场面和安娜的形象以及那个在猎熊中起了重要作用的围猎的汉子的形象,在他的脑子里纠结在一起,搅成一团;于是他睡着了。他在天黑时醒来,吓得浑身直打哆嗦,连忙点起蜡烛。“怎么回事儿？怎么啦？我梦见什么可怕的事儿了呀？对了,对了。好像是那个围猎的汉子,小小的,脏兮兮的,胡子拉碴的,弯下腰去不知道干什么,忽然用法语说起一些奇怪的话。是的,我梦见的就是这些,”他在心里说。“可是为什么这会这样可怕呢?”他又十分真切地想起那个汉子和那个汉子说的一些莫名其妙的法国话,他吓得脊背上掠过一股冷气。

“多么荒唐呀!”伏伦斯基在心中说过这话,就看了看表。

已经八点半了。他打铃唤了唤仆人,便连忙穿起衣服,走到台阶上,已经完全忘记了刚才的梦,只是担心会迟到。他乘雪橇来到卡列宁家门口,看了看表,看到差十分就九点了。有一辆套了两匹灰马的高高的、窄窄的马车停在门口。他认出是安娜的马车。“她要到我那儿去呢，”伏伦斯基想道，“那样倒是好些。我真不高兴进这所房子。不过反正是这样了，我又不能藏起来，”他在心里说过这话，就带着他从小就养成的无所顾忌的态度跳下雪橇，走到门口。大门开着，手臂上搭着车毯的看门人在召唤马车。一向不注意细节的伏伦斯基这时却发现看门人看到他时露出了惊愕的神气。伏伦斯基在门口几乎和卡列宁撞个满怀。煤气灯对直地照耀着卡列宁黑礼帽底下那没有血色的瘦脸和海龙皮领子里露出来的白得耀眼的领带。卡列宁那一双动也不动的、呆呆的眼睛直盯着伏伦斯基的脸。伏伦斯基鞠了个躬，卡列宁咬了咬嘴唇，把手往帽檐上一举，就走了过去。伏伦斯基看到他头也不回就坐上马车，从窗口接过车毯和望远镜，就走了。伏伦斯基走进前厅。他的眉头皱起来，眼睛里射出恶狠狠的、高傲的光芒。

“竟是这种局面！”他想道。“假如他要决斗，保护他的名誉，我倒是可以有所行动，可以表示我的感情；可他这样软弱，也许是卑鄙……他让我永远处在偷偷摸摸的状况，我可是过去不希望这样，现在也不希望这样。”

安娜和他在芙列姐家花园里交谈过以后，他的想法大大改变了。安娜表示完全委身于他，她的命运只等他来决定，什么都愿意听从，他不由得被安娜这种百依百顺的态度所征服，早已不像原来那样认为他们的关系可以结束了。他的谋求官位的计划又退到次要地位，而且他觉得自己脱离了那个可以决定一切的活动圈子，完全听命于自己的感情了，这感情把他和她缚得越来越紧了。

他在前厅里就听见她那渐渐远去的脚步声。他明白,她是在等他,她留神听了一阵子,这会儿回客厅去了。

“哎呀!”她一看到他就叫起来,喉咙里声音一出来,泪水就涌到眼睛里。“哎呀,如果这种状况再继续下去的话,那这种事儿早就会有,早就会有啦!”

“什么事儿呀,亲爱的?”

“什么事儿吗?我等你,苦苦等你,一个钟头,两个钟头……真的,我受不了!想必你也是没有办法。真的,我受不了!”

她把两手搭在他的肩上,用深情、狂喜,同时又是探询的目光对着他看了很久。她细细审视他的脸,以补偿她没有看到他的那段时间。她就像每次和他相会时那样,要把想象中的他(那是无比英俊的,在现实中不可能有的)和实际的他融为一体。

三

“你碰见他了吧?”等他们在桌旁灯下坐下来,她问道。“这是你迟到的报应。”

“是的,不过这是怎么回事儿?他应该是在开会呀。”

“他开过会回来了,现在又上什么地方去了。不过这没什么。别谈这个了。你到哪儿去来?还在陪亲王吗?”

她知道他生活中的点点滴滴。他想说,他一夜未睡,所以睡着了,可是看着她那兴奋而幸福的脸,他觉得惭愧起来。于是他就说,亲王走了,他得去复命。

“那么现在事情完了吗?他走了吗?”

“谢天谢地,事情完了。你真无法相信,我是多么讨厌这事儿。”

“为什么呀？这是你们青年男子过惯了的日子嘛。”她皱着眉头说完这话,便拿起放在桌上的编织物,眼睛也不看伏伦斯基,抽起插在里面的钩针。

“我早就不过这种日子了,”他说着,心里对她面部表情的变化感到惊讶,竭力在揣摩这表情的意义。“说实在的,”他龇着一嘴密密实实的白牙笑着说,“我这个星期看着这种日子就像自己在照镜子,我感到厌恶。”

她手里拿着编织物,却不编织,而是用一种奇怪的、闪闪有光的和不友好的目光望着他。

“今天早晨丽莎顺路到我这儿来过——她也不管李迪雅·伊凡诺芙娜那一套,还是不怕到我这儿来,”她插了一句。“她说了说你们的狂饮之夜。多么下流呀！”

“我刚才就想说……”

她打断他的话。

“那就是你以前认识的那个泰莉莎吗?”

“我就想说……”

“你们男人多下流呀！你们怎么就不明白,一个女人是不会忘记这种事儿的,”她越说越上火,这也就等于把她气愤的原因对他说了。“尤其是一个无法知道你的生活的女人。你现在的事我知道什么呢？过去的事我知道什么呢?”她说。“只知道你告诉我的。可是我怎么知道,你对我说的是不是真话……”

“安娜！你冤枉我了。难道你不相信我吗？我不是对你说过，我没有什么心思不能对你说吗？”

“是的，是的，”她说，显然是在竭力驱除嫉妒心。“可是你不知道，我是多么痛苦呀！我相信你，相信你……那你刚才想说什么来？”

可是他一时间竟想不起刚才要说什么。近来她的嫉妒心发作得越来越频繁，这使他感到害怕，而且，不论他怎样想方设法掩饰，这也使他对她渐渐冷淡了，虽然他知道，她嫉妒正是因为爱他。他有多少次自己对自己说，她的爱情就是他的幸福；这不是，她爱他，能多么爱就多么爱，她把爱情看得重于人生的一切幸福，而他现在比起从莫斯科跟踪她来的时候，离开幸福远多了。那时候他认为自己是不幸的，但幸福在前头；现在呢，他觉得最美好的幸福已经过去了。她已经完全不是他最初看到的那个女子。不论精神上，身体上，她都不如以前了。她的身子发胖了，而且在她说到那个女演员的时候，她的脸上出现了一种怨恨的神情，使她的脸变得很难看。他望着她，就好像一个人望着他摘下来的一朵萎蔫了的花，很难看出它的美，当初他是因为它的美才摘下来，把它毁了的。可是，尽管他觉得，当初，在他的恋情如火的时候，假如他真想刹车，还是能够把爱情从心中连根拔掉的，而现在，就像他此时此刻一样，觉得自己对她已经没有爱情的时候，他知道，他和她的关系不可能割断了。

“嗯，嗯，你刚才想说说那个亲王的，想对我说什么呀？我已经把妖魔赶跑了，赶跑了，”她补充说。他们把嫉妒叫做妖魔。“是的，你要说那个亲王什么呀？为什么你觉得那样讨厌呀？”

“哎呀，真够受！”他竭力抓住断了的思绪说。“他这人不宜近交。如果给他下个评语的话,那只是一头养得极好的牲口,在博览会上稳得头奖,再就没有什么了。”他说这话用的是很懊恼的口气,这倒引起了她的兴趣。

“不,怎么会呢?”她反驳说。“他毕竟见过很多世面,很有教养的吧?”

“那完全是另外一种教养——他们的教养。看来,他有教养,为的是有资格蔑视教养,正如他们蔑视一切,只看重肉体的快乐。”

“可是你们都喜欢肉体的快乐呀。”她说。于是他又看到她那躲着他的阴郁的目光。

“你为什么一个劲儿为他辩护呀?”他笑着说。

“我不是辩护,这和我毫不相干;不过我想,要是你自己不喜欢享受这种快乐,你完全可以不享受。可是你看着穿得像夏娃一样的泰莉莎就觉得快乐呀……”

“妖魔,妖魔又来了!”伏伦斯基抓起她放在桌上的一只手,吻着手说。

“是的,可是我受不了呀!你不知道,我等你等得多么痛苦呀!我认为,不是我嫉妒。我并不胡乱猜疑;你在这儿,跟我在一起的时候,我是相信你的;可是当你一个人在什么地方过那种我不了解的日子时……”

她离开他,偏过身去,终于把钩针抽了出来,食指动了起来,一针一针地迅速编织起在灯光下白得耀眼的毛线,那细细的手腕也在绣花袖口里一下一下地迅速转动起来。

“哦,怎么样?你是在哪儿碰见阿历克赛·亚力山大罗维奇的?”她忽然很不自然地问道。

“在大门口碰见的。”

“他就是这样向你鞠躬吗?”

她拉长了脸,半闭起眼睛,迅速改变了脸上的表情,两只手并在一起,于是伏伦斯基在她那美丽的脸上忽然看到卡列宁向他鞠躬时的表情。他笑了笑,她却快活地咯咯大笑起来,笑得异常清脆好听,这种笑也是她最有魅力之处。

“我实在无法理解他,”伏伦斯基说。“你在别墅里对他说明白了之后,如果他和你一刀两断,如果他找我决斗,那我都能理解;可是他这样我就不理解了;他怎么能忍受这种状况呢?他很痛苦,这是看得出来的。”

“他吗?”她冷笑说。“他挺满意哩。”

“既然一切都好好儿的,那我们何必都苦恼呢?”

“就是他不苦恼。难道我不了解他,不了解他浑身浸透了虚伪吗?……他要是能有什么感情的话,能够像他和我这样生活下去吗?他什么也不懂,什么感情也没有。一个人要是能有一点感情的话,能够和有罪的妻子生活在一座房子里吗?能够和她说话吗?能够叫她亲爱的吗?”

她又不由得模仿起他来:“亲爱的,亲爱的,我亲爱的安娜!”

“他不是一个男子,不是人,是木偶!谁也不了解他,只有我了解。哼,假如我是他,我早就把像我这样的妻子杀掉,撕成碎块,决不会说:亲爱的,亲爱的安娜。他不是人,是一架官场的机器。他不懂得,我是你的妻子,他是外人,他是多余的人……咱们不谈了,不谈吧!……”

“你说得不对，不对，亲爱的，”伏伦斯基竭力安慰她说。“不过，反正都一样，咱们就不谈他吧。你说说，近来你做些什么？你怎么样？你这是什么病？医生是怎么说的？”

她望着他，露出快活的嘲笑神气。显然，她又想到丈夫的可笑和反常之处，正在等待机会说出来。

可是他又说下去：

“我猜想，这不是病，这是你怀孕。产期是什么时候？”

嘲笑的光彩在她的眼睛里熄灭了，但是另外一种笑——知道他所不知道的什么事的笑和淡淡的伤感的笑——代替了她原来的表情。

“快了，快了。你说过，我们的状况很痛苦，应该摆脱。你真不知道，为了好好地爱你，大胆地爱你，我有多么痛苦，我付出什么样的代价！我真希望自己不嫉妒，免得自己痛苦，也免得你痛苦……这快了，不过这不像我们想的那样。”

她一想到以后会怎样，就觉得自己非常可怜，不由得泪水涌上眼睛，她说不下去了。她把一只手放到他的袖子上，那雪白的手和戒指在灯光下亮闪闪的。

“这事儿今后不会像咱们想的那样。这话我本来不愿对你说，可是你逼我说了。快了，很快地什么都可以摆脱了，我们，我们都可以安静了，也就不会再痛苦了。”

“我不懂。”他说，其实他懂得她的意思。

“你问什么时候吗？快了。这一关我过不了。你不要打断我！”于是她急急忙忙说起来。“这我知道，清清楚楚地知道。我就要死了，而且我很高兴我就要死，就要使你我都得到解脱。”

泪水从她的眼里扑簌簌流了下来；他弯下身去吻起她的手，竭力掩饰自己的激动，他知道激动毫无必要，但是他怎么也克制不住。

“就是这样，就这样好些，”她使劲儿握住他的手说。“只有这样，咱们只有这样了。”

他猛醒过来，抬起头来。

“胡扯！你胡扯什么呀！”

“不，这是实话。”

“什么，什么实话？”

“就是说，我要死了。我做了一个梦。”

“一个梦？”伏伦斯基重复了一下，立刻想起了自己梦见的那个汉子。

“是的，一个梦，”她说。“这梦我早就做了。我梦见，我跑进自己的卧室，我是要到那里去拿一样东西，找一样东西；你知道，这是在梦里常有的，”她带着恐怖的神情睁大眼睛说，“在卧室里，在角落里站着一个什么东西。”

“唉，真是胡扯！怎么能相信……”

可是她不容许打岔。她觉得她说的事太重要了。

“那个东西转过身来，于是我看到，那是一个胡子拉碴的汉子，小小的，非常可怕。我就想跑，可是他朝一个口袋弯下身去，两手在口袋里翻腾起来……”

她模仿了一下那汉子在口袋里翻腾的样子。她的脸上出现了恐怖的神情。伏伦斯基也想起自己的梦，感觉自己心里也充满同样的恐怖。

“他一面翻腾，一面嘟哝着法语，嘟哝得很快：‘要把铁打一打，捣一捣，揉一揉……’我吓得很想醒过来，我醒了……可是我是在梦里醒了。我就问自己，这意味着什么。科尔尼就对我说：‘你要死了，死在生产中，我的妈呀……’我才醒来了……”

“真是胡扯，胡扯！”伏伦斯基说，可是他自己也觉得，他的语调毫无说服力。

“不过咱们不谈吧。你打一下铃，我叫人送茶来。你还是等一下，我一会儿……”

可是她突然停住。她脸上的表情一下子变了。恐怖和不安神情一下子消失了，换成了一种宁静、严肃和幸福的专注神情。他无法理解这一变化的意义。她感到在她身体里的新生命在动。

四

卡列宁在大门口碰到伏伦斯基之后，仍然按照原来的打算乘车去意大利歌剧院。他在剧院里坐到两幕演完，见到了他要见的一些人。他回到家里，留心打量了一下衣帽架，发现军大衣已经不在了，就像往常一样回到自己房里。但是他一反往常的习惯，没有上床睡觉，却在房里前前后后踱了起来，一直踱到三点钟。妻子不顾体面，不遵守他向她提出的唯一条件——不在家里接待情夫，这使他十分恼火，心里怎么也不能平静。她不履行他的要求，他就应该惩罚她，执行他的警告：提出离婚，把儿子夺过来。他知道这样做有种种困难，但他既然说过要这样做，现在他就得这样去做。李迪雅伯爵夫人向他暗示过，这是他摆脱困境的最好办法，而且，因为近来离婚的事越来越多，离婚条款已十分完备，卡列宁认为有可能克服手续上的困难。此外，祸不单行，处理非俄罗斯人和扎赖斯克省农田灌溉的事给卡列宁的公务上带来很多麻烦，使他的心情一直焦躁不安。

他一夜没有睡，越想越恼火，到天亮时他恼火到极点。他急忙穿好衣服，仿佛端着满满的一杯怒火，就怕泼洒掉，就怕失去怒火也失去同妻子谈判的劲头儿，一听说她已经起身，就走进她的房里。

安娜自以为是非常了解丈夫的，可是他走进来的时候，她一看到他的样子，还是吃了一惊。他的眉头皱着，两眼阴沉地望着前方，避开她的目光；嘴唇闭得紧紧的，露出鄙视的神气。在他的步态、动作和说话声音中都有一种坚决和果断的意味，这是妻子在他身上从来没有见过的。他走进房里，没有同她打招呼，就径直走到她的书桌前，拿起钥匙，开了抽屉。

"您找什么?!"她叫起来。

"您的情夫的信。"他说。

"信不在这里。"她一面说，一面关抽屉。但是他从她这一举动明白他猜对了，就粗暴地把她的手推开，迅速地抓住文件夹，他知道那里面是她放最要紧的信件的。她想夺回文件夹，但是他把她推开了。

"坐下！我要和您谈谈。"他说着，把文件夹挟到腋下，用胳膊肘挟得紧紧的，以至于一边肩膀耸了起来。

她又惊愕又胆怯地默默望着他。

"我对您说过，不许您在家里接待您的情夫。"

“我需要见他,是为了……”

她停住了,想不出什么理由。

“我不想详细了解一个女人要见情夫的原因。”

“我是想,我只是……”她涨红了脸说。他这种粗暴态度激怒了她,给她增添了勇气。“难道您不觉得,您侮辱我太随便了吗?”她说。

“对于清白的男人和清白的女人才能说得上侮辱,可是对一个贼说他是贼,不过是说明事实罢了。”

“我以前还不知道您这另一种特性,不知道您这样残酷呢。”

“一个丈夫容许妻子自由,只是在顾全体面的条件下为她的名声保住清白的外表,您把这叫做残酷。这是残酷吗?”

“这比残酷还坏,这是卑鄙,可以老实告诉您!”安娜压制不住怒火,叫了起来,并且站起来就想走。

“不!”他用他那尖嗓门儿叫了起来,又让他的尖嗓门儿比往常提高了一度,并且用他那粗大的手指头紧紧抓住她的手腕子,抓得手镯在她的手腕上留下红红的印子,他硬把她按在原来的位子上。“卑鄙吗?如果您喜欢用用这个字眼儿的话,那么,为了情夫,抛弃丈夫,抛弃儿子,却又吃着丈夫的面包,这才叫卑鄙!”

她低下头来。她不仅没有说她昨天对情人说的,他是她的丈夫,丈夫是多余的;她连想也没想到这话。她觉得他的话是完全有道理的,所以只是小声说:

“我的状况,您怎么形容也不会比我自己了解的更坏,可是,您为什么要说这些呢?”

“为什么我要说这些?为什么吗?”他依然十分恼火地说下

去。“为的是要您知道，因为您不尊重我顾全体面的要求，我就要采取措施，来结束这种状况。”

“快了，就这样也快结束了。”她说，而且，一想到她现在盼望的死已经近了，泪水又涌上她的眼睛。

“这会结束得比您和您的情夫所想的更快！你们要的是肉欲的满足……”

“阿历克赛·亚力山大罗维奇！打一个倒下的人——就不说这很不厚道，这也很不体面。”

“是的，您只想到您自己，可是，一个做您的丈夫的人的痛苦，您却丝毫不关心。您一点也不管，他的一生完了，不管他有多么动……动……动苦。”

卡列宁说得非常急促，以至于发音不清楚，怎么也说不清这个词儿。结果说成了“动苦”。她觉得好笑，但立刻想到在这种时刻她还会感到什么事好笑，就觉得羞愧。片刻之间她第一次感受到他之所感，体会到他的心情，并且怜惜起他来。可是她又能说什么，又能怎么办呢？她低下头，没有说话。他也沉默了一阵子，后来说起话来用的已经是不那样尖的、冷冷的声音，加重语气说的也是随便挑选的一些没有任何特别重要意义的字眼儿了。

“我是来告诉您……”他说……

她看了看他。“不，这是我的感觉，”她想起他把痛苦说成“动苦”时脸上的表情，心中想道，“不，难道一个眼神这样呆滞，这样悠然自得的人会有什么感情吗？”

“我什么也不能改变。”她小声嘟哝说。

“我是来告诉您，明天我就要到莫斯科去，再也不回到这座房子里来了,您可以通过我委托办理离婚手续的律师知道我的决定。我的儿子将住到我姐姐家去。"卡列宁好不容易想起他想说的有关儿子的话,就说道。

"您要谢辽沙,是为了让我痛苦,"她皱着眉头打量着他说。"您并不爱他……把谢辽沙留下吧!"

"是的,我甚至连儿子也不爱了,因为我厌恶您也就厌恶起他来。不过我还是要把他带走。再见吧!"

他就想走,但这一回是她把他拉住了。

"阿历克赛·亚力山大罗维奇,把谢辽沙留下吧!"她又一次小声嘟哝说。"我再没有什么说的了。把谢辽沙留到我……我快要生了,把他留下吧!"

卡列宁一下子红了脸,把手从她手里抽出来,一声不响地从房里走了出去。

五

卡列宁走进彼得堡一位著名律师的接待室的时候,里面已经坐满了人。三位太太:一位年老的,一位年轻的,还有一位女老板;三位先生:一位是手上戴戒指的德国银行家,一位是大胡子商人,一位是脖子上挂着十字架、满脸怒气的穿制服的文官,显然都已经等了很久。两位助手伏在桌上写着,笔尖沙沙响着。卡列宁一向喜欢文具,桌上的文具异常讲究,他不能不注意到这一点。一位助手没有站起来,眯起眼睛,很生气地向卡列宁问道:

"有何贵干?"

“我有事要见律师。”

“律师忙着呢。”助手用笔指了指等候的一些人，严厉地回答说，然后就继续写起来。

“他能不能抽一点儿时间？”卡列宁说。

“他没有空闲时间，总是很忙的。就请等一等吧。”

“那么，是不是劳驾把我的名片递上去。”卡列宁看到不能不亮出自己的身份，就很有气派地说。

助手接过名片，显然带着不赞许名片内容的神气走进门去。

卡列宁原则上赞成公开审判，但是因为他知道官场上层的一些关系，不完全赞成实行公开审判的一些具体做法，而且常常指摘这些做法，指摘到他指摘任何钦定的事所能达到的程度。他在官场混了一辈子，因此，在他不赞成什么事的时候，就会想到凡事都会有错误，错误是可以纠正的，不赞成的态度也就缓和了。在新的审判章程中，他不赞成建立律师辩护制度的条款。可是他至今没有和律师打过交道，所以他还只是在理论上不赞成；现在因为他在律师接待室里得到很不愉快的印象，他的不赞成态度也就更加强烈了。

“一会儿就出来。”助手说。果然，过了两分钟，门口就出现了刚才和律师交谈的一个高个子老法学家以及律师本人。

律师是一个矮小、敦实、秃顶的人，黑褐色大胡子，长长的浅色眉毛，突出的前额。他打扮得像个新郎，从领带、双股表链到漆皮靴子，样样都很漂亮。一脸聪明相，粗鲁相，打扮又时髦，又俗气。

“请进，”律师对卡列宁说。他阴沉着脸把卡列宁让进去，就把门关上。

“请坐吧！”他指了指摆满文件的写字台旁边的一张圈椅，自己也坐到主位上，一面搓着短短的指头上长满白毛的小手，并且把头歪到一边。可是他刚刚摆好姿势，就有一只飞蛾在写字台上飞过。律师以令人意想不到的敏捷动作张开双手，捉住飞蛾，便又摆出原来的姿势。

“在开始谈我的事情之前，”卡列宁惊讶地注视过律师的动作之后，说，“我得说明，对于我同您谈的事，必须严守秘密。”

律师微微一笑，那耷拉着的淡褐色小胡子分开了一下子。

“我要是不能保守人家信托我的秘密，就不当律师了。不过您不妨郑重申明……”

卡列宁看了看他的脸，就看到他那双聪明的灰眼睛在笑着，就好像什么都知道了。

“您知道我的名字吗？”卡列宁继续说。

“您和您有益的作为，”他又抓住一只飞蛾，“我知道，在俄国人人知道。”律师弯了弯身子说。

卡列宁叹了一口气，一再鼓劲儿。可是，一经下定决心，他就用他那尖嗓门儿说下去，既不胆怯，也不口吃，有些话还说得特别重。

“我很不幸，”卡列宁说起来，“成了被欺骗的丈夫，希望依法同妻子脱离关系，也就是离婚，不过要做到儿子不归母亲一方。”

律师的一双灰眼睛竭力不笑，但却因为压抑不住的高兴不停地跳动着，于是卡列宁看出来，他的眼里流露出来的不光是揽到一笔好生意的人的那种高兴，而且还有得意扬扬和欢喜若狂的神气，还有一种光芒，很像他在妻子的眼睛里看到的那种不怀好意的光芒。

“您想要我协助办理离婚的事吗？”

“对，就是的，不过我得事先对您说清楚，我有可能会浪费您的精力。我今天来只是要预先和您商量商量。我要离婚，不过采用什么方式离婚，我认为是很重要的。如果方式不符合我的要求，很可能我会放弃法律途径。”

“哦，自然是这样，”律师说，“这事儿自然由您作主。”

律师觉得，他流露出压抑不住的高兴神气会得罪这位当事人，就垂下眼睛看着卡列宁的脚。他望了望在他鼻子前面飞过的一只飞蛾，手动了动，但是由于尊重卡列宁的身份，没有再捉飞蛾。

“虽然我们在这方面的法律规定我大致上也知道一些，”卡列宁继续说下去，“我还是很想知道在实际上办理这类事情有哪些方式。”

“您是想要我说说能够实现您的愿望的一些可行的办法吧。”律师没有抬眼睛，不无得意地学着这位当事人的腔调回答说。

他看到卡列宁点头表示就是这样，便说起来，只是偶尔瞟一眼卡列宁那红了几片的脸。

“根据我国法律，”他带着对我国法律有点儿不赞成的意味说，“如您所知，在下述情况下可以离婚……等一下！”他对在门口探进头来的助手说，不过他还是站起来，说了几句话，才又坐下来。“要在下述情况下：夫妻一方生理上有缺陷，再就是分离五年没有音讯，”他弯起一个长满白毛的短指头说，“再就是通奸（他带着明显的快活劲儿说出这个词儿)。分类如下(他继续弯着短粗的手指头数着,虽然情况与分类显然不能放在一起计算):丈夫或妻子生理上有缺陷,再就是丈夫或妻子与人通奸。"因为他已经把所有的手指头都弯起来了,就把手指头都伸直了,又继续说下去:"这是理论观点,不过我想,承蒙垂问的是实际上的运用。所以,根据先例,我应该向您奉告,离婚案件不外以下几种情况:生理缺陷,我想不是的吧?分离不通音讯也不是吧?……"

卡列宁点点头表示认可。

"那就不外以下几种:夫妻一方与人通奸,而且犯罪一方的罪证是经双方共认的,或者,未经双方共认,而有非自愿提供的罪证。应当说,后者实际上是很少遇到的,"律师说过这话,很快地瞟了卡列宁一眼,不作声了,就好像一个卖手枪的人仔细描述了种种枪支的效能之后,就等候顾客选择了。可是卡列宁没有说话,于是律师又说下去:"我认为最平常、最简单、最合理的就是双方共认的通奸。我要是同一个没有知识的人说话,我是不会这样说的,"律师说,"但是我想,这事咱们是懂得的。"

然而卡列宁心里非常乱,竟一下子弄不懂双方共认通奸是否合理,而且这种困惑不解的神情就在目光中流露出来;可是律师马上就给他开导:

"两个人无法共同生活下去——这是事实。如果双方都同意这一点,那么细节和手续就无所谓了。这也就是最简单、最可靠的做法。"

卡列宁现在完全懂了。可是他有宗教上的要求,就不能采取这种做法了。

“在这件事情上不考虑这种做法，”他说。“现在只有一种情况是可能的：我有一些信件，可以作为非自愿提供的罪证。”

一提到信件，律师抿起嘴唇，发出一种尖细、同情和轻蔑的声音。

“请您注意，”他说起来，“这一类事情，您该知道，要由教会裁决。神父们在这一类事情上是非常喜欢追根问底的，”他说这话带着微笑，表示他和神父们有同样的口味。“信件无疑可以作为证据的一部分，但是罪证必须以直接的方式，也就是由见证人提供。总而言之，如果我有幸能得到您的委托，您就允许我选择应当采用的做法。要想取得结果，就要不择手段。”

“要是这样的话……”卡列宁突然脸色煞白，正要说下去，可是这时候律师站起来，又走到门口，去和打断谈话的助手说话。

“您告诉她，我们不是在卖便宜货！”他说过，又回到卡列宁这边。

他往位子上走的时候，又悄没声地捉了一只飞蛾。“到夏天我把家具都蒙上席纹布，就漂亮了！”他皱着眉头想道。

“哦，您刚才要说……”他说。

“我会把我的决定书面通知您，”卡列宁说着站起身来，扶着桌子。默默站了一会儿，又说：“从您的话我可以得出结论，可见，离婚是办得到的。您的条件怎么样，也请您告诉我。”

“如果您能给我充分的行动自由的话，什么都能办得到，”律师没有回答他的问题，却说。“我什么时候可以得到您的消息呢？”律师一面问，一面朝门口走，他的眼睛和漆皮靴子都闪着亮光。

“一个星期之后。至于您是否愿意费神承办这一案件，以及条件如何，也请劳驾通知我。”

“很好。”

律师恭恭敬敬地鞠了个躬，把当事人送出门，等到房里剩了他一个人，就尽情地高兴起来。他真是快活极了，以至于一反他的常规，向那位讨价还价的太太让了价，也不再捉飞蛾了，最后下定决心，到冬天要把所有的家具都蒙上天鹅绒，就像西戈宁家一样。

六

卡列宁在八月十七日委员会的会议上取得了辉煌胜利，但这次胜利的结果却把他害苦了。调查非俄罗斯人各方面状况的新的委员会在卡列宁的激励下以非同寻常的速度和劲头儿成立起来，奔赴目的地。三个月之后就交出了调查报告。对于非俄罗斯人的政治、行政管理、经济、人种、物质和宗教等方面的状况都进行了调查。对于一切问题都做出极好的回答，而且是不容置疑的回答，因为这不是往往会犯错误的人的思维的产物，而是官方活动的产物。这些答案都是来自省长和主教提供的官方材料和报告，他们的材料和报告又是来自县官和监督司祭的报告，县官和监督司祭的报告又是来自乡公所和教区教士的报告；所以这些答案都是不容怀疑的。所有的问题，比如，为什么歉收，为什么当地居民坚持自己的信仰，等等，如果不是官方机构提供方便，是永世不得解决的，现在却得到了明确的、不容置疑的解答。而这些解答说明了卡列宁的意见是对的。但是在上次会议上受到重创的斯特列莫夫，在接到委员会的报告以后，竟采用了卡列宁意想不到的计谋。斯特列莫夫拉了其他几个委员，忽然转到卡列宁这一边，不仅热烈拥护卡列宁所提出的一些措施，而且依照同样精神又提出一些更激烈的措施。这些更加违反卡列宁的主张的措施被通过了，这时斯特列莫夫的计谋就显露出来了。这些过火的措施立刻就显得十分荒唐，以致引起政府官员、社会舆论、聪明的女士和报刊异口同声地抨击这些措施，对这些措施及其公认的倡议人卡列宁表示愤慨。斯特列莫夫却退到后面，装作他只是盲目追随卡列宁的计划行事，现在自己对所造成的状况也感到惊讶和气愤。这就把卡列宁害苦了。卡列宁尽管健康状况越来越差，尽管家庭遭遇不幸事，却依然不肯服输。委员会发生了分裂。以斯特列莫夫为首的一些委员为自己的错误辩护，说他们是相信了卡列宁所领导的调查委员会提出的报告，说这个委员会的报告是胡说八道，是满纸的废话。卡列宁和他的一伙人看出这种根本否定调查报告的态度是危险的，就继续支持调查委员会所提供的材料。这样一来，在上层人士中，以至在社会上，就乱了套，而且，虽然所有的人对这事都极其关心，可是谁也弄不清，非俄罗斯人的状况真的是贫病交加，奄奄待毙，还是一片兴旺景象。由于这件事，部分地也由于妻子的不贞为他招来种种流言蜚语，卡列宁的地位已岌岌可危。就在这种状况下，卡列宁做出重要的决定。使委员会感到吃惊的是，他宣布他将要求准许他亲自去进行实地调查。所以，卡列宁在得到许可之后，就动身去几个边远的省份了。

卡列宁这次外出引起许多议论，尤其因为他在出发的时候正式退还了发给他的前往目的地的十二匹驿马费。

“我认为,这是很高尚的,”培特西在和米雅赫基公爵夫人谈起这事时说。“大家都知道,现在到处通铁路,何必发驿马费?”

可是米雅赫基公爵夫人不赞成,听了培特西的话还生气呢。

“您倒是说得好听,”她说,“您有几百万家产嘛,我可是巴不得丈夫夏天出去视察视察。他出去跑跑,对身体有好处,心情也愉快,我也打算,我的车马和车夫就靠这笔钱维持呢。”

卡列宁在去边远省份的途中,在莫斯科逗留了三天。

来到莫斯科的第二天,他去拜访总督。在一向车水马龙的报馆胡同口,卡列宁忽然听见有人在唤他的名字,那声音又大又快活,他不能不回过头去。在人行道拐角上站着奥布朗斯基,穿着时髦的短大衣,戴着时髦的矮帽子,那红红的嘴唇之间龇着雪白的牙齿笑着,快快活活,精神抖擞,容光焕发,一个劲儿拼命喊着,要卡列宁的马车停下来。他一只手扶着停在拐角处的一辆马车的窗子,从窗子里探出一个戴丝绒女帽的头和两个孩子的头。奥布朗斯基满面春风地向妹夫招手。那位太太亲热地笑着,也在向卡列宁招手。那是陶丽和她的两个孩子。

卡列宁不愿意在莫斯科看到任何人,尤其不愿意看到自己的内兄。他掀了掀帽子就想驱车过去,可是奥布朗斯基叫他的车夫把车停下来,就踩着雪跑到他跟前。

“怎么能事先不来个信呀!来了很久了吗?昨天我去久索旅馆,看到旅客牌上有个‘卡列宁’,可是我就没想到,那就是你!”奥布朗斯基说着,把头探进车窗里。“要不然我就去找你了。我见到你多高兴呀!”他一面说,一面两脚互相拍打着,要把脚上的雪打掉。“怎么能不派人来说一声呀!”他又说一遍。

“我没有工夫,我太忙了。”卡列宁冷冷地回答说。

“咱们到我妻子那边去吧,她多么想见到你呀。”

卡列宁解开裹着他那瑟瑟发抖的两腿的车毯,下了马车,很吃力地踩着雪朝陶丽走去。

“这是怎么啦,阿历克赛·亚力山大罗维奇,您为什么拼命躲着我们呀?”陶丽笑着说。

“我太忙了。见到你们很高兴,”他的口气却很清楚地说,他见到他们很伤心。“您身体好吗?”

“哦,我那亲爱的安娜怎么样呀?”

卡列宁哼哼了一声就想走。可是奥布朗斯基把他拉住了。

“咱们明天就这样办。陶丽,你叫他来吃饭!咱们把柯兹尼雪夫和彼斯卓夫也邀来,好让他领略领略莫斯科知识分子的味道儿。”

“就这样,请您来吧,”陶丽说,“如果您愿意的话,就在五六点钟来吧。哦,我那亲爱的安娜怎么样呀?怎么好久……”

“她身体很好,”卡列宁皱着眉头哼哼说。“非常高兴!”他说完,就向自己的马车走去。

“您来吗?”陶丽大声问道。

卡列宁说了一句什么话,陶丽在隆隆的车马声中无法听清楚。

“我明天去找你!”奥布朗斯基对他叫道。

卡列宁坐上马车,坐到最里面,这样他就看不到人,别人也看不到他了。

“真是怪人!”奥布朗斯基对妻子说过,看了看表,用手在面前做了个动作,对妻子和孩子们表示亲热,然后就精神抖擞地顺着人行道朝前走去。

“司基瓦!司基瓦!”陶丽涨红了脸叫道。

他回过头来。

“我要给格里沙和丹尼娅买大衣嘛。你给我钱呀!”

“不要紧,你就说我付账好啦。”他说过,快活地朝一个乘车经过的熟人点了点头,就不见了。

七

第二天是星期日。奥布朗斯基到大剧院去看芭蕾舞排演,把昨晚答应的珊瑚项链送给他新捧的漂亮舞女玛莎·契比索娃,并且在灯光暗淡的后台,找到机会吻了吻她那因为得到赠物而喜气洋洋的俊俏的脸蛋儿。除了赠送项链以外,他还要约她在演出之后会面。他向她解释,演出开始时他不能来,但他保证在最后一幕前赶到,并且带她去吃晚饭。奥布朗斯基离开剧院,就前往奥霍特商场,亲自选购了做筵席用的鱼和芦笋,在十二点就来到久索旅馆,他很走运,他要找的三个人都住在这一个旅馆里:他见到了刚从国外回来住在这里的列文,见到了来莫斯科视察的自己的新上司,也见到了他一定要接回家去吃饭的妹夫卡列宁。

奥布朗斯基喜欢赴宴会,但更喜欢举办宴会,举办不大的然而在吃喝和宾客挑选上都非常讲究的宴会。今天宴会的项目他很满意:有活鲈鱼、芦笋和主菜——精美而又平常的烤牛肉,各种各样的美酒。这是吃的和喝的。客人则有吉娣和列文，而且，为了不惹眼，还请了一个堂妹和谢尔巴茨基少爷，主客则是柯兹尼雪夫和卡列宁。柯兹尼雪夫是莫斯科人，善于高谈阔论；卡列宁是彼得堡人，是见过世面的；还邀请了出名的怪人和热心人彼斯卓夫。彼斯卓夫思想自由，健谈，懂音乐，懂历史，而且是一个极可爱的五十岁小伙子，将成为柯兹尼雪夫和卡列宁的调味品或配菜。他会挑起他们的食欲和兴致的。

卖树林的第二期付款已经收到，还没有用光，近来陶丽也十分温柔体贴，而且奥布朗斯基想到这次宴会的各方面都感到高兴。他的心情十分愉快。只有两件事不怎么愉快，不过这两件事都淹没在奥布朗斯基心中翻腾着的欢乐的海洋里了。这两件事就是：第一，就是他昨天在街上遇到卡列宁，发现他对他又冷淡又严肃。奥布朗斯基想到卡列宁脸上这种表情，想到他不到他们家来，而且也不来信说一声，再联系他听到的有关安娜和伏伦斯基的一些议论，就猜到他们夫妇之间一定出了什么事情。

这是一件不愉快的事。另一件不怎么愉快的事情是，新的上司也像一切新上任的长官一样，已经有了雷厉风行的名声，早晨六点钟就起床，干起事情像一匹马，而且要求下属也那样干事情。此外，这位新上司在对人态度方面据说像熊一样粗暴，而且据说他完全是另一派的人，与原来的上司所属的一派，也就是奥布朗斯基至今所属的一派，是完全对立的。昨天奥布朗斯基穿着制服去上班，这位新上司对他很亲切，并且像见到老朋友一样跟他谈了一阵子；所以奥布朗斯基认为自己应该穿上礼服去拜访他一次。他想到新上司也许不会热情接待他，这就是另一件不怎么愉快的事情了。不过奥布朗斯基本能地感觉到，一切都会雨过天晴的。"大家都是人，大家都是一样的人，何必生气，何必争吵呢？"他一面想，一面走进旅馆。

"你好，瓦西里，"他歪戴着礼帽在走廊里走着，对一名熟识的茶房说，"你留起络腮胡子来啦？列文在七号，是吗？请你带我去。还有，你去问问，安尼奇金伯爵（就是新来的上司）见客吗？"

"遵命，"瓦西里笑嘻嘻地回答说。"您很久没有到我们这儿来啦。"

"我昨天就来过，不过走的是另一个门。这是七号吗？"

奥布朗斯基走进去的时候，列文正和特维尔的一个庄稼人站在房间中央，用尺子在量一张新鲜熊皮。

"哦，是你们打到的吗？"奥布朗斯基高声说。"好大的家伙！是母熊吗？阿尔希普，你好！"

他握了握那汉子的手，没有脱大衣和帽子，就在椅子上坐下来。

"脱下来嘛，坐一会儿吧！"列文一面给他脱帽子，一面说。

"不，我没工夫，我只能待一小会儿。"奥布朗斯基回答说，他敞开大衣，可是接着脱了下来，坐了整整一个钟头，同列文谈打猎的事，又说起知心话儿。

"哦，请你说说，你在国外做些什么？你到过哪些地方？"等那汉子走了出去，奥布朗斯基问道。

"我到过德国，到过普鲁士，到过法国，到过英国，但都不是到京城，而是到一些工业城市，看到很多新鲜东西。我很高兴出去这一趟。"

“是的，我知道你想的是劳工制度问题。”

“完全不是，因为在俄国不会有劳工问题。在俄国是干活儿的老百姓和土地的关系问题；他们那儿也有这个问题，但在他们那儿是修补缺陷的问题，可是我们这里……”

奥布朗斯基用心听着列文的话。

“是的，是的！”他说。“你说的很可能是对的，”他说。“不过我高兴的是，你精神这样饱满：又猎熊，又干活儿，又这样有兴致。可不像谢尔巴茨基对我说的——他遇见过你，他说你灰心丧气，老是说到死……”

“那有什么呀，我还是老想到死嘛，”列文说。“真的，是应该死了。真的，这一切都没有意思。我对你说实在的；我非常看重我的思想和我做的事情，可是，你想想吧，实际上我们这整个天地不过是小小行星上长出的一个霉点。可是我们还自以为有什么了不起，——又是思想，又是事业！所有这一切不过是一粒沙子。”

“不过，老弟，这是千百年来的老话了！”

“老话是老话，可是你要知道，等你看透了这一切，这一切就不值什么了。等你明白了早晚都要死，什么都不会留下，那就一切都不值什么了！我认为我的想法非常重要，其实也同样不值什么，即使实现了这些想法，就像包围住这头熊一样，那也不值什么。所以，打猎也好，做事情也好，无非是消遣消遣，消磨日子，免得老想着死。”

奥布朗斯基听着列文的话，意味深长地、亲切地笑着。

“哦，当然啦！这不是，你也跟我差不多了。你还记得你指责我一味追求生活享受吗？

‘老夫子，别这样一本正经吧！……’”

“不，人生还是有美好之处的……”列文心乱了。“不过我不知道。我只知道，我们很快就要死了。”

“为什么说很快就要死？”

“你要知道，一旦想到死，人生就没有多大意思了，但也就更看得开了。”

“恰恰相反，越到末了越有味道儿。不过，我该走了。”奥布朗斯基说着，第十次站起来。

“别走嘛，再坐一会儿吧！”列文挽留他说。“咱们什么时候才能再见面呀？我明天就要走了。”

“我这人真够受！我是特地来的……你今天一定要来我家吃饭。你哥哥要来，我妹夫卡列宁也要来。”

“难道他在这儿吗？”列文说，并且想问问吉娣的情况。他听说，初冬时候她在彼得堡，住在那个嫁给外交官的姐姐家里，不知道她回来没有，可是他改变了主意，不问了。“她回来不回来，还不都是一样。”他想道。

“你来吗？”

“那还用说。”

“那就五点钟来，穿上礼服。”

于是奥布朗斯基又站起来，下楼去见新来的上司。他的本能没有欺骗他。雷厉风行的新上司原来是一个十分和蔼可亲的人，奥布朗斯基和他一起吃过早饭，又坐了很久，直到三点多钟才去找卡列宁。

八

卡列宁做过日祷回来，整个上午都没有出去。这天上午，他有两件事要办：第一，接见一个要去彼得堡、现在正在莫斯科的非俄罗斯人代表团，并对他们做一些开导；第二，按照约定，给律师写一封信。这个代表团虽然是根据卡列宁的倡议派出的，但会有许多麻烦以至危险，所以，他能在莫斯科见到他们，感到很高兴。这个代表团的成员对他们的作用和责任毫无理解。他们天真地相信，他们就是要陈述自己的贫困和真实状况，请求政府救济，根本不懂得，他们的一些说明和要求反而会支持敌对的一派，因而会把整个事情毁了。卡列宁和他们谈了很久，给他们写了一份提纲，要他们按提纲行事，把他们送走之后，又写信去彼得堡，找人指导代表团活动。在这方面的主要帮手应该是李迪雅伯爵夫人。她在代表团活动方面是个行家，没有谁能够像她那样配合和切实指导代表团的活动了。卡列宁办完了这件事，便给律师写了一封信。他不含糊地委托律师酌情办理他的案件，随信还附上伏伦斯基给安娜的三封信，都是他在抢来的文件夹里找出来的。

自从卡列宁抱定不再回家的主意离开家以后，自从他去找律师，尽管是对律师一个人说了自己的打算以后，尤其是自从这件生活中的事变为手续上的事情以后，他越来越习惯了自己这一打算，现在他清楚地看出实现这一打算的可能性。

他正在封给律师的信，却听见奥布朗斯基的大嗓门儿。奥布朗斯基在和卡列宁的仆人争吵，一定要他为他通报。

"反正是这样了，"卡列宁想道，"这倒好些；我这就宣布一下我对他妹妹的态度，解释一下为什么我不能到他家去吃饭。"

"请进！"他一面大声说，一面收拾文件，把文件放进文件夹。

"瞧，你这不是胡说吗，他在家嘛！"奥布朗斯基对那个不让他进来的仆人说，接着就边走边脱大衣，走进房里。"哈，我找到你真高兴呀！我就希望……"奥布朗斯基快活地说起来。

"我不能去。"卡列宁站着，也不请客人坐下，就冷冷地说。

卡列宁原想立刻就用冷淡的态度对待他，因为他已经开始办理和妻子离婚的手续，对待妻子的哥哥应该采取这样的态度；他却没有料到奥布朗斯基心中那海洋般的热情简直要沸腾出来了。

奥布朗斯基把他那闪闪放光的明亮的眼睛睁得老大。

"为什么你不能去？你有什么说的？"他大惑不解地用法语说。"不行，这是说好了的嘛。我们都指望你去呢。"

"我要说的是，我不能到您家里去，因为咱们之间的亲戚关系应该断绝了。"

"怎么？这是怎么回事儿？为什么？"奥布朗斯基带着笑容说。

"因为我开始办理同我的妻子，也就是你的妹妹，离婚的手续了。我只好……"

可是卡列宁还没有把话说完，奥布朗斯基的举止就完全不像他所预料的了。奥布朗斯基"啊呀"了一声，坐到圈椅上。

"不，阿历克赛·亚力山大罗维奇，你说的什么呀！"奥布朗斯基叫起来,脸上出现了痛苦的表情。

“就是这样。”

“对不起,这事我就是不能,就是不能相信……”

卡列宁坐下来,觉得自己的话没有产生预期的效果,觉得还需要说说清楚,并且觉得,不论他怎样说,他和内兄的关系依然会和原来一样。

“是啊,我要求离婚实在是迫不得已呀,”他说。

“我只说一点,阿历克赛·亚力山大罗维奇。我知道你是一个极好的、通情达理的人,知道安娜——对不起,我无法改变对她的看法——是一个很贤惠的极好的女人,所以,对不起,我无法相信这种事儿。这里面有误会。”他说。

“是啊,如果这仅仅是误会就好啦……”

“对不起,我明白,”奥布朗斯基打断他的话说。“不过,当然啦……一句话,不能性急。万万不能性急!”

“不是我性急,”卡列宁冷冷地说,“而是这种事儿无法跟谁商量,我已经拿定了主意。”

“这太可怕了!”奥布朗斯基重重地叹了一口气,说。“阿历克赛·亚力山大罗维奇,要是我的话,有一点是要做到的。我恳求你这样做吧!”他说。“我想,事情还没有开始办吧。在你开始办这件事情之前,你最好和我妻子见见面,和她谈谈。她爱安娜,就像待亲妹妹一样,她也爱你,她是一个好得不得了的女人。看在上帝分上,你和她谈谈吧!你就给我这个情面吧,我求求你!”

卡列宁沉思起来,奥布朗斯基很关切地望着他,没有打断他的沉思。

“你能去见见她吗?”

“我也不知道。所以我没有到你们家去。我认为,我们的关系应该改变了。”

“为什么呢?我看,不是这样。对不起,我可是认为,除了咱们的亲戚关系以外,我一向是对你很友好的,你对我至少也有些情谊……而且我是真正尊敬你的,”奥布朗斯基握着他的手说。“就算你的最坏的推测是有根据的,我也不会,永远不会责难这一方或者那一方,也看不出有什么理由要改变我们的关系。不管怎样,现在你这一点要做到,要去见见我的妻子。”

“嗯,咱们对这事儿的看法是不一样的,”卡列宁冷冷地说。“不过,咱们不谈这个吧。”

“不,你究竟为什么不能去?为什么今天就不能去吃顿饭?我妻子等着你呢。请你去吧!主要的是,你和她谈一谈。她是一个好得不得了的女人呀。看在上帝分上,我跪下来恳求你啦!”

“既然您这样希望我去,那我就去吧。”卡列宁叹了一口气,说。

他希望改变话题,就问起他们两人都感兴趣的事,也就是问起奥布朗斯基的新上司,问起这个年纪不老、却一下子升到如此高位的人。

卡列宁原来就不喜欢阿尼奇金伯爵,一向和他意见有分歧,现在更是无法克制对他的憎恨了,一个官场失意的人对待一个官运亨通的人的这种心情,在官场的人都是可以理解的。

“怎么样,你见到他啦?”卡列宁带着冷笑说。

“当然见到啦,他昨天就到我们机关里去过了。看样子,他很精明,也很勤奋。”

“是的,不过他的精明勤奋用在什么地方啦?”卡列宁说。“是用在做事情上,还是重做已经做成的事情?我们国家的不幸就在于做这种官样文章,他是这方面当之无愧的代表。”

“说实话,我不知道他有什么可以非难之处。他的精明勤奋用在什么地方,我不知道;可是我知道一点,他是一个极好的人,”奥布朗斯基回答说。“我刚才拜访过他,真的,他是一个极好的人。我们一块儿吃的早饭,我还教他做这种饮料,做这种橘子酒。这东西很爽口。真奇怪,他还没有喝过呢。他一喝就很喜欢了。真的,他是一个很好的人。”

奥布朗斯基看了看表。

“啊呀,我的天哪,已经四点多了,我还要去找找多尔戈乌申呢!那就这样,请你去吃饭吧。你要是不来,才不知道我和我妻子有多么伤心呢。”

卡列宁送内兄出门的时候,态度已经和迎接他的时候完全不同了。

“我答应了,就要去。”他闷闷不乐地回答说。

“你要知道,我会非常感激的,并且,我想你也不至于后悔。”奥布朗斯基笑着回答说。

他一面走一面穿大衣,用手拍了拍仆人的头,笑了起来,这才走出门去。

“五点钟,穿上礼服,请你来吧!”他走到门口,又大声说了一遍。

九

已经五点多了，有几位客人已经到了，主人自己才回到家。他和柯兹尼雪夫与彼斯卓夫一起进门，他和他们是在大门口同时遇到的。这两个人，正如奥布朗斯基说的，是莫斯科知识界的主要代表。论品格和才情，他们都是非常受人尊敬的人。他们彼此也很尊敬，但几乎在所有的问题上意见都是不一致的，而且是无法调和的。这并不是因为他们属于对立的两派，而恰恰因为他们是一个营垒的(他们的敌人就往往把他们混为一谈)，但在这个营垒里他们各有各的特点。因为再没有什么比在半抽象问题上的分歧更难调和的了，所以他们不仅从来没有取得一致意见，而且早就习惯于不再生气，只是讥笑对方死不认错。

奥布朗斯基赶上他们的时候，他们正谈着天气往门里面走。在客厅里坐着的已经有奥布朗斯基的岳父谢尔巴茨基公爵、谢尔巴茨基少爷、杜罗夫津、吉娣和卡列宁。

奥布朗斯基立刻就看出，客厅里没有他就热闹不起来。陶丽穿着华丽的灰色绸连衣裙，显然又担心这时应该在育儿室里自己吃饭的孩子们，又担心丈夫不在，她没法很好地把所有这一伙人团弄到一块儿。大家坐着，像做客的牧师太太似的(这是老公爵形容的)，显然都猜不透他们是为什么到这儿来的，为了不冷场，勉强找一些话儿来说说。好心肠的杜罗夫津显然觉得很不自在，他一见奥布朗斯基，咧开厚嘴唇笑了笑，好像在说："喂，老兄，你把我和有学问的人关在一块儿了！到花花世界[1]去喝一杯，那我才有劲儿呢。”老公爵一声不响地坐着，用他那一双闪闪发亮的眼睛瞟着卡列宁，于是奥布朗斯基明白了，他已经想出一句什么妙语来形容这位像鲟鱼一样被请来让大家共享的国家要人。吉娣望着门口，使劲儿控制自己，为的是在列文进来的时候不至于脸红。谢尔巴茨基少爷因为还没有人把他和卡列宁作介绍，竭力装作丝毫不因此感到不自在。卡列宁依照彼得堡的习惯，同太太小姐们一起吃饭总是穿燕尾服，系白领带。奥布朗斯基从他的脸上看出来，他这次来只是为了履行诺言，置身在这一伙人当中，是在履行一项沉重的义务。他就是造成冷场、在奥布朗斯基回来之前使所有的客人感到别扭得难受的罪魁祸首。

奥布朗斯基一进客厅就向大家表示歉意，说他是被一位公爵，一位经常为他的迟到和早退做替罪羊的公爵留住了，接着就立刻把所有的人都作了介绍，并且把卡列宁和柯兹尼雪夫拉到一块儿，让他们谈谈波兰全盘俄国化问题，他们也就立刻抓住这个题目和彼斯卓夫一起谈了起来。他拍了拍杜罗夫津的肩膀，小声对他说了一句好笑的话，就拉着他坐到妻子和公爵旁边。然后他对吉娣说了说她今天很漂亮，就又把谢尔巴茨基少爷介绍给卡列宁。一会儿工夫他就把这个社会面团完全团弄到一块儿了，客厅里热闹起来，欢声笑语再也不断了。只有列文还未到。不过，倒是多亏他未到，因为奥布朗斯基一走进餐厅，就惊愕地看到，红葡萄酒和白葡萄酒都是从德普雷买来的，不是从列维[2]的，于是他吩

①当时莫斯科有名的娱乐场所。

②德普雷和列维都是莫斯科有名的酒店。

咐派车夫赶快到列维去买，然后又转身朝客厅里走。

他在餐厅里碰到了列文。

“我没有迟到吧？”

“你这还不算迟到吗？”奥布朗斯基挽住他的胳膊说。

“客人很多吧？都是一些什么人？”列文不由得红了脸，一面用手套拂打着帽子上的雪，一面问。

“都是自己人。吉娣也在。走吧，我给你介绍一下卡列宁。”

奥布朗斯基尽管自己是有自由思想的，但他知道同卡列宁认识不能不说是荣耀的，因此他要让好朋友分享这份荣耀。可是列文此时此刻无心领略这种结识的乐趣。自从他遇见伏伦斯基那个难忘的晚上以后，他还没有见过吉娣，如果不算他在大路上看见她的那一瞬间的话。他心里知道，今天他会在这儿看到她的。但是为了让自己思想保持轻松自如，他拼命要自己相信他不知道这一点。现在，他听到她就在这儿，顿时感到非常欢喜，同时也非常慌乱，以至于连气也喘不上来，想说什么都说不出来了。

“她是什么样子，什么样子呀？是像以前那样，还是像在马车里那样？如果陶丽说的都是真的，那怎么办？又为什么不是真的呢？”他想道。

“哦，请吧，你就给我介绍一下卡列宁。”他好不容易说出这话，便拼命使劲儿迈着坚定的步子走进客厅，看到了吉娣。

她既不像以前那样，也不像在马车里那样；她完全是另外一种样子。

她怯生生，羞答答，一副惊慌模样，却因此更显得楚楚动人了。他一进来，她就看到了他。她在等他。她又高兴，又因为自己高兴感到非常难为情，以至于有一小会儿，就是当他向陶丽走去而且又看了她一眼的时候，她和他，以及把这一切看在眼里的陶丽，都觉得她就要忍不住哭出来了。她脸上一阵红，一阵白，又是一阵红，然后就微微哆嗦着嘴唇，动也不动，等着他过来。他走到她跟前，鞠了一躬，一声不响地伸过手来。如果不是她的嘴唇轻轻哆嗦，如果不是两眼潮湿因而显得更加明亮，她说话时的笑容就几乎是安详的了。

“咱们好久没见面了啊！”她说着，使劲装出毅然决然的神气用冰凉的手握了握他的手。

“您没有看到过我，可是我看到过您了，”列文满脸洋溢着幸福的微笑说。“您从火车站去叶尔古绍沃的时候，我看到您了。”

“什么时候？”她惊讶地问。

“您去叶尔古绍沃的时候。”列文说着，觉得心中充满幸福，简直要喘不过气来了。他心想：“我怎样能把这么不纯洁的想法同这个天仙般的人儿联系在一起呢？是的，看来陶丽说的是真话。”

奥布朗斯基拉住他的手，把他领到卡列宁面前。

“让我来给你们介绍一下。”他说了说他们的名字。

“非常高兴又一次见到您。”卡列宁握着列文的手，冷冷地说。

“你们原来认识？”奥布朗斯基惊讶地问道。

“我们在车厢里一起过了三个钟头，”列文笑着说。“可是一下车，就像离开化装舞会一样，充满神秘感，至少我是这样。”

“原来如此！那就请吧。”奥布朗斯基指着餐厅，说道。

男客们走进餐厅,走到桌子跟前,桌上摆了六种伏特加,六种干酪,有的带银匙,有的没有银匙,还有鱼子酱,鲱鱼,各种罐头和一碟碟切成片的法国面包。

男客们站在喷香的酒菜旁边,柯兹尼雪夫、卡列宁和彼斯卓夫因为等吃饭,也就不谈波兰全盘俄国化问题了。

柯兹尼雪夫最善于出人不意地说一些很风趣的俏皮话,来结束一场最空洞和激烈的争论,改变谈话的气氛,现在他就是这样做的。

卡列宁认为,只有俄国当局采取非常措施,才能实现波兰的全盘俄国化。

彼斯卓夫却一再说,一个民族同化另一个民族,只有在本民族人口密度大的情况下才行。

柯兹尼雪夫认为双方说的都有道理,但都不完全对。等他们走出客厅,柯兹尼雪夫为了结束谈话,就笑着说:

"所以,为了同化异族,只有一个办法,那就是尽可能多生孩子。在这方面我们哥俩最不济事了。你们这些有家室的先生,尤其是您,司捷潘·阿尔卡迪奇,才是身体力行的爱国者;您有几个啦?"他亲热地笑着对主人说,并且把一个小小的酒杯伸到他面前。

大家都笑了,奥布朗斯基笑得尤其快活。

"是的,这才是最好的办法!"他一面说,一面嚼干酪,一面把特制的伏特加往伸过来的酒杯里斟。谈话真的就在玩笑中结束了。

"这干酪不坏。您要来一点吧?"主人说。"难道你又在做体操吗?"他用左手摸着列文的肌肉,问道。列文笑了笑,让胳膊绷紧了,于是奥布朗斯基手指底下的薄呢子下面鼓起一个铁硬的肉疙瘩,像一块圆圆的干酪。

"好结实的肌肉!简直是大力士!"

"我想,猎熊就需要很大的力气。"对打猎只有最模糊的概念的卡列宁一面抹干酪,撕着薄得像蛛网一般的面包瓤,一面说。

列文笑了笑。

"不需要什么力气。相反,小孩子都可以把熊打死。"他一面说,一面微微弓着身子退到一旁,让女客们随着女主人走到酒菜桌前。

"我听说您打死一头熊,是吗?"吉娣一面说,一面用叉子使劲儿在叉一个不听话的滑溜溜的蘑菇,怎么也叉不住,那袖口的花边不住地抖动着,露出雪白的手臂。"你们那儿真的有熊吗?"她向他半侧过她那好看的头,又笑盈盈地说。

在她说的话里似乎没有什么特别之处,但是对于他来说,在她说这话时的眼睛、嘴和手的每一个动作和每一个声音中,都有多么大的、言语无法表达的意义呀!其中有请求原谅之意,有对他的信任,有怜惜心,温柔而羞怯的怜惜心,有许诺,有期望,有对他的爱,这爱是他不能不相信的,并且因为有了这种爱已经幸福得喘不上气来了。

"不,我们是到特维尔省去打的。从那里回来的路上,我在火车上遇见您的姐夫,应该说,您的姐夫的妹夫,"他笑嘻嘻地说。"这次见面可有意思了。"

于是他快快活活、津津有味地说了说他怎样一夜没睡,穿着小皮袄闯到卡列宁的车厢里。

“列车员见我穿得不体面，就想把我赶出去；可是我立刻用高雅的辞藻说起话来，您也是……”他忘记了卡列宁的名字，只是对着他说，“起初也是因为我穿着小皮袄想把我赶出去，可是后来就帮我说话了，因此我非常感激您。”

“总而言之，对于旅客挑选座位，还没有很明确的规定。”卡列宁一面说，一面用手帕擦着指头尖儿。

“我当时看出来，您在如何对待我方面犹豫不定，”列文很和蔼地笑着说，“我就连忙说起高深的话，来弥补我的小皮袄造成的印象。”

柯兹尼雪夫一面继续和女主人说话，一面用一只耳朵听弟弟说话，并且瞅了他一眼。他想：“他今天怎么啦？这样得意。”他不知道，列文觉得他好像长了翅膀。列文知道她在听他说话，知道她很高兴听他说话。他一心想着的就是这个。对于他来说，不仅在这个厅里，而且在整个天地间，只有她和他了，他在自己心目中获得了很大价值和重要性。他觉得自己在高空里，高得令人头晕的地方，而这些和蔼可亲、文质彬彬的卡列宁们、奥布朗斯基们以及整个世界都在很远很远的下方。

奥布朗斯基也没有看他们，似乎毫不留意，随随便便让列文和吉娣坐在一块儿，似乎再没有空位子了。

“哦，你就坐在这儿吧。”他对列文说。

筵席就像奥布朗斯基爱好的餐具一样讲究。玛丽路易汤人人称赞，小小的馅饼香酥可口，更是没说的。两个仆人和马特维系着雪白的领带悄没声地伺候着酒食，又轻快又利落。这次宴会在物质方面是成功的，在非物质方面也不逊色。谈话始终未停，有时大家一起谈，有时各自分头谈，直到宴会结束，气氛都是非常活跃的，以至于男客们离开餐桌都没有停止说话，就连卡列宁也活跃起来了。

十

彼斯卓夫喜欢辩论到底，不以柯兹尼雪夫的话为满足，尤其因为他感觉出自己的意见是不对的。

“我从来不认为这仅仅是人口密度问题，”他一面喝汤，一面对卡列宁说，“而是要联系到根本，不能光凭几条原则。”

“我觉得，”卡列宁慢腾腾地、无精打采地回答说，“那都是一回事儿。依我看，一个民族要想同化另一个民族，只有得到高度发达，只有……”

“但问题就在这里了，”彼斯卓夫用他那粗嗓门儿插嘴说。他一向喜欢抢着说话，而且似乎总是把整个的心都放进他说的话里。“什么算是高度发达呢？英国人，法国人，德国人——哪一个民族的发达程度高呢？应该是哪一个民族同化另一个民族呢？莱茵地区完全法国化了，可是德国人的发达程度并不低！”他叫道。“这里面另有一番道理！”

“我觉得，起作用的总在真正文明的一方。”卡列宁微微扬起眉毛说。

“可是，我们应该把什么看作真正文明的标志呢？”彼斯卓夫说。

“我看，这种标志是大家都清楚的。”卡列宁说。

“完完全全清楚吗？”柯兹尼雪夫很微妙地笑着插嘴说。“现在都认为，真正的文明只能是纯粹古典的文明；可是我们看到双方争论之激烈，却无法否认反对的一方也有其有力的论据。”

“谢尔盖·伊凡诺维奇，您就是古典派。来点儿红葡萄酒吗？”奥布朗斯基说。

“我对于这种文明或那种文明，不想表示什么意见，”柯兹尼雪夫伸过酒杯，像对待小孩子一样不以为意地笑着说，“我只是说，双方都有很有力的论据，”他又对卡列宁说。“在教育方面，我是古典派，可是在这场争论中我不能站在任何一方。我看不出有什么明显的论据，可以证明古典学派比现代学派优越。”

“自然科学同样具有启蒙教育作用，”彼斯卓夫附和说。“比如天文学，比如植物学，比如动物学及其一系列原理就是这样！”

“这一点我不能完全同意，”卡列宁回答说。“我觉得，不能不承认，研究语言形式这一过程本身对于精神的发展具有特别良好的作用。此外，也不能否认，古典作家的作用是在道德方面最好的作用，不幸的是，那些有害的、错误的学说之所以成为当代的祸害，却和教授自然科学有关系。”

柯兹尼雪夫想说点儿什么，可是彼斯卓夫又用他那粗大的嗓门儿抢先说起来。他很激烈地说起这个意见的荒谬性，柯兹尼雪夫则平心静气地等待着说话，显然已经有了现成的反驳的话，足以驳倒对方。

“不过，”柯兹尼雪夫很微妙地笑着转身对卡列宁说，“不能不承认，假如不是古典教育有优越之处，像您刚才说的，有道德作用，说得干脆些，有反虚无主义作用的话，要衡量这种或那种科学的全部利弊是很困难的，应该看重哪些科学的问题，也不会这样快、这样彻底地解决。”

“这是无疑的。”

“如果不是古典学派具有反虚无主义作用这种优越之处，那我们就要多考虑考虑，多衡量衡量两方面的利弊了，”柯兹尼雪夫带着很微妙的笑容说，“那我们就要让二者都得到充分发展。可是现在我们知道，古典教育这种药丸具有反虚无主义的疗效，我们也就大胆地提供给我们的病人……可是，万一没有疗效，那怎么办？”说到结尾处又用起风趣的俏皮话。

柯兹尼雪夫一说到药丸，大家都笑起来，杜罗夫津笑得特别响亮，特别快活，因为他听谈话就希望听到好笑的话，现在终于听到了。

奥布朗斯基把彼斯卓夫请来，没有错。有彼斯卓夫在场，高谈阔论一刻也没有停过。柯兹尼雪夫刚刚用俏皮话结束了一番议论，彼斯卓夫立刻又提出新的话题。

“甚至也不能承认，政府抱有这种目的，”他说。“政府显然受社会舆论左右，对于所采取的措施能起什么作用，依然是漠不关心的。比如，妇女教育问题应该算是极为有害的，可是政府就开办了女子学校和女子大学。”

于是，谈话立刻转到女子教育这个新题目上。

卡列宁表示意见说，妇女教育往往和妇女自由的问题混为一谈，因为这样，妇女教育才是有害的。

“恰恰相反，我认为这两个问题是有密切联系的，”彼斯卓夫说,“这是一种恶性循环。妇女因为缺乏教育而得不到权利,又因为没有权利而得不到教育。不应该忘记,正因为奴役妇女太普遍,而且由来已久,我们往往不愿意看到她们和我们之间的巨大差别。”他说。

“您说的权利,”柯兹尼雪夫等到彼斯卓夫不说了,就开口说,“是否就是当陪审员、地方自治会议员、参议会议长的权利,当官为吏、当国会议员的权利……”

“当然。”

“但是,即使有些妇女作为难得的例外,可以担任这些职务,那我也认为,您用‘权利’这个字眼也是不恰当的。倒不如说是‘义务’。谁都承认,我们担任陪审员、地方自治会议员、电报局职员,都会觉得是在尽义务。所以,更确切地说,妇女是在寻求义务,而且是完全合法地寻求义务。而且也只能赞许她们这种协助男子共同劳动的愿望。”

“完全正确,”卡列宁支持说。“我认为,问题就在于她们担负这些义务是否能胜任。”

“一定能胜任愉快,”奥布朗斯基插嘴说,“只要能在她们中间普及教育就行。这我们能看得出来……”

“可是,不是有一句俗话吗?”公爵早就注意听着他们谈话,这时闪动着他那一双小小的、带有讥笑神气的眼睛说,“可以当着女儿们的面说说:头发长……[①]”

“在黑奴解放之前大家也是这样看待黑奴的!”彼斯卓夫气愤地说。

---

①俄国谚语:女人头发长,见识短。

“我只觉得奇怪，妇女在谋求新的义务，”柯兹尼雪夫说，“同时，不幸的是，我们却看到，男子往往在逃避义务。”

“义务总是伴随着权利的；权力，金钱，荣耀——这就是妇女们所追求的。”彼斯卓夫说。

“这就好比，我去谋求当奶妈的权利，见到雇用别的妇女，却不要我，我就生气。”老公爵说。

杜罗夫津放声哈哈大笑起来，柯兹尼雪夫很惋惜这话不是他说的。就连卡列宁也笑了。

“是啊，不过男子不能喂奶，”彼斯卓夫说，“妇女就……”

“不，有一个英国男子在船上就给自己的小孩喂过奶。”老公爵就当着两个女儿的面很随便地说。

“这样的英国人是很稀罕的，女人做官也是很稀罕的。”柯兹尼雪夫急忙说。

“是的，不过一个没有家庭的姑娘又该怎么办呀？”奥布朗斯基想起他朝思暮想的契比索娃，并且赞成和支持彼斯卓夫的意见，就插嘴说。

“如果好好地考察一下那个姑娘的身世，就会发现，那姑娘是抛弃了家庭，也许是自己的家，也许是姐姐家，她本来是可以在家里干干女人家的事情的。”陶丽突然很恼火地插嘴说，想必她猜到了奥布朗斯基说的是哪一个姑娘。

“可是我们就是要维护一个原则，一个理想！”彼斯卓夫用洪亮的粗嗓门儿反驳说。“妇女就是要得到自主的权利和受教育的权利。妇女意识到不能得到这样的权利，是感到委屈，感到不平的。”

“可是我感到委屈和不平的是，人家不肯要我到育婴堂去当奶妈。”老公爵又说道，使得杜罗夫津开心极了，他笑得把一根芦笋那粗大的一头掉进了酱油里。

十一

大家都在一块儿说话，只有吉娣和列文除外。起初，谈到一个民族对另一个民族的影响，列文不由得想到，他对这个问题是有过想法的；可是以前他觉得十分重要的这些想法，就像在梦里似的在他头脑里闪了一下，此刻他觉得没有什么意思了。他甚至觉得奇怪，他们何必这样起劲地谈这种不相干的事儿呢。吉娣也是这样，她对他们谈妇女权利和教育问题，似乎应该也是感兴趣的。她有多少次想起在国外的朋友瓦伦加，想起她那种寄人篱下的痛苦生活，就考虑起这些问题；有多少次她想到自己，如果她不出嫁，又会怎样；为这事她又和姐姐争论过多少次呀！可是此刻她觉得这问题毫无意思了。她和列文进行着另外一番谈话，也不是谈话，而是暗通款曲，因而他们感到越来越亲密，而且面对他们正在进入的未来天地产生了一种又喜又怕的心情。

开头，吉娣问列文去年怎么能看见她在马车里的，他就对她说了说，他怎样从割草场回家，在大路上遇到了她。

“那是在很早很早的早晨。您大概刚刚醒来。您妈妈还睡在角落里。那天早晨好极了。我边走边想：这四驾大马车里是什么人呀？那是四匹带铃铛的好马，转眼工夫您一闪而过，我从车窗里看到您：您就这样坐着，双手握着睡帽的带子，出神地想着什么事儿，”他微微笑着说。“我多么想知道您那时想的是什么呀。您想的是很要紧的事吧？”

“我那时不是披头散发的吧？”吉娣心想。不过，她看到他在回忆这些情节时脸上出现的喜不自禁的笑，就感觉出她给他的印象极好。她红了红脸，高兴地笑起来。

“说实在的，我不记得了。”

“杜罗夫津笑得多开心呀！”列文欣赏着他那笑得泪汪汪的眼睛和直打哆嗦的身子，说道。

“您早就认识他吗？”吉娣问道。

“谁不认识他呀！”

“我看出来，您认为他是一个坏人吧？”

“不是坏人，而是一个微不足道的人。”

“才不是哩！您快别这样想吧！”吉娣说。“我以前也很瞧不起他，可是这人好极了，心肠好得不得了。他的心是金子做的。”

“您是怎么能看到他的心的？”

“我们是老朋友了。我是很了解他的。去年冬天，就在……在您来过我家以后不久，”她带着歉疚同时又是信赖的微笑说，“陶丽的几个孩子都害了猩红热，有一天他来看她了。您真难想象，”她小声说，“他多么为她难过，于是他就留下来，帮她照料起孩子。是的，他就在他们家待了三个星期，就像保姆一样照料孩子们。”

“我在给康斯坦丁·德米特里奇讲孩子们害猩红热的时候杜罗夫津的事呢。”吉娣弯过身子对姐姐说。

“是的，真了不起，实在太好了！”陶丽望着杜罗夫津说。杜罗夫津发觉他们在谈他，就很亲热地对列文笑着。列文又朝杜罗夫津看了看，感到惊讶的是，他以前怎么没有发现这个人的全部优点。

“罪过，罪过，以后我再也不把人往坏处想了！”列文快活地说。他如实地说出他此刻的感觉。

十二

在谈起妇女权利时，涉及在妇女面前不便谈的婚姻权利不平等问题。彼斯卓夫在吃饭时几次接触到这方面的问题，但柯兹尼雪夫和奥布朗斯基都很谨慎地避开了。

等大家都离开饭桌，女士们都走了出去，彼斯卓夫没有跟她们走，却和卡列宁说话，说起这种不平等的主要原因。依他看，夫妻的不平等就表现在妻子的不贞和丈夫的不贞在法律上和舆论上受到的对待都不一样。

奥布朗斯基连忙走到卡列宁跟前，请他抽烟。

“不，我不抽烟。”卡列宁平静地回答说，并且，似乎有意表示他不怕谈这方面的问题，便带着冷笑回答彼斯卓夫的话。

“我看，这种看法的根据来自事情的实质。”他说过，就想到客厅里去，可是这时杜罗夫津忽然出人意料地对卡列宁说起话来。

“您是否听说过普里亚奇尼科夫的事儿？”喝过香槟酒兴奋起来，一直在等待机会打破难堪的沉默的杜罗夫津说道。“就是瓦夏·普里亚奇尼科夫，”他那红润的嘴唇上带着和悦的微笑，主要是对贵客卡列宁说话，“我今天听说，他在特维尔同克维茨基决斗，把克维茨基打死了。”

人往往会觉得，有些人似乎有意地专门戳别人的伤疤，奥布朗斯基现在就觉得，不幸的是，今天的谈话时时刻刻都对准了卡列宁的伤疤。他又想把妹夫拉走，可是卡列宁自己却很好奇地问道：

“普里亚奇尼科夫为什么事决斗？”

“为妻子的事儿嘛。他是好样儿的。找那人决斗，把那人打死了！”

“啊！”卡列宁若无其事地啊了一声，就扬起眉毛，朝客厅里走去。

“您来了，我多么高兴呀，”陶丽在客厅的过道里迎住他，带着惶恐的笑容对他说，“我要和您谈谈。咱们就在这儿坐吧。”

卡列宁依然扬着眉毛，摆出若无其事的神气，挨着陶丽坐下来，并且装着笑了笑。

“况且，”他说，“我也想请您原谅，我就要告辞了。明天我就要走了。”

陶丽坚信安娜是清白无辜的，她对这个冷酷无情、不动声色地盘算着毁灭她的清白的朋友的人感到十分气愤，她觉得自己的脸都气白了，嘴唇气得直打哆嗦。

“阿列克赛·亚力山大罗维奇，”她带着十分坚决的神气盯住他的眼睛，说。“我问您安娜的情形，您还没有回答我呀。她怎么啦？”

“她身体好像不坏，达丽雅·亚力山大罗芙娜。”卡列宁没有看她，回答说。

“阿历克赛·亚力山大罗维奇，对不起，我本来不该问……可是我爱安娜，尊敬安娜，就像对待亲妹妹一样；我请您，我恳求您告诉我，你们之间出了什么事？您觉得她有什么地方不对？”

卡列宁皱起眉头，几乎把眼睛闭上，垂下头来。

“为什么我认为必须改变我和安娜·阿尔卡迪耶芙娜原来的关系，我想，其原因您丈夫已经对您说过了。”他说，没有看她的眼睛，却带着不满意的神气打量着从客厅里走过的谢尔巴茨基。

“我不信，不信，这事儿我无法相信！”陶丽紧紧攥着她那双瘦骨嶙峋的手，在胸前使劲儿摇晃着说。她很快地站起来，一只手拉了拉卡列宁的袖子，说：“咱们在这儿不方便。请到这边来。”

陶丽的激动也影响了卡列宁，他站起来，乖乖地跟着她朝孩子们的读书室走去。他们在铺了划满铅笔刀印子的漆布的一张桌子旁边坐下来。

“我不信，这事儿我不信！”陶丽一面说，一面竭力捕捉他那躲着她的目光。

“不能不相信事实呀，达丽雅·亚力山大罗芙娜。”他把“事实”这个词儿说得很重。

“可是她究竟做了什么事呀？”陶丽说。“她到底做了什么事？”

“她不守妇道，背叛了自己的丈夫。这就是她做的事。”他说。

“不会，不会，不可能！不会，对不起，是您弄错了！”陶丽双手捂着两鬓,闭上眼睛说。

卡列宁只是用嘴唇冷冷地一笑,想向她也向自己表示自己的坚信不疑;但是陶丽这种热情的辩护,虽然没有动摇他的看法,却触痛了他的伤疤。他更激烈地说起来。

“既然妻子亲口对丈夫说了这事,那就很难弄错了。她还说,八年的生活和一个儿子——这都是错误,她说她要从头生活起。”他怒气冲冲地哼着鼻子说。

“我无法把安娜和丑事联系起来,这事我无法相信。”

“达丽雅·亚力山大罗芙娜!”这时他对直地看了看陶丽那激动的善良的脸,觉得自己的话匣子不由得打开了。“如果还有可能仅仅是怀疑,那我是求之不得的。当我怀疑的时候,我是很痛苦的,但比现在还是好过些。当我怀疑的时候,那还有希望;可是现在没有希望了,不过我倒是怀疑一切了。我什么都不相信,甚至痛恨儿子,有时不相信他是我的儿子。我太不幸了。”

这些话他都不需要说了。他一看陶丽的脸,她全明白了。于是她怜惜起他来,她对好朋友清白的信念也动摇了。

“啊呀！这真可怕,太可怕了！不过,听说您决定离婚,这是真的吗?”

“我决定走这最后一步。我再也没有办法了。”

“没有办法,没有办法……”她眼里噙着泪水说。“不,不是没有办法!”她说。

“这种痛苦之所以可怕,就在于无法像别的痛苦那样,比如丧偶、死人那样,默默忍受就行,所以在这种情况下需要有所行动,”他一面说,一面似乎在猜测她的想法。“必须摆脱这种受侮辱的状况:不能三个人一块儿过呀。”

“我明白,这事儿我非常明白,”陶丽说着,垂下了头。她沉默了一会儿,想着自己和自己的家庭痛苦,忽然她猛地抬起头,合拢双手做出恳求的姿势。“不过您不要急！您是个基督徒,就为她想想吧！要是您把她抛弃了,她怎么办呀?”

“我想过,达丽雅·亚力山大罗芙娜,我想过很多,”卡列宁说。他的脸上红一块白一块,一双模糊了的眼睛对直地看着她。陶丽现在已经是满心可怜他了。“在她亲口对我说了我蒙受的耻辱以后,我就是这样做的;我让一切都保持原状。我给了她悔过自新的机会,我尽了力量挽救她。可是怎么样呢?她不肯遵守最容易办到的条件——顾全体面,”他很恼火地说。“能够挽救的只是自己不愿意毁灭的人;可是,如果本性完全败坏了,堕落了,自以为毁灭就是得救,那又有什么办法呢?”

“什么都行,就是不要离婚!”陶丽回答说。

“可是,您这‘什么’指的是什么?”

“不,这太可怕了。她就会谁的妻子也不是,她就要完了。”

“我又能有什么办法呢?”卡列宁耸起肩膀,扬起眉毛说。他一想到妻子最近的所作所为,又恼火起来,又像谈话开头时那样冷冷的了。“我非常感谢您的一番好心,不过我该走了。”他说着,站起身来。

“别走,等一等！您不应该把她毁了。等一等,我给您说说自己的事儿。我嫁了人,可是丈夫欺骗了我;我又恼恨又嫉妒,就想抛弃一切,我想自己……可是我醒悟过来了。多亏了谁呢?是安娜救了我。这不是,我现在过得很好。孩子们都好好儿的,丈夫也回心转意,感觉到自己不对,变规矩了,变好了,我也就过得很好……我宽恕了他,您也应该宽恕她呀!”

卡列宁听着,但是她的话已经对他不起作用了。他决定离婚那一天的那股恼恨劲儿又来到他的心头。他抖搂了一下身子,就用又尖又响亮的声音说起来:

“我无法宽恕,也不想宽恕,而且我认为也不应该宽恕。我对这个女人已经做到仁至义尽,她也把什么事情都做绝了。我不是一个狠心人,我从来没有恨过什么人,可是我恨透了她,甚至无法宽恕她,因为她对我做的种种坏事太可恨了!”他带着恼恨的哭音说。

“您要爱那些恨您的人……”陶丽腼腆地小声说。

卡列宁轻蔑地冷笑了一下。这道理他早就知道,但这不适用于他的情况。

“要爱那些恨您的人,然而爱您所恨的人,却是办不到的。对不起,我打扰您了。各人管各人的痛苦吧!”卡列宁镇定了一下,很平静地告过别,就走了。

十三

在大家离开饭桌的时候,列文就想跟着吉娣到客厅里去。但他怕这样追逐她太显眼了,她也许会不高兴。他还是留在男客圈子里,和他们在一块儿说话,可是,虽然没有看吉娣,却能感觉到她的一举一动、她的目光以及她在客厅里什么地方。

他这就毫不勉强地履行他对她许下的诺言——永远把一切

人往好处想,永远爱一切人。大家谈起村社,彼斯卓夫认为在村社里推行的是一种特殊的原则,他把这叫作合唱原则。列文既不赞成彼斯卓夫的说法,也不赞成哥哥的说法,哥哥不知为什么就其意思来说又承认又不承认俄国村社的意义。可是列文和他们说话,只是竭力调解与缓和他们的争执。他丝毫不关心自己说的是什么,更不关心他们说的是什么,他只希望一点,就是让他们以及大家都高高兴兴,快快活活。他现在知道唯一重要的人是怎样了。这个唯一的人起初在客厅那头,后来走动起来,在门口站下来。他没有回头,就感觉到她向他投来的目光和微笑,于是他不能不回过头来。她和谢尔巴茨基少爷站在门口,正在望着他呢。

"我想,您是去弹钢琴吧,"他走到她跟前,说道。"我在乡下就缺少一样:音乐。"

"不是,我们只是想找您,谢谢您出来,"她说道,并且像赠送礼物一样送给他一个微笑,"何必那样起劲儿争论呀?谁也不会说服谁嘛。"

"是的,很对,"列文说,"往往是,热烈争论一番,只是因为怎么也不懂对方想证明的究竟是什么。"

列文常常发现,在一些最聪明的人争论的时候,争论的双方在费了很大力气,说了很多精辟的见解和言语之后,终于意识到他们费尽心机想向对方证明的道理原来在争论一开始他们早就明白了,但他们各自喜欢不同的一套,所以不愿意说出所喜欢的那一套叫什么,怕的是被驳倒。他常常遇到这样的情形:有时在争论中明白了对方所喜欢的一套,自己也一下子喜欢起这一套,可以马上就表示赞成了,可是这样一来,所有的论据就不能成立,就无用了;有时遇到的情形恰恰相反:等到终于说出自己所喜欢的并且为此找出种种论据的一套,如果能说得好,说得恳切的话,那对方也会立刻表示赞同,立刻就停止争论。他想说的就是这个意思。

她皱起眉头,本想费劲儿理解他的意思。可是他一开始解释,她就明白了。

"我明白:必须弄清楚对方为什么争论,对方喜欢的是什么,才可以……"

她完全猜测到并且说出了他说不清的意思。列文高兴地笑了:他和彼斯卓夫与哥哥争论,费了许多口舌说不清楚,她现在三言两语,却言简意赅地把最复杂的意思说清楚了,这使他感到惊讶。

谢尔巴茨基少爷走开了,于是吉娣走到摆好的牌桌旁边,坐下来,拿起一支粉笔,在崭新的绿呢桌布上画起圈圈儿。

他们又谈起饭桌上谈过的话题:妇女的自由和职业问题。列文赞成陶丽的意见,认为未出嫁的姑娘应当在家里做做女人家的事情。他为了说明应该这样,就说,任何一个家庭都需要有女人在家做事,不论穷家、富家,都需要有保姆,不是雇人,就是自家人。

"不,"吉娣红了脸,但这样也就更大胆地用她那真情的眼睛看着他说。"一个姑娘可能会处于这种境地,那她就不可能毫不低下地进入一个家庭,可是她自己……"

她一暗示,他就明白了。

"哦! 是的!"他说。"是的,是的,是的,您说得对,您说得对！”

他一看出吉娣心中的少女恐惧感和屈辱感，就明白了彼斯卓夫在吃饭时所说的有关妇女自由的一些道理，而且他因为爱她，就体会到这种恐惧和屈辱心情，并且立刻就放弃了自己的观点。

两个人都沉默了。她用粉笔一个劲儿在桌子上画着。她的眼睛闪着柔和的光辉。他受到她的情绪的感染，觉得自己浑身的幸福感越来越强烈了。

“哎呀！我把整个桌子都画满了！”她说过，放下粉笔，身子动了动，好像是想站起来。

“我怎么能让她走掉呢？”他恐惧地想道，并且拿起粉笔。“请等一下，”他说着，在桌旁坐下来。“我早就想问您一件事。”

他对直地看着她那亲切的、虽然有些惊愕的眼睛。

“请问吧。”

“您瞧，”他说着，写出一些词儿的开头第一个字母。这些字母要表示的意思是：“当初您回答我：这不可能，那是说永远不可能，还是那时候不可能？”吉娣是否能猜到这样复杂的句子，那是毫无把握的；可是他带着那样一副神气望着她，就好像他这一生全看她是否明白这句话了。

她一本正经地看了看他，然后就用一只手托住皱起来的额头，念了起来。她只是偶尔看一看他，仿佛用眼睛问他：“我猜得对吗？”

“我明白了。”她红了红脸，说。

“这是个什么词儿？”列文指着“永远”一词的字母问道。

“这个词儿是‘永远’，”她说，“不过这不是真心话！”

列文很快地把他写的擦掉，把粉笔给她，自己站了起来。她也写了一些字母。

陶丽看见这两个人的样子，她和卡列宁谈话所引起的烦恼顿时消失了。陶丽看到：吉娣手里拿着粉笔，脸上带着羞涩而幸福的微笑，朝上看着列文，列文那优美的身躯俯向桌子，一双火辣辣的眼睛忽而看着桌上，忽而看着吉娣。他的脸忽然放起光来：他明白了。这意思是："当时我不能不那样回答。"

他用询问、胆怯的目光看了看她。

"只是当时吗？"

"是的。"她的笑容回答说。

"那么……那么现在呢？"他问道。

"嗯，那您就念念吧。我就把我所希望的说一说。我非常希望！"她又写出一些开头的字母。那意思是："希望您忘记和原谅过去的事。"

他用紧张得打哆嗦的手指头抓住粉笔，写断了粉笔，写出一些开头的字母，意思是："我没有什么忘记和原谅的，我一直在爱您。"

她微微笑着动也不动地看着他。

"我明白了。"她小声说。

他坐下来，又写了一个很长的句子。她全看懂了，也没有问他是不是这样，拿起粉笔，立刻就给他回答。

他很久看不懂她写的是什么，就一再地看她的眼睛。他幸福得一时头脑迷糊了。他怎么也猜不出她写的字母代表的是一些什么词儿；但是他从她那美丽的、放射幸福光彩的眼睛里看出了他想知道的一切。于是他写了三个字母。可是不等他写完,她已经跟着他的手的动作念起来,并且亲自把他没有写完的写完了,又写出回答:是的。

"你们在猜字谜吗?"老公爵一面说,一面走过来。"不过,咱们走吧,要是你想赶上看戏的话。"

列文站起来,把吉娣送到门口。

在他们的谈话中,什么都说了;她说了她爱他,说了要告诉父亲和母亲,他说了他明天早晨要来。

十四

等吉娣一走,剩下列文一个人,他觉得没有了她非常难受,非常焦急,就盼望明天早晨快点儿,快点儿到来,那时他又可以看到她,而且可以永远和她结合在一起,他甚至非常害怕,像怕死一样害怕即将到来的这见不到她的十四个钟头。为了避免孤寂,把时间消磨过去,很需要有一个人和他在一起谈谈。奥布朗斯基一向是和他最谈得来的,但是他要走了,说是去赴晚会,其实是去芭蕾舞剧院。列文只来得及对他说他很幸福,说他爱他,永远永远不会忘记他对他的厚意。奥布朗斯基的目光和微笑向列文表示,他完全理解他这种心情。

"怎么样,到了死的时候了吧?"奥布朗斯基动情地握着列文的手说。

"早着呢!"列文说。

陶丽在和他告别的时候,也好像是恭喜他,说道:

“您又和吉娣见面了,我多么高兴啊,是应该珍惜旧日的情分呀。”

可是列文听了陶丽这话却不十分愉快。她不懂,这一切有多么崇高,这一切她又多么难以理解,她不应该冒昧地提到这一点。列文告别了他们之后,为了免得孤寂,就跟定了哥哥。

“你上哪儿去?”

“我去参加会议。”

“噢,那我跟你去。行吗?”

“怎么不行? 咱们走吧,”柯兹尼雪夫笑着说。“你今天怎么啦?”

“我怎么样吗? 我的幸福来了!”列文说着,打开他们坐的马车的窗子。“你不怕冷吧? 不然太闷了! 我的幸福来了! 你为什么老是不结婚呀?”

柯兹尼雪夫笑了笑。

“我很高兴,看样子,她是一个好姑……”柯兹尼雪夫正要说下去。

“别说,别说,别说!”列文双手抓住他的皮大衣领子,把他的嘴捂住。“她是一个好姑娘”这话太平凡,太没有分量,同他的感情太不相称了。

柯兹尼雪夫非常快活地大笑起来,这在他是很难得的。

“啊,不管怎样,还是可以说,这事儿使我非常高兴。”

“这话明天可以说,明天再说吧,现在别说了! 别说,别说,什么也别说!”列文说着,再一次用大衣领子把他的嘴捂住,又说道:“我真喜欢你呀! 怎么样,我去参加会议,行吗?”

“当然行啦。”

“你们今天讨论什么呀?”列文问道,并且一直没有停住笑。

他们来到会场。列文听着秘书结结巴巴地在念连他自己也不懂的记录;但列文从这位秘书的相貌看出来,这是一个非常可爱、非常善良的极好的人。这可以从他念记录时那种惶恐和发窘的神态看出来。记录念完了,就开始发言。他们争论的是几宗款项的调拨和几条管道的铺设问题。柯兹尼雪夫把两位议员挖苦了一通,振振有词地说了老半天;另外一位议员在纸上写了些什么,就畏畏缩缩地说起来,但后来又辛辣又亲切地对他作了答辩。然后斯维亚日斯基(他也在这里)也说了一通,说得也很精彩,很得体。列文听他们辩论,清楚地看出来,不论拨款,还是管道,什么事儿也没有,他们也根本没有生气,他们都是一些非常善良的极好的人,而且他们之间这一切也都是和和气气,亲亲热热的。他们谁也不妨碍谁,大家都高高兴兴的。对列文来说,最妙的是,他觉得今天把他们看得清清楚楚的了,他觉得他从一些细小的、以前没有注意的特征看出每个人的心灵,清楚地看出他们都是善良的人。尤其是,他们今天都特别喜欢他。这从他们和他说话的态度可以看出来,就从所有不认识的人望着他的那种亲热、友好的神情,也可以看出来。

“喂,怎么样,你满意吗?”柯兹尼雪夫问他。

“非常满意。我怎么也没有想到这事儿这样有意思!太好了,太妙了!”

斯维亚日斯基走到列文跟前,请他到他家去喝茶。列文怎么也不懂,怎么也想不起来,他对斯维亚日斯基有什么不满,他有什么欠缺之处。他是一个非常聪明、心肠好得不得了的人嘛。

“非常高兴。”列文说过,又问候了他的妻子和姨妹。因为在他的头脑里斯维亚日斯基的姨妹的概念总是和婚姻联系着,又由于思绪的奇怪延续发展,他觉得把自己的幸福对斯维亚日斯基的妻子和姨妹说说比对谁说都好,所以他很高兴到他们家去。

斯维亚日斯基问起他在乡下的事情,仍然像以往那样,断定在欧洲没有的事情在俄国也不可能有,列文现在听到这话也一点不觉得不愉快。相反,他觉得斯维亚日斯基的看法是对的,那种种事情都没有什么意思,并且看出斯维亚日斯基不肯说出自己的正确意见,是出于了不起的谦和与仁厚。斯维亚日斯基家的两位女士也特别可亲可爱。列文觉得,她们已经全知道了,而且非常赞同他,但只是出于礼貌没有说出来。他在他们家坐了一个钟头,两个钟头,三个钟头,谈着各种各样的事情,却都是影射他一心想着的事情,也没有觉察到,他已经使他们厌烦透了,他们早就要睡觉了。斯维亚日斯基把他送到前厅里,又打呵欠,又对这位朋友奇怪的精神状态感到惊讶不解。已经是一点多钟了。列文回到旅馆,一想到他现在要一个人来熬过还剩下的十个小时,就感到害怕。还没有睡觉的值班茶房给他把蜡烛点着了,就想走,可是列文把他叫住了。这个茶房叶戈尔,列文以前没有留意过的,原来是一个非常聪明、非常好,尤其是心肠好的人。

“怎么样,叶戈尔,不睡觉很难受吧?”

“有什么办法呀!我们干这一行嘛。在大户人家里干活儿要舒服些;不过在这儿好处要多些。”

原来叶戈尔是有家的,有三个男孩和一个做裁缝的女儿,他想把女儿嫁给马具店的伙计。

列文趁这个机会对叶戈尔说了说自己的想法，说婚姻的主要条件是爱情，有了爱情总是会幸福的，因此幸福不幸福往往全在自己。

叶戈尔用心听完了，而且显然也完全懂了列文的意思，但是他为了附和列文的意思，却说出了列文意想不到的意见，说他在一些好人家做事的时候，他总是很喜欢自己的老爷太太们，现在也非常喜欢自己的东家，虽然他是一个法国人。

“真是一个心肠好得不得了的人。”列文心想。

“喂，叶戈尔，当年你结婚的时候，爱不爱你的妻子？”

“怎么会不爱呢。”叶戈尔回答说。

于是列文看出来，叶戈尔的心情也兴奋起来，很想说说自己的内心感情。

“我这一生也是非常好的。我从小……”他闪动着发亮的眼睛说了起来，显然是受到了列文的兴奋心情的感染，就好像人常常受到打呵欠感染一样。

可是这时候铃声响了；叶戈尔走了，剩下列文一个人。他在筵席上几乎什么也没有吃，他也没有吃斯维亚日斯基家的茶点和晚饭，可是现在他连想也想不到吃饭。昨夜他整夜没有睡，可是他也不想睡觉。房间里是很冷的，可是他却觉得热得发闷。他打开两个小气窗，坐到窗口的桌子上。在白雪皑皑的屋顶后面，露出系着链子的雕花十字架，再往上，天空里有一个三角形，那是御夫星座和黄灿灿的五车二星。他时而望望十字架，时而望望星星，吸着徐徐进入房中的清凉空气，并且像在梦中一般，追逐着脑海中出现的一个个形象和一件件往事。三点多钟,他听见走廊里有脚步声,就探头朝门外望了望。这是他所认识的赌徒米亚斯金从俱乐部回来了。米亚斯金无精打采地走着,皱着眉头,不住地咳嗽着。“真可怜,真不幸呀!”列文在心中说,并且因为心疼和怜惜这个人,眼里涌出了泪水。列文想和他谈谈,安慰安慰他;可是想起自己只穿着衬衣,也就算了,于是又在窗口坐下来,也好尽情地享受这寒冷的空气,看看那形状美妙、静穆无声,但他觉得意味深长的十字架,看看那缓缓上升的黄灿灿的星星。到六点多钟,听到擦地板的声音,又听到早祷的钟声,列文觉得冷起来。他关上气窗,洗了脸,穿起衣服,就出门了。

十五

街上还是空荡荡的。列文朝谢尔巴茨基家走去。大门关着,都还在睡觉呢。他又往回走,又回到旅馆,要了一杯咖啡。送咖啡的已经不是叶戈尔,而是一名值日班的茶房。列文想和他谈谈,可是有人打铃,那茶房就走了。列文试着喝了喝咖啡,又把面包放进嘴里,可是他的嘴简直不知道拿面包怎么办。列文把面包吐掉,穿起大衣,又走了出来。他第二次来到谢尔巴茨基家大门口,已经九点多了。家里的人刚刚起身,一名厨子正要出去买菜。至少还要等两个钟头。

这整整一夜和一个早晨列文都是完全无意识地度过的,而且他觉得自己完全超脱了物质生活条件。他一整天没有吃东西,两夜没有睡觉,不穿外衣在寒冷的空气中待了几个小时,可是他不但感到自己从来没有这样精神饱满，健康有力，而且感到自己完全超脱了肉身凡胎：他一行一动都不需肌肉用劲儿，而且觉得自己无所不能。他深信，如果有必要的话，他可以飞上青天，可以把房屋推开。剩下的时间他是在街上度过的，他不时地看着表，两边张望着。

他当时看到的景象，是他以后再也看不到的。尤其是两个上学的孩子，几只从屋顶飞到人行道上的瓦灰色鸽子，一只看不见的手摆出来的几个撒了面粉的梭形面包，使他大动感情。这些面包、鸽子和两个孩子都不是凡间物。这一切都是同时发生的：一个男孩朝鸽子跑去，并且笑哈哈地看了看列文；一只鸽子拍打了几下翅膀就飞了起来，在阳光下、在空中颤抖着的雪粉中亮闪闪的；小窗户里冒出新出炉的面包香味，接着几个面包就摆了出来。这一切全都是这样出奇地美好，以至于列文高兴得笑起来，并且流出了眼泪。他在报馆胡同和基斯洛夫街兜了一个大圈子之后，又回到旅馆，把表放在面前，坐下来，等待十二点。隔壁房间里，有人在谈机器和上当受骗的事，还有早晨刚醒来的咳嗽声。他们不知道时针快到十二点了。十二点到了。列文走到大门口。马车夫们显然全都知道了。他们满面春风地把列文围住，争先恐后，兜揽生意。列文雇了一辆，吩咐上谢尔巴茨基家去，同时尽量不让其他马车夫心里难过，答应下次雇他们的。这车夫非常漂亮，那露在长袍外面的白衬衫领子紧紧裹着饱满而结实的红脖子。这车夫的雪橇又高又舒服，这样好的雪橇列文后来再也没有坐过了，那马也非常好，跑得又快又稳。马车夫知道谢尔巴茨基家，对乘客特别敬重地把双臂弯了一下，喊了一声"普鲁"，就在大门口停下来。谢尔巴茨基家的看门人肯定也全知道了。这从他的眼睛的笑和他说话的神情可以看得出来。

“啊,您好久没来啦,康斯坦丁·德米特里奇!”看门人说。

他不仅全都知道了,而且显然高兴得不得了,并且使劲掩饰自己的高兴。列文看了看他那亲切的老眼,就发现他的幸福之中甚至还有新的意味儿。

“都起身了吧?”

“请进吧! 就放在这儿也行。”等列文想回来拿帽子的时候,他笑嘻嘻地说。这也是有什么意思的。

“请问,该向谁通报?”一名仆人说。

这名仆人虽然年轻,是个新来的,穿得还很讲究,但也是一个非常亲切、善良的人,也是什么都知道。

“向公爵夫人……公爵……公爵小姐……”列文说。

他看到的第一个人是林侬小姐。她正要穿过客厅,她的鬈发和一张脸都亮闪闪的。他刚刚开始和她说话,就听见门外有衣服窸窣声,于是林侬小姐从列文眼里消失了,一种因为幸福来临欢喜得害怕的感觉立刻传遍了他的全身。林侬小姐慌忙离开他,朝另一个门走去。她一走出去,镶木地板上就响起急速而轻盈的脚步声,于是他的幸福,他的生命,他的灵魂——比他自己更重要的人儿,他寻求和期待了那么久的爱情,很快向他接近了。她不是在走,而是靠一种无形的力量向他飘游过来。

他看到的只是她那一双明亮而真挚的眼睛,那眼睛也流露出爱情的欢乐来临时慌乱的神气,就像他此刻的心情一样。那双眼睛越来越近,射出的爱情光芒照耀得他眼花缭乱。她在他跟前站下来，紧紧挨着他。她的一双手举起来，搭在他的肩上。

她能做的，都做了，——她跑到他跟前，羞答答、喜滋滋地把整个身子交给了他。他搂住她，把嘴唇压在她那等着他吻的嘴唇上。

她也是一夜没有睡，整个上午都在等他。母亲和父亲都一口答应了，而且因为她的幸福感到十分幸福。她等着他。她要第一个向他宣布她和他的幸福。她准备好单独迎接他，一想到单独和他见面，又高兴，又胆怯，又羞涩，自己也不知道该怎么办。她听到他的脚步声和说话声，就在门外等着，等林侬小姐走开。林侬小姐走了。她连想也不想，也不自问怎样做和做什么，就走到他跟前，做了她刚才所做的事。

"咱们去见见妈妈！"她拉住他的手说。他很久不能说话，与其说是因为他怕语言亵渎了自己的崇高感情，不如说是因为每当他想说点儿什么的时候，不等说出话来，就感觉到幸福的泪水要涌出来了……他拉起她的手，吻了吻。

"难道这是真的吗？"他终于用嘶哑的嗓门儿说。"我真不能相信你会爱我！"

她听到他称她为"你"，看到他看她的那种胆怯神气，不禁笑了。

"是真的！"她意味深长地、慢慢地说。

"我多么幸福呀！"

她一直拉着他的手走进客厅。公爵夫人一看到他们，就呼吸急促，一下子哭了起来，又一下子笑了起来，并且迈着列文意想不到的矫捷步子跑到他们跟前，搂住列文的头，吻了吻他，并且沾了他一脸泪水。

“就这样定了！我很高兴。你就爱她吧。我很高兴……吉娣！”

“水到渠成嘛！”老公爵极力装出镇定自若的神气说；可是，当他转过身来时，列文发现他的眼睛也湿了。

“我早就盼着这一天了！”他抓住列文的手，把他拉到跟前。“我还在这个轻浮的孩子一心想要……”

“爸爸！”吉娣叫起来，并且用手捂住他的嘴。

“好，我不说！”他说。“我太……太……高……哎呀！我多么糊涂……”

他抱住吉娣，吻了吻她的脸，吻了吻她的手，又吻了吻脸，又为她画了个十字。

当列文看到吉娣那样亲热、那样长久地吻着父亲那肉嘟嘟的手的时候，他对他以前觉得很陌生的这个人也充满了一种新的敬爱之情。

十六

公爵夫人一声不响地坐在安乐椅上，微微笑着。公爵在她旁边坐下来。吉娣站在父亲的椅子旁边，拉着他的手一直没有放开。大家都没有说话。

公爵夫人首先把一切事情说了出来，把一切想法和感情转为现实问题。起初有一会儿这使大家都感到很奇怪，甚至很不舒服。

“究竟什么时候呀？还要订婚，发请帖呀。什么时候结婚呢？你怎么想的，亚力山大？”

“问他吧，”老公爵指着列文说，“这事儿他唱主角嘛。”

“什么时候吗？”列文红着脸说。“明天吧。你们既然问我，那么，依我的想法，今天订婚，明天就结婚。”

“哎，得啦，好孩子，别瞎说！”

“哦，那就过一个星期吧。”

“他简直疯了。”

“不，怎么会呢？”

“得了吧！”老夫人见他这样性急，高兴地笑着说。“那么，嫁妆呢？”

“难道还要嫁妆什么的吗？”列文很害怕地想道。“不过，难道嫁妆，还有订婚，还有别的什么——难道这会影响我的幸福吗？什么也不会影响的！”他看了看吉娣，发现她丝毫不觉得提到嫁妆是受到侮辱，他就想：“看来，这也是必要的。”

“我实在什么也不懂，我说的只是我的希望。”列文表示歉意说。

“那咱们就商量着办吧。现在可以订婚和发请帖。就这样吧。”

老夫人走到丈夫跟前，吻了吻他，就想走；但是他把她拉住，搂住她，而且像年轻恋人那样，笑眯眯地、亲亲热热地吻了她好几次。两位老人家显然一时间迷糊了，弄不清是他们又在热恋，还是只是他们的女儿在热恋。等公爵和夫人走了出去，列文走到自己的未婚妻跟前，拉住她的手。他现在已经镇定下来，能够说话了,他有许多话需要对她说。可是他说的完全不是需要说的。

“我以前就知道会这样的！我从来不抱希望;但在心里一直相信会这样,”他说。“我相信,这是命中注定了的。”

“我吗?”她说。“就是在那时候……”她停住了,一面很果断地用她那真情的眼睛看着他,又说下去,“就是在我推却我的幸福的时候也是这样。我一直就爱您一个,可是我那时迷糊了。我应该说……您能忘记这事儿吗?”

“也许这样倒好些。我有许多地方应该请您原谅。我应该告诉您……”

他想说的是他决心要告诉她的事情之一。他决定一开头就告诉她两件事:一件是,他不像她那样贞洁,另一件是,他不信教。这是很难堪的,但是他认为应该把这两件事都告诉她。

“不,现在不说了,以后再说吧!”他说。

“好吧,以后再说,不过您一定要说。我什么也不怕。我要什么都知道。反正已经定了。”

他补充说:

“您说定了,是说不论我是怎样一个人,您都要我,不会抛弃我吗？是吗?”

“是的,是的。”

他们的谈话被林侬小姐打断了。林侬小姐虽然有点儿装腔作势,可是很亲热地笑着来向自己心爱的学生道喜了。她还没有走,仆人们也纷纷前来道喜。然后亲戚们也来了,于是那种办喜事的忙乱开始了,后来直到结婚后第二天列文才得脱身。列文一直感到不自在,不耐烦,可是幸福的程度却在不断增长。他总觉得，别人在要求他做许多他不知道的事，而他也照别人说的做了，这一切就给他带来幸福。他原以为，他的求婚会和别人大不一样，普通的求婚条件会破坏他的与众不同的幸福；可是结果呢，他所做的和别人完全一样，而他的幸福因此只是不断地增长，并且越来越与众不同，过去和现在都没有什么相似之处。

“现在我们可以吃糖了。”林侬小姐说。于是列文就出去买糖。

“啊，我太高兴了，”斯维亚日斯基说。“我劝您到福明花店去买些鲜花来。”

“要鲜花吗？”于是他到福明花店去了。

哥哥对他说，要借一些钱，因为会有很多开销，要买礼品……

“要礼品吗？”于是他到福利达珠宝店去了。

在糖果店，在福明花店，在福利达珠宝店，列文都看出来，大家都盼望他来，欢迎他来，为他的幸福感到非常高兴，就像这几天他接触到的所有的人一样。奇怪的是，不仅大家都喜欢他，而且那些以前对他不怀好感的、冷淡的、漠不关心的人，现在都赞赏他，处处依顺他的心意，对他的心情体贴入微，并且和他一样相信，他是天下最幸福的人，因为他的未婚妻十全十美。吉娣也有这样的感觉。在诺德斯顿伯爵夫人很冒失地暗示她希望有更好的什么时，吉娣恼火极了，斩钉截铁地说，天下不可能有比列文更好的了，诺德斯顿伯爵夫人也只好承认，而且在吉娣面前遇见列文的时候，也不能不带着赞赏的微笑了。

他所答应的交谈，是当时唯一不痛快的事。他和老公爵商量了一下，征得他的同意，就把自己的日记交给吉娣，日记上就记着使他感到歉疚的事。他当时记这日记,就是为了将来给未婚妻看的。使他感到歉疚的有两件事:他的不贞洁和不信教。他承认不信教,她对此并不在意。她是信教的,从来不曾怀疑过宗教的教义,但是她丝毫不在乎他是否教徒。她因为爱他,了解了他的整个心灵,在他的心灵中她看到她希望看到的东西,至于这样的心灵状态就叫作不信教,这在她是无所谓的。他承认的另一件事却使她哭得很伤心。

列文把自己的日记交给她,不是没有经过思想斗争的。他认为,在他和她之间不能有也不应该有什么秘密,因此他断定,就应该这样;但是他没有考虑,这事儿会发生什么作用,没有想想她会产生什么心情。直到这天晚上,他去戏院之前来到她家,走进她的房里,看到她那泪水涟涟、因为他造成的无法弥补的伤痛而伤心痛哭的可怜又可爱的脸儿时,他才明白,她那纯洁的少女心灵是无法承受他这件可耻的往事的,于是他因为自己做的事感到惶恐。

“拿去吧,把这些可怕的本子拿去!”她一面说,一面推着摆在她面前桌上的日记本。“您何必给我看呀!……不,这样倒好些,”她看到他那绝望的脸,心疼起来,就又说道。“不过这太可怕,太可怕了!”

他垂下头,没有说话。他什么也不能说。

“您不会原谅我的。”他小声嘟囔说。

“不,我原谅,不过这太可怕了!”

然而他的幸福是极其深厚的,所以他说出的事儿不仅没有破坏他的幸福,而且为这种幸福平添了一种新的色彩。她原谅了他;可是从此以后他更认为自己配不上她,更觉得自己在品格上比她低下,因而也就更加看重自己这种不配享受的幸福。

十七

卡列宁不由自主地回想着席间和饭后谈话的情景,回到自己的冷冷清清的房间。陶丽说的一番要他宽恕的话,只是惹起他的恼火。基督教的准则对他这种情况是否适用,是一个不能轻易谈的太难的问题,而且卡列宁对这个问题早就作了否定的回答。在大家说过的所有的话里,进入他的脑海最深的是又蠢又善良的杜罗夫津的话:“他是好样儿的;他找那人决斗,把那人打死了。”大家显然都很赞赏这种做法,虽然出于礼貌没有说出口来。

“不过,这事已经定了,没有什么可考虑的了。”卡列宁在心里说。于是他只是考虑着这次外出调查的事,走进房间,并且问那个送他进来的看门人,他的仆人在哪儿。看门人说,他的仆人刚刚出去。卡列宁要过茶,就在桌旁坐下来,拿起旅行指南,考虑起他要走的路线。

“有两封电报,”仆人回来了,一面往房间里走,一面说。“请原谅,大人,我刚才出去了一下。”

卡列宁拿起电报,拆开看了看。第一封电报是通报斯特列莫夫担任了卡列宁垂涎的那个职位。卡列宁扔下电报,红了红脸,就站起来,在房里踱了起来。“上帝想毁灭谁,就叫谁丧失理智[①]”,他想起这句拉丁文谚语。他这里说的“谁”,指的是那些促

①原文为拉丁语。

成这项任命的人。他倒不是因为没有得到这个职位,因为人家显然没有把他放在眼里,感到恼火;而是感到不解,感到奇怪,那些人怎么就看不出,专门说空话和漂亮话的斯特列莫夫最不适于担任这一职务。他们怎么看不出,他们促成这项任命,是害了他们自己,损害了自己的威信!

"恐怕还是这一类事儿,"他一面拆第二封电报,一面在心中恼怒地说。这封电报是妻子打来的。首先映入眼帘的是蓝铅笔写的"安娜"的名字。"我要死了,请你,恳求你回来。能得到宽恕,死也安心些。"他看完了,冷笑了一下,扔下电报。开头有一会儿,他觉得这是欺骗,玩花样儿,觉得无疑就是这样。

"没有什么欺骗的事是她干不出来的。她想必是要生孩子了,也许是难产吧。可是他们的目的是什么呢?无非是想使孩子合法化,败坏我的名声,阻止离婚,"他心中想道。"可是电报上说的是:我要死了……"他又把电报看了一遍;电报里明白说出的意思突然使他震动了。"万一这是真的呢?"他在心中说。"万一真的是她在痛苦的时刻和快要死的时候真心诚意地忏悔,而我却认为这是欺骗,不肯回去,那又怎么样呢?那就不仅太不近人情,大家都会指责我,而且在我自己来说,也太愚蠢了。"

"彼得,去叫一辆马车,我要上彼得堡去。"他对仆人说。

卡列宁决定到彼得堡去看看妻子。如果她不是真害病,那他什么也不说,就走。如果她真是害病,快要死了,希望临死前见见他,那他如果能在她活着的时候赶到的话,就宽恕她,如果去晚了,那就为她料理后事。

一路上他没有再考虑他要怎么办。

卡列宁带着坐了一夜火车的疲劳感和不洁净感，冒着彼得堡的晨雾，乘车在空荡荡的涅瓦大街上走着，眼睛看着前方，也不想有什么事在等待着他。他不能想这事儿，因为他一想象事情将会怎样，他就无法驱除一个念头，那就是她一死，他立刻就可以完全摆脱他的困难处境。一个个面包房、关着门的店铺、夜间马车、打扫人行道的清道夫不停地在他眼前闪过，他观察着这一切，尽量不去想那等待着他,他不敢希望、但还是很希望出现的情形。马车来到大门口。大门口停着一辆出租马车和轿车，轿车里有一个车夫在睡觉。卡列宁在进门的时候，仿佛从自己脑子的远处角落里掏出一个主意，决定就用这个主意。这主意就是："如果是欺骗，那他泰然处之，不屑一顾，转身就走。如果是真的，那要顾及体面。"

卡列宁还没有打铃，看门人就把门开了。看门人彼得罗夫，又叫卡比东内奇，穿一件旧礼服，不打领带，穿一双便鞋，样子十分古怪。"太太怎么样？"

"昨天生了，很顺利。"

卡列宁站下来，一张脸发了白。他现在完全明白了，他是多么希望她死呀。

"她身体好吗？"

柯尔尼系着早晨的围裙从楼上跑下来。

"很不好，"他回答说。"昨天医生会诊过了，现在医生还在呢。"

"把行李搬进来。"卡列宁听说还有死的希望，感到有点儿轻松，说过这话，便走进前厅。

衣帽架上挂着一件军大衣。卡列宁一发现，就问道：

“什么人在这儿？”

“有医生、助产士和伏伦斯基伯爵。”

卡列宁走进里面房间。

客厅里什么人也没有；头戴紫色缎带软帽的助产士听到他的脚步声，从安娜房里走了出来。

她走到卡列宁面前，因为人快死了，也就不拘礼节了，抓住他的手就把他拉进卧室。

“您回来了，真感谢上帝！一遍又一遍问到您呢。”她说。

“快把冰拿来！”医生在卧室里用命令的腔调说。

卡列宁走进她的卧室。在她的桌旁一张矮椅子上坐着伏伦斯基，侧身靠着椅背，双手捂住脸哭着。他听到医生的声音立刻跳起来，放下捂着脸的手，就看到了卡列宁。他一看到她丈夫，简直不知如何是好，又坐下来，把头往肩膀里直缩，仿佛想钻到什么地方去；但他还是镇定了一下，站起来，说道：

“她要死了。医生都说没有希望了。您要我怎样就怎样，但请允许我在这儿吧……不过，我听您的，我……”

卡列宁一看到伏伦斯基的眼泪，就感到心里乱了，他见到别人痛苦常常是这样的，于是他扭过脸去，也不听完他的话，急忙朝里屋走去。卧室里传出安娜说话的声音。她的声音是快活的，是带劲儿的，音调也是特别清楚的。卡列宁走进卧室，走到床前。她脸朝他躺着。两颊红红的，眼睛亮闪闪的，一双雪白的纤手从小褂袖口里伸出来，卷着被角儿，玩弄着。看样子，她不仅很健康，很有精神，而且心情也极好。她说话很快，很响亮，音调也特别清楚,充满情感。

“因为阿历克赛,我说的是阿历克赛·亚力山大罗维奇(两人都叫阿历克赛,这命运多奇怪,多可怕呀,不是吗?),阿历克赛不会不答应我的。我也会忘记,他也会宽恕的……可是他怎么还不来呀?他心肠好,他自己也不知道他心肠有多么好。哎呀!我的天,多么愁人呀!快给我一点儿水吧!哎呀,这对于她,对我的小丫头可不好呀!好吧,那就把她交给奶妈吧。好,我同意,这样还好些。等他回来,看到她会不舒服的。把她抱走吧。”

“安娜·阿尔卡迪耶芙娜,他来了。这不是,他来了!”助产士竭力把她的注意力引到卡列宁身上。

“哎呀,胡说什么!”安娜没有看见丈夫,继续说下去。“把她给我,把小丫头给我!他还没有来。您说他不会宽恕,那是因为您不了解他。谁也不了解他。只有我了解,就因为这样我才觉得难受。他的眼睛,可以说,谢辽沙的眼睛跟他一模一样,所以我也不敢看谢辽沙的眼睛。谢辽沙吃过饭没有?我知道嘛,大家都会把他忘记的。要是他,就不会忘记。要让谢辽沙搬到角屋里去,叫玛丽艾特陪他睡。”

突然她身子蜷缩成一团,不说话了,并且好像等着挨打似的恐怖地把双手举到脸上,好像是要把脸护住。她看到了丈夫。

“不,不,”她说起来,“我不怕他,我怕死。阿历克赛,你过来吧。我很着急,是因为我没有多少时间了,我活不多久了,马上就要开始发烧,那我就什么也不知道了。现在我还明白,什么都明白,什么都看得见。”

卡列宁那皱着眉头的一张脸表现出受难者的神情;他抓住她

的手,想说些什么,可是怎么也说不出来;他的下嘴唇哆嗦着,可是他还是使劲儿压制自己的激动,只是偶尔朝她看看。他每次看她,都看到她的眼睛带着非常感动、非常温柔的神情望着他,这种神情是他从来没有见过的。

“等一等,你不知道……等一等,等一等嘛……”她停住了,好像是在凝神思索。“对了,”她又说起来,“对了,对了,对了。我就是要说这个。你不要觉得我奇怪。我还是老样子……不过我身上还有另外一个女人,我很怕她,因为她爱上了那个男人,所以我要恨你,也忘不了以前那个女人。那女人不是我。现在的我才是真正的我,完全的我。现在我要死了,我知道我要死了,你问问他吧。我现在还觉得我的手、我的脚、我的手指头都很沉。瞧这手指头,有多么大呀！不过这一切很快都要完了……我要的是:你宽恕我,完全宽恕我吧！我是够坏了,可是奶妈对我说过:那个受难的圣女——她叫什么来着?——要更坏呢。我要到罗马去了,那里一片荒野,那时候我就不妨害谁了,不过我要带上谢辽沙,还有小丫头……不,你不会宽恕的！我知道,这种事是不能宽恕的！不,不,你走吧,你真是太好了！”她用一只滚烫的手拉住他的手,用另一只手把他往外推。

卡列宁心里越来越慌乱,这时慌乱得他已经不再克制这种慌乱心情了。他忽然觉得,他认为是慌乱的这种心情,恰恰相反,其实是一种怡然自得的心情,正因为有这种心情,他突然体会到一种新的、从来不曾有过的幸福。他不是想到,他希望终生遵循的基督教教规就是要他宽恕和爱自己的仇人;但是他心中充满了宽恕仇人和爱仇人的喜悦感。他跪在床前,把头放在她的胳膊肘上,他隔着衣服都感觉出她的胳膊滚烫,他像小孩子一样呜呜哭着。她搂住他那秃了顶的头,身子朝他挪了挪,带着挑战般的高傲神气朝上抬起眼睛。

“他来了,我知道!那您就宽恕一切吧,宽恕吧!……他们又来了,为什么他们不走呀?……你们把我这些皮袄脱掉嘛!”

医生把她的胳膊挪开,让她躺到枕头上,把她的身子连肩膀盖好。她乖乖地仰面躺下,用发亮的目光望着前面。

“你记住一点,我只要求宽恕,我再不想要什么了……他怎么还不过来呀?”她朝门口对着伏伦斯基说起来。“过来,过来吧!把手伸给他。”

伏伦斯基来到床边,一看到她,又用双手把脸捂住。

“把脸露出来,看看他吧。他是个圣人,”她说。“把脸露出来,露出来嘛!”她生气地说。“阿历克赛·亚力山大罗维奇,你把他的手拉开!我要看看他。”

卡列宁抓住伏伦斯基的双手,把双手从脸上拉开,那一脸痛苦和羞臊的神气,使一张脸显得十分可怕。

“你把手给他。宽恕他吧。”

卡列宁把手伸给他,再也憋不住眼泪,那泪水扑簌簌从他眼里流了下来。

“感谢上帝,感谢上帝,”她说起来,“现在一切都好了。不过多少要把腿抻一抻。就这样,这就很好了。这些花画得多么不好看呀,一点也不像紫罗兰,”她指着糊墙纸说。“我的天哪!我的天。什么时候才了结呀?给我点儿吗啡吧。医生呀!给我点儿吗啡吧。啊,我的天,我的天哪!”

她在床上翻来覆去折腾起来。

医生们都说这是产褥热，害这种病的一百人当中有九十九人会死亡。她整天都在发高烧，说胡话，精神恍惚。快到半夜时，病人昏迷过去，脉搏几乎停了。

每一分钟都有死亡的可能。

伏伦斯基回家去了，但一早他就来问病情，卡列宁在前厅里迎住他说：

“您不要走吧，也许她会问到您的。”他说过，亲自把他带进妻子的卧室。

天快亮的时候又翻来覆去地开始折腾，胡思乱想，不住地说胡话，到末了又昏迷过去。到第三天还是这样，可是医生们都说，有希望了。这天，卡列宁走出来，走进伏伦斯基坐的房间，把门闩上，在他对面坐下来。

“阿历克赛·亚力山大罗维奇，”伏伦斯基觉得到了交谈的时候了，就说道，“我没什么好说的，没什么好辩解的。请您宽恕我吧！不论您有多么难受，您要相信，我比您更难受。”

他想站起来。可是卡列宁拉住他的手，说：

“我请求您听我说说，一定要听我说说。我应该向您说说我的心情，也就是过去和今后决定我的行动的心情，免得您在对待我的方面产生误解。您要知道，我已经决定离婚，并且已经开始办手续了。不瞒您说，开头我是犹豫不决的，我非常痛苦；老实对您说，我一直想对您和对她进行报复。在我收到电报的时候，我也是带着那样的心情上这儿来的，说得明白些：我希望她死。可是……”他沉默了一会儿，考虑该不该向他袒露自己的心情。“可是我一看到她，就宽恕她了。宽恕使我感到幸福，因而感到这是我应该做的。我就完全宽恕了。我要把另一边脸也由人打，我想在别人要拿我的外衣的时候，连里衣也由他拿去，只是恳求上帝，不要剥夺我宽恕的幸福！”他的眼睛里汪着泪水，他那明亮而安详的目光使伏伦斯基受到震动。“这就是我的态度。您可以把我踩到污泥里，使我成为世人的笑柄，我也不会抛弃她，也不会对您说什么责难的话，”他继续说。“我的责任是很明确的：我必须和她在一起，今后还要和她在一起。要是她想见您，我会通知您的，不过现在，我认为，您最好还是离开。”

他站起来，哭了起来，说不下去了。伏伦斯基也站起来，却没有直起身子，弯着腰、皱着眉头看着他。他不理解卡列宁的心情。但他觉得，这是一种崇高的精神，是具有他这种人生观的人望尘莫及的。

十八

伏伦斯基和卡列宁谈过话以后，来到卡列宁家大门口台阶上，站下来，很费劲儿地回想着，他这是在哪儿，该上哪儿去，是步行还是坐车。他感到自己可耻、卑鄙、有罪，而且无法洗刷自己的罪孽。他觉得自己被推出了他一直轻松得意地走着的轨道。他所有的生活习惯和准则，以前似乎是坚定不可移的，现在忽然变得荒谬和不适用了。被欺骗的丈夫，一直被他认为是可怜人物，不过是他的幸福的偶然而有点可笑的障碍物的，忽然被她自己叫回来，推崇到令人俯首听命的地位，而这个丈夫处于这种地位表现得并不凶恶，并不虚伪，并不可笑，而是非常善良、朴实和心胸宽广。这一点伏伦斯基不会感觉不到。两个角色一下子调换过来。伏伦斯基感觉到，他是崇高的，自己是低下的；他是光明磊落的，自己不是光明磊落的。他感觉到，她的丈夫尽管那样痛苦，依然能宽宏大量，他自己欺骗了人，却又卑鄙，器量又小。不过，承认他自己远远不如他不该瞧不起的人，这只是他痛苦的一小部分原因。他感到自己现在最不幸的是，他对安娜的恋情，本来渐渐冷了的，可是这些天来，当他知道他将永远失去她时，却又强烈起来，任何时候都没有现在这样强烈。他在她患病期间真正认识了她，了解了她的心灵，所以他觉得以前就好像从来没有爱过她。现在，在他了解了她，真正爱上了她的时候，他却在她面前显得非常低下，而且永远失去了她，自己给她心中留下的只是可耻的回忆。最糟的是，当卡列宁把他的手从他的羞愧的脸上拉开时，他那副可笑又可耻的模样儿。他站在卡列宁家大门口的台阶上，茫然失措，简直不知如何是好。

“您要马车吗？”门房问道。

“是的，要马车。”

伏伦斯基过了三个不眠之夜后回到家里，也不脱衣服，就俯卧在沙发上，两手合在一起，让头枕在手上。他的头沉甸甸的。种种景象和往事、种种稀奇古怪的念头特别迅速、特别清晰地交替在脑际浮现：忽而是他给病人倒药水，倒得漫出了汤匙：忽而出现助产士的一双白手；忽而出现卡列宁跪在床前地板上的奇怪姿势。

“睡吧！忘了吧！”他很有把握地对自己说。因为他完全相信，一个健康的人，如果疲乏了，想睡觉的话，立刻就会睡着的。果然，就在这一刹那间他的头脑迷糊起来，于是他开始沉入朦胧的深渊。无意识生活海洋的波涛已经开始淹没他的头脑，这时就好像有一股强烈的电流通过他的全身，他浑身猛地一哆嗦，整个身子在沙发弹簧上蹦了起来，于是他用两手撑着，恐怖地跪了起来。他的眼睛睁得大大的，就像根本没有睡过似的。一分钟之前的头脑沉重感和四肢无力感顿时消失了。

“您可以把我踩到污泥里。”他听到卡列宁的话，看到他站在面前，看到安娜那烧得红红的脸和亮晶晶的眼睛，看到她脉脉含情地、亲亲热热地望着卡列宁，而不是望着他。他觉得好像看到了卡列宁拉开他脸上的手时他那副愚蠢可笑的模样。他又把腿伸开，照原来的姿势一下子躺倒在沙发上，合上眼睛。

“睡吧！睡吧！”他又对自己说了一遍。可是一合上眼睛，他却更清楚地看到了安娜的脸，那还是赛马前那个难忘的黄昏时的模样儿。

“这一切都完了，不会再有了，她也很希望把这一切从记忆中抹掉。可是我没有这一切就活不下去。我们怎样才能和好，我们怎样才能和好呀？”他说出声来，而且无意识地重复起这句话来。他一重复这句话，就觉得纷纷汇集到他的脑海里的另外一些形象和往事也就翻腾不起来了。可是重复这句话阻挡他的胡思乱想并没有多久。一幕幕幸福的情景和随之而来的不久前的尴尬场面又飞快地一一在脑际闪过。“把他的手拉开。”安娜的声音说。他把手挪开，并且感觉出自己脸上的尴尬而愚蠢的表情。

他依然躺着，竭力要睡着，虽然感觉到根本不可能睡了，并且一再地小声重复着一些念头中的片言只语，希望借此阻挡新形象的出现。他留神听了听，就听见有一个发了疯似的奇怪的低低的声音反复说着两句话："我没有好好珍惜，没有好好享受；我没有好好珍惜，没有好好享受。"

"这是怎么回事儿？是不是我疯了？"他问自己说。"也许是的。人究竟怎么会发疯，怎么会自杀呢？"他自己回答过，便睁开眼睛，惊讶地看到他的头旁边放着嫂子瓦丽雅绣的绣花靠枕。他抚摩了一下靠枕的流苏，就试图回想回想瓦丽雅，回想一下最后一次看到她的情景。可是去想任何不相干的事情都是痛苦的。"不，该睡觉了！"他把靠枕推了推，让头靠在上面，可是得费很大的劲儿才能使眼睛闭住。他爬起来，坐下来。"这就是我完了，"他在心里说。"应该好好想想该怎么办。还能干什么呢？"他的思潮很快地跑遍他对安娜的爱情以外的生活领域。

"去追求功名？像谢普霍夫斯科依那样？在社交界混混？进入宫廷？"他对什么都没有兴趣。这一切以前是很有意思的，现在什么意思也没有了。他跳下沙发，脱去上装，解下皮带，露出毛茸茸的胸膛，为的是呼吸舒畅些，接着就在房里踱了起来。"人就是这样发疯的，"他反复说，"也就是这样自杀的……就为的是免得羞愧。"他又慢慢地补充一句。

他走到门口，把门闩上；然后，目光对准了?"，咬紧牙齿，走到桌子跟前，拿起手枪，打量了一下，推上子弹，就沉思起来。他垂下头，带着紧张思考的神气手里拿着手枪一动不动地站了有两分钟，思索着。"当然啦，"他对自己说，就好像长时间有条有理的冷静思索使他得出了明确的结论。其实，这个为他表示肯定无疑的“当然啦”,只是种种往事和念头又一次兜圈子的结果,在这一个小时里他的思想已经兜了几十次圈子了。无非是回想那一去不复返的幸福,无非是想到这一生今后的一切毫无意义,无非是觉得自己很卑鄙,无非是这些念头和感触的连续。

“当然啦。”当他的思潮第三次沿着往事与感触的魔圈转动时他又说了一遍,并且把枪口抵到左胸上,一只手使劲儿一攥,就好像忽然要把手攥成拳头,扳动了枪机。他没有听见枪声,但是胸膛上猛烈的一击却使他站不住了。他想扶住桌子边沿,手枪却掉在地上,他的身子晃了晃,就坐到地上,惊讶地朝四周打量着。他从下面望着弯了的桌子腿、字纸篓和虎皮毯,不认识自己的房间了。他听到仆人从客厅里走过的急促的咯吱咯吱的脚步声,清醒过来。他定神想了想,才明白他坐在地上,看到虎皮毯上和手上的血,才明白他对自己开了枪。

“真笨! 没有打中。”他说着,就用手去摸手枪。手枪就在他跟前,他却到远处去找。他继续寻找,把身子探向另一边,却没有力气让身子保持平衡,跌倒了,血哗哗地往外流起来。

那个留络腮胡子的很文雅的仆人,常常对熟人说自己神经脆弱的,这时一看到主人躺在地板上,吓坏了,竟由他的血哗哗往外流,自己跑去求救。一个小时之后,嫂子瓦丽雅带着她派人分头去请而同时到达的三位医生来了,她和三位医生一起把伤者抬到床上,自己就留下来照应他。

十九

卡列宁犯了一个错误，就是他在准备和妻子见面的时候，没有考虑到她会真心悔过，他会宽恕她，而且她会不死。这个错误在他从莫斯科回来两个月后就充分显露出来了。不过他所以犯这个错误，不仅仅因为他没有想到这种意外的情形，还因为在他和病重的妻子见面以前，他不了解自己的心。他在妻子的病榻旁生平第一次动了恻隐之心，这种心情是别人的痛苦唤起的，以前他却认为是很不好的毛病，觉得是不体面的。他一怜悯她，一痛悔他不该希望她死，尤其是他宽恕别人一感到快慰，立刻就觉得不仅自己的痛苦没有了，而且心里感到异常安宁，这是他以前从来不曾有过的。他忽然觉得，原来是他的痛苦源泉的事情，现在却成了他精神愉快的源泉；在他指责、非难和憎恨别人时那些似乎无法解决的事情，在他宽恕别人和爱别人的时候就变得非常简单明了了。

他宽恕了妻子，怜悯她的痛苦和痛悔心情。他宽恕了伏伦斯基，怜悯他，尤其是在听到他的绝望行为以后。他也比以前更怜惜儿子，现在常常责备自己太不关心儿子。而且他对刚出世的小女儿更是怀着一种特殊的感情，不仅是怜惜，而且是慈爱。开头他只是出于怜悯，才照顾了一下这个不是他的女儿的刚刚出生的娇弱小囡儿，因为这小囡儿在母亲生病的时候没有人管，如果没有他照料，准会死掉的，——后来他自己也没有注意，他是怎样爱上她的。他每天要到育儿室去好几次，在那里坐上很久，所以原来见了他都很胆怯的奶妈和保姆，也就和他处惯了。他有时一连半个小时默默地看着婴儿那睡得红红的、毛茸茸的、打皱的小脸，注视着那皱起的额头的动作，注视着那弯着小指头的胖乎乎的小手用手背擦着小眼睛和鼻梁。在这样的时刻，卡列宁尤其觉得心安理得，看不出自己的境况有什么不正常，有什么需要改变的。

可是时间越长，他看得越清楚，不论他觉得这状况怎样合乎情理，他都无法长久保持下去。他感觉到，除了左右他的心灵的美好的精神力量以外，还有另外一种粗暴的力量，这是同样强大，甚至更为厉害，左右他的一生的力量，是这种力量不让他保持他所希望的内心安宁。他觉得，所有的人都带着惊异不解的神情看着他，都不了解他，期望他有什么行动。尤其是他觉得他和妻子的关系是靠不住的和不自然的。

安娜快要死时那股软和劲儿过去以后，卡列宁就发现她怕他，看到他就觉得难受，不敢正视他的眼睛。她好像有什么话要对他说，却又不肯说，也好像预感到他们的关系不可能维持下去，只等着看他下一步怎样走。

二月底，安娜刚生的女儿，名字也叫安娜的，忽然病了。卡列宁早晨到育儿室里看了看，吩咐过去请医生，就到部里去了。办完公事，在三点多钟回到家里。他走进前厅，就看到一个身穿饰金制服、头戴熊皮帽的漂亮仆人拿着一件雪白貂皮斗篷。

"什么人来了？"卡列宁问道。

"培特西公爵夫人。"仆人回答说。卡列宁觉得他回答时带着笑。

在这整个痛苦时期，卡列宁都觉得，他在上流社会的熟人，尤其是妇女,对他和他的妻子特别感兴趣。他发现所有的熟人都有一种掩饰不住的为什么事儿高兴的神气,这种高兴的神气以前他在律师眼里看到过,现在又在仆人眼里看到了。大家好像都是喜气洋洋,就好像送姑娘出嫁。大家遇到他,都是带着掩饰不住的高兴神气问他的妻子的健康情况。

卡列宁听说培特西公爵夫人来了,想起同她有关的一些往事,还因为他一向就不喜欢她,所以他感到不快,就径直朝育儿室走去。在第一个房间里,谢辽沙伏在桌上,两只脚搁在椅子上,在画着什么,嘴里在快快活活地嘟哝着。在安娜生病期间接替了法国女教师的英国女教师坐在他旁边编织披肩,这时连忙站起来,行了一个屈膝礼,并且扯了扯谢辽沙。

卡列宁抚摩了几下儿子的头发,回答了女教师问候妻子健康的话,就问,娃娃[①]病医生是怎么说的。

“医生说,什么危险也没有,只是说要给她洗洗澡,先生。”

“可是她老是哭闹呀。”卡列宁仔细听着隔壁房间里娃娃的哭声,说。

“我看,是奶妈不行,先生。”英国女教师果断地说。

“您为什么这样看?”他站下来,问道。

“保罗伯爵夫人家就是这样,先生。请人给娃娃看病,结果娃娃只是饿了,因为奶妈没有奶,先生。”

卡列宁沉思了一下,站了一小会儿之后,便来到另一间房里。小囡儿仰着头躺着,在奶妈的怀里不停地扭动着,既不肯衔那塞给她的松松的乳房,又不肯止哭,尽管奶妈和俯着身子的保

①原文是英语。

姆一齐在哄她。

“还没有好些吗？”卡列宁问道。

“很不安生。”保姆小声回答说。

“爱德华小姐说，也许是奶妈没有奶。”他说。

“我也这样想呢，阿历克赛·亚力山大罗维奇。”

“那您怎么不说呀？”

“又能对谁说呀？安娜·阿尔卡迪耶芙娜一直不舒服。”保姆不满意地说。

保姆是家里的老仆人。卡列宁觉得她这句很简单的话也暗示了他的处境。

娃娃哭得更厉害了，又翻腾，又哼哧。保姆摇了摇手，走过去，从奶妈怀里把娃娃抱过来，一面走一面摇晃起来。

“要请医生给奶妈检查检查。”卡列宁说。

看样子很健康、衣着很整洁的奶妈害怕被解雇，小声嘟哝了一句什么，就掩起老大的乳房，听到有人怀疑她没有奶，轻蔑地笑了笑。卡列宁也觉得她这一笑是嘲笑他的处境。

“可怜的孩子呀！”保姆哄着孩子说，一面还在不停地走着。

卡列宁在椅子上坐下来，带着痛苦和伤感的脸色望着前前后后走着的保姆。

等到把终于不哭的娃娃放进很深的摇床里，保姆拉平了枕头，走开了，卡列宁站起来，吃力地踮着脚走到小床前。他一声不响，依然带着伤感的脸色对着孩子望了一会儿；可是微笑拂动了他的头发，又拂动了额头的皮肤，终于出现在他的脸上，于是他仍然轻轻地从房里走了出来。

他在餐厅里打了打铃，吩咐应声前来的仆人再去请医生。他因为妻子不关心这个可爱的娃娃，对她很恼火，就因为对她恼火不愿意到她那里去，他也很不愿意看到培特西公爵夫人；可是妻子也许会诧异他为什么不像平常那样到她房里去，所以他克制了一下，就朝她房里走去。他踩着柔软的地毯来到门口，却无意中听到了他不愿听到的话。

“如果不是他要出门的话，你不肯，或者您丈夫不答应，我都能理解。不过您丈夫对这事儿倒是想得开的。”培特西说。

“我不是因为丈夫，是我自己不愿意。这事儿就别说了！”安娜用激动的腔调回答说。

“是的，不过您可不能不和一个人告告别，这个人可是为您自杀过呀……”

“就因为这我才不愿意。”

卡列宁带着惶恐和歉疚的心情停了下来，就想悄悄地走开。可是他想了想，觉得这样有失身份，又转回来，咳嗽了一声，就朝房里走去。说话声停止了，于是他走了进去。

安娜穿着灰色睡衣坐在沙发床上，圆圆的头上那剪得短短的黑发像浓密的毛刷一样。像往常一样，她一看见丈夫，脸上的生气顿时消失了；她垂下头，惶惶不安地打量了一下培特西。培特西坐在安娜旁边，穿得十分时髦，那帽子在头顶上高耸着，像煤油灯罩，穿一件瓦灰色连衫裙，那鲜艳的斜条纹一半在上半身的这一边，一半在裙子的另一边，她把她那胸部高耸的高高的身躯挺得笔直，把头低下，带着嘲笑的神气迎接卡列宁。

“哎呀！”她好像吃了一惊似的说。“您在家里呀，我真高兴。

您真是哪儿也不去,自从安娜生病以来,我就没有看到过您。我全听说了,您操了很多心。是的,您真是一个了不起的丈夫!"她带着郑重其事和亲切的神气说,好像要为了他对妻子的所作所为奖给他一枚宽宏大量的勋章。

卡列宁冷冷地鞠了个躬,吻了吻妻子的手,就问她身体怎样。

"我觉得好一些了。"她躲着他的目光说。

"可是您的脸色就像在发烧。"他把"发烧"这个词儿说得很重。

"我和她说话说得太多了,"培特西说。"我觉得,这在我这一方面是太自私了,那我走了。"

她站起身来,可是安娜忽然红了脸,急忙抓住她的手。

"不,请等一会儿。我有话要对您说……不,是对您说,"她对卡列宁说,她的脖子和额头也红了。"我不愿意也不能向您隐瞒什么。"她说。

卡列宁扳了两下手指头,垂下了头。

"培特西说,伏伦斯基伯爵要到塔什干去,他想到我们家来辞行。"她没有看丈夫,显然急着要把话说出来,不管这有多么难出口。"我说了,我不能见他。"

"我的朋友,您是说,这要看阿历克赛·亚力山大罗维奇的意思了。"培特西给她纠正说。

"不是呀,是我不能见他嘛,而且这一点也不……"她突然停住,带着询问的神气看了看丈夫(他没有看她)。"总之,我不愿意……"

卡列宁往前动了动,想握她的手。

她的第一个动作是缩回自己的手，躲开他那找她握手的鼓着青筋的湿乎乎的手；可是显然她又克制了一下，握了握他的手。

“我很感谢您的信任，不过……”他说，同时又慌乱又懊恼地感觉到，本来可以轻而易举，明明白白解决的问题，却不能当着培特西的面商量，因为她代表着很大的一股势力，正是这股势力左右着他在世人眼目中的生活，不让他凭自己的情感去爱和宽恕。他看着培特西公爵夫人，不再说了。

“好啦，再见吧，我的好朋友。”培特西说着，站了起来，她吻了吻安娜，就走了出去。卡列宁出去送她。

“阿历克赛·亚力山大罗维奇！我知道您是一个真正宽宏大量的人，”培特西在小客厅里站下来，又一次特别用劲儿握着他的手说。“我是一个局外人，不过我非常爱她，也非常尊敬您，所以我斗胆奉劝您。你们就见见他吧。阿历克赛·伏伦斯基是最看重人格的，而且，他要到塔什干去了。”

“谢谢您的关心和劝告，公爵夫人。不过，妻子能不能见什么人的问题，由她自己决定吧。”

他说这话的时候，依然习惯地扬起眉毛，摆出尊严的神气，可是他立刻想到，不论说的是什么话，在他这种状况下不可能有什么尊严了。这是他从培特西的笑里看出来的，因为培特西听了他这句话之后带着恶毒的冷笑看了他一眼。

二十

卡列宁在大厅里向培特西鞠了一躬，就转身朝妻子房里走去。安娜本来躺着,可是一听到他的脚步声,连忙坐起来,恢复原来的姿势,并且惶恐地看着他。他看到她在哭。

“我很感谢你对我的信任。”他把当着培特西的面用法语说的那句话又用俄语很温和地说了一遍,就在她旁边坐下来。等他用俄语说话,而且对她称起“你”,这样称呼却使安娜恼火极了。“我也很感谢你拿定了主意。我也认为,伏伦斯基伯爵既然要走了,那就毫无必要到这里来。不过……”

“我已经说过了嘛,还要再说什么呀?”安娜带着还没有来得及克制的怒火打断他的话说。“毫无必要呢,”她在心里说,“一个人爱一个女人,情愿为她死,而且也自杀过了,她没有他也是不能活的,他来向她告别,怎么是毫无必要!”她咬紧嘴唇,垂下发亮的眼睛,看着他那一双慢慢地互相搓着的露出青筋的手。

“这事咱们再也别谈了。”她说得平静些了。

“我让你自己解决这个问题,我高兴地看到……”卡列宁正要说下去。

“看到我的想法和您的想法是一致的。”她很快地替他把话说完了。因为她很恼火他说得这样慢,况且她事先就知道他要说什么。

“是的,”他承认说,“再就是培特西公爵夫人极不恰当地干预最为难的家庭问题。尤其是她……”

“别人说她怎样,我一点也不相信,”安娜很快地说,“我知道,她是真心爱我的。”

卡列宁叹了一口气,沉默了一会儿。她惶惶不安地玩弄着睡衣上的穗头,看着他,不由得产生一种很难受的感觉,从生理上对他感到恶心,她常常因为这样责备自己,但是却无法克制这种恶心感。她现在就希望他不在,免得见了恶心。

“我刚才叫人请医生去了。”卡列宁说。

“我身体很好嘛;我要医生干什么?”

“不是的,小宝宝老是哭,他们说,奶妈没有多少奶。”

“那时候我要自己喂奶,你为什么不让我喂?不管怎样(卡列宁明白,这“不管怎样”是什么意思),她是个孩子,这样会把她折腾死的。”她打了打铃,叫人把娃娃抱来。“我要喂奶,不让我喂,现在却又责怪我。”

“我不是责怪……”

“不,您是责怪!我的天啊!我为什么不死呀!”她哭了起来。“原谅我,我太激动了,是我不对,”她渐渐镇定下来,说。“不过,你走吧……”

“不行,这样下去是不行的。”卡列宁出了妻子的房间,在心中果断地说。

他还从来没有像今天这样清楚地意识到他在世人眼里处境之难堪,他的妻子对他的憎恨,以及那股蛮横的神秘势力之强大,就是那股势力与他的心意背道而驰,左右着他的生活,要他依他们的心意去做,要他改变对妻子的态度。他清楚地看出来,整个社会和妻子都要他做点儿什么,但究竟是什么,他却不明白。他觉得,他心中正因此增长着一股愤恨之情,破坏着他的内心安宁和高尚行为的整个成果。他认为,对于安娜来说,最好是断绝她和伏伦斯基的关系,但是,如果他们都认为这不可能,那他甚至情愿容许他们恢复这种关系,只要不让两个孩子蒙受耻辱,不失去他们,也不改变自己的状况。不论这状况有多么坏,总比破裂好些,如果一旦破裂,她就会落入走投无路的可耻境地,他也会失去他所爱的一切。可是他觉得自己是无能为力的;他早就知道大家都会反对他,不会允许他去做他现在觉得非常合情合理的事,而是要迫使他去做那种很坏的、但他们觉得是该做的事。

二十一

培特西还没有走出大厅,就在门口碰到了奥布朗斯基。奥布朗斯基刚从叶里谢耶夫饭店来,那里刚刚到了一批新鲜牡蛎。

“哎呀!公爵夫人!这真是愉快的见面!”他说。“我可是到您家去过了。”

“这见面可是短暂的,因为我要走了。”培特西一面笑嘻嘻地说着,一面戴手套。

“等一等再戴手套,公爵夫人,让我吻吻您的玉手。我非常感谢恢复古老的风气,就因为我非常赞成吻手。”他吻了吻培特西的手。“那咱们什么时候再见面呀?”

“您不配。”培特西笑嘻嘻地回答说。

“不,我太配了,因为我成了一个最规矩的人了。我不仅能管好自家的事,还要管管别人家的事呢。”他一本正经地说。

“哎呀,我太高兴了!”培特西立刻明白他说的是安娜的事,就回答说。于是他们回到大厅里,在角落里站下来。“他会把她折腾死的,”她郑重地小声说。“这样不行,不行……”

“您也这样想,我很高兴,”奥布朗斯基摇着头,带着严肃和深切同情的神气说,“我就是为这事到彼得堡来的。”

“全城的人都在谈这件事呢,”她说。“这样下去是不行的。她一天比一天消瘦。他不明白,像她这样的女人是不会拿自己的感情当儿戏的。二者必选其一:或者他把她带走,干脆利落;或者就让他们离婚。要不然会把她折磨死的。”

“是的,是的……就是这样呀……”奥布朗斯基叹着气说。“我就是为这事来的。也就是说,本来不是为这事……封了我侍从官,就得来谢恩。不过,主要是为了解决好这件事。”

“哦,上帝保佑您!”培特西说。

奥布朗斯基把培特西公爵夫人送到门廊里,又吻了吻她的手腕,也就是在手套以上、跳动着脉搏的地方,又对她说了一句使她不知道该生气还是该笑的很不文雅的调皮话,便朝妹妹房里走去。他看到她正在流泪。

尽管奥布朗斯基刚才的心情还十分快活,可是他立刻很自然地换了与她的心情相称的同情和伤感腔调。他问过她的健康,又问她今天上午过得怎样。

“不好,很不好。上午是这样,下午是这样,过去的日子和今后的日子都是这样。”她说。

“我觉得,你是太忧郁了。应当振作起来,应当敢于正视人生。我知道这是很痛苦的,不过……”

“我听说,有些女人爱男人,连男人的毛病也爱,”安娜忽然开口说,“可是我恨就恨他的美德。我无法跟他过下去。你要知道,我一看到他就感到恶心,就要发疯。我无法,确实无法跟他过下去。我有什么办法呢?我一直是不幸的,以为再不可能更不幸了,却怎么也想不到,会落到现在所处的这种可怕的境地。不知你是否相信,尽管我知道他是一个善良的、了不起的人,我不值他的一个小指头,我还是憎恨他。我恨就恨他的宽宏大量。我再没有别的办法,只有……"

她想说"死",可是奥布朗斯基没有让她说下去。

"你有病,容易上火,"他说。"真的,你说得太过分了。事情根本没有这样可怕。"

于是奥布朗斯基笑了笑。任何人处于他的地位,在谈这种无可奈何的事的时候是不会冒失地笑的(这时笑会显得很不礼貌),但是他的笑那样和善,而且几乎像女性一样温柔,所以他的笑并不伤害人,倒是使人感到轻快,得到安慰。他的轻声安慰的话和笑,像杏仁油一样,起了缓解和镇静的作用。安娜很快就感觉出这一点。

"不,司基瓦,"她说。"我完了,完了!比完了还要糟。我还没有死,我不能说一切都完了,恰恰相反,我觉得还没有了结。我就像一根绷紧的弦,快要断了。不过还没有了结……结局是很可怕的。"

"没什么,可以渐渐把弦放松嘛。没有什么境地是没有出路的。"

"我想了又想。只有一条路……"

他又从她那恐惧的目光看出来,她认为唯一的出路就是死,所以他不让她说下去。

"决不是,"他说,"你听我的。你对你的情况没有我看得清楚。让我坦率地说说我的看法吧。"他又小心翼翼地堆出他那种杏仁油一般的微笑。“我就从头说起:你嫁了一个比你大二十岁的人。你是没有爱情或者不懂爱情就嫁人的。比如说,这是一个错误。”

“一个可怕的错误!”安娜说。

“不过我再说一遍:这是既成事实了。后来,比如说,你不幸爱上了一个不是你丈夫的人。这是不幸的事,不过这也是既成事实了。于是你丈夫知道了这事,并且宽恕了你。”他每说完一句停一停,等待她反驳,可是她什么也没说。“就是这样。现在问题就是:你能不能再跟自己的丈夫过下去呢?你愿不愿这样?他愿不愿这样?”

“我不知道,什么也不知道。”

“可是你亲口说过,你没法跟他过呀。”

“没有,我没有说。我不承认。我什么也不知道,什么也不明白。”

“哦,不过你听我说……”

“你无法了解。我觉得,我是头朝下在往一个深渊里栽,可是我不应该逃脱。我也无法逃脱。”

“不要紧,我们可以在下面铺上东西,把你接住。我了解你,我了解,你是无法拿出胆量把你的希望、你的心情说出来。”

“我不希望什么,什么也不希望……只希望一切都了结。”

“可是他看出这一点,知道这一点。难道你以为,他因为这事不像你那样难受吗?你痛苦,他也痛苦,这又有什么好处呢?离婚倒是可以解脱一切。”奥布朗斯基使了使劲儿,把主要意思说了出来,并且郑重地看了看她。

她什么也没有说，只是摇了摇她那剪了头发的头表示不同意。但是他从她那忽然显露出原来的美的脸上看出来，她所以不希望这样，只是因为她觉得不可能有这样的福气。

“我真可怜你们呀！我要是能把这事办妥，那我多高兴呀！”奥布朗斯基已经比较大胆地笑着说。“你不要说，什么也不要说！但愿上帝保佑我说出我要说的话。我这就去找他。”

安娜用若有所思的明亮的眼睛看了看他，什么也没有说。

二十二

奥布朗斯基带着几分他在机关里坐上主席位子时那种庄严的表情走进卡列宁的书房。卡列宁倒背着手在书房里踱来踱去，也在想着奥布朗斯基和他妻子谈的事情。

“我不打扰你吧？”奥布朗斯基一看到妹夫，突然产生了一种他难得有的慌乱心情，就说道。为了掩饰自己的慌乱，他掏出刚刚买的新式开法的烟盒，闻了闻皮革气味，抽出一支香烟。

“不。你有什么事吗？”卡列宁很勉强地回答说。

“是的，我想……我要和你……是的，要和你谈谈。”奥布朗斯基说着，惊讶地感觉到自己出现了很少有的胆怯心情。

这种心情来得极其意外和奇怪，以至于奥布朗斯基不相信这是内心的声音在对他说，他要做的事是很不好的。他镇定了一下，把刚出现的胆怯心情压下去。

“我希望你相信我对妹妹的爱，相信我对你的真正情谊和尊敬。”他红着脸说。

卡列宁站了下来，什么也没有说，可是他脸上那种甘愿作牺牲的神情使奥布朗斯基吃了一惊。

“我是打算，我是想谈谈妹妹的事和你们之间的关系问题。”奥布朗斯基一面说，一面还在竭力克制自己很少有的难为情。

卡列宁凄然一笑，看了看内兄，没有说话，就走到桌子旁边，从桌上拿起一封没有写完的信，交给内兄。

“我也一直在考虑这事。这不是，我在写一封信，因为我认为在书面上说得更清楚些，而且她见到我会发火。”他说着，把信递过去。

奥布朗斯基接过信，惊愕不解地看了看那双盯着他的呆呆的眼睛，就看起信来。

“我看出来，有我在场，您就感到难受。我认清这一点不论心里有多么难受，可是我看出来，事实就是这样，而且无法改变。我不责怪您，而且上帝可以给我作证，我在您生病的时候一看到您，就真心诚意地决定忘记我们之间的一切，从头过新的生活。我对我所做过的不后悔，今后也决不会后悔；不过我所希望的只有一点，那就是您的幸福，您的内心的幸福，可是现在我看出来，并没有达到这个目的。请您自己告诉我，怎样才能使您得到真正的幸福和内心的安宁。我将完全依从您，您想怎样就怎样，您觉得应该怎样就怎样。”

奥布朗斯基把信交还给妹夫，依然带着大惑不解的神气看着他，不知说什么才好。他们两个人都觉得这样不说话非常别扭，所以奥布朗斯基就在不说话的时候，嘴唇很难受地哆嗦着，眼睛一直盯着卡列宁的脸。

“这就是我要对她说的。”卡列宁转过脸去说。

“是的，是的……”奥布朗斯基说不下去了，因为泪水涌进他的喉咙。“是的，是的。我了解您。”他终于说了出来。

“我很想知道她希望怎样。”卡列宁说。

“我怕她自己也不了解自己的处境。她无法判断，”奥布朗斯基渐渐恢复常态，说道。“她非常灰心，正因为您宽宏大量，她感到非常灰心。要是她看了这封信，她会什么话也说不出来，只会把头垂得更低。”

“是的，不过在这种情况下又该怎么办呢？怎样才能弄清楚……怎样才能知道她希望怎样呢？”

“如果你允许我说说我的意见的话，那我以为，要结束这种状况，那要由你直率地提出你认为必须采取的措施。”

“就是说，你认为这种状况必须结束吗？”卡列宁打断他的话说。“可是怎样结束呢？”他用双手在眼前做了一个很不习惯的手势，补充说，“我看不出有什么行得通的出路。”

“任何境地都是有出路的，”奥布朗斯基说着站起来，也振作起来。“有一度你想离掉嘛……如果你现在相信你们都不能使对方幸福的话……”

“对幸福可以有不同的理解。可是，就算我什么都同意，什么也不要求，我们这种状况又有什么出路呢？”

“要是你想知道我的意见的话，”奥布朗斯基说着，脸上浮起他和安娜说话时那种温和的、像杏仁油似的甜甜的微笑。这种和善的微笑极有征服力，卡列宁不由得感到自己软弱并且受软弱支配，愿意听信奥布朗斯基说的。“她是永远不会说这话的。但是有一点是可以办得到的，有一点也许是她所希望的，”奥布朗斯基接着说，“那就是断绝关系，斩断与此有关的一切瓜葛。依我看，你们之间必须明确新的关系。这种关系必须双方都得到自由才能建立。”

“离婚。”卡列宁带着厌恶的神气插嘴说。

“是的，我认为就是离婚。是的，离婚，”奥布朗斯基红着脸重复一句。“这对于处在你们这种状况下的夫妻，就各方面来说，都是最明智的出路。既然双方都认为无法共同生活下去，还能有什么办法呢？这种事也是常有的。”这时卡列宁沉重地叹了一口气，闭上眼睛。“只有一点需要考虑：其中是否有一方希望和别人结婚？如果没有，那这就非常简单了。”奥布朗斯基说，越来越不感到拘束了。

卡列宁焦急得皱起眉头，自己在嘴里嘟哝了一句什么，却没有回答。奥布朗斯基觉得非常简单的事，卡列宁已经考虑过一千遍了。他总觉得这一切不仅不那么简单，而且是根本办不到的。他了解离婚的详细手续之后，就觉得离婚是不可能的了，因为他的自尊心和对宗教的虔敬不允许他随便控告别人通奸，更不允许他使他宽恕的心爱的妻子出丑和受辱。他觉得不可能离婚，还有另外的、更重要的原因。

要是离婚，儿子怎么办？让他跟着母亲是不行的。离婚的母亲将会有一个非法的家庭，在这种家庭里，继子的处境及其教养必定是很差的。让他跟着自己吗？他知道，这是他对她的一种报复，而他是不愿意这样的。不过，除此之外，最使卡列宁感到离婚不可能的原因是，如果他同意离婚，那他就是用这种办法毁灭安娜。陶丽在莫斯科说的，他决定离婚，是他只考虑自己，没有考虑他这样做会把她彻底毁了，这话深深印在他的心里。现在他把这话和他的宽恕以及对两个孩子的眷恋联系起来，对这话又有了自己的一番理解。同意离婚，给她自由，他认为那就是断绝他的生活和他眷恋的两个孩子的最后联系，而对于她来说，就是断绝她走正路的最后动力，而使她毁灭。他知道，如果她离了婚，就会和伏伦斯基结合，这种结合是非法的和犯罪的，因为按照教会的规矩，妻子在丈夫还活着的时候，是不能再婚的。“等她和他结合了，过一两年，不是他把她抛弃，就是她另找新欢，”卡列宁在心里说。“在我来说，如果同意这种非法离婚，也会成为促使她毁灭的罪人。”这一切他考虑过千百遍，认定离婚的事不仅不像他的内兄说的那样简单，而且是完全不可能的。他对奥布朗斯基的话一句也不相信，对每一句话都有千百条驳斥的理由，不过他听着他在说，因为觉得他的话代表着左右他的生活、他必须服从的那股强大的蛮横势力。

“问题就在于，怎样，在什么样的条件下你同意离婚。她是什么也不想，不敢要求你怎样的，她听从你凭你的宽宏大量行事。”

“我的天哪！我的天哪！那何苦呢？”卡列宁在心中说，他想起丈夫提出离婚的详细手续，羞臊得像伏伦斯基那样用双手蒙住了脸。

“你很激动，这我能理解。不过你要是好好想想的话……”

“有人打你的右脸，连左脸也转过来由他打；有人要拿你的里衣，连外衣也由他拿去。”卡列宁在心中说。

“对，对！”他尖声叫了起来。“我可以承担耻辱，甚至也可以交出儿子,可是……可是保持原状不是更好吗？不过,你想怎样就怎样吧……”

他说过就转过身去,免得内兄看到他的脸,接着就在窗口一把椅子上坐下来。他感到悲伤,感到羞臊;可是悲伤与羞臊的同时,他又为自己高尚的忍让精神而高兴和感动。

奥布朗斯基也感动了。他沉默了一会儿。

“阿历克赛·亚力山大罗维奇,说实在的,她非常珍重你的宽宏大量,”他说。“不过,显然这是上帝的旨意,”他加了一句,可是,他说出这话之后,就感到这话是愚蠢的,好不容易压制住对自己愚蠢的嘲笑。

卡列宁想回答,但是泪水涌上来,他说不出话来了。

“这是命中注定的不幸,那就应该认命。我认为这不幸已是既成事实,那我就尽一切力量帮助她也帮助你吧。”奥布朗斯基说。

等奥布朗斯基从妹夫书房里走出来,他是深受感动的,但这不妨碍他扬扬得意,因为他办成了这件事,他相信卡列宁是不会食言的。在这种得意之上,又加上他刚刚想到一个花样儿,那就是,等这事办妥了,他要向妻子和亲近的好朋友们提一个问题:“我和国王有什么差别？国王搞分裂,谁也不会因此得到好处;我搞分裂,却对三个人都有好处……或者说:我和国王有什么相似之处？到时候……不过我会想出更妙的来。”他笑嘻嘻地在心里说。

二十三

伏伦斯基的伤势很危险，尽管没有伤到心脏。有好几天他在生与死之间徘徊。在他第一次开口说话的时候，只有嫂子瓦丽雅一人在他房里。

“瓦丽雅！”他一本正经地看着她说，“我是枪走火把自己打伤了。请你以后再也别提这事儿，你也就这样对大家说好了。要不然这太愚蠢了！”

瓦丽雅没有回答他的话，只是弯下身子，很高兴地笑着看了看他的脸。他的眼睛是明亮的，不是发烧的样子，但眼神是很严肃的。

“啊，感谢上帝！”她说。“你不痛吗？”

“这儿有点儿痛。”他指了指胸口。

“那就让我给你换换绷带。”

他一声不响地咬紧牙，宽阔的颧骨动也不动，看着她给他换绷带。等她换好了，他说：

“我不是说胡话；请你想想办法，不要让人家说我是有意开枪自杀。”

“谁也不会这样说。不过我希望你以后再也不要走火打自己了。”她带着询问的微笑说。

“想必不会了，不过最好是……”

于是他苦笑了一下。

尽管他这话和这种笑还使瓦丽雅非常害怕，可是等伤口炎症消失,他渐渐康复起来,他就觉得自己已经解除了一部分痛苦。他好像用这一行动洗刷了他以前所感受的羞耻和屈辱。他现在可以心安理得地想想有关卡列宁的事了。他完全承认他是宽宏大量的,然而已经不觉得自己卑鄙了。此外,他又走上原来的人生轨道。他感到又可以毫不羞愧地正视人家的眼睛,又可以按照自己的习惯生活了。只有一种心情他无法从心中驱除,尽管他不停地同这种心情搏斗,那是一种近乎绝望的遗憾心情,遗憾的是他永远失去了她。他现在既然已经向她丈夫赎了自己的罪,就应该放弃她,今后永远不再站到已经悔过的她和她丈夫的中间去,这个决心他是下定了的;可是他无法从心中驱除失去她的爱情的憾恨,无法从记忆中抹去他和她度过的幸福时刻,那些时刻他当时太不珍惜,现在却时时萦绕在心头,显得无限美好。

谢普霍夫斯科依想出办法叫他到塔什干去任职,他毫不犹豫地接受了这一任命。但是离赴任的时间越近,他越是觉得他为义不容辞的官事作出的牺牲太沉重。

他的伤已经好了,于是他外出奔走,准备去塔什干赴任。

“再见她一面,然后就从此不见,直到死去。”他在心中说,并且在向培特西辞行的时候,对她说了这一想法。于是培特西肩负着这项使命去找安娜,并且给他带回了不见的答复。

“这样倒好些,”伏伦斯基得到这个答复之后,心里想道。“这是我不坚决,假如见了面,我会失去自制的。”

到第二天,培特西一早就亲自来找他,说她从奥布朗斯基那里得到好消息,卡列宁答应离婚,因此他可以去看她了。

伏伦斯基也没想到应该送送培特西,他忘记了他的一切决定,也不问什么时候能去,她丈夫是否在家,立刻坐上马车朝卡列宁家奔去。他对什么人、什么东西也不看,跑上楼梯,好不容易克制着快跑,迈着快步走进她的房间。也不管房里是不是有什么人,他就把她搂住,在她的脸上、手上和脖子上拼命吻了起来。

安娜对这次见面有所准备,考虑过对他说些什么,可是她要说的话一句也没有来得及说,就陷入了他的恋情的重围。她想使他镇静,使自己镇静,但是已经晚了。他的感情传染了她。她的嘴唇直打哆嗦,很久说不出话来。

“是的,你把我征服了,我是你的了。”她把他的手紧紧按在自己胸前,终于说出话来。

“就应该这样嘛!”他说。“只要我们活着,就要这样。这一点我现在明白了。”

“这话很对,”她的脸色越来越白,抱住他的头,说。“不过在出了种种事情之后,这事儿还是有点儿可怕呀。”

“一切都会过去,一切都会过去的,我们照样会非常幸福的!我们的爱情,如果还能更强烈些的话,那就是因为其中有些可怕之处。”他说着,抬起头来,龇出满嘴结实的白牙笑着。

她也不能不用微笑来回答,不是回答他的话,而是回答他那脉脉含情的眼睛。她抓住他的手,让他抚摩她的冰凉的面颊和剪短了的头发。

“你的头发这样短,我简直认不得了。你这样更好看了。像个男孩儿。可是你的脸多么苍白呀!”

“是的,我很虚弱。”她笑着说。她的嘴唇又哆嗦起来。

“咱们上意大利去吧,你的身体会好起来的。”他说。

“难道咱们真的能够做夫妻，成立自己的家庭吗？”她紧盯着他的眼睛说。

“我倒是奇怪，为什么以前不是这样。”

“司基瓦说，他什么都答应了，不过我不能接受他的宽宏大量，”她不看伏伦斯基的脸，沉思着说。“我不要求离婚，反正现在我怎么都一样了。我只是不知道，他对谢辽沙打的是什么主意。”

他怎么也无法理解，在这见面的时刻，她怎么会考虑和想着儿子和离婚的事。难道这一切不是都无所谓了吗？

“别谈这些吧，别想了。”他说着，用手转悠着她的手，竭力把她的注意力往自己身上引，可是她还是不看他。

“唉，我怎么没死呀，死了倒好！”她说，于是没有哭声的眼泪扑簌簌顺着两颊流了下来；不过她还勉强笑着，免得让他难过。

照伏伦斯基原来的看法，不接受那项赴塔什干的光荣而危险的任命，是可耻的，是不行的。可是现在他一分钟也没有犹豫就拒绝了这项任命，并且发现上级对他的做法很不满意，他立刻就退伍了。

一个月之后，就只有卡列宁和儿子留在家里了，安娜随伏伦斯基上国外去了，没有获得离婚，而且坚决放弃了这一要求。

国家出版基金项目
“十三五”国家重点出版物出版规划项目
安徽省文化强省建设专项资金项目

安娜·卡列尼娜

下

Анна Каренина

Второй том

［俄］列夫·托尔斯泰◎著
力 冈◎译

安徽师范大学出版社
·芜湖·

第五部

一

谢尔巴茨基公爵夫人本来以为，在大斋之前不可能举行婚礼，因为到大斋期只剩了五个礼拜，这期间连一半嫁妆也来不及备办；但是她不能不同意列文的意见，就是说，到大斋以后那就太迟了，因为公爵的老姑母病重，可能不久于人世，一旦服丧，就一时不能结婚了。因此，公爵夫人同意在大斋之前举行婚礼，把嫁妆分成两部分，一份大的和一份小的。她决定现在就把小的一部分嫁妆备办齐全，大的一份以后再送去，列文却怎么也不肯认真回答，是不是同意这样办，这使她非常生气。她这个想法是挺不错的，尤其因为这对年轻夫妻一结过婚就要到乡下去，在乡下是用不着大的一份嫁妆的。

列文还一直处在神魂颠倒的状态，在这种状态下，他仿佛觉得，他和他的幸福是世间万物的主要和唯一的目的，现在他无须考虑什么，操心什么，一切事情自有别人为他操办，自会办得好好的。他对未来的生活也没有什么计划和打算；他让别人去决定一切，因为他知道一切都会非常圆满的。他该怎么做，有哥哥柯兹尼雪夫、奥布朗斯基和公爵夫人指点他。给他出什么主意，他都完全同意。哥哥为他借了钱，公爵夫人劝他结过婚就离开莫斯科。奥布朗斯基劝他出国。他全都同意。他心想："你们想怎么办就怎么办好啦，只要你们高兴。我是幸福的，不论你们怎么办，反正我的幸福也不会增加或减少。"等他把奥布朗斯基劝他们出国的主意对吉娣说了，却未料到，她不赞成这个主意，而是对未来生活有自己的一套打算。她知道，列文的事业在乡下，那是他所热爱的。他看出来，她不仅不理解这事业，而且也不想理解。不过这不碍事，她仍然认为这事业是非常重要的。就因为她知道他们的家将安在乡下，所以不愿意到国外去，不能在国外过日子，而是要到他们安家的地方去。这种表示得很明确的心意使列文感到惊讶。但是因为他觉得去哪儿都是一样，于是就立刻请奥布朗斯基到乡下去安排一番，似乎这是他的责任，因为他有丰富的情趣，就让他凭他的情趣把那里的一切安排得好好的。

"不过，你听我说，"奥布朗斯基为新婚夫妇安排好去乡下的一切，从乡下回来之后，有一天对列文说，"你有做过忏悔的证书吗？"

"没有。怎么啦？"

"没有这东西不能举行婚礼呀。"

"哎呀，哎呀，哎呀！"列文叫起来。"我好像有八九年没有斋戒了。我连想都没有想过呢。”

“你真够受！”奥布朗斯基笑着说，“可是你还说我是虚无主义者呢！这是不行的。你必须斋戒。”

“什么时候斋戒？只剩下四天了呀。”

奥布朗斯基也把这事安排了一下。于是列文开始斋戒。像列文这样不信教而又尊重别人的信仰的人，参与任何宗教仪式都是很难受的。现在，在他对一切都很敏感、心情特别温和的时候，像这样不得不装模作样，就不仅是难受，而且他觉得是不堪设想的。现在，在自己最光彩、最舒畅的日子里，他却不得不说谎作假，要么就亵渎神明。他觉得自己既不能作假，也不能亵渎神明。可是他问过奥布朗斯基多少次，能不能不斋戒就领到证书，奥布朗斯基说那不可能。

“就这么两天，这又算得什么呀？而且那司祭是一个极好的聪明老头儿。他会不等你发觉，就把你这颗牙拔掉了。”

列文在站着做第一次日祷的时候，就想唤起他在十六七岁时体验过的那种少年时代的强烈宗教感情。但是他立刻就认定这是完全不可能的。他想把这一切看作毫无意义、无关紧要的风俗，就像拜客访友的风俗；但是他觉得他连这一点也无法做到。列文对待宗教的态度，也像同时代大多数人一样，是摇摆不定的。他既不能相信，同时又不能坚决认定这一切都是毫无道理的。就因为他既不相信自己所做的事是有意义的，也不能把这当作无关紧要的形式而漠然视之，所以在整个斋戒和祈祷期间，他做着他自己不理解的事情，因而也就是他内心里觉得虚假和不好的事情，总觉得很不自在和羞惭。

在做祈祷的时候，他有时听着祷告，想方设法为祷告增添不违反他的观点的意义，有时觉得自己无法理解，觉得应该加以指责，就尽量不听祷告，而是想自己的心思，左顾右盼，回想往事，就在他这样无所事事地站在教堂里的时候，种种往事就特别真切地浮现在他的脑际。

他做过日祷、晚祷和夜祷，到第二天，又很早就起身，连茶也不喝，早晨八点钟就来到教堂做早祷和忏悔。

在教堂里，除了一个求乞的士兵、两个老婆子和几个教堂执事，再没有什么人。

一位年轻的助祭，穿着薄薄的法衣，那长长的脊背的两半清清楚楚地显露出来，他迎住列文，就立刻走到靠墙的小桌旁，念起训条。在他念的时候，尤其是在他一再很快地重复"上帝宽恕吧"的时候，列文觉得他的思想被锁起来，而且贴了封条，现在不能碰、不能动了，要不然就乱成一团了，因此他站在助祭后面，不听也不理会，继续想自己的心思。"她手上的表情真是太丰富了。"他想起昨天他们坐在角落里那张桌子旁的情景，在心里说。当时他们无话可说，在这些日子里差不多总是这样。于是她把一只手放在桌上，不住地张开又合拢，看着手的动作，自己笑了起来。他想起他怎样吻了吻这只手，然后又怎样细细观看那粉红色手掌上纵横交错的纹丝。"还一个劲儿在念哩。"列文画着十字，鞠着躬，望着正在鞠躬的助祭的脊背那柔软的动作，在心里说。"然后她抓住我的手，仔细看了看手上的纹路，就说：你这手真是极好的手。"于是他看了看自己的手，又看了看助祭那短短的手。"哦，现在快完了。"他想道。"不，好像又要从头念起呢。"他听着祷告，又想道。“不，要结束了；瞧，他已经一躬到地了。要结束的时候总是这样的。”

助祭用手在波里斯绒袖口里悄悄接下一张三卢布钞票，说他要记下来的，然后就用新靴子咚咚地踩着空荡荡的教堂的石板，很麻利地走上祭坛。过了一小会儿，他从那里朝外看了看，朝列文招了招手。一直封锁着的思想这时在列文头脑里动了起来，但是他连忙驱散了。“总有完的时候吧，”他在心里说过，就朝读经台走去。他上了台阶，向右一转，就看到了司祭。司祭是个小老头儿，稀稀的下巴胡已经白了一半，一双和善的眼睛无精打采的，他正站在读经台旁翻着圣礼书。他轻轻地向列文点了点头，立刻就用习惯的腔调念起祷词。他念完了，一躬到地，然后朝列文转过脸来。

“无形的基督已经降临，在听取您的忏悔。”他指着十字架上的耶稣说。“您相信圣徒教会的全部教义吗？”司祭眼睛不再看列文的脸，双手在圣带下面合拢起来，继续说道。

“我怀疑过，而且现在还怀疑一切。”列文用自己也不喜欢的腔调说过这话，就不说了。

司祭等了几秒钟，看他是不是还说什么，然后就合上眼睛，用很重的弗拉基米尔地方口音很快地说：

“怀疑是人类天生的弱点，不过我们应当祈求仁慈的上帝巩固我们的信仰。您有什么特别的罪过吗？”他好像是想尽量抓紧时间，不歇气地问道。

“我的主要罪过就是怀疑。我怀疑一切，大部分时间都在怀疑中。”

“怀疑是人类天生的弱点，”司祭又把那句话重复了一遍，“那您主要怀疑的是什么呢？”

“我什么都怀疑。我有时甚至怀疑上帝的存在。”列文不由得说了出来，并且因为自己失言感到惶恐。可是列文的话好像没有给司祭造成什么印象。

“怎么能怀疑上帝的存在呢？”司祭连忙带着微微的笑容说。

列文没有作声。

“您既然看得见万物，怎么能怀疑造物主的存在呢？”司祭用很快的、习惯的腔调继续说。“是谁用日月星辰装饰了天空？是谁把大地打扮得这样美丽？没有造物主怎么行呢？”他带着询问的神气看了看列文，说道。

列文觉得同司祭争论哲学问题是不相宜的，所以只能直接就问题进行回答。

“我不知道。”他说。

“您不知道吗？那您怎么能怀疑上帝创造了万物呢？”司祭带着快活的不解神气说。

“我什么也不明白。”列文红着脸说，并且觉得他的话是很蠢的，在这种场合下他的话不可能是不蠢的。

“您就祷告上帝，恳求上帝吧！就连神父们也有过怀疑，恳求过上帝巩固他们的信仰。魔鬼是有很大力量的，所以我们应该努力制服他。祷告上帝，恳求上帝吧。祷告上帝吧！”他又急忙说了一遍。

司祭沉默了一会儿，好像是在沉思。

“我听说，您准备同本教区教民和忏悔者谢尔巴茨基的女儿结婚,是吗?”他又笑着说,“一个极好的姑娘呀!”

“是的。”列文替司祭红着脸回答说。他心想:“他为什么要在忏悔的时候问这事儿呀?”

于是,司祭就像回答他的念头似的,对他说道:

“您准备结婚,上帝就可能会赐给您子孙后代,不是吗?如果您不能战胜心中魔鬼的诱惑,魔鬼诱使您不信教,那会怎么样,您会给您的子孙什么样的教育呢?”他用很亲切的责备口气说。“如果您爱您的儿女,那么,您作为一个慈父,就不仅希望自己的孩子荣华富贵;您还要希望他们得救,希望真理之光照亮他们的心灵。不是吗?如果天真的孩子们问您:‘爸爸!这大地、水、太阳、鲜花、青草——我所喜欢的这世界上的一切,是谁创造的?’您又怎样回答他们呢?难道您能对他们说‘我不知道’吗?既然上帝大慈大悲,向您展示了这一切,您就不可能不知道。或者您的孩子们问您:‘人死后怎样呀?’如果您什么也不知道,怎样对他们说呢?怎样回答他们呢?就任凭他们受尘世和魔鬼的诱惑吗?那就不好了!”他说到这里,就停下来,歪起头,用和善而亲切的目光看着列文。

列文现在什么也不回答,不是因为他不愿意和司祭争论,而是因为还没有谁问过他这样的问题;等他的孩子们将来问这些问题的时候,还有时间考虑怎样回答。

“您现在到了成家立业的时候,”司祭继续说下去,“这时候就应该选定道路,坚定地走下去。您祷告上帝,求上帝大慈大悲帮助您,怜悯您吧。”司祭结束道。又念起赦罪祷词:“愿我主上帝,耶稣基督,大慈大悲,饶恕这个儿子……”司祭念完了,又为他祝过福，便放他走了。

列文这天回到家里，心里觉得非常高兴，因为这种不舒服的状况结束了，而且是不用他说谎就结束的。除此以外，他心中还留下模糊的记忆，好像那个和蔼可亲的小老头儿说的话完全不像他开头所感觉的那样蠢，好像其中有些道理也是需要弄明白的。

“当然，不是现在，”列文想道，“以后再说吧。”列文现在比以前任何时候都深切地感觉到，在他的心灵中是有不明确和不干净之处，感觉到自己对待宗教的态度也和别人一样，别人的态度他看得很清楚，很不喜欢，而且还因此责备过自己的朋友斯维亚日斯基。

这天晚上，列文和未婚妻一起在陶丽家里，心里特别快活。他在对奥布朗斯基说起他的兴奋心情的时候，说他快活极了，就像一条被训练钻圈儿的狗，终于领会了并且照着要求做了之后，就快活得汪汪直叫，并且摇着尾巴往桌子上和窗台上直蹦直跳。

二

在举行婚礼的那一天，列文遵照风俗（公爵夫人和陶丽坚持要遵守一切风俗）不和未婚妻见面，而是在自己的旅馆里和偶然来到他这儿的三个单身汉一起吃饭。一个是柯兹尼雪夫；一个是卡塔瓦索夫，是他大学里的同学，现在是自然科学教授，是列文在街上碰见他，把他拉到这儿来的；还有一个是契利科夫，是莫斯科的调解法官，列文的傧相，也是他猎熊的伙伴。这顿饭吃得非常快活。柯兹尼雪夫情绪极好，听到卡塔瓦索夫别出心裁的说法非常开心。卡塔瓦索夫感觉到他的说法得到看重和理解，就尽情加以发挥。契利科夫又快活又和善，不论别人谈什么，他都要凑热闹。

“你们可知道，”卡塔瓦索夫依照讲堂上养成的习惯，拉长声音说，“我们这位朋友康斯坦丁·德米特里奇当年是一个多么有才华的年轻人呀。我说的是过去，因为他现在已经完全不是这样了。当初他刚刚离开大学的时候，还是热衷于研究学问的，他的兴趣也是正常人都有的。可是现在呀，他的才华却一半用于欺骗自己，另外一半用来为这种欺骗作辩护。”

“比您更坚决反对结婚的，我可是没有见过。”柯兹尼雪夫说。

“不，我并不反对。我是赞成分工。有些人，什么也不会做的，就应该造造人；另外一些人就应该促进他们的教育和幸福。我就是这样看的。有许多人喜欢把这两种行当混为一谈，我却不是这样。”

“等我听到您恋爱的时候，就不知道有多么开心了！”列文说，“到时候您一定要请我去参加婚礼。”

“我已经恋爱啦。”

“是的，您爱上了墨鱼。你可知道，”列文对哥哥说，“米海尔·谢苗内奇在写一本有关营养的著作呢……”

“哎，别胡扯了！写什么那都无所谓。只不过我确实爱墨鱼。”

“不过墨鱼并不妨碍您爱妻子。”

“墨鱼倒不碍事，可是妻子就碍事了。”

“为什么呀?”

“到时候您就明白了。现在您又喜欢农事,又喜欢打猎,可是到时候您看吧!”

“哦,今天阿尔希普来了,他说普鲁特村有许多驼鹿,还有两头熊呢。”契利科夫说。

“噢,我不去了,你们就去打吧。”

“这就对了,”柯兹尼雪夫说,“今后你就跟猎熊这种事儿无缘了,妻子不会让你去的!”

列文笑了笑。他想象到妻子不让他去的情景,心里美滋滋的,情愿永远放弃猎熊的乐趣。

“不过,您要是不去,就是打到这两头熊,那也是很可惜的。还记得在哈比洛夫那一次吗?那可是太漂亮了。”契利科夫说。

他认为列文不结婚也会有快活事儿,列文不愿意扫他的兴,所以什么也没有说。

“难怪有这种同单身生活告别的风俗,”柯兹尼雪夫说,“不论有多么幸福,失去自由还是可惜的。”

“您可承认,有一种感觉,就像果戈理笔下的新郎[①]那样,想从窗口跳出去吗?”

“肯定有的,不过就是不承认!”卡塔瓦索夫说过,哈哈大笑起来。

“怎么样,窗子开着嘛……咱们这就到特维尔去!那儿有一头母熊,咱们就直捣熊窝。真的,咱们就坐五点钟的火车!这儿

①果戈理的小说《结婚》中的主人公波德科列辛,在即将举行婚礼的时候顾虑重重,惶惶不安,以致跳窗逃走。

的事就随他们怎样好啦。”契利科夫笑着说。

“可是,说真的,”列文笑着说,“我心里却没有这种惋惜失去自由的感觉!”

“您现在神魂颠倒,自然不会有什么感觉啦,”卡塔瓦索夫说,“您等着吧,等到多少清醒一点儿,那就有感觉了!”

“不,如果真是那样,我总会多少感觉出,有了感情(他不愿意当着他的面说是爱情)……和幸福,失去自由毕竟是可惜的……事实恰恰相反,我还为这种失去自由感到高兴呢!”

“真糟! 这人真是不可救药!”卡塔瓦索夫说,“来,咱们干一杯,祝他清醒,或者祝他的梦想哪怕有百分之一能够实现。那也就算天下难得有的幸福了!”

一吃过饭客人们就走了,为的是赶紧回去换衣服好参加婚礼。

等到剩了列文一个人,他回想着这些单身汉说的话,又一次问自己:他心里究竟有没有他们说的那种丧失自由的惋惜感? 他这样一问,不禁笑了。“自由吗? 要自由干什么? 幸福就在于爱情,愿她之所愿,想她之所想,也就是一点自由也没有,——这就是幸福!”

“可是我了解她的所想所愿,了解她的心情吗?”忽然有一个声音悄悄对他说。他脸上的笑容消失了,他沉思起来。他心中忽然出现了一种奇怪的心情。他感到害怕和怀疑,怀疑一切。

“万一她不爱我呢? 万一她只是为了出嫁才嫁给我呢? 万一她自己也不知道她是在做什么呢?”他在心中问道。“她也许会清醒过来的,一结过婚就明白她不爱我,而且不可能爱我了。”于是一些有关她的奇怪的、最坏的想法来到他的心头。他嫉恨起她对伏伦斯基的感情，就像一年前那样，似乎他感到她和伏伦斯基在一起的那天晚上就是昨天。他怀疑她没有把一切都告诉他。

他一下子跳起来。“不行，这样可不行！”他灰心绝望地在心里说。“我要去找她，问问她，最后一次对她说：咱们都是自由的，是不是到此为止更好些呢？不管怎样，总要比一辈子不幸、耻辱和不贞好些！”他怀着绝望的心情和愤恨一切人、愤恨自己和愤恨她的心情走出旅馆，坐上马车就去找她。

他在后屋里找到了她。她坐在大箱子上，和侍女一起在收拾东西，挑拣着搭在椅背上和堆在地板上的五颜六色的衣服。

“哈！”她一看到他，高兴得满脸放光，立刻叫了起来。“你怎么，您怎么（最近几天她对他忽而称“你”，忽而称“您”）来啦？真没想到！我正在挑拣我做姑娘时的衣服呢，看哪一件给什么人合适……”

“啊！这太好了！”他闷闷不乐地看着侍女说。

“杜尼娅，你去吧，有事我再叫你。”吉娣说。“你怎么啦？”等侍女一走出去，她就果断地称呼着“你”，问道。她发现他的脸色很奇怪，一张脸又激动又阴沉，她吓坏了。

“吉娣！我很苦恼。我一个人受不了。”他在她面前站下来，用恳求的目光看着她的眼睛，用灰心绝望的声调说。他已经从她那亲热而真挚的脸色看出来，他要说的是不会有的事，但他还是需要她亲自消除他的疑虑。“我来是要说说，现在还不算晚。这一切还可以停止和改变。”

“什么？我一点也不懂。你怎么啦？”

“我说过一千遍和我不能不考虑的是……我配不上你。你是不可能同意嫁给我的。你想想吧。你错了。你好好想想吧。你是不可能爱我的……如果……最好还是说吧，”他也不看她，说道。“我会很不幸的。让大家想怎么说就怎么说好啦；总比不幸要好些……趁现在还不晚，不论怎样总要好些……”

“我不懂，”她恐惧地回答说，“就是说你想反悔……不办了吗？”

“是的，要是你不爱我的话。”

“你疯了！”她气得红了脸，叫了起来。

但是他的脸色是那样悲凄，她不由得压住怒火，把椅背上的衣服推下去，坐到他身边。

“你是怎么想的呀？全都说说吧。”

“我想，你是不可能爱我的。你凭什么会爱我呀？”

“我的天哪！我怎么办呀？……”她说着，哭了起来。

“啊呀，我这是干的什么事呀？”他叫起来，并且在她面前跪下来，吻起她的手来。

五分钟之后，公爵夫人走进来看到他们的时候，他们已经完全和好了。吉娣不仅使他相信了她爱他，而且为了回答他心中存在的她为什么爱他的问题，向他解释了为什么爱他。她告诉他，她爱他是因为完全了解他，因为她知道他喜欢什么，知道他所喜欢的一切都是很好的。他觉得这就完全明白了。在公爵夫人进来的时候，他们正并肩坐在大箱子上，挑拣着衣服，并且在争论着，因为吉娣想把列文求婚时她穿的那件咖啡色连衫裙给杜尼娅，列文坚决不让她把这件衣服给任何人，可以给杜尼娅一件蓝色的。

“你怎么不懂呀？她是黑头发的，穿蓝的不配称……这一切我都考虑过了。”

公爵夫人听说他是为什么来的，半真半假地生起气来，叫他快回去换衣服，不要妨碍吉娣梳头，因为理发师沙尔里就要来了。

“就这样她这几天什么也不吃，人也瘦了，可是你还要说你那些傻话，让她烦恼，”她对他说。“快走吧，快走吧，好孩子。”

列文又歉疚又羞惭，但却完全放心地回到自己的旅馆。他的哥哥、陶丽和奥布朗斯基全都盛装打扮，已经在等他了，为的是拿圣像为他祝福。不能再耽搁了。陶丽还要回家去一趟，把她那个卷过头发并且抹了油的儿子接来，儿子要捧着圣像伴随新娘。还要派一辆车去接男傧相，派另一辆车把柯兹尼雪夫送走再转回来……总之，事情是相当复杂的，也是很多的。有一点是肯定的，就是不能再磨蹭了，因为已经六点半了。

圣像祝福仪式很不像样子。奥布朗斯基同妻子并排站着，摆出很可笑的庄重姿势，拿起圣像，吩咐列文鞠躬到地，又带着亲热和取笑的神气吻了他三下；陶丽也照着做了之后，就匆匆坐上马车，并且又忙得不可开交地调度起车辆。

“哦，那咱们就这样办吧：你坐咱们的轿车去接他，谢尔盖·伊凡诺维奇如果愿意的话，请他到了之后就把马车打发回来。”

“好的，我照办。”

“我这就去把他接来。东西都送去了吗？”奥布朗斯基说。

“送去了。”列文回答过，就吩咐库兹玛把要换的衣服拿来。

三

一大群人，多数是妇女，围住即将举行婚礼的灯火辉煌的教堂。那些没有挤进里面的人，都拥在窗口，挤来挤去，吵吵嚷嚷，隔着栏杆朝里面张望。

有二十多辆马车已经在宪兵指挥下沿街排列好。一位警官不顾严寒，穿着闪闪发亮的制服站在门口。还有车辆陆续到来，进入教堂的时而是头戴鲜花、手提裙裾的女士，时而是脱着军帽或黑色礼帽的男子。在教堂里面，一对枝形烛架上和所有圣像前的蜡烛已经全部点着了。圣像壁红底上的金色光轮、圣像的金色雕纹、枝形烛架和烛台上的银饰、地上的石板和地毯、唱诗班台上的神幡、读经台的台阶、旧得发了黑的圣经、司祭和助祭的法衣，全都亮闪闪的。在温暖的教堂的右边，在燕尾服和白领带、制服和花缎、天鹅绒、绸缎、头发、鲜花、裸露的肩膀、手臂和长手套的海洋中响着压得低低的热闹的说话声，那声音在高高的圆顶上激荡起奇怪的回音。每一次打开的大门发出咯吱的响声，人群里的说话声都要停下来，大家一齐回过头去，希望看到新郎和新娘进来。可是大门已经开了有十几次，每次进来的不是加入右边来宾圈子的迟到的客人，就是蒙混或者打通了警官加入左边人群的观众。不论亲友还是观众都已经等得发急了。

起初大家以为新郎和新娘马上就要到了，对于他们的迟到没有在意。后来越来越频繁地向门口张望，议论着会不会出什么事儿。再后来这种迟到已经有点不对头了，于是亲戚和客人们都装作没有想到新郎，只管在说自己的话。

大辅祭似乎要让人知道他的时间很宝贵，很焦急地咳嗽着，咳得窗玻璃都颤动了。唱诗台上的歌手们也不耐烦了，一会儿试试嗓门儿，一会儿擤擤鼻涕。司祭一会儿叫执事，一会儿叫助祭去看看新郎来了没有，他自己也穿着紫色法衣，系着绣花腰带，一次又一次走到边门口去等候新郎。终于有一位太太看了看表，说："这倒是奇怪！"于是所有的来宾都焦急起来，大声说起自己的诧异和不满。一位傧相就坐上车去看看是怎么一回事儿。这时吉娣早已准备停当，穿着雪白的连衫裙，披着长纱，头戴香橙花冠，同女主婚人和姐姐李沃夫夫人一起站在谢尔巴茨基家的客厅里，望着窗外，等待傧相来报告新郎到达教堂的消息，已经白白等了半个多钟头。

这时候列文却穿着长裤，但没有穿背心和燕尾服，在旅馆房间里前前后后地走着，不住地把头探到门外，向走廊里张望。可是在走廊里看不到他正在等的人，于是又灰心丧气地往回走，挥动双手，同悠然自得地抽烟的奥布朗斯基说话。

"有谁会遇到这样糟糕的尴尬局面呀！"他说。

"是的，是很糟，"奥布朗斯基带有安慰意味地笑着，接话说，"不过你放心，这就要送到了。"

"哼，还送到呢！"列文压抑着怒火说。"还有这浑蛋敞胸背心！不行啊！"他望着皱皱巴巴的衬衫前襟说。"要是行李已经送到火车站，那可怎么办呀！"他灰心丧气地叫道。

"那你就穿我那件。"

"早就该这么办了。"

“惹人笑话可不大好……等一等吧！总会雨过天晴的。”

原来，在列文要换衣服的时候，他的老仆库兹玛把燕尾服、背心和一切需要的东西拿了来。

“衬衫呢?”列文叫了起来。

“衬衫在您身上呀。”库兹玛心平气和地笑着回答说。

库兹玛没有想到要留下一件干净衬衫，一听说要把所有的东西都收拾起来，送到谢尔巴茨基家，因为今天晚上新夫妇就要从那里动身去乡下，他就照办，把东西都收拾起来，只留下一套礼服。一件衬衫是早晨就穿上的，已经打皱了，和时髦的敞胸背心穿在一起，就太不像样子了。要到谢尔巴茨基家去拿，又太远。就叫人去买衬衫。仆人回来说，商店都没有开门，因为是礼拜天。又派人到奥布朗斯基家里去要来一件衬衫；这衬衫却又肥又短，不能穿。最后只好派人到谢尔巴茨基家去拆行李。大家都在教堂里等新郎，新郎却像关在笼子里的野兽，在房间里走来走去，不住地向走廊里张望，而且又惶恐又丧气地回想着他对吉娣说的蠢话，不知道她现在会怎么想。

终于负罪的库兹玛气喘吁吁地拿着衬衫冲进房间里。

“刚刚赶上。已经在往大车上装了。”库兹玛说。

过了三分钟，列文也不看表，为的是不触痛伤痕，就顺着走廊跑去。

“不用这样着急，”奥布朗斯基不慌不忙地跟在他后面，笑嘻嘻地说，“会雨过天晴的，会雨过天晴的……我对你说过嘛。”

四

“来了！”“就是他！”“哪一个呀？”“怎么，是那个年纪轻些的吗？”“那就是她，我的妈呀，她可是急坏了！”当列文在门口迎住新娘，同她一起进入教堂的时候，人群里有一些人议论起来。

奥布朗斯基对妻子说了说迟到的原因，于是来宾们笑嘻嘻地交头接耳低语起来。列文却什么人、什么事也看不见；他目不转睛地看着新娘。

大家都说她这些天来消瘦了不少，戴起花冠远远没有平时好看；但列文却看不出这一点。他看着她那披着白色长纱、戴着白色鲜花的高高的发髻，看着那特意像少女一般遮住长脖子的两侧、只敞着前面的高高的带褶领子，还有那细得惊人的腰身，他就觉得，她比任何时候都美，——并不是这鲜花、这长纱、这从巴黎定做的连衫裙为她的美增添了什么，而是因为，尽管她打扮得如此华丽，她那可爱的脸、那眼睛和嘴唇流露的依然是她那种纯洁真挚的特殊神情。

“我还以为你想逃走呢。”她说过，对他嫣然一笑。

“我出了一点事儿，太荒唐了，简直不好意思说！”他红着脸说过这话，便不得不和走到跟前的柯兹尼雪夫打招呼。

“你的衬衫故事太妙啦！”柯兹尼雪夫摇着头，笑着说。

“是的，是的。”列文回答说，虽然他不明白，别人对他说的是什么。

“哦，康斯坦丁，现在要解决一个重要问题，”奥布朗斯基故作惊惶地说,“正是现在你能充分估量这问题的重要性。他们问我:是点已经点过的蜡烛呢,还是没有点过的蜡烛? 相差十个卢布,”他补充说,一面让嘴做好笑的准备,“我已经解决了,就是怕你不同意。”

列文懂得这是开玩笑,但是他不能笑。

“到底怎么办? 点没有点过的还是点过的? 问题就是这样。”

“对,对! 点没有点过的!”

“哦,我很高兴。问题解决了!”奥布朗斯基笑着说。“不过,人处在这种情况下有多么糊涂呀。”等列文六神无主地看了他一眼,走到新娘跟前之后,他对契利科夫说。

“注意,吉娣,你要第一个站到红垫上。”诺德斯顿伯爵夫人走过来说。“您倒是很好!”她对列文说。

“怎么样,不害怕吧?”老姑母玛丽雅·德米特里耶芙娜说。

“你是不是觉得冷呀? 你的脸好白呀。等一等,把头低下来!”吉娣的姐姐李沃夫夫人说着,弯起一双丰润的玉臂,给她理了理头上的鲜花。

陶丽走过来,想说点什么,可是说不出来,哭了起来,又很不自然地笑起来。

吉娣也像列文一样,用视而不见的眼睛望着大家。不论别人对她说什么,她只能报以幸福的微笑,这样的微笑现在在她是极其自然的了。

这时候神职人员都穿起法衣。司祭带着助祭朝教堂入口处的读经台走去。司祭转身对列文说了一句话。列文却没有听清司祭说的是什么。

“您挽住新娘的手，领着她走。”傧相对列文说。

列文有好一阵子不明白，他们叫他做什么。有好一阵子他们一再纠正他的动作，并且已经想不再管他了，因为他不是伸错了自己的手，就是挽错了吉娣的手，最后他才明白了，应该是不变换位置，用右手挽她的右手。等到他终于照规矩挽住新娘的手，司祭在他们前面走了几步，在读经台前站了下来。一大群亲友跟在他们后面移动起来，只听到嗡嗡的低语声和衣裙窸窣声。有人弯下腰，拉了拉吉娣的拖地长裙。教堂里顿时鸦雀无声，连蜡烛滴油的声音都能听得见。

司祭小老头儿头戴法冠，那银光闪闪的白色鬈发在耳后分成两股，穿着笨重的银色法衣，背上系着金十字架，他从法衣下伸出小小的老手，在读经台旁翻着什么。

奥布朗斯基小心翼翼地走到他跟前，小声对他说了句什么，朝列文使了个眼色，便又退到后面。

司祭把两支描花的蜡烛点着了，用左手斜拿着，让烛油慢慢往下滴着，便转脸朝着订婚人。司祭就是听列文忏悔的那个小老头儿。他用疲惫而忧郁的目光看了看订婚人，叹了口气，便从法衣里伸出右手，为列文祝福，又照这个样子，但带点儿小心温柔的意味儿，把撮起的手指头放在吉娣垂下的头上。然后他把蜡烛交给他们，拿起小香炉，慢慢从他们身旁走开。

“难道这是真的吗？”列文在心中说，并且转头看了看新娘。他的目光微微向下，就看清了她的侧面，他从她那嘴唇和睫毛的轻微动作上看出来，她感觉出他在看她。她没有转头，但是那带褶的高领子动了起来，不住地朝那粉红色小耳朵耸着。他看出来，她在胸中憋着呼吸，那拿着蜡烛的戴长手套的玉手也抖动起来。

衬衫和迟到引起的手忙脚乱，和亲友们的交谈，他们的抱怨，他的可笑处境——这一切顿时消失了，于是他高兴起来，也害怕起来。

身穿银色法衣、鬈发梳向两边的又英俊又高大的大辅祭很麻利地跨到前面，熟练地用两个手指提起肩衣，站到司祭对面。

“我主……赐……福……吧！”那庄严的声音慢慢地、接连不断响起来，震得空气都颤动起来。

“我主是仁慈的，千秋万代，永远一样。”司祭小老头儿温和地用唱歌般的声音回答说，一面继续在读经台上翻着什么。于是，那看不见的唱诗班的各种各样的嗓门儿齐声唱了起来，那声音又和谐又洪亮，从窗子到圆顶，响彻整个教堂，越来越响，在空中回荡了一会儿，就慢慢消失了。

大家像往常一样，祈求上帝保佑平安，祈求拯救，祈求主教公会，祈求皇上；也为今天订婚的上帝的奴仆列文和吉娣祈祷。

“祈求我主恩赐他们完美的爱和平安，帮助他们吧。”大辅祭的声音在整个教堂里回荡起来。

列文听着他的祈祷，感到惊讶。“他们怎么猜到我需要的是帮助，正是帮助呢！”他想起不久前的恐惧和疑虑，便在心中说。“我懂得什么呢？如果没有帮助，遇到这种可怕的事儿，我怎么办呢？现在我就是需要帮助。”

等助祭念完祈祷词，司祭便手捧《圣经》对新郎新娘念起来：

“永恒的上帝呀，你让分离的两人合为一体吧，”他用亲切的唱歌般的声音念道，“让他们结成爱侣，永不分离；你曾赐福于以撒和利百加，并依照圣约赐福于他们的后代，你就赐福于你的奴仆康斯坦丁和叶卡吉琳娜，让他们从此走上幸福之路吧。仁爱的上帝，大慈大悲，光荣归于圣父、圣子、圣灵，千秋万代，永无穷尽。”“阿门！”那看不见的唱诗班的合唱声又回荡在空中。

“‘让分离的两人合为一体，让他们结成爱侣，永不分离。’这话的意义多么深刻呀，多么符合我此刻的心情呀！”列文想道。“她的心情也和我一样吧？”

于是他转头看了看，就碰上她的视线。

于是他从她的眼神断定，她也有和他一样的体会。然而实际上不是这样；祈祷词她几乎一句也不懂，甚至在举行订婚礼时间里她连听都不听。她无法听，也无法听懂，因为充溢在她心中的一种感觉异常强烈，而且越来越强烈。这种感觉就是高兴，高兴的是，一个半月以来萦绕在她心头的事，六个礼拜时间里使她又高兴又苦恼的事，现在完全实现了。那一天，她在阿尔巴特街自己家的客厅里，穿着自己的咖啡色连衫裙，默默无言地走到他跟前，以身相许之后，在她心里从那一天那一刻起，就和过去的生活告别了，开始了一种全新的、她还完全不清楚的生活，虽然事实上旧的生活并未停止。这六个礼拜是她最幸福也是最苦恼的时期。她的整个生活、所有的心愿和指望都集中在一个她还不理解的男人身上，而使她和他结合的是一种比男人本身更难理解的、时而使人亲近、时而使人疏远的感情，同时她又继续在原来生活环境中生活着。她一面过着原来的生活，一面对自己感到害怕，害怕自己也无法克制的冷漠，因为她对自己过去的一切，对一切事和习惯,对过去和现在爱她的人都冷漠了,对母亲也冷漠了,母亲因此十分伤心,对亲爱的父亲也冷漠了,以前她可是觉得他是天下最可亲可爱的慈父呀。她时而对这种冷漠感到害怕,时而对造成这种冷漠的原因感到高兴。除了和这个人在一起的生活以外,她什么也不能想,什么愿望也没有了。然而这种新的生活还不曾过过,所以她还想象不出是怎样的。对于未知的新生活,只有等待,只有害怕和高兴。现在这种等待,这种不知道,这种告别原来生活的怅惘状态——这一切就要结束,新的一切就要开始。这新的一切,因为不知道是什么样子,不能不是很可怕的;但不管可怕还是不可怕,六个礼拜之前在她心中已经形成了,现在不过是让她心中早已形成的一切神圣化罢了。

司祭又转身朝着读经台,好不容易捏住吉娣的小小的戒指,要列文伸出手来,把戒指套在他的手指的第一个关节上。"上帝的奴仆康斯坦丁与上帝的奴仆叶卡吉琳娜永结同心。"司祭把一个大戒指套在吉娣那细小得可怜的粉红色手指上以后,也说了同样的话。

订婚人想猜到他们该做什么,可是每一次他们都错了,于是司祭就小声叫他们改正。终于,司祭完成了应有的仪式,用他们的戒指画过十字之后,又把大戒指交给列文,把小戒指交给吉娣;他们又迷糊了,在手里把戒指来回倒换了两回,结果还是做得不合乎要求。

陶丽、契利科夫和奥布朗斯基都走上前来纠正他们的动作。教堂里乱腾起来,又是低语,又是微笑,但订婚人脸上那种庄严和感动的表情并未改变,相反,他们的手虽然不知所措,他们的神情却比以前更严肃和庄重，奥布朗斯基本来笑着小声提醒他们各人戴上自己的戒指的，这微笑也就不由得从他嘴唇上消失了。他觉得，任何微笑都会使他们不快的。

“你开天辟地创造了男人和女人，”司祭在交换过戒指之后紧接着念道，“你让他们结为夫妻，让他们生儿育女。主啊，我们的上帝，你把真理和幸福赐予你所选择的奴仆，我们的祖先，世世代代，未曾中断，今天你赐福于你的奴仆康斯坦丁和你的奴仆叶卡吉琳娜吧，让他们在信仰、思想、真理和爱情中永结同心……”

列文越来越觉得，他的一切有关结婚的想法，怎样安排自己生活的梦想，都是孩子气的，他觉得这是一种他至今不理解、现在更加不理解的事儿，虽然他正做着这事儿；他的胸中颤动得越来越厉害，不听话的泪水涌上他的眼睛。

五

所有莫斯科的亲戚和朋友都在教堂里了。在举行订婚仪式的时候，在教堂里的华烛照耀下，在服饰华丽的太太、小姐和系白领带、穿燕尾服或制服、军服的男人群里，一直有些人彬彬有礼地小声说着话儿，不过多半是男子说起头的，因为女士们都聚精会神地观察着各种细节，因为这种宗教仪式总是能深深打动她们的心。

在离吉娣最近的一小堆人当中，有她的两个姐姐：大姐陶丽和刚从国外回来的二姐、娴静美丽的李沃夫夫人。

“玛丽怎么穿着紫得像黑的一样的衣裳来参加婚礼呀？”科尔

松斯基夫人说。

“她那种脸色，只有穿这种颜色才配称……”德鲁别茨基夫人说。“我很奇怪，他们为什么要在晚上举行婚礼。这是商人习气……”

“这样更好些。我也是傍晚结婚的。”科尔松斯基夫人回答说，并且叹了一口气，因为想起那一天她有多么美，丈夫爱她爱得多么痴心，可惜那都是明日黄花了。

“据说，做傧相十次以上，就可以不结婚了；我真想做这第十次，就可以给自己保险了，可是这差事已经有人干了。”西尼亚文伯爵对美貌的查尔斯基公爵小姐说。这位公爵小姐对他是有情意的。

查尔斯基小姐只是以微笑作为回答。她望着吉娣，心里想着，有朝一日她也站在吉娣的位子上，跟西尼亚文伯爵在一起，那时候她要向他提一提他现在说的笑话。

谢尔巴茨基对老女官尼古拉耶娃说，他想把花冠戴到吉娣的假发上，祝她幸福。

“不应该戴假发。”尼古拉耶娃回答说。她早就打定主意，如果她追求的那个老鳏夫和她结婚，婚礼将会是最简单的。“我就不喜欢这种花哨。”

柯兹尼雪夫和达丽雅·德米特里耶芙娜在说话儿，开玩笑说，婚后外出的风俗之所以流行，是因为新婚夫妻总是有点儿怕羞。

“令弟可以感到自豪。她真是可爱极了。我看，您眼热了吧？”

“我眼热的时候已经过去了，达丽雅·德米特里耶芙娜，”他回答说，他的脸上突然出现了惆怅和严肃的神气。

奥布朗斯基正在对他的姨妹说有关离婚的俏皮话。

“要把花冠弄端正些。”她没有听他的话，却说道。

“多么可怜呀，她消瘦多了，”诺德斯顿伯爵夫人对李沃夫夫人说，“不论怎么说，他都抵不上她一个手指头，不是吗？”

“不，我倒很喜欢他。并不是因为他是我未来的妹夫，”李沃夫夫人回答说。“他的举止多么有分寸呀！在这种情况下要想举止得当，不显得可笑，有多么难呀。可是他并不显得可笑，也不紧张，他显然也是很激动的。”

“这事儿您好像是料到的了？”

“差不多。她一直是爱他的。”

“好吧，咱们就看看，他们哪一个先踏上红垫。我对吉娣说过了。”

“反正都一样，”李沃夫夫人说，“我们姊妹都是百依百顺的妻子，这是我们的天性。”

“可是我当时就有意抢在瓦西里前头踏上去。陶丽，您呢？”

陶丽就站在她们旁边，听见她们的话，却没有搭话。她十分动情。她的眼睛里噙着泪水，只要一开口，就会大哭起来。她为吉娣和列文高兴。回想起自己结婚的情景，她望了望满面红光的奥布朗斯基，就忘记了当前的一切，想着的只是自己那纯真的初恋。她回想的不仅是她自己，而是和她亲近和她熟悉的所有女子的往事；她回想着她们在她们一生一次的庄严时刻的情形，那时候她们也像吉娣一样，戴着花冠站着，心里满怀着爱、希望和恐惧告别过去，跨向神秘的未来。在她想到的这些新娘中，也有她不久前听说要离婚的她心爱的安娜。她当年也是这样戴着香橙花冠,披着白纱这样纯真地站着的。现在又怎样呢?

“简直奇怪。”她说出声来。

仔细注视着宗教仪式进程的不仅是两位姐姐、所有的亲戚和朋友,那些看热闹的不相干的女人也都屏着呼吸,激动地注视着,生怕看漏了新郎新娘的任何一个动作和表情,有些无动于衷的男人在说笑话或者不相干的话,她们气得不理不睬,而且常常听不清他们说的是什么。

“怎么她眼泪汪汪的呀?是不是不愿意嫁给他呀?”

“嫁给这样的好小伙子,还有什么不愿意的?是一位公爵吗?”

“那个一身白缎子的是她的姐姐吗?哦,你听,司祭扯着嗓子叫呢:‘要怕丈夫呀。’”

“这是邱多夫教堂唱诗班吗?”

“是西诺达里教堂的。”

“我问过仆人。仆人说他就要带她到自己庄子上去。据说他是个大财主。所以才嫁给他。”

“不,倒是挺好的一对呢。”

“哦,玛丽雅·瓦西里耶芙娜,您还说穿裙子不用裙箍呢。你看那个穿深褐色裙子,鞋后跟老高的,听说是个公使夫人……那裙子飘来荡去的。”

“这新娘子多么可爱呀,就像是一只打扮得漂漂亮亮的羊羔儿!不管怎么说,还是该心痛咱们女人家。”

好不容易挤进教堂看热闹的妇女群里就是这样纷纷议论着。

六

等到订婚仪式一结束，助祭就在教堂中央的读经台前铺了一块粉红色绸子，唱诗班就唱起优雅而艰涩的赞美诗，高音与低音相互应和着。于是司祭转过身来，向新郎新娘指了指这块铺开的红绸。尽管他们都多次听说，谁先踏上红垫，谁就会成为一家之主，可是在他们向前跨这几步的时候，不论列文，还是吉娣，都不可能想起这一点。他们也没有听见那大声的议论和争吵，有些人说，是新郎先踏上去的，另外一些人却说，是两人同时踏上去的。

在照例问过他们是否愿意结婚，是否同别人有过婚约，他们也用自己听着都奇怪的声音回答过之后，新的仪式又开始了。吉娣听着祈祷词，很想听懂是什么意思，可就是听不懂。她的兴奋和欢乐情绪随着婚礼的进行不断高涨，心里热腾腾的，就不可能集中注意力了。

祈祷的是："你赐予他们贞洁与儿女，让他们子孙满堂。"又提到上帝用亚当的肋骨创造了妻子，"于是男子离开父母，依恋妻子，二人合为一体。"又说，"此乃一大神秘。"又祈求上帝赐予他们多子多福，像以撒和利百加、约瑟、摩西和稷普拉一样，让他们看到他们的子子孙孙。"这一切都好极了，"吉娣听着这些话，想道，"这一切都不可能不是这样。"于是她那发亮的脸上露出欢乐的微笑，不由得感染了所有望着她的人。

"戴上去吧！"当司祭给他们戴起花冠，谢尔巴茨基哆嗦着戴着三个纽扣手套的手扶住她头上的花冠时，有人劝告说。

“戴上吧！”她微微笑着小声说。

列文转头看了看她，看到她脸上那种喜悦的光彩十分感动；这种心情也不由得感染了他。他也像她一样，又兴奋又快活起来。

他们听着念《使徒行传》，听着观众很不耐烦听的大辅祭那念最后一节诗的洪亮的声音，觉得很快活。他们喝浅杯子里的温乎乎的掺水葡萄酒，也觉得很快活。当司祭脱掉法衣，拉住他们的手，在男声高唱“光荣归于上帝”声中领着他们绕过读经台的时候，他们更快活了。扶着花冠的谢尔巴茨基和契利科夫不时被新娘的长裙绊住，他们也在笑着，因为什么事儿高兴着，司祭一停步，他们不是落后，就是撞在新郎新娘身上。吉娣心中燃起的欢乐的火花似乎感染了教堂里所有的人。列文觉得，司祭和助祭和他一样，也都想笑呢。

司祭摘下他们头上的花冠，念过最后一篇祈祷词，就向新婚夫妇贺喜。列文看了看吉娣，他还从来没见过她这种样子。她的脸上洋溢着新的幸福光彩，显得更加艳丽动人了。列文想对她说点儿什么，可是他不知道，仪式是不是已经结束。司祭解救了他。司祭用嘴唇和悦地笑了笑，轻轻地说：“吻您的妻子吧，您也吻丈夫吧。”说完，便接过他们手里的蜡烛。

列文小心翼翼地吻了吻她那笑吟吟的红唇，伸出手臂让她挽着，带着一种新奇的亲密感，走出教堂。他不相信、不敢相信这是真的。直到他们那惊异而羞怯的目光相遇时，他才相信这一点，因为他感到他们已经成为一体了。

这天夜里晚饭之后，新夫妇就到乡下去了。

七

伏伦斯基和安娜在欧洲旅行已经有三个月了。他们游览了威尼斯、罗马和那不勒斯，这时刚刚来到意大利的一座小城，打算在这里住些日子。

一个漂亮的茶房头儿，油亮的浓发从颈部分开，穿着燕尾服，胸前露着白麻纱衬衫，滚圆的大肚子上挂着小坠头，双手插在口袋里，大大咧咧地眯缝着眼睛，板着脸在回答一个站在他面前的先生的问话。他一听见大门另一边有人上楼的脚步声，就转过头去，看到那是租用他们头等房间的俄国伯爵，这才恭恭敬敬地从口袋里抽出手来，鞠了一躬说，有一个信差来过，租用宫殿的事也已办妥，经理准备签订合同了。

"啊！我很高兴，"伏伦斯基说，"太太在家吗？"

"太太出去散步过，不过现在已经回来了。"茶房回答说。

伏伦斯基摘下头上柔软的宽边礼帽，用手帕擦了擦汗津津的额头和向后梳、遮住半边耳朵并且遮盖着秃顶的长发。他漫不经心地朝那个还站在那里打量着他的先生看了一眼，就想走开。

"这位俄国先生也问到您呢。"茶房说。

伏伦斯基又恼恨到处都碰到熟人，又希望有什么事儿来调剂一下单调的生活，他就怀着这样一种复杂心情回头看了看那位已经走开又站下来的先生，就在同一时刻两个人的眼睛都亮起来。

"高列尼歇夫！"

"伏伦斯基！"

真的这是高列尼歇夫，是伏伦斯基在贵族子弟军官学校的同学。高列尼歇夫在学校里属于自由派，毕业时得到文官官衔，却没有在任何地方任过职。他们两个在毕业后就各奔东西，后来只见过一次面。

在那次见面中，伏伦斯基了解到高列尼歇夫选择了一种高雅的自由派活动，而且因此就轻视伏伦斯基的职业与身份。所以在那次见面中，他就用他一向很会用的那种冷淡而高傲的态度回敬高列尼歇夫，那意思就是说："您喜欢不喜欢我的生活方式，那我都不在乎，可是您如果想结交我，那就得尊敬我。"而高列尼歇夫还是对伏伦斯基的举止作风抱着瞧不起的冷漠态度。这次见面似乎只能加深他们的隔阂。谁知他们彼此一认出来，就高兴得喜笑颜开，并且叫了起来。伏伦斯基怎么也没想到他见了高列尼歇夫会这样高兴，想必自己也不知道他有多么无聊。他忘记了上次见面的不愉快印象，满面春风地向老同学伸出手去。高列尼歇夫原来脸上的惶惶不安神情立刻消失，出现了同样的高兴神情。

"遇见你我多么高兴呀！"伏伦斯基龇着一嘴结实的白牙亲热地笑着说。

"我听说来了一位伏伦斯基，但不知道是哪一个伏伦斯基。我真高兴，太高兴了！"

"咱们进去吧。哦，你在干什么呀？"

"我在这儿住了一年多了。我在写作。"

"噢！"伏伦斯基很有兴趣地说，"咱们进去吧。"

于是，他依照俄国人的通常习惯，不愿让仆人听懂的话，他不用俄语说，而用法语说起来。

“你认识卡列宁夫人吗？我们在一块儿旅行呢。我这是去看她。”他用法语说，一面留神注视着高列尼歇夫的脸色。

“噢！我还不知道呢（其实他是知道的）。”高列尼歇夫淡淡地说。“你早就来了吗？”他又说。

“我吗？这是第四天了。”伏伦斯基回答说，并且又一次留神打量老同学的脸。

“是的，他是个正派人，看待事情一向是正确的，”伏伦斯基明白了高列尼歇夫脸上表情和改变话题的意义之后，就在心里说，“可以让他和安娜认识，他会正确看待的。”

伏伦斯基在和安娜在国外过的这三个月里，每次他新遇到什么人，总要自己问自己，这人是怎样看待他和安娜的关系的，他发现男人大多数都有正确的理解。可是如果问他，或者问那些“正确”理解这事的人，究竟这理解是怎样的，他和那些人都会不知所答。

实际上，伏伦斯基认为能“正确”理解的那些人并不理解这事儿，而是言语举止像一般有教养的人对待人生各方面一切复杂和无法解释的问题那样，保持礼貌，不暗示，也不提不愉快的问题。他们装作完全理解这种状况的意义和内涵，认可甚至赞赏，但却认为解释这一切是不妥当的和多余的。

伏伦斯基立刻揣摩出，高列尼歇夫就是这样一个人，所以看到他分外高兴。果然，当高列尼歇夫被带到卡列宁夫人面前时，他对她的态度正如他所希望的。他显然毫不勉强就避开了一切可能会引起不快的话题。

他以前不认识安娜，现在被她的美貌，尤其被她那坦然对待自己处境的态度所震动。在伏伦斯基领着高列尼歇夫进来的时候，她的脸红了红，那一张开朗而美丽的脸全都红了，他就特别喜欢这种孩子气的脸红。但尤其使他喜欢的是，她好像怕别人不了解似的，立刻就特意亲热地管伏伦斯基叫阿历克赛，并且说他们就要搬到新租的房子，也就是这里叫作宫殿的那座房子去住。高列尼歇夫很喜欢她对待自己处境的这种直率和坦然的态度。高列尼歇夫认识伏伦斯基也认识卡列宁，现在看着安娜这种亲热、愉快和起劲儿的样子，觉得完全能理解她。他觉得他能理解她怎么也无法理解的事，那就是，她为丈夫造成不幸，抛弃了丈夫和儿子，也坏了自己的名声，为什么还会感到那样带劲儿、那样愉快和幸福。

“那房子在旅行指南里有的，”高列尼歇夫说的是伏伦斯基租的那座宫殿，“那里面有丁托列托[①]杰作。是他的晚期作品。”

“您看怎么样？天气这么好，咱们再到那里去看看吧。”伏伦斯基对安娜说。

“非常高兴，我这就去戴帽子。您说，今天热吗？”她在门口站下来，带着询问的神气对伏伦斯基说。她的一张脸又红了。

伏伦斯基从她的目光看出来，她不知道他想用什么样的态度对待高列尼歇夫，她怕她的言谈举止未必是他所希望的。

他用温柔的目光看了她长长的一眼。

“不，不太热。”他说。

她觉得她全明白了，主要的是，他对她的言谈举止是满意的；

---

①丁托列托(1518—1594)，文艺复兴后期威尼斯画派代表人物。作品具有强烈的感染力，充满斗争精神；所作壁画富有动势，明暗对比强烈。

于是，她对他笑了笑，就快步走出门去。

两个朋友互相看了一眼，两个人的脸上都出现了局促不安的神气，看样子，高列尼歇夫似乎很欣赏她，想说说对她的看法，可是想不出说什么好，伏伦斯基又希望他说，又怕他说。

“这么说，”伏伦斯基为了找话说，就说起来，“你在这儿住下来啦？你就一直在做这种事吗？”他想起他听说高列尼歇夫在写作，就又说道。

“是的，我在写《两个原理》的第二部。”高列尼歇夫听到他问这事，得意地涨红了脸，说。“说得确切些，我还没有写，而是在做准备，搜集材料。这一部涉及面要广泛得多，几乎触及所有的问题。在我们俄国，都不愿意明白，我们是拜占庭的后代。”他滔滔不绝、慷慨激昂地阐述起来。

高列尼歇夫像说什么名著一样说的《两个原理》，伏伦斯基竟连第一部也不知道，起初觉得很窘。可是后来，等高列尼歇夫说起自己的见解，伏伦斯基也能听懂之后，尽管他还不知道两个原理是怎么一回事儿，他还是听得津津有味，因为高列尼歇夫讲得很生动。不过高列尼歇夫在谈到他所研究的题目时那种气愤的样子，却使伏伦斯基感到奇怪和不快。他越说，眼睛越发亮，越是急不可待地反驳假想的论敌，脸上的神情越是激动和愤慨。伏伦斯基想起高列尼歇夫本是一个瘦小而活泼、又善良又高尚的孩子，在学校里总是名列第一的学生，就怎么也无法理解他现在为什么会这样气愤，而且也不赞成这种气愤。他尤其不喜欢的是，像高列尼歇夫这样有教养的人，竟和那些使他气愤的无聊文人一般见识，生起那些人的气。这值得吗？伏伦斯基不喜欢这一点，但是，尽管这样，他还是觉得高列尼歇夫是不幸的，所以他很可怜他。就在他连安娜进来都没有发觉，还在慷慨激昂地发表他的见解的时候，可以从他那激动的、相当漂亮的脸上看出这种近乎精神病的不幸。

当安娜戴了帽子、披起斗篷走进来，用柔美的玉手敏捷地玩弄着阳伞，在旁边站下来的时候，伏伦斯基才松一口气，摆脱了紧紧盯着他的高列尼歇夫那气愤的眼睛，深情地看了看他那充满生气与欢乐的美貌的情侣。高列尼歇夫好不容易定下神来，开头还是忧郁和闷闷不乐的，然而对什么人都有好感的安娜（她近来就是这样）很亲切、很快活地和他说起话来，很快就使他提起了精神。她试着谈了种种话题之后，便引他谈起绘画，他谈得很精彩，她便用心听着。他们一直走到所租的房子里，细细看了一遍。

“有一点我很高兴。”在他们回来的路上，安娜对高列尼歇夫说。“阿历克赛要有一间极好的画室了。你一定要把那间屋子用起来。”她用俄语对伏伦斯基说，并且称呼他“你”，因为她已经明白，高列尼歇夫将成为他们隐居生活中的密友，在他面前无须顾忌。

“你当真会画画吗？”高列尼歇夫急忙转身问伏伦斯基。

“是的，我早先画过，现在又开始画一点儿了。”伏伦斯基红着脸说。

“他很有才气呢，”安娜高兴地笑着说，“自然，我不是行家。不过，很有眼力的行家也都这样说。”

八

安娜在她获得自由和迅速康复的初期，觉得自己幸福得不得了，充满生的欢乐。回想到丈夫的不幸，也不影响她的幸福。一方面，这种回忆太可怕，以至于她不敢去想他。另一方面，正是她的丈夫的不幸造成了她的无比幸福，所以又不能后悔。回想起她病后发生的种种事情：同丈夫和解、决裂、伏伦斯基负伤的事、他的来临、准备离婚、离开丈夫的家、离别儿子——她觉得这一切就像一场噩梦，噩梦醒来，她就单独和伏伦斯基一起在国外了。回想起她给丈夫造成的不幸，心中就产生一种近似厌恶的感觉，就像一个落水的人甩掉了一个死死抓住他的人。那人淹死了。当然，这样做是很不好的，但只有这样才能自救。所以最好还是不要回想那些可怕的详情细节。

在刚刚决裂的时候，她对自己的所作所为有过一种自我安慰的想法；现在，在她回想起种种往事的时候，又想起那一种想法。"我造成这个人的不幸是不得已的，"她想，"我并不想利用这种不幸；我现在也很痛苦，今后还会很痛苦，因为我失去了我最珍爱的东西，——失去了名声和儿子。我做了坏事，所以我不想幸福，不想离婚，我会因为羞耻和离开儿子十分痛苦的。"可是，不论安娜多么心甘情愿忍受痛苦，她却不痛苦，也不觉得有什么羞耻。他们一向很知道分寸，在国外也是尽可能不接触俄国妇女，从来不使自己陷于尴尬的境地，不论在哪里遇到的人，都是装作完全了解他们的关系，甚至比他们自己更了解。离开儿子，儿子虽然是她心爱的,开头她也不觉得痛苦。女儿是他的孩子,格外可爱,而且自从剩了这一个孩子之后,安娜又格外心疼她,因此安娜也就很少想起儿子了。

由于健康恢复,生的欲望更加强烈,生活环境又是如此新鲜,如此舒畅,所以安娜觉得自己幸福得不得了。她越是了解伏伦斯基,越是爱他。她爱他,因为她爱他这个人,还因为他爱她。她一想到他完全是她的,总是喜不自胜。他和她亲近,她总感到愉快。她对他的种种性格特点越来越了解,她觉得那都无比可爱。他穿起便服后又是一番风采,格外使她着迷,就像一个痴心的少女。不论他说的,想的,做的,她觉得那都是特别高尚和了不起的。她对他的倾心常常使她自己感到吃惊:她常常想在他身上找到不好的地方,可是怎么也找不到。她不敢在他面前流露自己的自卑感。她觉得,如果他知道这一点,恐怕就不会再爱她;现在她最害怕失去他的爱情,比什么都害怕,虽然没有任何害怕的理由。可是她不能不感激他对她的情义,不能不表示她是多么珍视这种情义。她认为,他是有相当的从政才能的,在这方面应该是大有作为的,然而他却为她牺牲了功名,而且从不表示任何惋惜。他对她比以前更加敬爱,时时刻刻想着不能让她感到自己处境尴尬。像他这样一个刚强的男子汉,不仅从来不违抗她的心意,而且简直就没有自己的心意,就好像操心的只是如何揣测到她的心意。她不能不珍视这一点,虽然他对她这种无微不至的体贴和关怀本身有时使她觉得受不了。

然而,尽管伏伦斯基盼望已久的事如愿以偿,他却不觉得圆满无缺。他很快就感觉到,这一心愿的实现不过是他所期望的如山的幸福中的一粒砂子。这一愿望的实现使他看清了为什么许多人总是犯那种错误，就是把一种愿望的实现当成幸福。在他同她结合，穿起便服之后，在最初一段时间里，他充分体会到恋爱自由的乐趣以及各方面自由的乐趣，这是他以前不曾尝过的，他感到很满意，可是这没有维持多久。他很快就感觉出来，在他心中出现了愿望不满足感，苦闷感。他不由自主地抓住每一个一闪而过的念头，认为那就是愿望和目标。一天十六个小时都要想办法消磨，因为他们在国外过的是无拘无束的日子，摆脱了在彼得堡那种容易消磨时间的社会生活环境。以前伏伦斯基在国外享受过的那种单身生活乐趣，现在连想也不敢想了，因为有过一次这类的事，和几个朋友晚餐回家迟了，就引起安娜意想不到的忧郁和多心。这里有当地人，有俄国人，因为不了解他们的情况，也就不可能和他们交往。至于游览名胜，且不说他们已经游览遍了，这对他，对一个俄国人和聪明人来说，并不是多么重要，不像英国人那样看待这种事儿。

正如一只饥饿的野兽，见什么抓什么，希望那是食物，伏伦斯基也是这样，完全不由自主地乱抓起来，忽而研究政治，忽而阅读新书，忽而从事绘画。

因为他从小就有绘画才能，也因为他不知道自己的钱该往哪里花，就开始收集版画，后来又着重收集彩色画，自己也画起彩色画，把没有派用场的、要求满足的心思都用在这方面。

他善于鉴赏艺术，善于模仿，能模仿得很准确，模仿出原作风格，而且他也认为他有艺术家的才具，所以，他在考虑选择哪一种绘画，宗教画，历史画，风俗画还是写实画，费过一番踌躇之后，就画了起来。他能鉴赏各类绘画,不论从哪类绘画都能得到灵感;他却想不到,也可以完全不知道有哪些类绘画,灵感也可以直接来自心灵,不管他要画的东西属于哪一类。就因为他不懂得这一点,因为他的灵感不是直接来自生活,而是间接来自已经体现为艺术的生活,所以他的灵感来得又快又容易,他也就能又快又容易地使他所画的东西酷似他所模仿的那一类绘画。

在各种各类绘画中,他最喜欢的是优美感人的法国画,于是他就照这种风格,开始画穿着意大利服装的安娜肖像。他和所有看到这幅肖像的人,都认为画得很成功。

九

这是一座古老的、冷落了的宫殿,高高的饰花天花板,一幅幅壁画,镶木地板,高大的窗户上挂着厚厚的黄色窗幔,托架上和壁炉上摆着一个个花瓶,一道道雕花的门,一座座挂着图画的阴森森的大厅。在他们搬进来以后,单是这宫殿的外表就使伏伦斯基产生一种愉快的错觉,好像他不是一个俄国地主,一个退职的武官,而是一个学识渊博的艺术爱好者和保护者,本身也是一个不求闻达的艺术家,为了心爱的女人,远离尘世,杜绝交往,放弃功名。

伏伦斯基扮演进住宫殿的角色是完全成功的,在通过高列尼歇夫认识了一些有趣的人物之后,最初一段时间他也是安心的。他在一位意大利美术教授指导下练习写生,并且研究中世纪意大利生活。近来伏伦斯基十分醉心中世纪意大利生活,甚至按照中世纪的样子戴帽子，把斗篷搭在肩膀上，这对他是十分配称的。

“咱们住在这儿，什么也不知道。”伏伦斯基有一天对一大早就来看他的高列尼歇夫说。“你见过米哈伊洛夫的画吗？”他说着，把早晨刚刚收到的一张俄国报纸递给他，并且指了指上面一篇文章，文章写到也住在这座小城里的一位俄国画家，刚完成一幅传说已久的画，那画事先已经被人买下了。文章指责政府和研究院对这样一位杰出画家没有任何奖励与支持。

“我见过，”高列尼歇夫回答说，“当然，他不是没有才气的，不过他走的路子不对头。他对待基督和宗教画一直抱的是伊凡诺夫、施特劳斯、勒南[①]那种态度。”

“那幅画画的是什么？”安娜问道。

“画的是基督面对皮拉多[②]。耶稣成了新派现实主义笔下的一个犹太人了。”

一问起画的内容，就使高列尼歇夫转到他所喜欢的话题，于是他滔滔不绝地说下去：

“我真不懂，他们为什么会这样荒唐。在历来艺术大师的作品中，基督的形象已有一定的表现形式。所以，如果他们想画的不是上帝，而是革命家或者圣贤的话，那他们尽可以从历史中选取苏格拉底、富兰克林、夏洛特·科尔德，就不应该选取基督。他们所选的恰恰是不能做艺术题材的人物，再说……”

“怎么，这位米哈伊洛夫真的这样穷苦吗？”伏伦斯基问道，

①伊凡诺夫（1806—1858），俄国画家，在宗教画中表现哲学主题。施特劳斯（1808—1874），德国哲学家，著有《耶稣传》。勒南（1823—1892），法国作家，著有《基督教起源史》。

②皮拉多，古罗马总督，就是他下令把耶稣钉上十字架。

因为他自以为是俄国的米岑纳特[1],应该帮助这位画家,不管他的画是好还是不好。

“不见得。他是一位出色的肖像画家。你们见过他画的瓦西里奇科娃像吗?不过,可能他不想再画肖像了,因此,也许真的有些拮据了。我是说……”

“能不能请他给安娜·阿尔卡迪耶芙娜画一幅肖像呢?”伏伦斯基问道。

“给我画像做什么?”安娜说。“有了你画的那一幅,我什么画像也不要了。还不如给安妮(她这样叫她的女儿)画一幅呢。哦,她来了。”她从窗户里看到那个标致的意大利奶妈抱着孩子走进花园,就又加了一句,并且立刻悄悄地打量了一下伏伦斯基。这个标致的奶妈,伏伦斯基画过她的头像放在自己画里的,成了安娜生活中唯一的心病。伏伦斯基画过她,很欣赏她的美丽和古典式风韵,安娜自己也不敢承认,她很怕嫉妒起这个奶妈,所以她对她和她的小男孩特别亲热和心疼。

伏伦斯基也朝窗外看了看,又看了看安娜的眼睛,马上又转过身来朝着高列尼歇夫,说:

“你认识这个米哈伊洛夫吗?”

“我见过他几次。不过他是一个怪物,没有任何教养。就是说,是一个野蛮无知的新派人物,这种人现在是常常可以见到的;就是说,是无信仰、否定一切和唯物主义观念直接培养出来的一个自由思想家。从前,”高列尼歇夫没有注意或者不愿注意安娜

①米岑纳特,古罗马奥古斯都皇帝的亲信,因大力庇护诗人,成为庇护文艺的同义语。

和伏伦斯基都想说话，继续说下去，“从前，自由思想家是在宗教、法律和道德观念中培养出来的人，经过自身的奋斗和探索而获得自由思想的；现在却出现了新型的天生自由思想家，他们甚至没听说过有什么道德和宗教准则，有什么权威，而是在否定一切的观念中成长的，也就是像野蛮人一样。他就是这样的。他好像是莫斯科宫廷总管的儿子，没有什么学识。等他进了研究院，有了名气，因为他也不蠢，就想增长学识。于是他看起他认为是知识来源的东西，——看起杂志。谁都知道，自古以来，想求知识的人，比如法国人吧，总是阅读经典作品：神学大师、悲剧大师、历史学家、哲学家的著作，就是说，阅读所能见到的一切博大精深的著作。可是现在我们有些人却一头钻进否定主义的书刊里，很快就学到否定主义的全部实质，就算学好了。不仅如此，二十年前还能在这类书刊中发现同权威、同传统观念搏斗的迹象，可以从这种搏斗中了解到，还有别的什么东西；但是现在一头钻进这类书刊里，在这类书刊里，认为不值得同传统观念争论，干脆了当地说：除了进化、自然淘汰、生存竞争，再没有什么了，如此而已。我在自己的文章中……”

“您听我说。”安娜知道伏伦斯基对这位画家的学识问题不感兴趣，只是一心想着要帮助他，请他画肖像，她早就小心翼翼地在和伏伦斯基交换眼色，这时就开口说。“您听我说，”她果断地打断了说得上了劲儿的高列尼歇夫的话，“咱们去看看他吧！”

高列尼歇夫定了定神，欣然同意了。但因为画家住在很远的一条街上，于是他们就决定乘马车去。

一个小时之后，安娜就和并排坐的高列尼歇夫以及坐在前面的伏伦斯基一起，来到很远一条街上的一座漂亮的新房子前面。看门人的妻子迎出门来，说米哈伊洛夫通常都是在画室里见客，不过此刻他在几步外的住处，他们就请她把名片递给他，要求允许看看他的画。

十

画家米哈伊洛夫在接到伏伦斯基伯爵和高列尼歇夫的名片的时候，像往常一样，正在画画。早晨他在画室里画那一幅巨幅油画。回到家里以后，对妻子发了一阵火，怪她没有对付好前来讨账的房东太太。

“我对你说过二十回，叫你不要多解释。你本来就糊涂，你用意大利话解释起来，就糊涂上加糊涂了，”争吵了好一阵子之后，他又对她说：

“那你就别欠账嘛，这又不能怪我。我要是有钱的话……”

“你行行好，让我安静一会儿吧！”米哈伊洛夫带着哭腔叫起来，然后就捂住耳朵，走到隔壁的工作间里，随手把门闩上。“糊涂娘儿们！”他在心里说过这话，便在桌旁坐下来，打开画夹，立刻就特别起劲地画起一幅开了头的素描。

他一向作画，从来没有像在日子难过的时候，尤其是和妻子吵架的时候这样起劲，这样顺手。“唉！真不如躲到什么地方去！”他一面想，一面画着。他在画的是一个勃然大怒的人。这是他以前画的，但是他很不满意。“不行，还是那一张好些……那一张在哪儿呢？”于是他去找妻子，却不看她，只皱着眉头问了问大女儿,他给她们的那张纸在哪儿。那张丢掉的画稿找到了,但是弄脏了,还滴了蜡烛油。他还是拿起画稿,摊在自己桌子上,自己往后退了两步,眯起眼睛,仔细打量起来。他忽然笑了,而且高兴得把两手一挓挲。

"就这样,就这样!"他说着,抓起铅笔,迅速地画起来。一点蜡烛油倒是为画中人增添了新的姿态。

他在描画这新的姿态的时候,忽然想起他去买雪茄的店里的老板那尖下巴和恶狠狠的脸,于是他就把这张脸和这副下巴给人物画上去。他高兴得笑起来。人物突然由死的变成活的,由虚构的变成有一定性格的。这人物活了,特性是清楚而明确的。根据人物需要,这画还可以修改,可以而且应该修改两腿叉开的姿势,左臂的姿势应该完全改变,头发要撩到后面。但是他作这些修改,并不改变人物形象,而只是去掉可能使人物形象不清楚之处。他好像是去掉人物身上的一切遮盖物,不然人物形象就不能充分显露;新画的每一笔只是越来越鲜明地表现出整个人物形象那一股恶狠狠的劲儿,也就是他突然从一滴蜡烛油想象出的那种样子。在给他送来名片的时候,他正在小心翼翼地最后修饰这幅画。

"这就好了,这就好了!"

他来到妻子这边。

"算了,萨沙,别生气了!"他羞涩而亲热地笑着对她说。"你不对,我也不对。我会把一切都料理好的。"他同妻子和解之后,便穿起天鹅绒领子的橄榄色大衣,戴上帽子,朝画室走去。他已经把画得很成功的人物忘记了。这会儿使他高兴和激动的是,这几位俄国贵客乘马车来访他的画室。

他对于现在还在画架上的那幅画，只有一个看法，那就是，像这样的画还从来没有人画过。他并不以为他的画比拉斐尔所有的画都好，但是他知道他想表现而且也表现出来的画意还从来没有人表现过。这一点他是很清楚的，而且一开始画就知道了。但是别人的看法，不论什么样的看法，对他都还是十分重要的，并且都能使他心里十分激动。他听到任何意见，哪怕最微不足道的意见，哪怕评论者所看到的只是他所看到的极小的一部分，他心里都不能不激动。他总是认为评论者比自己更有眼力，总希望评论者能说出他自己没有看出的毛病。他觉得他常常可以从参观者的看法中发现问题。

他快步朝他的画室门口走去，尽管他心情激动，安娜那妩媚的风韵还是使他吃了一惊。安娜站在门口的阴影里，正在听着高列尼歇夫很起劲地在对她说什么事，同时显然很想好好看看走来的画家。他自己也没有发觉，在他向他们走来时，他把这印象一下子抓住，并且收在脑海里，就像他抓住卖雪茄老板的下巴那样，现在把这印象收藏起来，用得着的时候再拿出来。两位新来访者事先听了高列尼歇夫说起这位画家，本来已经有些失望，现在见到他的外貌更加失望了。米哈伊洛夫那敦实的中等个头儿，摇摇晃晃的步子，咖啡色帽子，橄榄色大衣，在早已流行宽大裤子的这时候他穿的那窄小的裤子，尤其是那一张平庸的大脸，那畏畏缩缩而又想保持自己尊严的神气，都给人一种很不愉快的印象。

“请进吧。”他竭力装出若无其事的神气说，接着就走进门廊从口袋里掏出钥匙，把门打开了。

十一

走进画室，画家米哈伊洛夫又把客人们打量了一遍，把伏伦斯基的面部表情，尤其是他的颧骨表情，记在脑海里。尽管他的艺术感没有停止活动，仍然在为他收集素材，尽管因为即将有人评论他的画，他的心情越来越激动，他还是通过一些不易觉察的特征又快又细致地构成了对这三个人的印象。那个男子（高列尼歇夫）是侨居此地的俄国人。米哈伊洛夫不记得他的姓名，也不记得在哪儿见过他，同他谈过什么话。他只记得他的面孔，因为他不论在哪里见过的面孔都是记得的，不过他也记得，这在他的脑海里是摆在装模作样和很少表情的那一大类面孔之中的。那浓密的头发和十分开阔的额头使他的脸色显得很深沉，仅有的一点儿孩子般的不安生神气集中表现在那狭窄的鼻梁上方。伏伦斯基和安娜，在米哈伊洛夫看来，想必都是富有而显贵的俄国人，像一切富有的俄国人一样，对艺术一窍不通，却要装作是艺术爱好者和鉴赏家。米哈伊洛夫心想："他们大概已经看遍了所有的古董，现在想必又要到处参观现代画家、德国江湖骗子和英国拉斐尔前派傻子的画室了，他们到我这儿来无非是为了看个遍罢了。"他很清楚这些一知半解的人的特点（他们越聪明越坏），知道他们参观当代画家画室只有一个目的，就是为了有资格说艺术已经衰落，看当代作品看得越多，越能看出，古代艺术巨匠还是无与伦比的。他等待的就是这一切，这一切他从他们的脸色看得出来，从他们互相交谈、观看人体模型和胸像、很随便地走来走去、等待着他揭去画上盖布的那种漫不经心的神气也看得出来。可是，尽管如此，在他翻着一幅幅画稿，拉窗帘，揭盖布的时候，他心里还是非常激动，尤其因为，尽管他认为所有富贵的俄国人都是畜生和傻瓜，他还是很喜欢伏伦斯基，特别是安娜。

“请看看这一幅吧。”他敏捷地退到一旁，指着一幅画说。“这是皮拉多的训诫。《马太福音》第二十七章。”他说着，觉得自己的嘴唇都激动得哆嗦起来。他退了几步，站到他们后面。

在来访者一声不响地看画的几秒钟里，米哈伊洛夫也看着画，用冷静的、旁观者的眼光看着。在这几秒钟里，他料定，正是刚才他还十分瞧不起的来访者会对他的画做出最高明、最公正的评价。他忘记了他以前在画这幅画的三年时间里有关这幅画的一切想法；他忘记了他原以为无可置疑的种种优点，——他用他们那冷静、旁观的另外一种眼光看画，也就看不出有什么好的地方了。他看到前景中皮拉多那愤怒的脸和基督的镇静的脸，看到后景中皮拉多的仆从的身影和观看动静的约翰的脸。不论哪一张脸，都是经过多次探索、失误、修改，根据各自特有的性格在他心中形成的，每一张脸，都曾经带给他那么多的苦恼和喜悦，为了照顾全局，所有这些脸的位置不知变动过多少次，在色彩和色调上他又花过多少心血，——所有这一切，现在他用他们的眼光来看，就觉得粗俗不堪，千人一面了。那张成为全画中心的基督的脸，他最珍视、在他发现成为中心时使他感到那样快乐的，现在用他们的眼光来看，他觉得什么意思也没有了。他看出，他所画的无非是提香、拉斐尔、鲁本斯的无数基督像及其皮拉多像和士兵像的很好的摹制品，甚至连好也说不上，因为现在他清清楚楚看出一大堆缺点。这一切都很庸俗、可怜和陈腐，甚至画得也很不好——太花哨，也太松散无力。如果他们当着画家的面说虚伪的恭维话，背后又可怜他又嘲笑他，那也是有道理的。

这种沉默（虽然不到一分钟）使他十分难受。为了打破沉默并且表示他并不激动，他就强作镇定，和高列尼歇夫说起话来。

“我好像有幸见过您。”他一面说，一面惴惴不安地忽而望望安娜，忽而望望伏伦斯基，唯恐看漏他们脸上的任何一点表情。

“当然啦！咱们在露西家见过面，您该记得，那天晚上，有一位意大利小姐——一位新的拉舍尔[①]朗诵。”高列尼歇夫毫不留恋地把目光从画上移开，面对着画家，很随便地说起话来。

然而，他发现米哈伊洛夫正等着他评画，他就说道：

“您的画比我上次看到的大有进步。现在还像上次一样，特别使我佩服的是皮拉多的形象。就应该这样看待这个人物，这是一个善良的好人，但又是一个彻头彻尾的官僚，不知道自己在干什么。不过我觉得……”

米哈伊洛夫那表情多变的一张脸顿时发亮了，眼睛放出光彩。他想说点什么，却激动得说不出话来，于是他假装咳嗽。尽管他并不看重高列尼歇夫的艺术鉴赏力，尽管高列尼歇夫对皮拉多这个官僚面部表情准确性的恰当评语算不了什么，尽管是随意说的这种无足轻重之处，而没有说到最重要之点，本来有可能使他感到不快，米哈伊洛夫听了这评语还是十分高兴。他自己对于皮拉多这个人物的想法，和高列尼歇夫说的完全一样。这种看法只是米哈伊洛夫认为完全正确的无数看法之一，可是他觉得这并

①拉舍尔（1821—1858），著名法国女演员。

不说明高列尼歇夫的评语没有什么意义。他因为这个评语喜欢起高列尼歇夫,顿时一扫忧郁的心情,心里喜不自胜。他的整个一幅画顿时在他面前活了,显示出一切有生命的东西的无比丰富多彩的特征。米哈伊洛夫又想说说,他就是这样看待皮拉多的;可是他的嘴唇不由自主地哆嗦着,他说不出话来。伏伦斯基和安娜也小声说了些什么,所以用小声,一方面是怕伤害画家的感情,一方面是怕说出蠢话,因为往往人们在参观绘画谈论艺术的时候是很容易说蠢话的。米哈伊洛夫觉得,他们对这画也有观感。于是他走到他们跟前。

"基督的神情多么美妙呀!"安娜说。在她所看到的一切当中,她最喜欢这种神情,而且她觉得这是画的中心,因此称赞这一点会使画家高兴的。"显然他很怜悯皮拉多呢。"

这也是在他的画中,在基督形象中可以看出的无数想法之一。她说的是基督怜悯皮拉多。在基督的表情中应该有怜悯的神情,因为他有爱的神情、超然物外的神情、从容就义的神情和知道说话已无用的神情。自然,皮拉多要有官僚的神情,基督要有怜悯的神情,因为一个是肉欲生活的化身,一个是精神生活的化身。在米哈伊洛夫头脑里闪过这种种念头和其他许多念头。他的一张脸又高兴得放起光来。

"是啊,这人物是怎么画的呀,空间感多么强呀。简直可以绕着走过去呢。"高列尼歇夫这样评论说,显然是想表示他不赞成人物的内涵和意义。

"是的,了不起的功力!"伏伦斯基说。"这些后景上的人物多么突出呀! 这可是真正的技巧。"伏伦斯基对高列尼歇夫说,他这是暗暗接续他们原来的谈话，那时伏伦斯基没想到会有这样的技巧。

“是的，是的，真了不起！”高列尼歇夫和安娜都附和说。尽管米哈伊洛夫心情非常兴奋，但他们说到技巧还是刺痛了他的心，所以他很生气地看了伏伦斯基一眼之后，一下子就皱起眉头。他常常听到“技巧”这个词儿，可是他简直不明白这指的是什么。他知道，这个词儿指的是绘画本领，与内容毫无关系。他常常发现，很多人把技巧和内在的价值对立起来，仿佛依靠技巧可以把不好的内容画好似的，他发现他们现在的称赞也是这样。他知道，必须非常仔细，非常小心，才能去掉表面化之处而不损伤作品本身，才能去掉所有表面化之处；而在这方面是用不着绘画本领，用不着什么技巧的。如果一个小孩子或厨娘想看清楚所看到的东西，他们也会揭去一切外在的东西。一个最有经验、最高明的画家，如果事先不弄清其大致内容的话，光凭技巧是什么都画不出来的。此外，他还看出来，如果谈技巧的话，他是不应该受到称赞的。在他的所有作品里，无论画成的，正在画的，他都看出一些十分触目的缺点，那都是因为自己在去掉表面化之处时不小心造成的，现在要想修补这些缺点而不损伤整个作品已经不可能了。几乎在所有的形体和面孔上他都看出还没有去干净的损害作品的表面化之处。

“有一点可以说说，如果能恕我直言的话……”高列尼歇夫说。

“哎呀，我太高兴了，请您指教。”米哈伊洛夫装出笑容说。

“就是说，您画出来的是人神，而不是神人。不过，我知道，您就是想这样。”

“我画不出在我心中不存在的那个基督。”米哈伊洛夫沉下脸说。

“是的，不过，要是这样，如果恕我直言的话……您的画是极好的，我的评价不能损其丝毫，再说，这也只是我个人的意见。您有您的看法。动机也不相同嘛。不过，就拿伊凡诺夫来说吧。我认为，要是把基督降低到历史人物的地步的话，那么伊凡诺夫就不如选择另外的、没有人画过的新颖历史题材。”

“但是，如果这是艺术面临的最伟大主题呢？”

“如果去找的话，那是可以找到其他题材的。不过，问题就在于，艺术是不容争吵和议论的。不论是信徒还是非信徒，看到伊凡诺夫的画，都会出现疑问：这是神，还是不是神？这就破坏了印象的统一。”

“为什么会这样呢？我觉得，有教养的人是不可能争吵的。”米哈伊洛夫说。

高列尼歇夫不同意这话，坚持自己原来关于艺术印象必须统一的说法，说得米哈伊洛夫哑口无言。

米哈伊洛夫非常激动，却说不出什么理由维护自己的意见。

十二

安娜和伏伦斯基为自己的朋友大发议论感到遗憾，早就在互相使眼色，终于，伏伦斯基不等主人指引，自己转身去看另一幅不大的画。

“哎呀，多美呀，美极了！真了不起！多美呀！”他们异口同声地叫起来。

“是什么使他们这样喜欢呀?”米哈伊洛夫想道。他已经忘记了他三年前作的那幅画。他忘记了那几个月中日日夜夜全神贯注于这幅画时为这幅画经受的痛苦与欢乐，他总是这样，画好了，就忘记了。他甚至连看都不喜欢看，现在摆出来，只是为了等一个英国人来买这幅画。

“那不过是一幅旧的习作。”他说。

“多么美呀！”显然也陶醉于这幅画的魅力的高列尼歇夫说。

两个小男孩在柳荫下钓鱼。大的一个刚刚抛出钓钩，正在小心翼翼地把浮子从树棵子后面往外拖，一脸全神贯注的神气；另一个小些的躺在草地上，双手托着淡黄色乱发的头，一双若有所思的蓝眼睛望着水面。他想的是什么?

对这幅画的赞赏唤醒了米哈伊洛夫原来的兴奋心情，但是他害怕而且也不喜欢这种无谓的恋旧心情，所以，尽管他听了称赞十分高兴，他还是想带着来访者去看第三幅画。

但是伏伦斯基却问这幅画是否出卖。因为客人来访十分兴奋的米哈伊洛夫，这时觉得谈金钱的事是极不愉快的。

“摆出来就是要卖的。”他阴沉地皱着眉头回答说。

等来访者一走，米哈伊洛夫就面对着皮拉多和基督那幅画坐下来，在心里重温几位来访者说过的话，以及虽然没有明说然而却暗示过的话。说也奇怪，当他们在这里，当他用他们的眼光看待问题的时候，他觉得有些意见是很有分量的，现在他觉得顿时失去任何意义。他开始用纯粹艺术家的眼光来看自己的画，这才产生了信心，相信自己的画是完美的，因而是有价值的，他需要有这样的心情，才能不分散注意力，集中精神，只有集中精神，他才能作画。

基督的一只脚在透视上还是不对头的。他拿起调色板，画了起来。他一面修改那只脚，一面一再地注视后景中约翰的形象，那形象是来访者没有注意的，可是他知道那是完美无缺的。他修完了脚，就想再画画这个形象，可是他觉得自己太激动，没办法画。他在冷静的时候，无法作画；在过分感动，把什么都看得一清二楚的时候，同样也无法作画。只有在从冷静到产生灵感这样的过渡时间里才能作画。今天他却是太激动了。他想把画盖起来，可是又停下来，手里拿着盖布，美滋滋地微笑着，对着约翰像看了好一阵子。最后他才依依难舍地用布盖上，带着疲倦然而幸福的心情朝家里走去。

伏伦斯基、安娜和高列尼歇夫在回家的一路上特别起劲儿，特别快活。他们谈着米哈伊洛夫和他的画。在他们的谈话中常常出现天才这个词儿，因为他们需要用这个词儿来说他们一点不懂却又很想说说的东西。他们认为这是与智慧和心灵无关的一种天生的、几乎是生理性的能力，他们就想用这个词儿来说明画家的一切所感所思。他们说，他的天才是不能否认的，但他的天才却因为缺乏教养不能充分发挥，缺乏教养是我们俄国画家共同的不幸。但是那幅两个男孩子的画却深深印在他们的脑海里，他们一再谈到那幅画。

"真是美极了！他画得多么成功，多么自然呀！他自己也不明白，这幅有多么好。是的，不能错过，一定要把这画买下来。"伏伦斯基说。

十三

米哈伊洛夫把他那幅小画卖给了伏伦斯基,并且答应为安娜画像。在约定的一天他来了,就开始画像。

画像画到第五次,震动了所有的人,尤其是伏伦斯基,因为不仅惟妙惟肖,而且画出了特有的美。实在奇怪,米哈伊洛夫怎么会发现她那种特有的美。"必须十分了解她,像我这样爱她,才能发现她这种最可爱的真挚表情。"伏伦斯基想道,虽然他是看了这幅像才看出她这种最可爱的真挚表情的。但是这表情极其真切,以至于他和其他人都觉得早就熟悉了。

"我折腾了那么多时间,什么也没有画成,"伏伦斯基说起他画的那幅肖像,"他却只是看了两眼,就画成了。这就叫技巧。"

"这不用着急。"高列尼歇夫安慰他说。他认为伏伦斯基有天才,更要紧的是,也有教养,有了教养就有高尚的艺术见解。高列尼歇夫相信伏伦斯基有天才,还因为他需要伏伦斯基赞同和推许他的文章和见解,他觉得赞许和支持应该是相互的。

在别人家里,尤其是在伏伦斯基住的宫殿里,米哈伊洛夫和在自己的画室里完全不同。他总是保持着敬而远之的态度,好像很怕和他不尊敬的人接近。他对伏伦斯基称"阁下",而且,尽管安娜和伏伦斯基一再邀请,他从来不留下来吃饭,除了画像,他也不来。安娜待他比待谁都亲热,很感激他为她画像。伏伦斯基对他格外恭敬,显然很想听听画家对他的画怎样评价。高列尼歇夫则抓紧一切机会向米哈伊洛夫灌输高明的艺术见解。可是米哈伊洛夫依然对所有的人一样冷淡。安娜从他的目光感觉到,他很喜欢看她;但是他却尽量不和她谈话。伏伦斯基谈起他的画,他怎么都不作声;把伏伦斯基的画拿给他看,他也是怎么都不作声,而且,显然他听到高列尼歇夫的话觉得受不了,却也不反驳他。

总之,等他们进一步了解了米哈伊洛夫以后,他那种拘谨和不爽快,似乎是怀有敌意的态度就使他们很不喜欢了。等画像完工,他们手里留下一幅优美的画像,他就不再来的时候,他们都感到非常高兴。

高列尼歇夫首先说出大家都有的想法,也就是说,米哈伊洛夫不过是嫉妒伏伦斯基罢了。

"就算他不嫉妒,因为他有天才;那他也是很不痛快的,因为他看到这样一个接近宫廷的有钱人,还是一位伯爵(他们就痛恨这个),没有花费太大力气就干起同样的事儿,即使不比他这个干了一辈子的人好,那也不相上下。尤其是教养,那是他没有的。"

伏伦斯基说,米哈伊洛夫不是这样,但是他在内心里认定就是这样,因为照他看来,一个下层社会的人必然会嫉妒的。

他和米哈伊洛夫都为安娜画了像,伏伦斯基看到画像应该看出他和米哈伊洛夫的差别,可是他却看不出差别。他只是在米哈伊洛夫画过之后不再画安娜的像了,认为没有必要再画了。他还继续画他那幅表现中世纪生活的画。他本人,以及高列尼歇夫,尤其是安娜,都认为画得很好,因为这比米哈伊洛夫的画更近似名画。

然而,米哈伊洛夫虽然十分热心为安娜画像,等到画像完工,可以不必再听高列尼歇夫那一套关于艺术的议论,可以忘记伏伦斯基的画的时候,他比他们更要高兴。他知道,没办法禁止伏伦斯基画画解闷儿;他知道,他和所有那些一知半解的人都有权利画画,想画什么就画什么;但他是不愉快的。不能禁止一个人做一个很大的蜡人儿,并且吻蜡人儿。可是如果这个人带着蜡人儿走来,坐到一个恋人面前,跟蜡人儿亲热起来,就像这个恋人和他的恋人亲热那样,那这个恋人会感到不愉快的。米哈伊洛夫看到伏伦斯基的画,就是产生了这样的不愉快心情:他觉得又好笑又好气,又可怜又可恨。

伏伦斯基醉心绘画和中世纪生活的时间并不长久。他对绘画的兴致只是一时的,所以他无法把自己的画画完。画画停止了。他模模糊糊感觉到,有些缺点开头时还不明显,如果再画下去,缺点就会令人吃惊了。他也和高列尼歇夫一样了,高列尼歇夫就觉得他没什么好写的,就经常欺骗自己,认为构思没有成熟,还在酝酿构思和收集材料。但是高列尼歇夫常常因为这样又懊恼又痛苦,伏伦斯基却不会欺骗自己,不会让自己痛苦,尤其不会懊恼。他一向性格果断,所以他既不解释,也不说理由,不画了就是不画了。

但是,不画画了,他就觉得他和对他的灰心感到惊讶的安娜生活在这意大利城市里太乏味了,宫殿顿时显得那样破旧和肮脏,窗幔上的污点、地板的裂缝、檐板上剥落的石灰显得那样难看,老是高列尼歇夫、意大利教授和德国旅行家,多么没味道,不能不换换生活了。他们就决定回俄国,到乡下去。先去彼得堡,伏伦斯基想和哥哥分分家产,安娜也想看看儿子。他们打算在伏伦斯基家的大庄园里过夏天。

十四

列文结婚已经有两个多月了。他很幸福，但完全不像他所期望的那样。他处处感到以前的梦想破灭，处处感觉到意想不到的新的魅力。列文很幸福，但是过起家庭生活以后，他处处都看出来，这和他原来想的完全不同。他处处感到，自己的心情，就像一个人欣赏过别人乘小船在湖上平稳而悠然自得地划行而自己又坐上这小船之后的心情。他看出来，光是不摇不晃，平平稳稳地坐着是不行的，还是要动脑筋，片刻不能忘记往哪儿划，不能忘记脚下是水，不能忘记划船，没有划惯，手是要痛的，而且这种事看起来容易，做起来虽然快乐，却是很难的。

过去，在他独身的时候，看着人家的夫妻生活，看到那些琐碎的家务、争吵、嫉妒，他只是在心里轻蔑地笑笑。他认为，在他未来的夫妻生活中不仅不会出现类似的情形，而且就连整个生活方式也必然会完全与众不同。谁知，他和妻子的生活不仅没有自成一格，倒是相反，天天忙不完的也不过是他以前十分瞧不起的琐碎家务，而且，与他的愿望相反，琐碎的家务变得异常重要，不容置疑了。列文还看出来，所有这些家务，处理起来完全不像以前所想的那样容易。尽管列文自以为对家庭生活有最正确的见解，但他也和所有的男子一样，不知不觉把家庭生活想象成只是爱情的享受，什么都不应该妨碍爱情，琐碎的家务不应该干扰爱情。他认为，他应该照常干他的事情，干累了就在爱情的幸福中休息休息。她应该得到爱，也就是了。然而他也像所有的男子一样，忘记了她也要干事情。所以,他感到惊讶,富有诗意的、美貌绝伦的吉娣,怎么会在婚后头几个礼拜,甚至在头几天里,就考虑和操心起桌布、家具、客房褥垫、托盘、厨子、饭菜等事。还在他们订婚以后,她就不肯出国,并且决定到乡下来,好像她知道有些事情要做,而且,除了自己的爱情,她还能考虑别的事,她这种果断就使列文觉得吃惊。这在当时使他感到不快,现在她这样操心琐碎的家务,也有好几次使他感到不快。不过他看出来,她不能不这样。而且他虽然不明白这是为什么,虽然嘲笑这些事情,但他爱她,就不能不欣赏这种种事情。他嘲笑她怎样摆设从莫斯科运来的家具,怎样重新布置她自己的房间和他的房间,怎样挂窗帘,怎样为来客、为陶丽准备房间,怎样给她的新侍女安排房间,怎样吩咐老厨子做饭菜,怎样和阿加菲雅争吵,接管饭食方面的事。他看到,老厨子欣赏她,听着她那些不高明、行不通的吩咐,笑着;他看到,阿加菲雅见这位年轻主妇在食品室里做了新的安排,若有所思地、亲切地摇着头;他看到,在吉娣哭笑不得地走来向他诉苦,说侍女玛莎仍然把她当小姐看待,因此谁也不听她的话的时候,她格外可爱。他觉得这可爱,但也奇怪,所以他想,最好还是不要这样。

他不了解她婚后心情的变化。过去在娘家有时想吃酸白菜或者糖果,可是什么都吃不到;现在她想吃什么可以买什么,可以买成堆的糖果,想怎样花钱就怎样花钱,想吃什么点心就要什么点心。

她现在高高兴兴地盼望着陶丽带孩子们来,尤其是因为她可以叫人给孩子们做各人爱吃的点心了,陶丽也会赞赏她种种新的安排。她自己也不知道因为什么和为了什么，但家务事对她就是有不可抗拒的吸引力。她凭本能感觉到春天来了，知道春天也会有阴雨的日子，就使劲做自己的窝儿，一面加紧做窝儿，一面加紧学习怎样做窝儿。

吉娣一心操持家务，这和列文原先崇高的幸福理想大相径庭，这是他的一点失望；同时这种可爱的操心，他虽然不理解其意义，但也不能不喜欢，因而又成为一种新的魅力。

另一种失望和魅力就是吵嘴。列文从来没有想到，在他和妻子之间，除了温存、尊敬和恩爱，还会有别的什么态度，谁知结婚才几天，他们就吵嘴了，所以她对他说，他并不爱她，只爱他自己，于是她哭了起来，并且挓挲起双手。

他们这第一次吵嘴是由于列文到一个新的庄子上去，回来迟了半个钟头，因为他想抄近路，结果迷了路。他一路上都想着她，想着她的恩爱，想着自己的幸福，离家越近，他对她的恋情越炽烈。他怀着当初到谢尔巴茨基家去求婚时那样炽烈，甚至更要炽烈的恋情冲进房里。谁知他遇到的是一种阴沉的、他在她脸上从来没见过的表情。他想吻她，她却把他推开了。

"你怎么啦？"

"你倒是快活……"她尽量摆出一副镇定而狠毒的神气，开口说。

但是她一开口，许多小心眼儿的责备话，在这半个钟头里她一动不动地坐在窗前痛苦思索的许多话，一下子都冲了出来。这时候他才第一次真正明白了他在婚礼结束后领着她走出教堂时没有明白的事情。他明白了，她不仅是和他亲密，而且他现在简直不知道，她和他的分界线在哪儿了。他这是从他此刻产生的分裂痛苦感明白了的。开头他很生气，但立刻就觉得他不能生她的气，觉得她就是他自己。他开头有一种感觉，就好像一个人背后突然挨了狠狠的一拳，又恼又想报复，就回过头去找打他的人，却发现这是他自己无意中打了自己，不好生谁的气，只能自己忍忍痛和消消痛。

后来他再没有这样强烈地感触到这一点，可是在这第一次，他很久都定不下心来。一种很自然的心情要他为自己辩护，证明她错了；但是证明她错会使她更加恼火，扩大那条原是一切痛苦根源的裂痕。一种很习惯的心情要他卸掉自己的过错，加到她身上；另一种更加强烈的心情却要他快些，尽可能快些，把已经出现的裂痕弥合，不使其扩大。听任她这样毫无道理地责难，是很难受的，但如果说清楚了，让她感到难受，那就更糟。就好像一个人在迷糊状态中感到很痛，就想把身上痛的地方挖出来，扔掉，可是等他清醒过来，就感觉出来，痛的是他的全身。只能想方设法忍住痛，挺过去，于是他就想方设法这样办。

他们和解了。她意识到自己错了，但是没有说出来，只是对他更温柔了，于是他们体验到新的、加倍的爱情的幸福。但这并不妨碍这类口角一再发生，甚至常常发生，往往是由于一些意想不到和微不足道的小事情。这一类口角常常发生，也由于他们还不了解对方看重的是什么，也由于在开头这段时间里他们常常心绪不佳。当一个情绪好，另一个情绪不好的时候，那是不会争吵的；但是碰巧两个人心情都不好的时候，就会因为莫名其妙的小事争吵起来，以至于吵过以后他们怎么也想不起他们争吵的是什么。不错，当他们两个心情都很好的时候，他们过的日子是加倍愉快的。然而结婚初期毕竟是他们不好过的一段日子。

在开头这段日子里，总是感到特别紧张，就好像他们被一条链子捆住，链子两端都拉得紧紧地。总之，他们的蜜月，也就是婚后第一个月，列文照例抱了很大希望的，结果却不但不甜蜜，而且在他们两个人的记忆中成为他们一生最难过、最窝囊的日子。后来他们两个都竭力要把这段不正常日子里的不正常和不光彩状况从记忆中抹去，然而在这段日子里他们却难得有情绪正常、保持本来面目的时候。

直到婚后第三个月，他们去莫斯科住了一个月回来之后，他们的生活才开始平稳了。

十五

他们刚刚从莫斯科回来，很高兴他们又可以清静了。他坐在书房里的写字台前写作。她穿着那件深紫色连衫裙，那是她婚后开头几天穿过的，也是他特别留恋和珍视的，今天她又穿上了。她坐在从列文的祖父那时候就一直摆在书房里的旧式皮沙发上绣英国式平针绣花。他边想边写，因为感觉到有她在身边心里一直美滋滋的。他仍然又经营农业又写书，他要在书中阐述新的农业原理。然而，正如以前他觉得这些事情和想法在整个黑暗的人生中太小、太微不足道，现在他同样觉得这一切在今后光辉灿烂的幸福生活中太小、太无足轻重了。他继续干他的事情，但是现在他觉得，他的注意的重心已经转移了，因此他对事情有了另外的、更明确的看法。以前他认为这些事情是逃避生活的手段。以前他觉得,没有这些事情他的生活太阴暗了。现在他需要做做这些事情,为的是不让生活幸福得过分单调。他重新拿起手稿,把写好的看了一遍之后,就很高兴地发现,这事还是值得他做的。这是一种创新的、有益的事。当他重新回想这事的时候,他觉得以前的想法有许多是多余的和偏激的,但也有许多没有想通的地方现在他觉得很清楚了。现在他在写新的一章,谈的是俄国农业不景气的原因。他要证明,俄国的贫穷不仅因为土地所有权分配不合理和方针上的错误,还由于俄国近来很不恰当地引进外来文明,尤其是交通、铁路,导致城市人口集中,奢华成风。因此,工业、信贷和随之而来的交易所投机事业发展起来,损害了农业,加速了俄国的贫穷。他认为,只有在国家财富正常发展的情况下,只有大量的劳动力已经投在农业上,只有在农业已经进入正常的、至少是稳定的状态,才能容许出现这些现象;他认为,国家财富应当均衡地发展,尤其是不能让其他领域的财富超过农业;他认为,交通应当与农业现状相适应;他认为,在我们使用土地不当的情况下,修筑铁路不是由于经济发展,而是由于政治上的需要,因此为时过早,不仅不能像预期的那样促进农业,倒是因为赶在农业前头并且引起工业和信贷的发展,从而阻碍了农业的发展;他认为,正如动物的某一器官片面的发展和早熟会妨碍动物的全面发育,对于俄国财富的全面发展也是这样,信贷、交通、工厂生产的发展在欧洲无疑是需要的,因为在欧洲时机已经成熟了,而在我国却要挤掉发展农业这个最迫切的问题,因而只能造成危害。

就在他写自己的书的时候，她却在想，在他们离开莫斯科的前夜，察尔斯基公爵少爷不知分寸地向她献殷勤，她的丈夫多么不自在地注意着他。“他嫉妒哩，”她想道，“我的天哪！他多么可爱，多么傻呀。他猜疑起我来了！他怎么不知道，他们那些人在我眼里，就跟厨子彼得一般高低。”她一面想，一面带着一种自己也觉得奇怪的占有心理看着他的后脑勺和红红的脖子。“虽然不忍心打断他写作（不过他不必着急呀！），可是真想看看他的脸；他是不是感觉出我在看他呢？真希望他回过头来呀……真希望呀！”于是她把眼睛睁得老大，希望能看得更清楚些。

“是的，这是敲骨吸髓，制造虚假的繁荣。”他停下笔，嘟哝说，因为感觉到她在看他并且在笑，便回过头来。

“怎么啦？”他笑嘻嘻地站起来，问道。

“他回过头来了。”她想道。

“没什么，我就是希望你回过头来。”她一面说，一面打量他，想看看他是不是因为她打扰他不高兴。

“啊，咱们俩在一块儿多么高兴呀！我是说，我太高兴了。”他脸上洋溢着幸福的微笑，一面朝她身边走，一面说。

“我也非常高兴呀！我哪儿也不去了，尤其是不到莫斯科去了。”

“那你刚才想什么呀？”

“我吗？我在想……不，不，你去写吧，不要分心，”她撇着嘴说，“这不是，我也要挖这些洞眼儿了，看见吗？”

她拿起剪刀，挖起来。

“不，你还是说说，你在想什么？”他说着，挨着她坐下来，看着她用小剪刀挖洞眼儿。

“哦，我在想什么吗？我在想莫斯科的事，想你的后脑勺。”

“为什么偏偏我会这样幸福？真奇怪。太幸福了。”他吻着她的手说。

“我觉得正好相反，越幸福，越不奇怪。”

“瞧你这绺头发，”他说着，小心翼翼地把她的头扳过来，“这一绺。瞧，这儿。不，不，我们有事呢。”

不过他们已经无心做事情了，只是等库兹玛走进来报告茶点已经摆好，他们才像做了错事似的慌忙分开了。

“城里有人来吗？”列文问库兹玛。

“刚刚来到，正在拆包呢。”

“你快来呀，”她一面从书房里往外走，一面说，“要不然我不等你来就把信看完了。等会儿咱们来个合奏吧。”

她走过之后，他把稿纸收进她新买的文件夹，就在新洗脸盆里洗起手来，那洗脸盆也随着她的出现增添了新的精美的装饰。列文嘲笑自己的一些想法，想到自己的一些想法就摇头。他有一种近似忏悔的心情。他现在的生活有点儿可耻，懒散，贪图享受。“这样过下去可不好。”他想道。“这不是，快三个月了，我几乎什么事也不做。今天差不多是第一次认真做事情，可是结果怎样呢？刚一开头，就丢下了。就连一些日常事情，差不多也抛开了。家里和田野里的庄稼事儿我也几乎没有去看过。不是我舍不得离开她，就是怕她一个人寂寞。我原以为，婚前生活随随便便，马马虎虎，没什么意思，婚后才能过像样的生活。可是现在快三个月了，我一直在虚度时光，这是从来不曾有过的。不行，这样可不行,一定要做事情。自然,这不是她的过错。一点也不能怪她。我自己应当刚强些,保持男子汉的独立性。要不然我就会一直这样过下去,也会使她这样……当然,这不能怪她。”他在心里说。

不过,要一个不满意的人不把他不满意的事归咎于别的人,也不归咎于最亲近的人,那是很难的。列文也模模糊糊意识到,虽然不能怪她(她是不可能有什么错的),却要怪她所受的教养,太浅薄、太轻浮的教养。“就比如对待那个浑蛋察尔斯基,我知道,她想制止他,但是没办法制止他,”列文想道。“是的,她除了对家务感兴趣(这种兴趣她是有的),除了打扮和英国式刺绣,她再没有什么真正的兴趣了。对我的事业、对农事、对庄稼人、对她擅长的音乐、对读书都没有什么真正的兴趣。她什么事也不做,倒是心满意足。”列文在心里这样责备她,却不了解,她正准备到时候大干一场,她知道那时候一定要来的,到时候她又给丈夫做妻子,又是一家的主妇,又要带孩子、喂孩子、教育孩子。他没有想到,她早就感觉到这一点,正准备使足劲儿这样大干,现在就快快活活地做着自己未来的窝儿,并不因为暂时无忧无虑和享受爱情幸福感到惭愧。

十六

等列文上了楼,妻子正坐在崭新的银茶炊旁边,面前摆着崭新的茶具。她让老保姆阿加菲雅坐到小桌旁,给她倒了一杯茶之后,就看起陶丽的来信。他们和陶丽经常有书信来往。

"瞧，您太太让我坐在这儿陪她呢。"阿加菲雅笑嘻嘻地、亲热地指着吉娣说。

列文从阿加菲雅这话里听出来，近来她和吉娣之间的戏已经收场了。他看出来，尽管阿加菲雅因为新主妇夺了她的家政大权有些伤心，吉娣还是征服了她，并且赢得了她的欢心。

"这不是，我把你的信看过了，"吉娣说着，把一封文理不通的信交给他，"这大概是你哥哥那个女人写来的……"她说，"我没有看完。这是我家里和陶丽写来的。你瞧瞧吧！陶丽把丹尼娅和格里沙带到萨玛茨基家去参加儿童舞会，丹尼娅还扮演侯爵夫人呢。"

可是列文没有听她的话；他一下子红了脸，接过尼古拉哥哥的情妇玛丽雅·尼古拉耶芙娜的信看了起来。这已经是玛丽雅的第二次来信了。她在第一封信里说，哥哥无缘无故把她赶出来了，还带着感人的真情说，虽然她现在又很穷困了，但是她没有什么要求，没有什么想头，只是一想到尼古拉·德米特里耶维奇身体这样差，没有她照料就完了，心里很难过，所以请他这个弟弟多关心他。现在她写的完全不同了。她说，她找到了尼古拉，又在莫斯科和他同居了，接着又和他一起迁到一个省城，他在那里谋得一个职位。可是他在那里和上司吵了一场，就又回到莫斯科，可是在路上害起病来，病得很厉害，恐怕未必能好起来。"他一直在惦念您，再说，钱也没有了。"

"你看看吧，陶丽提到你呢。"吉娣正要笑吟吟地说下去，可是发现丈夫的脸色变了，就突然住了口。

"你怎么啦？怎么一回事儿？"

“她来信说，尼古拉哥哥要死了。我要去看看。”

吉娣的脸色一下子也变了。丹尼娅扮侯爵夫人的事，陶丽的事，顿时从脑海里消失了。

“你什么时候动身？”她说。

“明天。”

“我和你一起去，行吗？”她说。

“吉娣！哎，你这是怎么啦？”他带着责备的口气说。

“什么怎么啦？”她见他听到她说要同去似乎不情愿和不快，生气了。“我为什么不能去。我又不会碍你的事。我……”

“我去，是因为我哥哥要死了，”列文说，“你为什么……”

“为什么吗？你为什么，我也为什么。”

列文心想：“在我遇到这等要事的时候，她却只是想到一个人在家里会寂寞。”列文见她在这样重要时刻找这种借口，也火了。

“这不行。”他厉声说。

阿加菲雅看到他们就要吵起来，便轻悄悄地放下茶杯，走了出去。吉娣甚至没有注意到她。丈夫说最后一句话的口气刺伤了她，尤其因为他显然不相信她说的话。

“可是我对你说，你要是去，那我也跟你去，一定要去，”她又急又气地说起来，“为什么不行？你为什么说不行？”

“因为天知道这是上什么地方去，走的是什么样的道路，住的是什么样的旅馆。我带着你，会很不方便。”列文竭力镇静地说。

“一点也不会。我什么也不要。你能到哪儿，我也能到哪儿……”

“好啦，不说别的，就说那个女人在那儿，你又不好和她接近。”

“我一点不知道也不想知道，那儿有什么人和什么东西。我只知道，我丈夫的哥哥要死了，丈夫去看他，我也跟丈夫一起去，为的是……”

“吉娣！你别生气。不过你想想吧，事情这样重大，所以我一想到你还任性，不愿意一个人留在家里，就觉得难过。好啦，你要是一个人在家里觉得寂寞，那你就上莫斯科去吧。”

“哼，你老是把一些卑鄙龌龊的想法强加在我身上，”她含着委屈和愤恨的眼泪说。“我什么也不是，不是任性，也不是……我只是觉得，在丈夫有苦难的时候，我应当和丈夫在一起，可是你存心刺我，存心不懂……”

“不，这太可怕了。简直是做奴隶！”列文站起来，再也控制不住怒火，叫了起来。可是就在同一刹那间他感觉到，他是在自己打自己。

“那你何必结婚呢？本来很自由嘛。既然现在后悔，当初何必呢？”她说着，一下子跳起来，往客厅里跑去。

等他追上去，她已经抽抽搭搭哭起来了。

他说起来，想找到一些未必能说服她、但是能安慰她的话说说。但是她不听他的，说什么也不行。他向她俯下身去，抓住她那拼命要挣脱的手。他吻吻她的手，吻吻她的头发，又吻吻她的手，可她就是不作声。但是等他用双手捧住她的脸，叫了一声“吉娣”，她一下子清醒过来，哭了一阵子，就和解了。

他们决定明天两人一起去。列文对妻子说，他相信她希望去只是一片好心，也认为玛丽雅·尼古拉耶芙娜在哥哥身边没有什么不体面的;但是一路上他心里对她和对自己都是很不满意的。他对她不满意,是因为在他需要出门的时候,她却不肯放他(想起来多么奇怪呀,不久前他还不敢相信有福气使她爱他,现在却因为她太爱他感到不幸了!);不满意自己,是因为自己没有坚持到底。他在心里更不赞成的是,她竟丝毫不在乎哥哥身边那个女人,他很担心地想着可能会发生的种种冲突。只要一想到他的妻子,他的吉娣,将和一个妓女在一个房间里,就厌恶和害怕得直打哆嗦。

十七

尼古拉·列文住的这一家省城旅馆,是按照新的改良式样,刻意讲求清洁、舒适甚至优雅的省城旅馆之一,但是由于过往旅客太多,很快就变成讲求时髦的肮脏酒店,而且就因为这样讲求时髦,比一般老式的、单纯肮脏的旅馆更糟。这家旅馆就是变成了这种样子:那身穿肮脏制服、在门口抽着烟卷、像是看门人的士兵,那锈出窟窿的又阴暗又难看的铁楼梯,那穿着肮脏燕尾服的大大咧咧的茶房,那餐厅和餐桌上那落满灰尘的蜡制假花,那处处肮脏、灰尘和零乱,以及这家旅馆那种伴随着铁路而来的兴旺的紧张状态——这一切都使新婚不久的列文夫妇产生很不痛快的感觉,尤其是这旅馆的虚假华丽景象,和等待着他们的事极不协调。

照常问过他们要什么价钱的房间以后,才弄清楚,好房间一个也没有了。一个上等房间住了一位铁路视察,另一间住了一位莫斯科的律师,还有一间是从乡下来的阿斯塔菲耶娃公爵夫人占了。只剩下一个肮脏的房间,说是隔壁还有一个房间到晚上可以腾出来。列文很生吉娣的气,因为不出所料,他一来到,就在焦急万分地要看看哥哥病情的时候,却不能立刻跑去看哥哥,而不得不操心她的事。他生气是生气,还是领着妻子走进给他们开的房间。

"你去吧,去吧!"她用不好意思的、歉疚的目光看着他说。

他一声不响地从房间里走出来,立刻就碰到玛丽雅·尼古拉耶芙娜。她听说他来了,却不敢进他的房间。她还是他在莫斯科看到的那个模样;还是穿着那件毛料连衫裙,露着双臂和脖子,还有那张和善而呆板、多少有些发胖的麻脸。

"嗯,怎么样? 他怎么样? 怎么样了?"

"很不好。起不来了。他一直在等您。他……您……和夫人。"

列文开头一小会儿不明白她为什么发窘,可是她立刻让他明白了。

"我就走,我到厨房去一下,"她说,"他会很高兴的。他听见了,他在国外见过她,记得她。"

列文明白她说的是他的妻子,不知道该怎样回答。

"咱们一块儿去吧,一块儿去吧!"他说。

可是他刚一举步,他房间的门就开了,吉娣朝外看了看。列文的脸红了红,因为又羞臊又生气,气的是妻子让他和她自己落到这样尴尬的地步。可是玛丽雅·尼古拉耶芙娜脸红得更厉害。她缩着身子,脸红得要哭出来,两手抓住头巾角儿,用红红的手指头捻弄着,不知道该说什么和怎么办。

最初一刹那,列文在吉娣望着她很不理解的这个可怕女人的目光中,看出有一种急切的好奇神气。但这种神气一会儿就消失了。

“怎么样啊?他怎么样啊?”她先问丈夫,接着又问她。

“总不能在走廊里说话呀!”列文说着,很恼火地回头看了看一位抖动着双腿、似乎因为自己有事这时从走廊里走过的先生。

“那您就进来吧,”吉娣对恢复了常态的玛丽雅·尼古拉耶芙娜说,但是她发现丈夫脸上惊愕的神色,就又说:“你们还是去吧,你们先去,等会儿再叫我。”她说完,就回到房间里。列文就去看哥哥。

他所看到的和感觉到的哥哥的情形,是他怎么也料不到的。他预料他会看到的还是那种自我欺骗状态,他听说肺病病人往往是这样的,去年秋天哥哥去看他时使他感到吃惊的就是这种状态。他预料会看到那接近死亡的身体特征更明显,更虚弱,更消瘦,然而大体上还是那种样子。他预料,他自己因为可能失去亲爱的哥哥感到悲伤,感到死之可怕,还像上次那样,只是在程度上更厉害些罢了。他做好这样的准备,然而他所看到的却完全不是这样。

在一个又小又肮脏的房间里,描花的镶板上到处是唾沫痕迹,薄薄的隔板里面有说话的声音,在充满垃圾恶臭气味的空气中,在离墙放的一张床上,躺着一个盖着被子的人。这人的一条手臂放在被子上面,那一只大得像搂草耙一样的手令人不解地连在细细的、从顶端到中间一样粗细的长胳膊上。头侧歪着放在枕头上。列文看清了那两鬓上汗津津的稀稀的头发和皮包骨头的、仿佛透明的前额。

“这个可怕的人不可能是我的哥哥尼古拉。”列文心想。但是他走近些，看清了那张脸，就没办法再怀疑了。尽管这张脸出现了可怕的变化，列文只要一看到那一双看见他进来有了生气的眼睛，看出那嘴巴在黏糊糊的小胡子底下轻轻蠕动，就认清了可怕的事实：这个死尸般的躯体就是他还活着的哥哥。

一双发亮的眼睛带着严厉和责备的神气看了看进来的弟弟。通过这目光立刻明确了两个真正的人之间的真正关系。列文立刻感觉出他看他的目光中的责备神气，并且立刻为自己的幸福感到有愧。

列文拉住他的手，尼古拉笑了笑。那笑是轻微的，几乎看不出来，而且，尽管在笑，那严厉的眼神并没有改变。

“你没料到我会是这个样子吧？”尼古拉好不容易说出话来。

“是的……噢，不，”列文颠三倒四地说，“你怎么不早一点给我个信儿呢，就是说，在我结婚的时候？我到处打听你呢。”

必须说说话，才能不冷场，可是他不知道说什么好，尤其因为哥哥什么也不回答，只是目不转睛地望着他，显然是想好好领会每句话的意思。列文告诉哥哥，妻子跟他一起来了。尼古拉显得很高兴，但说他怕他这个模样会叫她吓一跳。接着沉默了一阵子。尼古拉忽然动起来，说起话来。列文从他面部表情预料他要说的是特别重大、特别要紧的事，但尼古拉却说起自己的健康状况。他说医生不行，说可惜没有莫斯科的名医，于是列文明白了，他还抱着希望。

等说话一停,列文就站起来,希望摆脱一下难受的感觉,哪怕一小会儿也好,就说他要去把妻子带来。

“哦,好的,我叫人把这儿收拾干净些。我觉得,这儿又脏又臭。玛莎!把这儿收拾一下,”尼古拉很吃力地说,“等收拾好了,你就走开吧。”他补充一句,同时用询问的目光看着弟弟。

列文什么也没有回答。他来到走廊里,就站住了。他本来说要把妻子带来,可是现在,他考虑到自己既然会有这样的感觉,所以决定反过来劝劝妻子,叫她不要去看病人。他心想:“何必让她也像我这样难受呢?”

“哦,怎么啦?怎么样?”吉娣带着惊惶的脸色问道。

“哎呀,这真可怕,太可怕了!你何必来呀?”列文说。

吉娣胆怯而怜惜地看着丈夫,沉默了一小会儿;然后走过来,双手抓住他的胳膊肘。

“柯斯加!带我到他那儿去吧,两个人在一起要好受些。你只要把我带去,把我带去,你就走开吧,”她说,“你要明白,看到你,却没有看到他,我更要难过得多。也许,我在那儿对你、对他都会有好处。请你让我去吧!”她恳求丈夫说,就好像她这一生是不是幸福全看这件事了。

列文只好答应。等他定下心来,也完全忘记了玛丽雅·尼古拉耶芙娜之后,就和吉娣一起又朝哥哥的房间里走去。

吉娣迈着轻盈的步子,不停地望着丈夫,向他表露着勇敢和同情的脸色,走进病人的房间,便不慌不忙地转过身来,轻轻地把门闩上。她轻悄无声地快步走到病人的床前,绕过去,使病人不用转过头来,一下子就用她那柔软的玉手抓住他那干柴般的大手，握了握，就用女人所特有的那种又怜惜又不伤人、又轻柔又带劲儿的语调和他说起话来。

“咱们在索登见过面，不过那时还不认识，”她说，“您没想到，我会做您的弟媳吧？”

“您恐怕认不出我了吧？”他仍然带着迎接她到来时的一脸笑容说。

“不，我认得出来。您能给我们个信儿，这有多好呀。柯斯加没有一天不想起您，不挂念您呢。”

可是病人的劲头儿没有维持多久。

她还没有把话说完，他的脸上就又出现了垂死的人嫉妒活人的那种严厉的责难神气。

“我怕您在这儿不太舒服。”她转过脸，避开他那凝视的目光，打量着整个房间说。“必须向老板另外要一个房间，”她对丈夫说，“还要离咱们近些。”

十八

列文无法平心静气地看哥哥，他在他面前无法装出自然和平心静气的样子。每次他走进病人的房间，他的眼睛不知不觉就模糊了，注意力就乱了，所以他看不见也觉察不到哥哥的详细情形。他闻到可怕的臭味，看到肮脏、零乱和痛苦的状况，听到呻吟，感到无可奈何。却根本没有想到，好好看看病人的详细情形，想想那身体是怎样在被子底下躺着的，那皮包骨的膝盖、大腿和脊背是怎样蜷缩着的，能不能让他的身体各部分摆得好一点儿，即使不能让他舒服些,至少不要太难受。只要他一开始想这种种详细情形,他的背上就一阵一阵地发冷。他十分清楚,既没办法延长哥哥的生命,又没办法减轻他的痛苦。但是病人觉察到他认为完全没有救了,非常生气。因此列文心里更加难受。他觉得待在病人房间里是很痛苦的,不在房间里却更不好受。所以他一再地找借口走出去,却因为无法一个人待着,就又走进来。

然而吉娣所想的、感觉的和做的就完全不是这样。她一看见病人,就怜悯起他来。怜悯在她女性心中唤起的就不是像在她丈夫心中唤起的那种恐惧和厌恶的心情,而是一种要有所行动、要弄清情况和帮助他的强烈愿望。就因为她毫无疑问应该帮助他,她也毫不怀疑能够帮助他,于是就立即动手。有些事情,她丈夫一想到就害怕的,她却立刻就关心起来了。她派人去请医生,到药房里去买药,叫她带来的侍女和玛丽雅·尼古拉耶芙娜一起打扫,擦抹灰尘,洗东西,自己也擦洗了几样东西,还往褥子底下垫了东西。按照她的吩咐,病人房里添了几样东西,又把几样东西从房里搬出去。她好几次回到自己房间里,丝毫不理睬迎面走过的先生们,把被单、枕套、毛巾和衬衣拿了来。

正在大厅里为几位工程师摆饭的茶房,有几次听到她的召唤带着一脸火气跑了来,却也不能不照她的吩咐去办,因为她请人做事的语气是那样和蔼,那样恳切,使人无法不听从。列文不赞成这一切,他不相信这对病人会有什么好处。他最怕惹病人生气。可是,病人虽然似乎没有在意,没有生气,只是有些不好意思,然而总的来看,他好像对她为他做的事很感兴趣。列文被吉娣派去请医生回来,把门一推,看到吉娣正支使人给病人换内衣。那又长又干的白脊梁、又大又尖的肩胛骨、突出的肋骨和椎骨全都露了出来。玛丽雅和茶房没有弄好衬衫袖子，怎么也不能把他那耷拉下来的长胳膊穿进去。吉娣等列文一进来，连忙把门关上，没有朝病人那边望。可是病人呻吟起来，于是她快步朝他走去。

“快点儿呀。”她说。

“您不要来嘛，”病人生气地说，“我自己……”

“您说什么？”玛丽雅·尼古拉耶芙娜问道。

可是吉娣听清楚了，也明白了，他是觉得在她面前赤身露体不好意思和不高兴。

“我不看，不看！”她一面说，一面拉他的胳膊。“玛丽雅·尼古拉耶芙娜，您绕过去，从那边拉一拉。”她又说。

“请你去一下，我的手提包里有一个小瓶子，”她对丈夫说，“就在旁边的小口袋里，请你拿来，等你回来，这儿也就好了。”

列文拿着小瓶子回来，看到病人已经躺得好好的了，他周围的一切全变了样。那难闻的臭气，换成了吉娣咕嘟起嘴、鼓着红红的腮帮子、用小管子喷出的醋和香水的气味。灰尘一点儿没有了，床下铺了地毯。桌上整整齐齐地摆着药瓶和水瓶，还有待换的内衣和吉娣的刺绣活儿。病床旁边的另一张桌上，放着饮料、蜡烛和药粉。病人梳洗得干干净净，穿起干净的衬衫，雪白的领子围住那细得惊人的脖子，躺在干净的床单上，枕着垫得高高的枕头，脸上流露出希望的神气，目不转睛地望着吉娣。

列文在俱乐部里找到并且请了来的医生，不是给尼古拉看过病、尼古拉很不满意的那一个。这位新来的医生掏出听诊器，为病人听了听，摇了摇头，开了药方，特别仔细地说了说怎样服药，然后又说了说怎样进饮食。他提出吃生鸡蛋或者煮得很嫩的鸡蛋，喝矿泉水加温和的鲜牛奶。等医生走了，病人对弟弟说了几句话，但列文只听清楚最后几个字“你的卡佳”[1]。列文倒是从他看吉娣的眼神看出来，他是在夸奖她。他像列文一样叫她卡佳，叫她到跟前去。

“我觉得好多了，”他说，“要是像这样跟你们在一起，我早就好了。这有多舒服呀！”他抓住她的手，拉到自己嘴边，但是好像怕她会不愉快，就改变主意，把她的手放下，只是抚摩了几下。吉娣用双手抓住他这只手，握了握。

“现在帮我往左边翻个身，你们就去睡吧。”他说。

谁也没有听清楚他说的是什么，只有吉娣明白了。她能明白，因为她一心一意注视着他需要什么。

“往那边翻个身，”她对丈夫说，“他一直是朝那边睡的。你帮他翻吧，叫茶房很不痛快。我不行，您行吗？”她问玛丽雅·尼古拉耶芙娜。

“我怕也不行。”玛丽雅·尼古拉耶芙娜回答说。

不论列文觉得双手抱住这可怕的身体，接触被子底下他想都不敢想的地方有多么可怕，但他还是在妻子的影响下，摆出妻子很熟悉的那种果断神色，伸进手去抱起来，可是，尽管他的力气很大，这虚弱已极的躯体却重得出奇，使他吃了一惊。就在他帮他翻身，并且觉得自己的脖子被一条干瘦的长胳膊搂住的时候，吉娣趁机会又轻又快地把枕头翻了翻，打松了，扶正了病人的头，理

---

①卡佳，吉娣的小名。

了理又粘到鬓角上的稀稀的头发。

病人把弟弟的手握在自己手里。列文觉得,他要拿他的手做点儿什么,在拉他的手。列文一动不动地由他摆弄。果然,他把他的手拉到嘴边,吻了吻。列文哭得打起哆嗦,一句话也说不出来,就从房间里走了出来。

十九

"你将这些事,向聪明通达人,就藏起来,向婴孩,就显出来。"[①]这天晚上列文在和妻子谈话时,他对她就是这样想的。

列文想到福音书里的名言,并非他自以为是聪明通达人。他不以为自己是聪明通达人,但他不会不知道他比妻子和阿加菲雅聪明,也不会不知道,在他考虑死的时候,他是用尽心力考虑的。他也知道,有许多大圣大贤,他是读过他们在这方面的看法的,他们都考虑过死的事,可是他们懂得的,还不及他妻子和阿加菲雅懂得的百分之一。不管阿加菲雅和卡佳,尼古拉叫她卡佳,他现在也特别喜欢叫她卡佳了,这两个女人有多么不同,她们在这方面却是十分相似的。她们都很清楚地知道,什么叫生,什么叫死。而且,虽然她们不能回答,甚至也不能理解列文所思索的那些问题,但是她们却不怀疑这种现象的意义,对这个问题的看法,不仅她们两个人完全一致,而且同千百万人的看法都是一样的。她们一分钟也不迟疑,知道怎样照料将死的人,而不是怕将死的人,这就证明她们清楚地知道死是怎么一回事儿。然而列文和另

①引自《新约全书·马太福音》第十一章第二十五节。

外一些人,虽然能说许多有关死的道理,却显然一无所知,因为他们害怕死,而且根本不知道怎样对待将死的人。假如现在列文单独同尼古拉哥哥在一起,他只会带着恐怖的心情望着他,并且带着更加恐怖的心情等待着,此外再也不知道怎么办了。

不仅如此,他甚至不知道该说什么,不知道眼睛怎样看和怎样走路。他觉得,谈不相干的事会令人不快,那不行;谈死,谈伤心的事,也不行。不说话,也不行。"我要是看着他,恐怕他以为是我在琢磨他;要是不看他,他会以为我想着别的事情。踮着脚走路,他会不高兴;放开脚走路,我觉得也不好。"吉娣却显然没有想到自己,也没有时间想到自己。她想的是他,因为她心中有数,所以一切事都做得顺顺当当的。她说起自己,说起自己的婚礼,又笑,又表示怜惜,又和他亲热,又谈到一些人生病又好起来的事,一切都顺顺当当的;可见,她都是心中有数的。吉娣和阿加菲雅除了对身体上的照料和设法减轻痛苦以外,还为临死的人操心别的事,比身体上的照料更重要的事,和身体状况完全不相干的事,这说明她们的行动不是本能的,不是动物性的,不是没有理性的。阿加菲雅在谈到一个死去的老汉时就说:"很不错,感谢上帝,他受过圣餐,行了涂油礼,人人都能那样死就好了。"吉娣也是这样,除了操心衬衣、褥疮、饮料以外,第一天就说服了病人,要他领受圣餐和行涂油礼。

晚上,列文从病人那里回到自己的两个房间里,垂下头坐着,不知道做什么好。不要说吃晚饭,睡觉,考虑他们下一步做什么,就连和妻子说话都张不开口,因为他感到羞愧。吉娣却恰恰相反,比平时更勤快,甚至比平时更带劲儿。她叫人送晚饭,亲自收拾东西,亲自帮着铺床,也没有忘记往床上撒杀虫药粉。她精神抖擞,思想敏锐,就像一个男子汉面临决战,要在一生中最危险的关键时刻彻底表现大丈夫气概,表明他这一生不是白过,而是一直在准备迎接这场考验。

她做什么事都顺顺当当,还不到十二点,什么东西都收拾得干干净净,整整齐齐,而且显示出一定的特色,就好像这房间成了她的家,她的房间:床铺得好好的,刷子、梳子、镜子都摆了出来,还铺起了桌布。

列文觉得,现在吃饭,睡觉,甚至说话都是不能容许的,觉得自己的一举一动都是不得体的。她却在摆弄刷子,而且这一切都做得十分自然,丝毫没有什么令人不快之处。

不过,他们什么东西也吃不下,而且很久都睡不着,甚至很晚还没有上床。

"我很高兴,我已经说服他明天行涂油礼了,"她穿着小褂面对自己的折镜坐着,一面用一把细梳子梳着那柔软芳香的头发,一面说,"我从来没见过这种事儿,可是我知道妈妈对我说过,有祈求康复的祷告呢。"

"你真的以为他还能好起来吗?"列文一面说,一面看着她用梳子往前梳时总是被遮住的那圆圆的头后边窄窄的一绺头发。

"我问过医生,医生说他活不到三天以上了。可是他们真的能知道吗?我说服了他,我还是很高兴的。"她从头发下面瞅着丈夫说。"什么事儿都很难说呢。"她带着她谈到宗教时脸上总要出现的那种特别的、有点奥妙的神情,又补充一句。

在他们订婚后谈过一次宗教问题,后来不论是他,不论是她,都没有谈起过了,不过她还是照旧上教堂,做祷告,一直心安理得,认为这是应该的。虽然他抱有完全相反的信仰,她却相信他也是和她一样的,甚至比她更好的基督徒,至于他在这方面说的一些话,不过是一种可笑的男人家的怪论,就像他说起英国式平针刺绣时说的,好心肠人都是修补窟窿,她却故意挖窟窿,等等。

"是啊,就说玛丽雅·尼古拉耶芙娜吧,她这个女人也不会料理这些事儿,"列文说,"所以……应该承认,你来了,我非常、非常高兴。你是这样纯洁,简直……"他拉起她的手,却没有吻(他觉得在有人要死的时候吻她的手是不相宜的),只是带着歉疚的神情握了握,一面看着她那发亮的眼睛。

"要是你一个人来,那就非常难受了。"她说着,把两条胳膊抬得高高的,遮住高兴得红了的双颊,把头发挽到脑后,用发针别住。"可不是,"她继续说下去,"她就是不知道……我倒是幸亏在索登学了不少。"

"难道那里也有这样重病的病人吗?"

"还要重些呢。"

"我最难受的是,无法不想到他年轻时的样子……你真不会相信,那时候他是一个多么可爱的小伙子,可是那时候我却不了解他。"

"我相信,非常相信。我是多么深切地感觉到,咱们要是一直跟他亲亲热热的,那有多好呀,"她说完,就因为自己说出这话吓了一跳,回头看了看丈夫,泪水涌上她的眼睛。

"是的,一直这样就好了,"他伤心地说。"他真是那种人,就是人们所说的,不是这个世界的人。"

“不过咱们还得待很多日子呀，该睡了，”吉娣看了看她那小小的表，说。

二十

死

第二天，就给病人授了圣餐，行了涂油礼。在举行仪式的时候，尼古拉很热心地祈祷着。他那双大眼睛紧紧盯着放在铺了花桌布的方桌上的圣像，流露出热烈的祈求和期望神气，列文看着都有些害怕。列文知道，这种热烈的祈求和期望心情，只能使他更难受，舍不得告别他那样热爱的人生。列文了解哥哥，知道他的想法；他知道，哥哥不信教，不是因为不信教过日子轻松些，而是因为，现代科学对世间现象的解释渐渐取代了宗教信仰。所以他知道，哥哥现在恢复信仰不是正常的，不是回心转意，而只是暂时的、有自己的用心的，是忘乎一切地希望好起来。列文也知道，吉娣给他讲了她听到的一些起死回生的故事，增强了他这种希望。这一切列文都知道，所以看着那充满期望神情的祈求目光，看着那干瘦的手吃力地举起来在皮包骨头的额头上画十字，看着那尖尖的肩膀，看着那空空的、已经无法容纳病人所祈求的生命的胸腔呼哧呼哧在喘气，他十分难受，十分痛苦。在举行圣礼的时候，列文也在祈祷，并且做着他这个不信教的人做过千百次的事。他对上帝说：“如果你存在的话，你就让这个人康复吧（这话已经重复过许多遍了嘛），你就救救他，也救救我吧。”

行过涂油礼之后，病人一下子就觉得好多了。在整整一个钟头里他没有咳嗽过一次,微微笑着,吻吉娣的手,噙着泪水向她道谢,说他感觉很好,哪儿也不痛了,并且觉得有了胃口,也有了力气。等到给他送了汤来,他甚至自己坐了起来,还说要吃肉饼。尽管他已经没有救了,尽管一眼就能看得出他是不会好的,列文和吉娣在这一个钟头里也都感到十分激动,又高兴又担心,担心高兴错了。

“好些吗?”“是的,好多了。”“真奇怪。”“一点也不奇怪。”“毕竟好些了。”他们相对笑着,小声说着。

然而好景不长。病人安静地睡去,过了半个钟头,却又咳嗽醒了。于是他周围的人和他自己的一切希望顿时成为泡影。痛苦的现实,无疑粉碎了列文和吉娣以及病人自己原来的一切希望,原来的希望甚至连想也想不起来了。

他提也不提半个钟头之前他还相信的事,似乎想起来都不好意思,却要求把那个蒙着戳了小眼儿的纸的碘酒瓶给他吸一吸。列文就把瓶子递给他,于是他用受圣餐时那种殷切期望的眼神盯住弟弟,似乎要求他肯定医生说的吸碘酒能产生奇效的话。

“怎么,卡佳不在吗?”等列文很不情愿地说过医生的意见有道理之后,他向四周打量了一下,嘶哑地说。“真的,可以这样说……我是为了她才演那一场滑稽戏的。她太可爱了,可是咱们不能欺骗自己。这事儿我倒是相信的。”他说完,就用干瘦的手攥住瓶子,对着瓶子吸了起来。

晚上七点多钟,列文正和妻子在自己的房间里喝茶,玛丽雅·尼古拉耶芙娜气喘吁吁地跑了进来。她脸色煞白,嘴唇直打哆嗦。

“他要死了!”她小声说,“我怕他马上就要死了。”

他们俩朝哥哥房里跑去。他欠起身子,用一只胳膊支撑着,弓着长长的脊背,低垂着头,坐在床上。

“你感觉怎样?”列文沉默了一会儿之后,小声问道。

“我觉得我要去了。”尼古拉很吃力地,但特别清楚地、慢慢地往外挤着话说。他没有抬头,而只是让眼睛往上望,没有看弟弟的脸。“卡佳,你走开!”他又说道。

列文跳起来,用命令的口气小声叫她出去。

“我要去了。”他又说。

“你为什么这样想呀?”列文为了找话说,就说道。

“就因为,我要去了,”就好像他喜欢起这个说法,又重复了一遍,“完了。”

玛丽雅·尼古拉耶芙娜走到他跟前。

“您还是躺下吧,躺着好过些。”她说。

“我很快就要安安静静地躺着了,”他说,“死了,”他用自嘲的、生气的口吻说,“好吧,既然你们要我躺下,那就扶我躺下。”

列文扶着哥哥躺下去,就挨着他坐下来,屏住气息看着他的脸。他奄奄一息地躺着,闭着眼睛,但是额头上的肌肉偶尔还跳动,就好像一个人在深深地、紧张地思索着。列文不由得和他一起思索起他现在是怎么一回事儿,但是,尽管用尽心思去追踪他的思路,然而从他那平静而严肃的脸上的表情和眉头上肌肉的跳动看出来,列文依然觉得模糊一团的事情,奄奄一息的病人觉得越来越清楚了。

“是,是,就这样,”奄奄一息的病人一字一顿地、慢慢地说,

“等一等，”他又沉默了一会儿，“就这样吧！”他突然用安慰的语调拉长声音说，就好像他认为一切都解决了。“啊，主呀！”他说，并且重重地叹了一口气。

玛丽雅·尼古拉耶芙娜摸了摸他的腿。

“快凉了。”她小声说。

病人一动不动地躺了很久，列文觉得，很久很久。但是他还活着，而且偶尔还吁一口气。列文紧张思索已经有些疲倦了。他觉得，尽管他使足劲儿思索，他还是无法理解就这样是什么意思。他觉得，他早就跟不上垂危病人的思路了。他已经无法思索死这个问题了，而是不由得想到他现在该怎么办：给死者合上眼睛，穿衣服，买棺材。说也奇怪，他觉得自己的心完全冷了，既不痛苦，也不悲伤，更不怜悯哥哥。如果说现在他对哥哥有什么感触的话，那倒是羡慕垂危的人现在知道了他无法知道的事情。

他又这样在他身旁坐了很久，等着他咽气。但他没有咽气。门开了，是吉娣来了。列文站起来，想把她拦住。但就在他站起来的时候，他听到垂危的人动了。

“别走。”尼古拉说着，伸出一只手。列文把一只手伸给他，又很生气地向妻子摆了摆另一只手，叫她走开。

他握着垂危的人的手坐了半个钟头，一个钟头，又一个钟头。他现在已经再也不思索死了。他想的是，吉娣在做什么，隔壁房间里住的是什么人，医生住的房子是不是自己的。他想吃东西，也想睡觉了。他小心翼翼地抽出手来，摸了摸病人的腿。腿已经凉了，但病人还在喘气。列文又想踮着脚走出去，但病人又动起来，并且说：

“别走。”

天亮了。病人的状况还是那样。列文轻悄悄地抽出手，也不看垂危的病人，就到自己房间里去睡了。等他醒来，听到的不是他预料中哥哥死亡的消息，而是病人又恢复原来的状态。病人又坐起来，咳嗽，又吃起东西，说起话来，又不再谈死，又表示希望康复，并且变得比以前更暴躁，更阴沉了。不论弟弟，不论吉娣，谁也无法使他平静。他对所有的人都有气，对所有的人都说不愉快的话，因为自己痛苦责怪所有的人，要求给他到莫斯科去请那位名医。问他感觉怎么样，他总是带着凶狠和责怪的神气回答说：

“我痛苦极了，简直受不了！”

病人越来越痛苦了，尤其是因为已经无法治疗的褥疮。他对周围的人也越来越恼火，处处责怪他们，尤其因为没有到莫斯科去给他请医生。吉娣千方百计伺候他，安慰他，但一切都是白费；列文看出来，她自己在体力上和精神上都已经疲惫不堪，只是自己不承认罢了。病人唤弟弟来诀别的那天夜里大家心中产生的那种死的感觉，已经破灭了。大家都知道，他必然会死，很快就会死，而且已经死了一半。大家就希望他尽可能快点儿死，可是大家都掩盖着这种心情，又给他服药，又给他找药找医生，骗他，骗自己，互相欺骗。这一切都是虚伪，是可恶、可恨、可鄙的虚伪。列文出于本性，也因为他比别人更热爱垂危的哥哥，所以特别痛切地感觉到这种虚伪。

列文早就想使两个哥哥和解，哪怕在尼古拉临死时和解也好，所以他给柯兹尼雪夫写了信。一收到他的回信，就把信给病人念了念。柯兹尼雪夫在信里说,他现在不能来,但他用恳切动人的语气请求弟弟原谅。

病人听了什么也没有说。

“我怎样给他回信呢?”列文问道,“我想,你不生他的气了吧?”

“不了,一点也不生气了!”尼古拉听到他还这样问,很恼火地回答说,“你写信给他,叫他给我请个医生来。”

又过了三天很难受的日子;病人的状况依然是那样。现在凡是看到他的人,不论旅馆的茶房、老板、旅客,不论医生、玛丽雅·尼古拉耶芙娜,不论列文、吉娣,都觉得他还是快点儿死好些。只有病人不这样想,相反,他很生气没有给他请医生,还在服药,谈活下去的事。只有在难得有的时刻,当他服了鸦片,暂时忘却无休无止的痛苦时,他在迷糊状态中才有时会说出他心中比任何人都强烈的愿望:“哎呀,但愿快点完结!”或者:“什么时候才完结呀!”

痛苦不断加强,使他越来越难受,使他渐渐有了死的准备。他不论采取什么姿势,都觉得痛楚,没有一分钟他能忘记痛楚,他身上没有一处地方不痛楚和难受。甚至对这个身体的回忆、印象和念头,都会像这身体本身一样,引起他心中的憎恶。看到别人,听到别人说话,自己回想起什么事——他都觉得难受。周围的人都觉察到这一点,所以不由得就不敢在他面前随便活动,随便说话,随便表露自己的心情。他的整个生命汇合为单一的痛苦感和摆脱痛苦的欲望。

他心中显然在发生变化,这变化使他把死看作种种欲望的满足，看作一种幸福。以前因为痛苦或者需要引起的每一种欲望，例如饥饿，疲劳，口渴，都是由身体机能来满足和补偿，从而得到快感；可是现在需要和痛苦却不能得到满足和补偿，而试图满足和补偿却引起新的痛苦。所以所有的欲望就汇合成一种欲望，那就是希望摆脱一切痛苦及其根源，其根源就是肉体。但是他找不到适当的话来表达这种希望摆脱的心情，所以他不说这些，而是照旧要求满足那些已经无法满足的愿望。"把我翻到那一边。"他说。可是，等翻过了，又马上要求让他像原来那样。"给我点肉汤。把汤端走，你们给我讲点什么吧，怎么不说话呀。"可是等别人一开始说话，他就闭上眼睛，露出疲惫、冷漠和厌烦的神气。

在来到城里的第十天，吉娣病了。她头痛，恶心，整个上午都不能起床。

医生说，她的病是疲劳和焦急不安引起的，医生叫她安心静养。

可是，吉娣在午饭后就起了床，并且像往常一样带着针线活儿朝病人房里走去。她一进去，他板着脸朝她看了看，听说她病了，又轻蔑地笑了笑。这一天，他不停地擤鼻涕，难受得直哼哼。

"您感觉怎么样？"她问他。

"更坏了，"他吃力地说，"痛呀！"

"哪儿痛？"

"到处都痛。"

"今天要完了，你们看吧。"玛丽雅·尼古拉耶芙娜虽然是小声说的，但正如列文发现的，病人耳朵还是很灵的，想必听到了。列文对她嘘了一声，又回头看了看病人。尼古拉是听见了，但这话没有对他产生任何影响。他的目光还是带着那样的责备和紧张神气。

“您为什么这样想?”等玛丽雅·尼古拉耶芙娜跟着列文来到走廊里,列文问她。

“他在自己身上乱抓起来了。”她说。

“怎样乱抓?”

“就这样。”她撕扯着自己的毛料连衫裙的皱褶说。确实他也发现,这一整天病人都在自己身上抓来抓去,好像要把什么东西撕扯掉。

玛丽雅·尼古拉耶芙娜的预言没有错。病人到晚上已经没有力气抬动胳膊了,而且眼睛直勾勾,再也不改变那呆滞不动的眼神。甚至在列文或吉娣向他俯下身去,想让他看到的时候,他的眼睛还是那样直勾勾地。吉娣就派人去请神父来给他做临终祷告。

在神父做临终祷告的时候,垂危的病人没有表露任何活的迹象;眼睛是闭着的。列文、吉娣和玛丽雅·尼古拉耶芙娜站在床前。神父还没有做完祷告,垂危病人就挺了挺身子,叹了一口气,睁开眼睛。神父做完祷告,把十字架放到冰凉的额头上,然后就慢慢地把十字架包在圣带里,又默默地站了有两分钟之后,摸了摸那凉了的没有血色的大手。

“完了,”神父说过就想走开;可是死者那粘在一起的小胡子忽然动了动,在一片寂静中大家很清楚听到从他的胸腔里发出的明明白白的尖细声音:

“没有全完……快了。”

过了一分钟，那张脸就舒展开了，小胡子底下露出一丝笑意，于是周围的几个女人就忙活起收殓死人。

那年秋天哥哥去看列文，列文心中产生了死的不可思议感、临近感和无法逃脱感，感到十分害怕，现在看到哥哥的模样和临死的样子，他心中又出现了那种感觉。现在这种感觉比那时更强烈；他觉得他比以前更不能理解死的意义，因而死的不可避免性更使他感到可怕。但是现在，亏得有妻子在身边，这种心情并没有使他陷于绝望：他觉得，虽然都是要死的，但还是要生活，要爱。他觉得，是爱把他从绝望中救出来，这种爱在绝望的威胁下变得越来越强烈，越来越纯洁了。

依然不可思议的死亡之谜他觉得还没有解开，另一个同样不可思议的谜已出现，招引他去爱和生活。

医生再次重申自己对吉娣的诊断。她身体不适是因为怀孕了。

二十一

卡列宁自从和培特西以及奥布朗斯基谈过话，明白了他就是要不去管她，不去打搅她，明白了妻子也希望他这样之后，就感到自己惘然若失，无所适从，自己也不知道他现在想的是什么，任凭那些十分喜欢过问他的事的人左右，对什么都表示同意。直到安娜已经离开他的家，英国女教师叫人来问他，她该和他一起吃饭还是单独吃，他才第一次真正明白自己的处境，害起怕来。

在这种处境中最使他难受的是，他怎么也无法把他过去的时光和现在的状况联系和统一起来。不是他和妻子一起幸福度过的那段时光使他难以平静。从那段时光到知道妻子不贞这痛苦的转折时期，他已经熬过来了；那状况是很痛苦的，但他是可以理解的。如果那时妻子说明自己的不贞之后就离开他，他会伤心，感到不幸，但他不会落到他现在自己也感觉到的这种走投无路、莫名其妙的境地。他现在怎么也不能把他不久前对患病的妻子和别人的孩子的宽恕、怜悯和爱，同现在的状况统一起来，就是说，他现在孤孤单单，受尽侮辱，受尽嘲笑，谁也不要他，人人瞧不起他，他觉得他不应该得到这样的报答。

妻子走后的头两天，卡列宁还像往常一样接待来访者和办公室主任，出席会议，到餐厅去吃饭。在这两天里，他千方百计装出一副镇定甚至无动于衷的样子，虽然他自己也不明白他为什么要这样做。问他怎样处理安娜的东西及房间，他竭力控制自己，装出一副神气，就好像他觉得这事儿不是料不到的，也不是什么稀罕事儿。他达到了自己的目的：谁也看不出他有灰心绝望的样子。但就在安娜走后第二天，柯尔尼交给他一张安娜忘记付款的时装店账单，并且说店员就在这儿等着，卡列宁就吩咐叫店员进来。

“大人，恕我冒昧打搅您。不过，如果您要我直接去找夫人的话，那是否可以请您把她的地址告诉我。”

卡列宁正如店员所感觉的，沉思起来，并且突然一转身，坐到桌子旁边。他用手把头托住，就这个姿势坐了很久，有好几次欲言又止。

柯尔尼明白了主人的心情，就叫店员下次再来。等到剩下卡列宁一个人,他明白他再也不能扮演刚强和镇定的角色了。他吩咐把等着他的马车卸了,关照不接见任何人,也不出去吃饭了。

他觉得,他再也经受不住一齐压下来的蔑视和冷酷,这样的表情他在这个店员的脸上,在柯尔尼的脸上,在这两天里他遇到的一切人的脸上都清清楚楚看到的。他觉得,他无法不让人憎恶他,因为这种憎恶不是因为他很坏(要是那样,他倒是能够尽可能变好些),而是因为他不幸得可耻和可憎。他知道,就因为这样,就因为他痛得揪心裂腑,他们才对他残酷无情。他觉得,很多人都想消灭他,就好像一群狗要咬死一条痛得揪心裂腑、嗷嗷直叫的狗。他知道,挽救自己的唯一办法就是把自己的伤痛掩盖起来,不让人看到,而且两天来他也不知不觉试着这样做了,可是现在他觉得自己已经没有力量把这场寡不敌众的斗争坚持下去了。

他因为意识到无人分担自己的痛苦,就更加绝望了。不仅在彼得堡没有一个可以诉诉心曲的人,没有一个人不把他当做一个大官、一位显要人物,而只把他当作一个很痛苦的人来同情他;而且,不论在哪儿都找不到这样的人。

卡列宁从小就是一个孤儿。他们是兄弟两个。他们都不记得父亲,母亲死时,卡列宁才十岁。财产很少。卡列宁的叔叔是一位大官,当年是先皇的宠臣。是他把他们抚养成人。

卡列宁以优异成绩在中学和大学毕业后,因为有叔叔做靠山,一踏上仕途,就青云直上,从此就醉心于功名。不论在中学里,大学里,还是做官以后,卡列宁和任何人都没有什么深交。哥哥是他最知心的人,但他在外交部任职,经常住在国外,他在卡列宁婚后不久就在国外去世了。

卡列宁做省长的时候,本省的一位有钱的贵妇人,也就是安娜的姑妈,把侄女介绍给这个虽然已经不年轻的人、但又年轻的省长,并且使他处于必须有所抉择的境地,他必须有所表示,要么就是离开这个城市。卡列宁犹豫了很久。有多少赞成的理由,就有多少反对的理由,却没有可靠的理由要他改变他那遇到疑难要慎重对待的原则。可是安娜的姑妈通过一个熟人向他示意,既然已经影响了姑娘的名声,如果他爱惜自己声誉的话,就应该求婚。于是他求了婚,并且把他能够有的感情都给了未婚妻和妻子。

他对安娜的钟情,排除了他心中最后一点跟别人亲密相处的愿望。现在他在所有的熟人中间没有一个知心的朋友。他的交游很广,却都没有什么深交。卡列宁有许多熟人,他可以请来吃饭,请他们参与他所感兴趣的事情,为别人向他们求情,可以和他们坦率地议论别人的事和朝廷的事;但他和这些人的关系只限于习惯和常礼所划定的范围,不能越出这个范围。有一个大学的同学,毕业后和他很亲近,本来是可以谈谈个人痛苦的;可是这个同学还在很远的教育区里当督学。在彼得堡的熟人当中,最接近和最能够谈一谈的是办公室主任和医生。

办公室主任米海尔·瓦西里耶维奇·斯留金是一个老实、聪明、善良和有道德的人,卡列宁觉得他对他是一片好心的;可是五年来他们在官场上的共事,在他们之间形成了一道障碍,他们也无法推心置腹地谈谈。

卡列宁在公文上签过字,沉默了好一阵子,望着斯留金,几次想开口,但还是说不出口。他已经想好一句话:“您听说我的倒霉事儿吗?”但结果还是像往常一样说了一句“那就请您替我这样办吧,”就这样让他走了。

另一个人是医生,一向对待卡列宁也很好;不过在他们之间早就有一种默契,那就是两个人都有忙不完的事情,都没有工夫聊天。

至于他在妇女界的朋友,其中首先是李迪雅伯爵夫人,卡列宁却没有想到。女人就是女人,他觉得女人都是可怕的,令人厌恶的。

二十二

卡列宁忘记了李迪雅伯爵夫人,她却没有忘记他。就在这孤独绝望的难受时刻,她来看他了,而且不等通报就进了他的书房。她看见他的时候,他还是那副两手托着头坐着的姿势。

“我破坏了禁令。”她说着,快步走了进来,因为心情激动和走得很快,呼哧呼哧地喘着。“我什么都听说了!阿历克赛·亚力山大罗维奇呀!我的好朋友!”她用双手紧紧握住他的手,用她那若有所思的美丽眼睛看着他的眼睛,又说道。

卡列宁皱着眉头欠起身来,从她的手里抽出手来,推给她一把椅子。

“夫人,坐一坐吧?我不见客,因为我病了,夫人,”他说着,嘴唇也哆嗦起来。

“我的好朋友呀!”李迪雅夫人目不转睛地看着他,又呼唤了一遍,忽然她的双眉靠里的一边扬起来,在额头上形成一个三角形；她那一张难看的黄脸变得更难看了；但是卡列宁觉得她是在为他难过，而且眼看就要哭了。他深深感动了，于是抓住她那肉嘟嘟的手，吻了起来。

“我的好朋友呀！”她因为激动，用断断续续的声音说，“您不应该一味地悲伤。悲伤是悲伤，但您应该把心放宽些。”

“我完了，彻底完了，我再也不能做人了！”卡列宁放开她的手，但依然望着她那泪水汪汪的眼睛说，“我的状况可怕，就因为不论在哪里，甚至在我自己身上，都找不到支持点。”

“您会找到支持的，您不要在我身上找，虽然我要求您相信我的友情，”她叹着气说，“我们的支持就是爱，就是上帝赐给我们的爱。上帝是想到就做到的，”她带着卡列宁很熟悉的那种充满激情的眼神说。“上帝会支持您，保佑您的。”

尽管她这话里有陶醉于自己的崇高感情的成分，还有卡列宁觉得多余的、近来在彼得堡广泛流行的新的、狂热的神秘主义情绪，卡列宁现在听着这话还是很愉快的。

“我走投无路。我彻底完了。我一点没有料到，现在还是一点也不懂。”

“我的好朋友呀。”李迪雅又呼唤道。

“现在没有了的，不是损失，不是的，”卡列宁继续说下去，“我不惋惜。可是我现在处境如此，见了人我抬不起头来。这很糟，可是我无可奈何，无可奈何呀。”

“我和大家都十分佩服的那种高尚的宽恕行为，那不是您，是您心中的上帝做出的，”李迪雅伯爵夫人十分激动地抬起眼睛说，“所以，您不能因为自己的行为抬不起头来。”

卡列宁皱起眉头，弯起胳膊，咯吧咯吧地扳起手指头。

“什么琐碎事儿都得过问，”他用细细的嗓门儿说，“一个人的精力是有限的，夫人，我觉得自己的精力已经用完了。现在我整天都得操心，操心由于我的新的、孤单的处境而招致的（他加重语气说出“招致的”这个词儿）种种家务。用人呀，家庭教师呀，账目呀……这样小火小燎把我烤干了，我受不了啦。吃饭的时候……我昨天吃到一半差一点走掉。我儿子那样望着我，我真受不了。他没有问我这一切种种是怎么一回事儿，但他很想问，所以他那种眼神我真受不了。他怕看我，而且不仅如此……”

卡列宁想说说给他送来的那张账单，但是他的声音打起哆嗦，他不说了。他一想起那账单，想起那写在蓝纸上的女帽和缎带的欠款，不能不感到自己可怜。

“我明白，我的好朋友，”李迪雅伯爵夫人说，“我全明白。您不是要靠我帮助和安慰，不过我来就是要帮助您的，如果我能帮得上忙的话。但愿我能为您解除这些琐碎无聊的操劳……我明白，这需要女人家来管，女人家来操持。您能交给我吗？”

卡列宁默默地带着感激的神气握了握她的手。

“咱们一起来照料谢辽沙吧。我做事情不怎么行。但我要做做，我来给您做管家。您不要感谢我。我这样做并不是我自己……”

“我不能不感谢您呀。”

“可是，我的好朋友，不能老是怀着您说的那种心情，不能因为有过基督徒的高尚行为老是觉得抬不起头来，因为：‘谁谦让，谁是崇高的。’您也不必感谢我。应该感谢上帝，求上帝保佑。我们只有靠上帝,才能得到平安、安慰、拯救和爱。”她说完,抬起眼睛望着上天,卡列宁从她的默默不语中看出来,她开始祷告了。

卡列宁现在听她说话,她说的那些话,他以前即使不觉得讨厌,也觉得是没有意思的,现在却觉得很自然,很使人舒服。卡列宁原来也很不喜欢这种新的狂热精神。他是个信徒,主要是从政治意义上关心宗教,而新的教义是容许对宗教做一些新的解释的,这也就为争论和分析打开了大门,在原则上他对此是很反感的。以前他对这种教义很冷淡,甚至敌视,但和醉心新教义的李迪雅伯爵夫人从来没有争论过,而是沉默不语,尽量躲避她的挑战。现在他是第一次高高兴兴听她说话,也没有在心里反驳她的话。

“我非常非常感谢您,感谢您的行动,感谢您的话。”等她祷告完了,他说道。

李迪雅伯爵夫人又一次握了握好朋友的双手。

“现在我要动手做事情了,”她沉默了一会儿之后,就一面擦着脸上的泪痕,微微笑着说,“我去看看谢辽沙。不是万不得已,我就不来找您了。”她说完,就站起来,走了出去。

李迪雅伯爵夫人朝谢辽沙房里走去,在那里一面往吓慌了的孩子的脸上洒着泪水,一面对他说,他的父亲是神圣的,他的母亲已经死了。

李迪雅伯爵夫人说到做到。她确实承担了卡列宁家一切家务的安排和操持。不过,她说她做事情不怎么行,不是谦虚。她说的做法都必须变更,因为都行不通,所以都要由卡列宁的老仆柯尔尼来变通。柯尔尼现在悄没声地掌管起卡列宁家的全部家务，有什么需要向主人报告的，就在服侍他穿衣服的时候平静地、小心翼翼地报告一下。不过，李迪雅伯爵夫人的帮助还是起了极大作用的：她使卡列宁有了精神上的支柱，因为她使他意识到她对他的爱和尊敬，尤其因为，正如她一想起来就觉得安慰的，她差不多使他真正信起基督教，也就是说，使他这个冷漠的、不起劲儿的信徒变成一个近来在彼得堡广泛流行的基督教新教义的热烈而坚决的拥护者。卡列宁相信新教义是很容易的。卡列宁也像李迪雅以及另外一些抱有同样见解的人一样，完全缺乏深刻的想象力，缺乏那种精神力量，只有靠那种精神力量，想象出的想法才会非常实际，才能与其他一些想法、与现实相符合。比如他认为，死对于不信教的人是存在的，对于他是不存在的，又因为他有虔诚的信仰，他自己又能判断信仰的程度，那他的灵魂中是没有罪恶的，所以他在这人世上已经完全得救，——他就看不出这看法有什么不合情理和荒谬之处。

不错，卡列宁也模模糊糊感觉到他对自己信仰的这种看法是肤浅的和错误的，他也知道，如果他根本没想到他的宽恕是神力的驱使，而纯粹凭感情行事，那他会比时时刻刻想着心中有上帝，就像现在这样，签发公文也是奉行上帝旨意，更要幸福些。但是卡列宁必须这样想，他非常需要在屈辱中有一个崇高的、哪怕是假想的立足点，他这个人人鄙视的人就可以鄙视别人，所以他就抓住自己假想的救星当救星。

二十三

李迪雅伯爵夫人还是一个非常年轻的多情姑娘时，就嫁给了一个有钱有势、非常善良而又非常浪荡的花花公子。婚后第二个月丈夫就把她抛弃了，他对她那些多情的话语，只是报以嘲笑甚至敌视，这在那些知道伯爵的善良心肠而看不到多情的李迪雅有什么缺点的人是无法理解的。从那时起，虽然他们没有离婚，却分居了，而且每当丈夫遇到妻子的时刻，总是用恶狠狠的嘲笑态度对待她，其原因是无法理解的。

李迪雅伯爵夫人早就断了对丈夫的爱，但从那时起谈情说爱却从来没有间断。她有时一下子爱上好几个男人和女人；不论在哪方面特别突出的人，她几乎都爱。她爱过所有和皇家结亲的新的亲王和王妃，爱过一个都主教、一个助理主教和一位神父。爱过一位记者、三个斯拉夫主义者，爱过科米萨洛夫[①]；爱过一位部长、一位医生、一位英国传教士，也爱过卡列宁。这种朝三暮四的爱情并不妨碍她同宫廷和社交界保持最广泛、最复杂的关系。但自从卡列宁遭遇不幸，自从她对他进行特别照顾，关怀他的安康，在他家里操劳以来，她就觉得，所有其他爱情都不是真正的爱情，她现在真正爱上的只有卡列宁一个。她觉得，她现在对他的感情比以前对任何人的感情都强烈。她分析自己的感情，拿现在的感情做比较，就清楚地看出来，她爱上科米萨洛夫，只是因为他救过皇上的命，爱上李斯季奇·库奇茨基，只是因为有斯拉夫问题，她

①科米萨洛夫曾打落刺客手枪，救了沙皇亚力山大二世性命。

爱卡列宁,爱的就是他这个人,爱他那高深莫测的心灵,爱她很喜欢听的那种尖细的、带拖腔的声音,爱他那种懒懒的眼神,爱他的性格,爱他那露着青筋的软和的白手。她不仅很高兴看到他,而且总想在他的脸上看出他对她的反应如何。她希望他不光是喜欢她的话,而且也喜欢她整个的人。她为了他,现在比以前任何时候更注意打扮了。她不由得常常幻想,如果她没有嫁过人,他也没有妻子的话,那会怎么样。他一走进房里来,她就兴奋得满脸通红,他对她说什么愉快的话儿,她就压制不住欢喜的微笑。

李迪雅伯爵夫人已经有好几天心神十分不安。她听说安娜和伏伦斯基在彼得堡。不能让卡列宁和她见面,甚至不能让他知道这个可怕的女人就和他在一个城市里,不能让他知道他随时会碰到她,他知道了会难受的。

李迪雅通过自己的熟人打听这两个可恶的人,她说的是安娜和伏伦斯基,打听他们打算做什么,并且想方设法在这些天里限制卡列宁的行动,免得碰到他们。有一位年轻副官,是伏伦斯基的朋友,她通过他打听消息,他想通过她得到租让合同的,他告诉她说,他们已经办完自己的事情,明天就要走了。李迪雅已经放下心来,可是第二天早晨她就收到一封信,一看到那笔迹就吓了一跳。这是安娜·卡列尼娜的笔迹。信封是用树皮一样的厚纸做成的;在黄黄的长方形信封上有老大的花体字签名,信纸散发着很好闻的香气。

"是谁送来的?"

"旅馆里的听差。"

李迪雅伯爵夫人有好半天都不能坐下来看信。她因为激动,她常常害的气喘病又发作了。等她镇定下来,就把下面这封法文信看了一遍。

> 伯爵夫人,知道您有深厚的基督感情,所以我才敢冒昧给您写信。我离开儿子十分痛苦。我恳求容许我在动身之前见他一面。请您原谅我打搅您。我写信给您,而不是给阿历克赛·亚力山大罗维奇,只是因为不愿使这个宽宏大量的人想到我而难过。知道您对他的友情,您一定会谅解我的。您是否能把谢辽沙送到我这儿来,或者约定个时间让我到家里去,或者您通知我,什么时候、在别的什么地方我可以和他见面?我想我不会遭到拒绝的,因为我知道此事所系的人宽宏大量。您想象不到我是多么渴望见到他,所以也许想象不到我会对您的帮助有多么感激。
>
> 安娜

这封信里的一切,不论内容,不论那"宽宏大量"的含意,尤其是她觉得十分放肆的那种语气,都使她感到恼火。

"告诉他,没有回信。"李迪雅伯爵夫人说过,立刻就打开信笺夹,给卡列宁写了一封信,说她希望一点钟之前在宫廷庆祝会上见到他。

"我要和您谈一件重要而不快的事。到时候咱们再约定在哪儿谈。最好在我家里,我可以叫人准备您喜欢的茶。一定要到。上帝给人苦难,但也会给人力量的。"她又加了一句,好让他多少有所准备。

李迪雅伯爵夫人通常每天都要给卡列宁写两三封信。她很喜欢这种交流方式,因为这样既风雅又神秘,当面交谈就不是这样了。

二十四

庆祝会结束了。出来的人见了面,谈着新闻,谈着新得的奖赏和重要官员的升迁。

"最好把陆军部交给玛丽雅·波里索芙娜伯爵夫人,让瓦斯科芙斯卡娅公爵夫人当参谋长。"一个穿金边制服的白发小老头,对一个高高的漂亮女官说,因为那女官问他对升迁的看法。

"那就让我当副官吧。"那女官笑嘻嘻地回答说。

"您已经有任命了。您掌管教会部。您的副手是卡列宁。"

"您好,公爵!"小老头握着走到跟前的一个人的手,说。

"您说卡列宁怎么啦?"公爵说。

"他和普嘉托夫都获得了聂夫斯基勋章。"

"我还以为他原来就有呢。"

"不。您瞧瞧他吧,"小老头用他的金边帽子指着卡列宁说。卡列宁身穿朝服,佩着通红的新绶带,正和一个很有威望的议员站在大厅门口。"简直得意忘形了。"小老头补充一句,就站下来和一个体格魁伟的漂亮宫廷侍从握手。

"不,他苍老了。"宫廷侍从说。

"他是太辛苦了呀。他现在什么方案都要亲自起草。现在谁要是不把事情一条一条地说清楚,他是不会放过的。"

"他怎么苍老了?他在情场正得意呢。我想,李迪雅伯爵夫人现在要取代他的妻子了。”

“哎,怎么啦!请不要说李迪雅伯爵夫人的坏话。”

“说她爱上卡列宁,这怎么算坏呀?”

“听说卡列宁夫人在这里,是真的吗?”

“是的,就是说,不是在这宫廷里,是在彼得堡。昨天我碰见她和伏伦斯基在滨海大街上手挽着手呢。”

“这种人是没有……”宫廷侍从刚一开口就停住了,他要给一位走过的皇亲大人让路和鞠躬。

大家就这样不停地谈着卡列宁,议论他,嘲笑他,这时候他却拦住那个被他抓住的议员,逐条向他说明自己的财政方案,为了不让他走掉,一刻不停地说着。

几乎就在妻子离家出走的同时,卡列宁遇到了一个官场上人最痛心的事——官运断了。断是断了,大家也都看得很清楚,可是卡列宁自己还没有意识到他的前程已经完了。不知是因为他和斯特列莫夫的冲突,还是因为妻子造成的不幸,或者只不过因为他的官运已经到头,反正今年大家都清清楚楚看出来,他的前程已经完了。他还担任要职,他是许多委员会的委员;但他是一个失势的人,谁也不期望他有什么作为了。不管他说什么,不管他提什么建议,大家都觉得他说来说去还是那老一套,是没有用的。

可是卡列宁却没有发觉这一点,倒是相反,他因为不直接参与政府活动,就比以前更清楚地看出别人所作所为的缺点和错误,并且认为自己有责任提出纠正缺点和错误的办法。妻子离开他不久,他就开始写有关审判的报告,这是他要写的关于政府各部门的、谁也不需要的无数报告的第一份。

卡列宁不仅没发觉他在官场的失势，不仅没有因此感到伤心，而且比以往任何时候更满意自己的活动了。

“没有娶妻的，是为主的事挂虑，想怎样叫主喜悦；娶了妻的，是为世上的事挂虑，想怎样叫妻子喜悦。”①这是使徒保罗说的，现在一举一动都遵奉《圣经》教导的卡列宁就常常想起这一段。他觉得，自从他没有了妻子以后，他对这种种方案比以往更热心，也就是更热心侍奉主了。

那位议员想摆脱他，脸上露出很明显的不耐烦神气，他也不觉得难堪；直到那位议员利用皇亲经过的机会溜掉了，他才不说了。

等到剩下卡列宁一个人，他才垂下头，定了定神，然后漫不经心地朝周围看了看，便朝门口走去，他希望在门口遇见李迪雅伯爵夫人。

“他们身体都是多么结实，多么强壮呀。”卡列宁望着那个香喷喷的络腮胡子梳得溜光的强壮的宫廷侍从和那个穿军装的公爵的红脖子，在他要从他们身边走过的时候，这样想道，“世上一切都是邪恶的，这话说得对。”他又瞟了瞟宫廷侍从的腿肚子，想道。

卡列宁不慌不忙地走过去，带着平时那种疲惫而尊严的神气向刚才在议论他的那几位先生鞠了个躬，眼睛望着门口，寻找李迪雅伯爵夫人。

“哎呀！阿历克赛·亚力山大罗维奇！”就在卡列宁走到那个

①引自《新约全书·哥林多前书》第七章第三十二节。

小老头旁边，冷冷地朝他点了个头时，小老头不怀好意地闪动着眼睛说。“我还没有恭喜您呢。”他指着卡列宁的新绶带说。

“谢谢您，”卡列宁回答说。“今天天气真好呀。”他又说，并且照他的习惯特别加重了“真好”这个词儿。

他们嘲笑他，这他是知道的，而且他除了敌意，并不指望他们什么；他对此已经习惯了。

卡列宁一看见李迪雅伯爵夫人走进门来，看见她那胸衣里露出来的黄黄的肩膀和那妖媚的沉思的眼睛，龇出满嘴结实的白牙笑了笑，就走到她跟前。

李迪雅近来着意打扮，她今天的打扮也费了不少心思。现在她打扮的目的和三十年前她追求的目的完全相反。那时候她总想打扮得漂亮些，越漂亮越好。现在恰恰相反，她必须掌握尺度，既要打扮，又不能和年龄、身材太不相称，所以她关心的只是让这种打扮和相貌的反衬不要太强烈。对于卡列宁，她是达到了这个目的，他觉得她是迷人的。对于他来说，她是他在一片敌意和嘲笑的大海中觅得的孤岛，不仅是善意对待他的孤岛，而且是爱的孤岛。

他穿过一道道嘲笑的目光，很自然地被那含情脉脉的目光吸引过去，就像植物追求阳光。

“恭喜您！”她用眼睛瞟着绶带，对他说。

他忍住得意的微笑，闭起眼睛耸了耸肩膀，好像在说，他不觉得这有什么高兴的。李迪雅伯爵夫人很清楚，这是他最大的人生乐事之一，虽然他从来不承认。

“咱们的小天使怎么样？”李迪雅伯爵夫人说。她指的是谢辽沙。

“不能说我对他完全满意，”卡列宁睁开眼睛，扬起眉毛说，“西特尼科夫对他也不满意。(西特尼科夫是家庭教师，负责谢辽沙的世俗教育。)我对您说过的，他对每一个大人和小孩都会动心的那些重大问题有些冷淡，”卡列宁谈起他除公务之外唯一关心的问题——儿子的教育问题。

卡列宁在李迪雅的帮助下恢复了原来的生活和活动以后，就觉得自己必须操心留在他身边的儿子的教育问题了。以前卡列宁从来没研究过教育问题，现在他就花一些时间对这个问题进行理论上的研究。他读了几本人类学、教育学和教学法方面的书，就拟订了一个教育计划，请彼得堡一位最卓越的教师做指导，就着手实施。他一直在关心这件事。

“是啊，不过，那颗心呀！我看出来，他的心和父亲一样，一个有这样心肠的孩子是不会坏的。”李迪雅伯爵夫人十分高兴地说。

“是啊，也许这样……至于我，我只是尽自己的责任。我也只能这样了。”

“您到我家来一趟吧，”李迪雅伯爵夫人沉默了一会儿之后，说，“咱们要谈一件使您不快的事。我本想尽一切可能使您不要想起一些往事，可是别人不这样想。我收到她一封信。她就在彼得堡。”

卡列宁一听到她提起妻子就打起哆嗦，可是他的脸上却立刻出现了木然不动的神气，表示他对这件事无可奈何。

“这事儿我料到了。”他说。

李迪雅伯爵夫人十分欢喜地看了看他，因为他灵魂的伟大感动得涌出了泪水。

二十五

卡列宁走进李迪雅伯爵夫人那摆满古代瓷器、挂满画像的舒适的小书房时，女主人还没有露面。她在换衣服。

圆桌上铺着桌布，上面摆着中国式茶具和一个烧酒精的银茶炊。卡列宁漫不经心地扫视了一下挂在书房里那无数熟悉的画像，就在桌旁坐下来，翻开桌上的《新约》。伯爵夫人绸连衫裙的窸窣声立刻把他的注意力吸引过去。

“好，现在咱们可以安安静静地坐下来，”李迪雅伯爵夫人急忙挤到桌子和沙发中间，带着激动的微笑说，“一面喝茶，一面谈谈了。”

李迪雅伯爵夫人说过几句开场白之后，就红着脸、呼哧呼哧喘着把她收到的那封信交给卡列宁。

他看过信，老半天没有作声。

“我觉得，我没有权利拒绝她。”他抬起眼睛，畏畏缩缩地说。

“我的好朋友呀！您在谁身上都看不到邪恶！”

“恰恰相反，我看到，一切都是邪恶的。可是，这样看是不是对呢？……”

他脸上出现了犹豫不决的神气和希望在他不理解的事情上得到别人的忠告、支持和指点的神气。

“不，”李迪雅伯爵夫人打断他的话说，“凡事都有个限度。

伤风败俗我能理解，”她说的不完全是实在话，因为她从来就不理解，女人为什么会伤风败俗的，“可是我无法理解这种残酷，这又是对谁残酷呀？是对您呀！怎么能留在您所在的城市里呀？唉，真是活到老学到老呀。我现在要学会理解您的崇高和她的卑鄙呢。”

“谁能下得了狠心呢？”卡列宁说。他显然很满意自己扮演的角色。“我什么都宽恕了，所以我也不能剥夺她这种爱的要求，不能剥夺她对儿子的爱……”

“不过，我的好朋友，那是爱吗？那是真心实意的吗？就算您已经宽恕了，现在还要宽恕……可是我们有权利去触动那个小天使的心灵吗？他以为她已经死了。他为她祷告，祈求上帝饶恕她的罪过呢……这样倒是好些。他要是见了她，那又怎么想呢？”

“我没想到这一点。”卡列宁显然同意地说。

李迪雅伯爵夫人双手捂住脸，有一阵子没有说话。她是在祷告。

“您要是问我的主意，”她祷告完了，把手放下，说道，“那我劝您不要这样做。难道我看不出您有多么痛苦，这事怎样触痛您的伤痕吗？哦，就算您像往常那样，能够忘记您自己吧，可是，这样又会造成什么后果呢？不是要给您造成新的痛苦，使孩子心里难受吗？如果她还有一点儿人性的话，那她自己是不应该有这种愿望的。是的，我毫不犹豫，我劝您不要答应，如果您允许的话，我就给她写一封信。”

卡列宁同意了，于是李迪雅伯爵夫人就写了下面一封法文信。

亲爱的夫人：

您的儿子要是想到您，他心中会产生种种问题，要回答这些问题，无法不使孩子心灵中产生责难情绪，责难他原来认为神圣的东西。因此我请求您明白您丈夫的拒绝是出于基督的仁爱精神。我祈求上帝对您仁慈。

李迪雅伯爵夫人

这封信达到了李迪雅伯爵夫人连自己都不肯承认的阴暗目的。它深深刺痛了安娜的心。

从卡列宁这方面来说，他从李迪雅家回来以后，这一整天他都无法专心致志地像平时那样做自己的事情，再也得不到他以前感觉到的那种得救的信徒的内心平静。

想起对他犯了很大罪的妻子，而他又像李迪雅很公正地说的那样，在对待妻子方面又是十分神圣的，本来他不应该感到不安；然而他就是不能平静。他看书看不进去，无法驱除痛苦的回忆，无法不回想自己对她的态度，无法不回想他现在感觉出来的在对待她方面所犯的一些错误。他一想起从赛马场回来的路上，他怎样像听取忏悔一样听她说自己的不贞（尤其是他只要求她保持体面，而没有要求决斗），心里就很难过。他想起他给她写的那封信，也觉得难过；尤其是一想起他那种谁也不需要的宽恕和对别人的孩子的关怀，心里就羞臊和后悔得不得了。

现在，他想起他和她在一起的种种往事，想起他经过长期犹豫向她求婚时说的蠢话，也同样感到羞臊和后悔。

“我究竟错在哪儿呢?”他在心里说。而且这个问题总是在他心中引起另一个问题:如果换了别人,比如伏伦斯基、奥布朗斯基和那个粗腿肚子宫廷侍从之流,会不会有这样的感觉,会不会这样对待爱情和婚姻呢?于是在他的脑海里出现了一系列这样身强力壮、精力旺盛、从不怀疑自己的人,这样的人总是时时处处不知不觉间引起他的注意和好奇。他一再驱赶这些念头,竭力要自己相信,他活着不是为了短暂的此生,而是为了永恒的人生,充满他心中的是和睦与仁爱。但是,在这短暂的、微不足道的一生中他犯了一些他认为微不足道的错误,就使他如此痛苦,就好像他所相信的永远得救也不存在了。不过这种诱惑并没有持续多久,他心中很快就又恢复了平静和崇高境界,就因为有这种心境,他才能忘记他不愿意想起的事情。

二十六

“怎么样,卡比东内奇?”脸色红红的、快快活活的谢辽沙在生日前一天在外面玩回来,一面要把自己的带褶的外套脱给高高的、笑嘻嘻地俯身迎接小主人的老门房,一面说。“怎么样,那个扎绷带的官儿今天来过吗?爸爸见他没有?”

“见他了。办公室主任一走,我就去通报了,”门房快活地眏眏眼睛,说,“让我来给您脱吧。”

“谢辽沙!”斯拉夫家庭教师站在里屋的门口说,“要自己脱。”

但是,谢辽沙虽然听到了他那有气无力的声音,却没有理睬他。他一只手抓住门房的肩带站着，并且望着他的脸。

“怎么样，他求办的事，爸爸给他办了吗？”

门房点点头，表示已经办了。

那个扎绷带的官儿求卡列宁办事，已经来过七趟了，谢辽沙和门房都很关心。有一次谢辽沙在门厅里遇到他，听见他哀求门房给他通报，说他和他的孩子们快要死了。

后来谢辽沙又在门厅里遇见他一次，从此就关心起他来。

“怎么样，他很高兴吧？”他问道。

“怎么会不高兴呀！他走的时候差点儿要蹦起来啦。”

“有人送什么东西来吗？”谢辽沙沉默了一会儿之后，问道。

“哦，少爷，”门房摇着头，小声说，“伯爵夫人有东西送来。”

谢辽沙立刻明白了，门房说的是李迪雅伯爵夫人给他送来的生日礼物。

“真的吗？在哪儿呀？”

“柯尔尼拿到你爸爸房里了。想必是一样很好的东西！”

“有多大？有这么大吗？”

“多少小一点儿，不过挺好的。”

“是一本书吗？”

“不是，是一样东西。去吧，去吧，瓦西里·鲁基奇在叫你呢，”门房听到教师渐渐走近的脚步声，就小心翼翼地扳开他那只抓住肩带、手套脱了一半的小手，挤了挤眼睛，朝教师那边点了点头，说道。

“瓦西里·鲁基奇，这就来啦！”谢辽沙带着快活而亲切的微笑回答说。这种微笑总是能征服一丝不苟的瓦西里·鲁基奇。

谢辽沙太快活，他觉得一切都太幸福了，他简直没办法不和他这个门房朋友说说家里的另一件喜事，这喜事是他在夏园玩儿时听李迪雅伯爵夫人的侄女说的。他觉得这喜事特别重要，是因为这事儿同那个扎绷带的官儿的喜事和他自己得到玩具的喜事一起来临的。谢辽沙觉得今天是个大喜的日子，人人应该高兴，应该快活。

“你知道吗，爸爸得了聂夫斯基勋章？”

“怎么会不知道！有人已经来道过喜了。”

“怎么样，他高兴吗？”

“得到皇上恩典，怎么能不高兴呀！这说明，他是有功的嘛。”门房一本正经地说。

谢辽沙沉思起来，一面凝视着他仔细研究过的门房的脸，尤其是那夹在灰色络腮胡子中间的下巴，那下巴是谁也看不到的，除了总是从下面朝上看他的谢辽沙。

“喂，你女儿早就回家了吧？”

门房的女儿是一个芭蕾舞演员。

“不是礼拜天怎么能回来呢？她们也要上课呀。您也要上课了，少爷，去吧！”

谢辽沙走进房里，没有坐下来读书，却对老师说了说他猜想送来的礼物一定是一辆火车。“您是怎么想的？”他问道。

可是瓦西里·鲁基奇想的只是怎样教他准备语法课，因为语法教师到两点钟就要来了。

“不，瓦西里·鲁基奇，您还是告诉我，”他已经坐到书桌前，把书拿在手里，却忽然问道，“您知道吗，爸爸得了聂夫斯基勋章？还有什么比聂夫斯基更高的吗？”

瓦西里·鲁基奇回答说，比聂夫斯基勋章更高的是弗拉基米尔勋章。

“再高的呢？”

“最高的是安得列勋章。”

“还有比安得列更高的吗？”

“我就不知道了。”

“怎么，您也不知道吗？”于是谢辽沙用两手托着脑袋，深思起来。

他的想象是层出不穷，多种多样的。他想象他的父亲一下子就得到了弗拉基米尔勋章和安得列勋章，就因为这样今天父亲上课就和善多了。他又想象自己长大了，也会得到所有的勋章，还能得到以后会想出来的比安得列勋章更了不起的。只要能想出来，他就能得到。他们还会想出更了不起的，他也会马上就得到。

时间就在这样胡思乱想中过去，所以，等到教师来了，关于时间、地点和行为方法状语的这一课还没有准备好。教师不但很不满意，而且很伤心。教师这种伤心触动了谢辽沙。他觉得没有学好功课不能怪自己；不论他怎样用功，就是学不好。在教师给他讲解的时候，他是相信的，而且似乎也懂了，可是等到剩了他一个人，他简直就想不起和弄不懂，为什么“忽然”这个简单而明了的词儿是行为方法状语。不过，他觉得自己使教师伤心，心里还是很难过的，所以很想安慰安慰他。

他选定教师默默望着书的时候。

“米海尔·伊凡内奇，您的命名日是哪一天呀？”他忽然问道。

“您最好还是想想自己的功课，在一个懂道理的人来说，命名日是毫无意义的。这样的日子也和其他日子一样，应该用功。”

谢辽沙仔细望了望教师，望了望他那稀稀的下巴胡、那副溜到鼻梁下面的眼镜，就一心一意思索起来，教师给他讲什么，他一点儿也听不进去了。他明白，教师想的也不是他所说的事，这从他说话的语调可以感觉出来。“为什么他们都商量好了用同一种腔调一个劲儿讲这种最乏味、最无用的玩意儿呢？为什么他对我这样冷漠，为什么他不爱我呢？”他很伤心地自己问自己，自己却无法回答。

二十七

教师的语法课之后是父亲的课。趁父亲还没有来，谢辽沙就在桌旁坐下来，玩着小刀，沉思遐想起来。在谢辽沙最喜欢的事情中，有一项就是在玩的时候寻找母亲。他根本就不相信死，尤其不相信母亲会死，尽管李迪雅伯爵夫人对他这样说，父亲也说是这样，所以，就是在他们告诉他母亲已经死了以后，他还是在找她。任何一个丰满、优雅的黑头发女人都是他的母亲。他一看见这样的女人，心中就涌起无限亲切之感，激动得喘不上气来，眼睛里也不由得涌出泪水。他就等着她走到他面前，撩起面纱。她那整个的脸就会露出来，她就会笑，把他搂住，他就会闻到她的气味儿，感触到她的手的亲热，他会很幸福地哭起来，就像那一天晚上他躺在她的腿上，她呵他的痒，他咯咯大笑，并且咬她那戴满戒指的白手那样。后来，他无意中听到奶妈说他母亲没有死，父亲和李迪雅又向他解释说，她对于他来说已经死了，因为她不好（这话他是怎么也不信的，因为她爱他），他却依然那样在找她和等她。今天在夏园里有一位戴着紫色面纱的太太，在她顺着小路朝他们走来的时候，他以为这就是她，他怀着怦怦直跳的心注视着她。那位太太不等走到他们跟前就不见了。今天，谢辽沙觉得热爱母亲之情比任何时候更强烈，而且现在，就在他等父亲的时候，想得出了神，用小刀在桌子边上刻了许多印子，一面用亮晶晶的眼睛望着前方，一面想着母亲。

“爸爸来了！”瓦西里·鲁基奇使他回过神来。

谢辽沙跳起来，走到父亲跟前，吻了吻他的手，仔细看了看他，想看看他得了聂夫斯基勋章的快活样子。

“你玩得快活吗？”卡列宁说着，坐到自己的扶手椅上，把《旧约》往面前拉了拉，翻了开来。尽管卡列宁不止一次对谢辽沙说过，任何一个基督徒都应该熟知圣史，可是他自己在上《圣经》课的时候却常常查书，谢辽沙就注意到这一点。

“是的，爸爸，非常快活，”谢辽沙说着，侧歪着身子坐到椅子上，并且摇晃着椅子，这是不准许的，“我看到娜金卡（娜金卡是李迪雅抚养的一个侄女）了。她告诉我，您得了新勋章。您高兴吗，爸爸？”

“第一，请你别摇晃，”卡列宁说，“第二，可贵的不是奖赏，而是劳动。我希望你能懂得这个道理。比如说，要是你劳动和学习是为了得到奖赏，那你会觉得这是很辛苦的；但是如果你劳动是因为热爱劳动的时候（卡列宁在说这话的时候，想起了今天上午他怎样凭自己的责任感完成了批阅一百一十八份公文的枯燥劳动），那你自己就会在劳动中找到奖赏。”

谢辽沙那闪着亲热和快活神采的眼睛一遇到父亲的目光，就失去光彩，并且垂了下来。父亲和他说话总是用这种腔调，他早就很熟悉了，而且他已经学会了应付这种局面。谢辽沙觉得，父亲和他说话，就像是对他想象中的一个孩子、书里的孩子、完全不像谢辽沙的一个孩子说话。所以谢辽沙和父亲在一起总是尽量装得像那个书里的孩子。

“我想，你明白这个道理吧？”父亲说。

“是的，爸爸。”谢辽沙装得像书里那个孩子一样回答说。

这一堂课是背诵福音书里的几节诗和复习《旧约》的开头部分。福音书里的几节诗谢辽沙本来是记得很牢的，可是这会儿，他在背诵时注视起父亲额头上的骨头，那骨头在鬓边那样突出，他看得出了神，因为有一个词儿相同，他就把一行诗的结尾背成另一行诗的开头。卡列宁觉得他显然不懂所背的内容，感到非常生气。

他皱起眉头，就开始讲解谢辽沙已经听了多次却怎么也记不住的内容，记不住，就因为他太熟悉了，就像“忽然”是行为方法状语一样。谢辽沙用害怕的目光望着父亲，心里只想着一点：父亲会不会像以往有的时候那样，让他重复父亲说过的话。谢辽沙一想到这一点就吓慌了，简直什么也听不进去了。可是父亲没有叫他重复，就换了《旧约》课。谢辽沙对其中的事件能说得清清楚楚，但是要他回答某些事件有什么意义的时候，他却什么也不知道，尽管他过去已经因为这门功课受过处罚。最使他无言可答，不知所措，因而不住地用小刀划桌子、摇晃椅子的，是要他说说太古祖先的时候。除了那个活着升天的以诺,这些祖先他一个也不知道。以前他记得那些名字,可是现在全忘记了,尤其因为,在整个《旧约》中他就喜欢以诺这个人物,一想到以诺活着升天的事,他的头脑里就出现长长的一系列联想,就连现在,在他目不转睛地盯着父亲的表链和解开一半的背心纽扣时,他就一心一意地联想着。

谢辽沙常常听别人说到死,他却一点也不相信。他不相信他所爱的人会死,尤其不相信他自己会死。他觉得这完全是不可能的,是无法理解的。可是他常常听人说,人都是要死的;他甚至问过他很信得过的人,这些人都说是这样的;保姆也这样说,虽然说得很不情愿。但是以诺就没有死,可见不是所有的人都死。"可是为什么不能人人都得到上帝照顾,活着升天呢?"他想道。那些坏人,也就是谢辽沙不喜欢的那些人,是会死的;可是所有的好人,都会像以诺那样。

"那么,有哪些祖先呢?"

"以诺,以诺。"

"这你已经说过了嘛。这样不好,谢辽沙,很不好。要是你不用心记住一个基督徒最应该看重的事,"父亲说着,站起来,"那你还能关心什么呢?我对你不满意,彼得·伊格纳基奇(这是首席教师)对你也不满意……我要处罚你。"

父亲和教师对谢辽沙都不满意,他的确也学得很不好。但不能说他是一个笨孩子。相反,他比教师举出来给他做榜样的孩子要聪明得多。照父亲看来,他是不愿意学他所学的东西。实际上他是学不进去。他学不进去,是因为他心中有他自己的要求,他觉得比父亲和教师所提出的要求更迫切。这两种要求是相互抵触的，于是他就和他的教育者直接抗衡。

他现在九岁，还是一个孩子；但他了解自己的心灵，珍重自己的心灵，爱护自己的心灵，就像眼皮保护眼珠那样，任何人没有爱的钥匙，都无法进入他的心灵。教他的人说他不愿意学习，其实他的心灵里充满了求知的欲望。所以他向卡比东内奇，向保姆，向娜金卡，向瓦西里·鲁基奇学习，而不向教师们学习。父亲和教师原希望这股水推动自己的轮子的，这股水却早就漏出去，到别的地方去干活儿了。

父亲罚谢辽沙，不准他去找李迪雅的侄女娜金卡；但是这处罚倒成了谢辽沙的好事。瓦西里·鲁基奇情绪很好，就教他怎样做风车。整个晚上他都在做风车，想象着怎样做一架老大的风车，他可以在上面转：两手抓住翅膀或者将身子捆在上面就可以转的。整个晚上谢辽沙都没有想母亲，可是上了床，他一下子就想起她来，而且用自己的话祈祷了一阵子，恳求母亲在明天他过生日的时候不再躲起来，要来看他。

“瓦西里·鲁基奇，您知道我另外还祷告的是什么吗？”

“是祈祷学得好些吗？”

“不是。”

“是想要什么玩具吗？”

“不是。您猜不到。是极好的事儿，不过这是秘密！等到实现了，我再告诉您。您猜不着吧？”

“是的，我猜不着。你说说吧。”瓦西里·鲁基奇笑着说，这在他是很难得的。“哦，睡下吧，我要吹蜡烛了。”

"没有蜡烛,我看到的和我祈祷的事就显得更清楚了。哦,我差点儿把秘密说出来了!"谢辽沙快活地笑起来,说道。

等到把蜡烛拿走以后,谢辽沙就听到和感觉到母亲来了。她站在他床头,用慈爱的目光亲亲热热地看着他。可是又出现了风车、小刀,一切都混合到一起,于是他睡着了。

二十八

伏伦斯基和安娜回到彼得堡,住在一家上等旅馆里。伏伦斯基单独住在楼下,安娜带着小女孩、奶妈和侍女住在楼上有四个房间的大套间里。

伏伦斯基在来到的第一天就去看望哥哥。他在那里碰到了因事从莫斯科来的母亲。母亲和嫂子像往常一样迎接他;她们问他在国外旅行的情形,谈了大家都认识的一些熟人,可是只字不提他和安娜的关系。第二天早晨,哥哥就来看望伏伦斯基,向他问起她来。伏伦斯基就直率地告诉他,他把他和安娜的关系看得像结过婚一样;他希望办理离婚,那时他就可以和她结婚,而他一直也就是把她看作自己的妻子的,就和任何人的妻子一样。他要哥哥就这样转告母亲和嫂子。

"社会上赞成不赞成,我都无所谓,"伏伦斯基说,"但家里的人如果想同我保持亲属关系,那也应该同我的妻子保持同样的关系。"

哥哥一向尊重弟弟的见解,但在社会对这个问题还没有做出解答之前,他不知道弟弟做得对还是不对;他自己倒是一点也不反对这种事儿，所以他就和伏伦斯基一起去看安娜。

伏伦斯基当着哥哥的面也像当着众人的面一样，对安娜称“您”，对待她就像对待一个亲密的朋友一样，但在话中示意，哥哥是知道他们的关系的，所以就谈起安娜去伏伦斯基的庄园的事。

伏伦斯基虽然富有社会经验，可是由于他的境况变了，就犯了一个很奇怪的错误。似乎他应该明白，社交界的大门对他和安娜已经关上了；可是现在他头脑里却产生了一些模模糊糊的想法，觉得那只是过去的事了；现在，由于社会飞快地进步（他现在不知不觉拥护起一切进步的事物），社会的看法变了，现在社会是不是容纳他们，那可是说不定。“不用说，”他想道，“宫廷社会是不会容纳她的，但是亲戚朋友们是可以而且应该正确看待这种事儿的。”

一个人可以盘着腿一动不动地坐上几小时，如果他知道没有什么不可以改变姿势的话；可是如果知道自己非这样盘腿坐着不可，那就会浑身痉挛，两腿抽搐，并且老是要朝他希望伸的地方伸。伏伦斯基在对待社交界方面就有这样的感觉。虽然他心里知道社交界的大门对他们是关着的，他还是要试试，现在社交界是不是有所改变，会不会容纳他们。但他很快就发现，虽然社交界大门对他本人已经开了，但对安娜还是关着的。就好像在玩猫捉老鼠的游戏，举起手放他进去，却马上就放下手把安娜拦住。

伏伦斯基最先遇到的彼得堡社交界女士就是他的堂姐培特西。

“久违了！”她高高兴兴地把他迎住，“安娜呢？我多么高兴呀！你们住在哪儿？我能想象，你们在愉快的旅行之后，会觉得我们的彼得堡有多么糟糕。我能想象你们在罗马度过的蜜月。离婚的事怎样了？一切都办妥了吗？”

伏伦斯基发觉，培特西一听说离婚手续还没有办，她的热和劲儿就小下来。

“我知道，人家会说我坏话的，”她说，“不过我还是要去看看安娜；是的，我一定要去。你们在这儿不会久住吧？”

果然，她当天就来看安娜；不过她的语调已经完全不像以前那样了。她显然因为自己大胆觉得很了不起，并且希望安娜珍视她对友谊的忠实。她待了不过十分钟，谈了一些社会新闻，临走的时候说：

“你们还没有告诉我，什么时候办理离婚手续。就算我丝毫也不管这些事，可是只要你们不结婚，那些正人君子还是要冷言冷语的。而且现在这很简单嘛。这很平常嘛。那你们就在礼拜五走吗？很抱歉，咱们不能再见面了。”

伏伦斯基可以从培特西的语气听出来，社交界会怎样对待他们；然而他还是在自己的家庭中又做了一次尝试。他对自己的母亲是不抱什么希望的。他知道，在初次相识时那样喜欢安娜的母亲，现在对她就不会客气了，因为是她断送了儿子的前程。不过他对嫂嫂瓦丽雅抱了很大的希望。他觉得，她是不会冷言冷语的，而且会大大方方，毫不犹豫地来看安娜，并且请她到家里去。

他们来到的第二天，伏伦斯基又去看嫂嫂，正好碰到她一个人在家，他就直率地说出自己的希望。

“你要知道，阿历克赛，”她听完他的话，就说道，“我是多么喜欢你，我又多么愿意为你尽力呀；可是我不能说什么，因为我知道我对你和安娜·阿尔卡迪耶芙娜无能为力，”她特别用劲儿说出“安娜·阿尔卡迪耶芙娜”这个名字。“请不要以为我对她有什么不好的看法。从来没有。也许，我要是她，也会做这种事儿的。我不想，也不能细说，”她胆怯地看着他那阴沉的脸说，“但应该直言不讳。你想要我去看她，请她到家里来，好使她恢复在社会上的名声；可是你要明白，我不能做这种事儿呀。我有两个女儿那么大了，我还要在社交界为丈夫保留个体面呀。好吧，我就去看看安娜·阿尔卡迪耶芙娜；她会谅解我不能请她到家里来，就是请她来，那也要使她避免碰见那些抱有不同看法的人，因为如果碰见了，会使她不痛快的。我不能抬高她……”

“可是我并不认为，她比你们所接待的许许多多女人更堕落！”伏伦斯基更阴沉地打断她的话。他知道嫂子的主意是不会改变的，就再也不说什么，站了起来。

“阿历克赛！不要生我的气。请你谅解，这不能怪我呀。”瓦丽雅带着胆怯的微笑望着他说。

“我不生你的气，”他还是那样阴沉着脸说，“不过我就加倍难过了。我还难过的是，这样咱们的情谊会破裂的。就算不破裂，那也要淡了。你要明白，这在我也是无可奈何的。”

他说过这话，就从她家里走了出来。

伏伦斯基明白了，再作尝试已经没有意思了，他们必须像在陌生城市里一样在彼得堡挨过这几天，避免和原来的熟人进行任何交往，免得招致不快和污辱，那种滋味他是受不了的。在彼得堡最不愉快的状况之一，就是卡列宁和他的名字似乎到处都存在。不论开始谈什么，到头来都不能不转到卡列宁身上去；不论到什么地方去，都会碰见他。至少伏伦斯基觉得是这样，就像一个手指头很痛的人，总觉得处处有什么东西故意碰他这个很痛的手指头。

伏伦斯基看出安娜有一种新的、令人捉摸不透的心情，因而他更觉得待在彼得堡难受了。有时她似乎很爱他，有时变得很冷淡，爱发脾气，心事重重。她为什么事很苦恼，有什么事瞒着他，而且似乎没有看到那些冷落的面孔，他看到一张张冷落的面孔是不好过的，她一向特别敏感，一定更感到难过。

二十九

安娜回俄国的目的之一就是看望儿子。自从她离开意大利的那天起，她就一直心情激荡地想着和儿子见面。她离彼得堡越近，越是真切地想象到这次见面的快乐和意义。她连想也没想怎样才能见到儿子的问题。她觉得，等到她和儿子在一个城市里，看到儿子是很自然、很简单的事。可是她一到彼得堡，一下子就清清楚楚地看出她现在在社会上的地位，于是她明白了，要见到儿子是很难的。

她回到彼得堡已经两天了。她无时无刻不在想着儿子，可是她却没有见到儿子。径直到家里去，在家里会遇到卡列宁，她觉得她没有权利这样做。可能不让她进去，还要侮辱她。写信去和丈夫交涉，连想到这个主意都是痛苦的，因为只有在她不想到丈夫的时候，心里才能宁静。打听一下儿子什么时候出来玩儿，趁他玩儿的时候看看他,她觉得这太不满足,因为她盼望这次见面盼了那么久,她有多少话要对他说说,她多么想搂抱他,吻吻他呀。谢辽沙的老保姆倒是可以帮助她,教她怎么办。可是老保姆已经不在卡列宁家了。就这样,一方面犹豫不决,一方面寻找老保姆,两天的时间就过去了。

安娜打听到卡列宁和李迪雅伯爵夫人的亲密关系,到第三天就拿定主意给她写了一封煞费苦心的信,她在信里有意地说,允许不允许她看望儿子,全凭丈夫的宽宏大量。她知道,如果把这封信给丈夫看了,他依然会摆出他那宽宏大量的气度,不会拒绝她的。

信差给她带回来的是她意想不到的最无情的答复,说是没有回信。等她把信差叫了来,信差详细说了说他怎样等待,后来又怎样告诉他"没有任何回信",她听了之后,感到从来没受过这样大的侮辱。安娜觉得自己被看低、受侮辱,但她看出来,李迪雅伯爵夫人就她自己来说她做得也是对的。她的痛苦因为只能独自承受,就更加痛苦了。她不能也不愿意让伏伦斯基分担。她知道,在他来说,她看不看儿子是最微不足道的事,虽然她的不幸主要就是他造成的。她知道,他永远也无法理解她的痛苦有多么深;她知道,在提到此事时他那种冷淡的语气,会使她恨他的。她最害怕的就是这一点,所以,凡是涉及儿子的事,她都瞒着他。

她整整一天坐在家里考虑同儿子见面的办法,最后才决定给丈夫写信。她已经在写这封信的时候,有人给她送来李迪雅的信。李迪雅不回信,她觉得倒是情有可原,可是现在这封来信,她在这封信的字里行间所看到的一切,却使她非常恼怒,她觉得这种恶毒的用心同她热爱儿子的正当感情相比，太使人愤恨了，于是她愤恨起别人，不再责怪自己了。

“这虚情假意是一种冷酷，”她在心里说，“他们就是要侮辱我，折腾孩子，我能听从他们的吗？休想！她比我更坏。我至少不说谎。”于是她立刻决定，明天，就在谢辽沙生日这一天，她径直到丈夫家去，买通用人，编一些理由，但无论如何要看到儿子，拆穿他们欺骗不幸的孩子的无耻谎言。

她到玩具店去买了许多玩具，并且想好了行动计划。她要在早晨八点钟去，那时卡列宁一定还没有起身。她手头要带着钱，好给门房和仆人，让他们放她进去，她将不揭面纱，就说是谢辽沙的教父要她来道贺的，并且她要把玩具放到孩子的床头。她只是没有准备好对儿子说些什么话。不管她怎么想，她都想不出该说些什么。

到第二天，早晨八点钟，安娜就下了出租马车，在她原来的家的大门口打了门铃。

“你去看看，是什么事。是一位太太。”还没有穿好衣服、披着大衣、趿着套鞋的卡比东内奇说着，朝窗外看了看，就看到门口站着一位戴面纱的太太。

门房的下手是安娜不认识的一个小伙子，他把门一开，安娜就走了进来，从手筒里拿出一张三卢布钞票，急忙塞到他手里。

“谢辽沙……就是少爷。”她说完，就朝前走去。门房下手看了看钞票，又在另一道玻璃门前把她拦住。

“您找谁呀？”他问道。

她没听见他的话，什么也没有回答。

卡比东内奇发现这位陌生太太神色慌张，就亲自走出来，让她进了门，问她有什么事。

“斯科罗杜莫夫公爵让我来看看少爷。”她说。

“少爷还没有起身呢。”门房仔细打量着她说。

安娜怎么也没有想到，她住过九年的这座房子门厅里依然如故的陈设会使她如此动情。种种往事浮上她的心头，有欢乐的，也有痛苦的，一时间她忘记了她是来做什么的。

“是不是请等一会儿？”卡比东内奇一面帮她脱大衣，一面说。

脱下大衣，卡比东内奇看了看她的脸，认出她来，一声不响地深深向她鞠了个躬。

“请吧，夫人。”他对她说。

她想说点儿什么，但喉咙里发不出任何声音来；她带着有愧的恳求神气看了老门房一眼，就迈着轻盈的步子跨上楼梯。卡比东内奇朝前弓着身子，跟着她往上跑，竭力要跑到她前面，跑得那套鞋在楼梯上磕磕绊绊的。

“教师在那里，也许还没有穿衣服呢。我这就去通报。”

安娜继续在熟悉的楼梯上走着，没有听懂老门房说的是什么。

“往这边，请往左边走。对不起，这儿不干净。少爷现在住在原来的会客室里了，”老门房气喘吁吁地说，“对不起，请等一下，夫人，我去看看。”他说着，就赶到她前面，打开一道很高的门，就走了进去。安娜就站下来等着。“少爷刚醒，”老门房又走出门来说道。

就在门房说这话的时候,安娜听见孩子打呵欠的声音。她凭这呵欠声就听出是儿子,好像看到他就在面前。

“让我进去,让我进去,你走吧!”她说过,就走进这道很高的门。门右边放着一张床,床上坐着一个男孩子,只穿着一件敞开的小褂,弯着小身子在伸懒腰,还在打呵欠。就在他合上嘴唇的时候,嘴边浮起幸福的睡意蒙眬的微笑,他就带着这样的微笑又慢慢地、甜甜地躺了下来。

“谢辽沙!”她轻轻唤了一声,就轻悄悄地朝他跟前走去。

在和儿子分别的时候以及在母爱如潮的最近这段时期中,她总是把他想象成四岁的孩子,他那时的模样是她最喜欢的。现在他甚至和她离开他的时候不一样了;他和四岁的时候更是不一样了,又长高了,瘦了。他这是怎么啦!他的脸有多么瘦,头发有多么短呀!胳膊又多么长呀!自从她离开他以后,他的模样变得多厉害呀!但这就是他,那头的模样,那柔软的小脖子和宽宽的小肩膀,都是他的。

“谢辽沙!”她弯下身,对着孩子耳朵又唤了一声。

他又用胳膊肘支起身来,朝两边转悠了两下一头乱发的头,好像在寻找什么,接着就睁开眼睛。他带着询问的神气静静地对着一动不动站在他面前的母亲看了几秒钟,然后忽然很幸福地笑了笑,就又合上睡眼惺忪的眼睛,倒了下来,但不是往后躺,而是倒在她的怀里。

“谢辽沙!我的好孩子!”她呼哧呼哧地喘着,双臂搂着他那胖乎乎的身体说。

“妈妈!”他一面唤,一面在她怀里扭动着,好让身体的各部分都能让她抱一抱。

他一直闭着眼睛，睡意蒙眬地微笑着，那胖乎乎的小胳膊从床头抬起来搂住她的肩膀，偎依在她身上，向她散发着只有孩子才有的那种好闻的沉睡刚醒的香味和温暖气息，并且用脸蛋儿擦着她的脖子和肩膀。

“我知道嘛，”他睁开眼睛说，“今天是我的生日。我知道你要来的。我这就起来。”

他这样说着，又渐渐睡去。

安娜如饥似渴地细细看着他；她看出来，在她离开的这段时间里，他长高了，模样也变了不少。那从被窝里露出来的光溜溜的、如今已经老长的两腿，那瘦了的脸蛋儿，她以前常常吻的那后脑勺上剪得短短的鬈发，这一切她都认得，又好像不识得。她现在抚摩着这一切，一句话也说不出来；泪水堵住了她的喉咙。

“你哭什么呀，妈妈？”他完全清醒过来之后，说。“妈妈，你哭什么呀？”他带着哭声叫道。

“我吗？我不哭了……我是高兴得哭。我这么久没看到你了呀。我不哭了，不哭了。”她吞着眼泪，背过脸去说。“好啦，现在你该起来了。”她沉默了一会儿，定了定神，又说道，一面还拉着他的手，在床边放着他的衣服的椅子上坐了下来。

“我不在，你是怎么穿衣服的呀？怎么……”她想又随便又快活地说说话儿，可是说不下去，于是又背过脸去。

“我不洗冷水澡了，爸爸不让洗。你没看见瓦西里·鲁基奇吗？他就要来了。你坐在我的衣服上啦！”

于是谢辽沙哈哈大笑起来。她看了看他，也笑了。

“妈妈，好妈妈，我的亲妈妈！”他又扑到她身上，搂着她，叫了起来。似乎他现在看到她笑，才明白是怎么一回事儿。“不要这个。”他说着，摘下她的帽子。她没有了帽子，他好像重新看见她一般，又扑上去吻她。

“那么，你想我是怎么啦？你没想过我死了吧？”

“我从来就不信。”

“你不信吗，好孩子？”

“我就知道，我就知道嘛！”他又把他喜欢的这句话说了一遍就抓住她那只抚摩他的头发的手，把她的手贴到自己嘴上，吻了起来。

三十

瓦西里·鲁基奇开头不知道这位太太是谁，后来从他们说话中听出这就是那个抛弃了丈夫、他不认识的母亲，因为他是在她走后到他们家来的，这时就犹豫不决，不知道是不是该进去，还是去报告卡列宁。最后他考虑到，他的责任就是叫谢辽沙在规定的时间起床，因此他管不着房里坐的是谁，是母亲还是别的什么人，他只管自己的事就是了，于是他穿好衣服，朝门口走去，并且推开了房门。

但是，母子的亲热，他们的声音和他们说的话儿——这一切使他改变了主意。他摇了摇头，叹了口气，又把门掩上。“再等十分钟吧。”他一面清喉咙，一面擦着眼泪自言自语。

这时候家里的仆人们乱腾起来。大家都知道太太来了，是卡比东内奇放她进来的，她现在就在孩子房里，而老爷总要在八点多钟亲自到孩子房里去，大家都明白，夫妻两人是不能见面的，必须设法不让他们见面。老仆柯尔尼到门房去查问是谁放她进来，怎么放她进来的，听说是卡比东内奇放她进来并且领她进房的，就训斥起老头子。老门房就是不作声，可是等柯尔尼说因为这事要把他赶出门时，卡比东内奇一下子跳到他面前，对着他抡起胳膊，高声说：

"是啊，要是你，当然不会让她进来啦！我干了十年，受的恩德我忘不了，那你现在就去说：请你出去吧！你好像很懂礼数呀！就是这样！你最好还是别忘了自己，别忘了你是怎样搜刮老爷，还偷老爷的皮大衣！"

"你算什么呀！"柯尔尼轻蔑地说过，便转身朝着走进来的保姆。"玛丽雅·叶菲莫芙娜，您倒来评一评：他把她放进来，对谁也不说一声。老爷这就要出来，就要上孩子房里了。"

"不得了，不得了！"保姆说，"柯尔尼·瓦西里耶维奇，最好想办法把他，把老爷拦一下，我这就去想办法叫她走。不得了，不得了呀！"

保姆走进孩子房里的时候，谢辽沙正在对母亲说他怎样和娜金卡一起从山上滑雪下来栽倒了，翻了三个跟斗。安娜听着他的声音，看着他的脸和脸上的表情，抚摩着他的手，却没有听明白他说的是什么。这时她所想的和感觉的只有一点，那就是她得走了，得离开他了。她听见来到门口并且咳嗽了几声的瓦西里·鲁基奇的脚步声，也听见渐渐走近的保姆的脚步声；但是她像石头人一样坐着，没有力气开口说话，也没有力气站起来。

“太太，我的好太太呀！”保姆来到安娜跟前，吻着她的手和肩膀说，“这真是上帝赐给咱们的好孩子生日快乐。您的模样儿可是一点儿没变呀。”

“啊，保姆，好嫂子，我不知道您在家里呢。”安娜暂时回过神来，说。

“我不在这里，我住在女儿家，我是来祝贺生日的，安娜·阿尔卡迪耶芙娜，我的好太太！”

保姆突然哭了起来，并且又吻起她的手。

谢辽沙笑吟吟的，眼睛亮闪闪的，一只手拉住母亲，另一只手拉着保姆，一双胖乎乎的光光的小脚在地毯上不停地跺着。亲爱的保姆对妈妈那样亲热，使他高兴极了。

“妈妈！她常来看我，她来的时候……”他正要说下去，却又不说了，因为他发现保姆小声对母亲说了几句话之后，母亲脸上出现了恐惧的表情和类似羞惭的表情，这和母亲太不相称了。

她走到他跟前。

“我的好孩子！”她说。

她无法说“再见”，但她脸上的表情说的就是这个，而且他也懂了。“好孩子，我的好库季克！”她呼唤着她在他很小的时候唤他的名字。“你不会忘记我吧？你……”可是她再也说不下去了。

后来她想起有多少话可以对他说呀！可是此时此刻她什么话也不能说，而且也说不出口。但是谢辽沙明白了她要对他说的一切。他明白，她是不幸的，她是爱他的。他甚至明白了保姆小声对她说的是什么。他听见保姆说：“他总是在八点多钟来，”他明白，这是说的父亲，母亲和父亲是不能见面的。这他是明白的，只是有一点他不明白：为什么她脸上出现了恐惧和羞惭的神气？……她没有什么过错，可是她害怕他，为什么事感到羞惭。他很想问一问，来解除心中的疑窦，可是他不敢问，因为他看出来，她很痛苦，他很为她难过。他一声不响地偎到她身上，小声说：

"还不要走。他不会马上就来。"

母亲推他离开一点儿，想看看他所说的是不是他所想的，于是她从他那惊惶的脸色看出来，他不仅说的是父亲，而且似乎在问她，他该怎样看待父亲。

"谢辽沙，我的好孩子，"她说，"你要爱他，他比我好，比我善良，是我对不起他。等你长大了，你就明白了。"

"没有比你好的了！……"他含着眼泪拼命叫起来，并且搂住她的肩膀，用紧张得打战的两条胳膊使劲把她抱住。

"好孩子，我的小宝贝儿！"安娜呼唤着，并且也像他一样无可奈何地孩子般地哭了起来。

这时候门开了，瓦西里·鲁基奇走了进来。另一个门外响起脚步声，保姆惊慌地小声说："他来了。"并且把帽子递给安娜。

谢辽沙倒在床上，双手捂住脸哭了起来。安娜拉开他的手，又一次吻了吻他那泪汪汪的脸，就快步朝门外走去。卡列宁迎着她走来。他一看到她，就站了下来，并且垂下了头。

尽管她刚才还说过他比她好，比她善良，可是她朝他周身上下匆匆扫了一眼之后，就感到对他无比憎恶和痛恨，并且因为儿子嫉恨起他来。她急忙放下面纱，加快脚步，几乎是从房里跑了出来。

她昨天带着一腔慈爱和悲伤在小铺里挑选的那些玩具，竟未来得及掏出来，就这样原封不动地带回去了。

三十一

虽然安娜一心要和儿子见面，虽然她早就想着和准备着见面，可是她怎么也没有料到，这次见面使她如此动情。她回到旅馆里自己的冷冷清清的房间里，很久都不明白为什么她在这里。“是的，这一切都完了，我又是孤零零一个人了，”她在心里说，而且也不脱帽子，就在壁炉边一张椅子上坐了下来。眼睛一动不动地盯着摆在两窗之间桌子上的青铜座钟，她沉思起来。

他们从国外带回来的法国侍女走进来请她换衣服。她惊讶地看了看她，说：

“等一会儿。”

仆人要她喝咖啡。

“等一会儿。”她说。

意大利奶妈把小女孩打扮好了，就抱进来交给安娜。喂得饱饱的、胖乎乎的小女孩，像往常一样，一看见母亲，伸出胖得打褶的光溜溜的小手，手心向下，咧开没牙的小嘴笑着，像鱼划动鱼翅一样划动起两只小手，扑打在绣花小裙子那浆硬的皱褶上发出沙沙的响声。不能不对她笑，不能不吻她，不能不伸给她一个手指头，让她抓住，让她欢叫和蹦跳；不能不把嘴唇伸给她，让她像接吻一样吮进小嘴里。这一切安娜都做了，而且把她抱在怀里，让她蹦跳，还吻了吻她那娇嫩的脸蛋儿和光溜溜的小胳膊；但是一看到这女孩儿，她就更清楚了，她对这孩儿的感情和她对谢辽沙的感情相比，简直说不上是爱了。这女孩儿处处可爱，但这一切不知为什么都抓不住她的心。对第一个孩子，虽然是她不爱的人的孩子，她倾注了没有得到乐趣的全部爱的力量；这女孩儿生在最艰苦的境况下，她为她花的心血却还不及为第一个孩子花的心血的百分之一。此外，小女孩儿的一切还难预料，可是谢辽沙差不多已经是一个大人，一个可爱的人了；他已经会思想，懂爱憎；他了解她，爱她，也能衡量她，——她回想起他的一些话和他的眼神，这样想道。可是她不仅在形体上，而且在精神上同他永远分离了，而且这已经是无法挽回的了。

她把小女孩儿交给奶妈，让奶妈出去，她打开圆形颈饰，里面嵌有谢辽沙的相片，那时谢辽沙的年岁和这个小女孩儿差不多。她站起来，并且摘下帽子，拿起小桌上的一本照相簿，里面有儿子在不同年龄里照的一些相片。她想把许多相片对照着看看，就把一张张相片从照相簿里往外抽。她把所有的相片都抽出来。只剩下一张，那是最近的，也是最好的一张。他穿着白衬衫，骑在一把椅子上，眉头皱着，嘴唇笑着。这是他最有特色、最可爱的表情。她用灵巧的纤手，用她那今天哆嗦得特别厉害的又白又细的手指头，几次去捏这张相片的角儿，可是相片老是滑脱，她怎么也抽不出来。桌上没有裁纸刀，于是她抽出旁边一张相片（这是伏伦斯基在罗马照的，头戴圆礼帽，留着长头发），用这张相片把儿子的相片推出来。“哦，是他！”她看了一眼伏伦斯基的相片，说道，于是她想起是谁造成她现在的痛苦的。整个早晨她一次也没有想起他。可是现在，她一看到这副雄赳赳、气宇轩昂、如此熟悉和如此亲切的模样，顿时涌起一股对他的热恋之情。

“可是他在哪儿呀？他怎么能让我在这儿独自惆怅烦恼呢？”她忽然带着责备的心情想道，竟忘记了是她自己不让他知道有关儿子的一切。她派人去请他立即回来；她怀着激动的心情等待着他，一面考虑着说些什么话，好把一切都告诉他，一面想象着他安慰她时的深情的表情。派去的仆人回来说，他现在有客人，不过他一会儿就来，并且叫仆人问她，是否愿意让他带着刚到彼得堡的雅什文公爵一起来。“他不是一个人来，可是他从昨天午饭以后就没有看见过我呀，”她想道，“他不是一个人来，让我可以把一切都对他说说，而是和雅什文一起来。”她心中忽然出现一个奇怪的念头：他要是不爱我了，那怎么办？

她一一回想最近几天的一些事情，就觉得处处能看到迹象，足以证实这可怕的念头：他昨天不在家里吃饭，他坚持在彼得堡分房居住，甚至现在都不一个人到她这儿来，似乎是避免单独和她见面。

“但是这情形他应该对我说说。这情形我必须了解。如果我了解了这情形，那我就知道我该怎么办了，”她在心里说，她实在无法想象，要是真的证实了他已无情，她会落入什么样的境地。她想到，他不再爱她了，就觉得自己近乎绝望，因此感到特别激动。她打铃叫来侍女，便走进盥洗室。她穿衣服的时候，着意打扮，这些天来她还没有这样打扮过，似乎他看到这服装与发式与她如此配称，本来不再爱她了，也会重新爱她的。

她还没有梳妆完毕，就听到了铃声。

当她走进会客室的时候，用眼睛迎接她的不是他，而是雅什文。他是在看她忘在桌上的儿子的相片,而没有急忙抬眼看她。

“咱们认识,”她说着,把她的纤手放进发窘的雅什文的大手里。他这副窘态同他那高大的身躯和粗糙的面孔太不相称了。“咱们去年在赛马的时候就认识了。给我,”她说着,很敏捷地从伏伦斯基手里抢过他正在看的儿子的相片,一面用亮闪闪的眼睛意味深长地瞅着他。“今年赛马好看吗?我没有看到,倒是在意大利的科尔索看过赛马。不过,您是不喜欢国外生活的,”她亲切地笑着说。“我知道您,也知道您的一切爱好,虽然和您见面不多。”

“这使我感到很遗憾,因为我的爱好多半都是很不好的,”雅什文咬着自己左边的小胡子说。

又说了一会儿话之后,雅什文发现伏伦斯基在看表,就问她是不是还要在彼得堡多住些日子,于是挺起他那高大的身躯,拿起帽子。

“恐怕不会很久,”她看了看伏伦斯基,踌躇不决地说。

“那咱们就不能再见面啦?”雅什文站起来,转身对伏伦斯基说。“你在哪儿吃午饭?”

“您就到我这儿吃午饭吧,”安娜仿佛因为自己发窘很生自己的气,就毅然决然地说,但又像往常一样,因为在生人面前暴露了自己的处境,涨红了脸。“这儿的饭食并不好,但至少您可以和他再见见面。在团里的老同事当中,阿历克赛最喜欢您了。”

“非常高兴。”雅什文笑着说,伏伦斯基从他的微笑看出来,他很喜欢安娜。

雅什文鞠了个躬,走了出去,伏伦斯基跟在他后面。

“你也走吗?”她对他说。

"我已经迟了。"他回答说。"你走吧！我这就赶上你。"他对雅什文喊道。

她拉着他的手，目不转睛地看着他，寻思着说些什么，才能把他留住。

"等一等，我有话要说说，"她说着，拉起他那粗短的手，让他的手贴到她的脖子上，"哦，我叫他来吃饭，没关系吧？"

"这太好了，"他带着安静的微笑，龇着满嘴整齐的牙齿，吻着她的手说。

"阿历克赛，你对我没有变心吧？"她用双手紧紧握住他的一只手说。"阿历克赛，我在这里真够受呀。咱们什么时候走哇？"

"快了，快了。你真不会相信，我也感到咱们在这儿过的日子有多么难受。"他说着，抽出自己的手来。

"好，你走吧，走吧！"她很委屈地说过这话，就急忙离开了他。

三十二

伏伦斯基回来的时候，安娜还没有回家。据说，他走后不久，有一位太太来找她，她就和那位太太一起走了。她没有说到什么地方就走了，而且至今没有回来，早晨她还到什么地方去过，对他什么也没有说，——这一切，再加上今天早晨她脸上那种兴奋得出奇的神气，又想起她当着雅什文的面几乎从他手里夺走儿子相片时那种带有敌意的语调，不能不使他沉思起来。他打定主意要和她好好谈谈。于是他在她的会客室里等她。但安娜不是一个人回来,而是带着她的没有出嫁的老姑妈奥布朗斯基公爵小姐一起来的。这就是早晨来找安娜的那位太太,安娜和她一起出去买东西的。安娜好像没有发觉伏伦斯基脸上那种忧虑的疑问神气,快快活活地对他说了说今天早晨她买了一些什么东西。他看出来,她有一些特别之处:当她的目光匆匆扫过他身上的时候,那明亮的眼睛里有一种凝神注视的神气,在她的言谈和动作中有一种神经质的敏捷和妩媚,这在他们接近的初期曾经使他那样着迷,现在却使他感到惶惶不安和害怕。

已经摆好四个人的饭。人已到齐,正要去小餐厅的时候,杜什凯维奇受培特西公爵夫人之托来找安娜。培特西请安娜原谅,说她不能来道别;她身体很不好,但请安娜在六点半到九点之间到她家里去一趟。伏伦斯基听说限定时间,知道这是想方设法不让安娜碰到什么人,就朝安娜看了一眼;可是安娜好像没有发觉这一点。

"很遗憾,我恰恰在六点半到九点之间不能去。"她微微笑着说。

"公爵夫人会感到非常遗憾的。"

"我也感到遗憾呀。"

"您想必是要去听巴蒂的歌剧吧?"杜什凯维奇说。

"巴蒂?您给我出了一个好主意。要是能订到包厢,我一定去。"

"我能订到。"杜什凯维奇自告奋勇。

"那我就非常、非常感谢您了,"安娜说,"那您愿不愿和我们一起吃饭呀?"

伏伦斯基微微耸了耸肩膀。他简直不懂，安娜这是怎么一回事儿。她为什么把这位老公爵小姐带了来，为什么要留杜什凯维奇吃饭，最奇怪的是，为什么要他去订包厢？怎么能设想，她在这种境况下去听巴蒂的歌剧？在那儿会遇到社交界所有的熟人。他很严肃地看了她一眼，但她仍然用那种挑战似的、又像快活、又像绝望，使他无法理解的目光回答他。吃饭的时候，安娜快活得带有进攻意味：她好像又向杜什凯维奇，又向雅什文卖弄风情。吃完饭，大家站起来，杜什凯维奇去订包厢，雅什文出去抽烟，伏伦斯基就和他一起走到自己的房里。坐了一会儿之后，他又跑上楼来。安娜已经穿起她在巴黎定做的袒胸丝绒滚边浅色绸连衫裙，头上扎一条高贵的雪白镂花饰带，雪白的饰带框住她的脸，使她显得分外艳丽动人。

"您真的要去戏院吗?"他竭力不看她，问道。

"您为什么这样大惊小怪呀?"她因为他没有看她，又觉得委屈，就说道。"我为什么不能去呢?"

她似乎不懂他的话的含意。

"当然，没有什么不可以。"他皱起眉头说。

"我也是这么说嘛。"她装作没有听出他的讽刺语气，镇静地卷着她那芳香的长手套说。

"安娜，看在上帝面上！您这是怎么啦?"他提醒她说，就像以前丈夫对她说话那样。

"我不明白您问的是什么。"

"您知道，不能去呀。"

"为什么？我不是一个人去。瓦尔瓦拉公爵小姐换衣服去了,她要和我一起去。”

他带着大惑不解和无可奈何的神气耸了耸肩膀。

“但是难道您不知道……”他正要说下去。

“可我不想知道!”她几乎叫起来,“我不想知道。我对我做过的事后悔吗?不,不,一点也不。如果一切再从头开始,还会是这样。对于我们,对于我,对于您,重要的只有一点:我们是不是相爱。别的无须考虑。为什么我们在这儿要分开住,彼此不见面呢?为什么我不能去呢?我爱你,一切我都不在乎,”她带着一种特殊的、他无法理解的眼神看了他一眼,用俄语说,“如果你没有变心的话。你为什么不看我呀?”

他看了看她。他看出她的容貌的美和服装的美,她的服装总是和她十分配称。但是现在正是她的美和优雅风度使他恼火的。

“您知道,我的心是不会变的,不过我请您,恳求您不要去。”他又带着亲切的恳求语气用法语说,但他的目光中带有冷淡的神情。

她没有听清他的话,但看出他的冷淡的眼神,就很恼火地回答说:

“我请您说明白,我为什么不应该去。”

“因为这会给您招来……”他不往下说了。

“我一点也不懂。雅什文不会败坏我的名声,瓦尔瓦拉公爵小姐一点也不比别人坏。哦,她来了。”

三十三

伏伦斯基因为安娜有意不理会自己的处境,第一次对她感到恼怒,几乎是愤恨。就因为他无法向她说明自己恼怒的原因,这种心情越来越强烈了。他要是能把他所想的直率地对她说说,那他就会说:“您这样打扮,同这位人人认识的公爵小姐到戏院去,这意味着不仅承认自己的堕落女人的地位,而且是向社交界挑战,也就是永远和社交界决裂。”

这话他是不能对她说的。“可是她怎么不懂这一点呢?她是怎么一回事儿呢?”他在心里说。他觉得,在对她的尊敬渐渐减弱的同时,越来越意识到她的美了。

他皱着眉头回到自己房间里,挨着雅什文坐下来,雅什文把两条长腿伸在椅子上,正在喝白兰地和矿泉水,伏伦斯基叫仆人也给他送一份来。

“你说到兰科夫斯基的‘大力士’。那可是一匹好马,我劝你买下来,”雅什文看了看老同事阴沉的脸,说道,“那马屁股是有些下垂,可是腿和头好得不能再好了。”

“我是想买下来。”伏伦斯基回答说。

一谈起马他来了兴致,可是他一刻也没有忘记安娜,不由得留神听着走廊里的脚步声,看着壁炉上的挂钟。

“安娜·阿尔卡迪耶芙娜吩咐我禀报,她上戏院去了。”

雅什文又把一杯白兰地倒进起泡的矿泉水里,喝干了,便一面扣着纽扣,站了起来。

“怎么样？咱们走吧。”他说，一面在小胡子底下微微笑着，表示他明白伏伦斯基忧愁的原因，但他认为这不算什么。

“我不去。”伏伦斯基阴沉地回答说。

“我可是要去，我答应过了。好，再见吧。要不然你就到池座来，你就坐克拉辛斯基的座位。”雅什文走到门口，又说道。

“不，我有事。”

“有老婆麻烦，有老婆不是自己的，更麻烦。”雅什文一面往外走，一面想道。

伏伦斯基剩下一个人之后，从椅子上站起来，在房间里踱了起来。

“今天演什么呀？第四场了……叶戈尔夫妇在那儿，母亲大概也在。就是说，彼得堡的人都在那儿了。这会儿她进去了，脱下皮大衣，走到灯光下了。杜什凯维奇，雅什文，瓦尔瓦拉公爵小姐……”他想象着。“我这是怎么啦？是我害怕了，还是让杜什凯维奇保护她了？不论怎么看，都很蠢，很蠢……为什么她要让我处于这种境地呢？”他把手一挥，在心里说。

他这一挥手，碰到了放着矿泉水和一瓶白兰地的小桌子，差一点把小桌子碰翻。他想把桌上的东西扶住，却都掉到地上，他气得用脚把桌子一踢，又打了打铃。

“要是你想在我这儿干下去，”他对走进来的侍仆说，“那你就好好干。可不能这样。你给我收拾收拾。”

侍仆觉得自己没有什么过错，本想辩白几句，但他看了主人一眼，从他的脸色看出来，这时只能一声不吭，就连忙弯下身子，跪在地毯上，动手收拾打碎的和没有打碎的杯子和玻璃瓶。

“这不是你的事，去叫茶房来收拾，你把我的燕尾服准备好。”

伏伦斯基八点半走进戏院。戏正演到最精彩之处。管包厢的老头儿帮伏伦斯基脱掉皮大衣，认出是他，叫他“大人”，并且要他不拿号牌，穿衣时喊他菲多尔就行。在明亮的走廊里，除了这管包厢的老头儿和两个手拿大衣在门口听戏的仆人，再没有什么人。从虚掩着的门缝里传出乐队小心翼翼的断音伴奏声和女声，那女声吐词十分清楚。门开了，管包厢老头子一闪身走了进去，一句接近结尾的歌词清楚地传进伏伦斯基的耳朵。但是门立即关上了，伏伦斯基没有听到这句歌词的结尾和乐段的尾声，但是从门里面那雷鸣般的掌声听出来，乐曲已经结束。当他走进被蜡烛和青铜煤气灯照耀得亮堂堂的大厅时，掌声和喝彩声还没有停息。女歌手在舞台上，摆动着亮闪闪的光肩膀和钻石首饰，又鞠躬又微笑，在拉着她的手的一位男高音歌手帮助下，捡起乱纷纷飞越脚灯的一束束鲜花，便朝一位头发抹了油的平分头的先生走去，那位先生伸出长长的手臂越过脚灯递给她一件什么东西，于是，包厢里和池座里的观众一齐闹腾起来，一个个身子往前探，又是喝彩，又是鼓掌。坐在高高的椅子上的乐队长一面帮助传递花束，一面理自己的白领带。伏伦斯基走到池座中央，站了下来，向周围张望。今天他比任何时候更不注意这司空见惯的环境、这舞台、这喧闹声，以及这挤得满满的戏院里的熟悉而乏味的五光十色的观众。

在包厢里，像往常一样，依然是一些太太，身后有军官陪着；

依然是一些五颜六色的女人，什么样的都有，男人有穿军服的，也有穿燕尾服的；高层的楼厅里依然是一些肮脏的观众；在整个观众中，在包厢里和前面几排里，有四十来个像样的男女。伏伦斯基立刻注意到这沙漠中的一个个绿洲，并且立刻同他们打起招呼。

他进来的时候，一幕戏演完了，所以他没有到哥哥的包厢里去，却走到第一排，同谢普霍夫斯科依一起站在脚灯旁边。谢普霍夫斯科依本来弯起一条腿，用靴后跟敲着脚灯，是老远看见他，朝他笑了笑，叫他过去的。

伏伦斯基还没有看见安娜，他有意不朝她那一边望。但是他从许多人目光所向知道她在什么地方。他悄没声地四下里打量着，但不是寻找她；他用眼睛在寻找卡列宁，因为他担心会出现最坏的局面。算他幸运，卡列宁今天没有来看戏。

"你的军人气味怎么剩下的不多啦！"谢普霍夫斯科依对他说，"像一位外交官，一位演员，像这一类的人物。"

"是啊，我一回家，就穿起燕尾服。"伏伦斯基笑着回答说，一面慢慢地掏出望远镜。

"说实在的，在这方面我真羡慕你。我每次从国外回来，一戴起这玩意儿，"他拍了拍自己的肩章，"就惋惜我的自由。"

谢普霍夫斯科依对伏伦斯基的前程早已不抱什么希望，但是依然非常喜欢他，现在见了他还是特别亲热。

"真可惜，你没有赶上第一幕。"

伏伦斯基一面漫不经心地听着，一面把望远镜从楼下厢座转向二楼，打量着一个个包厢。在一位扎着高髻缠发带的太太和一个在转动的望远镜中气嘟嘟地眨巴着眼睛的秃顶小老头旁边，伏伦斯基突然看到安娜那框在饰带里的高傲的、美得惊人的、笑吟吟的脸。她在五号包厢里，离他有二十步远近。她坐在前面，微微转过身，在和雅什文说话。那宽宽的玉肩上的头的姿势，她的眼睛和整个脸上那压抑着的兴奋的光彩，使他想起他当初在莫斯科的舞会上看到她的那副模样。但是现在这种美给他的感觉完全不同了。现在他对她的感情已经没有丝毫神秘成分，所以她的美虽然比以前更使他迷恋，同时也使他感到不舒服。她没有朝他这边看，但伏伦斯基觉得，她已经看到他了。

当伏伦斯基又一次把望远镜转向那边的时候，他看到，瓦尔瓦拉公爵小姐的脸特别红，她很不自然地笑着，而且不住地朝旁边一个包厢里张望着；安娜收拢起扇子，用扇子敲打着红红的丝绒，凝视着什么地方，却没有去看，显然也不愿意去看旁边包厢里的情形。雅什文的脸上出现了他往常输了钱时的那种表情。他皱起眉头，把左边的小胡子拼命往嘴里塞，一面朝旁边的包厢里瞅着。

在左边那个包厢里是卡尔塔索夫夫妇。伏伦斯基认识他们，知道他们也认识安娜。又瘦又小的卡尔塔索夫夫人站在自己的包厢里，背对安娜，正在披丈夫递给她的斗篷。她脸色煞白，一脸的怒气，气嘟嘟地在说话。卡尔塔索夫是一个胖胖的、秃顶的男子，他不住地回头看安娜，一面竭力安慰妻子。等妻子走出去，他逗留了很久，用眼睛寻找安娜的目光，显然是想向她鞠个躬。但安娜显然有意不理睬他，扭过头去，和朝她弯下身子、头发剪得短短的雅什文说话。卡尔塔索夫没有鞠躬就走了出去，他们的包厢就空了。

伏伦斯基不明白在卡尔塔索夫夫妇和安娜之间究竟发生了什么事，但是他明白，对于安娜是侮辱性的事。他从他所看到的情形，尤其从安娜的脸色，明白这一点；他知道，安娜竭尽自己的一切力量，要演好自己扮演的角色。而且这外表镇静的角色她扮演得十分成功。谁要是不认识她，不认识她那个圈子里的人，没有听到妇女们对于她胆敢在大庭广众中抛头露面而且如此明目张胆地扎着镂花饰带炫耀自己的美艳表示遗憾、愤慨和惊讶的话，都会赞赏这个女子的娴静和美貌，决不会想到她此刻的心情就像一个被钉在耻辱柱上示众的人。

伏伦斯基知道出了事，但不知道究竟什么事，心里焦灼不安，很想打听一下，就朝哥哥的包厢走去。他特意走安娜包厢对面的通道，却碰到自己以前的团长，团长正在和两个熟人说话。伏伦斯基听见他们说到卡列宁夫妇的名字，并且发现团长向两个说话的人丢了个眼色，就急忙大声呼唤伏伦斯基：

"哦，伏伦斯基！你什么时候到团里来？我们总不能不请你吃顿饭就放你走哇。你是我们的老搭档呀。"团长说。

"我没有工夫，真抱歉，下一次吧。"伏伦斯基说着，上了楼梯，朝哥哥的包厢跑去。

伏伦斯基的母亲，满头银发的老伯爵夫人，坐在哥哥的包厢里。瓦丽雅和索罗金娜公爵小姐在二楼走廊里碰到他。

瓦丽雅把索罗金娜公爵小姐送到母亲那里之后，伸手给小叔子握了握，立刻就和他谈起他所关心的事。她这样激动，是他过去很少看到的。

“我认为,这很卑鄙,很可恶,卡尔塔索夫夫人完全不应该这样。卡列宁夫人……”她开口说。

“怎么一回事儿呀?我还不知道呢。”

“怎么,你没有听到吗?”

“你要明白,这种事我总是最后一个听到。”

“还有什么人,比这个卡尔塔索夫夫人更恶毒呀?”

“她究竟怎么啦?”

“丈夫对我说了……她侮辱卡列宁夫人呢。她丈夫隔着包厢同卡列宁夫人说话,卡尔塔索夫夫人就和他吵闹。据说,她大声说了一句侮辱人的话,就走了。”

“伯爵,您妈妈叫您呢。”索罗金娜公爵小姐从包厢门口探出头来说。

“我一直在盼着你呢,”母亲带着讥讽的神气笑着对他说,“可就是看不到你呀。”

儿子看出来,她高兴得憋不住笑。

“您好,妈妈。我是来看您的。”他冷冷地说。

“你怎么不去照顾卡列宁夫人呀?”等索罗金娜小姐走开之后她用法语说。“她引起全场轰动呢。因为她,大家把巴蒂都忘了。”

“妈妈,我请求过您,不要对我说这件事儿,”他皱着眉头回答说。

“我说的是大家都在说的事儿。”

伏伦斯基什么也没有回答,只对索罗金娜说了几句话,就走了出来。在门口他碰见哥哥。

“哦，阿历克赛！”哥哥说，“太可恶了！那女人混账，没什么大不了的……我现在就要去看她。咱们一块儿去吧。”

伏伦斯基没有听他的话。他快步朝楼下走去：他觉得他应该做点什么，但不知道究竟该做什么。他恼恨她，因为是她使自己和他处于这样尴尬的境地，同时又怜惜她，因为她很痛苦，所以他心里很乱。他下了楼，就径直朝安娜的包厢走去。斯特列莫夫正站在包厢旁边，和她说话儿：

“再好的男高音歌手没有了。真是绝了。”

伏伦斯基向她鞠了个躬，并且站下来，和斯特列莫夫打招呼。

“您大概来迟了，没有听到最精彩的咏叹调。”安娜看了伏伦斯基一眼说，他觉得那眼神带有嘲笑的意味。

“我听不出好坏。”他板着脸看着她说。

“就像雅什文公爵一样，”她笑着说，“他认为巴蒂的嗓门儿太大了。”

“谢谢您。”她说着，用戴长手套的纤手接过伏伦斯基拾起来的节目单，就在这一刹那里，她那美丽的脸突然颤动起来。她站起来，朝包厢后面走去。

伏伦斯基发现，在下一幕开场后她的包厢空了，他不顾在抒情短曲声中静下来的观众的嘘声，从剧场走出来，坐车回家。

安娜已经在家里了。伏伦斯基走进她的房间的时候，她一个人在房里，仍然穿着在戏院里穿的那套服装。她坐在紧靠墙的一张椅子上，眼睛望着前方。她朝他看了一眼，随即又恢复了原来的姿态。

“安娜。”他说。

“怪你,全怪你!”她站起来,含着绝望和怨恨的泪水叫道。

“我本来就请你、恳求你不要去,我知道你会不愉快的……”

“何止不愉快!”她叫起来,“简直太可怕了!只要我活着,就不会忘记这件事。她说,坐在我旁边也是丢脸的。”

“一个混账女人的话嘛,”他说,“不过,为什么要莽撞,要去惹事呀……”

“我恨死了你这种冷静。你不应该让我落到这种地步。要是你爱我的话……”

“安娜!这和我爱不爱你有什么相干……”

“啊,要是你爱我也像我爱你一样,要是你也像我一样痛苦的话……”她带着恐惧的神气凝视着他说。

他很可怜她,可他还是很懊恼。他一再要她相信他爱她,因为他看出来,现在只有这一点能够安慰她,他也没有用言语责备她,但他在心里责备她。

种种山盟海誓,他觉得非常庸俗,不好意思说出口的,她却都吸收进去,并且渐渐安静下来。到第二天,他们完全和好了,就动身到乡下去了。

第六部

一

陶丽带着孩子们在波克罗夫村妹妹吉娣家消夏。她自己庄园里的房子完全倒塌了。列文夫妇就邀她来他们这里过夏天。奥布朗斯基非常赞成这事儿。他说,可惜公务缠身,不能和家里人一起到乡下过夏天,他认为在乡下过夏天是最大的福气了,所以他虽然留在莫斯科,偶尔也到乡下来住上一两天。除了奥布朗斯基一家和他们的家庭女教师,这一年夏天到列文家来做客的还有老公爵夫人,她认为照料没有经验的怀孕的女儿是她的责任。此外,吉娣在国外结交的好朋友瓦伦加,原来答应吉娣结婚后来看她的,现在履行诺言,也来好朋友家做客了。这都是列文妻子的亲戚和朋友。这些人虽然列文都非常喜欢,但眼见他列文的天地和生活章法被一齐涌来的他所说的"谢尔巴茨基分子"所淹没,不免有点遗憾。今年夏天,他这方面的亲友来他这里做客的只有一个柯兹尼雪夫,但就连柯兹尼雪夫也不是列文家气质的人,而是柯兹尼雪夫家气质的人,这样一来,列文家的气味就完全被消灭了。

列文家空了很久的房子现在住了这么多人,几乎所有的房间都住上了,而且几乎每一次坐下来吃饭,老公爵夫人都要点一点人数,如果是十三个人,就叫一个外孙或外孙女单独到小桌上去吃。对于热心家务的吉娣来说,单是采办母鸡、火鸡、鸭子就够忙活的了,因为到夏天客人和孩子们胃口都很好,吃得很多。

一家人坐在餐桌旁吃饭。陶丽的几个孩子同家庭女教师和瓦伦加在商量到哪儿去采蘑菇。柯兹尼雪夫因为又聪明又博学博得所有客人尊敬,几乎是崇拜的,竟也谈起采蘑菇,使大家都感到惊讶。

"你们也要带我去呀。我很喜欢采蘑菇,"他看着瓦伦加说,"我觉得这是非常有意思的事儿。"

"好哇,那我们太高兴了。"瓦伦加红了红脸,回答说。吉娣意味深长地和陶丽交换了一下眼色。博学多才的柯兹尼雪夫说要和瓦伦加一起去采蘑菇,证实了近来常常出现在吉娣头脑里的一些猜想。她急忙和母亲说起话来,免得别人注意她的目光。饭后,柯兹尼雪夫端着自己的一杯咖啡,坐到客厅的窗边,一面继续和弟弟说话,一面瞟着门口,孩子们要出去采蘑菇是必然要经过门口的。列文就坐在哥哥旁边的窗台上。

吉娣站在丈夫旁边,显然是在等待这没味道的谈话结束,好对他说点儿什么。

“你自从结婚以后，很多地方都变了，变好了，”柯兹尼雪夫对列文说，一面对吉娣笑着，显然也觉得这谈话没有多大味道儿，“不过你好发怪论的脾气还是没有改变。”

“卡佳，你站着可不舒服。”丈夫推给她一把椅子，并且意味深长地看着她说。

“哦，是的，不过，也没时间坐了。”柯兹尼雪夫看到孩子们跑出来，又说道。

穿着长筒袜的丹尼娅侧歪着身子在最前面飞跑着，挥舞着篮子和柯兹尼雪夫的帽子，径直向他跑来。

她大胆地跑到柯兹尼雪夫跟前，忽闪着一双酷似父亲那清秀的眼睛的小眼睛，把帽子递给柯兹尼雪夫，并且摆出想给他戴帽子的姿势，一面羞怯而亲热地笑着，使她的冒失也显得可亲可爱。

“瓦伦加等着呢。”她从柯兹尼雪夫的笑容看出这是可以的，就一面小心翼翼地给他戴帽子，一面说。

瓦伦加站在门口，穿着一件黄色印花布连衫裙，头上扎着雪白的头巾。

“我来啦，来啦，瓦尔瓦拉·安得列耶芙娜。”柯兹尼雪夫说着，喝完咖啡，把手帕和烟盒分别放在两个口袋里。

“我的瓦伦加有多么美呀！呃？”柯兹尼雪夫一站起来，吉娣就对丈夫说。她说得柯兹尼雪夫能够听见，显然她就希望他听见。“而且她多么有风韵，风韵多么高雅呀！瓦伦加！”吉娣叫道，“你们到磨坊边的树林里去吗？我们等会儿就去找你们。”

“你简直忘记你的身子了，吉娣，”老公爵夫人急忙走出来，说道，“你可不能这样喊叫。”

瓦伦加听见吉娣的声音和她母亲的训诫，迈着轻盈的步子很快走到吉娣跟前。她动作的敏捷，她那兴奋的脸上的一脸红晕，都表明她心里想着不寻常的事儿。吉娣知道这不寻常的事儿是什么事儿，就留神注视着她。她现在唤瓦伦加，就是在心里祝愿她定下这件大事，照吉娣的想法，今天午饭后在树林里应该是可以把这事定下来的。

“瓦伦加，今天要是定下一件事儿，那我就太高兴了。”吉娣吻着她，小声说。

“您也跟我们一起去吗？”瓦伦加很难为情，就装作没有听到吉娣的话，问列文说。

“我要去的，不过就到打谷场上，就留在那儿了。”

“那你去干什么呀？”吉娣说。

“要去看看新买的几辆大车，算算账，”列文说，“你要到哪儿去呀？”

“到阳台上去。”

二

所有的女人都在阳台上。饭后她们一般都喜欢在这儿坐坐，不过今天在这儿还有一点儿事情。除了大家都忙着在给小宝宝准备小衣服、小物件儿之外，今天还在这儿用不加水的方法调制果酱，这是阿加菲雅不曾用过的新方法。吉娣几次要引进她在娘家用过的这种新方法。以往是阿加菲雅主管这事儿的，她认为列文家的一切办法都不会错，在煮草莓酱的时候还是加水，并且一再地说，不加水是不行的；她这种做法被发觉了，所以现在就当着大家的面煮果酱，让阿加菲雅口服心服，不加水也能把果酱做得很好。

阿加菲雅一脸又恼火又伤心的神气，披散着头发，袖子挽到胳膊肘，用瘦削的双手不停地转悠着炭炉上的小铜盆，阴沉地望着果酱，一心希望果酱凝结住，做不成。老公爵夫人感觉到阿加菲雅恼火恼的是她这个做果酱的首席顾问，就尽量装作在忙别的事，对果酱不感兴趣，谈着不相干的事，却斜眼瞟着火炉。

“我总是亲自买一些便宜货给侍女做衣料，”老夫人继续把开了头的话说下去……“现在是不是该把浮沫撇掉，好嫂子？”她又对阿加菲雅说。“这事儿完全用不着你亲自动手，而且也太热了。”她又对吉娣说。

“我来吧。”陶丽说着站了起来，用勺子小心翼翼地在起泡的果酱上面撇起来，有时为了把粘在勺子上的东西弄掉，就拿勺子在碟子上磕磕，碟子里已经盛满了闪烁着五光十色的金黄泡沫，底下沉积了一层血红色果酱。“他们舔着这东西喝茶，多么好呀！”她想着自己的孩子们，在心里说，同时想起她小时候，见大人不吃这最好吃的果酱泡沫，感到十分奇怪。

“司基瓦说，给钱要好得多，”同时陶丽还在谈着赏给仆人什么好的这个有趣的话题，“不过……”

“怎么能给钱呀！”老夫人和吉娣异口同声地说。“她们看重这东西嘛。”

“比如说，去年我就给我们的马特廖娜买了一块料子，不是府绸，可是很像府绸。”老夫人说。

“我记得，她在您过生日那天穿过。”

“花色好极了，又大方又雅致。要不是她已经有了，我真想自己做一件呢。有点儿像瓦伦加那一件。又好看又便宜。”

“哦，现在好像煮好了。”陶丽一面让果酱从勺子里往下滴着，一面说。

“等到拉成丝，那就好了。阿加菲雅，再煮一会儿吧。”

“这些苍蝇！”阿加菲雅气嘟嘟地说。“再煮还是一个样。”她又说。

“啊，这鸟儿多可爱，别把它吓飞了！”吉娣看见一只麻雀落在栏杆上，把一根草莓秆儿翻了过来，啄起来，突然说道。

“是的，不过你最好离炭火炉远一点儿。”母亲说。

“就这工夫谈谈瓦伦加的事吧。”吉娣用法语说。她们不愿意让阿加菲雅听懂时，总是说法语。“您可知道，妈妈，我今天不知为什么觉得能定下来呢。您明白是什么事。那有多好呀！”

“她倒是一个了不起的做媒高手呢！”陶丽说，“她给他们撮合有多么细心，又多么巧妙……”

“不，妈妈，告诉我，您是怎么想的？”

“我还能怎么想呢？他（他是指柯兹尼雪夫）随时可以在俄国找到对象，想找什么样的都行。现在他虽然已经不怎么年轻了，可是我知道，有许多姑娘还是很愿意嫁给他……她是一个很好的姑娘，不过他还可以……”

“不，妈妈，您要明白，为什么不论对他和对她来说，再也想不到更好的了。第一，她非常美！”吉娣说着，弯起一个手指头。

“他很喜欢她，这是肯定的。”陶丽附和说。

“再就是,他已经有这样的社会地位,就完全不需要妻子的财产和门第了。他只是需要有一个贤惠、可爱、使人放心的妻子。”

“是的,跟她在一起是可以放心的。”陶丽附和说。

“第三,那就是要她爱他。而她是爱他的……就是说,这就万事俱备了!……我预料,等他们从树林里出来,事情就定下来了。我从他们的眼睛一下子就能看出来。我会多么高兴呀!你以为怎样,陶丽?”

“不过你不要激动。你千万不要激动。”母亲说。

“我没有激动呀,妈妈。我觉得,他今天就会求婚。”

“哎呀,男人怎样求婚,什么时候求婚,这真够奇怪的……好像有一道障碍,一下子就冲破了。”陶丽回忆着她和奥布朗斯基的往事,若有所思地微笑着说。

“妈妈,当年爸爸怎样向您求婚的呀?”吉娣忽然问道。

“没有什么不寻常的,非常简单。”老夫人回答说,可是因为回忆起这件往事,她的一张脸亮了。

“不,究竟怎样呀?在让您说话之前,您总是爱他的吧?”

吉娣感到特别得意的是,现在她和母亲可以像平辈人一样谈谈女人一生中最重要的问题了。

“当然爱啦,他常到乡下我们家里来。”

“可是怎样定下来的呢?嗯,妈妈?”

“你一定以为你们现在发明了什么新玩意儿吧?还不都是那样:是用眼睛,用微笑定下来的……”

“您说得多好呀,妈妈!就是用眼睛和微笑呢。”陶丽附和说。

“可是他说了一些什么话呀?”

“列文对你说了一些什么呢?”

“他是用粉笔写的。这是很奇怪的……我觉得这事儿有多么久了啊!”吉娣说。

于是三个女人都思索起同一件事儿。吉娣首先开口说话。她回想起婚前那个冬天和她对伏伦斯基的迷恋。

“有一点……那就是瓦伦加以前的恋人,”吉娣很自然地联想起这一点,就说道。“我要想办法对谢尔盖·伊凡诺维奇说说,让他心里有数。他们所有的男人,”她补充说,“对于我们过去的事都嫉妒得要命。”

“也不是个个都这样,”陶丽说,“你是就你丈夫来说的。他直到现在一想起伏伦斯基还觉得不痛快。是吗?是这样吧?”

“是的。”吉娣若有所思地用眼睛笑着回答说。

“我真不知道,”老夫人出于母亲对女儿的关怀,插嘴说,“你过去有什么事使他不放心?伏伦斯基追求过你,这有什么呢?这种事哪一个姑娘都有呀。”

“就是啊,不过咱们不谈这个了。”吉娣红了红脸,说。

“不,你让我说说,”母亲说下去,“况且是你自己不让我去和伏伦斯基谈的呀!你记得吗?”

“哎呀,妈妈!”吉娣带着痛苦的神情说。

“现在你们不必拘束了……你对他不会有什么越轨之处了;我真想亲自找他谈一谈。不过,你,我的好孩子,可不能激动。请你记住这一点,要心平气和。”

“我是心平气和呀,妈妈。”

“当时来了个安娜，对于吉娣是多么幸运，”陶丽说，“对于安娜又是多么不幸。真是适得其反，”她又不胜感慨地说。“那时候安娜觉得是非常幸福的，吉娣却自以为十分不幸。结果却适得其反！我常常想到她呢。”

“这种人还值得想着！一个没良心的、可恶的坏女人，”母亲说。吉娣没有嫁给伏伦斯基，却嫁给了列文，她是不能忘记的。

“何必谈这事儿呢？”吉娣懊恼地说，“这事儿我不想，也不愿意想……也不愿意想了，”她倾听着阳台台阶上丈夫那熟悉的脚步声，又重复一遍。

“也不愿意想了——这说的是什么呀？”列文跨上阳台，问道。

可是谁也没有回答他，他也没有再问。

“真抱歉，我搅乱了你们的女儿国，”他很不高兴地扫了大家一眼，明白了她们谈的是不愿当着他的面谈的事，就说道。

一时间他觉得自己的心情和阿加菲雅一样了，不满意煮果酱不加水，也不满意各方面谢尔巴茨基家的影响。不过，他还是笑了笑，走到吉娣跟前。

“嗯，怎么样？”他带着大家现在都是那样看她的那种神情看着她，问道。

“没什么，挺好，”吉娣笑着说，“你的事情怎么样呀？”

“新车装东西比旧车多两倍呢。就用车把孩子们接回来吧？我已经叫人套车了。”

“怎么，你想叫吉娣坐大车吗？”母亲带着责备的口气说。

“是让马慢步走呀，老夫人。”

列文从来不像一般女婿那样叫老夫人“妈妈”，这使老夫人很不愉快。列文尽管很敬爱老公爵夫人，却不肯这样叫她，因为他觉得这样会有损他对自己故世母亲的感情。

“咱们一块儿去吧，妈妈。”吉娣说。

“我可不想看这种轻举妄动。”

“好吧，那我就走着去。我走走倒好些。”吉娣站起来，走到列文跟前，挽住他的胳膊。

“好是好，不过凡事都有个分寸。”老夫人说。

“怎么样，阿加菲雅，果酱好了吗？”列文想叫阿加菲雅快活起来，就笑着对她说，“新方法好吗？”

“大概不错。依我们看，煮过头了。”

“这样更好些，阿加菲雅，不会变酸，要不然现在这儿的冰已经化完了，又没有地方保存。”吉娣一下子就明白了丈夫的用意，就怀着同样的心情对老保姆说。“不过您腌的咸菜好极了，妈妈说她在哪里也没吃到过这样的咸菜呢。”她一面理着头上的头巾，笑着说。

阿加菲雅气嘟嘟地对吉娣望了望。

“您不用安慰我，少奶奶。我这样朝着您和他望一眼，我就快活了。”她说。她这种不讲究礼貌的说法使吉娣非常感动。

“跟我们一道去采蘑菇吧，您可以给我们指指地方。”

阿加菲雅笑了笑，摇了摇头，好像是说：“我真想生您的气，可是没办法生您的气。”

“请您照我说的办吧，”老夫人说，“果酱上面盖一张纸，往纸上洒一些酒，这样就是没有冰也永远不会发霉。”

三

吉娣特别高兴有机会单独和丈夫在一起,因为她发现,在他走上阳台,问她们谈什么,没有人回答他的时候,他那反应灵敏的脸上掠过一丝难过的阴影。

他们步行出了门,走在别人前面,等到看不见房子了,来到撒满黑麦麦穗和麦粒的平坦的沙土大路上,她把他的胳膊挽得更紧些,让他的胳膊贴到她身上。他已经忘记了一时的不愉快感受,现在,在他时刻想着她怀孕的时候,单独和她在一起,就体验到和心爱的女子亲近时的一种新的、强烈的、完全超脱肉感的快感。没有什么要说的,他却很想听听她说话的声音,因为自从她怀孕以来,她的声音也和眼神一样变了。她的声音也像眼神一样,又温柔又严肃,人们专心致力于一种心爱的工作时,就是这样的。

"你不累吧? 再靠紧一点儿。"他说。

"不累,我真高兴有机会单独和你在一起,说实在的,我和他们在一起不管有多么愉快,还是留恋咱们单独在一起度过的那些冬日的黄昏。"

"那样很好,这样更好。那样这样都好。"他紧紧挽住她的胳膊,说。

"你可知道,你进来的时候我们在谈什么?"

"是谈果酱吧?"

"是的,也谈过果酱;不过后来就谈起怎样求婚。"

"噢!"列文说,一面听她说的话,尤其听她说话的声音,一面凝神注视着这时已经在树林中的道路，不时地绕过她有可能跌倒的地方。

“还谈到谢尔盖·伊凡诺维奇和瓦伦加。你注意了吗？……我真希望这事儿能成。”吉娣又说。“这事儿你是怎么想的？”她注视着他的脸说。

“我不知道该怎么想，”列文笑着说，“我觉得谢尔盖在这方面很古怪。我对你说过嘛……”

“是的，你说过他爱过一个姑娘，那姑娘死了……”

“那还是我小时候的事；我这是后来听别人说的。我记得他那时候的模样。他那时候非常英俊。可是从那时候，我就注意到他对女人的态度：他彬彬有礼，有些女子他也喜欢，但可以感觉出来，这些女子对他来说只是人，而不是女人。”

“是的，不过现在他对瓦伦加……好像有点儿……”

“也许有点儿……不过，要了解他这个人……他是一个很特别、很奇怪的人。他过的纯粹是精神生活。他是一个格外纯洁的、灵魂高尚的人。”

“怎么？难道这会玷辱他？”

“不是的，不过他过惯了纯粹的精神生活，是无法适应现实生活的，瓦伦加毕竟是现实生活中人呀。”

列文现在已经习惯于大胆说出自己的想法，不花费心思考虑用词是否得当了。他知道，妻子在这种情意绵绵的时刻，只要他稍做暗示，就懂得他要说的话，她果然懂了。

“是的，不过她不像我这样讲求现实；我明白，他是绝不会喜欢我的。她过的完全是精神生活……”

“才不是呢,他非常喜欢你,我家的人喜欢你,我总是非常高兴的……”

“是的,他对我很好,不过……”

“不过不是像去世的尼古拉那样……你们是相互喜欢。”列文把她没有说的说出来。“为什么不说呢?”他又说。“我有时责备自己:到末了会忘记说的是什么。啊,一个多么糟糕又多么可爱的人呀……哦,咱们刚才谈什么来着?”列文停了一会儿,问道。

“你是认为,他不会爱上什么人。”吉娣换成自己的话说。

“不但不会爱上什么人,”列文笑着说,“而且他没有那股必要的迷恋劲头儿……我总是羡慕他,就是现在,在我这样幸福的时候,还是羡慕他。”

“你羡慕他不会爱什么人吗?”

“我羡慕的是,他比我好,”列文笑着说,“他不是为自己活着。他的整个一生都是为了尽义务。所以他能够心安理得,心满意足。”

“那么你呢?”吉娣带着讥讽和深情的微笑说。

吉娣怎么也说不清,是什么样的想法促使她笑的;但最后的结论是,丈夫称赞哥哥,说自己不如哥哥,不是真心的。她知道,他这样是出于对哥哥的爱,是因为自己太幸福感到有愧,尤其因为他有永不满足的上进心,——她就爱他这一点,所以笑了。

“那么你呢? 你有什么不满意的呢?”她还是带着那样的微笑问道。

她不相信他对自己不满意,这使他很高兴,于是他不由自主地逗引她说出这种不相信的原因。

“我很幸福,但很不满意自己……”他说。

“你既然很幸福,那你怎么会不满意呢?”

“怎么对你说呢? ……我心里再不希望什么,除了希望你不摔跤。哎呀,不能这样跳嘛!”他把话停住,责备起她来,因为她在跨过横在路上的一根树枝时动作太快了。“可是在我衡量自己,拿自己和别人比较,尤其和哥哥比较的时候,就觉得自己太差了。”

“究竟在哪一方面差呀?”吉娣依然带着那样的笑容问道,“你不是也在为别人工作吗? 你的田庄,你的庄稼,你写的书,都不算吗? ……”

“不,我感觉,尤其是现在感觉到:怪就怪你,”他紧紧挽住她的胳膊说,“有了你,这都不算什么了。我做这些事都马马虎虎,随随便便。要是能像爱你一样爱这一切就好了……可是我近来做这些事就像是应付差事了。”

“那么,你说我爸爸怎么样?”吉娣问道,“他怎么样,什么公益事业也不做,不是也很差吗?”

“他吗? 那不是。一个人应该像你父亲那样朴实、爽朗、善良,可是我有这些吗? 我不做事,我内疚。这一切都是你造成的。在没有你和没有这个的时候,”他说着,看了看她的肚子,她就明白了,“我把全部精力放在事业上;可是现在不行了,所以我觉得惭愧;我做事就像应付差事,我只是装装样子……”

“那么,你现在愿意和谢尔盖·伊凡诺维奇对换吗?”吉娣说,“你愿意像他那样干干这些公益事业,爱这种差事,就这样心满意足了吗?”

“当然不是。”列文说。“不过我太幸福,简直弄不清是怎么一回事儿了。哦,那你认为他今天会求婚吗?”他沉默了一会儿之后,又说道。

“我认为会的,也许不会。不过我真希望这样呀。噢,你等一等。”她弯下腰,在路边摘下一朵野菊花。“来,数一数,就知道他会不会求婚了。”吉娣说着,把花递给列文。

“求婚,不求婚。”列文一面撕着窄窄的白色花瓣,一面说着。

“不对,不对!”一直激动地注视着他的手指头的吉娣抓住他的手,叫他停住。“你一下子撕了两瓣。”

“哦,不过这瓣小的就不算吧,”列文说着,撕下一片还没有长成的小小花瓣,“瞧,马车追上咱们了。”

“你不累吗,吉娣?”老夫人喊道。

“一点也不累。”

“要不然你就上车吧,马很老实,走得也很稳。”

不过已经用不着坐车了,就要到了。于是大家都步行了。

四

瓦伦加那黑黑的头发扎着雪白的头巾,她在一群孩子的包围中,又亲热又快活地和他们玩着,显然因为有可能和她喜欢的男子相互表白心意感到非常激动,她的模样也非常美丽动人。柯兹尼雪夫和她并肩走着,一直在欣赏她。他望着她,回想着他听她说的句句亲切话语,想着他所了解的她的种种美好品质,越来越意识到,他对她的感情是一种特殊感情,是他很久很久以前,在青年时代只体验过一次的那种感情。同她接近的喜悦感越来越强烈，以至于，当他把采到的一个细杆卷边大桦树蘑菇放进她的篮子时，他看了看她的眼睛，看到她一脸又惊又喜的红晕，他也慌乱了。就默默地对她笑了笑，这一笑说的话太多了。

“既然这样，”他在心里说，“我就应该好好地想想，拿出个主意，可不能像小孩子一样，一时迷恋，就忘乎所以。”

“我要离开大家单独去采蘑菇了，要不然我的成绩就被埋没了，”他说着，就一个人从树林边上朝树林深处走去。刚才他们是在树林边上稀稀拉拉的老桦树中间柔软如丝的小草丛中走着的，在树林深处，一棵棵白色的桦树干中间夹杂着灰色的白杨树干和黑郁郁的榛树丛。他走了有四十来步，走到缀满粉红色花球的卫矛花丛后面，知道别人看不到他了，就站了下来。周围静悄悄的。他站在一棵桦树底下，只有一群苍蝇在桦树梢头不停地嗡嗡叫着，像一群蜜蜂；偶尔还能听到孩子们的叫声。忽然在离林边不远的地方响起瓦伦加呼唤格里沙的声音，柯兹尼雪夫的脸不由得浮起喜悦的微笑。他意识到这微笑，摇了摇头，表示不应该有这种状态，接着就掏出雪茄，点火吸烟。他在桦树干上擦火柴，老半天都擦不着火。白色树皮的柔嫩的膜粘到黄磷上，火很容易熄灭。终于有一支火柴燃着了，香喷喷的雪茄烟气像一块宽宽的、晃晃悠悠的桌布，向前伸展开去，又飘到树丛上方，飘到桦树那低垂的枝叶下面。柯兹尼雪夫注视着这一片烟气，缓步朝前走去，一面思索着自己的状况。

“为什么不行呢？”他想道。“万一这是一时冲动或者情欲，万一我体验到的这只是一种迷恋，一种相互的迷恋（我敢说这是相互的),万一我会觉得这和我的整个生活格调相悖,万一我会觉得我这样一味地迷恋,会背离我的志向和天职呢……不过,不是这样。我能说得出的反对理由只有一条,那就是,在我失去玛丽的时候,我曾经发誓,对她永不变心。我能说得出的反对我的感情的理由只有这一条……这一条很重要,"柯兹尼雪夫在心里说,同时又觉得,这种顾虑在他来说是毫无必要的,至多在别人看来这有损他的诗人形象,"可是,除此以外,不论我怎样寻找,再也找不出可以反对我的感情的理由。如果单凭理智来选择的话,我再也不可能找到更好的了。"

不论他多少次回想他所认识的妇女和姑娘,也想不起还有哪个姑娘具备他冷静思考时希望在自己的妻子身上看到的全部美德。她具有少女的美丽和娇艳,但又不是孩子,而且如果她爱他的话,那是自觉的爱,是一个女子应当有的爱——这是一。再就是,她不仅完全没有上流社会的习气,而且显然厌恶上流社会,同时又熟悉上流社会,具有上流社会女子的举止风度,柯兹尼雪夫认为,没有这样的举止风度做他的终身伴侣是无法设想的。第三,她是信教的,但不是像小孩子那样糊里糊涂地信教和行善,比如说,吉娣就是那样;她的生活是建立在宗教信仰的基础上的。甚至在细微的地方,柯兹尼雪夫认为她也具备了他希望他的妻子具备的条件:她很穷,没有亲人,这样她就不会把一大堆亲戚和他们的影响带到丈夫家里来,就像他看到的吉娣这样,而是处处依靠丈夫,这也是他一向对未来的家庭生活所希望的。这个姑娘集中了所有这些美德,而且她也爱他。他是很持重的,但不会看不出这一点。而且他也爱她。唯一的顾虑,就是他的年龄。但他的家族都是长寿的，他没有一根白发，谁也看不出他有四十岁，他还记得瓦伦加说过，只有在俄国，五十岁的人认为自己是老头子，在法国，五十岁的人认为自己正当年，四十岁的人还认为自己是年轻人呢。而且，既然他觉得自己的心还像二十年前那样年轻，年龄又算得了什么？当他从另一边又来到树林边上，在灿烂的夕阳斜照中看到瓦伦加那穿着鹅黄色连衫裙、挎着篮子、轻盈地从一棵老桦树旁边走过的优美身姿，当他看到瓦伦加时的感觉，同美得使他吃惊的洒满夕阳的黄澄澄的麦田景色和田野那边点缀着一簇簇黄叶、渐渐隐入蓝色天际的远方老树林景色融成一片时，涌上他心头的不正是青春感情吗？他的心快乐得紧张跳动起来。他深深动了情。他觉得，他已经拿定主意。刚刚蹲下去采蘑菇的瓦伦加轻盈地站了起来，回头看了看。柯兹尼雪夫扔掉雪茄，大踏步朝她走去。

五

"瓦尔瓦拉·安得列耶芙娜，在我还非常年轻的时候，就想象有一个理想的女子，我会爱上她，我会幸福地称她为我的妻子。我经历了漫长的岁月，如今第一次发现您就是我寻找的女子。我爱您，现在就向您求婚。"

柯兹尼雪夫在离瓦伦加有十步远近的时候，在心里这样念叨着。瓦伦加跪在地上，用手护着蘑菇，不让格里沙抢去，一面呼唤小玛莎。

"到这儿来，到这儿来！孩子们！多得很哩！"她用好听的胸音叫道。

她看见柯兹尼雪夫走过来,没有站起来,也没有改变姿势;但种种迹象告诉他,她感觉到他走近了,并且很高兴他来。

“怎么样,您找到一些吗?”她把白头巾底下那笑盈盈的俊俏的脸朝他扭过来,问道。

“一个也没找到,”柯兹尼雪夫说,“您呢?”

孩子们把她围住,她忙着照应孩子们,没有回答他。

“还有一个,在树枝旁边。”她对小玛莎说着,指了指一个小小的红蘑菇,这小蘑菇那富有弹性的粉红色小帽儿被一根干草横穿而过,小蘑菇就是从干草底下长出来的。等小玛莎把小蘑菇掰成白白的两半,捡了起来,瓦伦加才站了起来。“这使我想起童年时代。”她说完,就离开孩子们,和柯兹尼雪夫并肩走去。

他们默默地走了几步。瓦伦加看出他想说话;她猜想他说什么,又欢喜又害怕,激动得心都要跳出来。他们离开大家远了,谁也不会听见他们说话了,可是他还没有开口。瓦伦加觉得还是沉默更好。在沉默一阵子之后,比谈过采蘑菇之后更容易说出他们想说的话。可是瓦伦加竟违反自己的心意,似乎无意地说:

“您真的什么也没有找到吗?不过,在树林里面总要少些。”

柯兹尼雪夫叹了一口气,什么也没有回答。他听她说起蘑菇,感到很懊恼。他想引她回到她刚才说的有关自己童年的话题;可是,他好像也违反自己的心意,沉默了一阵子之后,只是就她最后的一句话说了说自己的想法。

“我只是听说,白蘑菇多半都在树林边上,虽然我不会认白蘑菇。”

又过了几分钟，他们离孩子们更远，只有他们两个人了。瓦伦加的心跳得连自己都能听见，感觉到自己的脸红一阵白一阵的。

瓦伦加在施塔尔夫人家过了那么多年寄人篱下的生活之后，觉得给柯兹尼雪夫这样的人做妻子真是莫大的幸福。再说，她差不多认定自己已经爱上他了。而且这事现在就应该定下来。她感到害怕。她害怕他说，又害怕他不说。

现在就应该表白心意，不然就永远不会表白了；这一点柯兹尼雪夫也感觉到了。在瓦伦加的眼神里，在她那红红的脸上，在她那垂得低低的眼睛里，都流露着痛苦的期待神情。柯兹尼雪夫看出这一点，很为她难过。他甚至感觉到，现在什么也不说就是侮辱她。他在心里很快地重复着支持自己的决定的一切理由。他也在心里重复着他想求婚的话；可是他没有把这些话说出来，而是随着一时兴之所至，突然问道：

“白蘑菇和桦树蘑菇究竟有什么不同呀？”

瓦伦加回答的时候，激动得嘴唇都打哆嗦了：

“蘑菇帽儿几乎没有差别，差别就在根儿。”

这几句话一说，他和她都明白，事情完了，应该说的话不会再说了，在这之前他们那已经达到顶点的热和劲儿也渐渐冷下来。

“桦树蘑菇的根儿很像两天没有刮脸的男子的黑胡子。”柯兹尼雪夫已经是心平气和地说话了。

“是的，就是这样。”瓦伦加笑着回答说。他们散步的方向不知不觉地改变了。他们朝孩子们跟前走去。瓦伦加觉得又痛苦又羞惭，但同时又有一种轻松感。

柯兹尼雪夫回到家里以后，一一回想各种理由，认为他原来的判断是不对的。他是无法忘记玛丽的。

“慢点儿，孩子们，慢点儿！”在孩子们欢叫着飞奔过来的时候，列文站到妻子前面保护她，很生气地朝孩子们叫起来。

柯兹尼雪夫和瓦伦加也跟着孩子们从树林里走了出来。吉娣用不着问瓦伦加，她从他们两个人脸上那平静而有点儿羞惭的神色明白了，她的设想没有实现。

“喂，怎么样？”在他们回家的路上，列文问吉娣。

“不张嘴。”吉娣笑着说，那笑容和说话的神气很像父亲，列文常常很高兴地发现她这一点。

“怎么不张嘴？”

“就这样，”她说着，抓住丈夫的手，拉到嘴边，碰了碰，嘴唇却抿得紧紧的，“就像吻大主教的手。”

“究竟是谁不张嘴呀？”他笑着问。

“两个人都不张嘴。喏，就应该这样……”

“有人来了……”

“没关系，他们看不见。”

六

在孩子们去喝茶的时候，大人都坐在阳台上说着话儿，好像什么事儿也不曾有过，虽然大家，尤其是柯兹尼雪夫和瓦伦加，心里都十分清楚，出过一件很不愉快然而很重要的事儿。他们两个人的心情都是一样的，就像一个考试不及格而留级或者被开除的学生。在场的人因为也都感觉到出了什么事儿，就很起劲儿地谈着别的事儿。列文和吉娣这天晚上觉得特别幸福和恩爱。他们的幸福恩爱，对于想幸福而得不到幸福的人来说，就带有一种不愉快的暗示意味儿，所以他们觉得很不好意思。

“我敢说：亚力山大不会来的。”老夫人说。

今天晚上，大家在等奥布朗斯基乘火车来，而且老公爵也来过信，说他可能也来。

“而且我知道为什么，”老夫人又说，“他说，应该让新婚夫妻单独过过开头一段日子。”

“爸爸真的就这样不管我们了。我们很久没看到他了，”吉娣说，“我们算什么新婚夫妻呀？我们已经是老夫老妻了。”

“不过，他要是不来的话，我也要和你们告别了，孩子们。”老夫人伤心地叹了一口气，说。

“啊，您怎么啦，妈妈！”两个女儿一齐追问她。

“你想吧，他是什么滋味呀？现在呀……”

完全出人意料，老夫人的声音忽然哆嗦起来。两个女儿都不作声了，而且互相交换了一下眼色。“妈妈总是自寻烦恼。”她们的目光这样说。她们不知道，不论老夫人在女儿家多么愉快，不论她觉得自己在这里多么有用，自从心爱的小女儿出嫁，家里冷清了以后，她就常常为自己和为丈夫伤心了。

“您有什么事，阿加菲雅？”吉娣忽然问阿加菲雅，因为这时阿加菲雅带着神秘的样子和郑重其事的脸色在一旁站住。

“问晚饭的事。”

“就这样好啦，”陶丽说，“你去安排吧，我去跟格里沙温习一下他的功课。他今天什么也没有做呢。”

“这也是给我上课！陶丽，不用你，让我去。”列文腾地站起来说。

格里沙已经进了中学，夏天应该温习功课。陶丽在莫斯科的时候就陪着儿子学拉丁文，来到列文家里以后，自己规定每天至少一次陪他复习算术和拉丁文课中最难的部分。列文自告奋勇为她代劳；但是陶丽有一次听到列文上课，发现他不是像莫斯科的老师那样辅导，她又为难又尽量不使列文感到不快，但很坚决地对他说，应该像老师那样照课本复习，并说最好还是让她自己来辅导。列文又怪奥布朗斯基，因为他漠不关心，不管儿子的教育，却让丝毫不懂教育的母亲来管，又怪教师，因为他们教孩子教得那样糟；但他还是向陶丽保证照她说的去教。于是他后来帮格里沙复习就不按自己的方法，而是照着课本了，可是因为这样也就没有劲头儿了，并且常常忘记上课的时间。今天就是这样。

“不，我去，陶丽，你坐着吧，”他说，“我们会按规矩办，照课本复习的。只不过等司基瓦来了，我们要去打野物，那就要缺课了。”

于是列文就去找格里沙。

瓦伦加也对吉娣说了类似的话。瓦伦加就是在列文的幸福美满和安排得很好的家庭里，也能尽一份力。

“我去安排晚饭，您坐着吧。”她说着，就站起来，朝阿加菲雅走去。

“好吧，好吧，大概没有买到小鸡。那就把家里的杀了吧……”

吉娣说。

“我和阿加菲雅商量着办吧。”于是瓦伦加跟着阿加菲雅一起走了。

“多么可爱的姑娘呀！”老夫人说。

“不是可爱，妈妈，是一个使人着迷的姑娘，这样的姑娘天下难找。”

“这么说，你们今天是在等司捷潘·阿尔卡迪奇吗？”柯兹尼雪夫说，显然他是不愿意再谈瓦伦加的事。“很难找到更不相像的两位连襟了，”他带着俏皮的微笑说，“一个活泼好动，在交际场上如鱼得水；另一个，就是我们的柯斯加，活泼，麻利，反应灵敏，可是一到交际场上，要么就呆若木鸡，要么就急得团团乱转，像鱼到了干地上。”

“是啊，他真是太马虎了，”公爵夫人对柯兹尼雪夫说，“我正想请您对他说说，她（她指的是吉娣）不能留在这里，一定要到莫斯科去。他说要请医生……”

“妈妈，他什么都会办得好好的，什么都会答应的。”吉娣带着不高兴的口气说，她不高兴的是，妈妈竟要柯兹尼雪夫过问这种事儿。

她们的话说到一半，林荫道上响起马打响鼻的声音和车轮在石子路上的轧轧声。

陶丽还没有来得及站起来去迎接丈夫，在楼下的列文就从格里沙温习功课的房间的窗户跳出去，并且把格里沙也抱了下去。

“司基瓦来了！”列文在阳台下面叫道。“我们复习完了，陶丽，放心吧！”他又补充两句，就像小孩子一样跑去迎接马车。

“他，她，它，他的，她的，它的，”格里沙一面大声念着拉丁文，一面在林荫道上蹦跳着。

“还有一个人哩。一定是爸爸！”列文在林荫道口站下来，叫道，“吉娣，你不要走那么陡的台阶，绕过来吧。”

列文以为车上坐的那个人是老公爵，却猜错了。等他来到马车跟前，才看清坐在奥布朗斯基旁边的不是老公爵，而是一个胖胖的、漂亮的年轻人，戴着苏格兰小帽，后面有长长的飘带。这是瓦辛加·维斯洛夫斯基，谢尔巴茨基家的表亲，是在彼得堡和莫斯科很出风头的年轻人，如奥布朗斯基介绍的，“是一个了不起的青年人和打猎的好手”。

维斯洛夫斯基丝毫不在乎别人因为错把他当成公爵而产生的失望，快快活活地和列文握手问好，说他们以前见过面，并且抱起格里沙，越过奥布朗斯基带来的猎狗，把他抱到车上。

列文没有上车，就跟在后面走。他心里有些不痛快，因为他越来越喜欢的老公爵没有来，却来了这个完全不相干的、多余的人——瓦辛加·维斯洛夫斯基。列文来到台阶前，台阶边聚集了一大堆大人和孩子，当他看到维斯洛夫斯基带着特别亲热和殷勤的神气吻吉娣的手的时候，更觉得这人是不相干的和多余的了。

“我和您的夫人是表兄妹，也是老朋友。”维斯洛夫斯基又一次紧紧握着列文的手，说。

“怎么样，有野物吗？”奥布朗斯基刚刚和每个人打过招呼，就问列文。“我们想大干一场呢。哦，妈妈，他们从那时候以后怎么没到过莫斯科呀。噢，丹尼娅，这是给你的！对不起，你到马车后面去拿吧，”他面面俱到地招呼着。“你脸色多么好看呀，陶丽。”他又一次吻着妻子的手说，一面用手拉住她的手，用另一只手抚摩着。

刚才还兴高采烈的列文，这时阴沉地望着大家，他看着一切都不顺眼。

“他这嘴唇昨天吻的是谁呀？”他看着奥布朗斯基对妻子那股亲热劲儿，心中想道。他望望陶丽，他也不喜欢她了。

“她不相信他会真心爱她嘛。那她干吗这样高兴呢？真叫人恶心！”列文想道。

他望望老夫人，刚才他还觉得她可亲可爱的，现在他也不喜欢她像在家里似的迎接这个戴飘带的维斯洛夫斯基的那股味道儿。

柯兹尼雪夫也走到台阶上，很亲热地迎接奥布朗斯基，列文也很不喜欢哥哥这种虚伪的亲热劲儿，因为列文知道他不喜欢也不尊敬奥布朗斯基。

就连瓦伦加也使他反感了，因为她在和这个城里人见面的时候摆出一副圣洁的神气，其实她一心想着怎样嫁人。

最使人反感的是吉娣，因为她和这个自以为到乡下来对自己和大家都是过节的先生又说又笑，喜气洋洋，尤其使人反感的是她回报他的微笑时那种很特别的微笑。

大家闹哄哄地说着话儿，朝房里走去；等大家一坐下来，列文就转身走了出去。

吉娣看出丈夫有点儿不对头。她想找机会和他单独谈谈，可是他说有事要到账房去，就匆匆离开了她。他已经很久不像今天这样觉得庄稼事儿重要了。“他们老是在那儿过节，”他想道，“可是干活儿不是过节，活儿不能没有人干，不干活儿就不能生活。”

七

列文直到有人来请他吃晚饭，他才回家。吉娣和列文站在楼梯上，商量晚饭喝什么酒。

“你们干吗要这样忙活呀？平时喝什么，就上什么。”

“不，司基瓦不能喝……柯斯加，等一下，你怎么啦？”吉娣急忙跟在他后面说，可是他没有等她，头也不回地大步走进餐厅，立刻就和大家一起很热闹地谈了起来，在这场谈话中，维斯洛夫斯基和奥布朗斯基是主力。

“喂，明天咱们就去打猎，怎么样？”奥布朗斯基说。

“好吧，咱们去。”维斯洛夫斯基说着，侧身坐到另一把椅子上，并且盘起一条肉嘟嘟的腿。

“我很高兴，咱们就去吧。您今年打过野物吗？”他一面对维斯洛夫斯基说话，一面仔细打量他的腿，但装出很愉快的样子。

吉娣很清楚他这是假装的，这和他的为人太不相称了。“不知道能不能找到松鸡，不过田鹬是很多的。就是要早些动身。您不累吗？你也不累吗，司基瓦？”

“我累？我还从来没有累过呢。就来个通宵不睡好啦！咱们就去玩玩吧。”

“真的，就来个一夜不睡！太有意思了！”维斯洛夫斯基附和说。

“噢，这我们倒是相信，你能一夜不睡，也不让别人睡，”陶丽带着几分讥讽口吻对丈夫说，现在她对丈夫说话几乎都是用这种口吻。“可是依我看，现在就该睡了……我要去睡，我不吃晚饭了。”

“不要走，你坐一会儿，好陶丽，”奥布朗斯基说着，绕过他们吃饭的大桌子走到陶丽那一边，“我还有多少话要对你说呀！”

“恐怕，没什么好说的。”

“你可知道，维斯洛夫斯基到安娜那里去过。他还要到她那里去呢。他们离你们这里总共才七十俄里嘛。我一定也要去。维斯洛夫斯基，你到这边来！”

维斯洛夫斯基移到妇女们那边，挨着吉娣坐下。

“啊，请您说说，您到她那里去过吗？她怎么样？”陶丽问他。

列文还在桌子那一边，虽然一直在同老夫人和瓦伦加说着话儿，却看得出，奥布朗斯基、陶丽、吉娣和维斯洛夫斯基谈得又起劲又神秘。不仅他们谈得很神秘，而且他还看到，妻子在目不转睛地望着说得很起劲的维斯洛夫斯基那张漂亮的脸的时候，一脸专注的神气。

“他们在那儿挺好，”维斯洛夫斯基说的是伏伦斯基和安娜，“我当然不好下什么断语，不过在他们家里就觉得像在自己家里一样。”

“他们有什么打算呢？”

“好像他们要到莫斯科去过冬。”

“咱们要是能一起到他们那里去有多好呀！你什么时候去？”奥布朗斯基问维斯洛夫斯基。

“我要到他们那里过七月。”

“你去吗?”奥布朗斯基问妻子。

“我早就想去,一定要去,”陶丽说,“我可怜她,我了解她。她是一个极好的女人。等你走了,我一个人去,这样就不会给人家添麻烦。没有你更要好些。”

“那好极了,”奥布朗斯基说,“那么你呢,吉娣?”

“我?我去干什么?”吉娣满脸通红地说,并且回头看了看丈夫。

“您也认识安娜·阿尔卡迪耶芙娜吗?”维斯洛夫斯基问她,“她是一个非常招人喜欢的女人呢。”

“是的。”吉娣的脸更红了,她回答过维斯洛夫斯基,就站起来,走到丈夫跟前。

“那你明天就去打猎吗?”她说。

在这几分钟里,尤其因为他看到吉娣和维斯洛夫斯基说话时那一脸的红晕,他的妒火烧起来了。现在他听着她的话,就做另外一番理解了。不论这事后来想起来有多么荒唐,可是现在他却觉得很清楚,她问他去不去打猎,只是因为想知道他能不能让维斯洛夫斯基开开心,照他看来,她已经爱上他了。

“是的,我去。”列文用很不自然的、连自己都觉得反感的语调回答她。

“不,最好你们明天在家里待一天,要不然陶丽就没机会见到丈夫了,你们后天去吧。”吉娣说。

吉娣的话经过列文的理解,意思变成了这样:“不要把我和他拆散了。你去不去对我无所谓,可是你让我享受享受和这个漂亮年轻人接近的快乐吧。”

"噢，要是你希望这样，那我们明天就待在家里。"列文带着分外愉快的神气回答说。

维斯洛夫斯基却怎么也没有想到他的到来会给人家带来这么大的痛苦，他跟着她站起来，一面用笑吟吟的亲切目光注视着她，跟着她走过来。

列文看到了他的目光。他一下子脸色煞白，有一阵子连气都喘不过来。"他怎么敢这样盯着我的妻子！"他很恼火地在心里说。

"还是明天吧？咱们一起去。"维斯洛夫斯基说着，坐到椅子上，并且又习惯地盘起一条腿。

列文的妒火烧得更旺了。他已经把自己看成受骗的丈夫，妻子和情夫只是利用他为他们提供生活舒适和享乐的条件……可是，尽管这样，他还是亲切有礼地向维斯洛夫斯基问着他打猎、他的猎枪、皮靴等等的事，并且同意明天就去。

幸亏老夫人站起来，劝吉娣去睡觉，才使他不再受苦受难了。不过列文还是免不了又有新的苦难。维斯洛夫斯基在和吉娣互道晚安的时候，又想吻吻她的手，可是吉娣脸红了红，抽回手去，用事后受到母亲责备的直率的不客气口气说：

"我们这里不兴这个。"

在列文看来，她的错误是她的纵容招来这样的态度，更错误的是，她竟这样笨拙地表示她不喜欢这样的态度。

"何必忙着去睡觉呀！"奥布朗斯基说。他晚饭时喝了几杯葡萄酒之后，情绪特别好，心中充满诗意。"你瞧，吉娣，"他指着椴树后面刚刚升起的明月，说，"多美呀！维斯洛夫斯基，这正是唱小夜曲的时候。你可知道,他有一副好嗓子,我们一路上都在唱。他带来两支很美的抒情歌谱,都是新出的。最好和瓦伦加一起唱。"

等大家都走散了,奥布朗斯基和维斯洛夫斯基又在林荫道上溜达了很久。可以听到他们合唱一支新的情歌的声音。

列文听着他们的歌声,皱着眉头坐在妻子卧室里的安乐椅上,吉娣问他怎么啦,他就是不作声;直到最后,她主动畏畏缩缩地笑着问他:"是不是维斯洛夫斯基有什么地方使你不痛快?"他才憋不住了,把什么都说了出来。他说出的话使他感到受了侮辱,因此他更加恼火了。

他站在她面前,那皱得紧紧的眉头底下的眼睛闪耀着可怕的光芒,两条强有力的胳膊紧紧抱住胸膛,好像是使足全身力气在控制自己。如果不是他的脸上同时也流露出痛苦的神情打动了她的话,他脸上的表情是很严厉的,甚至冷酷的。他的下颚颤动着,声音也打着哆嗦。

"你要明白,我不是嫉妒,'嫉妒'是一个卑劣的字眼儿。我不会嫉妒,也不会相信……我说不出我所感觉的,不过这是可怕的……我不嫉妒,但我感到受了污辱,受了欺侮,因为有人胆敢妄想,胆敢用这样的目光看你……"

"究竟什么样的目光呀?"吉娣说,一面尽可能详细地回想着今天晚上的一切言语和举动以及这些言语举动的意味儿。

她在内心深处感觉到,当他跟着她转移到大桌子的另一边时,是有一点儿什么的,不过她连对自己也不敢承认这一点,更不敢告诉他,增加他的痛苦。

"我这个模样,还有什么吸引人的地方呀？……"

"哎呀!"他抓住头发,叫了起来,"你还是不说的好！……就是说,要是你还能吸引人的话,那就……"

"不是呀,柯斯加,你别急,听我说嘛!"她带着痛苦的怜惜神情望着他说,"唉,你怎么能这样想呀？对于我来说,再没有什么人,没有了,没有了！……哦,你是不是想要我不见任何人呀？"

开头一会儿他的嫉妒使她感到委屈;她懊恼的是,一点小小的乐趣,而且是最纯正的乐趣,都不准她享受;可是这会儿她情愿牺牲,为了让他放心,为了使他不再感到痛苦,不仅牺牲这种小小的乐趣,而且情愿牺牲一切。

"你要理解我的处境的可怕和可笑,"他用无可奈何的口气小声说,"你要知道,他是在我家里,实际上也没有做出什么不成体统的事,除了这种放肆和盘腿。他认为这是最好的举止,所以我也只好对他客客气气。"

"不过,柯斯加,你太过分了。"吉娣说,她在内心深处却是高兴的,因为在他的嫉妒中反映出他对她的强烈的爱。

"最可怕的是,你一向是多么纯洁,现在我还是觉得你是多么纯洁,我们是这样幸福,非同一般的幸福,可是忽然来了这样一个坏蛋……不是坏蛋,我何必骂他呀？他和我不相干。可是为什么要干扰我的幸福、你的幸福呀？……"

"你听我说,我明白这事儿的起因是什么。"吉娣开口说。

"起因是什么？是什么？"

"我看到,晚饭时我们说话的时候,你是怎样望着的。"

“就是嘛,就是嘛!”列文恐怖地说。

她对他说了说他们谈的是什么。她在说这事的时候,激动得气都喘不上来。列文沉默了一会儿,后来仔细看了看她那煞白的、恐怖的脸,突然抓住自己的头发。

“卡佳,我冤枉你了!亲爱的,原谅我吧!这真是发了疯!卡佳,这事全怪我。怎么能这样蠢,这样自寻烦恼呢?”

“不,我很替你难过。”

“替我难过?替我难过?我算什么?我是个疯子!……可是为什么要让你痛苦呀?随便一个什么外人都会扰乱我们的幸福,这事想起来都可怕。”

“当然,这是有些令人不快……”

“好吧,那我倒是要特意留他在我们家过夏天,我要亲亲热热对待他,”列文吻着她的手说,“你就看着吧。明天……是的,明天我就和他一起去。”

八

第二天,出猎的马车,一辆四轮的,一辆二轮的,就在大门口等着了。猎狗拉斯卡一早就知道要去打野物,尽情地欢叫和蹦跳了好一阵子之后,就挨着车夫在马车上坐下来,带着焦急和不赞成拖拉作风的神气望着大门口,猎人们还没有从里面出来。第一个出来的是维斯洛夫斯基,脚蹬崭新的大皮靴,靴筒抵到那老粗的腿肚子,身穿绿色上衣,腰束崭新的、散发着皮革气味的子弹带,头上戴着那顶有飘带的苏格兰帽,手里拿着一支没有背带的英国新猎枪。拉斯卡跑到他跟前,蹦蹦跳跳地欢迎他,又用自己的语言问他,那几个人是不是很快就出来,却没有得到回答,就又回到原来的位子上等候,歪着头,竖起一只耳朵,又不作声了。终于大门轰隆隆地开了,奥布朗斯基的黄斑猎狗克拉克转着圈儿、翻着跟斗飞了出来,接着奥布朗斯基也手握猎枪,叼着雪茄走了出来。"别动,别动,克拉克!"他亲热地对猎狗喝道,因为那狗把爪子伸到他的肚子上和胸膛上,乱抓他的猎袋。奥布朗斯基裹着包脚布,穿着凉鞋,身上穿的是破旧的马裤和短大衣。头上戴的是破烂不堪的一顶礼帽,但那支新式猎枪却十分精致,猎袋和子弹袋虽然已经用旧了,但质地却是极好的。

穿着破旧而猎具的质地是最好的,这才是真正的猎人派头,然而维斯洛夫斯基以前是不懂得的。现在他看到奥布朗斯基穿着破烂倒是显示出他的风雅、富态和愉快的绅士风度,他才懂得了这一点,就打定主意下次出猎也这样打扮。

"喂,咱们的东道主怎么啦?"他问道。

"有年轻妻子嘛。"奥布朗斯基笑着说。

"是的,而且又是那样美丽的妻子。"

"他已经穿戴好了。恐怕又跑到她那儿去了。"

奥布朗斯基猜对了。列文又跑到妻子那儿再一次问她是不是原谅了他昨天的愚蠢,并且请求她看在基督面上,多加保重。最要紧的是,要离孩子们远一点儿,因为他们随时都会撞她。再就是他还要再一次听她保证,他出去两天,她不会生他的气,还请她明天早晨一定要派人给他送一个字条去,哪怕只写两个字,好让他知道她平安无事。

吉娣像往常一样,同丈夫分别两天是很痛苦的,但是她一看到他穿起猎靴和白色上装后那显得格外魁伟的生气勃勃的身姿,看到她所不理解的那股容光焕发的打猎劲头儿,就因为他的高兴忘记了自己的伤心,便快快活活地同他告了别。

“对不起两位了!”他跑到台阶上,说道。“早饭带上了吗?为什么把枣红马套在右边?好吧,反正一样。拉斯卡,老实点儿,别乱动!”

“放到骟了的牲口群里去吧,”他对站在门口问他把去势绵羊放到哪儿去的养牲口人说,“对不起,又有一个捣蛋的来了。”

列文已经坐上车,这时从车上跳下来,朝手拿量尺朝大门口走来的一个木匠走去。

“昨天你不到账房里来,现在你们都来和我捣蛋了。喂,你有什么事?”

“让我再做一个拐角吧,总共再加三级就行了。我们一定会做得很合适。肯定会稳当得多。”

“你早听我的就好了,”列文恼火地说,“我说过,装好侧板,然后再安楼梯。现在没法改正了。你就照我说的办:做一副新的。”

事情是这样的:木匠为新盖的厢房做楼梯,因为没有算准高度,一级一级做好,装上去之后,踏级却是倾斜的,把楼梯做坏了。现在木匠想保留原楼梯,再添上三级。

“那样就好多了。”

“再添三级,楼梯通到哪里去?”

“您听我说嘛,”木匠不以为然地笑着说,“会一直通到沙发床上去。就是说,从下面装起,”他做着很有把握的手势说,“一级一级往上装,就行了。”

“要知道,加三级就会增加长度呀……楼梯究竟要通到哪里去呢?”

“就是说,只要从下面装起,那就行了。”木匠很固执、很有把握地说。

“那就要抵到天花板,穿过墙壁了。”

“您听我说呀。从下面装起嘛。一级一级往上装,就行了。”

列文抽出猎枪通条,在地上给他画起楼梯。

“喂,你看到吗?”

“就照您的意思办吧,”木匠说,他的眼睛突然亮了,显然他终于明白了他的意思,“这么看,是要重做了。”

“好啦,那你就这样办吧!”列文一面上马车,一面高声说,“走吧! 菲利普,把狗牵住!”

列文现在把家事和农事全抛开,深深感受到生活和希望的快乐,连话都不想说了。此外,他还感受到每个猎人在接近打猎地点时都会有的那种聚精会神的紧张心情。如果说他还有什么操心事的话,那他操心的就是能不能在柯尔滨沼地找到什么野物,拉斯卡和克拉克相比究竟怎样,以及他自己今天的打猎成绩怎样。在这个新伙伴面前他怎样才能不丢脸? 怎样才能使奥布朗斯基不超过他? ——他脑子里想到的不过也就是这些。

奥布朗斯基的心情也和他差不多,也不怎么说话。只有维斯洛夫斯基一个劲儿快快活活地说着话儿。列文现在听他说着话儿,想起昨天对他的错误看法,就觉得不好意思。维斯洛夫斯基确实是个很好的小伙子,单纯,心地善良,整天乐呵呵的。列文如果在没有结婚的时候遇到他,会和他成为好朋友的。列文本来不喜欢的是他那种游戏人生的态度和放荡不羁的作风。他似乎还因为留着长指甲,戴着苏格兰小帽,打扮不伦不类,自以为倜傥不群呢;不过这都可以原谅,因为他毕竟心地善良,出身高贵。列文喜欢他,就因为他有很好的教养,说得一口漂亮的法语和英语,还因为他也是他这个阶层的人。

维斯洛夫斯基特别喜欢左边拉套的那匹顿河草原马。他对那匹马赞不绝口。

"骑着草原马在草原上跑,有多美呀! 嗯? 不是吗?"他说。

他竟把骑草原马看成是一种毫无用场的诗意的浪漫事儿;不过他那天真的神气,再加上那漂亮的相貌,那亲切的微笑和潇洒的举止,确实很招人喜欢。不知是他的天性博得了列文的好感,还是列文为了补偿昨天的过错而拼命在他身上寻找优点,反正列文和他在一起是很愉快的。

他们走出有三俄里,维斯洛夫斯基忽然发现雪茄烟和皮夹子没有了,不知道是丢了,还是忘在桌子上了。皮夹子里还有三百七十卢布,所以不能就这样算了。

"喂,列文,我骑着这匹顿河马回家跑一趟。那就太好了。行吗?"他说着,已经准备上马了。

"不,何必呢?"列文估计维斯洛夫斯基的体重不下一百公斤,就回答说,"我派车夫去。"

车夫骑着那匹拉套的马跑了,列文就亲自驾驭剩下的两匹马。

九

“喂，咱们到底走什么样的路线？你好好给我们说说。”奥布朗斯基说。

“计划是这样的：咱们现在先到格沃兹杰夫这一边。格沃兹杰夫这一边是山鹬栖息的沼地，过了格沃兹杰夫就是松鸡聚居的沼地，那儿也有一些山鹬。现在天太热，我们傍晚可以到达(有二十俄里)，晚上就在那里打猎；住一夜，明天再去大沼地。”

“这一路上难道什么也没有吗？”

“有的，不过要耽误时间，天又这么热。有两块小地方很好，不过现在也未必有什么野物。”

列文自己也想到那两块地方去一下，可是那两块地方离家近，他随时可以去，再说地方又小，三个人施展不开。所以他就违心地说未必有什么野物。他们来到一块小沼地旁边，列文就想赶着车子过去，可是奥布朗斯基那经验丰富的猎人的眼睛立刻就看出路旁的沼地是块好地方。

“咱们是不是去一下？”他指着小沼地说。

“列文，咱们去吧！好极啦！”维斯洛夫斯基也要求说。列文不能不同意了。

不等他们把车停下，两条猎狗就争先恐后地朝沼泽地飞奔过去。

“克拉克！拉斯卡！……”

两条猎狗又跑了回来。

“三个人施展不开。我留在这儿吧，”列文说。他指望他们什么也找不到，除了那些被猎狗惊起、在沼地上空盘旋哀鸣的麦鸡。

“不行！去吧，列文，咱们一块儿去！”维斯洛夫斯基叫道。

“真的，施展不开。拉斯卡，回来！拉斯卡！你们有一条狗够了吧？”

列文留在马车旁边，怀着嫉妒的心情望着两个打猎的人。他们走遍了整个沼地。除了野鸡和麦鸡，沼地上什么也没有。维斯洛夫斯基只打到一只麦鸡。

“你们这一下可以看出来，我为什么舍得放弃这块沼地，”列文说，“白浪费时间嘛。”

“不，还是挺有意思的。您看到吗？”维斯洛夫斯基手拿猎枪和麦鸡，一面很不灵便地往车上爬，一面说，“这麦鸡我打得多漂亮呀！不是吗？喂，咱们是不是快要到真正的好地方了？”

忽然马朝前一冲，列文的脑袋不知被谁的枪筒撞了一下，发出一声枪响。其实枪响在前，不过列文觉得是这样。原来，维斯洛夫斯基在放下扳机的时候，按下一个机头，却扣动了另一个扳机。子弹打进地里，没有伤到什么人。奥布朗斯基摇了摇头，不以为然地对维斯洛夫斯基笑了笑。列文却不好责备他。第一，不论怎样责备，都会让人觉得是因为刚才的一场虚惊和列文额头上肿起的疙瘩；第二，维斯洛夫斯基开头是那样真挚地痛心，后来看到他们一片惊慌，笑得那样和善，那样动人，列文不由得也笑了。

等他们来到第二块沼地，地方相当大，需要花费很多时间，列文劝他们不要下车。可是维斯洛夫斯基又要求他停车。列文又说，三个人施展不开，他作为主人应该谦让，便留在马车旁。

克拉克一来到就对直地朝一处处草丛冲去。维斯洛夫斯基第一个跟着狗跑去。不等奥布朗斯基走过去，就飞出一只山鹬。维斯洛夫斯基没有打中，那山鹬就飞进没有割过的草地里。那山鹬命定是维斯洛夫斯基的猎物。克拉克又把它找到，站下来，维斯洛夫斯基把它打死，就又回到马车跟前。

"现在您去吧，我来照管马。"他说。

猎人的嫉妒心在列文身上开始发作了。他把缰绳交给维斯洛夫斯基，就朝沼地走去。

拉斯卡早就愤愤不平地叫着，抱怨不公平，这时就抢在前头对直地朝克拉克没有到过、列文却很熟悉的大有希望的一处处草丛冲去。

"你怎么不把它勒住呀？"奥布朗斯基叫道。

"不会把野物吓跑的。"列文很赞赏他的猎狗，一面跟着猎狗跑，一面回答说。

拉斯卡在搜索中越接近熟悉的草丛，越认真严肃。沼地上飞起一只小鸟儿，它只是看了一眼。它在草丛前兜了一个圈儿，正要兜第二圈儿，忽然打了个哆嗦，不动了。

"快来，快来，司基瓦！"列文叫道，同时觉得他的心越来越激烈地跳动起来，而且在他的紧张的听觉中仿佛有一道闸板突然被卸掉，各种声音不分距离远近，一齐乱糟糟地、但又清清楚楚地灌进他的耳朵。他听到奥布朗斯基的脚步声，却当成远处的马蹄声；听到他脚下小草丛的一角连草根裂开的清脆响声，当成山鹬飞翔的声音。还听见背后不远处有拍打水的声音，他不知道是怎么一回事儿。

他一面选择落脚的地方，一面朝狗那边移动。

“快点儿！”

在猎狗面前飞起来的不是松鸡，而是一只山鹬。列文举起猎枪，但就在他瞄准的时候，那拍打水的声音更响了，更近了，而且还夹杂着维斯洛夫斯基大声怪叫的声音。列文看出来，他瞄到了山鹬后面，但还是开了枪。

列文看清楚自己没有打中之后，回头看了看，就看到自己的车马已经不在大路上，而陷在沼地里了。

原来，维斯洛夫斯基想看看打猎，赶着车进入沼地，两匹马都陷到泥沼里了。

“见他的鬼！”列文一面在心里骂着，一面朝陷住的马车走去。“您为什么把车赶到这儿来呀？”列文冷冷地对他说，就把车夫叫过来，想方设法让马从泥沼里抽出腿来。

列文懊恼的是，又影响了他开枪，又陷住了他的马，尤其是，为了让马从泥沼里拔出腿来，要把马套卸下来，不论奥布朗斯基，还是维斯洛夫斯基，都帮不了他和车夫的忙，因为他们一点也不懂马是怎样套上的。维斯洛夫斯基一再说这地方是很干的，列文一句也不搭理他，一声不响地和车夫一起忙活着，好让马拔出腿来。可是后来，等他忙活得来了劲儿，又看到维斯洛夫斯基扳着挡泥板把马车往外拖，那么热心，那么卖劲儿，甚至于把挡泥板都扳断了，列文就责备起自己，觉得自己受到昨天心情的影响，对他冷淡过分了，于是就尽可能表示特别亲热以弥补自己的冷淡。等马车又上了大路，一切都收拾停当，列文就吩咐开饭。

“胃口好，那就是良心好！这只小鸡拼命在往我肚子里钻呢。"又快活起来的维斯洛夫斯基在快要吃完第二只小鸡的时候，说起法国的俏皮话。"好啦，咱们的灾难到头了；现在就该万事大吉了。不过我得将功折罪，来赶赶车。不是吗？呃？不，不，我是真正的赶车好手。你们瞧瞧我怎样给你们赶车吧！"列文请他把缰绳交给车夫，他抓住缰绳不放，一面回答说，"不行，我应当将功折罪，而且我坐在驭座上挺好。"于是他赶起车来。

列文有些担心，怕他把马折腾坏，尤其是他不会驾驭的左边那匹枣红马。可是列文不知不觉就受到他的愉快情绪的感染，一路上听着他坐在驭座上唱情歌，或者看他边说边表演英国人怎样驾驭驷马车[①]。所以饭后大家都兴高采烈地前往格沃兹杰夫沼地了。

十

维斯洛夫斯基赶车赶得太快，所以他们很早就来到格沃兹杰夫沼地，这时天还很热呢。

来到大沼地，这是出猎的主要目的地，列文不由得想着如何甩开维斯洛夫斯基，行动不受干扰。奥布朗斯基显然也希望这样，所以列文在他的脸上看到真正的猎人在开始打猎之前常有的那种有所担心的神气和他特有的那种善意的调皮神气。

"咱们怎么走法？这沼地好极了，我看到，还有老鹰呢，"奥布朗斯基指着盘旋在一大片苔草上空的两只大鸟说，"有老鹰的地方，一定有野物。"

---

①原文为英语。

“你们听我说,两位。”列文一面带着几分忧郁的神气提着靴子,检查着猎枪上的引火帽,一面说。“你们看到那片苔草吗?”他指了指河右岸一大片割了一半的湿漉漉的草地中间那墨绿色的一片,“沼地就从那儿开始,就在我们正前方,看到吗,那深绿色的。沼地就从那儿往右,有马群的地方;那儿有草丛,常常有山鹬;在那片苔草周围,直到那片赤杨树丛,直到磨坊,都是沼地。哦,那边,看见吗,有一个河湾。那是最好的地方。有一次我在那儿打到十七只松鸡。咱们分开走,各带一条狗,各走一边,到磨坊那儿会合。”

“好吧,那谁往右边,谁往左边呢?”奥布朗斯基问道,“右边宽敞些,你们俩就走右边吧,我一个人走左边,”他似乎漫不经心地说。

“好极了! 咱们打的一定会比他多。好的,咱们走吧,走吧!”维斯洛夫斯基立即表示同意说。

列文也不能不同意了,于是他们就分开走了。

他们一进入沼地,两条狗就一起搜索起来,朝一片铁锈色的沼地冲去。列文知道拉斯卡这种搜索是小心翼翼的和不明情况的;他也知道那地方,期望有一群山鹬飞出来。

“维斯洛夫斯基,并排走,并排走!”他压低声音对在他后面扑唧扑唧地蹚着泥水的伙伴说。在柯尔滨沼地上走火以后,列文就注意起这个伙伴的枪口方向。

“不,我不会妨碍您的,您不必为我操心。”

可是列文不由得想起吉娣送他走时说的话:“你们都要当心,不要打到人身上。”两条狗离目标越来越近,忽前忽后,各自走自己的路线。列文盼望山鹬的心情是那样急切，以至于把自己的靴子从泥水里拔出来的咕叽声当成山鹬的叫声，而且他抓住枪托子，抓得紧紧的。

“砰！砰！”在他耳边响起枪声。这是维斯洛夫斯基朝一群野鸭开了枪。那群野鸭原是在沼地上空盘旋着的，这时却不知轻重地远远冲着猎人飞过来。列文还没来得及回头看，就有一只山鹬扑啦一声飞起来，然后第二只，第三只，又有八九只接着飞起来。

就在一只山鹬开始曲线飞翔的时候，奥布朗斯基一枪打中，那山鹬像块石头似的落到泥淖里。奥布朗斯基又不慌不忙瞄准另一只飞得更低的、飞向苔草丛的山鹬，枪声一响，这一只也应声落下；可以看到，这只山鹬从割过的苔草里跳出来，用一只没有受伤的、下面白色的翅膀拼命挣扎着。

列文没有这样的运气；他打第一只山鹬时离得太近，没有打中；等山鹬已经开始往高处飞，这时候脚底下飞起另一只，分散了他的注意力，他又没有打中。

就在他们装枪的时候，又有一只山鹬飞起来，已经装好枪的维斯洛夫斯基朝水面上开了两枪。奥布朗斯基捡起他那两只山鹬，用亮闪闪的眼睛朝列文看了看。

“好吧，现在咱们分开走。”奥布朗斯基说。他瘸着左腿，握紧猎枪，对狗吹着口哨，朝一边走去。列文和维斯洛夫斯基朝另一边走去。

列文往往是这样，头几枪打不中，他就着急，懊恼，一整天都打不好。今天也是这样。山鹬是很多的。不断地从猎狗旁边和猎人脚下飞起山鹬，列文本来是可以捞回来的；可是他开的枪越多,在维斯洛夫斯基面前出的丑越多。维斯洛夫斯基却不管是不是时候,常常兴致勃勃地乱打一气,什么也打不到,倒是不觉得难为情。列文着了慌,再也沉不住气,越来越着急,以至于只顾开枪,几乎不指望打到什么。好像拉斯卡也明白这一点。它搜寻起来也没有劲头儿了,就像是带着大惑不解和责难的神气打量两个猎人。枪声一阵又一阵。两个猎人周围硝烟弥漫,可是老大的猎袋里只有轻飘飘的三只小山鹬。而且其中有一只是维斯洛夫斯基打中的,还有一只是两个人一起打的。而从沼地那一边传来的奥布朗斯基的枪声并不密集,然而列文却觉得很有分量,而且几乎每一次枪响之后都能听到喊声:"克拉克,克拉克,快叼来!"

这就使列文更加焦急了。一只只山鹬不停地在苔草上空盘旋着。地上的扑啦声和空中的嘎嘎声不断地从四面八方传来;先前飞起来的山鹬在空中盘旋了一阵之后,在猎人面前落下来。在沼地上空盘旋长鸣的老鹰已经不是两只,而是几十只了。

列文和维斯洛夫斯基走过一大半沼地之后,来到庄稼人的草场上。一条条分界线,有的是踩出的长条,有的是割过的行路,一直抵到那一大片苔草地。这些草场有一半已经割过了。

虽然在未割过的草地上,也像割过的草地上一样,不大可能找到什么野物,可是列文答应过和奥布朗斯基会合,列文就和自己的伙伴,踏着割过和没有割过的草地继续朝前走去。

"喂,打猎的!"有一个坐在卸了的大车旁边的庄稼人喊道,"来和我们一起吃点儿!喝点儿酒!"

列文回头看了看。

"来吧,没关系!"一个快快活活的红脸膛大胡子庄稼人,龇着一嘴白牙，举着一个浅绿色的、在阳光下闪闪发亮的酒瓶，喊道。

“他们说的是什么？”维斯洛夫斯基问道。

“叫咱们去喝酒哩。他们准是把草地分好了。我倒是想喝一杯，”列文不免心生一计，希望维斯洛夫斯基的酒瘾上来，到庄稼人那儿去。

“他们为什么请喝酒呀？”

“没什么，大家快活快活嘛。真的，您就去吧。您会感兴趣的。”

“咱们去吧，这挺有意思。”

“您去吧，去吧，您会找到去磨坊的路的！”列文大声说。他回头一看，就高兴地看到维斯洛夫斯基弯下腰，伸出一只手举着猎枪，拖着两条疲惫的腿磕磕绊绊地从沼地里往外走，朝庄稼人走去。

“你也来吧！”一个庄稼人朝列文喊道，“怕啥呀！吃点儿馅饼吧！”

列文很想喝点儿酒，吃一块面包。他已经没有劲儿了，觉得两条踉踉跄跄的腿从烂泥里拔出来非常吃力，所以他也犹豫了一会儿。可是这时猎狗站住了。他全身的疲劳顿时消失，于是他轻快地踩着烂泥朝狗走去。他脚下飞起一只山鹬，他开枪把它打死，可是狗还站着不动。“快叼来！”猎狗旁边又飞起一只山鹬。列文开了枪。可是今天就是不走运；他没有打中，而且，当他去找打死的那一只的时候，也没有找到。他找遍了整个苔草地，而且拉斯卡不相信他打中了，他叫狗去寻找，那狗装出寻找的样子，其实并没有寻找。

列文打猎不顺手,本来都怪维斯洛夫斯基的,现在没有维斯洛夫斯基了,他还是打不到。这儿山鹬也很多,可是列文一枪又一枪,都打不中。

夕阳的斜晖还是很热的;汗水湿透的衣服紧紧粘在身上;左腿的靴子里灌满了水,沉甸甸的,咕叽咕叽响着;沾满火药的脸上滚动着一颗一颗的汗珠;嘴里发苦,鼻子里全是火药和铁锈气味,耳朵里不停地响着山鹬的叫声;枪筒热得烫手,碰也不能碰;心跳得又快又急促;双手紧张得直打哆嗦,疲惫无力的两腿在草丛里和烂泥里磕磕绊绊,踉踉跄跄;但他还是走着,开着枪。最后,他又一次打了很糟糕的空枪之后,就把猎枪和帽子一齐摔到地上。

"不行,一定要定下心来!"他对自己说。他捡起猎枪和帽子,叫拉斯卡跟住他,走出沼地。他来到干地方,在一个土墩上坐下来,脱下靴子,把靴子里的水倒掉,然后又走到沼地边上,喝了一点儿带铁锈味的水,把发烫的枪筒在水里浸了浸,洗了洗脸和手。他恢复了精神之后,又朝有山鹬落下的地方走去,下定决心不再急躁了。

他很想沉住气,但仍然还是那样。不等他瞄准鸟儿,手指就扳动机枪。简直越来越糟了。

当他走出沼地,朝他约定和奥布朗斯基会合的赤杨树丛走去的时候,他的猎袋里总共只有五只鸟儿。

他还没有看到奥布朗斯基,就看到他的猎狗。克拉克从赤杨树那露出来的树根下窜出来,浑身上下黑乎乎的,一身都是臭烘烘的泥浆,却带着一副胜利者的神气,和拉斯卡互相闻了闻。在克拉克出来之后，奥布朗斯基那挺拔的身躯也出现在赤杨树荫下。他红光满面，浑身汗水淋淋，敞着衣领，依然那样瘸着一条腿，迎着列文走来。

“喂，怎么样？你们打了好多呀！”他快活地笑着说。

“你呢？”列文问道。不过那是不需要问的，因为他已经看到那装得满满的猎袋。

“还好。”

他打了十四只。

“这沼地太好了！想必是维斯洛夫斯基碍你的手脚。两个人用一条狗是很不方便。”奥布朗斯基说这话，为的是冲淡他的得意神气。

十一

当列文和奥布朗斯基来到列文经常落脚的一户农家时，维斯洛夫斯基已经在这里了。他坐在屋子中央，双手抓住长凳，让女主人的兄弟，一个当兵的，给他脱沾满泥浆的靴子，他依然像他往常那样乐呵呵地笑着。

“我刚刚来到。他们真有意思。真想不到，他们又请我吃，又请我喝。这面包呀，好得出奇！美极了！还有这酒，我还从来没喝过比这更好的呢！而且怎么也不肯收钱。还一个劲儿说：‘怠慢，怠慢。’”

“怎么能收钱呢？他们难得请到您呀。他们又不是卖酒的。”当兵的终于把湿淋淋的靴子连同发了黑的袜子脱下来之后，说道。

小屋里堆了几个猎人的沾满泥浆的靴子，再加上两条浑身泥污、不住地在身上舔着的猎狗，就显得很肮脏了。尽管这样，尽管小屋里充满了烂泥味和火药味，而且也没有刀叉，三位猎人却喝足了茶，吃饱了晚饭，吃得很香，这种滋味只有在打猎的时候才会尝到。他们梳洗好了，就来到打扫得干干净净的干草棚里，车夫已经在这里给老爷们铺好床铺。

虽然天已经黑下来，可是猎人们谁也不想睡觉。

大家漫无边际地谈了一阵枪法、猎狗和以前打猎的事以后，就转到大家都感兴趣的话题上。因为维斯洛夫斯基已经有好几次称赞这别有风味的过夜方式和干草的香味儿，称赞这辆坏马车（因为卸去了前轮，他认为这辆车是坏了的）有多么舒服，称赞请他喝酒的庄稼人的好心肠，称赞各自躺在主人脚下的猎狗，奥布朗斯基就说了说他去年夏天在马尔杜斯家打猎的趣事。马尔杜斯是有名的铁路大王。奥布朗斯基说到这个马尔杜斯在特维尔省租了什么样的沼地，保护得有多么好，打猎用的马车和狗车有多么讲究，搭在沼地边吃饭用的帐篷多么舒适。

"我真不理解你，"列文说着，在自己的干草铺上抬起身来，"你怎么不讨厌这些人呀。我明白，吃早饭喝点法国红葡萄酒是很惬意的，可是这样的排场你不觉得厌恶吗？所有这些人，就像以前咱们的烟酒专卖商，他们赚钱的手段是人人瞧不起的，他们并不在乎别人瞧不起，却要用赚来的臭钱抬高自己的身价。"

"一点儿也不错！"维斯洛夫斯基附和说，"一点儿也不错！当然，奥布朗斯基这一切出于无心，可是别人会说：奥布朗斯基常去呢……”

“根本不是这样，”列文听出来，这话奥布朗斯基是笑着说的，“我一点也不认为他比任何富商和贵族更可耻。他和他们一样，都是靠劳动和智慧发家致富的。”

“是的，不过那是什么劳动呀？难道投机倒把也算劳动吗？”

“当然是劳动。如果没有他或者像他这样的人，就不会有铁路，那就是说，这是劳动。”

“不过这劳动不是庄稼人或学者那种劳动。”

“就算这样吧，但这劳动是有意义的，那就是，他的活动创造了成果——铁路。不过，你认为铁路是无益的呀。”

“不，这是另外一个问题；我可以承认铁路是有益的。不过，得到的钱财，凡是不符合所付出的劳动的，都是不正当的。”

“那么，由谁来判断符合不符合呢？”

“凡是靠不正当的手段，巧取豪夺，得来的钱财，都是不正当的，”列文觉得他无法划清正当与不正当的界线，就这样说道，“比如银行得来的钱，”他继续说，“大量钱财不劳而获，这是罪恶，就像烟酒专卖一样，只是改变了一下方式。国王驾崩，国王继位。刚刚废除了烟酒专卖，就出现了铁路、银行，都是不劳而获嘛。”

“是的，你这些话也许是对的，是很精辟的……躺下，克拉克！”奥布朗斯基对在干草上翻来翻去搔痒的猎狗喝道。显然他深信自己的立论是有道理的，因此非常镇定，非常从容。“可是你并没有划清正当劳动与不正当劳动之间的界线。我拿的薪金就比我的科长多，虽然他比我更熟悉业务，——这是不是不正当的呢?”

“我不知道。”

“好吧,那我就来告诉你:你从事农业劳动,比如说,能得到五千多卢布,可是招待咱们的这个庄稼人,不论他怎样拼命干活儿,收入绝不会超过五十卢布,那这也是不正当的了,就和我的收入超过科长,马尔杜斯的收入超过铁路工人一样嘛。正相反,我倒是看出社会上对这些人有一种毫无道理的敌视态度,我觉得,这是眼红……”

“不,这话不对,”维斯洛夫斯基说,“不会是眼红,而是这种事有一些不干净之处。”

“不,你听我说,”列文继续说,“你说,我得到五千,庄稼人得到五十,很不合理——这话很对。这种不合理我也感觉到了,不过……”

“就是这话嘛。为什么我们吃吃喝喝,打打野物,什么事也不干,庄稼人却天天都要干活儿呢?”维斯洛夫斯基显然平生第一次真正想到这个问题,因此十分诚恳地说。

“是啊,你感觉到了,可是你却不肯把自己的产业让给他。”奥布朗斯基仿佛有意刺激列文说。

近来在两位连襟之间似乎产生了暗暗敌对的情绪;似乎自从他们娶了两姐妹之后,他们之间就展开竞争,看谁把自己的生活安排得更好,现在这种敌对情绪就在开始带有个人意气的谈话中流露出来。

“我没有让,因为没有任何人要求我让。就是我想让,也不能让,”列文回答说,“而且也无人可让。”

“你就让给这个庄稼人吧，他不会不要。”

“好的，不过我怎样让给他呢？我和他去办买契吗？”

“我不知道，但是如果你认为你没有权利……”

“我根本不认为这样。恰恰相反，我倒是觉得我没有权利让出去，我对土地对家庭都负有责任。”

“不，对不起，如果你认为这种不平等是不应该的，那你究竟为什么不采取这样的行动……”

“我是在采取行动，不过是消极的行动，就是说，我不再努力扩大我和他们之间的差别。”

“不，对不起，这真是奇谈怪论。”

“是的，这解释是有一些诡辩的味道，”维斯洛夫斯基附和说，“哦！房东，”他对推开门走进棚子里来的庄稼人说。“怎么，你还没睡吗？”

“没睡，哪里睡得着呀！我以为老爷们睡了呢，可是一听，在说话哩。我来拿一把镰刀。这狗不咬人吧？”他又问了一句，就光着脚小心翼翼走进来。

“那你睡在哪儿呀？”

“我们夜里要去放牲口。”

“啊，夜晚多美呀！”维斯洛夫斯基从打开的棚门里望着朦胧的晚霞余晖中隐约可辨的农舍的一角和卸了马的马车，说，“你们听，这是女人唱歌的声音，说真的，唱得不坏。这是谁在唱歌呀，房东？”

“这是丫头们在唱，就在这附近。”

“咱们就去玩玩儿吧！反正也睡不着。奥布朗斯基，走吧！”

“最好是又躺着又能出去玩儿，”奥布朗斯基伸着懒腰回答说，“躺着真美呀。”

“好吧，我就一个人去，”维斯洛夫斯基一骨碌爬起来，一面穿靴子，一面说，“再见，两位。如果有意思，我再来叫你们。你们请我打野味，我也不会忘记你们。”

“小伙子挺好，不是吗？”等维斯洛夫斯基走了，房东随后把门插上，奥布朗斯基说。

“是的，挺好。”列文一面回答，一面继续思索着刚才谈的问题。他觉得他已经尽他的可能把自己的想法和心情清清楚楚地说出来，可是他们两个，这两个并不愚蠢而且也很诚恳的人，却异口同声地说他诡辩。这使他心里不安。

“就是这么一回事儿，我的朋友。二者必居其一：要么承认现有的社会制度是合理的，那就可以保留自己的权利；要么承认你是在享受不合理的特权，就像我这样，并且要快快活活地享受。”

“不，如果这是不合理的，那就不能快快活活地享受这些福利，至少我不能。在我来说，最要紧的是，要问心无愧。”

“怎么，真的是不是出去走走？”奥布朗斯基显然厌倦了动脑筋，就说道，“反正睡不着嘛。真的，咱们去吧！”

列文没有回答。他们在谈话中说他的行动只是在消极意义上是合理的，他一直在想着这话。“难道只有消极才能做到合理吗？”他在心中问道。

“可是这新鲜干草有多香呀？”奥布朗斯基说着，慢慢爬起来，“怎么也睡不着。维斯洛夫斯基在那里不知搞什么玩意儿。听见他的笑声和说话声吗？咱们是不是也去？去吧！”

“不，我不去。”列文回答说。

“难道这也是按准则办事吗？”奥布朗斯基笑着说，一面在黑暗中摸索自己的帽子。

“不是什么准则不准则，可是我去干什么呀？”

“你要知道，你是自讨苦吃。”奥布朗斯基找到帽子，站起来说。

“为什么？”

“你和你妻子怎样相处，我还看不出来吗？我听见你们像商讨头等大事一样，商量你是不是去打两天猎。这作为家庭趣事，当然不坏，不过一辈子这样可不行。男子汉应当独立不羁，男子汉有男子汉的兴趣。男子汉应当有男子汉气味儿，”奥布朗斯基说着，开了棚子门。

“这是什么意思？去和丫头们调情吗？”列文问道。

“要是开心的话，为什么不去呢？这没有什么大不了的。这对我的妻子丝毫无损，而我可以开开心。主要的是，在家里要维持神圣的体面。在家里不能有这一类事儿。这不是要你捆住自己的手脚。”

“也许是吧，”列文冷冷地说，并且朝旁边翻了个身，“明天一早就得走了，我谁也不惊动，天一放亮就走。”

“两位，快来呀！”这是维斯洛夫斯基的声音，他转回来了。“真迷人呀！这是我的大发现。真迷人，是个十足的甘泪卿[①]式的女子，我和她已经有了交情。真的，美得不得了！”他是用洋洋得意的称赞口气说的，就好像她是为他生就的这样美，他也很满意

①甘泪卿，德国作家歌德名著《浮士德》中的女主人公。

为他造就了这样的美人的造物主。

列文装作睡着了,奥布朗斯基就穿上鞋子,点起一支雪茄,走出棚子,一会儿就听不见他们的声音了。

列文很久没有睡着。他听见他的马在嚼干草,后来又听见房东和大儿子要去放牲口,准备了一阵子之后,就走了;后来又听到那当兵的和他的外甥——房东小儿子在棚子另一头铺床睡觉;又听见那孩子用尖细的嗓门儿对舅舅说他对两条猎狗的观感,他觉得那狗又大又凶;后来那孩子又问起猎狗要去捕捉什么,那当兵的用沙哑的、带睡意的声音告诉他,明天猎人们要到沼地里去,用猎枪打野物,后来为了不让孩子老是缠着问这问那,就说:“睡吧,瓦西卡,睡吧,不睡我捶你。”他说着,一会儿就打起呼噜,一切都安静下来;只听见马嘶声和山鹬鸣声。“难道只能是消极的吗?”他又在心里问道,“那又怎样呢?这不是我的过错。”于是他考虑起明天的事。

“明天我一早就出去,一定不能急躁。山鹬多得很,也有松鸡。等我回来,就能看到吉娣的信了。是的,也许司基瓦说得对:我在她面前缺乏男子汉气概,是有点儿婆婆妈妈的……可是有什么办法呢!又是消极的!”

他在睡意蒙眬中听见奥布朗斯基和维斯洛夫斯基的笑声和快快活活的说话声。他睁了一下眼睛:月亮已经升起来,他们正站在洒满皎洁月光的棚子门口说话。奥布朗斯基说的是那姑娘的娇艳鲜嫩,把她比作刚剥出来的花生米,维斯洛夫斯基像往常一样乐呵呵地笑着,重复着大概是一个庄稼人对他说的话:“你还是尽快给自己讨个老婆吧!”列文睡意蒙眬地说:“两位,明天不等天亮就出发!”他说过,就睡着了。

十二

天麻麻亮，列文就醒来，试着唤了唤两个同伴。维斯洛夫斯基趴着睡，伸出一只穿袜子的脚，睡得沉沉的，连哼也不哼一声。奥布朗斯基迷迷糊糊地说，太早了。就连身子盘成一个圈儿睡在干草边儿上的拉斯卡，也很不情愿爬起来，懒洋洋地交替伸展着两条后腿。列文穿好靴子，拿起猎枪，小心翼翼地开了吱嘎直响的棚子门，来到街上。车夫们睡在马车旁边，几匹马还在打瞌睡。只有一匹马懒洋洋地吃着燕麦，用鼻子在槽里到处拱着。天色还灰蒙蒙的。

"你怎么起得这样早呀，年轻人？"房东老大娘从屋里出来，像对待很要好的老朋友一样很亲热地问他。

"要去打野物呀，大娘。打这儿能到沼地上去吗？"

"从房后一直走，经过我们家打谷场，再穿过大麻地；那儿有一条小路。"

老大娘用她那晒得黑黑的光脚板小心翼翼地走着，领着他走了一截路，给他开了打谷场的栅栏门。

"就这样一直走，就走到沼地了。我家的人晚上都到那儿放牲口去了。"

拉斯卡快快活活地在小路上跑着，在前面带路；列文迈着轻快的步子跟在狗后面，一面不住地观察着天色。他希望在太阳升起之前到达沼地。可是太阳却不怠慢。月亮在他出门的时候还很明亮，这时只是白白的，像一洼水银了；启明星原来明亮耀眼的,这时已经隐隐约约的了;原来在远处田野上一些模模糊糊的黑点,这时已经看得清清楚楚的了。那是一垛垛黑麦。已经剔除了雄株的大麻地里的还没有见到阳光的露珠儿沾得列文的两腿和衣服湿漉漉的,一直湿到腰部以上。在静悄悄的清晨,连最细微的声音都能听得见。一只小蜜蜂带着子弹般的啸声从列文耳边飞过去。他凝神看了看,又看见第二只,第三只。所有的蜜蜂都是从养蜂场的篱笆里面飞出来的,朝沼地方向飞去,飞到大麻地上空就不见了。小路直通沼地。沼地可以从沼地上弥漫着的那有浓有淡的雾气分辨出来,那一片片的苔草和柳丛就像一个个小岛,在雾海中摇摇晃晃。夜里放牲口的庄稼人和孩子们躺在沼地边和路边,在天亮之前都盖着褂子睡着了。在离他们不远的地方,有三匹绊住腿的马在来来回回走着。其中有一匹还带了叮当直响的铁链。拉斯卡走在主人旁边,东张西望,老是想往前面跑。列文从睡着的庄稼人身边走过去之后,一来到沼地上,就检查了一下引火帽,把狗放开了。一匹很肥壮的三岁口的栗色马,一看见猎狗,吓得往旁边一跳,扬起尾巴,打了两声响鼻。其余的马也吓了一跳,用绊住的马腿啪嗒啪嗒地踩着泥水从沼地里往外跳,那马蹄从黏糊糊的烂泥里往外拔发出噗唧噗唧的响声。拉斯卡站下来,带着嘲笑的神气望了望几匹马,又带着询问的神气望了望列文。列文抚摩了几下拉斯卡,吹了声口哨,表示可以开始了。

拉斯卡带着又快活又操心的神气在颤颤晃晃的泥沼地上跑起来。

拉斯卡一跑进沼地,立刻就在它熟悉的树根、水草、铁锈气味和不熟悉的马粪气味中闻出弥漫在这一带的鸟腥气，这是它最喜欢闻的气味儿。在一片苔草和酸模草中间，这种气味十分强烈，但无法判断，哪一边浓些，哪一边淡些。要确定方向，必须顺着风再走远些。拉斯卡四腿不着地地飞跑着，然而又聚精会神，如有必要，随时能停下来。它向右一转，撇开从东方吹来的黎明前的微风，迎着风跑去。它张大鼻孔吸了一口气，立刻就闻出来，这不光是气味儿，而是鸟儿本身就在这儿，就在它面前，而且不是一只，有好多只。拉斯卡放慢了步子。鸟儿就在这地方，但究竟在哪儿，它还不能断定，为了找准地方，拉斯卡开始兜圈子，这时主人的声音吸引了它的注意力。“拉斯卡！这儿！”列文给它指着另一个方向说。它站下来，仿佛在问，是不是还要按它原来的打算行事。可是主人又用很生气的声音重复了一遍他的命令，并且指了指一片淹在水里的、什么也不会有的草丛。拉斯卡只好听他的，为了讨他喜欢，装出寻找的样子，在草丛里转悠了一圈，又回到原来的地方，立刻又闻出有鸟儿在这里。现在，主人不再管它，它知道该怎么办了，它也不看自己的脚下，虽然在高高的草丛里磕磕绊绊，不时掉进水里，有些懊恼，但它倒动着灵活而矫健的四腿兜起圈子，一兜圈子，什么都会弄清楚的。它感到鸟腥气越来越浓烈，越来越明显了，忽然它完全明白了，其中有一只就在这草丛后面，离它只有五步远近，于是它站下来，整个身子动也不动了。它的腿很短，前面什么也看不见，但是凭气味能闻出来，那鸟儿就在不出五步远处。它站着，越来越明显地感觉到那鸟儿就在面前，喜滋滋地等待着。那绷得紧紧的尾巴直挺挺的，只有尾巴尖儿微微颤动着。嘴微微张着，两只耳朵竖得高高的。它还在奔跑的时候，一只耳朵就向后转了转，它沉重而小心谨慎地喘着气，而且更小心地回头看了看主人，与其说回头，不如说是回眼睛。主人带着它看惯了的脸色和它总是感到可怕的眼神，在草丛中磕磕绊绊地走着，它觉得慢得异乎寻常。它觉得他走得很慢，可是他是在跑呢。

列文发现拉斯卡将整个身子贴在地上，像划水似的倒换着后腿大步前进，并且微微张着嘴，就明白这是特殊的搜捕姿势，说明它接近了山鹬。列文一心希望得手，尤其寄希望于第一只鸟，就在心里祷告了一下，接着就朝拉斯卡跑去。他径直来到猎狗跟前，就凭自己的高度观察起来，于是他的眼睛看到了狗鼻子闻到的东西。在两片草丛之间的空隙里有一只山鹬。那鸟儿侧歪着头，倾听着。然后，微微张了一下翅膀，又收拢起来，很不灵活地摆动了一下尾巴，就躲到草丛那一边去。

“快，快。”列文捅了捅拉斯卡的屁股，叫道。

“可是我不能去呀，”拉斯卡想道，“我怎么能去呢？我在这儿能闻得到，可是再往前去，我就一点不知道它们在哪儿，不知道它们是些什么东西了。”可是主人又用膝盖捅了捅它，用着急的声音小声说：“快，拉斯卡，快！”

“好吧，既然他叫我去，那我就去吧，但成不成可不能怪我。”拉斯卡在心里说过这话，就使足劲儿朝草丛里冲去。现在它什么也闻不到了，只是看着和听着，却什么也不明白。

在离原来的地方十步远处，有一只山鹬带着山鹬那种特有的清脆的鼓翼声和粗壮的鸣叫声飞了起来。枪声一响，那雪白的胸脯就吧嗒一声落进湿漉漉的烂泥里。另外一只不等猎狗惊动，就在列文身后飞起来。

等列文转过身来，这只山鹬已经飞远了。但是一枪也打中了。这第二只山鹬飞出二十步之后，猛地朝上一冲，就像一个抛出的皮球一样，翻滚着往下落，沉甸甸地落在一块干地方。

“这才有意思！”列文一面把热乎乎、肥嘟嘟的山鹬往猎袋里装，一面在心里说。“怎么样，我的好拉斯卡，有意思吗？”

等列文装好弹药，又往前走的时候，太阳虽然被云彩遮住，但已经升上来了。月亮已经失去光辉，在天空泛着白色，宛若小小的一朵白云；连一颗星星也看不见了。原来到处闪烁着银色露珠儿的沼泽地，这时已经一片金黄色了。铁锈色的水面泛出一片琥珀色。青翠的野草变成黄绿色。还带着露珠儿的小河边的树丛，投下长长的阴影，沼地的小鸟儿已经在树丛里闹腾起来。一只老鹰醒来，落到草垛上，把头扭来扭去，很不满意地打量着沼地。一群寒鸦朝田野里飞去，一个光脚板的男孩子赶着几匹马朝一个老头儿走去，那老头儿已经揭去盖的衣服坐起来，正在搔痒。猎枪放出的硝烟在碧绿的草丛上飘飘荡荡，像白色的牛奶。

有一个孩子朝列文跑来。

“昨天这儿还有野鸭子呢！”那孩子朝他叫道。然后就远远地跟着他往前走。

列文又当着这孩子的面接连打下三只山鹬，这孩子连声称赞，列文倍加地高兴。

十三

猎人有一种说法:如果第一只飞禽或者走兽能打中,那这一天都是走运的。这话果然不错。

列文走了三十俄里之后,就背着十九只血淋淋的野物,腰里还挂着一只野鸭,因为猎袋里塞不下了,于早晨九点钟又疲倦,又饥饿,又快乐地回到住处。两个伙伴早已醒来,而且也饿了,吃过早饭了。

“别急,别急,我记得是十九只。”列文说着,又数了一遍已经没有飞翔时那股神气,蜷缩了,瘪了,带着一片片干血,脑袋歪到一边的山鹬和松鸡。

数目没有错。列文看到奥布朗斯基那股眼红的神气,心里十分高兴。还有一件高兴的事就是,他一回到住处,就看见吉娣派的送信人已经来到。

> 我十分健康,十分愉快。如果你为我担心的话,现在你可以比以前更放心了。我有了新的护身,就是玛丽雅·符拉西耶芙娜(这是一个接生婆,是列文的家庭生活中一个新的重要人物)。她来看望我。她认为我十分健康。我们就把她留下了,一直等你回来再走。大家都很愉快,很健康,就请你不要着急吧,而且,如果打猎顺手的话,还可以再待一天。

这两件喜事，打猎得手和妻子来信，使列文太高兴了，所以后来发生两件小小不愉快的事，他就觉得不算什么了。一件是，那匹拉套的枣红马昨天显然累坏了，不吃草料，无精打采。车夫说，这马是劳累过度了。

“昨天把马赶累了，康斯坦丁·德米特里奇，”车夫说，“可不是，一口气赶了十几俄里！”

另一件不愉快的事，起初使他懊丧，随后觉得非常好笑的，就是，吉娣给他们准备的那么多食物，原以为一个星期吃不完的，却吃得一点也不剩了。列文打猎回来，又累又饿，满以为一回来就能吃到馅饼，还没有到门口，就似乎闻到馅饼气味，并且觉得嘴里也有了馅饼滋味儿，就像拉斯卡闻到了野物气味，所以一进门就吩咐菲利浦给他拿馅饼来。结果，不仅馅饼没有了，连小鸡也吃光了。

“真是好胃口！”奥布朗斯基指着维斯洛夫斯基，乐呵呵地说，“我的胃口一向不坏，可是他的胃口才真正了不起……”

“唉，有什么办法呢！”列文阴沉地看着维斯洛夫斯基说，“菲利浦，那就弄点儿牛肉来吃吧。”

“牛肉吃完了，骨头我也喂狗了。”菲利浦回答说。

列文十分不快，很懊恼地说：

“哪怕多少给我留一点儿也好呀！”他差一点儿要哭出来。

“那你给我弄点儿野味，加点儿荨麻，”列文竭力不看维斯洛夫斯基，用打哆嗦的声音对菲利浦说，“再去给我要点儿牛奶。”

过了一阵子，等他喝饱了牛奶，就因为自己对外人流露出懊恼心情，感到不好意思起来，就嘲笑起自己一副恶狠狠的饿相。

傍晚，他们又出去打了一次猎，维斯洛夫斯基也打到几只野物。到夜里他们就回家了。

归途中他们也像来时那样快活。维斯洛夫斯基一会儿唱歌；一会儿回味他在庄稼人家里的奇遇，庄稼人又请他喝酒，又对他说“怠慢，怠慢”；一会儿回味他和嫩花生般的使女的艳遇。还有那个庄稼人问他有没有娶亲，听说他还没有娶亲，就对他说：“不要眼馋别人的老婆，拼死拼活也要为自己讨一个。”维斯洛夫斯基觉得这话特别好笑。

“总的来说，我对这次出游太满意了。您呢，列文？”

“我很满意。”列文真心实意地说。他特别感到高兴的是，他不仅不像在家里那样对维斯洛夫斯基怀有反感，而且觉得他亲切可爱了。

十四

第二天上午十点钟，列文在庄子上巡视过一遍之后，就去敲维斯洛夫斯基住宿的房间的门。

“请进，”维斯洛夫斯基对他叫道。“对不起，我刚刚淋过浴，”他只穿着内衣站在他面前，笑嘻嘻地说。

“不用客气。”列文在窗前坐下来，“您睡得好吗？”

“睡得才香呢。今天这天气打猎多么好呀。”

“您喝什么，茶还是咖啡？”

“什么都不喝。我要吃早饭。我实在不好意思。我想，太太们已经起身了吧？现在出去走走也好。您让我看看您的马吧。”

列文带着客人在花园里走了走，又到马棚里去看了看，甚至还一起练了练双杠，然后才回家，一起走进客厅。

"打猎打得真漂亮，有趣的事儿有多少呀！"维斯洛夫斯基说着，朝正在烧茶炊的吉娣走去，"女士们就享受不到这种乐趣，多么可惜呀！"

"哼，真没办法，他又找由头和女主人搭话了。"列文在心里说。他又觉得这位客人在和吉娣说话时那种微笑，那种得意扬扬的神气，有点儿不对头……

老夫人同玛丽雅·符拉西耶芙娜和奥布朗斯基坐在桌子的另一边。她把列文叫过去，和他谈起吉娣去莫斯科生产和准备住房的事。正如在结婚时那样，列文觉得任何备办婚礼的事都是不愉快的，因为那都太庸俗低下，有损婚礼的庄严伟大，现在他也觉得，为即将来临的分娩做的种种准备都是有损其意义的。他总是尽量不去听她们商量怎样给未来的小孩做襁褓，尽量不去看陶丽特别看重的那些神秘的、编织起来没完没了的绦带和一些三角形麻布，以及诸如此类的玩意儿。对于生儿子这件事（他认定是儿子），大家一再对他说起，但他还是不敢相信能生出来，因为这事太不寻常了，所以，一方面他觉得这是莫大的幸福，因而也是难以得到的幸福，另一方面他觉得这是极其神秘的事，认为像她们这样自以为知道未来，因而像对待一件平常的、人为的事一样做起准备，这是使人气愤的，是侮辱性的。

老夫人却不理解他的心情，认为他对这事不闻不问是轻率和不关心，所以她不能由他这样。她派定奥布朗斯基去看住房，现在又把列文叫到跟前。

“我什么也不知道，老夫人。您想怎么办就怎么办好啦。”他说。

“你们什么时候去莫斯科，应该定下来。”

“我实在不知道。我只知道，成千上万的孩子不是在莫斯科，也不是靠医生生的……那又何必……”

“那万一有什么……”

“哦，不，那就看吉娣怎么想吧。”

“这事不能和吉娣谈呀！你想怎样，要我把她吓死吗？比如，今年春天，娜塔丽·戈里岑娜就死在一个很坏的接生婆手里。”

“您怎么说，我就怎么办。”他阴沉地说。

于是老夫人对他说起来，可是他没有听她的。虽然老夫人对他说的话使他感到不快，他脸色阴沉却不是由于这番话，而是因为他看到茶炊旁的情景。

“不行，这不能容忍。”他偶尔看看弯身对着吉娣、笑容可掬地对她说话的维斯洛夫斯基，看看满脸绯红、情绪激动的吉娣，在心里说。

维斯洛夫斯基的姿态、他的眼神、他的微笑都有一种不对头的意味。列文甚至看出吉娣的姿态和眼神也有点不对头。他眼里的光芒顿时又熄灭了。他又像昨天那样，觉得自己一下子从幸福、平安和尊严的顶峰掉进绝望、懊丧和屈辱的深渊。他又觉得一切人和一切事情都是可厌的了。

“老夫人，您想怎样，就怎样办吧。”他说过，又回头看了看。

“王冠是沉重的！”[①]奥布朗斯基和他开玩笑说，显然不仅影射

①引自普希金的歌剧《鲍利斯·戈东诺夫》。

他和老夫人的谈话，而且也影射他已经发现的列文激动的原因，“你今天怎么这样晚呀，陶丽！”

大家都站起来迎接陶丽。维斯洛夫斯基只是站起来一下，并且像现代青年对待妇女不拘礼貌那样，微微弯了弯腰，便又说下去，因为什么事笑起来。

“玛莎把我折腾得够受。她没有睡好，今天脾气特别坏。”陶丽说。

维斯洛夫斯基和吉娣又谈起昨天的话题，谈起安娜，谈起爱情能不能超脱社会环境。吉娣不高兴谈这些事，因为谈这些事以及他所用的语调都使她不安，尤其因为她已经知道这会使丈夫有什么样的感觉。但是她太单纯、太天真了，没办法制止这样的谈话，甚至也无法掩饰这个青年人明显的献媚使她流露出来的喜悦神气。她想制止这场谈话，但她不知道该怎么办。不论她怎样，她知道丈夫都会察觉，都会往坏处想。果然，当吉娣问陶丽玛莎怎么啦，维斯洛夫斯基急切地等着她们这种乏味的谈话快点结束，冷冷地望着陶丽的时候，列文就认为她问这话是不自然的、令人作呕的花招了。

“今天咱们去采蘑菇，怎么样？”陶丽说。

“去吧，我也去。”吉娣说，并且脸红了红。她出于礼貌想问问维斯洛夫斯基去不去，可是没有问。“你到哪儿去，柯斯加？”就在列文迈着坚定的步子从她身边走过时，她带着负疚的神气问他。她这种负疚的神气证明他的种种猜疑是有道理的。

“我不在家的时候来了一个机器匠，我还没有见到他呢。”他也不看她，说道。

他下了楼,但还没有走出书房,就听见急急忙忙向他走来的妻子的熟悉的脚步声。

“你有什么事?”他冷冷地对她说,“我们有事呢。”

“对不起,”她对德国机器匠说,“我要和丈夫说几句话。”

德国人想走开,可是列文对他说:

“请坐着吧。”

“是三点钟的火车吗?”德国人问道,“可别误了车。”

列文没有回答他,就和妻子走了出来。

“嗯,您有什么话要和我说?”他用法语说。

他没有看她的脸,也不愿看到她那怀着孕,整个脸抽搐着,窘得不知所措的可怜模样。

“我……我想说,这样没法活,这简直是受罪……”她说。

“饭厅里有人,”列文气嘟嘟地说,“不要叫别人看笑话。”

“好吧,咱们上这儿来!”

他们站在过道里。吉娣想到旁边一个房间里去。可是英国女教师在里面给丹尼娅上课。

“好吧,咱们上花园里去!”

在花园里他们碰到一个打扫小路的汉子。他们再也不管那汉子会看到她那泪汪汪的脸和他那激动的样子,也不管他们那神气活像两个逃难的人,只管快步往前走,觉得需要说说心里话,说服对方,让对方不要再这样,并且需要两个人单独待一会儿,也好摆脱一下两个人都感受到的痛苦。

“这样没法活!这是受罪!我痛苦,你也痛苦。为什么呀?”等他们终于来到椴树林荫道僻静角落里一条长凳边,吉娣说道。

“不过有一点你要对我说说:他的举动是不是有点儿不对头,不像话,下流得不得了?”列文像那天夜里那样,两个拳头按着胸口站在她面前,说道。

“是的。”她用打哆嗦的声音说。“不过,柯斯加,难道你没有看出来,这不怪我吗? 我从早晨起就想制止这种举动,可是这些人呀……他为什么要来呀? 我们本来多么幸福呀!”她哭得整个发胖的身子直打哆嗦,哭得上气不接下气地说。

扫园子的汉子惊讶地看到,虽然没有什么追赶他们,也不是逃避什么,他们在长凳上也不会得到什么了不起的乐趣,但是当他们经过他身边回家去的时候,脸色是安详的,喜洋洋的。

十五

列文把妻子送上楼以后,就朝陶丽房里走去。陶丽这一天也非常苦恼。她在房里来来回回走着,气嘟嘟地对站在角落里大哭的小女孩说:

“你要站一天墙角,让你一个人吃饭,不给你玩洋娃娃,不给你做新衣服,”陶丽简直不知道怎样处罚她好了。

“唉,这丫头坏透了!”她对列文说,“她这些坏毛病是从哪儿来的呀?”

“她究竟做了什么事呀?”列文相当冷淡地说。他本来是想和她商量商量自己的事的,所以,看到来得不是时候,心中有些不快。

“她和格里沙到草莓地里去,在那儿……她做的事我都说不出口。艾里奥小姐一千个不应该。她什么也不管,像一架机器……您想想吧,这是个女孩子呀……"

于是陶丽说了说玛莎的罪状。

"这算不了什么,这不是什么坏毛病,这不过是淘气。"列文安慰她说。

"那你有什么不顺心的事吗?你来做什么呀?"陶丽问道,"那边有什么事呀?"

列文从她问话的语气听出来,他不难把他想说的话说出来了。

"我刚才不在那边,我和吉娣到花园里去了。自从……司基瓦来了以后,我们这是第二次吵嘴了。"

陶丽用一双会意的聪明的眼睛望着他。

"那你凭良心说说,不是吉娣,而是那位先生的举动中,有没有使做丈夫的不愉快,不是不愉快,而是感到可怕和受侮辱之处?"

"这事怎么说好呢……站好,站在角落里!"这时玛莎看到母亲脸上有一丝笑意,正要转过身来,陶丽就对她喝道。"在交际界来说,他的举动像所有的年轻人一样。他向年轻美貌的女子献殷勤,一个经常出入交际界的丈夫只会引以为荣。"

"是的,是的,"列文阴沉地说,"可是,你发觉了吗?"

"不光是我,连司基瓦也发觉了。喝过茶以后,他就直截了当地对我说:我看,维斯洛夫斯基有点儿缠上吉娣呢。"

"那好极了,现在我心安理得了。我可以撵他走了。"列文说。

“你怎么，疯了吗？”陶丽害怕得叫起来，“你怎么啦，柯斯加，冷静点儿吧！”她笑着说。“好啦，现在你可以到芳尼那儿去了，”她对玛莎说，“不行，如果你要这样的话，那我就对司基瓦说说。他可以把他带走。可以对他说，你还有一些客人要来。总之，他在我们这儿很不方便。”

“不，不，我自己去。”

“那你不是要吵架吗？”

“绝对不会。我会是很快活的，”列文确实喜笑颜开地说，“好啦，陶丽，饶了她吧！她下次不会了。”他说的是那个小罪犯玛莎，她没有到芳尼那里去，而是犹豫不决地站在母亲面前，愁眉苦脸地等待着，在看母亲的眼色。

母亲看了她一眼。小女孩哇地一声大哭起来，把脸埋在母亲的两膝中间，陶丽把她那温柔的纤手放在她的头上。

“他和我们有什么共同之处呢？”列文想道。于是他就去找维斯洛夫斯基。

他在穿过前厅的时候，就吩咐套轿车，要上火车站。

“昨天轿车上的弹簧断了。”仆人回答说。

“那就套轻便马车吧，不过要快点儿。客人在哪儿？”

“他到自己房里去了。”

列文找到维斯洛夫斯基的时候，维斯洛夫斯基刚收拾好自己皮箱里的东西，放好新情歌的歌谱，这时正在打绑腿，准备去骑马。

不知是列文的脸色有点儿异样，还是维斯洛夫斯基自己已经感觉出他干的这种小小的风情事儿在这个家庭里是不相宜的，反正他一见列文进来，就有点儿（一个交际场上的人只能这样了）不好意思了。

“您打绑腿去骑马吗？”

“是的，这样要干净多了。”维斯洛夫斯基说着，把一条肉嘟嘟的腿放在椅子上，扣着最下面的扣子，快活而和善地笑着。

他无疑是一个善良的小伙子，列文一发现他的目光中有羞怯的神色，就怜惜起他来，并且因为自己是主人，感到不好意思起来。

桌上放着半截手杖，那是今天早晨他们一起做体操时，试图抬高倾斜的双杠而折断的。列文拿起这半截手杖，把断头上劈裂的碎片一片一片地往下扯，不知道怎样开口。

“我想……”他说不下去了，可是他顿时想起吉娣以及种种情景，于是就毅然决然地看着维斯洛夫斯基的眼睛，说：“我已经叫人给您套车了。”

“这是什么意思？”维斯洛夫斯基惊讶地说，“上哪儿去呀？”

“送您上火车站去。”列文一面扯着劈裂的碎片，一面阴沉地说。

“您要出门，还是出了什么事？”

“是我还有一些客人要来，”列文一面说，一面用有力的手指头越来越快地扯着手杖上劈裂的碎片，“也不是有客人，也没有出什么事儿，不过我请您走吧。我这样不客气，您想怎样解释就怎样解释吧。”

维斯洛夫斯基挺直身子。

“我请**您**给我解释解释……”他终于明白了，就郑重地说。

“我不能给您解释，”列文尽量掩饰下巴的颤动，又轻又慢地说，“您最好也别问。”

因为断头上的碎片已经被扯光了，列文就抓住老粗的两头，把半截手杖折断，并且使劲握住断下的一头。

也许是这两手用劲的样子，今天早晨做体操时维斯洛夫斯基摸过的列文这一身肌肉，这炯炯有神的一双眼睛，轻轻的声音和颤动的下巴，胜过千言万语，使他服了。他耸了耸肩膀，轻蔑地笑了笑，鞠了个躬。

“我能不能见见奥布朗斯基？”

列文看到他耸肩和冷笑，也没有生气。他心想：“他还要干什么呢？”

“我这就去叫他到您这儿来。”

“这简直是胡闹！”奥布朗斯基听朋友说他被撵走，就到花园里找到正在散步等待客人离开的列文，这样对他说，“这真可笑！你这是叫什么苍蝇叮了？这真是可笑到极点！你为什么要大惊小怪呀，一个青年人嘛……”

但是列文被苍蝇叮的地方显然还很疼，因为，在奥布朗斯基想说说道理的时候，他的脸色又白了，而且急忙打断奥布朗斯基的话，说：

“请你不要讲什么道理吧！我不能不这样！我对你和对他都感到很不好意思。不过我想，他离开这里不会有多么难过，可是有他在这里，我和我妻子都很不愉快。”

“可是这对他是污辱呀！再说，这也太可笑了。”

“然而这对我又是污辱，又是痛苦呀！而且我没有任何过错，我没有必要忍受痛苦呀!”

“唉,我真没想到你会这样!嫉妒是可以的,但嫉妒到这种程度,那就可笑极了!”

列文迅速地转过身去,离开他朝林荫道深处走去,又在那里前前后后踱了起来。不多一会儿,他就听见马车的辘辘声,透过树丛看到维斯洛夫斯基戴着他那顶苏格兰帽坐在干草上(糟糕的是,马车上没有坐垫),顺着林荫道一颠一簸地过去了。

有一名仆人从家里跑出来,把马车喊住。列文心想:“这又是怎么一回事儿?”原来是那个德国机器匠,列文已经完全把他忘了。那个德国人一面鞠躬,一面对维斯洛夫斯基说着什么话;然后他上了马车,他们就一起走了。

奥布朗斯基和老夫人对列文的做法都感到气愤。列文也觉得自己不仅可笑到极点,而且完全错了,无颜见人;但是,他想起他和妻子当时痛苦的情形,就问自己,下次遇到这样的事他该怎么办,自己却回答说,还是要这样。

尽管这样,到了这天晚上,除了老夫人不能饶恕列文的做法以外,大家都像平常一样快快活活,热热闹闹了,就像孩子们受过了处分,大人结束了令人难受的官场应酬一样,所以到了晚上,老夫人一走,谈起撵走维斯洛夫斯基的事,就像谈陈年往事一样了。继承了父亲说笑话才能的陶丽,说她刚刚扎上新的蝴蝶结去看客人,已经走进客厅里,却听到马车的辘辘声。马车上是什么人啊?原来是维斯洛夫斯基,头戴苏格兰帽,手拿情歌歌谱,腿上打着绑腿,坐在干草上呢。她说了一遍又一遍,每一遍都加点儿新的笑料,使瓦伦加笑得肚子都疼了。

“你至少也应该叫人套一辆轿车呀！不是轿车，过了一会儿，我听见：‘站住！’，哦，我心想，这是发善心了。我一看，是让那个胖德国佬也坐上他的车，让他们一起走……我扎蝴蝶结就白扎了！……”

十六

陶丽实现了自己的心愿，动身去看望安娜。她感到遗憾的是，这使妹妹伤心，也使妹夫不快。她明白，列文夫妇不愿意和伏伦斯基有任何交往是有道理的；但是她认为自己必须去看看安娜，以表示尽管她的境况变了，她对她的感情依然如故。

陶丽这次外出不想麻烦列文夫妇，她就派人到乡下去租马。但列文一知道此事，就来责备她。

“为什么你就认定你去我会不高兴呢？如果这事使我不高兴的话，那你不用我的马，我就更不高兴了，”他说，“你从来没有对我说过你一定要去。到乡下去租马，首先使我不高兴，而主要的是，他们会租给你，但不会把你送到地方。我有的是马。你如果不想让我心里难受的话，那你就用我的马。”

陶丽只好同意。到了选定的日子，列文为陶丽准备好四匹马，还有替换的马，是从耕马和骑的马中挑选出来的，外表不太好看，但能够一天就把陶丽送到。现在，要送老夫人走，还要接送接生婆，都需要马匹，这在列文是有难处的，但作为一个殷勤待客的主人，他不能让陶丽从他家里到外面租马，此外，他也知道，租马外出一趟要二十卢布，这在陶丽也是一大笔开支；陶丽手头很拮据，列文夫妇也是感同身受的。

陶丽听从列文的主意，天没亮就动身了。道路平坦，马车很安稳，马也跑得很轻快，驭座上除了车夫，还坐着账房，是列文派他代替仆人来护送的。陶丽打起盹儿，直到来到客店要换马时才醒。

陶丽在列文那次去斯维亚日斯基家时歇脚的那户富裕农家喝足了茶，又和娘儿们谈了谈孩子，和老汉谈了谈他一再称赞的伏伦斯基伯爵，到十点钟又继续赶路。在家里，她一心忙着照料孩子们，从来没有时间思索。可是现在，在这四个小时的旅途中，从前压制住的种种想法一下子都涌上她的心头，于是她从各方面回顾了她的一生，这是以前从来不曾有过的。她自己都觉得她的想法很奇怪。开头她想的是孩子们，虽然老夫人，尤其是吉娣(她更信得过吉娣)答应照料孩子们，她还是不放心。“玛莎可不能再淘气，格里沙可别叫马踢着，莉莉可别闹肚子。”可是后来她不再想当前的问题，而是想起近期内即将面临的问题。她开始考虑，今年冬天怎样在莫斯科租一套新的住房，怎样换客厅里的家具，怎样给大女儿做一件小皮袄。后来又思索起更远的未来的问题：怎样把孩子们抚养成人。“女孩子们倒是好办，”她想。“可是男孩子们呢？”

“好在我现在自己可以照料格里沙，但这只是因为我现在没有怀孕，没有累赘。不用说，靠司基瓦是根本不行的。我也可以依靠好心人的帮助，把他们抚养成人；可是如果再怀孕的话……”于是她想起一种说法，说是对女人的惩罚就是让她尝受生孩子的痛苦，她认为这种说法是不对的。她心想：“生孩子倒没有什么，怀孩子才真痛苦哩。”于是她想起怀最后一个孩子和这最后一个孩子死的情形。她又想起在歇脚的地方和那个年轻媳妇的谈话。她问那个漂亮的年轻媳妇有没有孩子，那媳妇快活地回答说：

“有过一个女孩儿，可是上帝又接走了，四旬斋时候就埋掉了。”

“怎么样，你很难过吧？”陶丽问道。

“有什么难过的？老头子的孙子孙女已经够多的了。不过是麻烦事儿。叫人什么事也不能干。只是累赘。”

尽管这媳妇亲切可爱，陶丽还是对她这话十分反感；可是现在她不由得想起这话。在这不近人情的话里也有一点儿道理。

“而且总的来说，”陶丽回顾了她婚后这十五年来的生活之后，想道，“就是怀孕，恶心，头脑迟钝，对一切都冷漠，尤其是变丑。像吉娣，年轻美丽的吉娣，也变得这样难看了。我知道，我一怀孕是很丑的。分娩，痛苦，说不出的痛苦，这最后关头……然后是喂奶，夜夜不能睡觉，还有那可怕的疼痛……”

陶丽一想起害奶疮的疼痛，就浑身打哆嗦。她几乎给每个孩子喂奶都生奶疮。“再就是孩子生病，时时刻刻担心害怕；再就是教育，种种坏毛病（她想起小玛莎在草莓地里的罪行），功课，拉丁文——这一切都很麻烦，难办。而最可怕的是孩子的夭折。”于是她的脑海里又出现了永远撕扯着母亲的心的最后一个吃奶的孩子死于喉炎的悲惨情形，埋葬的情形，大家对那口小小的粉红色棺材的淡漠情形，以及在往棺材上盖那带金边十字架的粉红色小棺盖的时候，她看着棺材里那苍白的小额头和鬈曲的鬓发，看着那微微张开的好看的小嘴，她感到揪心裂腑、无人可诉说的悲痛情形。

“这一切又是为了什么？这一切会落得什么？那就是，我得不到片刻安宁，不是怀孕，就是喂奶，老是爱生气，爱唠叨，自己痛苦，也叫别人痛苦，叫丈夫讨厌，就这样过一辈子，抚养出几个不幸的、缺乏教养的可怜孩子。就是现在，如果不是在列文家过夏天，我真不知道我们怎么过呢。当然啦，柯斯加和吉娣都很体贴人，使我们不觉得是作客；但是不能长此下去呀。等他们有了孩子，就不能再帮助我们了；他们现在也不是多么富裕。爸爸几乎什么财产也没有了，又怎么能帮助我们呢？所以，我自己连孩子都养活不了，除非低三下四地去求别人接济。就算是最幸运吧：孩子们不再有死的，我也能勉强把他们抚养成人。他们至多也不过不成为坏蛋。我能够希望的也不过这一点。可就是为了这一点，要吃多少苦，花费多少心血呀……这一生就完了！”她又想起那个年轻媳妇说的话，一想起那番话又感到厌恶；可是她不能不承认这话里有几分不容反驳的真理。

“怎么样，米哈伊拉，还很远吗？”陶丽为了驱散种种使她害怕的想法，就问账房道。

“听说，离那个村子还有七俄里。”

马车经过一个村子里的街道上了一座小桥。一群快活的娘儿们背着盘成捆的草绳在桥上走着，快快活活地大声说着话儿。她们在桥上站住，好奇地打量着这辆马车。陶丽觉得，那一张张朝着她的脸都是健康的，快活的，洋溢着使她艳羡的生的欢乐。“她们都活得很好，都能享受到人生的乐趣。”陶丽等马车从娘儿们身边过去，上了坡，老式马车又飞跑起来，她在柔软的弹簧坐垫上快活地摇晃着，继续想道，“可是我，就像是从监狱里，从日夜操心、忙得团团转的天地里放出来的，只是这时候才能清醒一会儿。不论这些娘儿们，不论妹妹娜塔丽雅，瓦伦加，还是我现在去看的安娜，人人都活得像个样子，就是我不行。”

“可是他们还说安娜的坏话呢。为什么呀？怎么，难道我就好些？我至少有一个心爱的丈夫。说不上称心如意，但我是爱他的，可是安娜不爱她的丈夫。她有什么过错呀？她要生活呀。上帝赋予我们生的欲望嘛。我要是她，也很可能会这样。在那可怕的日子里，她到莫斯科来看我，我听从了她的话，至今我也不知道我做得对不对。我当时应该抛弃丈夫，重新开始生活。我可能真正爱上什么人，有人会真正爱我。现在难道好些吗？我不尊敬他。我需要他，我就容忍了他。”她想的是丈夫。“难道这就好些吗？那时候可能还会有人喜欢我，我还有我的动人之处呢。”陶丽继续想着，并且很想照照镜子。她的手提包里有一面随身带的小镜子，她很想掏出来；但她看了看车夫和颠颠晃晃的账房的脊背，就觉得，万一他们回过头来，那会很难为情的，于是就没有去掏镜子。

但是，虽然没有照镜子，她还是在想，就是现在也不晚，于是她想起丈夫的朋友、对她特别亲热的杜罗夫津。他在孩子们害猩红热的时候同她一起照料孩子们，而且爱上了她。还有一个年纪很轻的人认为她是三姊妹当中最美的，这是丈夫开玩笑对她说的。于是陶丽想象出一桩桩最热烈、最浪漫的风流事儿。“安娜的做法好极了，我说什么也不能责备她。她自己幸福，也使另外一个人幸福，而不是像我这样受尽摧残，想必她还是像以往那样娇艳、聪明和爽朗，”陶丽想着，嘴角浮起诡秘的微笑，尤其因为想到安娜的风流事儿的同时，想象着她和她想象中爱上她的理想男子所干的几乎同样的风流事儿。她也像安娜那样，把一切都对丈夫招认了。奥布朗斯基听到这事儿流露出来的惊讶和张皇失措的神气，使她忍不住笑了。

就在她这样想入非非的时候，马车拐了个弯，离开大路，朝沃兹德维任村奔去。

十七

车夫勒住四匹马，朝右边黑麦地里望了望，看到那里有一辆大车旁边坐着几个庄稼人。账房本想跳下车去，可是后来改变了主意，用命令的口气朝一个庄稼人喊了一声，招手叫他过来。马车奔驰时有点儿小风，车一停就没有了；汗淋淋的马身上落满了马蝇，马气冲冲地驱赶着。大车旁敲打镰刀的当当声停止了。一个庄稼人站起来，朝马车走来。

“瞧你那无精打采的样儿！”账房气嘟嘟地朝那个光着脚在疙疙瘩瘩的干路上慢慢走着的庄稼人喝道，“快点儿！”

这个头上扎着树皮绳，佝偻的脊背汗湿得发了黑的鬈发老汉，加快脚步，来到马车跟前，用晒得黑油油的手抓住马车挡泥板。

“到沃兹德维任村，到老爷的庄子上去吗？到伯爵家去吗？”他反复问道，“就走这条坡道。再往左拐。顺着大道往前走，就到了。你们找谁呀？就找伯爵吗？”

“怎么，老大爷，他们在家吗？”陶丽含含糊糊地说，因为她就是对庄稼人也不知道该怎样打听安娜的情况。

“想必在家，”老汉一面说，一面用光脚走着，身后留下一个个带五趾的清清楚楚的脚印，“想必在家，”他又说了一遍，因为他显然很想说说话儿，“昨天还有客人来呢。客人真是多极了……你什么事呀？”大车旁有一个小伙子在喊他，他转过身去说，“对了！刚才他们还骑马打这儿过去，去看收割庄稼来。这会儿想必在家里。你们是谁家的呀？……”

“我们是远道来的，”车夫说着，爬上驭座，“这么说，不远了吧？”

“我说，就要到了嘛。一走完这坡道就到了……”老汉用手抚摩着马车挡泥板说。

一个矮壮的年轻小伙子也走了过来。

“怎么，收割方面没什么活儿要干吧？”他问道。

“我不知道，孩子。”

“就是说，再往左一拐，就到了。”老汉说。他显然不愿放他们走，还想聊聊。

车夫把车赶动了，但是刚刚拐过去，那老汉就叫起来：

“站住！喂，伙计！站住！”两个声音在叫。

车夫把车停住。

“他们来了！那就是他们！”老汉叫道，“瞧，有很多人哩！”他指着大路上四个骑马和两个坐在敞篷马车上的人说。

那骑马的是伏伦斯基、赛马骑师、维斯洛夫斯基和安娜，坐在敞篷马车上的是瓦尔瓦拉公爵小姐和斯维亚日斯基。他们是出来兜风,并且看看新运来的收割机怎样收割。

等马车停下来,骑马的人也让马缓步走起来。安娜和维斯洛夫斯基并肩走在前头。安娜骑的短鬃毛、短尾巴、矮墩墩的英国马慢慢走着。陶丽看到她那秀美的头,那高高的女帽里露出来的黑发,那穿着黑色骑装的苗条身段,那安详优美的骑马姿势,感到不胜惊讶。

开头有一会儿,她觉得安娜骑马有点儿不成体统。在陶丽的心目中,女人骑马总是和幼稚轻佻、卖弄风情的概念联系着的,所以她认为,就安娜的境况,骑马是很不相宜的;但是当她在近处仔细看了看,立刻就觉得她骑马也挺好。尽管她的风度是极其优雅的,然而她的姿态、服饰和举止都是那样随便、文静和大方,显得再自然不过了。

和安娜并排的维斯洛夫斯基骑着一匹灰色烈性军马,头戴有飘带的苏格兰帽,两条粗腿往前伸着,显然很欣赏自己,陶丽一认出是他,忍不住快活地笑了。在他们后面是伏伦斯基。他骑的是一匹深色枣红马,显然那马跑得上了劲儿。他紧紧拉住缰绳,勒着马。

他后面是一个穿骑装的小个子。斯维亚日斯基和公爵小姐乘着崭新的敞篷马车,马车由一匹肥壮的大青马驾着,跟在骑马人的后面。

安娜一认出靠在老式马车角落里的瘦小的人就是陶丽,顿时笑逐颜开。她高叫一声,身子在马鞍上抖动了一下,就纵马跑起来。一跑到马车跟前,不等人搀扶就跳下马来,提着骑装,迎着陶丽跑来。

“我一直在想呢,可是又不敢想。哎呀,太高兴了!你真想象不出我有多么高兴!”安娜说着,一会儿把脸贴到陶丽脸上,吻她,一会儿离开一点儿,笑吟吟地打量她。

“真是太高兴了,阿历克赛!”安娜回头看了看已经下了马、朝她们走来的伏伦斯基,说。

伏伦斯基脱下高高的灰色礼帽,走到陶丽跟前。

“您恐怕不相信,我们多么欢迎您来。”他特别加重语气,并且露出满嘴结实的白牙笑着说。

维斯洛夫斯基没有下马,只是摘下帽子,在头顶上挥动起飘带,向客人致意。

“这是瓦尔瓦拉公爵小姐。”等敞篷马车来到跟前,安娜看到陶丽的询问目光,就回答说。

“噢!”陶丽说着,脸上不由得露出不满的神色。

瓦尔瓦拉公爵小姐是她丈夫的姑妈,陶丽早就认识她,并且不尊敬她。她知道,瓦尔瓦拉公爵小姐这一辈子都是在有钱的亲戚家当食客;可是现在,她竟住在和她不相干的伏伦斯基家里,陶丽为丈夫这位姑妈感到耻辱。安娜发觉陶丽脸上的表情,有些慌乱,脸红了红,提在手里的骑装滑脱了,把她绊了一跤。

陶丽走到停下的敞篷马车跟前,冷冷地和瓦尔瓦拉公爵小姐打了个招呼。斯维亚日斯基也是她认识的。他问过他的古怪的朋友和年轻妻子的情况以后,匆匆扫了一眼几匹很不配套的马和破烂的挡泥板,就请太太们坐敞篷马车。

“我来坐这辆老爷车吧,”他说,“这马很老实,公爵小姐也很会赶车。”

“不,您原来坐什么还坐什么吧,”安娜走过来说,“咱们就坐轿车,”她说着,挽住陶丽的胳膊,把她拉走。

陶丽看到她从没见过的这辆豪华马车,看到这肥壮的骏马和她周围这一张张彬彬有礼、容光焕发的脸,真是目不暇接。但最使她惊讶的,是她熟悉和喜欢的安娜身上发生的变化。换了别的女人,如果不细心观察,如果以前不认识安娜,尤其如果没有想过陶丽一路上想的那些心思的话,是不会发现安娜有什么特别之处的。但是现在陶丽为那种难得一见的瞬间美所惊倒,这种美只有女人在热恋时刻才会出现,现在她就在安娜脸上看到了。她脸上的一切:腮上和下巴上那清楚的酒窝,嘴上那清晰的皱褶,荡漾在整个脸上的微笑,眼睛里的光彩,动作的优美和敏捷,声音的圆润,甚至在维斯洛夫斯基要她让他骑她的马,教马学会右腿起步,她回答他时那娇嗔的样子,——这一切都格外有魅力;而且,好像她自己也知道这一点,并且感到十分高兴。

等两位太太上了轿车,顿时都感到不自在起来。安娜不自在,是因为陶丽用那样专注和询问的目光打量着她;陶丽不自在,是因为斯维亚日斯基说到这辆老爷车之后,安娜又和她坐上这辆又脏又破的轿车,她不由得不好意思起来。车夫菲利浦和账房也有同样的心情。账房为了掩饰自己的窘态,忙不迭地扶太太们上车;可是车夫菲利浦却阴沉下脸来,事先就准备好对这种外表好看不服输。他朝大青马看了一眼,就断定这大青马只能拉着敞篷车兜兜风,决不能在大热天一口气跑四十俄里,于是他冷笑了一下。

大车旁的庄稼人全都站了起来,好奇地、快快活活地观看迎接客人的场面,纷纷议论起来。

"都很高兴呢,很久没见面了呀。"那个扎着树皮绳的鬈发老汉说。

"我说,盖拉西姆大叔,要是让那匹大青马来拉麦子,才快哩!"

"你看呀。那个穿马裤的是女人吧?"一个庄稼人指着跨上女鞍的维斯洛夫斯基说。

"不,是个男子汉。瞧,他上马多利索!"

"怎么样,伙计们,看来,咱们不睡了吧?"

"现在还睡什么?"老汉斜眼看了看太阳说,"瞧,过了晌午了！拿起镰刀,来吧!"

十八

安娜望着陶丽那消瘦、憔悴、皱纹里落满尘土的脸,本想说自己的感想,就是说,陶丽瘦了;可是一想到自己过好了,而且陶丽的眼神也对她说了这一点,于是她叹一口气,就说起自己的情况。

"你望着我,一定在想,"安娜说,"我在这样的处境下,能不能幸福呢？嗯,好吧！说出来是有点儿不好意思;可是我……我实在幸福得不得了。我遇到了神奇事儿,就好像做梦,在梦里觉得可怕,吓得心惊胆战,可是一梦醒来,就觉得什么可怕的事儿也没有了。我就是梦醒了。我的痛苦和恐惧已经过去,现在,尤其是我们来到这里以后,实在太幸福了！……"她带着羞涩的、探询的微笑看着陶丽说。

“我多高兴呀！”陶丽笑着说，语气却不由得比她所希望的冷淡些了，“我很为你高兴。你为什么不给我写信呀？”

“为什么吗？……因为我不敢呀……你忘记我的处境了……”

“给我？你不敢？你真不知道，我多么……我认为……”

陶丽很想说说今天早晨她的一些想法，但不知为什么她觉得现在很不相宜。

“不过，这话以后再说吧。这都是一些什么房屋？”她想改变话题，就指着刺槐和丁香构成的天然绿篱里面的红绿房顶问道。“真像是一座小城。”

可是安娜没有回答她的问话。

“不，不！你对我的处境有什么看法，你是怎么想的？”安娜问道。

“我认为……”陶丽正要说下去，可是这时维斯洛夫斯基在教会马右腿起步之后，纵马从她们身边驰过，他那穿短上衣的胖大身子压得女鞍噼啪直响。

“行了，安娜·阿尔卡迪耶芙娜！”他叫道。

安娜连看也没有看他；可是陶丽又觉得，在马车里不便长谈，所以只简短地说了说自己的想法。

“我没有什么看法，”她说，“我一向喜欢你，要是喜欢的话，那就喜欢整个的人，是怎样就怎样，而不是要这个人像我希望的那样。”

安娜不再看朋友的脸，并且眯起眼睛（这是她的新习惯，陶丽以前没有看到她这样过)，沉思起来，想完全领会这话的意思。她显然像她希望的那样真正领会了这话的意思以后，朝陶丽看了一眼。

“就算你有什么过错的话，”安娜说，“你这一来，又说了这一番话，就什么都可以原谅了。”

陶丽看到，她的眼睛里涌出泪水。她一声不响地握了握安娜的手。

“那么，这是一些什么房屋呀？怎么这样多呀！”在沉默了一会儿之后，陶丽又问道。

“这是用人的下房，养马场，马厩，”安娜回答说。“从这里起，是花园。本来全荒废了，可是阿历克赛又恢复起来。他很喜欢这庄园，而且我怎么也没有想到，他对庄稼事儿热心得要命。不过，这是因为他有很高的天分！不论做什么，都能做得很出色。他不但不觉得乏味，而且很带劲儿。他，正如我知道的，成了一个精明能干的好当家人，在庄稼事儿上很会精打细算。不过也只是在庄稼事儿上。在进出几万卢布的事儿上，他就不会算账了。”她带着高兴而诡秘的微笑说。女人在谈到心爱的人的不为人知、只有她才知道的特点时，往往带着这样的微笑。“你看见这座大楼吧？这是一座新医院。我看，这要花十万以上呢。这是他现在爱谈的话题。你可知道，这是怎么来的？好像是庄稼人要他让让草地的价钱，他却不肯，我也责备他太小气。当然，不光是因为这事儿，而是种种原因在一起，——于是他就造起这座医院，要证明他并不小气。可以说，这是小事一桩；可是我因此更爱他了。哦，你马上就可以看到住房了。那还是祖父传下来的房子，外表还一点也没有变。”

“多漂亮呀!”陶丽情不自禁地带着惊讶的神气望着花园里的老树那深深浅浅的绿色枝丛中露出来的带圆柱的漂亮楼房,说:

“很漂亮,不是吗? 在房子里,从楼上往外看,景色也美极了。”

她们的马车进了院子,院子里铺了石子,还有一个花坛,有两个人正在翻松的花床周围砌石头,砌的是各种形状的多孔石,她们的马车就停在盖了顶的大门口。

“哦,他们已经到了!”安娜望着几匹刚刚要从台阶旁牵走的坐骑,说。“这匹马挺好,不是吗? 这是一匹矮腿马。我很喜欢。牵到这儿来,再拿些糖来。伯爵在哪儿?”她问两个刚刚跑出来的很体面的仆人。“哦,他来了!”她看到出来迎接她的伏伦斯基和维斯洛夫斯基,就说道。

“您把公爵夫人安顿在哪儿呀?”伏伦斯基用法语问安娜,不等她回答,就又一次和陶丽打招呼,还吻了吻她的手。“我看,就住有阳台的大房间吧?”

“噢,不,那太远了! 最好是拐角那一间,我们可以多见见面。好啦,咱们走吧,”安娜把仆人拿来的糖喂过她的爱马之后,说道。

“您忘记您的责任了。”她对也来到台阶上的维斯洛夫斯基说。

“对不起,我的责任有满满几口袋呢。”维斯洛夫斯基把手指插进背心口袋里,笑嘻嘻地回答说。

“可是您来得太迟了。”安娜一面用手绢擦着喂糖时被马舔湿的手，一面说。她又转身问陶丽："你能多住些日子吗？只住一天？那不行！"

"我说定了的，还有孩子们……"陶丽说。她觉得有些难为情，因为她得从马车上取出手提包，还因为她知道自己脸上一定是落满了灰尘。

"不行，陶丽，好嫂子……那就再说吧。咱们走吧，走吧！"于是安娜把她领进她的房间。

这不是伏伦斯基要她住的那个讲究的大房间，而是安娜让她将就着住的房间。就连这个将就着住的房间也十分豪华，陶丽从来没住过这样的房间，她觉得很像国外的上等旅馆。

"哎呀，好嫂子，我多么幸福呀！"安娜穿着骑装挨着陶丽坐了一会儿之后，说。"你给我说说你的一家吧。司基瓦我匆匆见过一面。但他是不会说孩子们的事的。我那可爱的丹尼娅怎么样啦？我想，长成一个大孩子了吧？"

"是的，很大了。"陶丽简单地回答说。问起孩子们的情况，她竟回答得这样冷淡，自己也感到惊讶。"我们在列文家里过得挺好。"她又补充一句。

"我要是早知道，你并没有瞧不起我……"安娜说。"那我就请你们一家到我们这儿来了。要知道司基瓦是阿历克赛很要好的老朋友呀。"她补充一句，顿时脸红了。

"是的，不过我们这样也很好……"陶丽很不好意思地回答说。

"不过，这是我高兴了，胡乱说说。好嫂子呀，反正我是太高兴了！"安娜又吻着她说，"你还没有告诉我，你对我是怎么看的，怎么想的，我可是什么都想知道呀。不过我很高兴，因为你会看到我是什么样子。最要紧的是，我不希望别人以为我想证明什么。我什么也不想证明，我只是想活；除了自己，不会伤害任何人。我有权利这样，不是吗？不过，这事说起来话就长了，咱们还有机会好好谈谈的。现在我要去换衣服了，还要给你派一个侍女来。”

十九

剩下陶丽一个人以后，她就以主人的眼光把这个房间打量了一遍。她乘车来到这座房子跟前时所看到的，走进这座房子看到的，以及在这个房间里看到的，都使她产生富裕和阔气的印象以及现代欧洲豪华生活的印象。这种气派她只是在英国小说里读到过，在俄国乡下还从来没有见过。从新式的法国糊墙纸到铺满整个房间的地毯，一切都是崭新的。弹簧床上铺着褥垫，很别致的床头，小小的枕头套着绸缎枕套。大理石的洗脸盆，梳妆台，长沙发，桌子，壁炉上的铜钟，窗帘和门帘——一切都是贵重的，崭新的。

前来伺候的漂亮侍女，发式和服装比陶丽还要讲究，她也和这整个房间一样，周身上下都是崭新的和贵重的。陶丽见她彬彬有礼，又干净又殷勤，觉得很愉快，可是和她在一起又觉得尴尬；她在她面前穿着打过补丁的女褂，觉得很不好意思，那是别人给她错放进提包里的，算她倒霉。她在家里本来以打补丁和织补窟窿感到自豪的，现在却感到害臊了。在家里她很清楚，做六件小褂需要二十四尺棉布,每尺六十五戈比,总共要花十五卢布以上,还不算人工和纽扣等。缝缝补补就可以把这十五卢布省出来。但是她面对侍女,就不仅觉得害臊,而且觉得尴尬了。

等到陶丽早就认识的安奴什卡走进房里来,她就觉得非常轻松了。安娜叫那个漂亮侍女去有事,安奴什卡就留下来伺候陶丽。

安奴什卡见这位太太来了,显然非常高兴,不住嘴地在说话。陶丽觉察到,她很想对太太的处境以及伯爵对安娜·阿尔卡迪耶芙娜的爱和忠诚说说自己的看法,可是她只要一说起这事,陶丽就想方设法制止她。

“我和安娜·阿尔卡迪耶芙娜一起长大,对于我来说,她比什么都珍贵。自然,不用咱们来判断。而且,看来,已经爱得那么……”

“哦,如果方便的话,请你把这拿去洗一洗吧。”陶丽打断她的话。

“遵命。我们这儿有两个女人是专门洗东西的,不过衬衣是用机器洗。伯爵什么事都亲自过问。多么好的一个丈夫呀……”

安娜走进来,她这一来也就打断安奴什卡的唠叨,陶丽觉得非常高兴。

安娜换了一件非常朴素的麻纱连衫裙。陶丽仔细看了看这件朴素的连衫裙。她知道,这种朴素意味着什么,花多大的代价。

“这是我的老朋友。”安娜指着安奴什卡说。

安娜已经不再局促不安了。她显得非常随便,非常平静。陶丽看出来,她已经驱除由于她的到来而产生的感想,恢复常态,并且用起了平心静气的应酬语调，一用起这种语调，就好像关上了隐藏着感情和内心思想的密室的铁门。

“哦，安娜，你的女儿怎么样？”陶丽问道。

“安妮（她这样称呼她的女儿安娜）吗？她很好。病完全好了。你想看看她吗？走，我带你去看看。最麻烦的是保姆的事，”她说起来，“我们有一个意大利奶妈。人是很好的，可是蠢得要命！我们想把她辞掉，可是小孩子跟她过惯了，所以还一直用着。”

“可是你们究竟怎么解决的呀……”陶丽本来要问这孩子姓谁的姓的问题，可是发现安娜的眉头皱起来，就改换了问题的内容，“你们究竟怎么解决的？已经给她断奶了吗？”

可是安娜明白了。

“你要问的不是这个吧？你想问她姓什么吧？是吗？这事使阿历克赛很伤脑筋。她没有姓，也就是她还姓卡列宁。”安娜眯起眼睛说，眯得只看见合在一起的睫毛。“不过，”她的脸色突然放起光来，“这事咱们以后反正还可以谈谈。走吧，我带你去看看她。她非常可爱。已经会爬了。”

整座房子里的豪华气派已经使陶丽够吃惊的了，孩子房间里的豪华更使她惊讶不已。这儿有从英国订购来的童车，有学步车，有专门为孩子爬行用的像弹子台那样的长沙发，有摇篮，有专门做的新澡盆。这一切都是英国货，又结实又讲究，看样子都很贵。房间高大宽敞，非常明亮。

她们进来的时候，孩子穿一件小褂坐在小桌旁的小扶手椅上，正在喝肉汤，胸前洒满了肉汤。一个专门照料孩子的俄国侍女在喂她，可以看得出，侍女也在和她一起喝。奶妈和保姆都不在；她们在隔壁房里，从那里传来她们用怪腔怪调的法语说话的声音，因为她们只能用蹩脚的法语交谈。

一个衣着讲究的高高的英国女人，一听见安娜的声音，带着不愉快的脸色和不诚实的神情，急急忙忙地晃动着淡黄色鬈发走进门来，并且立刻为自己辩解起来，虽然安娜一点也没有责备她。安娜每说一句话，那英国女人都要忙不迭地连声说："是，夫人。"①

黑眉毛、黑头发的小女孩，小脸红红的，小身子也红红的，结结实实的，皮肤紧绷绷的，虽然她看到生面孔露出冷峻的表情，陶丽还是很喜欢她。她甚至羡慕起这孩子的健康模样儿。她也很喜欢她那爬的样子。她的孩子没有一个是这样爬的。在把这孩子放到地毯上，从后面把她的小衣服掖起来的时候，她显得格外可爱。她像个小动物一样，用乌黑发亮的眼睛打量着大人，显然因为有人欣赏她感到很高兴，笑眯眯的，歪歪斜斜地倒换着两条腿，使劲儿用两手撑着身子，屁股一蜷一蜷地迅速活动着，又用两只小手倒换着往前爬。

但是陶丽却很不喜欢这里的整个气氛，尤其不喜欢那个英国女人。安娜这样精明，为什么找这样一个不讨人喜欢、不可靠的英国女人来照料自己的孩子，陶丽觉得只能有一种解释，那就是，一个好女人是不会到像安娜家这种不规矩的家庭里来的。此外，陶丽立刻从几句话就听出来，安娜和奶妈、保姆以及孩子很少在一块儿，做母亲的难得到这儿来。安娜想给孩子拿一件玩具玩

①原文为英语。

儿,却找不到。

最使人惊讶的是,问起孩子有几颗牙齿,安娜竟回答错了,她根本不知道最近又长出两颗牙齿。

“我有时觉得很难过,我在这里像一个多余的人,”安娜说着,就从孩子的房间往外走,一面提着裙子下摆,免得绊到门口的玩具,“生第一个孩子可不是这样。”

“我想,恰恰相反。”陶丽怯生生地说。

“才不是呢!你要知道,我看过他,看过谢辽沙。”安娜眯起眼睛,好像凝视着远方什么东西说。“不过,这话咱们以后再谈吧。你也许不相信,我就像一个饿坏了的人,忽然面前摆出一桌丰盛的饭菜,就不知道先吃什么好了。这丰盛的饭菜就是你,就是能够和你好好谈一谈,那是和任何人都无法这样谈的;所以我不知道从什么谈起。可是我决不会轻易放过你的。我什么都要说一说。对了,我应该把你会在我们这儿遇到的一些人作一点儿介绍,”她说下去,“先说说女的。瓦尔瓦拉公爵小姐,你是知道她的,我也知道你和司基瓦对她的看法。司基瓦说,她的人生目的就是要证明她比卡吉琳娜·巴芙洛芙娜姑妈高明。这话不错。但她是善良的,我也非常感激她。在彼得堡,我有一度很需要有一个陪伴。她就是在那时候来的。但说实在的,她心肠很好。有了她,我好过多了。我看,你真不了解我那时……那时在彼得堡的处境有多么痛苦,”她又说,“在这儿我就十分安宁,十分幸福了。不过,这事儿以后再说吧。还得再说说另外几个人。再就是斯维亚日斯基,是首席贵族,也是一个很正派的人,但是他有些地方还很需要阿历克赛。你要明白,阿历克赛有这样的家产,现在我们搬到乡下来住，是会有很大影响的。再就是杜什凯维奇，你也见过他，他以前是属于培特西的。现在他被抛弃了，就到我们家来了。他这人正如阿历克赛说的，如果他想装成什么人，你就把他当成什么人，那么在这种情况下他是很讨人喜欢的，而且，正如瓦尔瓦拉公爵小姐说的，他也是很正派的。再就是维斯洛夫斯基……这人你是认识的。一个挺可爱的小伙子嘛。"她说着，嘴边浮起调皮的微笑。"列文闹的是什么鬼名堂呀？维斯洛夫斯基对阿历克赛说了说，我们都不相信。他可是非常可爱，非常单纯呀，"她又带着那样的微笑说，"男人都需要消遣，阿历克赛也需要交游，所以我也很看重这一伙人。要让我们这儿热热闹闹，快快活活，要让阿历克赛不再有什么另外的心思。你还会看到我们的管家。是一个德国人，人很好，也很能干。阿历克赛很器重他。再就是医生，是一个年轻人，他倒不完全是一个虚无主义者，吃饭却用刀子……但他是个很好的医生。再就是建筑师……简直是一个小小的宫廷！"

二十

"这不是，陶丽来看您来啦，公爵小姐，您不是很想见到她吗？"安娜带着陶丽来到石砌的大阳台上，对坐在凉荫里为伏伦斯基伯爵绣沙发套的瓦尔瓦拉公爵小姐说，"她说在午饭之前什么也不想吃，不过您还是叫人送些点心来，我去找阿历克赛，叫他们都到这儿来。"

瓦尔瓦拉公爵小姐对待陶丽又亲热，又带点儿长者的意味儿，并且立刻就向她解释起来，说她住在安娜这里，是因为她一向就比抚养安娜长大成人的那个姐姐卡吉琳娜更爱安娜，而且现在，在大家都不理睬安娜的时候，她认为自己有责任帮助她度过这段最难挨的日子。

“等她丈夫让她离了婚，到那时候我就再回去过我的冷清日子，可是现在我还有用，不论这有多难，我要尽我的责任，我不能像别人那样。你多么可爱呀，你来得多么好呀！他们过得就像最恩爱的夫妻一样；说他们好坏的应该是上帝，而不是我们。难道比留佐夫斯基和阿文尼耶娃……还有尼堪德罗夫，还有瓦西里耶夫和玛蒙诺娃，还有丽莎·涅普东诺娃……难道没有人说他们的坏话吗？到末了大家都还是好好对待他们。再说，这是很可爱的上等人家。完全是英国人气派。早晨到一起吃早饭，然后就各自分开。各人做各人想做的事情，一直到吃午饭。午饭在七点钟。司基瓦让你来，真是太好了。他应该支持他们。你要知道，伏伦斯基通过母亲和哥哥，什么都会办到的。再说，他们在做很多好事。他没有对你说起他那座医院吗？那真是了不起，什么都是巴黎来的。”

等安娜在弹子房里找到那一伙男的，并且带着他们一起回到阳台上，她们的话才中断了。到吃午饭还有很多时间，天气又很好，因此大家提出好几种办法来消磨这剩下的两个小时。在沃兹德维任村消磨时间的办法很多，而且所有的办法都和波克罗夫村的办法不同。

“打网球吧，”维斯洛夫斯基笑容可掬地说，“我还是和您搭档，安娜·阿尔卡迪耶芙娜。”

“不，天太热了。不如到花园里去走走，划划船，让陶丽看看两岸风光。”伏伦斯基说。

“我随便怎样都行。”斯维亚日斯基说。

“我想，陶丽最喜欢出去走走，不是吗？然后就去划船。”安娜说。

于是就这样定了。维斯洛夫斯基和杜什凯维奇就朝游泳场走去，说定在那里准备好船只等着。

安娜和斯维亚日斯基，陶丽和伏伦斯基，分成两对顺着小道朝前走去。陶丽来到这个全新的环境里，有点儿惴惴不安和忧虑。在抽象的道理上，她不仅认为安娜的所作所为是对的，而且她非常赞成。就像那些在道德上往往无可指责而又厌倦了单调的正经生活的女子，她不仅暗暗为不正当的爱情辩解，甚至还羡慕不止。此外，她又是一心爱安娜的。但是在现实中，她看到安娜处在她觉得格格不入的这些人中间，看到她没有见过的他们那种上等人派头，就觉得很不自在。尤其不愉快的，是她看到瓦尔瓦拉公爵小姐因为在这里过着舒适生活，就原谅了他们的一切。

总之，她在道理上是赞成安娜所作所为的，但是看到这个人，想到她是为这个人这样做的，就觉得不愉快。再说，她一向就不喜欢伏伦斯基。她认为伏伦斯基骄傲自大，而且她看不出他有什么可以骄傲之处，除了有钱。但是他在这里，在自己家里，不由显得比以前更了不起了，所以她和他在一起很不自在。她和他在一起时的心情，就像她在侍女面前因为破旧小褂而出现的心情。她在侍女面前，因为补丁不仅感到羞臊，而且感到尴尬，现在和他在一起，总觉得自惭形秽，不仅感到羞臊，而且也感到尴尬。

陶丽感到很不自在，所以就想方设法找话来说。虽然她认为，他这样高傲，未必喜欢听别人赞美他的房子和花园，但她找不到别的话题，还是对他说了说她很喜欢他的房子。

“是的，这房子很漂亮，格式也很典雅。”他说。

“我很喜欢大门前那个院子。原来就是这样吗?”

“原来才不是呢!”他说着，脸上得意地放起光来，“要是您今年春天看到这院子就好了!”于是他向她夸耀起房子和花园的种种装饰，开头很有节制，后来就越来越忘乎所以了。可以看得出来，伏伦斯基在装饰和美化自己的宅园方面花了不少心血，所以觉得必须在新来的客人面前炫耀一番，而且他听了陶丽的称赞心里也着实高兴。

“要是您想看看医院，而且也不觉得累的话，那也离这儿不远。咱们去吧。”他看了看她的脸，断定她是否真的有兴趣之后，就说道。

“你去吗，安娜?”他问她说。

“咱们一起去。好不好?”安娜对斯维亚日斯基说。“但不能让可怜的维斯洛夫斯基和杜什凯维奇在船上等得不耐烦呀。要派人去对他们说一声。是的，那是他在这儿留下的纪念碑。”安娜又带着先前说到医院时那种诡秘和知情的微笑，对陶丽说。

“噢，真是了不起的事!”斯维亚日斯基说。但为了不显得他奉承伏伦斯基的，立刻又补充一句有点儿指责意味的话。“不过，伯爵，我很奇怪，”他说，“您在卫生方面为老百姓做了这么多好事，怎么对学校这样漠不关心。”

“学校成为太平常的事儿了。”伏伦斯基说。“您要明白，也不是因为这样，而是因为我对办医院太感兴趣了。上医院要往这儿走。"他指着林荫道上分出去的一条小路，对陶丽说。

两位太太撑开阳伞，走上小路。拐了几个弯，走出栅栏门之后，陶丽就看见前面高地上有一座即将竣工的式样别致的红色大楼。还没有上漆的铁皮房顶在明亮的阳光下放射着耀眼的光芒。在即将完工的大楼旁，还在建造另一座楼，搭着高高的脚手架，系着围裙的砖瓦工们在脚手架上砌砖的砌砖，灌浆的灌浆，抹灰的抹灰。

"你们的工程进行得多么快呀！"斯维亚日斯基说，"我上次来的时候，这楼还没有上顶呢。"

"到秋天就全部完工了。里面差不多都装修好了。"安娜说。

"这座新楼是做什么用的？"

"这是医生的诊疗室和药房。"伏伦斯基说过，就看到穿短外套的建筑师朝他走来，向两位太太说了声"失陪"，就迎着他走去。

伏伦斯基绕过搅拌石灰的大坑，就和建筑师一起站下来，很热烈地谈起什么事儿。

"山墙还是低了。"安娜问他怎么一回事儿，他回答说。

"我说过嘛，地基应该垫高些。"安娜说。

"是呀，能高些当然更好，安娜·阿尔卡迪耶芙娜，"建筑师说，"可是已经来不及了呀。"

"是的，我对这事很感兴趣，"斯维亚日斯基对安娜在建筑方面的知识表示惊讶，安娜就这样说，"要让新楼符合医院的要求。然而这是后来才想出来的，开头是没有计划的。"

伏伦斯基和建筑师谈完之后，就回到两位太太这边，把她们领进医院里面。

尽管外面还在做飞檐，底层还在上油漆，楼上已经差不多完工了。他们踏着宽阔的铁楼梯走上去，走进第一个大房间。墙壁用灰泥做成大理石模样，高大的玻璃窗已经装好，只有镶木地板还没有完工，几个正在刨方块木板的木匠放下活儿，解下扎头发的带子，和老爷、太太们打招呼。

“这是候诊室，”伏伦斯基说，“这儿要放一张写字台、一张桌子、一架橱子，再不放什么了。”

“往这儿来，咱们打这儿走过去。不要靠近窗子。”安娜一面说，一面试试油漆是不是干了。“阿历克赛，油漆已经干了。”她又说。

他们从候诊室来到走廊里。伏伦斯基在这里让他们看了看已经安装好的新式通风设备。然后他让他们看了看大理石浴室和特制的弹簧床。然后又一个接一个地参观了病房、储藏室、洗衣室，又看了看新式锅炉，又看了手推车，在走廊里传送必需物品，不会发出响声的，还看了很多别的东西。斯维亚日斯基见什么称赞什么，就像一个熟悉种种新式改良设备的人。陶丽见到从未见过的东西只是感到惊奇，什么都想知道，所以什么都要仔细问一问，这显然使伏伦斯基非常得意。

“是啊，我看，这在俄国将是唯一的设备完善的医院。”斯维亚日斯基说。

“你们这儿不设产科吗？”陶丽问道，“这在乡下是非常需要的。我常常……”

虽然伏伦斯基是很讲礼貌的，他还是打断了她的话。

“这不是产院，是医院，治疗各种各样的疾病，只是除了传染病。”他说。“你们就瞧瞧这个……”于是他把刚买到的一辆轮椅推到陶丽面前。“您看看吧。”他坐到轮椅上，开动起来。“病人身体虚弱或者腿有毛病，不能走路，可是需要换换空气，就可以坐轮椅出去遛遛……”

陶丽对什么都感兴趣，什么她都喜欢，但她最喜欢的却是具有这种天真、自然兴致的伏伦斯基本人。“是的，这是一个非常可爱、非常好的人。”她有时不听他的话，而是打量着他，注视着他的表情，设想自己处在安娜的位子上，就这样想道。她非常喜欢他这种生气勃勃的样子，因此她也就明白了，安娜为什么会爱上他。

二十一

“不，我想，公爵夫人累了，她对马也不会有什么兴趣，”斯维亚日斯基想到养马场去看看新来的种马，安娜也说要到养马场去走走，伏伦斯基就对安娜说，“你们去吧，我送公爵夫人回家，我们还要谈谈，”他说，“如果您高兴的话，”他对陶丽说。

“我对马一点也不懂，而且我也很高兴和您谈谈。”有点儿感到惊讶的陶丽说。

她从伏伦斯基的脸上看出来，他有事要求她。她没有猜错。他们一进栅栏门，又来到花园里，他就朝安娜去的方向望了望，断定她既听不见他们的话，也看不见他们了，就开口说：

“您猜到我想和您谈什么吗?”他用笑嘻嘻的眼睛望着她说,“我不会看错,您是安娜的好朋友。”他摘下帽子,掏出手帕,擦了擦开始谢顶的脑袋。

陶丽什么也没有回答,只是忐忑不安地看了看他。当她单独和他在一起的时候,她突然感到害怕起来:她怕他那双笑嘻嘻的眼睛和脸上的严峻表情。

她猜想他要和她谈什么,各种各样的揣测在她头脑里闪过:“他要请我带孩子们到他家来住一阵子,那我只能谢绝;也许是要我在莫斯科为安娜开辟一个活动圈子……会不会是有关维斯洛夫斯基的事,或者他对待安娜的态度问题?也许是有关吉娣的事儿,也许他觉得自己对不起吉娣?”她猜想的都是不愉快的事儿,可就是没猜到他想和她谈的是什么。

“安娜非常信得过您,她非常喜欢您,”他说,“您就帮帮我的忙吧。”

陶丽带着询问和胆怯的神气望着他那张生气勃勃的脸,那脸忽而全部在椴树荫里透进来的阳光中,忽而闪烁着斑斑点点的阳光,忽而完全被树荫遮住。她等着他的下文;可是他用手杖划着地上的石子,一声不响地在她身旁走着。

“您既然来看我们,在安娜以前的朋友中只有您这个女的了,——我不把瓦尔瓦拉公爵小姐算在内,——那我认为,您这样做,并不是因为您认为我们的状况是正常的,而是因为,您虽然完全懂得这种状况之难堪,您仍然非常爱她,非常想帮助她。我想您是这样,对吗?”他回头看了看她,问道。

“就是呀,”陶丽一面收拢阳伞,一面回答说,“不过……”

“不，”他打断她的话，没有想到这会使对方处于尴尬的境地，他不自觉地站下来，因此她也只好站下来，“安娜处境之难，谁也没有我体会得深切。如果您能把我看作是一个有良心的人，那这是可以理解的。是我造成这种处境的，所以我能体会。”

“我明白，”陶丽说，不由得赞赏起他来，因为他说这话说得这样真诚，这样恳切。“但正因为您觉得这是您造成的，我怕您说得过分了，”她说，“她在社交界的处境很难，我明白。”

“在社交界就像进了地狱！”他阴沉地皱起眉头，很快地说。“她在彼得堡两个礼拜，精神上受的折磨是令人难以设想的……所以我请您相信这一点。”

“是的，不过在这儿，在安娜……和您都还不觉得需要什么社交界的时候……”

“哼，社交界！”他带着轻蔑的口气说。“我要社交界做什么？”

“目前——也许这是永远的——你们很幸福，很安宁呀。我从安娜身上看出来，她是幸福的，十分幸福，她已经对我说过了。”陶丽笑着说。可是，就在说这话的时候，她现在不由得怀疑起安娜是不是真的幸福。

但伏伦斯基好像并不怀疑这一点。

“是的，是的，”他说，“我知道，她在经历了种种痛苦之后又浑身是劲儿了。她是幸福的。她真正幸福。可是我呢？……我担心的是我们的将来……对不起，您想走走吗？”

“不，怎样都行。”

“哦，那咱们就在这儿坐一会儿吧。”

陶丽在林荫道转角处的一条花园长凳上坐下来。他站在她面前。

“我看出来,她是幸福的。”他又说了一遍,可是陶丽却更怀疑她是不是幸福了。“可是这种状况能长此下去吗?我们做得对不对,那是另一个问题:反正事已至此,不能回头了,”他改用法语说,“我们这一辈子就捆在一起了。我们是用我们认为最神圣的爱情绳索捆在一起的。我们已经有一个孩子,今后还可能再有孩子。但是法律和我们的处境就好比成千上万丛荆棘,现在,在她经历了种种痛苦和磨难,心境已经得到平静的时候,是不会看到,也不愿看到这种种情况的。这也是可以理解的。但是我不能不看到,我的女儿,在法律上不是我的女儿,而是卡列宁的女儿。我不要这种虚假!”他说着,使劲做了一个决绝的手势,并且用阴沉和询问的目光望了望陶丽。

陶丽什么也没有回答,只是望着他。他又说下去。

“就是明天再生一个儿子,我的儿子,可是按照法律,也是卡列宁的,既不能用我的姓,也不能继承我的财产,不论我们的家庭有多么幸福,不论我们有多少孩子,我和他们都没有关系。他们都是卡列宁的孩子。您想想这种状况有多么难堪,多么可怕呀!这话我试着对安娜说过。她听到这话就生气。她不理解,我也无法把什么都对她说清楚。再从另一方面来看看。我有了她的爱情,很幸福,但我还要有自己的事业。我找到了这事业,并且因为这事业感到自豪,认为这比我在宫廷里和军队里的同事们干的事情更高尚。毫无疑问,我再也不会丢下这事业去干他们的事业。我就地安顿下来,在这里做事情,我感到幸福,满意,而且我们再也不需要什么,就够幸福了。我很喜欢干这些事情。也不是因为没有更好的事情可做,相反……”

陶丽注意到,他一说到这地方就有点儿颠三倒四,她还不完全理解他这种插叙,但可以感觉出来,他既然说起不能对安娜说的心事,那他现在就把什么都说出来,他在乡下的活动问题,也像他和安娜的关系问题一样,都是他的心事。

“哦,我再说下去,”他定了定神,说,“最要紧的是,在做事情的时候,必须有一种信念,就是相信我的事业不会随着我死去,我要有继承人,——可我是没有的。您想想吧,一个人事先就知道他和心爱的女人生的孩子不属于他,而属于别人,属于一个痛恨他们、憎恶他们的人,这又是什么滋味呀。这真是太可怕了!”

他停下来,显然是太激动了。

“是呀,这情形我自然是理解的。可是安娜又能够怎样呢?”陶丽问道。

“对了,这就是我要说的了。”他竭力克制着自己,说。“安娜能够,这事儿全在她……就是请求皇上恩准立嗣,也必须离婚。这就全在安娜了。她的丈夫本来也同意离婚,您的丈夫当时也为这事做好了安排。就是现在,我看他也不会不肯。只要给他写封信就行了。那时候他就直截了当地回答说,如果她表示这样的愿望,他不会拒绝的。当然,”他阴沉地说,“这是伪君子的残酷手法之一种,只有这种没有心肠的人才做得出来。他知道,她一想到他会有多么痛苦,就因为了解她,才要她写这样的信。我明白,她是会很痛苦的。但缘由是如此重要,所以必须克服这种种细微的感情,事情关系到安娜和孩子们的幸福和命运呀。我就不说我自己了,虽然我也很痛苦,非常痛苦,”他说,那神情似乎因为他很痛苦在警告什么人，“所以，公爵夫人，我就不怕难为情，把您抓住了，就像抓住救生圈一样。您就帮助我劝劝她，叫她写封信给他要求离婚吧！”

“好，当然可以，”陶丽真切地回想起她最后一次见到卡列宁的情形，就沉思着回答说，“好，当然可以，”她想起安娜，又很干脆地说了一遍。

“她对您是信得过的，您就让她写封信吧。我不想，而且也几乎无法同她谈这件事儿。”

“好吧，我去说说。可是她自己怎么会不考虑呀？”陶丽说着，不知为什么这时忽然想起安娜那喜欢眯眼睛的奇怪的新习惯。而且她想起来，安娜眯眼睛，正是在涉及内心生活方面的时候。“好像她是眯起眼睛看自己的生活，不希望什么都看到。”陶丽想道。“我为了自己，也为了她，一定和她谈谈。”她这是回答他那一副感激的表情的。

他们站起来，朝房子里走去。

二十二

安娜见陶丽已经回来，仔细望了望她的眼睛，仿佛在问她和伏伦斯基谈了些什么，却没有开口问。

“似乎该吃午饭了，”她说，“咱们还没有好好谈谈呢。我就指望晚上。现在该去换衣服了。我看，你也要换换。咱们在工地上都把衣服弄脏了。”

陶丽也朝自己房里走去，她却觉得好笑。她没有什么衣服好换，因为她已经把最好的衣服穿在身上了；但为了表示她是准备要吃午饭的，她叫侍女给她刷了刷衣服，换了一副套袖和蝴蝶结，头上系了花边绦带。

“瞧，我只能这样了。”她看到安娜穿起第三套又是格外素雅的服装朝她走来，就笑嘻嘻地对安娜说。

“是啊，我们这里太讲究礼节了。”安娜好像为自己高雅的服饰表示歉意说。“阿历克赛见你来了非常高兴，他难得这样高兴。他实在喜欢你呀，”她又说。“你不累吧？”

午饭以前没有时间谈什么了。她们走进客厅，看见瓦尔瓦拉公爵小姐和穿起黑色常礼服的男子们已经在这里了。建筑师穿着常礼服。伏伦斯基把医生和管家介绍给陶丽。建筑师在医院里已经介绍过了。

胖胖的侍仆头儿，滚圆的脸刮得亮光光的，浆得笔挺的白领带也亮闪闪的，进来报告午餐已摆好，于是女士们站了起来。伏伦斯基请斯维亚日斯基挽住安娜的手，自己却走到陶丽跟前。维斯洛夫斯基也抢到杜什凯维奇前头，挽住瓦尔瓦拉公爵小姐的胳膊，所以杜什凯维奇、管家和医生只有单独走了。

这午餐、餐厅、餐具、侍仆、酒和饭菜不仅和这房子的整个新式豪华气派相称，而且似乎更豪华、更时髦。陶丽观察着她从未见过的这种豪华气派，虽然她并不希望把她所见到的应用到自己家里，因为这一切在排场方面远远超过她家的生活水平，但她作为一个治家的主妇，不由得仔细琢磨着种种细节，并且猜度这一切是谁安排的，怎样安排的。维斯洛夫斯基、她的丈夫，就连斯维亚日斯基和她认识的很多人，都从来不考虑这些事，而且相信人们说的，任何体面的主人都希望让自己的客人有一种感觉，那就是，他家里的一切安排得如此完美，他这个当主人的并没有花费什么力气，而是自然而然形成的。陶丽却很清楚，就连孩子们早餐喝的粥也不是自然而然来的，所以她知道，一定是有人煞费苦心才做出这样复杂、这样气派的安排。从伏伦斯基打量餐桌的目光，从他对侍仆点头示意和他问陶丽吃冷汤还是热汤的神态，陶丽看出来，一切都是这位男主人安排和操持的。安娜在这方面花的心思，显然不会比维斯洛夫斯基多些。她和斯维亚日斯基、公爵小姐、维斯洛夫斯基都同样是客人，快快活活地享受着为他们准备好的一切。

安娜只是一个主持聊天的女主人。一个女主人在这种不大的宴席上主持聊天也是很不容易的，特别因为有管家和建筑师这样身份不同的人在场，他们既要尽量在很不习惯的豪华场面下不胆怯，又不好和大家一起多谈，然而安娜主持这样的聊天却像往常一样灵活自如，甚至如陶丽看出的，胜任愉快。

谈起杜什凯维奇和维斯洛夫斯基两个人划船的事，于是杜什凯维奇说起彼得堡游艇俱乐部最近举行的游艇比赛。但是安娜一等到间歇时间，立刻就和建筑师说起话来，好让他也说说话儿。

“尼古拉·伊凡诺维奇感到吃惊，”她说的是斯维亚日斯基，“从他上次来的那时候到现在，一座新楼盖成了；可我是每天都看到，每天都感到惊讶，怎么盖得那样快。”

“同伯爵在一起做事情很顺手，”建筑师笑着说（他是一个很有自尊心、很懂礼貌、很镇静的人），“不像同地方政府打交道，那要写成堆的公文；我向伯爵请示，三言两语就商量好了。”

“这是美国人的作风。”斯维亚日斯基笑着说。

“是的，美国盖房子都是很合理的……”

于是谈起在美国滥用权力的事，可是安娜立刻把话引到别的题目上，好让管家也有话可说。

“你什么时候见过收割机吗？”她问陶丽，“我们遇到你的时候，刚去看过收割机。我也是第一次见到呢。”

“那机器怎样收割呀？”陶丽问。

“简直就像剪刀一样。一块板，带很多小剪刀。就这样。”

安娜用她那戴满戒指的玉手拿起刀子和叉子，比画起来。她显然看出，她的讲解使人无法明白；但她知道她说得很动听，她的手也很好看，所以还继续讲解。

“还不如说像铅笔刀呢。”维斯洛夫斯基目不转睛地盯着她，凑趣说。

安娜微微一笑，却没有回答他。

“是不是像剪刀呀，卡尔·菲多雷奇？”她问管家。

“是的，”德国管家用德语说，“这玩意儿很简单。”于是他开始讲解机器的构造。

“可惜不能打捆。我在维也纳展览会上见过能用铁丝打捆的，”斯维亚日斯基说，“那就更方便了。”

“问题在于……要算算铁丝的价钱。”被逗得开了口的德国人对伏伦斯基说，“这是算得出来的，伯爵。”德国人已经伸手到口袋里去掏铅笔和小笔记本，他是什么都要用笔记本算一算的，可是一想到他是在餐桌上，又看到伏伦斯基那冷冷的目光，就没有掏出来。“太复杂了，会有很多麻烦事儿。”他下结论说。

“谁想赚钱，就不能怕麻烦，”维斯洛夫斯基用德语和德国人开玩笑说，“我真喜欢德国话。”他又那样笑着用英语对安娜说。

“算了吧。”她用法语半真半假地对他说。

“我们还以为在田野上会遇到您呢，瓦西里·谢苗内奇，”她对一脸病容的医生说，“您到那里去过吗？”

“我去是去过，但一下子就溜走了呀。”医生用开玩笑的口吻阴沉地说。

“这么说，您做了一次很好的户外运动。”

“一次很漂亮的户外运动哩！”

“哦，那个老太婆病情怎么样？不会是伤寒吧？”

“伤寒倒不是伤寒，可是病情不怎么好。”

“多么可怜呀！”安娜说。她就这样和门客们应酬了一番之后，又转身和亲友们说话。

“安娜·阿尔卡迪耶芙娜，反正照您说的那样来造机器，可就太难了。”斯维亚日斯基开玩笑说。

“不，有什么难的？”安娜笑着说，那笑就表示，她知道，在她讲解机器构造时有些可爱之处也被斯维亚日斯基发现了。陶丽看到她这种少女般娇声娇气的新特点，心里很不舒服。

“不过，安娜·阿尔卡迪耶芙娜在建筑方面的知识还是很了不起的。”杜什凯维奇说。

“可不是，我听到，安娜·阿尔卡迪耶芙娜昨天还谈到防湿层和护墙板呢，”维斯洛夫斯基说，“我说得对吗？”

“一点也没有什么了不起的，见得多了，听得多了，就知道了，”安娜说，“您恐怕连房子是用什么造的都不知道吧？”

陶丽看出来，安娜并不满意她和维斯洛夫斯基之间用的调笑语调，但她不由得用起这种语调。

伏伦斯基在这种情况下完全不像列文那样。他对维斯洛夫斯基的胡扯显然毫不介意，相反，他还鼓励开这种玩笑。

“那您就说说，维斯洛夫斯基，石头是用什么砌合的？”

“还用说，用水泥嘛。”

“不错！那么，水泥又是什么？”

“哦，很像稀泥……不，像灰泥。”维斯洛夫斯基一说，引起哄堂大笑。

饭桌上的人，除了郁郁寡言的医生、建筑师和管家以外，都不停地说着话儿，有时漫无边际，有时专门说什么人，说到什么人的痛处。有一次说到陶丽的痛处，她十分恼火，脸都红了，后来她想起来，仿佛她还说了不恰当、不愉快的话。斯维亚日斯基说起列文，就说了说他认为机器只会对俄国农业有害的怪论。

“我无缘认识这位列文先生，”伏伦斯基笑着说，“不过，恐怕他从来没见过他所说的那些机器。如果他见过也用过的话，那也是蹩脚货，不是进口的，而是俄国土造的。那还有什么可说的呢？”

“总而言之，这是土耳其人的论调。”维斯洛夫斯基笑嘻嘻地对安娜说。

“他的看法对不对，我说不上来，”陶丽一下子红了脸，说，“但我可以说，他是一个很有学识的人。要是他在这儿，他会知道怎样回答你们的，可是我不能。”

“我很喜欢他，我和他是老朋友了，”斯维亚日斯基和蔼可亲地微笑着说，“不过，恕我直言，他有些怪癖；比如，他硬是说，地方自治会和调解法官毫无用处，他根本不想参与其事。”

“这是我们俄国人的麻木，”伏伦斯基一面把玻璃瓶里的冰水往一个精致的高脚杯里倒，一面说，“感觉不出我们的权利加在我们身上的义务，所以不承认这些义务。”

“我不知道有谁在履行义务方面比他更认真的了。”陶丽听到伏伦斯基这种自以为了不起的语调，非常生气地说。

“我倒是相反，”不知为什么这话显然刺到了伏伦斯基的痛处，他于是又说下去，“我倒是相反，正如您看到的这样，多亏尼古拉·伊凡内奇（他指指斯维亚日斯基）的大力支持，当选为名誉调解法官，我非常感谢大家给我这样的荣誉。我认为，在我来说，尽义务去参加会议，尽义务审议庄稼人的有关马的事，和我能够做的其他许多事同样重要。如果把我选进地方自治会，我会认为是一种光荣。我也只有这样，才能补偿我这个地主享受的利益。不幸的是，很多人不理解大地主对国家应起的作用。”

陶丽听着他在自家的餐桌上这样自以为是、旁若无人的议论，觉得很奇怪。她想起来，抱有相反见解的列文在自家的餐桌上议论起什么也是振振有词的。但是她喜欢列文，所以她维护他。

“这么说，伯爵，下次开会您能光临吗？”斯维亚日斯基说，“不过要早点儿动身，好在八点以前就到那里。您能否赏光到我家去？”

“我倒是有点儿赞成你妹夫的见解，”安娜说，“不过不像他那样绝对。”她又笑着补充一句。“我怕我们现在的社会公职太多了。就像以前官员太多,什么事都要有当官的到场,现在就是这样,什么事都要有社会活动家参加。阿历克赛来到这里才六个月,已经是五个或六个不同的社会团体的委员了:慈善救济会委员呀,调解法官呀,地方自治会议员呀,陪审员呀,还有管马的什么呀。日子照这样过下去,所有的时间都要花在这上面了。我担心,这类事情这样多,难免流于形式。尼古拉·伊凡内奇,您担任多少机构的委员呀?"她问斯维亚日斯基。"好像有二十多个吧?"

安娜是用玩笑的口吻说的,但是却可以在她的语调中听出恼火的意味。细心在观察安娜和伏伦斯基的陶丽立刻就觉察到这一点。她还发现,在谈这些事的时候,伏伦斯基的脸上立刻出现了严肃和固执的神气。陶丽注意到这一点,也注意到瓦尔瓦拉公爵小姐为了改变话题,急忙谈起彼得堡的一些熟人,又想起伏伦斯基在花园里驴唇不对马嘴地谈起他的社会活动的情形,她明白了,在社会活动这个问题上,安娜和伏伦斯基暗地里有争吵。

饭菜,酒,餐具,一切都是极好的,但这一切就像陶丽在她已经很久没有参加的那种宴会和舞会上看到的那样,带有不能随便和紧张的意味;所以现在在平常的日子里,在小小的圈子里,这一切就给她造成很不愉快的印象。

饭后大家在阳台上坐了一会儿。然后就开始打网球。打球的人分成两组,来到碾得很平整的槌球场上,分别站到挂在金色柱子上的球网两边。陶丽试着打了一阵子,但很久不懂得怎样打法,等她懂了,已经没有力气了,就和瓦尔瓦拉公爵小姐坐到一起,光是看别人打了。她的搭档杜什凯维奇也不行了,可是其他几个人又打了很久。斯维亚日斯基和伏伦斯基都打得很好,很认真。他们机警地注视着打过来的球，既不慌忙，也不怠慢，很麻利地跑过去，等球一跳起来，就用球拍又准又稳地把球打过网去。维斯洛夫斯基打得最差。他过于急躁，可是他那股快活劲儿却使大家玩得更起劲儿。他的笑声和叫声没有停过。他也像其他几个男子一样，征得女士们的许可，脱去了上装，他那穿着白衬衫的胖大而健美的身姿、汗水淋淋的红红的脸和急促的动作就给人很深的印象。

这天晚上陶丽上床睡觉的时候，一闭上眼睛，就看见维斯洛夫斯基在球场上来回奔跑的情景。

在打球的时候，陶丽有些不高兴。她不喜欢维斯洛夫斯基和安娜在玩球时那种一个劲儿嬉笑的态度，也不喜欢没有孩子、光是大人玩孩子游戏时大人那种矫揉造作的样子。但是为了不扫别人的兴，也为了消磨时间，她休息了一会儿之后，又打起球来，并且装作十分快活。整个这一天她都觉得，好像她是在和一些比她高明的演员同台演戏，由于她的拙劣演技，坏了一台好戏。

她来时有个打算，如果住得惯的话，就住上两天。但是在傍晚打球的时候她拿定主意明天就走。对于做母亲的那种牵肠挂肚的心情，她一路上还非常痛恨的，现在在离开孩子们一天之后，她的看法完全不同了，就因为牵肠挂肚，她要回家。

等到用过晚茶，划船夜游之后，陶丽一个人回到自己房里，脱了衣服，坐下来理了理稀稀的头发准备睡觉，就觉得轻松多了。

她想到安娜就要来看她，甚至都感到不愉快了。她很想独自一人想想心事。

二十三

安娜穿着睡衣走进来的时候，陶丽已经想睡了。

在这一天里，安娜有几次说起自己的心事，可是每一次都是说了几句就不说了。她都是说："以后再谈吧，等咱们两个在一起好好谈谈。我有很多话要对你说呢。"

现在只有她们两个在一起了，安娜却不知道说什么才好。她坐在窗前，望着陶丽，在脑子里反复搜索着本来以为永远说不完的知心话儿，却什么也想不起来。这会儿她觉得好像什么都说过了。

"哦，吉娣怎么样？"她重重地叹了一口气，带着负疚的神气望着陶丽说，"陶丽，你对我说实话，她不生我的气吗？"

"生气？不。"陶丽笑着说。

"可是她恨我，瞧不起我吧？"

"才不呢！不过你要知道，这事儿往往是不会原谅的。"

"是的，是的，"安娜转过脸去，望着打开的窗户外面说，"不过这不怪我。那又怪谁呢？有什么好怪的呢？难道会不是这样吗？哦，你又怎么想呢？让你不做司基瓦的妻子，行吗？"

"说实话，我不知道。不过，你有什么话就对我说说吧……"

"是的，是的，不过吉娣的事咱们还没有谈完呀。她幸福吗？据说，他是一个挺好的人。"

"说他挺好，那是不够的。我没有见过比他更好的人了。"

"啊，我多么高兴呀！我太高兴了！说他是挺好的人，还不够呢。”她重复一遍。

陶丽笑了笑。

“不过你还是给我说说自己的事吧。我要和你好好谈一谈。我已经和……”陶丽不知道该怎样称呼伏伦斯基。她觉得既不好称他伯爵，也不好称他阿历克赛·基里雷奇。

“和阿历克赛，”安娜说，“我知道，你们谈过了。不过我想当面问问你，你对我，对我过的日子是怎么看的？”

“这一下子怎么说得清呢？我实在说不上来。”

“不，你还是对我说说吧……我过的日子你也看到了。不过你不要忘记，你是在夏天你来的时候看到我们的，而且不光是我们两个人……可我们是早春时候来的，一直是只有我们两个，今后也只有我们两个，而且我再也没有什么奢望了。可是你想想吧，他不在的时候，我一个人过，孤孤零零，这种情形会有的……我从各方面看出来，这种情形常常会有，他会有一半时间不在家，”她说着，站起来，坐得离陶丽更近些。

“当然，”她拦住想反驳的陶丽的话，说道，“当然，我不是硬把他拖住。我也不会去拖他。什么时候赛马，他想去赛马，就去。我很高兴。可是你替我想想，想想我的处境吧……唉，这有什么好说的呀！”她笑了笑。“那他和你究竟说了些什么呀？”

“他说的正是我自己想说的，所以我很容易当他的辩护人：他说的是，能不能……是不是可以……”陶丽口讷起来，“是不是可以改变，改善一下你的处境……你知道，我是怎么看的……不过，如果可能的话，还是应该结婚……”

“就是说，要离婚吗？”安娜说。“你可知道，在彼得堡唯一来看我的女人是培特西？你认识她吧？实际上，她是一个最放荡的女人。她和杜什凯维奇勾勾搭搭，欺骗丈夫的手法是极卑劣的。连她也对我说，如果我的状况还是不正常，她就不会理我。你不要以为我是在拿她和你比……我是了解你的，我的好嫂子。可是我不由得想起来……哦，他究竟对你说了些什么呀？”她又问一遍。

“他说，他为你也为自己感到十分痛苦。也许你会说，这是自私，但这样的自私是合理合法的，是高尚的！首先他是想使他的女儿合法化，想成为你的丈夫，有权利爱你。”

“什么样的妻子，什么样的奴隶，会像我，像我在这种状况下这样，成为十足的奴隶呢？”她阴沉地打断陶丽的话说。

“主要的是，他希望……希望你不再痛苦。”

“这不行！还有呢？”

“还有，也就是最合情合理的，那就是，他希望你们的孩子有个姓。”

“什么孩子呀？”安娜不看陶丽，眯着眼睛说。

“安妮和以后的孩子……”

“这一点他可以放心，我再也不会有孩子了。”

“你怎么能说再也不会有呢？……”

“再也不会有了，因为我不想要了。”

安娜尽管十分激动，但看到陶丽脸上那种天真的好奇、惊讶和恐惧神气，不由得笑了。

“那一次我病后医生对我说的……”

…………

“不可能!”陶丽睁大了眼睛说。在她来说,这是一个新的发现,其后果和推论将是极其重大,以至于在开头一会儿觉得简直无法设想,但又觉得这事儿需要多多地想想。

这一发现一下子使她理解了以前她不理解的那些只有一两个孩子的家庭,这就在她心中激起许许多多想法、感触和矛盾心情,以至于她不知从何说起,只是睁大了眼睛惊讶地望着安娜。这正是她今天一路上梦想过的事,现在她知道这是可能的了,却又害怕起来。她觉得,问题太复杂,这样解决就太简单了。

“难道这不是不道德吗?”她沉默了一阵子之后,只是这样说。

“怎么不道德?你想想吧,我只能在二者中选择其一:要么做孕妇,也就是病人;要么做丈夫的朋友和伴侣,他就等于丈夫了。”安娜故意用浅薄和轻浮的语调说。

“就是了,就是了,”陶丽说,听着她曾经引用过的这些理由,并不认为这些理由比以前更有说服力。

“在你,在别人。”安娜仿佛猜度着她的心思说,“也许还可以犹豫,可是在我……你要明白,我不是他的妻子;他高兴爱我多久,就爱我多久。怎么办,我靠什么来维系他的爱情呢?就靠这个吗?”

她把一双玉手伸到肚子前面。

就像往常激动时那样,种种想法和往事一下子涌上陶丽的心头。她心想:“我吸引不住司基瓦;他抛开我去找别的女人;他抛开我去找的第一个女人,又漂亮又风流,可是也没有把他拴住。他抛开她,又勾搭上另一个。难道安娜这样就能把伏伦斯基伯爵迷住,把他拴住吗？如果他追求的就是这个,那他总会找到打扮和风度更迷人、更风流的。不论她这光溜溜的手臂多么白、多么好看,这丰满的身段多么美,这乌黑的头发衬托下的红红的脸蛋儿多么俏丽,他还是能找到更好的,就像我那可恶、可怜又可爱的丈夫一样,找总是能找到的。”

陶丽什么也没有回答,只是叹了一口气。安娜觉察到这一声叹息是表示不赞成,就又说下去。她还准备了一些理由,那都是很有力的,叫人无法反驳的。

“你说,这样不好吗？可是应当好好考虑呀,”她继续说,“你忘记了我的处境。我怎么能希望再有孩子呢？我不是说痛苦受罪,痛苦受罪我不怕。你想想吧,我的孩子是什么人呢？将成为姓别人的姓的不幸孩子。他们一生下来就不能不为母亲、父亲和自己的身份感到比人低下。”

“就因为这样也必须离婚呀。”

但是安娜没有听她的。她很想把她多少次用来说服自己的那些理由全说出来。

“如果我糊里糊涂只顾生不幸的孩子,那还要头脑干什么？”

她对陶丽望了望,但不等回答又说下去:

“那样我就会时时刻刻觉得对不起这些不幸的孩子,”她说,“如果他们不生下来,至少他们不会不幸;如果他们不幸的话,那就只能怪我了。”

这也正是陶丽自己引用过的那些理由;可是现在她听着,却不懂了。她心想:“怎么会对不起不存在的东西呢？”于是她心里忽然出现一个想法:如果她的宝贝儿格里沙根本不存在的话,不论在什么情况下是不是会对他好一些呢？她觉得这太荒唐，太奇怪了，所以她直摇头，想驱散这些盘旋萦绕在脑际的乱糟糟的念头。

“不，我说不来，不过这样不好。”她只是在脸上带着厌恶的神气说。

“是啊，不过你别忘了你怎么样，我又怎么样……此外，”安娜尽管认为自己的理由充足，陶丽的理由很不充足，她似乎还是意识到这样不太好，就又补充说，“你别忘了最主要的一点，就是我的处境和你不同。在你来说，问题是：你是不是希望不再有孩子；在我来说，那却是：我是不是希望有孩子。这是很大的差别。你要明白，我在我的处境下，不能有这种希望。”

陶丽没有反驳。她忽然觉得，她和安娜之间的距离已经非常远了，她们之间有一些问题，她们在这些问题上是永远谈不拢的，还是不谈为好。

二十四

“所以，如果可能的话，你就更需要改善你的处境了。”陶丽说。

“是的，如果可能的话。”安娜突然用一种完全不同的、又轻柔又伤心的语调说。

“难道就不能离婚吗？我听说，你丈夫是同意的。”

“陶丽！我不想谈这事儿。”

“好吧，咱们就不谈，”陶丽注意到安娜脸上的痛苦神色，就连忙说，“不过我看出来，你看事情太悲观了。”

“我吗？一点儿也不。我很快活，也很得意。你也看到，我还有人垂青呢。维斯洛夫斯基……”

“是的，说实在的，我真不喜欢维斯洛夫斯基的德行。”陶丽想改变话题，就说道。

“啊呀，一点事儿也没有！这只能使阿历克赛感到舒服罢了；他不过是个孩子，全在我的掌心里；你要明白，我想要他怎样就怎样。他就等于你的格里沙……陶丽！”她忽然换了话题，“你说我看事情太悲观。你是无法理解。这太可怕了。我是尽可能完全不看。”

“可是我觉得，应该看呀。能做到的，应该做到。”

“可是究竟能做到什么呢？什么也做不到。你说我应该和阿历克赛结婚，说我不考虑这事儿。我不考虑这事儿哩！”她重复了一遍，一张脸顿时红了。她站起来，挺起胸脯，重重地叹了一口气，就迈着轻盈的步子在房里前前后后踱了起来，只是偶尔停一停。“我不考虑？没有哪一天、哪一个钟头我不考虑，没有哪一天、哪一个钟头我不因为自己考虑责骂自己……因为想这事儿会发疯的。会发疯的，”她又说了一遍。“我每考虑起这事儿，不服吗啡就不能睡觉。那好吧，咱们就平心静气地谈一谈。都对我说：离婚。第一，他不会答应我的。他现在听李迪雅伯爵夫人的了。”

陶丽在椅子上挺起身子，转动着头，带着很难受的怜悯神情注视着来回踱步的安娜。

“应该试一试呀。”她轻轻地说。

“比如说，就试一试。那又有什么意思呢？”她说的显然是她已经反复考虑过一千次、已经背得很熟的想法。“那就是说，我虽然恨他，却还是要承认自己对不起他，——并且认为他是宽宏大量的，——还是要低三下四写信给他……好，比如说，我尽力而为，这样做了。也许我会得到侮辱性的答复，也许会取得同意。就算我取得了同意……”安娜这时已走到房间的那一头，站下来，摆弄着窗帘，“我就算能取得同意，可是儿……儿子呢？他们是不会把儿子给我的呀。他就会在瞧不起我的心境下，在被我抛弃的父亲身边长大。你要明白，我爱他们两个，谢辽沙和阿历克赛，可以说是同等的，但都超过爱我自己呀。”

她来到房间中央，在陶丽面前站下来，两手紧紧贴在胸前。她那穿着雪白睡衣的身躯显得特别高大、魁伟。她低下头，皱着眉头，用泪汪汪、光闪闪的眼睛望着又瘦又小、穿着打补丁上衣、戴着睡帽、激动得浑身打哆嗦的可怜的陶丽。

“我爱的就是这两个人，可是有了这个，就不能有那个。我无法把他们联结在一起，可是我要的就是这样。要是这一点办不到的话，一切都无所谓了。一切、一切都无所谓了。而且不管怎样都要完的，就因为这样我不能也不喜欢谈这事儿。你就不要责备我，不要说我什么不对了。你太单纯了，无法理解我遭受的全部痛苦。”

她走过去，挨着陶丽坐下来，带着歉疚的神气凝视着她的脸，拉住她的手。

“你是怎么看的？你对我是怎么看的？你不要看不起我。我不应该被人看不起。我真是不幸呀。如果有谁不幸的话，那就是我了。”她说过这话，扭过头去，哭了起来。

等到剩了陶丽一个人，她做过祷告，就上了床。在她和安娜说话的时候，她一心一意地怜惜安娜；可是现在她再也无法想安娜的事了。关于家庭和孩子们的种种回想，带着对她不曾有过的特殊魅力和一种新的光彩纷纷出现在她的脑际。现在她觉得她这个天地极其可贵，极其可爱，以至于觉得在这个天地之外多待一天也待不下去，所以她拿定主意明天就走。

这时候，安娜回到自己房里，拿起酒杯，倒了几滴药水，其中主要是吗啡，喝下去之后，又一动不动地坐了一阵子，这才带着宁静和愉快的心情朝卧室走去。

她走进卧室的时候，伏伦斯基仔细打量了她一眼。他知道，她在陶丽房里待了这么久，她们一定谈过了，所以他在她脸上寻找谈话的痕迹。但他从她那压制着激动、有所掩饰的脸色上什么也没有找到，只看到他虽然已经看惯但依然使他销魂的美，看出她意识到自己的美并且希望她的美打动他的心。他不愿意问她，她们谈了些什么，但希望她自己说点儿什么。可是她只是说：

“你喜欢陶丽，我很高兴。你喜欢她，不是吗？”

“我早就认识她了嘛。她非常善良，不过，好像很俗气。反正我是很欢迎她来的。”

他抓住安娜的手，用询问的目光望了望她的眼睛。

安娜把他的眼色理解成别的意思，对他嫣然一笑。

第二天早晨，尽管男女主人再三挽留，陶丽还是要走。穿着旧外套、戴着仿驿车夫帽的列文的车夫，带着一脸闷闷不乐和决绝的神气，赶着几匹毛色各不相同的马，驾着挡泥板打了补丁的轿车来到铺满沙砾的有顶的大门口。

陶丽与瓦尔瓦拉公爵小姐和几个男人道别，心里觉得很不痛快。待了一天之后，她和男女主人都明显地感觉出他们彼此合不来，他们还不如不见面。只有安娜觉得伤心。她知道，现在陶丽一走，就再也不会有谁触动这次见面在她心中一度翻腾起来的那种感情了。触动这种感情是很痛苦的，可是她知道，这是她心灵的最美好部分，她也知道，这最美好的一部分心灵很快就会在她过的生活中淹没。

陶丽乘马车来到田野上，顿时感到轻松愉快，她正想问问下人，他们喜欢不喜欢伏伦斯基家，不料车夫菲利浦自己就说起来：

“财主倒是财主，可是燕麦总共才给了三斗。天没亮就吃得光光的。三斗燕麦管什么用呀？只能当点心。现在燕麦也不过四十五戈比一斗。谁要是到我们家里去，马想吃多少，就给多少。”

“这家老爷太小气。”账房也附和说。

“哦，那你喜欢他们家的马吗？”陶丽问。

“马倒是没说的。饭食也很好。可是我就感觉有点儿乏味，达丽雅·亚力山大罗芙娜，不知道您觉得怎样。”账房转过漂亮而和善的脸，对陶丽说。

“我也有这样的感觉。怎么样，傍晚咱们能到家吗？”

“准能到家。”

陶丽回到家里，看到大家都平平安安，特别可亲可爱，就兴致勃勃地说起她这次探访，说她受到多么好的接待，说了伏伦斯基家生活的豪华和高雅气派，又说他们家的娱乐活动，不让任何人说他们一句坏话。

“应该多多了解安娜和伏伦斯基,才能知道他们有多么可爱,多么感人,我现在就更了解他们了。”她现在完全忘记了她在那里体验过的那种模模糊糊的不满和不自在心情,诚心诚意地说。

二十五

伏伦斯基和安娜的情形依然如故,依然没有任何离婚的举动,就这样在乡下过了一个夏天和一部分秋天。他们打定主意哪儿也不去;但是他们两个人都觉得,再这样冷冷清清过下去,尤其是到秋天没有客人来的时候,这日子他们会受不了,非改变不可。

他们的生活似乎好得不能再好了:有的是钱,身体都很好,有孩子,各人都有事情做。没有客人来,安娜也照样修饰打扮,阅读很多书籍,有小说,也有正经的书,都是当今最风行的。凡是在她收到的外国报刊上推荐过的书,她都买了来,而且读得十分仔细,这种仔细劲儿也只有在冷清时才会有的。此外,她还通过书籍和专业刊物来研究伏伦斯基所干的种种事情,所以伏伦斯基在农业、建筑方面,有时甚至在养马和体育方面遇到问题,常常直接向她请教。他对她的知识和记忆力感到惊讶,开头也很怀疑,就要她拿出证据;于是她就在书中找出他所问的东西,指给他看。

她也很关心医院的建设。她不但帮忙,而且有很多地方都是她亲自安排和想点子。但她最关心的还是她自己——她在伏伦斯基心目中有多大分量,她能够在多大程度上代替他所抛弃的一切。她不仅要使他喜欢,而且要好好服侍他,这已成为她唯一的人生目的。伏伦斯基很珍视这一点，可是同时，他在她一心一意要用来把他缚住的情网中也感到难受。时间过去越多，他越是常常看出自己已被情网所缚，他就越是想挣扎，倒不是想挣脱，而是想试试这网是不是妨碍他的自由。要不是这种越来越强的要自由的愿望，要不是每次到城里开会或赛马都要发生一场争吵，伏伦斯基过的日子那是称心如意的。他所选定的角色，大地主的角色，俄国贵族核心人物的角色，不仅完全合乎他的口味，而且现在这样过了半年之后，给他带来越来越大的乐趣。他越来越关心、越来越迷恋的事业也进行得十分顺利。尽管医院、机器、从瑞士买来的奶牛和其他许多东西使他花了很多钱，可是他相信这不是浪费，而是增加了自己的财富。在进项方面，如出卖木材、粮食、羊毛，出租土地，他也很会讲价钱，决不吃亏。在这个庄子和其他一些庄子的大的经营项目上，他总是采取最稳当、最可靠的办法，就是在很小的经营项目上，他也很会精打细算。尽管德国管家又滑头，点子又多，常常引诱他买进什么，在提出预算时总是故弄玄虚，开头总是把数字说得很大，但是经过一番计算之后，就说少花一些钱也能办到，而且很快就会有利可图，伏伦斯基却从来不上他的当。只有当购置的东西是最新式的，在俄国还未见过，可以引起轰动的，他才会听管家说说，和他商量商量，同意他的意见。此外，只有在手头的钱绰绰有余的时候，他才肯花大宗的钱，而且还是要精打细算，花钱一定要花在节骨眼儿上。所以，从他经管的事情可以清楚地看出来，他没有浪费，倒是增加了自己的财产。

十月里，卡申省举行贵族大选。伏伦斯基、斯维亚日斯基、柯兹尼雪夫、奥布朗斯基的田产和列文的田产的一小部分就在这个省里。

这次选举由于种种情况和参加选举的人物，引起社会的关注。很多人纷纷议论着，准备着参加。莫斯科、彼得堡的人，还有一些国外的人，以前从来没有参加过选举的，也都来参加这次选举了。

伏伦斯基早就答应过斯维亚日斯基要参加选举。

大选之前，常来沃兹德维任村的斯维亚日斯基顺路来邀伏伦斯基。

前一天，为了这次外出，伏伦斯基和安娜几乎吵起来。现在是秋天，在乡下正是最寂寞、最难挨的时候，所以伏伦斯基做好吵嘴的准备，摆出他和安娜说话从来不曾有过的郑重和冷峻脸色，对她说他要出门。可是，使他惊讶的是，安娜听到这话十分平静，只是问他什么时候回来。他仔细看了看她，不明白她为什么这样平静。她看到他看她，笑了笑。他知道她这种隐瞒心思的本领，也知道，只有在她暗暗打定什么主意，不想把自己的打算告诉他时才会这样。他怕的就是这个；可是他很想避免争吵，所以他就装作相信，也有点真的相信他很希望相信的事，那就是，相信她是通情达理的。

“我想你不会感到寂寞吧？”

“我想不会的，”安娜说，“我昨天收到戈蒂耶书店寄来的一箱子书。我不会寂寞的。”

“她想采取这种态度哩，这样也好，”伏伦斯基心想，“要不然吵起来就没有完了。”

就这样，他没有和她推心置腹地交谈，就去参加选举了。话没有说明白他就和她分手，这从他们有关系以来还是第一次。一方面，这使他很不放心，另一方面，他认为这样好些。他心想："开头，像现在这样，是会有一些模模糊糊、难以出口的想法的，不过以后她就习惯了。不管怎么说，我什么都可以为她牺牲，就是不能牺牲我这个男子汉的独立性。"

二十六

九月里，为了吉娣生产，列文也搬到莫斯科去住。柯兹尼雪夫在卡申省有田产，很关心选举问题，在他准备去参加选举的时候，列文在莫斯科闲居已经有整整一个月了。柯兹尼雪夫邀弟弟一起去，因为列文有资格做谢列兹聂夫县的代表。此外，列文还要去卡申省为侨居国外的姐姐办理一件有关托管和收取土地押金的要事。

列文还是犹豫不决，可是吉娣看到他在莫斯科很无聊，就劝他去，而且不和他商量就给他定做了一套价值八十卢布的贵族礼服。这花在礼服上的八十卢布，是促使列文去的主要原因。他就动身往卡申省去了。

列文到卡申已经六天了，天天参加会议，同时为姐姐的事奔走，事情办得很不顺手。贵族头面人物都一心忙于选举，就连一件最简单的与托管有关的事也办不成。另一件事，收取土地押金，同样也遇到麻烦。为解除封禁斡旋了很久之后，准备付钱了；可是那个热心的公证人却不能签发支票，因为需要主管人签名，而主管人忙着开会，又没有交人代办。这样奔走斡旋，同许多完全理解申请人的苦衷而又爱莫能助的好心人谈话，像这样一次次使尽劲儿毫无结果，就使列文产生了一种很难受的心情，就像在梦中想使劲儿却使不出时那种无可奈何的懊恼心情。他在和他聘请的那位心地善良的律师谈话时，就常常有这种感觉。这位律师似乎竭尽一切力量，使出浑身解数，要为列文排忧解难。“您就这样试试看，”他不止一次这样说，“您到哪儿哪儿去一下吧，”于是律师说起怎样解决阻碍一切的关键性问题的全盘计划。可是他马上又补充说：“还会有人作难的，不过您去试试吧。”于是列文就去试，东奔西走。所有的人都很和蔼，很客气，可是结果呢，解决了的问题到末了又冒出来，又拦住去路。特别使人恼火的是，列文怎么也不明白是谁在和他作对，他的事情总是办不成，究竟对谁有好处。恐怕谁也不知道这一点，就连律师也不知道。列文明白，在火车站买票为什么非排队不可，如果他也能像那样明白这种事儿，他就不会觉得委屈和懊恼了。可是，他在办事方面遇到种种阻碍，谁也无法给他解释这些阻碍为什么会存在。

但是列文自从结婚以后有很大变化；他现在很有耐性，如果他不明白这一切为什么会这样的话，那他就对自己说，不了解全部情形，不能下判断，大概就应该这样，所以他尽量不生气。

现在，他出席会议，参加选举，也是尽量不指责，不争论，而是尽可能去理解他所敬重的这些正直而善良的人这样郑重、这样起劲地干的事情。自从他结婚以来，他发现，以前因为他轻率对待认为微不足道的事情，都有许多很新鲜、很重要之处，所以他认为选举的事可能是有重大意义的，并且在探索其重大意义。

柯兹尼雪夫向他解释了通过选举将会出现的变革的意义和

重要性。省首席贵族依照法律规定掌管许多很重要的社会公共事业,如托管监护(现在列文就是因为这事儿大伤脑筋的),贵族大量基金的动用,男女中学和军事学校,新式的国民教育,最后还有地方自治会。目前的省首席贵族斯涅特科夫是一个荡尽巨大家产的老派贵族,心地善良,为人也很正直,但是完全不理解新时代的需要。他处处站在贵族方面,公然反对普及国民教育,并且使应该具有广泛代表性的地方自治会带有阶级性质。现在就是要选一个有朝气、有现代思想、精明能干的完全新式的人物来代替他,以便凭借赋予贵族,也不是赋予贵族,而是赋予地方自治会的一员的种种权力,充分发挥地方自治能够发挥的作用。在富饶的卡申省,一向在各方面都是走在其他省前面的,如今集中了这样一大批优秀人物,这里的事情如果能办得好,就会成为各省和全俄国的典范。所以这次选举具有重大的意义。预料可能会提出来接替斯涅特科夫当首席贵族的,也许是斯维亚日斯基,也许是聂维多夫斯基,那更要好些。聂维多夫斯基是一位退休教授,是聪明绝顶的人,又是柯兹尼雪夫的好朋友。

省长宣布开会,他向贵族们发表讲话,希望他们选举公务人员不讲情面,而是凭功绩和以造福祖国为出发点。他希望,卡申省尊敬的贵族还像历届选举一样,忠实地履行自己的义务,不负皇上的厚望。

省长讲完话,就从会场往外走。贵族们就闹哄哄地、很带劲儿地,有些人还洋洋得意地跟着他往外走,而且就在他穿大衣,和首席贵族亲切交谈的时候,把他团团围住。列文因为想知道究竟,什么也不肯放过,所以也站在人群里,听见省长说:“请转告玛丽雅·伊凡诺芙娜，就说我妻子很抱歉，她要上孤儿院去。”然后贵族们就快快活活地穿起自己的大衣，大家都上了车前往大教堂。

在大教堂里，列文和大家一样举着手，跟着大司祭念祷词，用最严厉的誓词发誓，一定要照省长所期望的去做。宗教仪式对列文总是会有影响的，就在他说“我吻十字架”这句话，用眼睛扫了扫这一群也在说这句话的老老少少的时候，他觉得自己深深感动了。

第二天和第三天讨论贵族基金和女子中学的事，如柯兹尼雪夫说的，这些事是无关紧要的，所以，忙着为自己的事奔走的列文就没有关心这些事。到第四天，在主席台上审查起本省的基金。于是新旧两派第一次发生冲突。负责审查账目的委员会向大会报告说，账目分毫不差。首席贵族站起来，表示感谢贵族们的信任，并且感动得流下眼泪。贵族们高声向他欢呼，并且纷纷和他握手。可是就在这时候，柯兹尼雪夫一派里有一个贵族说，他听说委员会并没有查过账，因为他们认为查账是对首席贵族的侮辱。委员会中有一个委员不小心证实了这一点。这时有一位个头儿矮小、看样子很年轻、然而说话非常尖刻的先生说起来，说首席贵族想必是很高兴查清账目的，可是由于委员会过分客气，他无法得到这种精神上的快慰。于是委员会收回了自己的报告。柯兹尼雪夫就有条有理地说起该不该承认查过账或者没有查过账的道理，并且把这种二者必择其一的道理发挥了一通。反对派中有一个能说会道的人反驳了柯兹尼雪夫。然后斯维亚日斯基发言，那位说话尖刻的先生又发言。争论了很久，没有任何结果。列文非常惊讶，他们竟为这事儿辩论了那么久，尤其是在他问柯兹尼雪夫，他是不是认为基金被侵吞了的时候，柯兹尼雪夫竟回答说：

“才不会呢！他是一个正直的人。不过这种掌管贵族事务的旧式家长作风必须碰一碰。”

第五天选举各县的首席贵族。这一天在有些县里吵闹得相当激烈。在谢列兹聂夫县，斯维亚日斯基经大家一致同意当选为首席贵族。当天晚上他就设宴庆贺。

二十七

第六天是选举省首席贵族。大厅和小厅里挤满了身穿各种各样礼服的贵族。有很多人是专门为这一天赶来的。多年未见的熟人，有的来自克里米亚，有的来自彼得堡，有的来自国外，都聚集一堂了。在省首席贵族的桌旁，沙皇肖像下面，进行着热烈的争论。

贵族们在大厅和小厅里都分成一群一群的，从他们那带敌意和不信任的目光，从外人走近时立刻闭口不谈的那种神气，有些人甚至跑到远处走廊里去交头接耳地说话，从这一切可以看出来，每一方都有不可告人的秘密。贵族们在外表上很明显地分成两派：老派和新派。大部分老派不是穿着老式的紧身贵族礼服，挂着佩剑，戴着礼帽，就是各人穿着自己有资格穿的海军、骑兵、步兵制服。老派贵族的制服都是按老式样做的，都带肩章；制服显得很小，腰身又短又窄，仿佛穿衣服的人长高了。少壮派穿着敞胸的贵族礼服，低腰身，肩部宽宽的，衬着雪白的背心，或者穿着黑领制服，绣有司法部的标志桂树叶。人群中还点缀着几个穿宫廷制服的，也是少壮派的。

不过，派别的划分与年龄老少的划分并不一致。据列文观察，有些年轻人是属于老派的，相反，有些年纪很老的贵族在和斯维亚日斯基交头接耳地说话，显然是新派的中坚分子。

大家在小厅里抽烟，吃点心。列文站在自己一伙人旁边，留心听他们说话，尽管他全神贯注，还是不明白他们说的是什么。柯兹尼雪夫是中心，其他人都聚集在他周围。这时他在听斯维亚日斯基和赫留斯托夫说话。赫留斯托夫是另一个县的首席贵族，也是他们这一派的。他不肯和他们县的人一起去要求斯涅特科夫当候选人，斯维亚日斯基却劝他这样做，柯兹尼雪夫也赞成这种做法。列文不明白，为什么敌对的一派要请他们希望落选的首席贵族当候选人。

刚刚吃过点心、喝过酒的奥布朗斯基，一面用洒过香水的镶边麻纱手帕擦着嘴，穿着他那套宫廷侍从制服朝他们走来。

“咱们占领阵地了，”他捋着络腮胡子说，“谢尔盖·伊凡诺维奇！”

他听他们谈了一会儿之后，就表示支持斯维亚日斯基的意见。

“一个县就够了，斯维亚日斯基已经很明显，是反对派了。”他说的是除了列文大家都很明白的话。

“怎么样，柯斯加，你好像也懂得其中奥妙吧？”他又对列文说，并且挽住他的胳膊。列文确实很希望了解其中奥妙，可是他不懂究竟是怎么一回事儿，于是他跨了几步，走到一边去，对奥布朗斯基说他一点不懂，为什么要请省首席贵族当候选人。

“哎呀，太天真了！”[1]奥布朗斯基说过，就简单明了地对列文说了说是怎么一回事儿。

如果像历届选举那样，所有的县都提出省首席贵族当候选人，那他不用大家投票就可以当选。这样是不行的。现在已有八个县同意提名；如果有两个县不肯提名的话，斯涅特科夫就可能不肯当候选人。那样的话，老派就会从他们的人中另推一位候选人，新派的整个打算就会落空。但如果只有斯维亚日斯基的一个县不肯提名，斯涅特科夫还会当候选人。甚至还会选他，做出样子要投他的票，这样反对派就会做出错误估计，等到提出我们的人当候选人，他们就会投他的票。

列文懂了，但还没有完全懂，正想再提几个问题，这时忽然大家都说起话来，闹哄起来，朝大厅里走去。

“怎么回事儿呀？什么事呀？是谁呀？”“委托书吗？给谁的呀？怎么啦？”“否定了吗？”“不是委托书。”“不让弗列罗夫进来呢。”“有案在身，又怎么样？”“像这样谁也不能进来了。这太卑鄙。”“依法办事嘛！”列文听到四面八方都在嚷着，所有的人都急急忙忙地朝什么地方去，唯恐错过了什么，列文就和大家一起朝大厅里走去，被一群贵族拥挤着来到省首席贵族的桌子跟前，省首席贵族、斯维亚日斯基和另外几个头面人物正在这儿很激烈地争论着。

---

①原文为拉丁语。

二十八

列文站得相当远。他旁边有一个贵族呼哧呼哧喘着粗气，还有一个贵族的厚底靴吱嘎吱嘎响着，所以有很多话他听不清楚。他只能老远地听到首席贵族那柔和的声音，然后是那个说话尖刻的贵族的尖尖的声音，然后是斯维亚日斯基的声音。他能听得出的是，他们争论的是一段法律条文的意义和“在侦查中”这话的意义。

人群两边分开，给柯兹尼雪夫让路，让他走到主席台前。柯兹尼雪夫等那个说话尖刻的先生一说完，就说他认为最好是查一查有关的法律条文，于是就请秘书把那段条文找出来。在那段条文中说，如有意见分歧，必须投票表决。

柯兹尼雪夫把有关条文念了一遍，就开始解释其含义，但立刻就有一个又高又粗、身穿领子撑着后颈的紧身礼服、佝偻着背、染过小胡子的地主打断他的话。他走到主席台上，用手上的戒指敲了敲桌子，大声叫道：

“投票！投票表决！没有什么好说的！投票表决！”

这时一下子就有好几个声音说起话来。戴戒指的高大贵族的火气越来越大，叫得越来越响。可是听不清他说的是什么。

他说的正是柯兹尼雪夫所建议的；可是他显然很痛恨柯兹尼雪夫和柯兹尼雪夫这一派，而且他这种痛恨情绪也传染了他那一派，这样也就引起对方愤怒的反击，虽然对方的反击比较有礼貌些。大家都叫嚷起来，一时间乱成一团，省首席贵族不得不请求大家遵守秩序。

“投票表决，投票表决！谁是贵族，谁会明白的。我们决不答应……皇上的信任嘛……不能查首席贵族的账，他又不是账房……问题不在这里嘛……对不起，投票表决！太卑鄙了！……”四面八方都响起又愤怒又激动的叫嚷声。一个个的眼神和脸色就更愤怒、更激动了。他们都表现出不共戴天的仇恨。列文一点也不明白这是怎么一回事儿，不明白为什么在讨论是否表决有关弗列罗夫的问题时气氛这样激烈。他忘记了后来柯兹尼雪夫才对他说明白的那一套推理方法，那就是：为了公共福利，必须撤换省首席贵族；为了撤换省首席贵族，必须获得多数票；为了获得多数票，必须使弗列罗夫有选举权；为了使弗列罗夫有选举权，必须弄清法律条文的含义。

“一票就可以决定全局，所以如果愿意为社会事业着想，就必须郑重其事，坚持到底。”柯兹尼雪夫下结论说。

但是列文却忘记了这一点。他看到他一向尊敬的这些好人激动起来这样不愉快，这样凶恶，心里很难受。为了摆脱这种难受的感觉，他不等争论出结果，就走到旁边的厅里，这里什么人也没有，只是在餐柜旁有几名侍役。他看到侍役们忙活着擦餐具，摆杯盘，看到他们那心平气和、生气勃勃的脸色，顿时感到无比轻松，就好像从一间臭烘烘的屋子里跑到新鲜空气里。他高高兴兴地望着侍役，前前后后地踱了起来。他特别喜欢的是，有一个白络腮胡子的侍役，带着一脸瞧不起那些取笑他的年轻侍役的神气，教他们怎样叠餐巾。列文正要和这个老侍役聊聊，贵族托管委员会的秘书，一个有本领记得全省贵族的名和父称的小老头儿,跑来叫他了。

“有请了,康斯坦丁·德米特里奇,”小老头说,“令兄在找您呢。要投票了。”

列文走进大厅,接过一个小小的白球,就跟着哥哥柯兹尼雪夫走到主席台前,斯维亚日斯基带着一脸郑重其事和讥讽的神气站在那里,把大胡子握在手里,闻着。柯兹尼雪夫把一只手伸进票箱,把自己的小球放进去,给列文让出地方之后,就站了下来。列文走过去,可是完全忘记了是怎么回事儿,心里慌了,就问柯兹尼雪夫:“往哪儿投?”他是小声问的,这时旁边有人在说话,所以他指望没有人听到他的问话。可是说话的人不说话了,他这句很不像话的问话被人听到了。柯兹尼雪夫皱起眉头。

“这要看各人的主张了。”他板着脸说。

有几个人笑了笑。列文红了红脸,连忙把手伸到票箱罩布下面,把球投到右面,因为球在右手里。投好之后,他才想起来,应该把左手也伸进去,就又把左手伸进去,但已经晚了,这样就更觉得窘了,于是急急忙忙往后面几排去了。

“赞成票一百二十六!反对票九十八!”发不好卷舌音的秘书喊道。然后是一阵笑声,因为在票箱里发现了一个纽扣和两个核桃。弗列罗夫获得选举权,新派胜利了。

但老派并不认为他们已经输了。列文听到有些人在要求斯涅特科夫当候选人,看到一群贵族围住正在说什么的省首席贵族。列文就走了过去。斯涅特科夫在回答贵族们的话时,说到贵族们对他的信任,对他的爱戴,他是不配的,因为他无非是尽心尽意为贵族们服务了十二年。他有好几次重复说:“我鞠躬尽瘁,忠心耿耿,现在我也非常珍视和感激大家的盛情。”他忽然被眼泪哽住,说不下去了,就从大厅里走了出去。不知他的眼泪是怎么来的,是由于感觉到对待他不公平,由于对贵族的热爱,还是因为感觉到已被敌人包围,自知处境不妙,反正他的激动是很感人的,大多数贵族都受到感动,列文也觉得很心疼斯涅特科夫。

在门口省首席贵族和列文撞了个满怀。

“对不起,请原谅。”他像对陌生人一样说;可是他一认出是列文,却胆怯地笑了笑。列文觉得他想说点儿什么,可是激动得说不出来。当他匆匆走过时,列文看到他脸上的表情,看到他那穿着制服和镶金绦白裤、挂着十字章的整个身体的姿态,就觉得他很像一只被追捕的野兽,感到无路可逃了。他脸上这种神气使列文特别伤感,因为昨天刚刚为托管的事到他家里去过,见过他这个善良和有家室的人的威严气派。一座大房子,摆设的家具古色古香;几名老仆人,衣着不讲究,有点儿肮脏,但是毕恭毕敬,显然这还是以前的农奴,不愿背弃主人,留下来的;他那头戴花边睡帽、身披土耳其披肩的和蔼可亲的胖太太在和一个很好看的小外孙女亲热;上中学六年级的小儿子放学回来,一面向父亲问好,一面吻他的大手;还有主人那威严而亲切的言语和手势——这一切昨天都使列文不由得产生敬意和好感。现在这个老头子却使列文觉得伤感和可怜,列文就很想对他说几句安慰话儿。

“想必您还会当我们的首席。”他说。

“未必,”首席贵族张皇地环顾了一下,说,“我没有精力了,老了。有比我能干,比我年轻的,让他们干吧。”

首席贵族说过,就从边门走了。

最庄严的时刻到了。正式选举就要开始了。这一派和那一派的头头们都在掐指头估算白球和黑球的数目。

争论弗列罗夫的问题,不仅使新派获得弗列罗夫的一票,而且赢得了时间,所以,有三个贵族中了老派的诡计不能来参加选举的,也有可能来投票了。有两个贵族是嗜酒成癖,被斯涅特科夫的党羽灌醉了;还有一个贵族的礼服被人拿走了。

新派知道这事儿以后,趁着争论弗列罗夫的事儿的工夫,派人乘马车给那个贵族送去一套礼服,又把两个被灌醉的人中的一个接来开会。

"我把一个接来了,给他浇了些冷水,"那个乘车去接人的地主走到斯维亚日斯基跟前说,"没问题,能行。"

"醉得不厉害吧,不会栽倒吧?"斯维亚日斯基摇着头说。

"没事儿,呱呱叫!就是不能让他再喝了……我已经对侍役关照过,说什么也不能给他。"

二十九

小厅里挤满了贵族,有的在吸烟,有的在吃点心。大家的心情越来越激动,所有的脸上都流露着明显的焦急神情。特别激动的是两派的头头儿,他们了解全部底细,能估计票数。这是面临一场战斗的指挥官。其余的人就像临战的普通士兵,虽然做好战斗准备,但眼下还在寻欢作乐。有些人站着或坐在桌旁吃点心;有些人抽着烟,在长长的小厅里前前后后地走着,和很久不见的朋友说着话儿。

列文不想吃点心,也没有抽烟;也不愿和自己的一伙人,也就是不愿和柯兹尼雪夫、奥布朗斯基、斯维亚日斯基等人在一起,因为身穿宫廷武官制服的伏伦斯基正和他们站在一起很起劲儿地谈着。列文昨天在选举大会上看到他,就尽量躲着他,不愿意和他会面。列文走到窗前,坐下来,打量着一群一群的人,倾听着周围的人说话。他感到怅然,尤其因为他看到大家都浑身是劲儿,奔走忙碌,只有他和坐在他旁边的一个身穿海军制服、没有牙齿、说话含糊不清的老得不能再老的小老头儿,没有兴趣,无事可做。

"这是个大骗子手！我对他说过,这样不行。可不是！他收了三年都收不上来。"一个地主使劲儿踩着显然为了参加选举才穿上的新靴子的后跟,很带劲儿地说。这个地主个头儿不高,腰佝偻着,搽过油的头发披在制服的绣花领子上。他很不满地扫了列文一眼,陡地转过身去。

"是啊,很不干净的事儿,没什么说的。"有一个小个头儿的地主用尖细的声音说。

一大群地主簇拥着一位胖胖的将军,紧跟着这两个人,急急忙忙来到列文跟前。地主们显然是找地方说话,好让别人听不到。

"他怎么敢说我叫人偷他的裤子呢！我看,他是把裤子换酒喝了。我才瞧不起他这个公爵呢。他不该说这话,这是猪说的话。"

"您听我说嘛！他们有条文作根据呀,"另外一伙人当中有人说,"妻子应该成为贵夫人。"

"我才不管他妈的条文不条文。我是凭良心说话。高尚的贵族就应该这样。要使人信得过。”

“阁下，咱们走，去喝一杯好香槟。”

另外有一群人跟随着一个大声嚷着什么的贵族走来：这就是三个被灌醉的贵族中的一个。

“我总是劝玛丽雅·谢苗诺芙娜把地租出去，因为她不会精打细算。”一个身穿旧参谋部上校军服的白胡子地主用悦耳的声音说。这就是列文在斯维亚日斯基家遇见的那个地主。列文立刻认出他来。这个地主也仔细看了看列文，于是他们相互问好。

“幸会幸会！当然啦！我记得很清楚。那是去年在首席贵族尼古拉·伊凡诺维奇家。”

“哦，您的庄子上的事儿怎么样？”列文问道。

“还是老样子，不行，”那个地主在旁边站下来，带着无可奈何的微笑和心安理得、听天由命的表情回答说，“您怎么也到我们省里来了？”他问道，“是来参加我们的政变吗？”他用法语加重说，但法语发音不准。“全俄国的人都来了：有宫廷侍从，有的差点儿就是大臣。”他指了指身穿宫廷侍从制服和白裤、同一位将军走在一起的仪表堂堂的奥布朗斯基。

“我应该对您说实话，我很不了解贵族选举的意义。”列文说。

那个地主对他望了望。

“这有什么好了解的？什么意义也没有。是一种没落的制度，只是靠惯性继续其活动。您看看吧，看到这些制服就明白了：这是调解法官、常任委员等等一类人的大会，而不是贵族大会。”

“那您为什么要来呀？”列文问道。

“由于习惯,这是一。再就是,要维持关系。也要尽一点儿道义上的责任。还有,说实话,也为了个人利益。女婿想竞选常任委员;他们没有多大家产,很需要提挈他。可是这些先生们来干什么呀?”他指着那个在主席台上发过言的说话尖刻的先生说。

“这是新一代贵族。”

“新倒是新,但不是贵族。这是一些土地占有者,我们才是地主。他们作为贵族是在自取灭亡。”

“可是您说,这是一种过时的制度呀。”

“过时是过时,但对待他们应该有些礼貌呀。就拿斯涅特科夫来说吧……好也罢,歹也罢,我们生存了有一千年了。您要知道,如果您要在房前造一个小花园,要清理场地,可是这地方长着一棵百年老树……尽管这棵树又苍老又到处是节疤,总不能为了造花坛砍掉老树,要重新设计花坛,很好地利用这棵古树。树是一年长不起来的,”他小心翼翼地说过这番话,立刻就换了话题。“哦,您庄子上的事怎么样?”

“不好呀。只有百分之五的收益。”

“是呀,而且您没有把自己算上去。您不是也算一点儿代价吗?我就说说我自己吧。我在没有经营农业以前,每年有三千卢布官俸。现在我比当差出的力气还大,可是也和您一样,只有百分之五的收益,就连这样还算幸运的。我自己花的力气就白花了。”

“如果老是亏本的话,您何必干这种事儿呢?”

“可是有什么办法呢!您说有什么办法呀?习惯嘛,也就只好这样了。还可以对您说说,”他把胳膊支在窗子上,因为说得来了劲儿，又继续说下去，“我儿子对庄稼事儿丝毫没有兴趣。看样子，他要成为一个学者。这样一来，就没有人继承了。可还是要干呀。今年我又开了一个果园。”

“是啊，是啊，”列文说，“这话很对。我总觉得我经营庄稼事儿没有实惠，可还是要干……总觉得对土地负有一种责任。”

“我来给您讲一件事吧，”那个地主继续说。“附近有一个商人到我家来。我们在庄稼地里和果园里走了走。他说：‘斯捷潘·瓦西雷奇，您这儿什么都有条有理，就是果园荒废了。’其实我的果园也侍弄得很好。他接着说：‘依着我，我早把这椴树砍了。不过要在生长最旺盛的时候砍。这儿有上千棵椴树呢，每一棵可以编两个很好的篮子。现在树皮篮子很值钱，再说还可以砍到很多椴树料。’”

“他就可以用这些钱去买牲口或者低价买进土地，再把土地分租给庄稼人，”列文笑着补充说，他显然已经不止一次遇到打这种算盘的人，“那他就会发大财。可是您我呢，只要能保住自己的产业，能给孩子们留下来，就谢天谢地了。”

“我听说，您成家了吧？”那个地主说。

“是的，”列文得意扬扬地回答说，“是的，这有点儿奇怪，”他又说。“我们就这样不打算盘过日子，我们就好像被安在这儿，像古时候的灶王奶奶一样，守着这一堆火的。”

那个地主暗暗苦笑了一下。

“我们中间也有一些人，比如我们的朋友尼古拉·伊凡内奇，或者现在定居下来的伏伦斯基伯爵，这些人都想经营工业化农业呢；可是这到目前为止，除了亏损，毫无结果。”

“可是我们为什么不像商人那样办呢？为什么不砍了树编篮子呢?”列文又回过头来谈起那个使他惊讶的说法。

“就像您说的,要守着这一堆火呀。要不然,那就不是贵族的事了。我们贵族的事不是在这选举大会上干的,而是在各自的地盘上。什么该做,什么不该做,也都是凭自己的阶级本性。有时我看看庄稼人,看到他们也是这样:一个好样的庄稼人,总是拼命租土地,能租多少就租多少。不管土地有多么坏,还是要耕种。也是不打算盘。总是亏本。”

“我们也正是这样呀,”列文说,“见到您真是太高兴,太高兴了。”他看到斯维亚日斯基向他走来,又说道。

“上次在您家见过面以后,我们这还是第一次见面呢,”那个地主说,“而且一下子就谈得上了劲儿。”

“怎么,你们是在骂新制度吧?”斯维亚日斯基笑着说。

“免不了要骂骂。”

“谈得痛快。”

三十

斯维亚日斯基挽住列文的胳膊,和他一起朝自己一伙人走去。

现在要躲避伏伦斯基已经不可能了。伏伦斯基同柯兹尼雪夫和奥布朗斯基站在一起,对直地望着渐渐来到跟前的列文。

“幸会幸会。好像我有缘在……在谢尔巴茨基公爵夫人家见过您。”他说着,把手伸给列文。

“是的，我还清楚地记得咱们那次见面。”列文说过，立刻满脸通红，就急忙转过脸去和哥哥说起话来。

伏伦斯基微微一笑，继续和斯维亚日斯基说话，显然一点也不想和列文交谈；列文一面和哥哥说话，一面却不住地回头看伏伦斯基，寻思着和他说点儿什么，以弥补自己的唐突。

“现在究竟还要看什么呢？”列文一面问，一面打量着斯维亚日斯基和伏伦斯基。

“要看斯涅特科夫。要他放弃或者同意。”斯维亚日斯基说。

“他究竟怎么样，同意还是不同意？”

“问题就在这里了，他既不放弃，又不同意。”伏伦斯基说。

“如果他放弃了，谁来当候选人呢？”列文看着伏伦斯基问道。

“谁愿意都行。”斯维亚日斯基说。

“您当吗？”列文问道。

“只有我在外。”斯维亚日斯基发起窘来，慌乱地朝站在柯兹尼雪夫旁边的那个说话尖刻的先生看了一眼，说道。

“那究竟谁当呢？聂维多夫斯基吗？”列文觉得自己糊涂了，就问道。

可是这一问就更糟了。聂维多夫斯基和斯维亚日斯基都是候选人。

“我呀，怎么也不会。”那个说话尖刻的先生回答说。

原来这就是聂维多夫斯基。斯维亚日斯基就把他介绍给列文。

“怎么样，你也心痒了吧？”奥布朗斯基对伏伦斯基挤了挤眼睛说,“这好比赛马。可以赌输赢。”

“是的,这确实叫人心痒,”伏伦斯基说,“而且,既然上了手,就想干到底。战斗嘛!”他皱起眉头,绷紧结实的颧骨说。

“斯维亚日斯基多么精明能干呀!他办什么事都干净利索。”

“哦,是的。”伏伦斯基心不在焉地说。

有一会儿不说话了。这时候,伏伦斯基因为总要看着什么,就看了看列文,看了看他的脚,他的礼服,后来又看了看他的脸,看到他那望着自己的忧郁的眼睛之后,为了说点儿什么,就说道:

“您这是怎么啦,一直住在乡下,却不是调解法官呀?您没有穿调解法官制服嘛。”

“因为我认为,调解法庭是一种混账机构。”一直在等机会和伏伦斯基说话以弥补刚见面时的唐突的列文,阴沉地回答说。

“我不认为这样,倒是相反。”伏伦斯基用心平气和的惊讶语气说。

“那是作弄人,”列文打断他的话说,“我们用不着调解法官。八年来我没遇到什么事儿。有了什么事儿,那也要判得颠倒过来。调解法官离开我有四十俄里。为了两个卢布的事,我得花十五卢布去请律师。”

于是他说了说,有一个庄稼人偷了磨坊主的面粉,磨坊主对他说了说这事儿,那庄稼人就控告他诽谤。这话说得又蠢又不是地方,列文就在说这话的时候自己也感觉到了。

“嗬,他这人真古怪!”奥布朗斯基带着他那杏仁油般的微笑说,“不过咱们走吧,大概要投票了……”

于是他们走开了。

“我真不懂，”柯兹尼雪夫发现弟弟言语笨拙，就说道，“我真不懂，怎么会这样缺乏政治手腕。我们俄国人就是缺乏这个。省首席贵族是我们的对头，你和他亲亲热热，还要请他当候选人。可是伏伦斯基伯爵……我并不想和他交朋友；他请我吃饭，我也不会去；但他是我们的人，怎么能把他当作敌人呢？还有，你问聂维多夫斯基是不是候选人。这不该问。”

“哎呀，我简直一点也不明白！而且这一切也都算不了什么。”列文忧郁地回答说。

“你说这一切都算不了什么，可是你一沾手，什么都乱了套。”

列文不作声了，于是他们一起走进大厅。

省首席贵族虽然感觉到气氛不对，有人捣他的鬼，虽然也不是所有的人都请他当候选人，他还是决定参加竞选。大厅里静了下来，秘书大声宣布，近卫军大卫米海尔·斯捷潘诺维奇·斯涅特科夫被推为省首席贵族候选人。

各县的首席贵族带着盛有选举球的小盘子离开自己的席位朝主席台走去，选举就开始了。

“投在右边。”当列文和哥哥一起跟着本县首席贵族走到主席台跟前时，奥布朗斯基小声对列文说。可是列文这时忘记了别人对他说过的计策，他怕奥布朗斯基说“投在右边”是说错了。斯涅特科夫是他们的对头嘛，他在走近票箱的时候，把球拿在右手里，可是他想到这样错了，一到票箱跟前就把球换到左手里，很明显，这样就把球投在左边。站在票箱旁的一个内行人，单凭手臂的动作就知道谁往哪边投的，这时很不高兴地皱了皱眉头。他没有机会试验他的好眼力了。

大厅里鸦雀无声,只能听到数球的声音。然后有一个声音宣布赞成和反对的票数。

省首席贵族得到大多数选票。大家又嚷嚷起来,急急忙忙朝门口冲去。斯涅特科夫走进来,贵族们把他团团围住,向他祝贺。

"怎么,现在完了吧?"列文问柯兹尼雪夫。

"才开始呢,"斯维亚日斯基笑着替柯兹尼雪夫回答说,"另外一个候选人可能会得到更多的选票。"

列文又把这一点完全忘了。他现在只记得这里面有一点奥妙,但是他没有兴趣去回想奥妙何在。他不由得灰心丧气,很想快点儿离开这一群人。

因为谁也不注意他,而且好像谁也不需要他,他就悄没声地朝吃茶点的小厅里走去,等他又看到那些侍役,顿时感到浑身轻松。那个侍役老头儿要他吃点儿东西,他同意了。列文吃过一客芸豆肉饼之后,又和老头儿聊了聊他以前的几个东家。他不愿意回到大厅里去,因为他在大厅里觉得很不痛快,就到敞廊里去随便走走。

敞廊里挤满衣着华丽的女士们,一个个伏在栏杆上,尽可能一句不漏地听着下面的人说话。女士们旁边坐着或站着一些举止文雅的律师、戴眼镜的中学教师和军官。到处都在说选举的事,说首席贵族多么不痛快,争论多么精彩;列文在一堆人里听到有人称赞他的哥哥。有一位女士对一位律师说:

"我听到柯兹尼雪夫的演说,多么高兴呀!就是饿肚子也值得一听。妙极了!什么都说得清清楚楚,明明白白!在你们的法院里谁也没有这样会说话。只有一个梅杰尔,就连他也远远没有这样的口才。”

列文在栏杆边找到一个空位子,就俯在栏杆上观看和倾听起来。

所有的贵族都坐在本县的栏格子里面。大厅中央站着一个穿制服的人,用尖细而响亮的声音宣布说:

“现在表决骑兵上尉叶甫盖尼·伊凡诺维奇·阿普赫津当首席贵族候选人的问题!”

鸦雀无声,没有人发言,只听到一个软弱无力的老头子的声音。

“放弃!”

“现在表决七等文官彼特尔·彼特罗维奇·波尔当首席贵族候选人的问题!”那个尖细而响亮的声音又宣布说。

“放弃!”一个年轻人的尖嗓门儿叫道。

于是又重新宣布,又是“放弃”。就这样过了一个小时左右。列文伏在栏杆上看着,听着。起初他觉得奇怪,就想弄明白这是怎么一回事儿;后来断定这是他无法理解的,他就感到怅然了。后来他想起他在一张张脸上看到的那种激动和凶狠的神气,又感到戚然。于是他决定离开这地方,就朝楼下走去。他在经过敞廊过道的时候,碰到一个垂头丧气、两眼红肿、踱来踱去的中学生。在楼梯上又遇到一对儿:一位穿高跟鞋往上跑的太太和一位步履轻快的副检察官。

“我对您说过,不会迟到嘛。”那位副检察官就在列文闪身给太太让路的时候说。

列文已经走到出口的楼梯上，已经伸手到背心口袋里去掏大衣的号牌了，就在这时候秘书把他抓住了。“请进去吧，康斯坦丁·德米特里奇，投票了。”

正在投票表决的就是那位坚决不肯当候选人的聂维多夫斯基当候选人的问题。

列文走到大厅门口，门已经锁上了。秘书敲了敲门，门开了，两个满脸通红的地主从列文身边溜了出来。

“我受不了啦。”一个满脸通红的地主说。

紧跟着这个地主露出省首席贵族的脸。这张脸由于疲惫和慌乱显得非常可怕。

“我对你说过不要放人出去嘛！”他对看门人嚷道。

“我是让人进来，大人！”

“老天爷呀！”省首席贵族重重地叹了一口气，垂下头，无精打采地拖着他那穿白裤子的腿，顺着大厅中央的通道朝主席台走去。

果然不出所料，聂维多夫斯基得票最多，于是他当选为省首席贵族。许多人很快活，许多人很满意，很痛快，许多人欢天喜地，但也有许多人很不满意，很不痛快。原来的省首席贵族灰心丧气，想掩饰也掩饰不住。当聂维多夫斯基从大厅里往外走的时候，人群把他团团围住，欢天喜地地簇拥着他，就像第一天簇拥主持过开会的省长，也像簇拥当选时的斯涅特科夫。

三十一

这一天，新当选的省首席贵族和获得胜利的新派中的许多人都来到伏伦斯基的住处参加宴会。

伏伦斯基来参加选举，是因为他在乡下觉得无聊，并且要向安娜表示他有权利自由活动，也为了支持斯维亚日斯基竞选，报答他在地方自治会选举上为伏伦斯基进行的一番斡旋，然而主要的还是为了认真履行他所选定的贵族和地主这种身份的全部义务。可是他怎么也没有料到，选举这种事儿会这样使他感兴趣，这样使他心痒，他干这种事儿会干得这样得心应手。他在贵族的圈子里完全是一个新人，但显然已经有些声望；他认为他在贵族当中已经有一些影响，那也是不错的。为他造成这种影响的是：他的财产和爵位；他在城里的豪华住宅，那是从事金融事业、在卡申开办了一家很兴旺的银行的老朋友瑟尔科夫让给他的；伏伦斯基从乡下带来的一名出色的厨师；他和省长的交情，因为省长是他的同学，而且还是他卵翼下的一个同学；而更重要的是，他那平易近人的态度，很快就使大多数贵族改变成见，不再认为他高傲了。他自己觉得，除了那个娶了吉娣的乖戾的先生，无缘无故怀着疯狂的仇恨对他胡言乱语一通之外，他所认识的每一个贵族都是拥护他的。他清楚地看出来，他对聂维多夫斯基的成功帮助很大，别人也承认这一点。所以现在他坐在自己设的宴席上，庆贺聂维多夫斯基当选，为自己选出来的人感到莫大的愉快。选举这种事也使他着了迷，所以他考虑，如果三年后的选举之前他正式结了婚的话，自己要参加竞选，就好像通过骑手赢了一笔赌注以后，他想亲自参加赛马了。

现在是庆祝骑手的胜利。伏伦斯基坐在主位上，他的右首坐着年轻的省长，侍从将军。在大家来说，这是一省之主，隆重地宣布过大会开幕，致了开幕词，如伏伦斯基看到的，使很多人对他肃然起敬，百般逢迎；但在伏伦斯基眼里，他还是小卡加·马斯洛夫，——这是他在贵族子弟军官学校里的诨名，——见了伏伦斯基总是忸怩不安，伏伦斯基却总是千方百计给他打气。左首坐的是年轻气盛、带着一脸凌厉逼人神气的聂维多夫斯基。伏伦斯基对待他又随便又尊敬。

斯维亚日斯基快快活活地接受了他的失败。这在他来说，正如他举杯向聂维多夫斯基祝贺时说的，甚至不是失败，因为再也找不到能够奉行贵族应该遵循的方针的更好代表了。所以，正如他说的，一切正直的人都拥护今天的胜利，庆祝今天的胜利。

奥布朗斯基也很高兴，因为日子过得很快活，大家都很开心。在丰盛的宴席上，大家一再说起选举中的种种插曲。斯维亚日斯基很滑稽地模仿了原省首席贵族眼泪汪汪的讲话，并且对聂维多夫斯基说，他这位大人应该采取另外一种比眼泪复杂的审核基金的办法。另外一个爱说笑话的贵族说，本来为了给前任省首席贵族举办舞会，招了一批穿长袜的仆人，现在，如果新任省首席贵族不举办有穿长袜仆人伺候的舞会的话，那就要打发他们回家了。

在宴会上，大家不住口地称呼聂维多夫斯基“我们的省首席”和“大人”。

这种称呼使人高兴，就好像对新娘称“夫人”和称呼其夫姓一样。聂维多夫斯基装作很淡漠，甚至瞧不起这种称呼，但显然他觉得非常得意，并且在竭力克制自己，免得流露出狂喜心情，这在他所属的自由主义新派当中是不应有的。

在宴会的时候就发了几封电报给关心选举进程的人。奥布朗斯基因为心里高兴，也给陶丽发了一封电报，内容是：“聂维多夫斯基以十二票优势当选。现报喜。请转报。”他在口述电文之前，说：“要让他们都高兴高兴。”可是陶丽收到电报后，只是惋惜打电报花的一个卢布，并且明白这是宴会结束了。她知道，司基瓦有一个毛病，就是在宴会结束时“乱发电报”。

宴席上的一切，包括上等的菜肴和不是从俄国酒商手里买来，而是直接从国外进口的原装美酒，都是非常名贵、纯正和可口的。这一伙儿二十来个人，都是斯维亚日斯基从志同道合而又精明、正派的自由主义新派人物中挑选出来的。举杯祝贺也都是半开玩笑式的，为新任省首席贵族，为省长，为银行行长，也为“我们殷勤的东道主”的健康干杯。

伏伦斯基非常满意。他怎么也没有想到在外地会有这样有意思的事儿。

到宴会结束时，气氛更欢畅了。省长请伏伦斯基光临义演音乐会，那是省长夫人举办的，她很想结识伏伦斯基。

“那里还要开舞会，你会在那里看到我们的美人儿。当真那是很妙的。”

“这非我所长。”[①]很喜欢说这句话的伏伦斯基回答说，但是他

①原文为英语。

笑了笑,答应去。

大家已经点起香烟,就要离开餐桌了,这时伏伦斯基的侍仆用盘子托着一封信走到他跟前。

“是专差从沃兹德维任村送来的。”他带着郑重其事的表情说。

“真奇怪,他多么像副检察官斯文吉茨基呀。”就在伏伦斯基皱着眉头看信的时候,有一位客人用法语品评他的侍仆说。

信是安娜写来的。他还没有看信,就知道信的内容了。他原以为选举在五天以内可以结束,所以说定在星期五回去。今天是星期六了,所以他知道信的内容一定是责备他没有准时回去。昨天晚上他发出的信大概还没有送到。

内容正如他所预料的,但形式不是他所预料的,是使他特别不愉快的。“安妮病得很厉害,医生说,可能是肺炎。我一个人没办法。瓦尔瓦拉公爵小姐不能帮忙,倒是会碍事。我前天、昨天都在等你,现在派人去打听:你在哪儿,你怎么啦?我本想亲自去,但知道这会使你不愉快,就改变了主意。不管怎样你要给我回信,好让我知道该怎么办。”

孩子病了,她却想亲自跑来。女儿生病,再加上这种敌对的口气。

选举带来的这种纯粹的快乐,和使他忧愁、使他难受、使他不得不回去的爱情,形成鲜明的对照,使伏伦斯基感到惊讶,但是他必须回去,于是他搭头一班火车连夜回家了。

三十二

在伏伦斯基动身去参加选举之前，安娜考虑到他每次出门时他们都要发生的争吵只能使他心冷，而不能拴住他的心，所以就下决心千方百计地克制自己，平心静气地对待这次离别。但是，当他来说他要出门时，他看她的那种冷峻而严肃的目光却使她感到受了侮辱，所以他还没有动身，她的心就不平静了。

后来剩了她一个人，她反复琢磨他那种表示有权自由行动的目光，就像往常那样归结为一点，那就是意识到自己的低下。“他有权利想什么时候走就什么时候走，想到哪儿去就到哪儿去。不但可以走，而且可以把我丢下。他什么权利都有，我什么权利也没有。可是，他知道这一点，就不应该这样做呀。不过，他究竟干了什么事啦？……他带着冷峻和严肃的神气看了看我。当然，这不能表示什么，算不了什么，不过这是以前不曾有的呀，所以这目光是大有含义的，”她想道，“这目光就表示，开始冷了。”

尽管她认定开始冷了，她还是无可奈何，不论在哪一方面都无法改变自己对他的态度。她还是像以前一样，只能用爱情和美貌把他拖住。还是像以前一样，只有白天做事情，晚上服吗啡，才能摆脱可怕的想法，不再去想，如果他不爱她了，她会怎么样。是的，还有一个办法：不是拖住他，——她所以拖住他，只是因为她要他的爱情，别的什么也不要，——而是和他更紧密，造成一种状况，让他无法抛弃她。这办法就是离婚和结婚。所以她现在愿意这样了，并且拿定主意，只要他或者司基瓦一说起这事儿，她立刻就表示同意。

她就抱着这样的想法在没有他陪伴的情况下过了五天，这是他应该不在家的五天。

她散步，同瓦尔瓦拉公爵小姐聊天，有时到医院里去看看，主要的是看书，看了一本又一本，这样来打发时间。可是到了第六天，当车夫赶着空车回来时，她再也无法不思念他，无法不思念他在外面做什么了。就在这时候她的女儿病了。安娜就亲自照料起女儿，但就是这样她也无法忘却，何况女儿的病又没有什么危险。不论她怎样努力，她也不爱这个女孩儿，她也不会装作爱她。这天傍晚，剩下她一个人的时候，她觉得非常为他害怕，就打定主意到城里去找他，可是好好想了想以后，就写了伏伦斯基收到的那封前后矛盾的信，也没有重看一遍，就派专人送走了。第二天早晨她接到他的信，就后悔自己不该写那封信。她战战兢兢地等待着他再一次投来他临走时向她投来的那种冷峻的目光，特别是在他了解到女儿病情并不严重的时候。不过她给他写了信，她还是很高兴。现在安娜已经在心里承认，他已经觉得她是累赘了，他为了回家而抛弃自己的自由是会感到惋惜的，尽管这样，她想到他就要回来了，还是非常高兴。就让他觉得是累赘吧，可是他就要跟她在一起，她可以看到他，知道他的一举一动了。

她在客厅里，坐在灯下，拿着泰纳[①]的一本新书，读着，听着外面的风声，时时刻刻等待着马车来到。有好几次她觉得听到了车轮声，然而都是她听错了；终于她不仅听到了车轮声，而且听到了

①泰纳（1828—1893），法国文学家、哲学家，文化史学派的创始人。著有《历史与批评文集》和《艺术哲学》等。

车夫的吆喝声和有顶的大门口轰隆的声音。就连一个人在用纸牌算卦的瓦尔瓦拉公爵小姐也说听到了，所以安娜一下子就红了脸，站起来，但是她没有像前两次那样走下楼去，而是站住没有动。她忽然因为自己欺骗了他而觉得羞惭起来，但最担心的还是不知他会如何对待她。受侮辱的感觉已经消失，她害怕的就是他的不满意表情。她想起女儿的病昨天就完全好了。恰恰就在她把信送出去的时候，女儿的病就好了，她甚至因此生起女儿的气。然后她想起他来，想起他已经来了，想起他整个的人，他的手，他的眼睛。她听到了他的声音。于是她忘记了一切，欢欢喜喜跑去迎接他。

"啊，安妮怎么样？"他望着向他跑来的安娜，在楼下很担心地问。

他坐在椅子上，仆人正在给他脱暖靴。

"没什么，她好些了。"

"你呢？"他一面拍打身上的灰尘，一面说。

她用双手抓住他一只手，拉到自己腰身边，一面用眼睛盯着他。

"嗯，我很高兴。"他说，一面冷冷地打量着她，打量着她的头发，她的连衫裙，他知道她是为他穿起这身服装的。

这一切都使他喜欢，但已经使他喜欢过多少次了呀！于是她非常害怕的那种石头般的冷峻表情又出现在他的脸上。

"嗯，我很高兴。那你身体怎么样？"他用手帕擦了擦潮湿的胡子，吻着她的手说。

"没什么，"她心想，"只要他在这儿就行，他在这儿，就不会不爱我,不敢不爱我。”

他们由瓦尔瓦拉公爵小姐陪着又幸福又愉快地度过了一个黄昏。瓦尔瓦拉公爵小姐对他抱怨说,他不在家,安娜又服吗啡了。

“有什么办法呢?我睡不着呀……一想起来,就睡不着。有他在家,我从来不服。几乎从来不服。”

他说了说选举的情形,安娜也很会提问题,引他谈最使他开心的事情,也就是谈他的成功。她也对他说了说家里最使他感兴趣的事情。她说的事情都是最令人高兴的。

到了夜里,等到只剩了他们两个人,安娜看出她又完全把他迷住,就想消除那封信引起的目光中的不愉快印象。她说:

“你老实说说,你收到信很恼火吧,你不相信我吧?”

她一说过这话,就明白了,不论他现在对她怎样恩恩爱爱,他并没有原谅她这一点。

“是的,”他说,“那封信太奇怪了。一会儿说安妮病了,一会儿又说你要亲自去。”

“那都是实话。”

“我并没有怀疑呀。”

“不,你怀疑了,我看出来,你很不满意。”

“一点儿也没有怀疑。我只是不满意,这是真的,不满意的是,你好像不肯承认,我还有一些义务……”

“参加音乐会的义务……”

“不过,咱们不谈了。”他说。

“为什么不谈呢?”她说。

“我只是想说，会有一些事是非办不可的。就比如现在，我必须到莫斯科去，为房产的事……唉，安娜，你为什么这样爱生气呀？难道你不知道，我没有你就没法活吗？”

“要是这样，”安娜忽然换了一种口气说，“那你觉得这种生活是累赘了……是啊，你回来住一天，就要走了，就像那些……”

“安娜，这太过分了。我整个生命都愿意献出来……”

但是她不听他的。

“你要是去莫斯科，那我也去。我不能一个人待在这儿。要么咱们分手，要么就在一块儿过。”

“你要知道，我也就希望这样呀。可是，要想这样……”

“就要离婚，是吗？我就给他写信。我看出来，我不能再这样过下去……不过我要和你一起上莫斯科去。”

“你这等于是威胁我。我也是再不希望什么，只希望和你永不分离呀。”伏伦斯基笑着说。

不过，在他说这种温柔话儿的时候，他的眼睛里闪着的不光是被逼得走投无路、发起狠来的人那种冷冷的、凶狠的目光。

她看到了这目光，并且猜到了这目光的含义。

“要是这样，那就倒霉了！”他的目光说。这是瞬间的印象，可是她再也忘不掉了。

安娜给丈夫写了一封信，要求离婚。十一月底，送走了要去彼得堡的瓦尔瓦拉公爵小姐以后，安娜就和伏伦斯基一起上莫斯科了。他们现在像正式夫妻一样住了下来，每天都在等待卡列宁的回信，好接着办离婚手续。

第七部

一

列文夫妇在莫斯科已经住了两个多月了。依照有经验的人的精确推算，吉娣应当分娩的日子早已过了；可是她还没有生，而且不论在哪方面都看不出，现在比两个月前更接近产期。医生，产婆，陶丽，母亲，尤其是一想到分娩临近就战战兢兢的列文，开始感到焦急不安了；只有吉娣觉得自己是完全平安和幸福的。

她现在清楚地意识到自己心中产生了一种新的感情，爱未来的、在她来说多少已是现实的孩子的感情，并且常常乐滋滋地玩味这种感情。这孩子已经不完全是她身体的一部分，有时已经过起自己的独立生活，不依赖她了。她常常因此感到痛苦，可是同时又因为这种奇怪的新的欢乐，老是想笑。

她所爱的人都在她身边，人人都对她这样好，这样无微不至地照料她，让她觉得处处都非常愉快，如果她不知道也不觉得这种状况应该很快结束的话，她不会再希望有更好、更愉快的生活了。只有一点使她感到美中不足，那就是丈夫不像她所爱的那样，不像他在乡下那样了。

她爱他在乡下那种从容、亲切和殷勤好客的风度。在城里，他总是显得惶惶不安，提心吊胆，仿佛怕人家欺负他，尤其是怕人家欺负她。在乡下，他处处心里有数，从来不着急，什么时候都有事情干。现在在城里，他总是慌慌忙忙，唯恐错过什么事，其实他无事可干。于是她可怜起他来。她知道，他在别人眼里不是一个可怜的人；恰恰相反，当吉娣在交际场上望着他，就像有些女子有时会把心爱的人当作陌生人来观察，以便断定他会给别人什么印象的时候，她看出来，他不仅不可怜，而且由于他那高雅的举止，在和妇女相处时有些拘谨、腼腆而彬彬有礼的态度，那健壮的体格，还有她觉得特别富有表情的脸，他是非常有魅力的，她看着甚至嫉妒得害怕起来。但她不是看他的外表，而是看他的内心；她看出来，他在这里不是真正的他；有时她无法判断他的状况；有时她在心里责备他不会在城里生活；有时她也承认，他在这里确实很难安排得像过去那样，有了她就心满意足。

真的，他有什么事可做呢？他不喜欢打牌，也不去俱乐部。同奥布朗斯基那样一些男人鬼混，她现在已经知道那是怎么一回事儿了……那就是拼命喝酒，喝过酒就到不三不四的地方去。一想到男人们在这种情形下会到什么地方去，她就不寒而栗。叫他到交际场所去吗？可是她知道，去交际场所就是要寻找同年轻女子接近的乐趣，她是不可能希望这样的。叫他跟她、跟母亲和姐妹们一起待在家里吗？可是，她们姐妹之间说来说去的那些话儿，如老公爵说的，那些“东家长西家短”的话，不论她觉得多么有滋有味，她知道，他是会感到索然无味的。他还有什么事可做呢？叫他继续写他的书吗？他也这样试过，开头还常去图书馆查资料，做笔记；可是，正如他对她说的，他越不做事情，越没有时间。此外，他还向她诉苦说，他在这里谈他的书谈得太多了，所以有关书的种种想法在他头脑里全乱了，失去了意义。

这种城里生活的唯一好处是，他们在城里从来没有吵过嘴。不知是由于城里生活环境不同，还是由于他们俩在这方面更谨慎更通情达理了，反正他们在莫斯科没有因为猜疑争吵过，他们到城里来的时候，是很担心在这方面争吵的。

在这方面还发生过一件对两个人来说都非常重大的事，那就是吉娣和伏伦斯基的见面。

玛丽雅·波里索芙娜老公爵夫人，是吉娣的教母，一向很喜欢她，现在一定要见见她。吉娣本来因为怀孕哪儿都不去的，也只好跟着父亲去见这位可敬的老夫人，就在那里遇到了伏伦斯基。

吉娣在这次见面中唯一可以自责的是，当她认出她过去十分熟悉的这穿便服的身姿时，她顿时连气都喘不上来，血往心里直涌，自己感觉到一张脸涨得通红。但这种情形只是持续了几秒钟。父亲有意地大声和伏伦斯基说起话来。吉娣不等父亲把话说完，她就完全做好准备，可以望着他，如有必要，可以和他说说话儿，就像她和老公爵夫人说话一样，而最重要的是，要使自己的一言一笑都能得到丈夫的赞同，她仿佛觉得丈夫那看不见的身影此刻就在她旁边。

她和伏伦斯基说了几句话，听到他戏称选举大会为“我们的国会”，她还平静地笑了笑。（应该笑一笑，表示她懂得这是开玩笑。）但是她立刻就转过身去对着老公爵夫人，再也没有看他一眼，直到他起身告辞；这时她才看了看他，但显然也只是因为，他向她鞠躬告辞，她对人家连看也不看是失礼的。

她很感激父亲，因为他在她面前只字不提这次和伏伦斯基见面；但是她感觉父亲在这次出访之后在平时散步的时候对待她特别亲切，可见他对她是满意的。她对自己也很满意。她怎么也没有想到，她居然有力量把对伏伦斯基的旧情完全封锁在心底，不仅在表面上，而且真的对他十分淡漠，无动于衷。

当她告诉列文，在玛丽雅·波里索芙娜公爵夫人家遇到伏伦斯基的时候，他的脸红得比她还厉害。她对他说这事很难出口，可是继续说这次见面的详细情形那就更难，因为他没有问她，只是皱起眉头看着她。

“真可惜，你当时不在，”她说，“不是说你不在房间里……假如有你在场，我就不会那样自然了……我的脸现在比那时红得多，红得很多，很多，”她说这话时，脸红得不得了，“我是说，可惜你没有从门缝里看看。”

那一双真挚的眼睛告诉列文，她对自己是满意的。他虽然看到她脸红，可是立刻就放下心来，就问起详细情形，她就是希望他问的。等他了解了一切，甚至也知道了她在开头一小会儿不能不红脸，后来就像对待任何别的人一样随便和自如，他就快活起来，并且说，这样他很高兴，今后再不能像在选举大会上那样鲁莽了，下次再遇到伏伦斯基，一定要尽可能地和他亲近。

“想到有一个人几乎是敌人,那是很难受的,很怕和他见面,”列文说,“现在我高兴了,非常高兴。”

二

“那你就到保尔家去一下吧,”列文在十一点钟出门前来看吉娣,吉娣对他说,“我知道,你要在俱乐部吃午饭,爸爸已经给你订好了。那你上午做什么?”

“我就去看看卡塔瓦索夫。”列文回答说。

“怎么这样早?”

“他说过要给我介绍梅特罗夫。我想和他谈谈我的著作。他是彼得堡的有名学者,”列文说。

“哦,你一再称赞的就是他的文章吧?那么,然后呢?”吉娣说。

“也许还要去法院,为姐姐的事。”

“去听音乐会吗?”她问。

“我一个人去,有什么意思呀!”

“不,你去吧;那儿要演奏一些新曲子哩……那都是你很喜欢的嘛。要是我,一定去。”

“好吧,反正吃饭以前我要回家一趟。”他看着表说。

“你就穿上礼服吧,那就可以直接到保尔伯爵夫人家去了。”

“难道非去不可吗?”

“哎呀,一定要去。他来过咱们家嘛。这有什么难为你的?顺路去一下,坐一会儿,谈上五分钟天气什么的,就起身告辞。”

“唉，说实在的，我很不习惯这一套，真觉得不好意思。这算什么呀？一个陌生人跑了去，坐下来，无缘无故坐一会儿，打扰人家一下，自己也别扭一阵子，然后就走。”

吉娣笑起来。

“你单身的时候不是也去拜访过人家吗？”她说。

“拜访过，不过也总是不好意思，现在就很不习惯了，说真的，我宁可两天不吃饭，也不去拜访人家。真不好意思呀！我总觉得人家会恼火的，会说：你没事儿跑来干什么呀？”

“不会，人家不会恼火的。这事儿我可以给你担保，”吉娣笑吟吟地看着他的脸说，她握住他的手。“好啦，再见……你去吧。”

他吻了吻她的手，已经要走了，她又把他叫住。

“柯斯加，你知道，我只剩下五十卢布了。”

“那好吧，我就到银行去取。要多少？”列文带着她熟悉的那种不快神情说。

“不，你等一下，”她拉住他的手，“咱们谈一谈，这事儿使我发愁。我好像一点儿也没有乱花，可是钱就像流水一样。咱们有些地方总是不对头。”

“一点也不是。”他一面咳嗽着，皱着眉头看着她说。

她熟悉这种咳嗽。这表示他很不满意，不是不满意她，是不满意自己。他确实很不满意，不过不是不满意花钱太多，而是使他想起一件明知有些不对头、所以很希望忘记的事。

“我已经叫索科洛夫把小麦卖掉，再把磨坊的租金提前收一收。不管怎样，钱会有的。”

“不，不过我是怕花得太多了……”

“一点也不多，一点也不多，”他一再地说，“好啦，再见吧，亲爱的。”

“不，说真的，我有时后悔听了妈妈的话。要是在乡下有多好呀！这一下我把你们都折腾坏了，而且咱们花很多钱……”

“一点也不多，一点也不多。自从结婚以来，我从未说过，会有什么情形比实有的更好……”

“当真？”她看着他的眼睛说。

他说这话时并未考虑，只是为了安慰她的。但是，当他抬眼看了看她，看到她那一双真挚的眼睛带着询问的神气盯着他时，他又真心实意地重说一遍。“我简直把她忘记了。”他想道。于是他想起他们很快就要面临的事。

“怎么样，快了吧？你感觉怎样？”他握住她的双手，小声问道。

“我以前想得太多，所以现在什么也不想，什么也不知道了。”

“也不害怕吗？”

吉娣轻蔑地笑了笑。

“一点儿也不怕。”她说。

“如果有什么，叫人到卡塔瓦索夫家里找我。”

“不，什么事也不会有，你别操心。我这就去和爸爸到林荫道上去散步。我们还要到陶丽家去一下。等你来吃饭。哎呀，对了！你可知道，陶丽的情形简直糟透了。她背了一身债，一个钱也没有。我昨天同妈妈和阿尔谢尼（这是她的二姐夫李沃夫）谈过了，决定让你同他去教训教训司基瓦。简直不像话。这事儿可不能对爸爸说……可是如果你和他……"

"不过，我们又能怎样呢？"列文说。

"反正你去找找阿尔谢尼，同他谈谈，他会告诉你，我们是怎么商量的。"

"好吧，反正我都听阿尔谢尼的。那我就去找他。恰好，如果去音乐会的话，那我就和娜塔丽雅一起去。好，再见吧。"

在台阶上，列文结婚前就伺候他、现在经管他城里的家业的老仆人库兹玛把他拦住。

"漂亮哥儿（这是从乡下带来的那匹左辕马）换了马掌，可还是一跛一跛的，"他说。"您看怎么办？"

刚来到莫斯科的时候，列文很关心从乡下带来的几匹马。他很想把这方面的事安排得好些，花钱少些；可是结果，自己的马比租来的马花费还大，而且还是要雇马车。

"派人去请一位兽医来，也许是挫伤。"

"好的，不过，夫人用车怎么办？"库兹玛问道。

列文现在听说从沃兹维任街到西夫采夫·符拉什街要雇两匹壮马，拉着大马车在雪泥里走四分之一俄里，到那里再停四个小时，得花四个卢布，已经不像初来莫斯科时那样吃惊了。现在他觉得这是很自然的了。

"叫车夫租两匹马，套咱们自己的车。"列文说。

"遵命。"

就这样依靠城市条件又简单又容易地解决了在乡下要亲自花费很多心血和力气的难题之后，列文走出门来，叫了一辆马车，坐上车前往尼基塔大街。一路上他已经不想钱的问题，而是思索着怎样和那位研究社会学的彼得堡学者结识，和他谈谈自己的著作。

只是在刚到莫斯科的时候，乡下人觉得很奇怪的毫无收益而又不可避免的种种开支才使列文感到惊讶。可是现在他对这一切已经习惯了。他在这方面的情形就像俗话说的喝酒的人一样，第一次喝酒如鲠进喉，第二次喝酒像老鹰下落，第三次喝酒就像小鸟儿回窝儿。列文在第一次兑换一百卢布的钞票为仆人和门房买制服时，他不由得盘算了一下，这些毫不实用，然而因为暗示了一下这种制服不要也行，老夫人和吉娣就表示惊讶，看来是必不可少的制服，花费的钱抵得上两个人干一个夏天，也就是从复活节到四旬斋大约三百个劳动日，而且是天天都起早摸黑干重活儿，所以他在花这一百卢布的时候是很难受的。但是在兑换第二张一百卢布钞票，为亲友们办宴席买酒菜花去二十八卢布的时候，列文虽然也想到，这二十八卢布是九俄石燕麦的代价，燕麦是要收割，打捆，脱粒，簸扬，装口袋，是要流汗花力气的，可是第二张一百卢布钞票就花得比较干脆利落了。现在花钱兑换钞票早已不再盘算，花得像小鸟回窝儿一样轻松了。花钱买来的乐趣是不是抵得上挣钱付出的劳动，他早已不再盘算了。一种粮食一种价钱，低了是不能卖的，现在他也不打这种算盘了。黑麦的价钱他长期以来都是不肯让的，现在卖出去，每石比一个月前便宜五十戈比。他算了算，像这样开销下去，过不了一年就非负债不可，——就连这种盘算也不起作用了。只要银行里有存款，不必问钱是从哪里来的，知道明天有钱买牛肉就行。他至今保持着这样一种观念：他在银行里总是有钱存着。可是现在银行里的钱用完了，他还不知道到哪里去弄钱。所以，在吉娣提到钱的时候，他一时间心烦意乱；可是他没工夫考虑这种事儿。他一路上想的是卡塔瓦索夫和即将同梅特罗夫见面的事。

三

列文这次来莫斯科，又和大学里的同学、自从他结婚以后还未见过面的卡塔瓦索夫教授亲近起来。他喜欢卡塔瓦索夫世界观的开朗与单纯。列文认为，卡塔瓦索夫世界观的开朗是由于他缺乏性格；卡塔瓦索夫则认为，列文思想混乱是由于思维缺乏条理性。但是列文喜欢卡塔瓦索夫的开朗，卡塔瓦索夫也喜欢列文的很多没有条理化的想法，所以他们很喜欢见见面，争论一番。

列文把自己著作中的一些段落念给卡塔瓦索夫听，他很喜欢。昨天卡塔瓦索夫在演讲会上遇见列文，对他说，大名鼎鼎的梅特罗夫，列文很喜欢他的文章的，就在莫斯科，而且卡塔瓦索夫对他说起列文的著作，他很感兴趣，他明天十一点钟要到卡塔瓦索夫家里来，很希望和列文结识。

"您简直大变了，老兄，我真高兴，"卡塔瓦索夫在小客厅里迎住列文说，"我听到门铃声，心想：不会的，他不会准时到……哦，黑山人怎么样？天生好斗嘛。"

"怎么一回事儿？"列文问。

卡塔瓦索夫简要地对他讲了讲这条最新消息，便进了书房，把列文介绍给一个外表很招人喜欢的矮墩墩的人。这就是梅特罗夫。谈了一会儿政治，谈了彼得堡上层人士对近来一些大事的看法。梅特罗夫说了说他所听到一些有可靠来源的话,据说那是皇上和一位大臣就此类情形说的。卡塔瓦索夫却也听到可靠的说法,说皇上说了完全不同的话。列文就竭力想象一种情况,在此种情况下这样那样的话都可能说。这个题目谈到这里就不谈了。

"他的书差不多已经写好了,谈的是劳动者和土地的关系中的自然条件,"卡塔瓦索夫说,"我在这方面是外行,但我作为一个自然科学家,高兴的是,他没有把人类看作超脱动物学规律的东西,相反,他看出人类对环境的依赖关系,并且从这种依赖关系中探索发展的规律。"

"这很有意思。"梅特罗夫说。

"我本来开始写的是一本农业书,但是研究了农业的主要因素劳动者之后,"列文红着脸说,"不由得得出完全意想不到的结果。"

于是列文像摸索着走路一样小心翼翼地阐述起自己的见解。他知道,梅特罗夫写过一篇反对流行的政治经济学的文章,但是他不知道,也无法从这位学者那聪明而沉着的脸看出来,自己的新见解能够在多大程度上得到他的赞同。

"不过您从哪些方面看出俄国劳动者的特点呢?"梅特罗夫说,"是从劳动者所谓的动物特性,还是从所处的环境?"

列文看出来,他这样问,就表示已经有论点是他不赞同的;但列文还是继续阐述自己的一个论点,那就是,俄国劳动者对土地的看法与其他民族迥然不同。为了证明这一论点,他连忙补充说,依他看来,俄国老百姓所以有这种看法,是因为他们认识到自己有使命迁居广漠无垠、荒无人烟的东方。

“对老百姓的总的使命下什么结论，是很容易出差错的，”梅特罗夫打断列文的话说，“劳动者的状况总是取决于劳动者同土地和资本的关系。”

于是梅特罗夫不让列文把自己的想法说完，就开始向他阐述自己学说的特点。

他的学说的特点是什么，列文没有理解，因为他没有多花心思去理解。他看出来，梅特罗夫也像其他学者一样，虽然在文章中驳斥许多经济学家的理论，但还是从资本、工资和地租着眼来看待俄国劳动者的状况。虽然他不得不承认，在俄国最大的东部地区还根本没有实行地租制，对于八千万俄国人口的十分之九来说，劳动所得仅仅能养活自己，除了最原始的工具，资本还不存在，然而他却只是从这种观点来看待一切劳动者，尽管在很多地方他也不赞成经济学家们的见解，并且在工资方面有自己的一套新理论，也就是他向列文阐述的一套理论。

列文勉强听着，开头还反驳了几句。他很想打断梅特罗夫的话，说说自己的想法。他认为，自己的想法足以证明梅特罗夫的进一步阐述是多余的了。可是后来他看出他们看问题的角度相差太大，不可能相互理解，就不再反驳了，只是听着。尽管这时他对梅特罗夫说的话已经毫无兴趣，然而他听他说话，还是觉得有些得意。他得意的是，这样一个有学问的人，这样乐意，这样用心地向他陈述自己的看法，而且这样相信列文在这方面的知识，有时在说明事情的整个一方面时只是暗示一下。列文认为这是看得起他，却不知梅特罗夫在和自己的知己朋友们谈过许多次之后，特别乐意和每一个陌生人谈谈这个题目，而且总的来说，他也很乐意和别人谈谈他很关心、但还没有弄清楚的这个问题。

"恐怕咱们要迟到了。"卡塔瓦索夫等到梅特罗夫的话一说完，就看了看表说。

"是的，今天业余爱好者协会举行大会纪念斯文基奇逝世五十周年，"卡塔瓦索夫回答列文的问话说，"我和彼得·伊凡内奇准备去参加。我答应宣读一篇论文，介绍他在动物学方面的著作。您和我们一起去吧，很有意思。"

"是的，是该走了，"梅特罗夫说，"咱们一起去吧，如果方便的话，开完会就到我那里去坐坐。我很想听您谈谈您的大作。"

"不，不行。那还没有写好呢。不过我很高兴参加纪念会。"

"怎么样，老兄，听说了吗？我们单独提出一份意见。"正在另一个房间里穿礼服的卡塔瓦索夫说。

于是谈起大学的问题。

有关大学问题的争论，是今冬莫斯科的一件大事。委员会里的三位老教授不接受青年教授的意见；青年教授就单独提出一份意见。有些人认为这意见很糟，有些人认为非常切实可行，于是教授们分成了两派。

卡塔瓦索夫所属的一派认为对方在进行卑鄙的告密和欺骗；另一派则认为对方幼稚和不尊重权威。列文虽然不在大学里，但他在莫斯科期间有几次听到并且说起这件事，他对这个问题也有自己的见解；他们到了大街上还在谈这个问题，列文也参加了谈话，直到三个人来到古老大学的大楼前才不谈了。

纪念会已经开始。卡塔瓦索夫和梅特罗夫在铺了桌布的主席台上坐下来。主席台上坐了六个人,其中一人俯身对着稿纸,在念着什么。列文在主席台旁边一张空椅子上坐下来,小声问坐在旁边的一个大学生,念的是什么。那个大学生很不高兴地打量了一下列文,说:

"生平。"

虽然列文对这位科学家的生平不感兴趣,但他不由得听起来,听到了这位著名科学家生平的一些趣事逸闻。

等那人念完了,主席向他表示感谢,并朗诵了诗人孟特寄来的纪念诗,又说了几句话向诗人表示感谢。然后卡塔瓦索夫用他那又响亮又尖锐的嗓门儿宣读了评介这位科学家著作的文章。

等卡塔瓦索夫宣读完毕,列文看了看表,看到已经一点多了,就想到,在赴音乐会之前已经来不及对梅特罗夫详谈自己的著作了,而且现在他也不想谈了。他在听别人宣读论文的时候,也在思索刚才的谈话。他现在明白了,梅特罗夫的想法也许是有道理的,可是他的想法也有道理呀;只有各人按照各自的途径对这两种想法分别进行探讨,才能判断正确或错误,得出结论;如果把两种想法混合在一起,那就不会有什么结果。列文决定谢绝梅特罗夫的邀请,所以,大会一结束,就走到他跟前。梅特罗夫就把列文介绍给正在和他谈政治新闻的主席。在介绍的时候梅特罗夫又对主席说了说他对列文说过的那些话,列文也说了说今天上午说过的那一番见解,但为了换换花样,又说了说他刚才想到的新见解。然后又谈起大学的问题。因为这一切列文已经听过了,他就急忙对梅特罗夫说,很抱歉,无缘接受他的邀请了,就鞠躬告辞,坐上车到李沃夫家去。

四

李沃夫是吉娣的姐姐娜塔丽雅的丈夫,一生都是在外国的首都度过的,在国外受教育,做外交官。

去年他辞去外交官职务,不是由于不愉快的事(他不论和谁都不曾有过不愉快的事),而是调到莫斯科御前侍从厅任职,为的是让两个儿子受到最好的教育。

尽管他们的习惯和见解截然不同,而且李沃夫也比列文年长,他们在这个冬天却亲近起来,彼此非常要好。

李沃夫在家里,列文不经通报就走了进来。

李沃夫身穿一件束腰的便服,脚蹬麂皮靴,戴着蓝玻璃夹鼻眼镜,坐在安乐椅上,在看摆在斜面读书台上的一本书,那好看的手小心翼翼地夹着吸了一半的雪茄,离身子远远的。

他一看见列文,他那一张英俊、清秀,也还年轻、在银光闪闪的鬈发衬托下更显出高贵气派的脸顿时喜笑颜开。

"太好了! 我正想打发人去请您呢。哦,吉娣怎么样? 到这儿坐,这儿舒服些……"他站起来,推过一张摇椅。"看过最近一期《圣彼得堡新闻》吗? 我觉得很有意思。"他带着一点法国口音说。

列文说了说他在卡塔瓦索夫那里听到的彼得堡的一些传闻,谈了谈时事,说了说自己同梅特罗夫结识和参加纪念会的情形。这使李沃夫很感兴趣。

"我真羡慕您,您有机会进入这有趣的学术界。"他说。像往常一样,他一说得来了劲儿,就换成他说起来更方便的法语,“真的我也没有工夫。我又是公务又要教育孩子们,也就没有时间了;况且,说出来我也不怕难为情,我的学识太浅薄了。”

“我可是不这样看,”列文笑着说。他像往常一样,见李沃夫这样虚心,绝不是故作谦虚,甚至也不是为了谦虚而贬低自己,而是真诚地虚心,很受感动。

“哎呀,真的呀!我现在感觉,我的学识太差了。为了教育孩子,有许多功课我都要重新温习,而且简直是从头学起。因为不仅需要当教师,还需要当督学,就像您的庄稼事儿,需要有干活儿的,还需要监工。这不是,我正在学呢,”他指了指摆在读书台上的布斯拉耶夫语法读本,“这是米沙必须学的,可是非常难……您来给我解释解释吧。这儿说的是……”

列文对他说,这玩意儿想理解是不可能的,而是要记住;可是李沃夫不同意他的说法。

“哦,您是在笑话这玩意儿呀!”

“正好相反,不瞒您说,我看着您,就是学习将来要干的事儿,也就是教育孩子。”

“算了吧,这没有什么好学的。”李沃夫说。

“我只是知道,”列文说,“我没见过比您的孩子更有教养的孩子,也不可能希望有更好的孩子了。”

李沃夫显然很想克制自己,免得流露出自己的高兴心情,但他还是眉开眼笑。

“只要他们比我好些,就行了。我所希望的不过如此。您真知道,”他说,“像我这两个孩子,在国外过那种日子放纵惯了,管教起来有多么费力。”

“这都可以补救。他们都是很有天分的孩子。主要的是品德教育。这就是我看到您的孩子学到的。”

“您说得好,正是品德教育。真不能想象,这有多么难!刚刚管了这一方面,那一方面又出毛病,又要花大力气去管教。如果不依靠宗教,——您记得,咱们以前谈过,——任何一个做父亲的单靠自己的力量都无法教育孩子。”

打扮停当、准备出门的光艳照人的娜塔丽雅走了进来,打断了列文一向很感兴趣的这种谈话。

“我还不知道您在这儿呢,”娜塔丽雅说。她显然不仅不因为打断她早就熟悉而且听厌了的这种谈话感到遗憾,而且非常高兴。“哦,吉娣怎么样?我今天要到你们家去吃饭。对了,阿尔谢尼,”她对丈夫说,“你就坐轿车吧……”

于是夫妻两人商量起他们这一天的活动。丈夫因公要去会见什么人,妻子要赴音乐会,还要参加东南委员会的大会,所以有许多事要解决和考虑。列文是自己人,也参与了筹划。最后商定,列文同娜塔丽雅一起乘车赴音乐会和参加大会,再让马车从那里到办公处去接李沃夫,再由他乘车去接妻子,并且把她送到吉娣家去;如果他的公事还没有办完,就把马车打发回来,由列文陪她去。

“瞧,他在挖苦我呢,”李沃夫对妻子说,“我知道咱们的孩子有很多坏毛病,他非要说他们好得不得了。”

“阿尔谢尼太过分了,我一向这样说,”妻子说。“如果要求十全十美,那你永远不会满意。爸爸说得对,他们在管教我们的时候,有的方面就过分了,把我们关在阁楼里,他们住好房间;现在恰恰相反,父母住贮藏室,孩子们住好房间。做父母的如今不必活了,什么都是为了孩子们。”

“如果喜欢这样,那有什么呢?”李沃夫带着他那亲切动人的微笑,碰了碰她的手,说,“谁要是不了解你,还以为你不是亲妈,是后娘呢。”

“不,不论在哪一方面,太过分都不好。”娜塔丽雅一面平心静气地说,一面把他的裁纸刀放到桌上原来的地方。

“哦,到这儿来,十全十美的孩子们。”李沃夫对走进来的两个漂亮男孩子说。两个孩子向列文行过礼之后,走到父亲面前,显然有什么话想问他。

列文很想同他们说说话儿,听听他们对父亲说些什么,可是娜塔丽雅和他说起话来,而且这时候李沃夫的同事马霍丁穿着一身御前侍从官服走了进来,要和他一起去见什么人,于是就没完没了地谈起赫尔采戈文、柯尔靖斯基公爵夫人、议会和阿普拉克辛娜的暴卒。

列文把吉娣交给他的任务都忘了。已经走到前厅里,他才想起来。

“哎呀,吉娣叫我和您谈谈奥布朗斯基的事儿。”就在李沃夫送妻子和他出门,在楼梯上站下来的时候,他说道。

“是的,是的,妈妈希望咱们这两个连襟教训教训他呢,”他红着脸笑嘻嘻地说,“不过,为什么要我去呀?”

“那我就去教训教训他吧,”已经披起雪白的斗篷在等待谈话结束的娜塔丽雅笑嘻嘻地说,“喂,咱们走吧。”

五

在上午的音乐会上，演出了两支很精彩的乐曲。

一支是《荒野里的李尔王》幻想曲，另一支是纪念巴赫的四重奏。两支乐曲都是新风格的新作品，所以列文很想对新乐曲形成自己的看法。他把娜塔丽雅送到座位上之后，就站在一根圆柱旁，下定决心要聚精会神地好好听一听。他望着系白领带的乐队指挥的手总是很讨厌地扰乱着对音乐的注意力的那种挥舞摆动，望着那些为了赴音乐会戴起女帽、用帽带严严实实把自己耳朵扎住的太太们，望着这一张张毫无兴致或者对什么都感兴趣、唯独对音乐不感兴趣的脸，竭力不分散注意力，不破坏自己的印象。他竭力避开音乐行家和健谈的人，站在那里，朝下面望着，听着。

对于李尔王幻想曲，他越往下听，越觉得自己无法形成什么明确的看法。不断地重复开头部分，好像在准备表现感情的音乐用语，可是立刻就分散成许多新开头的乐句的片段，有时变成除了作曲者的随意遐想，毫无联系，而又特别复杂的声音。而且就是这些乐句片段本身，有时虽然是很美的，使人听起来也很不愉快，因为完全是突如其来，使人毫无准备的。欢乐、悲伤、失望、柔情、得意都是无缘无故出现的，就像疯子的感情。而且也像疯子那样，这些感情的消失也都是突然的。

在听音乐的整个时间里，列文觉得自己就像是一个聋人在看跳舞。等演奏结束，他感到困惑莫解，而且因为集中注意力而又毫无所获，格外疲乏。四面八方响起雷鸣般的掌声。大家都站起来，走动起来，说起话来。列文想听听别人的看法，好解开自己的困惑，就去找行家。他看到一位有名的行家正在和他熟识的彼斯卓夫说话，觉得非常高兴。

"太妙了！"彼斯卓夫用浑厚的粗嗓门儿说，"您好，康斯坦丁·德米特里奇。特别生动、特别鲜明，也可以说，特别富有色彩的地方，您可以感觉到科苔莉雅来临的，就是这女人，这永恒的女性，[1]同命运进行搏斗的地方。不是吗？"

"这里面怎么会有科苔莉雅呢？"列文完全忘记了幻想曲表现的是荒野里的李尔王，就怯生生地问道。

"有科苔莉雅……你看吧！"彼斯卓夫说着，用手指弹了弹他手里的光滑的节目单，把节目单递给列文。

列文这才想起幻想曲的标题，连忙看了看节目单背面已经译成俄语的莎士比亚诗句。

"不看这个是没法听懂的。"彼斯卓夫转过身来对列文说，因为同他说话的人已走开，再没有谁可以和他谈谈了。

在幕间休息的时候，列文同彼斯卓夫争论起瓦格纳[2]乐派的长处和不足之处。列文说，瓦格纳及其追随者的错误，就在于企图让音乐跨入其他艺术领域，就像让诗歌去描写应该用绘画来表现的相貌一样错误，而且，他举出一位雕塑家，作为这类错误的例证。这位雕塑家异想天开，用大理石雕出诗的形象的幻影，矗立在诗人雕像周围的底座上。列文说："这位雕塑家雕出的幻影简直不像幻影，甚至都要用梯子支撑着。"他很欣赏这句话，但他不

①原文为德语。

②瓦格纳(1813—1883)，德国著名的作曲家、歌剧革新家。

记得这句话他以前是不是说过，是不是就是对彼斯卓夫说过，所以他一说出来，就觉得不好意思了。

彼斯卓夫却说，艺术乃浑然一体，只有把各种艺术融合在一起，才能得到最完美的体现。

音乐会的第二个节目列文就无法听下去了。站在他旁边的彼斯卓夫几乎一直在和他说话，指责这支乐曲那过分的、矫揉造作的朴素形式，把这种朴素比作绘画中拉斐尔前派的朴素。列文在往外走的时候又遇到很多熟人，和他们谈时事，谈音乐，谈共同的熟人；也遇到他已经忘记了要去拜访的保尔伯爵。

"哦，那您现在就去吧，"他对娜塔丽雅说了说这事之后，娜塔丽雅就对他说，"也许他们不接见您，那您就到会场上去找我。您会找到我的。"

六

"也许，今天不见客吧？"列文走进保尔伯爵家大门，问道。

"见客，请吧。"门房一面说，一面毫不迟疑地帮他脱大衣。

"真晦气，"列文一面叹着气脱手套，抻礼帽，一面在心里说，"唉，我来干什么呀？唉，我和他们有什么好谈的？"

列文在穿过前客厅的时候，在门口遇到心事重重、正板着脸对女仆下命令的保尔伯爵夫人。她看到列文，笑了笑，就请他到隔壁小客厅里去，那里有说话的声音。在小客厅里，坐在椅子上的是伯爵夫人的两个女儿和列文认识的一位莫斯科的上校。列文走过去，同他们打过招呼，就在长沙发旁边坐下来，把礼帽放在膝盖上。

“夫人身体怎么样？您去音乐会了吧？我们没有去。妈妈得参加祭祷。”

“是的，我听说了……死得多么突然呀。”列文说。

伯爵夫人走进来，在长沙发上坐下来，也问了问他妻子的身体和音乐会的情形。

列文回答过之后，又问了一遍有关阿普拉克辛娜暴死的事。

“不过，她的体质一向很差。”

“您昨天去听歌剧了吗？”

“是的，去了。”

“露卡唱得太好了。”

“是的，太好了。”列文说，并且开始重复他听别人说了一百次的有关这位女歌星天才特点的话，因为反正他不管别人对他怎样想了。保尔伯爵夫人装作在听。后来，等他说够了，不再说了，一直没有说话的上校就说了起来。上校也说起歌剧和剧场灯光的事。最后，上校说过要在玖林家举行狂欢节舞会，就笑起来，嚷嚷起来，站起来就走了。列文也站了起来，但他从伯爵夫人的脸色看出来，还不到走的时候，还得再待两分钟。他又坐下了。

但是因为他总在想着，这有多么无聊，而且也找不出话题，就不说话了。

“您不去参加大会吗？据说，很有意思呢。”伯爵夫人开口说。

“不，我说定要去接我的姨姐。”列文说。

接着出现了冷场。母女俩又交换了一下眼色。

“嗯,看来现在可以走了。”列文想了想,就站了起来。母女们和他握了握手,并且请他代她们向夫人致意。

门房一面帮他穿大衣,一面问他:

“阁下在哪里下榻?”接着就把他的住址登记到一个装帧精美的大簿子里。

“当然,我是无所谓,不过总是很尴尬,而且也太无聊了。”列文一面在心里这样说,一面聊以自慰地想,大家都是这样嘛。于是他上了车径奔大会会场,他要到那里找到娜塔丽雅,带她一起回家去。

参加委员会大会的人很多,上流社会的人差不多都来了。列文还赶上了听时事简报,如大家说的,时事简报是很有意思的。等到简报念完了,大家都聚集在一起。列文也遇到斯维亚日斯基,他请列文今天晚上一定要到农业协会去,那里有一场很精彩的报告。他还遇到刚刚从跑马场赶来的奥布朗斯基和其他许多熟人。列文也说了说和听了听对于大会、新的乐曲和公审的种种意见。但是,大概由于他开始感到精神疲劳,在谈到公审时说错了话,后来有好几次他想起来就觉得懊恼。在谈到即将处罚一个在俄国犯罪的外国人,谈到把外国人驱逐出境的处罚办法有多么不妥当时,列文还把昨天听一个朋友说的话重复了一遍。

“我认为,把他驱逐出境,就好比处罚梭鱼,把梭鱼放进水里。”列文说。后来他才想起来,他从朋友嘴里听来的、又当作自己的话说出来的这种说法,来自克雷洛夫的寓言,那个朋友又是重复报纸上一篇小品文中的这种说话。

他陪娜塔莉雅回到家里,看到吉娣快快活活,平安无事,就又上了车去俱乐部。

七

列文到俱乐部，来得正是时候。和他同时来到的有贵宾，也有会员。当年他刚刚离开大学，住在莫斯科，常常进出社交界，从那以后，他已经很久没到俱乐部来过了。他还记得俱乐部，记得俱乐部的种种装饰，但已经完全忘记了以前他在俱乐部里的种种感受。可是马车一进入那宽敞的半圆形院子，他下了马车，走上台阶，佩肩带的门房悄没声地开了大门，向他鞠躬的时候，他在门厅里看到会员们的大衣和为了省事就在楼下脱下来的一双双套靴，听到通报他到来的神秘铃声的时候，他踏着铺地毯的缓斜楼梯往上走，一看到楼梯口的雕像，又在上面门口看到穿着俱乐部制服的第三个熟识的老态龙钟的门房不慌不忙地开了门，打量着他这位来客的时候，列文心中又出现了往日俱乐部给他的感受，心中充满宁静、舒适和体面感。

“请把帽子给我，”门房对列文说，因为列文忘记了俱乐部的规矩，没有把帽子脱在门厅里，“您很久没来了。老公爵昨天就给您定下了。奥布朗斯基公爵还没有到。”

老门房不仅认识列文，而且认识他的所有亲友，所以一见面就说起他的近亲。

列文穿过第一个有屏风的过厅，又向右走进一个隔开的房间，这里坐着一个卖水果的，穿过这个房间，赶过一个慢腾腾走着的老头儿，进入挤满了人的闹哄哄的餐厅。

他一面打量着来宾们，从几乎已经坐满人的一张张桌子旁边走过。这里,那里,到处都碰到各种各样的人,有年老的,有年轻的,有面熟的,有很亲近的。没有一张脸是烦恼的和忧虑的。好像大家都把忧愁和操心事同帽子一起丢在门厅里,准备从容不迫地享受一番人世的快乐。斯维亚日斯基、谢尔巴茨基少爷、聂维多夫斯基、老公爵、伏伦斯基和柯兹尼雪夫都已经到了。

"啊!你怎么迟到啦?"老公爵从肩膀上面把手伸给他,笑呵呵地说。"吉娣怎么样?"他一面抻着塞在背心纽扣里的餐巾,又问一句。

"她没什么,身体很好;她们三个在家里吃饭呢。"

"哈,又是东家长西家短了。哦,我们这儿没有位子了。你到那张桌上去,赶快占个座位。"老公爵说过,转过身去,小心翼翼地接过一盘鳕鱼汤。

"列文,到这儿来!"较远处有个亲切的声音叫道。这是杜罗夫津。他和一个年轻军人坐在一起,他们旁边还有两张倒翻过来的空椅子。列文高高兴兴地走到他们跟前。他一向就喜欢这个好心肠的酒鬼杜罗夫津,——看到他就会想起向吉娣求婚的事,——尤其是今天,在花费心思说了许多话之后,杜罗夫津那和善的样子使他感到特别愉快。

"这两个位子是留给您和奥布朗斯基的。他马上就来。"

这位腰杆挺得笔直、一双快活的眼睛总是在笑的军人是彼得堡人加金。杜罗夫津给他们做了介绍。

"奥布朗斯基总是爱迟到。"

"哦,他来了。"

"您刚刚到吗?"奥布朗斯基说着,快步朝他们走来。"好极了。你喝酒了吗？好，来吧。”

列文站起来，跟着他朝摆满了酒和各种各样下酒菜的大桌子走去。在二十来种下酒菜中似乎总可以挑到合乎口味的，可是奥布朗斯基却另外点了一种，站在旁边的一名穿制服的侍役立刻把他点的菜端了来。他们各喝了一杯酒，就又回到桌子上。

他们还在喝汤的时候，加金就要来一瓶香槟酒，他吩咐斟到四个玻璃杯里。列文没有拒绝敬他的酒，自己又要了一瓶。他饿了，很带劲儿地吃着，喝着，更带劲儿地和大家又快活又随便地聊着。加金压低声音，讲了彼得堡最近的一个笑话。这个笑话虽然又不雅又荒唐，但是非常可笑，所以列文笑得非常响亮，惹得附近的人都转过头来看他。

“这有点儿像‘我真受不了啦！’那事儿。你知道吧？”奥布朗斯基问。“哎呀，真是太妙了！再来一瓶！”他对侍役说。于是讲起那事儿。

“彼得·伊里奇·维诺夫斯基敬你们两位的，”一名老侍者端着两高脚杯泡沫直翻的香槟酒，打断奥布朗斯基的话，对他和列文说。奥布朗斯基接过酒杯，同桌子另一头一个秃顶红胡子的男子交换了一下眼色，笑嘻嘻地向他点了点头。

“这是谁呀？”列文问。

“你在我那儿见过他一次，记得吗？是一个老好人。”

列文也照奥布朗斯基那样，接过酒杯。

奥布朗斯基讲的笑话也非常可笑。列文也讲了一个笑话，大家听了也很开心。然后谈起马，谈起今天的赛马，谈起伏伦斯基那匹“缎子”怎样勇猛地夺得头奖。列文都没有注意，这顿饭是怎么过去的。

“哈，他们来了！”在已经吃完饭的时候，奥布朗斯基说道，一面从椅背上探过身去，朝伏伦斯基伸出手去，伏伦斯基同一个高个子近卫军上校一起向他走来。伏伦斯基的脸上也闪耀着俱乐部里人人都有的和悦光彩。他快快活活地把胳膊肘搁在奥布朗斯基的肩膀上，对着他的耳朵小声说话，并且也带着那样快活的微笑把手伸给列文。

“见到您非常高兴，”他说，“那时候我还在选举大会上到处找您呢，可是有人告诉我，您已经走了。”

“是的，我当天就走了。我们刚才还谈到您的马呢，恭喜您了，”列文说。“这马跑得好快呀。”

“您不是也有一些快马吗？”

“没有，当年家父养过一些；不过我还记得，也懂得。”

“你在哪儿吃饭的？”奥布朗斯基问道。

“我们在二号桌，在圆柱那边。”

“大家为他贺喜呢，”高个子上校说，“这是第二次获得皇上的奖；要是我打牌能像他赛马这样走运就好了。”

“唉，何必浪费宝贵的时间。我要到‘地狱’里去了。”上校说完，就走了。

“这是雅什文。”伏伦斯基回答过杜罗夫津的问话，就在他们旁边的空位子上坐了下来。他喝干敬他的一杯酒，又要了一瓶。不知是受了俱乐部气氛的影响，还是因为喝了酒，列文很带劲儿地和伏伦斯基谈起了良种牲口，而且觉得对此人没有什么敌意了，感到非常高兴。他甚至还顺便告诉他，听妻子说过，她在玛丽雅·波里索芙娜公爵夫人家里遇见过他。

“哦,玛丽雅·波里索芙娜公爵夫人吗,真是太妙了!”奥布朗斯基说,并且讲了她的一个笑话,逗得大家笑了好一阵子。尤其是伏伦斯基笑得非常开心,所以列文觉得他和他的疙瘩已经完全解开了。

“怎么样,完了吧?”奥布朗斯基站起身来,笑着说,“咱们走吧!”

八

列文离开餐桌,觉得走起路来两臂摆动得特别合拍,特别轻松,就和加金一起穿过一个个高大的房间朝弹子房走去。在经过大厅的时候,他碰到了岳父。

“哦,怎么样?你喜欢我们这座逍遥宫吗?”老公爵挽住他的胳膊说,“来,咱们一块儿走走。”

“我就是想走走,到处看看呢。这儿挺有趣。”

“是的,你觉得有趣。可是我的兴趣就和你不一样了。你就看看这些老头儿,”他指着弯腰弓背、嘴唇耷拉下来、吃力地拖着软靴迎着他们走来的老头子说,“你以为,他们生下来就是这样的老浑蛋吗?”

“怎么是老浑蛋?”

“你就不知道这种称呼。这是我们俱乐部里的专用名词。你要知道,这好比滚鸡蛋,滚来滚去滚多了,就变成浑蛋了。我们这些人也是这样:天天来俱乐部,来多了,就变成老浑蛋了。瞧,你笑了,可是我们这些人已经在瞧着自己什么时候成为老浑蛋了。你认识契岑斯基公爵吗?”老公爵问道。列文从他的脸色看出来,他想讲什么可笑的事儿了。

“不,不认识。”

“哟,真是的!嗯,契岑斯基公爵可是赫赫有名的。嗯,反正一样。他这人一向喜欢打弹子。三年以前他还不是老浑蛋,挺神气。他常常管别人叫老浑蛋。只是有一次他到这儿来,我们的门房……你认识吧,叫瓦西里的?就是那个胖胖的。他是个俏皮话大王。契岑斯基公爵就问他:‘你说说,瓦西里,有些什么人来了?有老浑蛋吗?’他却对他说:‘您是第三个了。’是啊,就是这样呀!”

列文和老公爵一面说着话儿,不断地和遇到的熟人打着招呼,在各个房间里走了一遍:走进大房间,里面有几张桌子,老牌迷们正在打小牌;走进休息室,里面有人在下棋,柯兹尼雪夫坐在那里和一个人说话;走进弹子房,在房间转角处有一伙人在大沙发旁快快活活地喝着香槟,加金也在其中;他们也到“地狱”里看了看,里面有很多赌徒聚集在一张桌子周围,雅什文已经在那里坐下了。他们也蹑手蹑脚地走进幽暗的阅览室,里面有一个满脸怒气的年轻人坐在罩子灯下,翻阅着一本又一本杂志,还有一个秃顶的将军埋头在看书。他们还走进一个房间,老公爵称之为高士室。在这个房间里有三位先生很起劲儿谈着时事新闻。

“公爵,请吧,都准备好了。”老公爵的一个牌友在这儿找到他,说道。于是公爵就走了。列文坐下来听了一会儿;可是一想起今天上午的所有谈话,顿时觉得厌烦得不得了。他急忙站起来去找奥布朗斯基和杜罗夫津，跟他们在一起才快活。

杜罗夫津端着一大杯酒，坐在弹子房里高高的沙发上，奥布朗斯基和伏伦斯基在房间远处角落里的门边说着话儿。

“她倒不是苦闷，不过这种不明不白的状况……”列文一听见这话，就想赶快走开，可是奥布朗斯基把他叫住了。

“列文！”奥布朗斯基叫道。列文发现，他的眼睛里虽没有泪水，却已经潮湿了，以往他喝了酒，或者动了感情，总是这样的。现在他是又喝了酒，又动了感情。“列文，别走。”他说着，紧紧抓住他的胳膊肘，显然是无论如何不肯放他了。

“这是我的知心朋友，可以说是最好的朋友，”他对伏伦斯基说，“在我来说，你也是非常亲近，非常可贵的。我希望，我也知道，你们一定也是非常友好，非常亲近的，因为你们俩都是很好的人。”

“好吧，咱们非亲嘴不可了。”伏伦斯基一面亲切地开玩笑说，一面伸出手来。

他连忙攥住伸过来的手，紧紧握了握。

“我太高兴了，太高兴了。”列文握着他的手说。

“茶房，来一瓶香槟。”奥布朗斯基说。

“我也非常高兴。”伏伦斯基说。

不过，尽管奥布朗斯基如此希望，他们彼此也有这样的愿望，他们却没有什么可谈的，这一点他们也都感觉到了。

“你可知道，他不认识安娜？”奥布朗斯基对伏伦斯基说，“我一定要带他去见见她。咱们去吧，列文！”

“真的吗？”伏伦斯基说，“她一定会非常高兴。我真想这就回家去，”他补充说，“可是我真不放心雅什文，所以我想在这儿待一会儿，等他赌完。”

“怎么，很糟吗？”

“他老是输，只有我才管得住他。”

“那咱们来打台球，怎么样？列文，你打不打？噢，那好极了，”奥布朗斯基说，“把台球摆好，”他对记分员说。

“早就摆好了。”已经把弹子摆成三角形并且在滚着红弹子玩儿的记分员回答说。

“好，来吧。”

打完一局之后，伏伦斯基和列文就坐到加金的桌子跟前去。奥布朗斯基要列文打纸牌，他就打了起来。伏伦斯基有时坐在桌旁，不断地有些熟人走来把他围住，有时他到“地狱”里去看看雅什文。列文感到轻松愉快，已经完全消除了上午精神上的疲劳。他感到高兴的是，结束了同伏伦斯基的敌对关系。他一直有一种安静、体面和快乐的感受。

打完牌，奥布朗斯基就挽住列文的胳膊。

“好，那咱们就到安娜那儿去。这就去，怎么样？她在家里。我早就对她说过要带你去了。你今天晚上本来打算到哪儿去？”

“也没有什么地方非去不可。我答应过斯维亚日斯基去农业协会。那好，咱们去吧。”列文说。

“好极了，咱们去吧！你去看看，我的马车来了没有。”奥布朗斯基对仆人说。

列文走到牌桌前，付清了他输的四十卢布，又付清了那个站在门口的老侍役不知用什么神秘办法知道的他在俱乐部里的全部花销，就大模大样地摆动着两臂，穿过几个大厅，朝出口走去。

九

“奥布朗斯基的马车！”门房气呼呼地用粗嗓门儿喊道。马车来到跟前，两个人上了车。在马车还没有出大门的最初一会儿，列文还感受到俱乐部里那种宁静、快乐和周围的一切都非常体面的气氛；可是马车一上了大街，他一感觉到马车在不平坦的路上颠簸，听到迎面来的马车的车夫的怒喝声，看到朦胧灯光下的酒馆和小铺的红色招牌，他的这种感受就消失了，于是他开始考虑自己的所作所为，并且自己问自己，他去看安娜是否妥当。吉娣会怎么说？可是奥布朗斯基不让他考虑，似乎猜到了他的疑虑，打消了他的疑虑。

“你能认识她，我多么高兴呀，”他说，“你要知道，陶丽早就希望这样了。李沃夫也去过她那儿，而且常常去。她虽然是我的妹妹，”奥布朗斯基继续说，“可是我敢说，这是一个好得不得了的女人。你就会看到的。她的处境很难受，尤其是现在。”

“为什么尤其是现在？”

“我们正在同她丈夫交涉离婚的事。他也同意了；但就是有关儿子的事儿有些困难，所以，这事本来应该早就可以解决的，却拖了有三个月了。只要一离婚，她就可以和伏伦斯基结婚了。这种陈旧的结婚仪式，明明谁也不相信，却妨碍人的幸福，这有多么荒唐呀！”奥布朗斯基插了一句。“嗯，那样他们的状况就明朗了，就和我、和你一样了。”

“究竟有什么为难呢？”列文问道。

“唉,这事儿说来话长,也非常无聊！在我们这儿这种事都是不明不白嘛。不过问题是,她等待离婚,在这儿,在莫斯科已经住了三个月了,在这儿人人都认识他和她;她哪儿也不去,除了陶丽,也不见任何一个女客,因为她不希望人家出于怜悯来看她;就连那个混账女人瓦尔瓦拉公爵小姐也走了,认为待在她家里不体面。所以,要是换了别的女人,在这种状况下就没法活了。可是她呀,你就会看到,她多么会安排自己的生活,多么镇定,多么值得敬重。往左拐,进小巷,就在教堂对过!”奥布朗斯基从车窗里探出头去,对车夫喊道。“哎呀,好热!”他说着,不顾零下十二度的气温,把已经敞开的皮大衣敞得更大些。

“她有一个女儿嘛;想必她天天忙着照料女儿吧?”列文说。

“你好像把所有的女人都看成母鸡,看成抱窝的母鸡了,”奥布朗斯基说,“女人忙,就一定是忙孩子。不,她对女儿好像抚养得也很好,不过没有听她说起过。她忙,首先是忙着写东西。我已经看出来,你在讥笑了,不过你不要笑。她写的是一本儿童的书,这事她对谁也没有说过,但她念给我听过,我已经把手稿交给沃尔库耶夫……你也知道,他是一个出版商……好像他自己也是一位作家。她是行家,他也说这是一部极好的作品。不过,你以为她是一位女作家吧？根本不是。她首先是一个好心肠的女人,你就会看到的。她现在有一个英国女孩儿和整整一家子,她忙的就是这一家子。”

“怎么,是慈善事业吧?”

“瞧你一下子就想往坏处看了。不是慈善事业,是出于一片好心。他们,就是说伏伦斯基,有一个英国驯马师,很有本事,可是个酒鬼。他喝酒不要命，是个酒狂[1]，连家小也不管了。她看到他们，就帮助他们，关心他们，现在这一家人都依靠着她。而且她不是随随便便，高高在上，给几个钱，而是亲自教几个男孩子学俄语，好让他们进中学，又把一个女孩子接到家里来。等会儿你会看到这孩子的。”

马车进了院子，门口停着一辆雪橇。奥布朗斯基使劲打了打铃。

奥布朗斯基也没问开门的人是否有人在家，就走进前厅。列文跟着他走，可是越来越怀疑他这样做是好还是不好。

列文照了照镜子，发现自己的脸红了；但他自信没有喝醉，就跟着奥布朗斯基踏着铺地毯的楼梯往上走。到了楼上，有一名仆人像对老熟人一样对奥布朗斯基鞠了个躬，奥布朗斯基就问他，安娜那里是不是有什么人，仆人回答说，沃尔库耶夫先生来了。

“他们在哪儿？”

“在书房里。”

奥布朗斯基和列文穿过镶着深色护墙板的小餐厅，踏着柔软的地毯，走进幽暗的书房，书房里只点着一盏带暗色大灯罩的灯，墙壁上还有一盏反光灯。照耀着一幅很大的女人全身像，不由得引起列文的注意。这是安娜的画像，就是米哈伊洛夫在意大利画的那一幅。就在奥布朗斯基往屏风后面走，那个在说话的男子住了口的时候，列文望着这幅在灯光照耀下好像要从画框里走出来的画像，舍不得离开了。他甚至忘记了自己在什么地方，也不去听别人在说什么，只是目不转睛地盯着这幅美妙的画像。这不是

①原文为拉丁语。

画，是一个活生生的迷人的女人，一头乌黑的鬈发，露着肩膀和两臂，那长满柔软毫毛的嘴唇带着若有所思的似有似无的微笑，那一双使他心神荡漾的眼睛得意洋洋而又脉脉含情地望着他。她不是活的，只是因为活着的女人不可能有她这样美。

“我太高兴了。”他突然听到身旁有说话的声音，显然是对他说的，这就是他所赞赏的画里的女人本人的声音。安娜从屏风后面走出来迎接他，于是列文在书房的幽暗光线下看到了画里的女人本身，穿一件深蓝底色的花连衫裙，姿势不同，表情也不同，但也像画家所表现在画里的那样，处在美的顶峰。她实际上没有那样艳丽，但是在她这个活人身上却另有一种迷人之处，那是画上所没有的。

十

她站起来迎接他，并不掩饰见到他的喜悦。她把她那充满活力的玉手伸给他，给他介绍沃尔库耶夫，又指了指那个坐着做针线活儿的漂亮小姑娘，说是她的养女，在她这些从容自若的举止中，显示出列文非常熟悉和喜欢的上流社会女子处处雍容大方的风度。

“真高兴，真高兴，”她又说，这句很普通的话从她嘴里说出来，列文觉得不知为什么就有特别的意义，“我早就知道您并且喜欢您了，因为您和司基瓦很要好，还因为您的夫人……我认识她的时间很短，可是她留给我的印象是一朵美丽的花儿，就是一朵花儿。她也很快就要做母亲了！”

她说得很随便，很从容，偶尔把目光从列文身上移到哥哥身上，列文也觉得他给她的印象也是很好的，于是他一下子就觉得同她在一起是轻松、随便和愉快的了，好像他从小就认识她似的。

“我和伊凡·彼得罗维奇到阿历克赛的书房里来，就是为了吸烟。”奥布朗斯基问她是不是可以吸烟，她这样回答说。她抬眼看了看列文，用眼睛问他：是不是抽烟？就把一个玳瑁烟盒移到跟前，抽出一支烟来。

“你今天身体怎么样？”哥哥问她。

“还好。精神像往常一样。”

“画得好极了，不是吗？”奥布朗斯基发现列文在看画像，就说道。

“我没见过更好的画像了。”

“而且像极了，不是吗？”沃尔库耶夫说。

列文看看画像，再看看本人。就在她觉得他看她的时候，她的脸上闪出特别的神采。列文的脸红了，为了掩饰自己的窘态，就想问她是不是很久没见过陶丽了；可是这时候安娜说起话来：

“我和伊凡·彼得罗维奇刚才在谈瓦欣科夫最近的一些画。您见过吗？”

“是的，我见过。”列文回答说。

“不过对不起，我打断了您的话，您是想说……”

列文就问她，是不是很久没见到陶丽了。

“昨天她到我这儿来过，她为了格里沙很生学校的气。拉丁文教师对待他似乎很不对头。”

“是的，我见过那些画。我不怎么喜欢。”列文又回头去谈她说起的话题。

列文现在说话已经不是用他上午说话用的那种敷衍态度了。同她说话一字一句都有特殊意义。同她说话是愉快的,听她说话就更愉快了。

安娜说话不仅毫不做作,有条有理,而且又有条理又随便,不认为自己的见解有什么了不起,而是非常看重对方的见解。

谈起新的艺术流派,谈起一位法国画家为《圣经》作的新插图。沃尔库耶夫指责那位画家把现实主义糟蹋到无法容忍的地步。列文说,谁也没有像法国人那样把程式化引进艺术,所以他们认为回到现实主义就是了不起的贡献。他们认为不撒谎就是诗。

列文说过的俏皮话,还从来没有像这一句这样使他得意的。安娜一下子就理解到这种说法的妙处,她的脸顿时放起光来。她笑起来。

"我笑,"她说,"就好比看到画得极像的肖像,那是要笑的。您说的话恰如其分地评价了当今法国的艺术,包括绘画,以及文学:如左拉,都德。不过,也许往往是这样的,那就是根据虚构的、程式化的人物来构思,等到布局完成了,就觉得虚构的人物可厌了,于是就开始构思更自然、更真实的人物。"

"这话真是一点不错!"沃尔库耶夫说。

"那么,你们去俱乐部啦?"她问哥哥。

"哎呀,竟有这样的女子!"列文在心中说,一面出神地、目不转睛地盯着她那美丽、灵敏,这时突然完全变了的脸。列文没有听见她俯下身对哥哥说的是什么,但是她的表情变化却使他吃惊。她的脸原来是那样文静安详的,忽然流露出令人不解的急于想知道、愤怒和骄矜的神情。但这情形只是持续了一小会儿。她眯起眼睛,好像在回想什么事。

"哦,是的,不过这种事儿没人感兴趣,"她说过这话,就对那个英国小姑娘说:

"请你去一下,叫人在客厅里摆茶。"[①]

小姑娘站起来,走了出去。

"怎么样,她考及格了吧?"奥布朗斯基问道。

"好极了。小姑娘很有天分,性情也很可爱。"

"到末了,你爱她会胜过爱自己的孩子。"

"这是男人才说的话。爱是没有厚薄之分的。我爱自己女儿是一种爱,爱她是另一种爱。"

"我正要对安娜·阿尔卡迪耶芙娜说呢,"沃尔库耶夫说,"她要是把花在这个英国小姑娘身上的劲头儿的百分之一用到教育俄国儿童的共同事业上,那她会做出伟大而有益的事业。"

"您有这个愿望,我却做不到。伏伦斯基伯爵一再鼓励我(她说伏伦斯基伯爵几个字时,带着恳求和羞怯的神气看了看列文,列文也不由得用敬重和认可的目光回答她),一再鼓励我在乡下办学校。我到学校去过几次。孩子们都很可爱,可是我不能把自己拴在这上面。您说到劲头儿。劲头儿是由爱产生的。爱是无法强求,是不能靠命令的。比如,我爱这个小姑娘,自己也不知道有什么来由。"

她又看了看列文。她的微笑和目光都告诉他,她这些话只是

①原文为英语。

说给他听的，她非常看重他的意见，并且事先就知道他们是能相互理解的。

“这一点我完全能理解，”列文回答说，“不可能把心血都用到学校和这一类的机构上，所以我想，就因为这样这些慈善机构总是很少有成效。”

她沉默了一会儿，后来笑了笑。

“是的，是的，”她附和说，“我什么时候也做不到。我没有那样广阔的胸怀，没法爱整个孤儿院里那些龌龊的小姑娘。这是我永远做不到的。有多少妇女靠这个博得社会地位。如今尤其是这样，”她带着伤感和信任的神情说，表面上是对哥哥说话，但显然只是说给列文听的。“而且就是现在，在我非常需要做点儿什么事情的时候，我也做不到。”她忽然皱起眉头（列文明白，她皱眉头是因为谈起自己的事），就换了话题。“我知道人家对您的看法，”她对列文说，“认为您是一个不好的公民，我总是竭力为您辩护。”

“您怎样为我辩护呢？”

“那要看怎样攻击您了。哦，是不是来点儿茶？”她站起来，拿起一个皮面精装的本子。

“交给我吧，安娜·阿尔卡迪耶芙娜，”沃尔库耶夫指着本子说，“这很有价值。”

“哦，不，这还非常粗糙。”

“我告诉过他了，”奥布朗斯基指着列文对妹妹说。

“你不该说。我写的东西，有点儿像丽莎·梅尔察洛娃有时从监狱里拿出来卖给我的那些雕刻的小篮子。她在慈善会是主管监狱的，”她对列文说，“那些不幸的人创造了耐心的奇迹。”

于是列文又在他异常喜欢的这个女子身上看出另外一个特点。除了聪明、文雅、美丽以外，她还非常诚实。她不想对他隐瞒自己处境的艰难。她说过这话，叹了一口气，她的脸突然表现出严峻的神情，好像变成了石头似的。她因为脸上出现了这种神情，显得比原来更美了；但这是另外一种表情，是画家在画上表现的那种闪烁着幸福光彩、洋溢着幸福气氛的表情范围以外的。列文又看了看画像和她本人，等她挽起哥哥的手，同哥哥一起走进高大的门里，他觉得自己对她产生了爱恋和怜惜之情，这是他自己也感到惊讶的。

她请列文和沃尔库耶夫到客厅里去，自己要和哥哥说说话儿。“他们是谈离婚，谈伏伦斯基，谈他在俱乐部里干什么，还是谈我？”列文猜想道。他非常激动地猜想着她和奥布朗斯基谈什么，所以沃尔库耶夫对他说安娜写的这部儿童小说的价值，他几乎没有听。

喝茶的时候，依然继续着这种愉快的、内容丰富的谈话。不仅没有一分钟需要寻找话题，相反，倒是都觉得来不及把想说的话说完，而且情愿自己煞住不说，也要听别人说说。不论他们说的是什么，不仅是她自己说的，就连奥布朗斯基和沃尔库耶夫说的，由于她的注意和评论，列文都觉得具有特别的意义。

列文在倾听有趣的谈话的同时，一直在欣赏她，欣赏她的美，她的聪明、学识，同时也欣赏她的单纯和真挚。他又听又说，而且也一直在想着她，想着她的内心活动，竭力猜测她的感情。以前他对她是那样非难的，现在却依照一种奇怪的推理方法为她辩护起来，同时又惋惜又担心伏伦斯基不能完全理解她。到十点多钟，奥布朗斯基站起来要走的时候（沃尔库耶夫早就走了），列文觉得他才刚刚来到呢。但也只好恋恋不舍地站起来。

"再见吧，"她握住他的手，用使人销魂的目光盯着他的眼睛说，"我真高兴，冰融雪消了。"

她放开他的手，眯缝起眼睛。

"请转告您的夫人，我还像原来一样喜欢她，要是她不能谅解我的处境，那我希望她永远不要原谅我。要原谅，就必须设身处地地想想我的处境，但愿她不要像我这样。"

"是的，当然，我一定转告……"列文红着脸说。

十一

"一个多么出色、多么可爱而又可怜的女人呀。"列文一面跟着奥布朗斯基朝寒冷的户外走，一面想着。

"喂，怎么样？我对你说过嘛。"奥布朗斯基看出列文已经完全被征服了，就说道。

"是啊，"列文若有所思地回答说，"真是一个不寻常的女子！不光是聪明，而且真挚得不得了。真为她难过！"

"现在，上帝保佑，不用多久，一切都要解决了。就是说，凡事不能过早地下断语，"奥布朗斯基一面说，一面开了车门，"再见吧，咱们要分路了。"

列文一直想着安娜，想着她和他说的许多极其坦率的话，在思索这些话的时候回想着她脸上的种种表情，越来越同情她的处境，越来越为她难过，就在这样的心境下回到家里。

回到家里，库兹玛告诉他，吉娣平安无事，她的两位姐姐刚走不久；又交给他两封信。列文为了以后不再分神，就在前厅里把两封信看完了。一封信是账房索科洛夫写来的。索科洛夫在信里说，小麦卖不出去，因为人家只给五个半卢布一石，可是又没有办法另外筹措到钱。另一封信是姐姐来的。她责怪他至今还没有把她的事情办好。

“好吧，既然不肯多出钱，那就五个半卢布卖掉吧。”列文立刻当机立断地解决了第一个问题，这在以前他觉得是非常为难的。“真奇怪，在这儿怎么一直这样忙呢，”他思索起第二封信的事。他觉得对不起姐姐，因为她托他办的事至今没有办好，“今天我又没有去法院，不过今天实在没有工夫。”他下定决心明天一定去办，这才往妻子房里走去。他一面往她房里走，一面很快地回顾了这一天的活动。这一天的所有大事就是谈话：他听别人谈，自己也参加谈。所谈的种种事情，要是他一个人在乡下，是从来不会谈到的，可是在这里这类话题却成了很有趣的。所有的谈话都是很好的；只有两点不太好。一点是他谈到梭鱼，另一点是他对安娜产生了爱怜之情，有点儿不对头。

列文见到妻子的时候，妻子正感到惆怅和烦闷。三姐妹一起吃饭本来很快活，可是后来左等右等不见他回来，大家就觉得没有味道了，两个姐姐各自走了，就剩下她一个人了。

“噢，那你做什么来？”她盯着他那亮得特别可疑的眼睛问道。但是为了不影响他说出全部真相，她掩盖住自己的关注神情，带着赞赏的微笑听他说这天晚上他是怎样过的。

“噢，我非常高兴，遇到了伏伦斯基。我和他在一起感到很轻松，很随便。你要知道，现在我就尽量不再和他见面了，不过以前那种尴尬关系必须消除，”他说完这话，想到自己说“尽量不再和他见面”，却又立刻去看安娜，不由得脸红了，“你瞧，我们还说老百姓爱喝酒呢；我真不知道谁喝得更多，是老百姓还是我们这一般人。老百姓只有过节才喝，是……”

可是吉娣没有兴趣听他议论老百姓喝酒的事。她看到他脸红了，就很想知道究竟。

“哦，后来你又上哪儿去啦？”

“司基瓦拼死拼活要我去看看安娜·阿尔卡迪耶芙娜。”

列文一说出这话，脸红得更厉害了，原来他怀疑去看安娜是不是好，现在这个问题完全明确了。现在他知道了，他是不应该去的。

吉娣一听到安娜的名字，眼睛睁得特别大，也特别亮，但是她使劲压制自己，掩盖起自己的恼怒，没有让他发觉。

“噢！”她只叫了一声。

“我去，你想必不会生气的。司基瓦要我去，陶丽也希望我去。”列文继续说。

“不生气。”她说，但是他从她的眼睛里看出她在压制自己，这使他感到不是什么好事。

“她是一个非常可爱又非常、非常可怜的好女人。”他说，并且说了说安娜的情形、她做的事情以及她要他转告的话。

“是啊，当然，她是很可怜的，”等他说完了，吉娣说，“你接到谁的信了？”

他对她说了说，并且相信了她那平心静气的语调，就去脱衣服。

他回来时，看到吉娣还坐在那张椅子上。等他走到她跟前，她看了他一眼，就哇地一声哭了起来。

“怎么回事儿？怎么回事儿？”他问道，其实不用问他就知道是怎么回事儿了。

“你爱上那个坏女人了，她把你迷住了。我从你的眼睛看得出来。好哇，好哇！这会有什么下场呢？你在俱乐部里喝了又喝，还赌钱，然后就去……去找的是什么人呀？不行，咱们走吧……我明天就走。”

列文老半天都没有把妻子劝好。最后他承认，因为怜悯，又加上喝了酒，所以有失清醒，受到安娜狡猾的迷惑，这样才使妻子平静下来。他最真心诚意地承认的一点是，在莫斯科住了这么久，只是聊聊天，吃吃喝喝，他忘乎所以了。他们一直谈到深夜三点钟。直到三点钟，他们才言归于好，可以安心睡觉了。

十二

安娜送走客人之后，没有坐下，却在房里前前后后踱了起来。尽管一个晚上她都在无意识地（最近一个时期她对待年轻男子都是这样）施展浑身魅力挑动列文对她迷恋，尽管她也知道，她已经使一个正派的已婚男子迷恋到一个晚上能够迷恋的最高程度，尽管她也非常喜欢他（尽管以男人的眼光来看，伏伦斯基和列文截然不同，她是一个女人，却看出他们有共同之处，吉娣也正是因为这样又爱伏伦斯基又爱列文的),可是等他一出门,她就不再想他了。

只有一种心思以各种形式翻来覆去纠缠着她。“既然我对别人,对这个有妻子、情有所钟的人,都这样有魅力的话,那他为什么对我这样冷呢!……倒也不是冷,他是爱我的,这我知道。而是现在有一种新的什么原因使我们有了隔阂。为什么一个晚上都不见他的影子呢?他叫司基瓦带口信,说他不能丢下雅什文,要看住他赌钱。雅什文怎么成了小孩子啦?就算这是实话吧。他是从来不说谎的。那这实话中也有另一番用意。他是趁机会向我表示,他还有别的事情要做。这我知道,我也不反对。可是这又何必向我表示呢?他是想向我证明,他对我的爱情不应妨碍他的自由。可是我不需要证明,我需要爱情。他应该理解我在莫斯科过这种日子有多么痛苦。难道我这是生活吗?我不是生活,而是等待结局,结局却一拖再拖。又是不见回信!司基瓦说他不能去找阿历克赛·亚力山大罗维奇。我又不能再写信。我毫无办法,无从下手,无法改变,我只能忍耐,等待,自己想办法消遣,管管英国人的一家,写写东西,看看书,但这一切只不过是自欺欺人,同服吗啡一样。他应该可怜可怜我呀,”她心里想着,觉得眼睛里涌出自怜自惜的泪水。

她听到伏伦斯基急促的打铃声,急忙擦干眼泪,不光是擦干眼泪,而且坐到灯下,翻开一本书,装出若无其事的样子。应该向他表示,他没有按说定的时间回来,她很不满意,但只是不满意,决不能让他看出她很伤心,更不能让他看出她怜悯自己。她可以自怜自惜,但不能让他怜悯她。她不愿吵嘴,还曾责备他想吵嘴,但是她不由得摆出吵嘴的架势。

“哦，你没有感到寂寞吧？”他说着，又快活又带劲儿地朝她走来，“赌博真是一种可怕的坏毛病！”

“没有，我不寂寞，我早就学会不寂寞了。司基瓦来过，列文也来过。”

“是的，他们要来看看你。哦，你喜欢列文吗？”他说着，挨着她坐下来。

“很喜欢。他们刚走不久。雅什文怎么样啦？”

“他也赢过，赢了一万七千。我叫他走。他已经走了出来。可是他又回去，又输光了。”

“那你又何必留下呢？”她突然抬起眼睛看了看他，问道。她脸上的表情是冷淡和不怀好意的，“你对司基瓦说，你留下来是要把雅什文带走。可是你还是让他留下来了嘛。”

他的脸上也出现了冷冷的要吵嘴的表情。

“第一，我没有请他给你带什么口信；第二，我从来不喜欢撒谎。主要的是，我想留下就留下了。”他皱着眉头说。“安娜，何必这样，何必这样呀？”他停了一小会儿之后，向她俯过身去说，并且张开手，希望她把手放到他手里。

她很高兴这种要求温存的表示。但是一种很奇怪的愤恨劲儿不让她服从自己的感情，好像争吵的规则不允许她屈服。

“当然，你想留下就留下好啦。你想干什么 就干什么。可是你为什么要对我说这话呢？为什么呢？”她越说越上火，“难道有谁剥夺你的权利吗？不过你想认为自己有理，你就有理吧。”

他的手攥了起来，他偏过身去，脸上也出现了比原来更加强硬的神气。

“这在你是强硬,”她仔细看了看他,一下子想出他脸上这种使她恼火的表情应该叫什么,就说道,“就是强硬。在你来说,是能不能使我驯服的问题,可是在我来说……”她又怜悯起自己,差点儿哭起来,“你真不知道这在我是什么滋味儿!就像现在这样,在我觉得你用敌对态度,就是用敌对态度对待我的时候,你真不知道这在我意味着什么!你真不知道此时此刻我多么灰心绝望,多么担心,担心我自己!”她转过脸去,掩面哭泣。

“咱们这是怎么啦?”他看到她那绝望的神情大吃一惊,又俯下身去对着她,拉住她的手,吻着她的手说,“这为什么呀?难道我在外面寻欢作乐吗?我不是避免和女人交往吗?”

“可不是!”她说。

“那你说说,我该怎样,才能使你放心呢?我什么都可以做到,只要你能幸福就行,”他被她的绝望打动了,就说道,“我什么都能做到,只要你不像现在这样伤心就好,安娜!”

“没什么,没什么!”她说,“我自己也不知道,这是由于孤寂的生活,还是神经……好啦,咱们不说了。赛马怎么样?你还没有对我说说呢。”她竭力掩饰着得意之色说。她得意的是,她毕竟胜利了。

他要来晚饭,就详细地对她说起赛马的情形。但她从他的语调,从他那越来越冷的目光看出来,他没有原谅她的胜利,她反抗过的那种强硬劲儿又在他的身上出现了。他对她比先前更冷了,似乎后悔向她屈服。她想起使她取得胜利的那句话,也就是“我多么灰心绝望,担心我自己”,就明白了,这武器是危险的,下次不能再用了。她感觉到，除了使他们结合的爱情，在他们之间还出现了使他们作对的恶魔，她无法驱除他心中的恶魔，更无法驱除自己心中的恶魔。

十三

没有什么环境是人不能适应的，尤其是如果这个人看到他周围的人都是这样生活的话。要是在三个月以前，列文决不相信他会在他今天所处的环境下安然入睡；不会相信，过着这种毫无目的、毫无意义而且入不敷出的生活，又是在酗酒（他对俱乐部里的事想不出别的说法）之后，在很不妥当地和妻子当初爱过的那个人建立友好关系之后，在更不妥当地去拜访过那个不能叫别的、只能叫淫妇的女人，在受到这个女人迷惑，惹得妻子伤心之后，在这种种情况下他还能安然入睡。而且因为疲劳，大半夜未睡，又加上喝了酒，他睡得很沉，很安稳。

早晨五点钟，开门声把他惊醒了。他跳起来，朝四下里看了看。吉娣已经不在床上。但屏风那边有摇曳的灯光，他听见她的脚步声。

“怎么？……怎么啦？”他睡眼惺忪地问，“吉娣！怎么啦？”

“没什么，”她说，一面端着蜡烛从屏风那边走过来，“我有点不舒服。”她说着，露出一种特别可爱的、意味深长的微笑。

“怎么？动啦，动了吗？”他惊慌地说，“要去找人，”他急忙穿衣服。

“不，不，”她笑着用手拦住他说，“大概没什么。我只是多少有点儿不舒服。现在没事儿了。”

于是她又来到床前，把蜡烛熄了，躺下来，安静了。虽然他也怀疑她那种似乎屏着气的安静，更怀疑她从屏风那边走过来说“没什么”时那种特别温柔和兴奋的神气，但是他很想睡觉，所以立刻又睡着了。到后来他想起她那种屏气息声，才明白了，在她一动不动地躺在他身边等待着女人一生最大事件时，她那高贵可爱的心灵经历着什么样的变化。七点钟，她用手轻轻捅了捅他的肩膀，小声唤了唤他，把他叫醒了。她好像很矛盾，又不忍把他唤醒，又想和他说话。

“柯斯加，别害怕。没什么。不过看样子……要派人去请丽莎维塔·彼得罗芙娜了。”

蜡烛又点着了。她坐在床上，手里拿着毛线活儿，这是最近几天她一直在编织的。

“请你不要害怕，没什么。我一点儿也不怕。”吉娣看到他那惊慌的脸，就说道，并且把他的手按到自己的胸口上，又按到自己的嘴唇上。

列文连忙爬起来，六神无主，呆呆地望着她，穿起晨衣，又站了下来，一直望着她。应该走了，可是舍不得离开她的目光。他难道没有好好看过她的脸，难道不熟悉她的表情和目光，但是他从来没见过她这种模样。想起她昨天晚上的伤心，现在面对她，面对她这个模样，他觉得自己多么卑劣，多么糟糕呀！她那在睡帽里露出来的柔发衬托下的红红的脸，焕发着喜悦和坚强的光彩。

尽管在吉娣的性格中一般很少有矫揉造作和虚情假意的成

分，但是在一下子揭去所有的掩饰，她的眼睛里流露出心灵最底层光芒的时候，列文还是因为袒露在他面前的神情而感到惊异。他在这种单纯和袒露中更看清了她正是他所爱的女子。她笑吟吟地望着他；可是忽然她的眉毛抖动了一下，她抬起头来，快步走到他跟前，抓住他的手，整个身子贴到他身上，把他包围在火热的气息中。她很痛苦，而且好像在向他诉说自己的痛苦。开头一会儿，他照例觉得这都怪他。但是她的目光中充满了柔情，那柔情好像在说，她不但不怪他，还因为受这种痛苦更爱她。"如果不怪我，那这又怪谁呢？"他不由得想道，于是他寻思可以责怪的造成这种痛苦的人；却无人可责怪。她又痛苦，诉说痛苦，又因为这种痛苦得意，高兴这种痛苦，喜欢这种痛苦。他看出来，她的心灵中进行着一种美好的变化，但究竟是什么呢？他不理解。这是他没办法理解的。

"我派人接妈妈去了。你快点儿去请丽莎维塔·彼得罗芙娜……柯斯加！……不要紧，没事儿。"

她离开他，走过去打了打铃。

"好啦，你去吧，巴莎来了。我没事儿。"

列文惊讶地看到，她又拿起夜里拿过来的毛线活儿，编织起来。

就在列文从一个门里走出去的时候，他听见侍女从另一个门走了进来。他在门口站下来，就听见吉娣详详细细地指示侍女做事情，并且亲自和她一起移动床铺。

他穿好衣服，因为这时还没有出租雪橇，就趁仆人套雪橇的时候，他又跑回卧室，不是踮着脚，而是，如他自己感觉的，展开翅膀飞的。两名侍女正在卧室里挪动什么东西。吉娣走来走去，一面敏捷地编织着，一面指挥侍女做事。

“我这就去请医生。已经派人去请丽莎维塔·彼得罗芙娜了，不过我还要去一下。还需要什么吗？对了，要去叫陶丽吗？”

她望了望他，显然并没有听他说的是什么。

“是的，是的。你去，你去。”她皱着眉头，朝他摆摆手，急急地说。

他已经走进客厅里，忽然听见卧室里传出一声凄切的呻吟，接着就没有声音了。他站下来，很久都不明白这是怎么一回事儿。

“是的，这是她。”他在心里说，便抱住头，朝楼下跑去。

“上帝呀，开开恩吧！饶恕我们，救救我们吧！”他反复说着这些突然涌到他嘴边的话。而且，他这个不信教的人，还不光是嘴里反复念叨着这些话。此时此刻，他知道，尽管不仅他有种种怀疑，而且他自知凭理智是不可能相信的，可是这一点也不影响他向上帝求救。此刻一切怀疑和理性都像灰烬一样从他的心里飞走了。此时此刻他觉得他自己、他的灵魂和他的爱情都在上帝手里，不向上帝求救，又向谁求救呢？

雪橇还没有套好，但他觉得自己为应付面临的事已准备好特别足的体力和精力，为了不耽误时间，他不等套好雪橇，就步行出了门，并吩咐库兹玛随后跟上来。

在拐角处，他遇到一辆飞驰而来的夜间雪橇。这辆小雪橇上坐的正是身穿丝绒外套、扎着头巾的丽莎维塔·彼得罗芙娜。“谢天谢地，谢天谢地！”列文一认出她那衬着淡黄头发、此刻显得特别严肃庄重的小脸，就欣喜若狂地说。他也没有叫雪橇停下来，就和雪橇并排往回跑。

“有两个钟头了吗？不会再多吧？”丽莎维塔·彼得罗芙娜问道，“您去接彼得·德米特里奇，不过不用催他。您再到药房去买点儿鸦片来。”

“这么说，您认为会非常顺利吗？上帝呀，开开恩，帮助我们吧！”列文看到自家的马跑出门来，就说道。他跳上雪橇，坐到库兹玛旁边，就吩咐到医生家去。

十四

医生还没有起身，仆人说，他“睡得很晚，吩咐不要叫他，他很快就会起身的”。仆人在擦灯罩，似乎一心忙着这事儿。列文见仆人擦灯罩这样认真，对他的事却漠不关心，起初感到很惊讶，可是仔细一想，他就明白了，谁也不知道也没有必要知道他的心情，因此他更应该镇定、慎重而坚决地采取行动，好打破这种冷漠的局面，达到自己的目的。“不能着急，也一点不能放松。”列文在心里说，同时觉得为应付当前的事情集中的精力和体力越来越足了。

列文一听说医生没有起身，就从他所想的各种办法中选定了一条：叫库兹玛带着字条去请另一位医生，自己到药房去买鸦片，等他回来，如果医生还没有起床，就买通仆人，或者，如果仆人不答应，就来硬的，无论如何要把医生叫醒。

到了药房里，一个瘦瘦的药剂师和那个擦灯罩的仆人一样，带着一副冷漠的神气给等在一旁的一个马车夫贴药瓶上的标签，不肯卖给列文鸦片。列文尽量不着急，不发火，说了说医生和接生婆的名字，说明为什么买鸦片，就请他卖给他。药剂师用德语问了问是不是卖，听到屏风里面有人表示同意，就拿出瓶子和漏斗，慢腾腾地从大瓶里往小瓶里倒了一点儿，贴上标签，封上瓶口，尽管列文请他不必这样做；而且他还要包扎起来。这一下子列文再也忍不住了，他一把从他手里夺过玻璃瓶，就从老大的玻璃门里跑了出来。医生还没有起身，仆人正忙着铺地毯，不肯去叫醒他。列文不慌不忙地掏出一张十卢布钞票，慢慢地说着话儿，但又抓紧机会，把钞票塞给他，并解释说，彼得·德米特里奇（以前列文认为微不足道的彼得·德米特里奇，现在他觉得多么伟大，多么重要呀！）答应过随时请随时到的，想必他不会生气的，所以要他现在就把他唤醒。

仆人答应了，就朝楼上走去，并且请列文到候诊室等候。

列文听到医生在门里面咳嗽，走动，漱洗，说话。过了有三四分钟，列文却觉得过了有一个多小时。他再也不能等了。

"彼得·德米特里奇，彼得·德米特里奇！"他用哀求的声音对敞开的门里面说，"看在上帝分上，请原谅我。就劳驾接见我吧。已经有两个多钟头了。"

"这就来，就来！"有一个声音回答说。列文惊讶地听到，医生说这话时还在笑呢。

"出来一下子吧……"

"这就来。"

医生穿靴子，过去两分钟；医生穿衣服，梳头，又过了两分钟。

“彼得·德米特里奇！”列文又用可怜巴巴的声音说起来，可是就在这时已经穿好衣服、梳好头发的医生走了出来。“这种人真没有心肝，”列文在心里说，“人家快没命了，他还梳头呢！”

“早上好！”医生一面和他握手，一面好像有意逗他似的，从容不迫地说，“不必着急。请问，怎么样啦？”

列文尽可能详尽地说起不必要说的妻子的详细情形，并且一再地把话停住，恳求医生立刻就跟他走。

“您不要着急嘛。这事儿您不懂。恐怕用不着我去，不过我既然答应了，那好吧，我就去一趟。可是不用着急。您请坐吧，要不要喝杯咖啡？”

列文望了望他，看看他是不是拿他开玩笑。可是医生无意开玩笑。

“我知道，我知道，”医生笑着说，“我也是成了家的人嘛；不过我们做丈夫的，在这种时刻总是最可怜的人。我有一个女患者，她的丈夫在这种时刻总是往马棚里跑。”

“那么，彼得·德米特里奇，您认为怎么样？您认为会顺利吗？”

“各种情形都表明是顺产。”

“那您这就去吧。”列文愤恨地望着端咖啡进来的仆人说。

“再等个把钟头。”

“不，行行好吧！”

“那好，您让我把咖啡喝了。”

医生端起咖啡。两个人都不说话了。

“这一下把土耳其人打得惨了。您看到昨天的电讯了吧?”医生一面说,一面嚼着面包。

“不行,我不能等了!”列文霍地站起来说,“那您过一刻钟就来,好吗?”

“过半个钟头。”

“真话吗?”

等列文回到家,他和老公爵夫人同时下了雪橇,他们一起走到卧室门口。老夫人眼里汪着泪水,两手也打着哆嗦。她一看见列文,就抱住他哭了起来。

“怎么样啦,亲爱的丽莎维塔·彼得罗芙娜?”她抓住带着一脸喜气和操心神气走出来迎他们的接生婆的手,问道。

“情况很好,”她说,“您劝她躺下来吧。躺下来舒服些。”

列文自从醒来并且明白了是怎么一回事儿之后,就做好准备,不胡思乱想,不胡乱猜测,坚决控制一切思想和感情,不扰乱妻子的心,相反还要安慰她,鼓励她,这样来对待他面临的事。他甚至不允许自己考虑即将发生的事,不考虑这事会有什么结局,只是凭着他打听过这种事通常需要多长时间,他在心中准备好忍耐和控制自己的情绪五个小时,而且他觉得这是可以做得到的。可是,等他从医生那里回来,又看到她那痛苦的样子,他就越来越频繁地叨念起来:“上帝呀,饶恕我们,救救我们吧!”而且不住地叹气,仰头望苍天;他觉得害怕,怕忍受不住,大哭起来或者跑掉。他是那样难受。可是才过了一个钟头。

可是过了这一个钟头,又过了一个钟头,两个钟头,三个钟头,他自己预定最长的忍耐时间五个钟头全都过去,情形依然如故；他还在忍耐着，因为除了忍耐别无办法，同时每分钟都觉得，他就要忍受不住了，他的心就要痛苦得碎裂了。

可是一分钟又一分钟，一个钟头又一个钟头过去，他的痛苦和恐慌还在增长，越来越厉害。

生活常规，本来是须臾离不开的，对列文再也不存在了。他失去了时间意识。有时，当吉娣把他叫过去，他握住她那忽而攥得紧紧的，忽而推他走的汗津津的玉手时，他觉得这几分钟就像几个钟头，有时却觉得几个钟头像几分钟。丽莎维塔·彼得罗芙娜请他到屏风后面去点蜡烛，他感到奇怪，才知道已经是傍晚五点钟了。假如有人对他说，现在才上午十点钟，他倒是不会感到那么奇怪。他这时在什么地方，他也不怎么知道，就像他不知道现在是怎么一回事儿一样。他看到的是她那热得红红的，时而不知所措、痛苦万状，时而笑吟吟的，使他感到快慰的脸。他也看到老夫人，脸红红的，神情紧张，披散着一缕缕白发，咬紧牙关，强忍着眼泪；也看到陶丽，也看到医生吸着老粗的烟卷，看到丽莎维塔·彼得罗芙娜那坚强、果断和使人放心的脸，看到老公爵皱着眉头在大厅里踱来踱去。可是他们怎么进来，怎么出去，他们在什么地方，他却不知道。老夫人一会儿和医生在卧室里，一会儿在书房里，书房里摆起了饭桌；一会儿又不是她，而是陶丽。后来列文想起来，有人叫他做什么事的。有一次是叫他搬桌子和沙发。他做这事很带劲儿，以为是为她做的，后来才知道这是为他自己准备睡觉的地方。后来又叫他到书房里去向医生问一点什么事情。医生回答过之后，就谈起议会里的风波。后来又叫他到老夫人的卧室里去取一座镀金的银圣像，他和老夫人的老侍女爬到柜子上去拿圣像,却把神灯打碎了,老侍女安慰他,不要为妻子担心,不要把神灯的事放在心上。他把圣像捧来,放在妻子的床头,尽可能塞到枕头后面。但这是在什么地方,什么时候,这都是为了什么,他却不知道。他也不明白,为什么公爵夫人拉住他的手,怜悯地望着他,请他放心,为什么陶丽也劝他吃东西,并且把他从房里拉出去,甚至医生也带着严肃和同情的神气望着他,要他服药水。

他只是知道和感觉到,现在的情形有点儿类似一年前在省城旅馆里尼古拉哥哥临死的情形。不过那是悲痛事,这是喜事。但是那桩悲痛事和这桩喜事同样都越出生活的常规,似乎在这种常规生活中有窟窿,透过窟窿可以看到崇高的境界。正在发生的事同样使人痛苦难受,在观察这种崇高境界的时候,灵魂同样上升到不可思议的高度,那是他以前从来不理解,是理性无法达到的。

“上帝呀,饶恕我们,救救我们吧!”他虽然长期甚至似乎完全不信宗教,觉得向上帝祷告是没有头脑和幼稚,就像儿时和少年时代那样,但他还是不断地在心里念叨着。

在这段时间里,他有两种截然不同的心情。他不在她身边的时候,是一种心情:这时他同医生在一起,看着医生一支接一支吸着老粗的烟卷,在塞得满满的烟灰缸边上捻着烟蒂,同陶丽和老公爵在一起,谈午餐,谈政治,谈玛丽雅·彼得罗芙娜的病,列文一时间就会忘记当前的事儿,觉得自己就像是大梦初醒。当他在她的身边,在她的床头,一颗心痛苦得要碎而未碎,他不住地向上帝祷告的时候,那是另一种心情。每一次,从卧室里传来叫声,使他从忘却状态中清醒过来时,他就又进入他起初感受到的那种奇怪的迷惘状态；每一次他听到叫声，就跳起来，跑去补偿自己的罪过，在路上想起自己没有过错，就想保护她，帮助她。可是一看到她，就看出来，这是爱莫能助的，就害怕起来，祷告起来："上帝呀，饶恕我们，帮助我们吧！"时间越长，这两种心情越分明：他不在她身边，完全忘记她的时候，他的心情越来越平静了；他想到她的痛苦，想到面对她的痛苦无可奈何的时候，他也越来越难受了。他一次又一次跳起来想跑掉，可是又跑到她身边。

有时，在她一遍又一遍唤他去的时候，他责怪她。可是一看到她那温柔的、笑吟吟的脸，听到她说"我把你折腾苦了"，他就责怪上帝，可是一想到上帝，他立刻又祈求饶恕和开恩。

十五

列文不知道时间是早是晚。蜡烛已经点完了。陶丽刚才到书房里来，请医生躺一会儿。列文坐着，听医生在讲一个冒牌催眠术师的故事，望着他的烟卷上的烟灰。这是休息时间，他也迷迷糊糊的了。他完全忘记了当前的事。他听着医生讲故事，也能听明白。突然响起一声非同寻常的尖叫。这叫声太可怕了，以至于列文都没有跳起来，而是屏住呼吸，带着恐惧和询问的神气朝医生望了望。医生侧过头，留神倾听着，赞许地笑了笑。这一切太不寻常，列文反而一点也不惊讶了。"想必就应该这样，"他想道，所以仍然坐着，"可是，这是谁在叫呢？"他霍地跳起来，踮着脚跑进卧室，绕过丽莎维塔·彼得罗芙娜和老夫人，站到床头边他的老位子上。现在不叫了，但是有了一点儿变化。究竟是什么变化，他没有看出来，不明白，他也不想去看，不想明白。但是这一点他却从丽莎维塔·彼得罗芙娜的脸上看出来：她的脸严肃而苍白，依然是那样坚毅，尽管她的下巴多少有点儿哆嗦，眼睛眨也不眨地紧紧盯着吉娣。吉娣那汗漉漉的脸上粘着一绺头发，她把热得红红的、痛楚的脸转过来朝着他，寻找他的目光。那伸出来的一双手要抓他的手。等她用汗漉漉的双手抓住他那冰凉的手，就把他的手按到自己的脸上。

“不要走，不要走！我不怕，我不怕！”她急促地说，“妈妈，把耳环摘下来。戴着碍事。你不怕吧？快了，快了，丽莎维塔·彼得罗芙娜……”

她说得很快，很快，并且想笑笑。可是她的脸突然变了模样，她把他推开。

“哎呀，这真够受呀！我要死了，我要死了！”她叫起来，于是他又听到非同寻常的尖叫声。

列文抱住头，从卧室里跑了出去。

“没事儿，没事儿，一切都很好！”陶丽在后面对他说。

可是，不管别人怎么说，他认为现在什么都完了。他站在旁边一个房间里，头靠在门框上，听着他从未听到过的尖叫和哀号声，他知道这叫的原来就是吉娣。他早就不希望要什么孩子了。他现在恨这个孩子。他现在甚至不希望她活了，只希望消除这种可怕的痛苦。

“医生！这是怎么啦？这是怎么啦？我的上帝呀！”他抓住走进来的医生的手，说。

“快完了。”医生说。而且，医生说这话时，脸绷得紧紧的，所以列文以为“快完了”就是说她快死了。

他像发了疯似的跑进卧室。他首先看到的是丽莎维塔·彼得罗芙娜的脸。她的眉头皱得更厉害,脸绷得更紧。吉娣的脸不见了。在她的脸原来所在的地方,有一样东西,那紧张的样子和发出来的声音都十分可怕。他把头靠在床栏杆上,觉得心就要碎了。那可怕的叫声一直不停,越来越可怕,似乎到达了可怕的极限以后,突然停了下来。列文不相信自己的耳朵,但又无法怀疑:叫声停止了,只听到轻轻的动作声、沙沙声和急促的喘息声,听到她用断断续续、有了生气的温柔而幸福的声音轻轻地说:“完了。”

他抬起头来。分外好看、分外安详的吉娣软弱无力地把双臂放在被子上,一声不响地望着他,想笑却没有力气笑。

列文顿时觉得自己从他在其中度过了二十二个钟头的那个神秘、可怕和怪诞的世界一下子回到了原来的平常,然而如今闪耀着新的幸福光辉、幸福得使他受不了的世界。绷得紧紧的弦一下子断了。他怎么也没想到他会哭,会流眼泪,这时竟欢喜得大哭起来,眼泪哗哗直流,哭得浑身直打哆嗦,老半天说不出话来。

他在床前跪下来,把妻子的手放在嘴唇上吻着,她这只手也微微动着手指头,回答他的吻。这时在床脚头,在丽莎维塔·彼得罗芙娜那灵活的手上,有一个人类生命像灯火一样晃动着,那是以前从来没有的,今后同样有权利、同样有自身价值活下去,并且繁衍后代。

“活的!活的!还是个男孩哩!大家都放心吧!”列文听到丽莎维塔·彼得罗芙娜用打战的手拍着婴儿的背说。

“妈妈,是真的吗?”吉娣问道。

老夫人只是用啜泣声回答她。

在一片寂静中,响起一个和屋里所有低低的说话声完全不同的声音,这是对做母亲的问话最明确的回答。这是一个不知从哪里来的新人大胆、莽撞、毫无顾虑的啼声。

以前,要是有谁对列文说,吉娣死了,他也和她一起死了,他们的孩子们个个都很可爱,而且有上帝保佑他们,他是不会感到丝毫惊讶的。可是现在,在他回到现实世界以后,他在心里费了很大的劲儿才明白她平安无事,而那个哇哇直叫的小东西就是他的儿子。吉娣活着,痛苦已经过去。他感到说不出的幸福。这一点他是明白的,因此他感到非常幸福。可是孩子呢?他是从哪儿来,为什么来的?他又是谁呀?……他怎么也无法理解,怎么也不习惯这个念头。他觉得这似乎是多余的、不必要的东西,他对这东西很久都不习惯。

十六

上午九点多钟,老公爵、柯兹尼雪夫和奥布朗斯基坐在列文家里,谈了谈产妇的事以后,就聊起别的事。列文听他们聊,听着听着,不由得想起往事,想起这天上午以前的事,想起自己昨天在这之前的情形。从那时到现在好像过了一百年。他觉得自己在高不可攀的天上,他尽量地往下落,免得使一起聊天的人感到不快。他一面说话,一面不住地想着妻子,想着她现在的种种情形,想着儿子,竭力使自己养成有个儿子的观念。整个女性世界,在他婚后增添了意想不到的新意义，如今在他心目中达到了他无法想象的高度。他听着他们谈昨天在俱乐部里的宴会，心里却在想着："这会儿她怎样了？睡着了吗？她身体怎样？她在想什么？儿子德米特里在哭吗？"正在说话的时候，话说到一半，他霍地站起来，就朝外面走。

"你叫人告诉我，能不能去看她。"老公爵说。

"好的，就叫人来。"列文回答说，也没有站下来，就朝她房里走去。

她没有睡，正小声和母亲说着话儿，商量以后施洗的事。

她已经梳洗得好好的，戴着很漂亮的蓝花睡帽，仰面躺着，把两臂搁在被子上。她用眼睛迎接他，那目光是叫他过去。她的目光本来就很明亮的，他越走近，就越发明亮。她脸上起了从人间到天堂的变化，就像死人脸上那样；不过那是诀别，这是相会。他心里又是一阵激动，就像他在婴儿降生时那样。她拉住他的手，问他是不是睡过觉。他回答不上来，自知感情脆弱，就转过脸去。

"我都打过盹儿了，柯斯加！"她对他说，"这会儿我觉得精神好极了。"

她望着他，可是她的表情忽然变了。

"把他抱给我，"她听见婴儿啼叫声，说道，"给我，丽莎维塔·彼得罗芙娜，他也要看看。"

"好的，让爸爸看看吧，"丽莎维塔·彼得罗芙娜说着，抱起一个红红的、奇怪地蠕动着的东西，走了过来，"请等一下，让我们先打扮打扮。"于是丽莎维塔·彼得罗芙娜把这个红红的蠕动着的东西放到床上，解开包布，用一个手指头托着，翻转着，扑了些粉,又重新包起来。

列文望着这个可怜的小东西,竭力要在自己心中找到一点儿父爱的痕迹,却怎么也找不到。他只感到对他厌恶。但是,在解开包布,露出那红红的、细细的胳膊和腿,那上面也有手指和脚趾,而且大的和其他的显然不同,在他看到丽莎维塔·彼得罗芙娜把像柔软的弹簧似的挓挲开的两条小胳膊收拢起来,往小被子里包的时候,他突然怜悯起这个小东西,担心起来,担心她把他弄伤了,所以他拉住她的手。

丽莎维塔·彼得罗芙娜笑了起来。

"您别怕,别怕!"

等到婴儿打扮好了,变成一个结实的布娃娃,丽莎维塔·彼罗芙娜把他晃悠了一下,好像在夸耀自己的本事,然后就闪到一旁,让列文好好看看儿子的全部英姿。

吉娣也目不转睛地斜眼朝那边望着。

"给我,给我!"她说着,甚至要爬起来。

"您怎么啦,卡捷林娜·亚力山大罗芙娜,可不能这样乱动!别急,我抱给您。我们先让爸爸看看,我们长得有多帅!"

于是丽莎维塔·彼得罗芙娜一只手托着这个奇怪的、晃来晃去、老是把头往小被窝里缩的红红的东西,另一只手只用两个手指头扶住直摇晃的小脑袋,把他送到列文面前。但是这小东西也有鼻子,还斜着眼睛看人,吧咂着嘴唇。

"多么漂亮的孩子呀!"丽莎维塔·彼得罗芙娜说。

列文伤心地叹了一口气。这个漂亮孩子在他心中唤起的只是厌恶感和怜悯感。这完全不是他所预期的感情。

当丽莎维塔·彼得罗芙娜把婴儿放到没有喂过奶的胸前时，列文转过脸去。

他突然听到一阵笑声，不由得抬起头来。这是吉娣笑了。婴儿吃起奶来了。

“噢，够了，够了！”丽莎维塔·彼得罗芙娜说，但是吉娣不肯放开他。他就在她怀里睡着了。

“现在你看看吧。”吉娣说着，把婴儿转过来，好让他看清楚。那张皱皱巴巴的小脸忽然皱得更厉害了，婴儿打了个喷嚏。

列文微微笑着，好不容易忍住感动的泪水，吻了吻妻子，便从幽暗的卧室里走了出来。

他对待这个小东西的心情，完全不是他所预期的。这种心情丝毫不是愉快和欢乐；相反，这是一种新的很厉害的担心害怕心情。这是感觉到他在又一方面软弱无能。他这种感觉开头十分强烈，担心这个可怜的小东西将来受苦担心得厉害，因此，在婴儿打喷嚏时他产生的那种莫名其妙的高兴以至自豪心情，都没有引起他注意。

十七

奥布朗斯基的境况很糟。

卖掉三分之二的树林的钱已经花光了，他以九折预支出卖其余三分之一树林的钱，几乎也预支完了。那商人不肯再给他钱，尤其是因为陶丽在这年冬天第一次公开声明她拥有产权，不肯在出卖最后三分之一树林的收款契约上签字。他的全部薪水已经用于家庭日常开支和偿还无法拖欠的零星债务。现在一点钱也没有了。

这是很不愉快,很尴尬的,奥布朗斯基认为,再不能这样下去了。他认为,所以这样,是因为他拿的薪水太少了。他所任的职位,在五年之前显然是很好的,现在就不算什么了。彼得罗夫是银行行长,年俸一万二;斯文济茨基是公司董事,年俸一万七;米丁创办了一家银行,一年收入五万。"显然是我睡着了,人家也把我忘了,"奥布朗斯基自怨自艾地想。于是他就留神打听,仔细观察,到冬末看准了一个肥缺,就发动攻势,先从莫斯科,通过亲戚朋友,后来,到春天,等时机成熟了,他亲自奔赴彼得堡。这一类差事,报酬多少不等,年俸从一万到五万,又舒服又有油水的,比以前多起来了。这就是"南方铁路银行信贷联合公司"理事会理事的职位。这种职务,也像所有此类职务一样,需要有渊博的知识和很强的活动能力,这是一个人很难兼备的。因为找不到二者兼备的人,那就让一个正直的人来担任这一职务,总比不正直的人来担任好些。而奥布朗斯基不仅是一般的正直人,而且是特别正直的人,具有特别意义的正直人,也就是在莫斯科说到"正直的活动家、正直的作家、正直的杂志、正直的机关、正直的派别"时,"正直"这个词儿的含义,也就是说,一个人或者机构不仅不是不正直的,而且在必要的时候还会挖苦政府。奥布朗斯基在莫斯科经常出入于使用这个词儿的圈子,圈子里的人都认为他是一个特别正直的人,所以他比其他人更有资格担任这一职务。

这个职务每年可以提供七千到一万卢布的收入,而且奥布朗斯基不辞去原来的官职,可以兼任这一职务。这事取决于两位部长、一位贵妇人和两个犹太人；这些人虽然都已经疏通好了，但奥布朗斯基还是要到彼得堡去亲自拜访一下。此外，奥布朗斯基还答应为安娜去找卡列宁，要他对离婚的事给予明确答复。于是他向陶丽要了五十卢布，就去彼得堡了。

这时奥布朗斯基坐在卡列宁的书房里，听他念有关俄国财政状况不景气原因的报告草稿，只等他念完，就同他谈谈自己的事和安娜的事。

“是的，这意见很对，”等卡列宁摘下他现在看书非戴不可的夹鼻眼镜，带着征求意见的神气看了看原来的内兄，奥布朗斯基就说道，“这在细节上是很正确的，不过我们这时代的准则还是自由。”

“是的，不过我提出的另一个准则，也包括自由的准则在内。”卡列宁说，并且把“包括”这个词儿说得很重，又戴起夹鼻眼镜，好把有关的段落再念一遍。

卡列宁翻了翻字迹清秀、两边空白很宽的草稿，把很有说服力的一段又念了一遍。

“我不赞成保护关税政策，不是为了某些人的好处，而是为了公共利益——对下层阶级和上层阶级都是一样的，”他从夹鼻眼镜上面看着奥布朗斯基说。“可是他们不明白这一层，他们只关心个人利益，只会说漂亮话。”

奥布朗斯基知道，卡列宁一谈到他们，也就是那些不愿意接受他的方案的那些俄国的罪魁祸首，怎么想和怎么做，他的话就快结束了。因此奥布朗斯基现在情愿放弃自由的准则，完全赞同他的意见。卡列宁若有所思地翻着自己的手稿，不再说话了。

"哦,凑巧,"奥布朗斯基说,"等你见到波莫尔斯基,我请你就便对他说几句好话,就说我很想得到南方铁路银行联合信贷公司理事会理事的空缺。"

奥布朗斯基对他垂涎已久的这个职位名称已经说习惯了,所以一字不差很快就说出来了。

卡列宁仔细问了问这个理事会是干什么的,就沉思起来。他在考虑,这个理事会的活动同他的方案是否有什么抵触之处。但是,因为这种新机构的活动十分繁杂,他的方案涉及面又广,他无法一下子就做出判断,于是,他一面摘夹鼻眼镜,一面说:

"没问题,我可以对他说说;不过,你为什么就想得到这个职位呀?"

"薪水是高的,差不多有九千卢布呢,而我的收入……"

"九千卢布。"卡列宁重复了一句,就皱起眉头。这样高的薪水使他想起来,奥布朗斯基谋求的职位,在这方面就违反他的提倡精简节约的方案的宗旨。

"我认为,而且也写过这方面的文章,在我们这时代,这类高薪是我们政府错误经济政策的表现。"

"那你说怎么办呢?"奥布朗斯基说,"比如说,一个银行行长年薪就有一万卢布,这是他值得嘛。一个工程师年薪有两万卢布。随你怎样,这是有现实意义的事业嘛!"

"我认为,薪水是一种商品的代价,应该受供求法则的支配。如果规定薪水时背离这个法则,就比如,当我看到有两个工程师毕业于同一学院,学识和能力也都相同,一个年薪四万,另一个满足于两千,或者看到高薪聘任毫无专长的律师或骠骑兵去当银行行长,那我就可以断定,规定薪水不是依照供求法则,而是完全凭私人情面。这就是严重的徇私舞弊,对政府工作影响极坏。我认为……"

奥布朗斯基连忙打断妹夫的话。

"是的,不过你要承认,现在创办的是一种肯定有益的新机构。不论怎么说,这是有现实意义的事业呀!尤其重要的是办事正直。"奥布朗斯基在说"正直"时加重了语气。

可是卡列宁并不了解"正直"在莫斯科的含义。

"正直不过是一种消极的特性。"他说。

"不过,你还是在波莫尔斯基面前说说好话,那就是帮我大忙了,"奥布朗斯基说。"就在谈话中间,找机会说说……"

"可是这事恐怕主要取决于波尔加林诺夫呀。"卡列宁说。

"波尔加林诺夫那方面已经完全同意了。"奥布朗斯基红着脸说。

一提到波尔加林诺夫,奥布朗斯基就红了脸,因为这天上午他就去拜访过犹太人波尔加林诺夫,这次拜访在他心里留下很不愉快的印象。奥布朗斯基深信他希望从事的事业是一项很有现实意义的正直的新事业;但今天上午,波尔加林诺夫显然有意地让他和其他来访者在接待室里坐等了两个小时,他一下子就觉得难为情了。

不知他为什么难为情,是因为他这个留里克王朝的后裔,奥布朗斯基公爵,竟在一个犹太佬的接待室里苦等了两个小时,还是因为他生平第一次不遵照祖宗遗训为政府效忠,而另谋出路,反正他觉得非常难为情。在波尔加林诺夫家等待的两小时里,奥布朗斯基来来回回地在接待室里踱着，捋着络腮胡子，同其他来访者聊着，还想出一句双关的俏皮话，说他在犹太佬家里等得好苦，想方设法来掩饰他的懊恼心情，不让别人，甚至也不让自己察觉。

可是他一直觉得很难为情，很懊恼，他自己也不知道是因为什么：是因为那句双关俏皮话“找犹太佬求差事，真是苦差事”丝毫不起作用呢，还是因为别的什么。等到波尔加林诺夫终于特别客气地接见了他，显然因为怠慢了他而洋洋得意，并且几乎拒绝了他的要求时，奥布朗斯基就巴不得尽快把这事忘掉。所以，现在一想起来，他就脸红了。

十八

“我现在还有一件事，你也是知道的，就是安娜的事。”奥布朗斯基沉默了一会儿，驱除了不愉快的印象之后，就说道。

奥布朗斯基一说出安娜的名字，卡列宁的脸色完全变了：原来那种带劲儿的样子不见了，露出疲惫和僵死的神气。

“您究竟要我怎样呢？”他在安乐椅上转过身来，吧嗒一声合起夹鼻眼镜，说道。

“拿出个主意，不管是什么样的主意，阿历克赛·亚力山大罗维奇。我现在和你说话，不是把你当作（他本来想说“一个受辱的丈夫”，怕这样会坏事，就改了口）一位政府大员（这话也不妥当），只是当作一个人，一个好心人，一个基督徒。你应该可怜可怜她。”他说。

“究竟怎么样呀?”卡列宁小声说。

“是的,要可怜可怜她。你要是能像我一样看到她,——我和她一起过了整整一个冬天呀,——你就会怜悯她了。她的状况真够受,实在够受呀。”

“依我看,”卡列宁用尖细的、几乎是刺耳的声音回答说,“安娜·阿尔卡迪耶芙娜已经是万事如意了。”

“哎呀,阿历克赛·亚力山大罗维奇,看在上帝分上,咱们不要算老账吧!过去的事已经过去了,你也知道,她所希望和等待的就是离婚。”

“但是我认为,如果我要求一定要把儿子留给我的话,她在这种情况下是不会同意离婚的。我一直就是这样答复的,并且认为这事已经了结了。我认为这事没有什么可谈的了。”卡列宁用尖声叫道。

“不过,看在上帝分上,你别激动,”奥布朗斯基拍着妹夫的膝盖说,“事情并没有了结。如果你允许我简单地说一说的话,那事情是这样的:在你们当初分开的时候,你是很了不起的,真是再宽宏大量也没有了;你什么都答应了她——让她自由,甚至答应离婚。这是她十分感激的。是的,是真的。她确实感激,以至于在开头那些日子里,她觉得非常对不起你,所以什么也没有好好考虑,也无法好好考虑。她什么也没有办。可是事实和时间表明,她的状况是难受的,是无法过下去的。”

“我对安娜·阿尔卡迪耶芙娜的生活状况毫无兴趣。”卡列宁扬起眉毛,打断他的话说。

“对不起,我不大相信,”奥布朗斯基用温和的语气反驳说,

“她的状况在她是很难受的,对别的什么人也没有任何好处。你会说,她这是自作自受。这一点她知道,所以她不要求你什么;她坦率地说,她不敢要求你什么。可是我,我们一家人,所有爱她的人,都要求你,恳求你。她为什么要受这种折磨呀?这对谁有好处呀?”

“对不起,您好像把我放到被告地位了。”卡列宁说。

“不是呀,不是呀,一点也不是,你要明白我的意思,”奥布朗斯基又拍着他的手说,他似乎认为,这样拍妹夫的手会使他心软下来,“我只是说:她的状况很痛苦,只有你能减轻她的痛苦,而且这在你也毫无损失。一切都由我替你办得好好的,不用你烦神。你也答应过嘛。”

“以前是答应过。我认为,儿子的问题是事情的关键。此外,我希望安娜·阿尔卡迪耶芙娜有足够的胸怀……”卡列宁脸色煞白,嘴唇哆嗦着,好不容易才说出来。

“她也是一切指望你的宽宏大量呀。她只请求你,恳求你一点:让她摆脱她所处的难堪境地。她已经不要求要儿子了。阿历克赛·亚力山大罗维奇,你是一个好心肠的人。你就多少设身处地替她想一想吧。离婚的问题,在她来说,在她这种境况下,是生与死的问题。要是你以前没有答应过的话,她也许就安于现状,在乡下住下去了。可是你答应过,她也给你写过信,也就到莫斯科来了。现在在莫斯科,不论遇见什么人,就像刀子往心里戳。她住了六个月,天天都在等待你的决定。这就好比一个判了死刑的人,绞索套在脖子上有几个月了,随时可能处死,也可能遇赦。你就怜悯怜悯她吧,再说,我会把一切都办得好好的……你真是太多虑了……”

“我不是说的这个，不是这个……”卡列宁非常厌恶地打断他的话说。“可是，也许，我答应的是我不应该答应的事。”

“这么说，你对你答应过的事翻悔啦？”

“凡是能做到的事，我从不翻悔，不过我希望有时间考虑考虑，答应过的事能做到什么程度。”

“不，阿历克赛·亚力山大罗维奇！”奥布朗斯基跳起来说，“这话我不愿相信。一个女人能有多么不幸，她就有多么不幸，你不能翻悔……”

“要看答应过的事能做到什么程度。你是出了名的有自由思想的人。但我作为一个基督徒，在这样重大的事情上，所作所为不能违反基督教义。”

“不过就我所知，在基督教会里和在我们这里，是准许离婚的，”奥布朗斯基说，“我们的教会也准许离婚。我们也看到……”

“准许是准许，但不是在这种意义上。”

“阿历克赛·亚力山大罗维奇，我真想不到你竟会这样，”奥布朗斯基沉默了一会儿之后，说道，“你不是什么都宽恕了，并且正是受到基督精神的感召，愿意牺牲一切吗？我们不是都十分钦佩这种精神吗？你自己说过：有人要拿外衣，连里衣也由他拿去。可是现在……”

“我请您，”脸色煞白、哆嗦着下巴的卡列宁突然站起来，用非常尖细的嗓门儿说，“请您别说，别说……这些话了。”

“哦，不！那就请你原谅，如果我伤了你的心，就请你原谅我，”奥布朗斯基很不好意思地笑着说，一面伸出手来，“我不过是受托，只是传传话罢了。”

卡列宁也伸出手来，沉思了一下，说：

“我得好好考虑考虑，找人请教请教。后天我给您最后答复。”

十九

奥布朗斯基已经要走了，柯尔尼进来通报说：

“谢尔盖·阿历克赛伊奇来了！”

“谢尔盖·阿历克赛伊奇是什么人？”奥布朗斯基正要开口问，可是立刻明白了。

“噢，谢辽沙呀！”他说。“谢尔盖·阿历克赛伊奇——我还以为是一位部长呢。”于是他想起来：“安娜还要我看看他呢。”

他还想起安娜送他出门时带着一副羞怯和可怜巴巴的神情说：“你无论如何要看看他。你仔细了解一下，他在哪里，是谁在照料他。还有，司基瓦……要是能办到多好哇！不是能办到吗？”奥布朗斯基明白，这句“要是能办到多好哇”意思就是，要是办理离婚能把儿子归她的话，那有多好哇……现在奥布朗斯基看出来，这事连想也休想了，不过他还是很高兴能看到外甥。

卡列宁向内兄提醒说，他们从不在儿子面前说起他母亲，所以也请他只字不要提到她。

“上次他和母亲见面，那是我们事先没有安排的，后来他就大病了一场，”卡列宁说，“我们甚至担心他会送命。幸亏高明的医术和一个夏天的海水浴使他恢复了健康。现在我遵照医生的意见，把他送进了学校。果然，同学们的影响对他起了很好的作用，他现在身体很健康，学得也很好。”

“嘿，多么神气的小伙子呀！已经不是什么谢辽沙，而是真正的谢尔盖·阿历克赛伊奇了！”奥布朗斯基望着身穿蓝上装和长裤、又活泼又大方地走进来的宽肩膀漂亮男孩，笑嘻嘻地说。这孩子一副健康和快乐模样。他像对生人一样对舅舅鞠了个躬，但一认出是舅舅，脸就红了，急忙转过身去，仿佛受了委屈，生气了。他走到父亲面前，把学校里的成绩单交给他。

“噢，很不错，”父亲说。“你可以走啦！”

“这孩子瘦了些，长高了，不再是娃娃，是大孩子了；我真喜欢，”奥布朗斯基说。“你还记得我吧？”

孩子很快地打量了一下父亲。

“记得，舅舅。”他抬眼看了看舅舅，回答说，然后又垂下眼睛。

舅舅把他叫过去，拉住他的手。

“嗯，怎么样，还好吗？”他想和他说说话儿，可是不知道说什么好。

孩子红着脸不作声，小心地从舅舅手里往外抽自己的手。奥布朗斯基一放开他的手，他像获释的小鸟一样，带着询问的神气看了父亲一眼之后，就快步从房里走了出去。

自从谢辽沙上次见到母亲之后，已经过去一年了。从那以后，他再也没有听到过她的消息。就在这一年他进了学校，认识了并且爱上了小伙伴们。他对母亲的种种向往和想念，在上次和她见面后曾经使他病了一场的，现在已经渐渐淡了。有时他思念起来,就想方设法驱散自己的思念,认为这是丑事,认为女孩子才思念母亲,男孩子和男同学是不该这样的。他知道父母因为争吵而分居,知道他命定要同父亲在一起,于是就想方设法习惯于这种想法。

他一看见很像母亲的舅舅,觉得很不愉快,因为这引起了他认为是丑事的那种思念。这使他不愉快,更因为从他站在书房门外听到的几句话,尤其从父亲和舅舅的脸色,他猜到他们谈的是母亲。为了不责怪和他在一起、他所依靠的父亲,更为了不动他认为很丑的那种感情,他尽量不看这个跑来破坏了他的平静的舅舅,尽量不去想他使他想起的事。

不过,当奥布朗斯基跟着他走了出来,看见他在楼梯上,把他叫过去,问他在学校里课余时间怎样玩时,谢辽沙见父亲不在,就很带劲儿地和他说起话儿来。

“现在我们那儿常常开火车,”他回答舅舅说,“您听我说,是这样的:两个人坐在长板凳上,这是乘客。另外一个人站在板凳上。大家一齐来拉车。可以用手拉,也可以用皮带拉,拉着在一个个房间里跑。所有的门事先就打开了。嗬,当列车员可难啦!”

“就是站着的那个人吗?”奥布朗斯基笑着问。

“是的,干这种事儿又要大胆,又要麻利,尤其在急刹车或者有人跌倒的时候。”

“是的,这真不简单。”奥布朗斯基伤感地看着这一双灵活、很像母亲、但已经没有孩子气、不完全天真的眼睛说。虽然他答应过卡列宁不提安娜,他还是忍不住了。

“你还记得妈妈吗?”他突然问道。

“不，不记得。”谢辽沙急忙说，而且脸涨得通红，垂下眼睛。舅舅再也无法从他嘴里问到什么了。

半个小时以后，斯拉夫家庭教师发现自己的学生在楼梯上，他老半天都弄不明白，他的学生是在赌气，还是在哭。

“怎么啦，想必是跌倒的时候，跌伤了吧？”家庭教师说，“我说过嘛，这种游戏很危险。要去对校长说说。”

“真要是跌伤了，那还没有谁会发现呢。这是肯定的。”

“那到底是怎么回事儿呢？”

“您别管我！我记得不记得……这干他什么事？我为什么要记得？你们都别管我！”他已经不是在对家庭教师，而是在对整个人世说话了。

二十

奥布朗斯基像往常一样，在彼得堡也没有闲着。在彼得堡，除了办正事，也就是妹妹离婚和自己谋职的事，他像往常一样，还需要换换新鲜口味，因为，如他说的，在莫斯科过腻味了。

莫斯科虽然也有音乐，杂耍，咖啡馆和公共马车，但毕竟是死水一潭。这是奥布朗斯基经常感觉到的。他在莫斯科住一阵子，尤其是和家小在一起，就觉得提不起精神，没有劲儿。在莫斯科久住下去，他就会因为妻子的恶劣情绪和埋怨、孩子们的健康和教育以及公务上的琐事感到心烦；甚至会因为他有债务感到不安。但只要一到彼得堡，在他经常出入的圈子里，在那些真正生活，而不是像在莫斯科那样熬日子的去处生活几天，他的一切烦恼都会消散和熔化，就像蜡烛见了火一样。

妻子吗？……今天他刚刚和契岑斯基公爵聊过。契岑斯基公爵有妻子和孩子，孩子已经长大成人，做了少年侍从，但他还有一个非法的家庭，也生了孩子。虽然第一个家庭也很好，契岑斯基公爵却觉得自己在第二个家庭里更幸福些。他还常常带着大儿子到第二个家庭去，并且对奥布朗斯基说，他认为这对儿子有好处，可以使儿子增长见识。这要是在莫斯科，人家会怎么说呢？

孩子吗？在彼得堡孩子们并不妨碍父亲的生活。孩子们都在学校里上学，而且也没有在莫斯科流行的——例如，李沃夫家，——那种荒唐的观念，认为孩子们应该过穷奢极侈的生活，做父母的只应该辛苦和操心。这里人人都懂得，一个人活着应该为自己，有教养的人都应该如此。

公务吗？在这里干公务也不像在莫斯科那样只是一味地、毫无指望地苦干，在这里干公务很有意思。拜见拜见，献献殷勤，说说中听的话儿，会对不同的人运用不同的手腕——一个人转眼之间就会飞黄腾达，就像昨天奥布朗斯基遇到的布良采夫，现在已经是头号红人了。这样干公务是很有意思的。

尤其是彼得堡人对金钱问题的看法对奥布朗斯基起了宽慰的作用。巴尔特尼扬斯基，就其生活的阔绰来说，每年至少要花掉五万卢布的，昨天曾就这个问题对他发了一番妙论。

在午饭之前，谈得上了劲儿，奥布朗斯基就对巴尔特尼扬斯基说：

“你好像和莫尔德文斯基很熟；你想必能帮我个忙，替我向他说句话。有一个位子，我想弄到手。就是南方铁路银行……”

“唉，我反正记不住的……不过你何苦为这种铁路上的差事去和犹太佬打交道呢？……不管怎么说，总是肮脏事儿！”

奥布朗斯基没有对他说，这是很有现实意义的事儿；这一点巴尔特尼扬斯基是不会理解的。

“需要钱呀，没有钱无法活呀。”

“你不是活着吗？”

“活是活着，可是负债呀。”

“你怎么？负债很多吗？”巴尔特尼扬斯基很同情地问。

“很多，大约有两万呢。”

巴尔特尼扬斯基快活地哈哈大笑起来。

“哎呀，你真是个幸运儿呀！”他说，“我欠了一百五十万，现在一无所有，可是你看，不是还活着嘛！”

奥布朗斯基不但听到这样说，而且亲眼看出这是实情。日瓦霍夫欠债三十万，现在一文不名，他照样活着，而且过得多么阔气呀！大家早就认为克利夫卓夫伯爵已经山穷水尽，可是他还养着两个情妇。彼得罗夫斯基荡尽五百万家产，依然过着豪华的生活，甚至还主持财政，有两万卢布的年俸。而且，除此以外，彼得堡还使奥布朗斯基在身体上感到愉快。彼得堡使他年轻了。在莫斯科，他有时要看看自己的白发，饭后要睡睡觉，伸伸懒腰，上楼梯慢慢走，还要喘粗气，和年轻女子在一起觉得没有劲儿，舞会上也不跳舞。在彼得堡他却觉得年轻了十岁。

他在彼得堡的感受，正如刚从国外归来的六十岁的彼得·奥布朗斯基对他说的那样。

“我们在这里不会生活，”彼得·奥布朗斯基说。“你要知道，我在巴登过了一个夏天;说实话,我觉得自己完全是一个年轻人呢。我一见到年轻女子,就心猿意马……一吃饭,两杯酒一喝下去,就来了劲儿,精神抖擞。我一回到俄国,要陪妻子,还要到乡下去,唉,你真不会相信,过上两个礼拜就穿起睡衣,连吃饭也不换衣服了。还有什么劲头儿想年轻女人呀！变成十足的老头子了。想的只是拯救灵魂什么的。一去巴黎,就又来劲儿了。”

奥布朗斯基也体会到彼得·奥布朗斯基所体会的那种差别。在莫斯科他萎靡不振,要是在那里长久过下去,真的说不定他会落到只考虑灵魂得救的地步;可是在彼得堡,他觉得自己又是一个像样的人了。

在培特西公爵夫人和奥布朗斯基之间有一种由来已久的、相当奇怪的关系。奥布朗斯基总是嬉皮笑脸地向她献殷勤,也是嬉皮笑脸地对她说一些最不成体统的话,因为他知道这是她最喜欢的。在他和卡列宁谈话后的第二天,他到了她家以后,觉得自己是那样年轻,以至于这种开玩笑的调情和胡说八道发展到不可收拾的地步,他简直不知道怎样才能抽身后退了,因为不幸的是,他不仅不喜欢她,而且非常讨厌她。这种调调儿已经定了,因为她非常喜欢他。所以,等米雅赫基公爵夫人一到,打破了他们两个人单独在一起的局面,他就感到非常高兴了。

“哦,您在这儿呀,”米雅赫基公爵夫人一看到他,就说道,“喂,您那位可怜的妹妹怎么样啦？您不要这样看着我,”她又说,“自从所有的人,所有比她坏千百倍的人,纷纷攻击她的时候起,我就认为她做得好极了。我不能原谅伏伦斯基,因为她上次来彼得堡,他竟不告诉我一声。要不然我一定去看她,并且陪她到处走走。请您代我向她问候。那就请您对我说说她的情形吧。”

“是啊,她的日子很不好过,她……”奥布朗斯基头脑简单,把米雅赫基公爵夫人说的“请您说说她的情形”当成真的,就说了起来。米雅赫基公爵夫人却照她的习惯,立刻把他的话打断,自己说了起来。

“她做的事,是所有的人,除我以外,都在做的,只是别人都瞒着盖着罢了;可是她不想骗人,所以做得好极了。还有她做得更好的,就是抛弃了您那位昏头昏脑的妹夫。请您不要见怪。人人都说他聪明,聪明,只有我说他愚蠢。现在,等他同李迪雅和兰道打得火热了,大家都说他昏头昏脑了,我真不高兴同意大家的说法,可是这一次不能不同意。”

“那就请您给我解释解释,这是怎么一回事儿,”奥布朗斯基说,“昨天我为妹妹的事去找他,要他给一个明确的答复。他没有给我答复,说是要想一想。今天早晨我没有得到答复,却收到请柬,请我今天晚上到李迪雅伯爵夫人家去。”

“就是嘛,就是嘛!”米雅赫基公爵夫人很高兴地说起来,“他们要向兰道请教,看他怎么说。”

“怎么向兰道请教?为什么?兰道是什么人?”

“怎么,您不知道尤里·兰道,不知道那个大名鼎鼎、未卜先知的尤里·兰道?他也是昏头昏脑的,可是您妹妹的命运就全看他的了。您什么也不知道,这就是住在外地的结果。您听我说,兰道原是巴黎一家店铺的伙计,有一次去看病,在候诊室里睡着了,在梦里给所有的病人治起病来,而且治得好极了。后来,尤利·密列丁斯基——您可知道，他在生病？——他的夫人听说这个兰道的事，就找他去给丈夫治病。他就给她丈夫治病。依我看，丝毫没有治出什么效果，因为他还是那样衰弱，可是他们相信他，把他随身带着，又把他带到俄国来。在这儿大家都一齐去找他，他也就给大家治起病来。他治好了别祖波夫伯爵夫人的病，伯爵夫人喜欢他喜欢得不得了，就收他做干儿子。”

“怎么收他做干儿子？”

“就是收他做干儿子。他现在不再是兰道了，成了别祖波夫伯爵。但问题不在这里，而是李迪雅——她这人我很喜欢，不过她的头脑有毛病，——不用说，迷上了他那一套，现在不论是她，还是卡列宁，离了他就没有了主意，所以，您妹妹的命运现在就在这个兰道，如今的别祖波夫伯爵手里了。”

二十一

奥布朗斯基在巴尔特尼扬斯基家美美地吃了一餐并且喝了不少酒之后，便来到李迪雅伯爵夫人家，只是比约定时间多少晚了一点儿。

“伯爵夫人这儿还有什么人？那个法国人在吗？”奥布朗斯基一面打量着很熟悉的卡列宁的大衣和一件带扣子的古怪而朴素的大衣，一面问门房。

“阿历克赛·亚力山大罗维奇·卡列宁和别祖波夫伯爵，”门房板着脸回答说。

“米雅赫基公爵夫人猜对了，”奥布朗斯基一面上楼，一面想道,“真奇怪！不过和她接近接近倒是不错。她很有些势力呢。要是她能对波莫尔斯基说几句话,那就行了。”

天色还很明亮,可是李迪雅伯爵夫人的小客厅里已经放下窗帘,灯火通明。

伯爵夫人和卡列宁坐在一盏吊灯下的圆桌旁,小声说着话儿。有一个瘦小的男子,臀部像女人,罗圈腿,眼睛又清秀又明亮,一张脸非常苍白也非常漂亮,长长的头发披在礼服领子上,站在另一头,在看墙上的画像。奥布朗斯基同女主人和卡列宁打过招呼以后,不由得又看了看这个陌生人。

“兰道先生!”伯爵夫人带着温柔和小心得使奥布朗斯基吃惊的神气对他说。于是她给他们做了介绍。

兰道连忙回头看了看,走了过来,笑了笑,把一只很不灵活的汗漉漉的手放到奥布朗斯基伸出的手里,随即就又走了开去,又看起画像。伯爵夫人和卡列宁意味深长地交换了一下眼色。

“我见到您很高兴,尤其是今天,”李迪雅伯爵夫人说着,指了指卡列宁旁边的座位请奥布朗斯基坐。

“我给您介绍他,称呼他兰道,”她看看法国人,随即又看看卡列宁,小声说,“实际上他是别祖波夫伯爵,您想必也知道了。只是他不喜欢这个封号。”

“是的,我听说了,”奥布朗斯基回答说,“据说,他把别祖波夫伯爵夫人的病完全治好了。”

“她今天到我家来过,她太伤心了!”伯爵夫人对卡列宁说。“对她来说,这次分别太可怕了。这对她的打击太大了!”

“他一定要走吗?”卡列宁问。

"是的，他要回巴黎。他昨天听见一个声音。"李迪雅伯爵夫人望着奥布朗斯基说。

"啊，一个声音！"奥布朗斯基重复了一下，觉得在这伙儿人中间必须尽可能小心些，在这伙儿人中间正在发生或者就要发生什么特别的事儿，他还摸不着头脑。

沉默了一小会儿以后，李迪雅伯爵夫人就像要谈正题似的，带着微妙的笑容对奥布朗斯基说：

"我早就认识您，并且很高兴进一步结识您。朋友的朋友，也是朋友。但是，要想做一个朋友，必须理解朋友的心情，我怕您对阿历克赛·亚力山大罗维奇的心情未必能理解。您想必明白我说的是什么。"她说着，抬起她那若有所思的美丽的眼睛。

"明白一点儿，夫人，我明白，阿历克赛·亚力山大罗维奇的状况……"奥布朗斯基说，因为他并不怎么明白究竟指的是什么，所以只是笼统地说说。

"变化的不是外在的状况，"李迪雅伯爵夫人板着脸说，同时用含情脉脉的目光注视着站起来走到兰道跟前的卡列宁，"是他的心变了，他获得了一颗新的心，所以我怕您不完全理解他这种变化。"

"也可以说，我在大体上是能理解这种变化的。我们一向很要好，就是现在……"奥布朗斯基一面用温柔的目光回答伯爵夫人的目光，一面说，同时寻思着她和两位部长中哪一位更接近，也好请她去向哪一位求情。

"他内心的变化不会削弱他对别人的爱；相反，他的变化只会加强他的爱。不过我怕您不明白我的意思。您不喝茶吗？"她说着,用眼睛指了指端着茶走进来的仆人。

“不大明白,夫人。当然,他的不幸……”

“是的,不幸,在他的心起了变化,他完成了变化的时候,就成了无上的幸福。”她用含情的目光望着奥布朗斯基说。

“我看,可以请她对两位部长都去说说了。”奥布朗斯基心里想道。

“哦,当然啦,夫人,”他说,“不过我想,这种变化是极其隐秘的,因此任何人,即使对最亲密的人,都不愿说。”

“恰恰相反!我们应该说,还应该互相帮助。”

“是的,当然啦,不过信仰是各不相同的,况且……”奥布朗斯基温柔地笑着说。

“在信仰神圣的真理方面是不会有什么不同的。”

“哦,是的,当然啦,不过……”奥布朗斯基发起窘来,就不说了。他明白,谈的是宗教。

“我看,他这就要睡着了。”卡列宁走到李迪雅跟前,意味深长地小声说。

奥布朗斯基回头看了看。兰道坐在窗口,双臂搁在安乐椅扶手和椅背上,垂着头。他发现大家都在看他,就抬起头来,像孩子一般天真地笑了笑。

“你们不要注意他,”李迪雅说着,轻轻地推了一把椅子给卡列宁,“我发现……”她正要说下去,就有一名仆人拿着一封信走了进来。李迪雅匆匆看完信,道了一声歉,就飞快地写了一封回信交给仆人,然后又回到桌边。“我发现,”她继续把话说下去,“莫斯科人,尤其是男人,最不关心宗教了。”

“才不是呢,夫人,我觉得,莫斯科人最虔诚是出了名的。”奥布朗斯基回答说。

“是真的,就我所知,很遗憾,您也是很不关心的一个。”卡列宁带着疲惫的笑容对他说。

“怎么能不关心呀!”李迪雅说。

“我在这方面不是不关心,而是在等待,”奥布朗斯基带着他那最感化人的微笑说,“我认为,我考虑这些问题的时候还没有到。”

卡列宁和李迪雅交换了一下眼色。

“我们永远无法知道我们的时候是不是到了,”卡列宁板着脸说,“我们不应该考虑我们是否有所准备,因为上帝的恩惠不受人的思想支配;有时恩惠不是降临到苦苦追求的人身上,而是降临到毫无准备的人身上,就像降临到扫罗身上那样。”

“噢,似乎他还不该睡。”一直注视着法国人一举一动的李迪雅说。

兰道站起来,来到他们跟前。

“我可以听听吗?”他问道。

“当然可以,我是不愿意打扰您呀。”李迪雅温柔地看着他说,“和我们一起坐坐吧。”

“不过不能闭上眼睛躲避光明呀,”卡列宁继续说。

“哎呀,您要是能体会到我们体验到的幸福,能感到无处不在的上帝在自己心中就好了!”李迪雅伯爵夫人怡然自得地笑着说。

“可是一个人有时会觉得自己达不到这样崇高的境界呀。”奥布朗斯基说,虽然觉得他这是违心地承认宗教的崇高,但他又不敢在这个女人面前表露自己的自由思想，因为这个女人在波莫尔斯基面前说一句话就能使他得到垂涎已久的职位。

“您是想说，一个人有了罪就不能吗？”李迪雅说，“但这种说法是没有道理的。信徒是没有罪的，罪已经赎过了。对不起。”她看到仆人又拿了一封信走进来，就说道。她看完了信，口头回答说：“就回话说，明天在大公夫人家。”她又说下去：“信徒是没有罪的。”

“是的，不过有信仰而无行动是没有用的。”奥布朗斯基想起教义问答上这句话，就说道，一面只能笑着表示坚持自己的看法。

“哦，这是《雅各书》里的话，”卡列宁带着一点儿不以为然的神气对李迪雅说，显然这事儿他们已经谈过不止一次了，“曲解这句话真是为害不浅呀！再没有什么比这种曲解更背离教义的了。‘我没有行动，我就不能信教，’不论在哪里都不是这样说的。说的正好相反。”

“为上帝辛劳，靠辛劳、斋戒拯救灵魂。”李迪雅伯爵夫人用厌恶和鄙夷的语调说。“这是我们的修士们荒谬的见解……其实哪里也没有这样的说法。这是简单得多也容易得多的。”她又说，眼睛看着奥布朗斯基，带着那种鼓励人的笑容，她就是用这种笑容在宫中鼓励那些在新环境下张皇失措的年轻女官的。

“我们得救，靠的是为我们受苦受难的基督。我们靠信仰得救。”卡列宁流露着赞赏她的话的目光，附和说。

“您懂英文吗？”李迪雅问道，在得到肯定的答复以后，就站起来，到书架上去找书。

“我想念念《平安与幸福》[1]或者《庇护》[2]，好吗？”她带着询问的神气看了看卡列宁，说。她找到书，坐到原来的地方，把书翻了开来。“这很短。这儿写的是获得信仰的途径，以及获得信仰后充满心灵的超脱尘世的幸福。一个信徒是不会不幸的，因为他不是孤独的。你们就看吧。”她已经要念了，仆人又走了进来。“波罗兹金娜吗？就回话说，两点钟……是的，”她把一个指头夹在书里要念的地方，叹着气用若有所思的美丽眼睛望了望前方，说。“这就是真正的信仰产生的效果。您知道玛丽娅·萨宁娜吗？您知道她的不幸吗？她失去了独生子。她灰心绝望。可是，结果又怎样呢？她找到了这位朋友，现在她因为孩子的死感谢上帝了。这就是信仰带来的幸福！”

“哦，是的，这太……”奥布朗斯基说。他高兴的是，要念圣书了，他就可以多少定定神了，“不行，看来今天最好什么也不要求，”他心想，“只要不坏事，能从这儿脱身就不错了。”

“您会觉得乏味的，”李迪雅对兰道说，“您不懂英语，但这很短。”

“噢，我懂。”兰道带着同样的微笑说，并且闭上眼睛。

卡列宁和李迪雅会意地相互看了一眼，她就念了起来。

①原文为英语。

②原文为英语。

二十二

奥布朗斯基听了这番闻所未闻的奇谈怪论,感到困惑莫解。五光十色的彼得堡生活,总的来说是能使他振奋,使他忘却莫斯科的一潭死水的;不过他喜欢和能领略的是在他的亲友和熟人圈子里那种五光十色的生活;在这个陌生环境里,他就目瞪口呆,茫然若失,摸不着头脑了。他听着李迪雅在念,感觉到兰道那双不知是天真还是狡猾的漂亮眼睛在看他,他开始感到头脑格外沉重。

各种各样的思想在头脑里搅作一团。"玛丽娅·萨宁娜死了孩子倒是高兴……这会儿最好抽一支烟……要得救,只有信教,而且修士们都不知道该怎样信教,可是李迪雅伯爵夫人知道……我的头脑怎么这样沉呀?是白兰地喝多了,还是因为这一切太奇怪了?我反正到现在为止,好像还没做过不成体统的事。可是请她帮忙反正已经不行了。据说,他们常常强迫人家做祷告。他们可别来强迫我。那就太无聊了。她念的是什么鬼玩意儿呀,不过她的声音倒是很好听的。兰道就是别祖波夫。为什么他叫别祖波夫呢?"奥布朗斯基忽然觉得,他的下巴忍不住打起呵欠。他为了掩饰打呵欠,捋了捋络腮胡子,振作了一下。可是接着就觉得自己睡着了,并且要打鼾了。就在李迪雅伯爵夫人的声音说"他睡着了"的时候,他猛醒过来。

奥布朗斯基惶恐地醒来,觉得自己做了错事,被人发现了。不过他立刻就看出,"他睡着了"这话不是说的他,而是说的兰道，他就放下心来。那个法国人像奥布朗斯基一样睡着了。不过，如奥布朗斯基想的，他睡觉会使他们不高兴（其实他连这也没有想，因为他觉得一切都太奇怪了），而兰道睡觉却使他们，尤其是使李迪雅伯爵夫人，分外高兴。

“我的朋友，”李迪雅为了不弄出响声，小心翼翼地提着绸连衫裙的皱褶说，并且兴奋得不再对卡列宁称呼阿历克赛·亚力山大罗维奇，而是称我的朋友，“把手给他。您看见吗？……嘘！”她对又走进来的仆人发出嘘声，“现在不见客。”

法国人的头靠在椅背上，一只放在膝盖上的汗津津的手轻轻动着，好像是在抓什么东西，真不知他是睡着了，还是装作睡着了。卡列宁站起来，想小心翼翼，但还是在桌子上撞了一下之后，才走过去，把自己的手放到法国人的手里。奥布朗斯基也站起来，把眼睛睁得大大的，万一自己是在梦中的话，就希望这样使自己醒来，一会儿望望这个，一会儿望望那个。这一切明明都是现实。奥布朗斯基觉得自己头脑里越来越乱了。

“叫最后来的那个人，那个来问事的人，叫他出去。叫他出去！”法国人闭着眼睛说。

“对不起，不过您也看到……您到十点钟，最好是明天，再来吧。”

“叫他出去！”法国人很不耐烦地又说了一遍。

“这是不是指我呀？”

奥布朗斯基得到肯定的答复以后，忘记了他想求李迪雅的事，也忘记了妹妹的事，一心想尽快离开这里，就踮着脚走出去，像离开传染病房那样一口气跑到街上，并且同马车夫说笑了老半天，希望尽快恢复自己的正常心情。

他来到法国剧院，还赶上最后一场戏，然后到鞑靼人的酒馆喝了些香槟，在这种熟悉的气氛中他才多少松了一口气。不过这天晚上他还是一直觉得很不自在。

他回到他在彼得堡落脚的彼得·奥布朗斯基家里，看到培特西来的一封短信。她在信里说，她很希望把开了头的话谈完，所以请他明天去一趟。他刚刚看完这封信并且皱起眉头想这事儿，就听见楼下响起沉甸甸的脚步声，像是有几个人抬着很重的东西。

奥布朗斯基走出去看看。这是变年轻了的彼得·奥布朗斯基。他醉得厉害，连楼梯也不能上，但他一看见奥布朗斯基，就吩咐仆人把他扶着站起来，一把抓住奥布朗斯基，同他一起朝他的房里走去，在房里对他说起他这天晚上是怎样过的，说着说着就睡着了。

奥布朗斯基垂头丧气，这在他是很少有的，而且很久不能入睡。他不论想起什么，都觉得窝囊，但最窝囊的，简直可以说是很丑的，是他想起在李迪雅伯爵夫人家度过的这天晚上。

第二天，他收到卡列宁断然拒绝安娜离婚要求的信。他明白，这个决定就是根据昨天晚上那个法国人在梦中或者假装做梦时说的话做出来的。

二十三

在家庭生活中要想有什么行动,必须是,要么夫妻感情完全破裂,要么美满和谐。如果夫妻关系含含糊糊,不好也不坏,那就什么事也办不成。

许多家庭多年维持着夫妻双方都感到厌倦的老样子,就因为感情既没有完全破裂,又不是美满和谐。

当阳光不再带有和煦的春意,而变成夏日如火的骄阳,林荫道上的树木早已绿叶成荫,树叶上已经落满灰尘的时候,伏伦斯基和安娜就觉得在炎热和灰尘飞扬的莫斯科过日子受不了了;不过他们也没有像原先决定的那样回沃兹德维任村去,依然住在他们都已经感到厌恶的莫斯科,因为近来他们已经不和睦了。

他们相互的怨气没有任何外部原因,一切想消除隔阂的尝试不仅没有消除,反而增加了怨气。这是一种内在的怨气,在她来说,其来由是他的爱情淡薄,在他来说,是他后悔自己为了她而陷入难堪的境地,她不想方设法改善处境,反而使他的处境越来越难。他们都不说出自己怨恨的原因,但他们都认为错在对方,并且一有借口就想方设法证明对方错了。

她认为,他整个的人,包括他所有的习惯、心思、愿望,以及他所有的气质和身体特征,可以归结为一点,就是爱女人,而这种爱,依她的心情,本应完全集中在她一个人身上的,现在却淡薄了;因此,依她的判断,他必然是把一部分爱情转移到另外一些女人或者另外一个女人身上,所以她嫉恨。她不是因为他爱别的女人而嫉恨，而是因为他的爱情淡薄了。她还没有嫉恨的对象，就寻找嫉恨的对象。她常常凭一点点儿形迹，嫉恨了这个女人，又嫉恨那个女人。有时她嫉恨那些下流女人，因为他在过独身生活时和她们有过旧情，现在很容易再勾搭上；有时她嫉恨那些上流社会的女人，因为他也可能遇到她们；有时她嫉恨她凭空想象出来的一位姑娘，认为他想抛掉她去和那姑娘结婚。这最后一种嫉恨最使她痛苦，尤其因为他在有一次谈心时无意中对她说，他的母亲真不了解他，竟然劝他和索罗金娜公爵小姐结婚。

安娜因为猜疑他，就恨他，寻找种种理由发泄怨恨。她的处境的种种痛苦，她都归罪于他。她在莫斯科痛苦等待，上不着天，下不着地，卡列宁迟迟不给答复，她孤独寂寞——她把这一切都算到他的账上。如果他爱她，他会完全理解她处境的种种痛苦，会帮她摆脱痛苦的。就连她住在莫斯科，而不住在乡下，这也怪他。是他不能像她希望的那样埋头在乡下生活。是他要交游，所以他才让她落到这种可怕的地步，他却不愿意明白这种处境有多么难受。而且她和儿子永远分离，也都是怪他。

就连他们之间难得有的片刻温存，也不能使她得到安慰，因为现在她看出他的温存中有一种心安理得的意味，这是以前没有的，是使她很恼火的。

天已经黑下来，他去参加男人们的宴会去了，安娜正冷冷清清地等待他归来，在他的书房里（在这里不怎么听得到街上的闹声）来来回回地踱着，仔细回想着昨天吵嘴的一些话。先想起那些令人难忘的很难听的话，又倒回去想吵嘴的原因，终于想起话是怎样开头的。她很久都不能相信，这场争吵是这样几句毫无恶意、不伤害任何人的心的话引起的。可是事实就是这样。起因就是他嘲笑女子中学，认为没有必要办女子中学，而她却为女子中学辩护。他在总的方面就不看重女子教育，而且还说，像安娜抚养的英国女孩甘娜就不需要懂物理学。

这使安娜很恼火。她把这看作蔑视她的所作所为的暗示。于是她想出一句针锋相对的话来回敬他。

“我不希望您能够像多情的人那样，把我和我的感情放在心上，我只希望您客气点儿。”她说。

果然，他气得红了脸，并且说了两句不中听的话。她不记得她怎样回答他，只记得他也是显然有意刺痛她，没头没脑地说：

“您对那个女孩子偏爱，我确实不感兴趣，因为我看出来，这不正常。”

他这样残酷，想摧毁她为了消磨难挨的日子千辛万苦为自己开创的小天地，他这样蛮不讲理，竟然说她矫揉造作和不正常，使她恼火极了。

“我觉得很遗憾，只有粗俗的和实用的东西您才能理解，才认为是正常的。”她说过，便从房里走了出去。

昨天晚上他到她房里来，他们都没有提争吵的事，但是他们都觉得，吵是没有再吵，可是疙瘩并没有消除。

今天他一整天都不在家，她感到异常冷清，想到跟他争吵心里非常难受，就很想忘记一切，原谅他，同他和好，情愿责怪自己，承认他没有过错。

“怪我自己不好。我脾气太坏，嫉妒得毫无道理。我一定要同他和好，我们一定要到乡下去，到乡下我就放心了。”她在心里说。

“不正常。”她忽然想起这话。最使她不快的还不是这话，而是他有意刺伤她的用心。

“我知道他想说什么；他是想说：不爱自己的女儿，却爱别人家的孩子，这不正常。他哪儿懂得爱孩子，哪儿懂得我是多么爱我为他牺牲了的谢辽沙？可是他还要刺伤我的心！肯定，他爱上了别的女人，不可能不是这样。”

她看到，她为了安慰自己，又兜了一回不知兜过多少回的圈子，又回到她原来最恼火的地方，不禁对自己感到害怕起来。“难道就不行吗？难道我就不能控制自己吗？”她在心里说，于是她又从头开始，“他诚实，真挚，他爱我，我爱他，过几天就能离婚了。还要怎样呢？要的就是安宁、信任，我就要做到。是的，等他一回来，我就说，都是我错了，虽然我没有什么错，然后我们就走。”

为了不再想下去，不再恼火，她打了打铃，吩咐把箱子搬进来，好收拾下乡的行李。

晚上十点钟，伏伦斯基回来了。

二十四

“怎么样，快活吗？”安娜脸上带着歉疚和亲热的表情出来把他迎住，问道。

“像往常一样。”伏伦斯基一眼就看出她的心情很好，便回答说。他已经习惯了这种情绪变化，今天他特别高兴这种变化，因为他自己的心情也极好。

"我看见了！这太好了！"他指着前厅里的箱子说。

"是的，该走了。我坐车去兜了兜风，太快活了，所以就很想回乡下去。你没有什么事需要耽搁吧？"

"我就盼着呢。我去换换衣服，马上就来，咱们谈谈。你叫人摆茶。"

于是他到他的房里去了。

他说"这太好了"的口气也有些令人不快的味道儿，就像是在小孩子不再淘气时对小孩子说的；更使人不快的是，她的歉疚的口气与他那种自以为是的口气形成鲜明的对照。她一时间觉得自己的火气又冒起来，可是她使劲儿压了压，把火气压下去，又像刚才一样快快活活地迎接伏伦斯基了。

伏伦斯基一进来，她就对他说了说她今天是怎样过的，以及她要走的打算，其中一部分是重复早就准备好的话。

"你要知道，我这差不多是灵感来了，想通了，"她说，"何苦在这里等离婚呢？在乡下不也是一样吗？我再也不能等了。我再也不想指望，不想听什么离婚的话了。我打定主意，再也不让这事影响我的生活。你也同意吧？"

"哦，是的！"他惴惴不安地看了看她那激动的脸，说道。

"你们在那里干了些什么呀？有些什么人呀？"她沉默了一会儿之后，问道。

伏伦斯基说了说客人的名字。

"酒席是好极了，还有划船比赛，这一切都挺有意思，不过在莫斯科就免不了有可笑的事。来了一位女士，是瑞典皇后的游泳教师，表演了一番游泳技术。"

“怎么？她游泳啦？”安娜皱着眉头问。

“穿一件红色游泳衣，又老又丑。那咱们什么时候走呀？”

“多么无聊的玩意儿！怎么，她游泳有什么特别吗？”安娜没有回答，却问道。

“根本没什么特别的。我也说嘛，无聊透了。那你究竟想什么时候走呀？”

安娜摇摇头，仿佛想抖搂掉不愉快的念头。

“什么时候走吗？越早越好。明天来不及了。后天吧。”

“好的……不，等一等。后天是礼拜天，我要到妈妈那里去一下。”伏伦斯基说着，发起窘来，因为他一提到母亲，就觉得安娜用怀疑的目光盯着他。他发窘证实了她的猜疑。她的脸一下子红了，她躲开他。现在浮现在安娜眼前的已经不是瑞典皇后的教师，而是那个同伏伦斯基母亲一起住在莫斯科近郊的索罗金娜公爵小姐了。

“明天你可以去一趟吗？”她说。

“不行呀！我来办的那件事所需要的委托书和钱，明天还收不到。”他回答说。

“既然这样，那咱们索性不走了。”

“那又为什么呀？”

“再晚我就不走了。要么就是礼拜一，要么就不走了！”

“究竟为什么呀？”伏伦斯基似乎非常吃惊地说，“这没有意思嘛！”

“你觉得这没有意思，因为你从来不管我的事。你不想了解我的生活。我在这里真正做的只有一件事，就是照料甘娜。你却说这是装假。你昨天就说,我不爱女儿,却装作爱这个英国女孩,这是不正常的;我倒很想知道,我在这里怎样生活才算正常!"

有一小会儿她猛醒过来,很害怕自己违反了自己的本意。可是虽然她知道这是在害自己,可是她控制不住自己,不能不向他指出,他是多么错误,她不能向他屈服。

"我从来没说过这话;我说的是,我不赞成这种无缘无故的爱。"

"你既然自夸直爽,为什么不说实话呢?"

"我从来不自夸,也从来不说假话,"他压制着心中往上直冒的火气,小声说,"很遗憾,如果你不尊敬……"

"尊敬是人空想出来的,为的是掩盖没有爱情的空虚。你要是不再爱我了,那就不如老老实实说出来。"

"哎呀,这就够受了!"伏伦斯基站起来,叫道。他站到她面前,慢慢地说:"你为什么要试试我的耐性呢?"他说这话时带着一种强忍住的神气,好像有许多话要说。"忍耐是有限度的。"

"您这话是什么意思?"她叫起来,一面惊慌地注视着他整个的脸上、尤其是一双冷酷可怕的眼睛里那十分明显的憎恨神情。

"我的意思是……"他刚开口,又停住了,"我倒要问问,您想要我怎样。"

"我能要您怎样呢?我只能希望您不要抛弃我,像您想的那样,"她完全明白了他没有说出口的话之后,就说道,"不过我要的不是这个,这是次要的。我要的是爱情,可是爱情没有了。因此,什么都完了!"

她朝门外走去。

“等一等！等……一等！”伏伦斯基没有舒展皱得紧紧的眉头，可是拉住她的手把她拦住，“怎么回事儿呀？我说我们要推迟三天再走，你说我这是撒谎，说我这人不老实。”

“是的，我还要再说一遍：一个人责怪我，说他为我牺牲了一切，”她想起更上一次吵嘴时的话，就说道，“那这个人比不老实的人更坏，这种人没有心肝。”

“哼，忍耐是有限度的！”他叫起来，并且立刻把她的手放开。

“他恨我，这很明显。”她在心里说，于是她一声不响，头也不回，踉踉跄跄地从房里走了出去。

“他爱上别的女人了，这就更明显了，”她一面想着，一面走进自己房里，“我要的是爱情，可是爱情没有了。因此，什么都完了，”她在心里重复着她说过的话。“也应该了结了。”

“可是怎样了结呢？”她自己问自己，并且在镜子前面的安乐椅上坐下来。

许许多多想法涌上心头。想她现在上哪里去，是到抚养她长大的姑妈家去，到陶丽家去，还是干脆一个人出国去；又想现在他一个人在书房里干什么，这是最后决裂的争吵，还是有可能再一次和好；又想，她在彼得堡所有的熟人现在又会怎样议论她的事，卡列宁对这事又会怎么看；还有很多其他想法，都是猜想她和伏伦斯基决裂之后会出现什么情形的，一齐涌来，但她不是一心一意地想着这些念头。她心中还有一个模模糊糊的念头，那是她真正感兴趣的，但是她弄不清那是什么。她又一次想起卡列宁，也就是想起她产后的那场病和她害病时的心情。她想起她那时说的话“我怎么没有死呀？”和那时的心情。于是她一下子明白了她心里萦绕着的是什么。是的,这是了结一切的唯一办法。"是的,就是死!……"

"卡列宁的羞耻和丢脸,谢辽沙的羞耻和丢脸,我的可怕的羞耻,——只要我一死,就一了百了了。等我死了,他也会后悔,也会可怜我,爱我,为我痛苦的。"她一直带着自怜自惜的微笑坐在安乐椅上,把左手上的戒指捋下又戴上,从各方面真切地想象着他在她死后的心情。

越来越近的脚步声,他的脚步声,打乱了她的思绪。她装作收拾戒指,对他连看也没看。

他走到她面前,拉住她的手,小声说:

"安娜,要是你想走的话,咱们后天就走吧。我什么都同意。"

她没有作声。

"怎么啦?"他问。

"你自己知道。"她说,这时候,她再也忍不住了,就放声痛哭起来。

"别管我,别管我吧!"她边哭边诉说,"我明天就走……我还不光是走呢。我是什么人?一个堕落的女人。是你的累赘。我不想折腾你了。不想了!我要让你自由。你不爱我,你爱上别的女人了!"

伏伦斯基请求她放心,并且一再地说,她的猜疑毫无根据,他绝不是也绝不会不爱她,他倒是比以前更爱她了。

"安娜,你为什么这样折腾自己也折腾我呢?"他吻着她的手说。这时他的脸上流露出温柔的表情,她也觉得听到他的声音中有哭音，并且觉得自己的手上有泪水。于是安娜那无比强烈的嫉妒顿时化作无比强烈的热恋；她搂住他，在他的头上、脖子上和手上拼命吻起来。

二十五

安娜觉得他们已经完全言归于好，第二天一早她就很起劲地动手收拾行装。虽然因为昨天他们两个互相让步，还没有定下他们是礼拜一还是礼拜二走，虽然安娜觉得早一天走还是晚一天走现在无所谓了，她还是认真地准备着动身的事。当他穿戴好了，比平日早些来到她房里时，她正站在一个打开的箱子前面，挑选着衣物。

“我现在就到妈妈那里去，她可以通过叶戈罗夫把钱送给我。明天我就可以走了。”他说。

尽管她的情绪很好，可是一提到上他母亲的别墅去，她就不痛快了。

“不，我自己也来不及呀，”她嘴上这样说，心里却立刻想道，“这么看，可以按我所想的来办了。”接着又说，“不，你怎么想就怎么办吧。你到餐厅去吧，我这就来，只是要把这些用不着的东西挑出来。”她说着，一面把旧衣服一件一件地往安奴什卡手上放，安奴什卡手上已经有一大堆了。

她走进餐厅的时候，伏伦斯基正在吃牛排。

“你也许不相信，我对这些房间有多么厌恶，”她说着，就挨着他坐下来喝咖啡，“没有什么比这些有摆设的房间更可怕的了。既没有表情,又没有灵魂。这挂钟,窗帘,尤其糊墙纸——都是令人憎恶的玩意儿。我想念沃兹德维任村,就像是想念人间天堂。你还没有把马打发走吧?"

"没有,等咱们走了再走。你要上哪儿去吗?"

"我要到威尔逊那里去一趟。我要给她送些衣服去。那就肯定明天走喽?"她用快快活活的语调说,可是忽然她的脸色变了。

伏伦斯基的仆人进来要彼得堡来电的收据。伏伦斯基收到一份电报,本没有什么稀奇的,但他好像有什么事想瞒过她似的,说收据在书房里,并且急忙对她说:

"明天我一定把什么事都办好。"

"谁来的电报?"她不听他的,却问道。

"司基瓦来的。"他很不情愿地回答说。

"那你怎么不给我看看呀? 司基瓦还能有什么事瞒着我吗?"

伏伦斯基把仆人叫回来,叫他把电报拿来。

"我不想给你看,是因为司基瓦有喜欢打电报的毛病;事情还没有眉目,何必打电报?"

"是离婚的事吗?"

"是的,但他说:还没有什么结果。答应一两天内给明确答复。你就看看吧。"

安娜用打哆嗦的双手接过电报,看到电报内容和伏伦斯基所说的一样。末尾又加了一句:希望甚微,但我当尽力而为。

"我昨天就说过,什么时候离婚,甚至能不能离婚,在我都无所谓了,"她红了脸说。"完全没有必要瞒着我。"她心想,"这样看来,他和别的女人有书信往来,也可以瞒着我,就是瞒着我呢。"

“哦，雅什文和沃伊托夫今天上午要来呢，”伏伦斯基说，“好像雅什文把彼斯卓夫赢光了，甚至彼斯卓夫都无力偿付了，大概有六万卢布呢。”

“不，”她说，她恼火的是，他这样明显地用改变话题的方式让她知道她发火了。“你为什么就认为我对这事非常关心，非瞒着我不可呢？我已经说过，这事我连想都不愿想了，希望你也和我一样，对这事别那么关心。”

“我关心，是因为我喜欢明明白白。”他说。

“明明白白不在于形式，而在于爱情，”她越说越恼火，恼火的倒不是他的话，而是他说话的冷静语调，“你要明明白白为的是什么？”

“我的天，又谈爱情了。”他皱着眉头想。

“你知道是为什么嘛：为了你，也为了将来的孩子们。”他说。

“不会再有孩子了。”

“那就太遗憾了。”他说。

“你要这样是为了孩子，可是你怎么就不为我想想呢？”她完全忘记了，也许是没听见他说“为了你，也为了孩子们”，就这样说。

能不能再有孩子，早就成为他们争执和使她恼火的问题。她认为，他希望再生孩子，就是不珍惜她的美貌。

“哎呀，我是说：为了你呀。主要就是为了你嘛，”他好像疼痛得皱着眉头，又说了一遍，“因为我认为，你心情烦躁主要就是由于不明不白的状况。”

“是的，他现在不再装假了，他对我的冷冷的仇恨全露出来了。”她没有听他的话，却战战兢兢地注视着他眼里射出来的像冷酷的法官似的挑战目光，心中想道。

“原因不是这个，”她说，“我甚至不明白，现在我完全在你手里，这怎么会成为你所说的我心情烦躁的原因。这状况还有什么不明不白的呢？恰好相反。”

“你不想明白，我觉得很遗憾，”他一心想说出自己的想法，就打断她的话说，“不明不白就在于，你认为我是自由的。”

“这一点你可以完全放心。”她说过，就转过身去，喝起咖啡。

她翘起小指，端起咖啡，送到嘴边。她呷了几口之后，抬眼看了看他，她从他脸上的表情清楚地看出来，他讨厌她的手、她的姿势和她的嘴巴发出的声音。

“你母亲怎么想，她要你和谁结婚，丝毫不干我的事。”她说着，用打哆嗦的手把杯子放下。

“不过我们谈的不是这个。”

“不，谈的就是这个。老实对你说，一个没有心肝的女人，不管她老还是不老，不管她是你母亲还是别的什么女人，我都不感兴趣，我睬也不想睬她。”

“安娜，我请你不要说不尊敬我母亲的话。”

“一个女人丝毫没想到儿子的幸福和名誉是什么，那就是没有心肝。”

“我再一次请你不要说不尊敬我母亲的话，我是很尊敬我母亲的。”他提高嗓门儿，严厉地望着她说。

她没有回答。她凝视着他，凝视着他的脸和手，想起昨天他们和好时的种种情景和他那烈火般的热和劲儿。于是她想：“他对别的女人也这样热和过，今后还会、还想这样热和的！”

“你并不爱你母亲。这都是空话，空话，空话！”她恨恨地望着他说。

“既然如此，那就应该……”

“就应该有个决定，所以我已经决定了。”她说过，就想走了，可是这时候雅什文走了进来，安娜和他打过招呼，就站了下来。

为什么当她心里起了风暴，当她觉得已经站在生死关头，有可能得到可怕结局的时候，她要在一个早晚会知道一切的外人面前装假，她自己也不知道；但是她立刻把内心的风暴压下去，坐下来，和客人说起话儿。

“哦，您近来怎么样？赢的钱拿到手了吗？”她问雅什文。

“还好；恐怕我不会全拿到手的，礼拜三我就得走了。你们什么时候走？”雅什文眯缝着眼睛看着伏伦斯基说，显然猜到他们吵过嘴了。

“大概是后天。”伏伦斯基说。

“不过，你们早就想走了呀。”

“但现在算是已经定下来了。”安娜一面说，一面对直地看着伏伦斯基的眼睛，她的眼睛告诉他，休想再和好了。

“难道您不可怜那个不幸的彼夫卓夫吗？”她继续和雅什文聊着。

“安娜·阿尔卡迪耶芙娜，我从来没考虑过可怜不可怜。您瞧，我的全部家当都在这里了，”他拍了拍旁边的口袋，“现在我是一个大财主；可是今天我要到俱乐部去，也许，出来的时候就是叫花子了。要知道，谁和我一起坐到牌桌上，都是想叫我输个精光，我对他也是一样。好吧，咱们就来赌一场，乐趣也就在这里面。”

“哦，要是您结了婚，”安娜说，“您夫人又会怎样呢？”

雅什文笑起来。

“很明显，就因为这样我没有结婚，而且从来没有这样的打算。”

“那么，赫尔辛基的事呢？”伏伦斯基插嘴说，并且看了看笑嘻嘻的安娜。

安娜一看到他看她，脸上立刻露出冷峻的神情，仿佛对他说：“什么都没有忘。还是那样。”

“您也恋爱过吗？”她问雅什文。

“我的天哪！恋爱过多少次了！不过您要知道，有的人可以坐下来打牌，但要等幽会时间一到，站起来就走。我也可以谈恋爱，但到晚上不能误了打牌。我就是这样安排的。”

“不，我问的不是这个，我问的是真事。”她本想说赫尔辛基的事，可是她不愿意说伏伦斯基说过的话。

那个买了伏伦斯基的马的沃伊托夫来了；安娜就站起来，走了出去。

伏伦斯基在要出门的时候，来到她房里。她想装作在桌子上找什么东西，但觉得装假是可耻的，就用冷冷的目光对直地看了看他的脸。

“您要什么？”她用法语问他。

“要甘比塔的证书，我把这匹马卖了，”他说话的腔调比语言更清楚地表示，“我没有工夫交谈，交谈也毫无用处。”

“我没有什么地方对不起她，”他心想，“她要是自寻烦恼，那她就更糟了。”不过，在他要走的时候，觉得她似乎说了一句什么话，他的心因为怜悯她颤动了一下。

“怎么啦，安娜？”他问道。

“没什么。”她还是那样冷冷地、镇静地回答说。

“没什么，那就更糟了。”他在心里说，于是心又冷下来，转身就走。他在往外走的时候，在镜子里看到她的脸煞白煞白的，嘴唇哆嗦着。他就想站下来，说几句话儿安慰安慰她，可是他还没有想好说什么，两只脚已跨出房门。这一天他整天都不在家，等他很晚才回来，侍女告诉他，安娜·阿尔卡迪耶芙娜头疼，并且说她请他不要到她房里去。

二十六

他们闹别扭还从来不曾闹一整天。今天这是第一次。而且这已经不是闹别扭。这是明显地表示已经完全冷了。当他来房里拿证书的时候，怎么能用那样的目光看她呢？他看了看她，看到她灰心绝望得心都要碎了，怎么能一声不响，带着一脸泰然自若的神气走掉呢？他不仅对她冷了，而且还恨她，因为他爱上了别的女人，——这是显而易见的了。

安娜回想着他说的许多无情的话，还想象着他想说而没有说出口的许多话，越来越感到恼火。

他可能要说：“我不留您。您想去哪儿，就去哪儿好啦。您不想同丈夫离婚，大概是为了好回去。您回去好啦。如果您需要钱,我可以给您。您要多少卢布?”

在她的想象中,凡是粗汉能说的最无情的话,他都对她说了,她不能原谅他,就好像他真的说了这些话。

“他是个说真话的诚实人,昨天他不是还发誓说爱我吗?以前我不是多少次灰心绝望,结果都是多虑吗?”随后她又想道。

安娜这一整天,除了去看威尔逊花了两小时,都是在犹疑彷徨中度过:是一切都完了,还是有希望言归于好;是应该立刻就走,还是再见他一面。她等了他一整天,到了晚上,她在回自己房间的时候,吩咐过侍女对他说她头疼之后,她就在心里琢磨起来:“如果他不管侍女的话仍然到我这儿来,那就是他还爱我。如果他不来,那就是什么都完了,那我就得决定我该怎么办!……”

晚上,她听见他的马车停下的声音、他打铃的声音、他的脚步声以及他和侍女说话的声音:他听信了侍女的话,不想再问什么,就朝自己房里走去。可见,什么都完了。

于是她清楚而真切地想到死。死是重新唤起他对她的爱情、惩罚他和使她心中的恶魔在同他搏斗中取得胜利的唯一手段。

现在去不去乡下,丈夫是不是同意离婚,都无所谓了,无关紧要了。要紧的就是一点,那就是惩罚他。

当她倒出正常剂量的鸦片,并且想到把一整瓶喝下去就可以死时,她觉得这太容易、太简单了,以至于她有滋有味地想象起他将多么痛苦、多么后悔、多么思念她的爱情,然而后悔已迟的情景。她睁着眼睛躺在床上,在一支残烛的微光中望着天花板的雕花檐板和屏风投上去的一片阴影,真切地想象着,等她已经不在人间,等她给他空留回忆的时候,他会有什么样的感触。他会说:

“我怎么能对她说那些无情的话呢？……我怎么能什么也不说，就离开她的房间呢？可是如今她已经不在了。她永远离开了我们。她不在人间了……”突然屏风的阴影晃动起来，把所有的檐板、把整个天花板全遮住，另外有一些阴影从另一边朝她涌来；有一刹那所有的阴影都散了开去，可是后来又飞快地涌了上来，晃晃悠悠，融成一片，于是一片黑暗。“死！”她想道。她害怕得不得了，老半天都不明白她是在什么地方；原来那支蜡烛点完了，灭了，她想再点一支，可是两只手哆哆嗦嗦，老半天都摸不到火柴。“不，怎么都行，只要活着！我爱他嘛。他也爱我嘛！这是过去的事，什么都会过去的，”她心里想着，觉得庆幸复活的欢喜的泪水顺着两腮哗哗往下流。而且，为了摆脱恐怖，她急忙朝他的书房里走去。

他在书房里睡得很熟。她走到他跟前，举起蜡烛照着他的脸，对着他望了很久。现在，在他睡着的时候，她爱他爱得不得了，一看到他就忍不住流下深情的热泪；但是她知道，他一醒来，就会用冷冷的、自以为是的目光望着她，而她要向他倾诉爱情，就必须先向他证明是他对不起她。她没有唤醒他，就回到自己房里，又服了一次鸦片，到天快亮时才睡着，睡得又难受又不安稳，一直没有睡熟。

早晨，她又做起她和伏伦斯基结合前做过好几次的那种噩梦，并且被吓醒了。一个胡子乱蓬蓬的小老头儿，弯腰摆弄着一样铁器，嘴里说着莫名其妙的法国话，不知在干什么。她在这次梦中也像往常一样（这也正是其可怕之处），觉得这个小老头儿并没有注意她，但他用铁器干的什么可怕事儿就是对着她的。于是她吓出一身冷汗,惊醒过来。

在她起床的时候,想起昨天的事,就像在雾中一样。

“吵过一场。这样的事已经有过好几次了。我说我头疼,他就没有进来。明天我们就走,我得去看看他,准备动身的事,”她在心中说。听说他在书房里,她就去找他。她在穿过客厅的时候,听见门口有马车停下来,于是她朝窗外看了看,看到一辆轿车,有一个戴紫帽的年轻姑娘探出头来对打门铃的仆人吩咐着什么。有一个人在前厅里说了几句话之后,就往楼上走,接着就听到客厅旁边响起伏伦斯基的脚步声。他快步下了楼。安娜又走到窗前,就看到他没有戴帽子走到台阶上,又走到马车跟前。戴紫帽的年轻姑娘交给他一个纸包。伏伦斯基笑嘻嘻地对她说了一句什么话。马车走了,他又快步跑上楼来。

她心里的迷雾一下子就消散了。昨天的心情又恢复,一颗伤痛的心痛上加痛。现在她真无法理解,她怎么能含辱忍痛同他一起在他的房子里再待上一整天。她走进他的书房,向他表明自己的决心。

“这是索罗金娜母女打这儿路过,妈妈托她们带来了钱和证件。我昨天没有拿到。你的头怎么样,好些吗?”他平静地说,不愿去看也不愿去研究她脸上那阴沉的、气昂昂的神情。

她站在书房中央,一声不响地凝神望着他。他看了她一眼,皱了一下眉头,就又继续看信。她转过身,慢慢地从房里往外走。他还是可以把她唤回来的,但她快走到门口了,他还没有作声,只能听到他翻信纸的沙沙声。

“哦,对了,”她已经走到门口了,他才说,“明天咱们一定走吗？不是吗？”

“您走，我不走。”她转身对他说。

“安娜，这样没法过……”

“您走，我不走。”她又重复一遍。

“这真叫人受不了！”

“您……您会后悔的。”她说过，就走了出去。

他看到她说这话时那种绝望的神气，吓慌了，连忙跳起来，想去追她，可是想了想，又坐下来，咬紧牙关，皱起眉头。他认为这是一种很不像话的威胁，心里十分恼火。“我什么办法都试过了，”他心想，“只剩下一个办法了，那就是置之不理。”于是他就准备进城，再到母亲那里去，让她在委托书上签字。

她听到他在书房里和餐厅里的脚步声。他在客厅里站下来，但他没有拐到她房里来，只是关照说，他不在家可以让沃伊托夫把马带走。随后她听到马车过来了，门开了，他又走了出去。可是他又回到门厅里，有人跑上楼来。这是仆人跑来替他拿忘记的手套。她走到窗口，看到他看也不看就接过手套，用手捅了捅车夫的背，对他说了句什么话。然后，对窗口连看也不看，就上了马车，一条腿架到另一条腿上，摆出像以往一样的姿势，戴起手套，马车一拐弯就不见了。

二十七

“他走了！完了！”安娜站在窗前想道。作为对这个问题的回答，蜡烛熄灭时的黑暗和可怕的噩梦的印象又涌上心头，使她不寒而栗。

“不,这不行!”她叫起来,于是她从房间里穿过去,使劲打了打铃。现在她非常害怕一个人待着,所以不等仆人来到,就走出去迎他。

“去问问,伯爵上哪儿去了。”她说。

仆人回答说,伯爵到马厩去了。

“伯爵让我转告您,要是您想出门,马车这就转回来。”

“好吧。等一下。我这就写一张条子。叫米海尔把条子送到马厩去。要快一点儿。”

她坐下来写道:

我错了。回家吧,要好好谈谈。看在上帝分上,回来吧,我害怕呀。

她把信封好,就交给仆人。

现在她很怕一个人待着,等仆人一走,她也走出来,朝孩子的房间走去。

“怎么回事儿,这不对头,这不是他!他那双蓝眼睛,那可爱的、羞怯的笑容哪儿去了呀?”她神志错乱,原以为在孩子的房间里会看到谢辽沙的,却看到一头乌黑鬈发的、胖乎乎的、脸蛋儿红红的小女孩儿之后,这是她的第一个念头。女孩儿坐在桌旁,拿一个瓶塞子一个劲儿地在桌子上乱敲,用一双醋栗子般的黑眼睛愣愣地望着母亲。安娜回答过英国保姆,说她身体很好,明天就要到乡下去之后,就挨着小女孩儿坐下来,转悠起瓶塞子逗她玩儿。但是孩子那银铃般的笑声和那眉毛的动作使她十分真切地想起伏伦斯基,她好不容易憋住哭,急忙站起来,走了出去。“真的一切都完了吗？不,这不可能,”她想道,“他会回来的。可是他怎样解释他和她说过话之后那笑容和兴奋劲儿呢？不过他就是不解释,我也相信他。我要是不相信他,那就只剩下一条路了,——我可是不愿意呀。”

她看了看表,过了十二分钟了。“这会儿他已经接到条子,并且往回走了。不要多久,再过十分钟就到了……可是,万一他不回来,怎么办呢？不,这不可能。可不能让他看到我这眼泪汪汪的模样。我去洗洗脸。哦,哦,我的头发梳过了,还是没有梳过?”她问自己。她不记得了。她用手摸了摸头。“是的,梳过了,可是什么时候梳的,简直不记得了。”她甚至不相信自己的手,于是走到大镜子前面,看看是不是真的梳过了。她的头发是梳过了,却想不起这是什么时候梳的。“这是谁呀?”她望着镜子里那张通红的脸和惊恐地望着她的那一双亮得奇怪的眼睛,心里想道。“这就是我嘛。”她忽然明白了。她上上下下打量着自己,忽然觉得他好像在吻她,浑身打了个哆嗦,耸了耸肩膀。随后她把手举到嘴边吻了吻。

“这是怎么啦,我要疯了。”她在心里说过这话,就朝卧室走去,安奴什卡正在里面收拾着。

“安奴什卡。”她唤了一声,就在侍女面前站下来,望着她,不知道对她说什么才好。

“您是想到达丽雅·亚力山大罗芙娜家去的。”侍女好像懂得她的心思似的说。

“到陶丽家去吗？是的，我就去。”

“去要十五分钟，回来也十五分钟。他已经往回走，这就要到了。”她掏出表，看了看，想道，“可是在这种情形下他怎么能把我扔下，一个人走掉呢？他不同我和好怎么能过呢？”她走到窗口，朝大街上张望起来。算时间他应该回来了。但也许算得不准确。于是她重新回想他是什么时候走的，重新计算起时间。

她正要走到挂钟前面去对自己的表，就听见有马车来了。她朝窗外一望，看到是他的马车。但没有人上楼来，只听到楼下有说话的声音。这是派去的人坐马车回来了。她就下楼去看看。

“没有见到伯爵。伯爵到下城火车站去了。”

“你怎么啦？什么？……”当脸色红红的、快快活活的米海尔把她的字条交给她的时候，她问道。

“哦，他没有接到字条。”她才想起来。

“你还是把这个条子送到乡下伏伦斯基老伯爵夫人那儿去，知道吗？立刻把回信带来。”她对送信的人说。

“那么我，我干什么呢？”她想道，“对了，我就到陶丽家去，这很对，要不然我会发疯的。对了，我还可以打个电报。”于是她拟好电文：

我有话要谈，望即来。

她叫人送出电报，就去换衣服。她已经穿好衣服，戴起帽子之后，又看了看安详的、有些发胖的安奴什卡的眼睛。她那双和善的、小小的灰眼睛里流露着很明显的同情神气。

“安奴什卡，好妹妹，我该怎么办呀？”安娜哭着说，颓丧无力地倒在安乐椅上。

“安娜·阿尔卡迪耶芙娜，用不着这样难过。这种事儿常有嘛。您出去走走，散散心吧。”侍女说。

“是的，我这就出去，”安娜定下神来，站起来说，“要是我不在家有电报来，就送到达丽雅·亚力山大罗芙娜家去……不，还是我自己回来吧。”

“是的，不应该胡思乱想，要干点儿什么事，出去走走，最要紧的是离开这房子。”她一面惶恐地听着自己心脏的怦怦跳动，一面想道。于是她急忙走出门去，上了马车。

“夫人，上哪儿去？”彼得一面问，一面跳上驭座。

“兹纳敏卡街，奥布朗斯基家。”

二十八

天气是晴朗的。下了一上午蒙蒙细雨，现在才放晴了。铁皮屋顶、人行道石板、马路上的石子、马车的车轮、白铁、皮件和铜件，一切都在五月的阳光下闪闪发亮。正是下午三点钟，街上最热闹的时候。

安娜坐在舒适的马车的角落里，两匹灰马拉着马车快步跑着，柔软的弹簧轻轻颤动着，她听着车辆不停的轧轧声，望着窗外不断变换的景物，重新回顾这几天的事情，就看出自己的处境与自己在家里所感觉的完全不同。现在死的念头不再使她觉得那么可怕，那么明显了，而且死也不再是不可避免的了。现在她责备自己不该落到那种低三下四的地步。“我竟恳求他原谅我。我竟向他低头，承认自己错了。何必呢？难道没有他我就不能活吗？”她也没有回答她没有他怎样活的问题，就看起商店的招牌。“公司和仓库。牙科诊所。是的，我要把什么都对陶丽说说。她不喜欢伏伦斯基。我会很不好意思，很痛苦，但我要把什么都对她说说。她喜欢我，我应该听她的劝告。我不能向他低头；我不能让他教训我。菲里波夫面包铺。据说，他们还把面团运到彼得堡去呢。莫斯科的水真好呀。还有梅济欣的泉水和薄饼。”于是她想起来，很久很久以前，在她十七岁那年，她和姑妈去过三圣修道院。“那还是骑马去的呢。难道那个两手红红的姑娘就是我吗？那时有多少东西，在我看来是那样美好和难以得到的，如今变得一钱不值了，而那时我有过的，如今却永远得不到了。那时我能相信自己有一天会落到如此低下的地步吗？等他收到我的字条，会多么骄傲，多么得意呀！但我会给他一点颜色看看的……这油漆气味好难闻呀。他们怎么一个劲儿地漆呀，盖房子呀？时装与女帽店，”她念道，有个男子向她鞠了个躬，这是安奴什卡的丈夫，“我们的食客，”她想起伏伦斯基是这样说的，“我们的？为什么是我们的？可怕的是，不能把过去的事连根拔掉。不能拔掉，但可以把有关他的记忆掩盖起来。那我就掩盖起来。”于是她想起她和卡列宁过去的事，想起她是怎样把他从记忆中抹掉的，“陶丽会以为我是要抛弃第二个丈夫，因此肯定是我不对。当真我是想表明自己是对的呀！可是做不到呀！”她想着想着，简直要哭了。可是她立刻又在想，那两个姑娘因为什么事那样笑呀，“大概是想到爱情了吧？她们不知道这事儿有多么不开心，多么没意思……林荫道和孩子们。三个男孩儿在跑，在玩赛马游戏哩。谢辽沙！我什么都失去了，也不能要他回来了。是的，他要是不能回来，我什么都失去了。也许他没有赶上火车，这会儿已经回家了。你又要低三下四了！”她在心里责骂自己说，“不，我要到陶丽家去，坦率地对她说：我很不幸，我自作自受，怪我自己，但我总是很不幸呀，帮助帮助我吧。这马，这马车，都是他的，我坐在这车里多么厌恶呀；不过我再也看不到这车和马了。”

安娜一面思索着她要对陶丽倾诉衷肠的话，并且有意地刺激着自己的心，走上楼去。

“有什么客人吗？”她在前厅里问道。

“卡捷林娜·亚力山大罗芙娜·列文来了。”仆人回答说。

“是吉娣！就是伏伦斯基爱过的那个吉娣，”安娜想道，“就是他念念不忘的那一个。他后悔他没有娶她呢。可他对我总是怀恨在心，后悔同我结合。”

就在安娜到来的时候，姐妹俩正在商量喂养婴儿的事。陶丽一个人出来迎接这位不速之客。

“哦，你还没有走吗？我正要去看你呢，”陶丽说，“我今天收到司基瓦的信。”

“我们也收到他的电报了。”安娜一面回答，一面张望，想看到吉娣。

“他来信说，他不明白卡列宁究竟想怎样，但他不得到答复是不会走的。”

“我想，你有什么客人呢。可以让我看看信吧？”

“是的，是吉娣，”陶丽为难地说，“她在孩子们的房里呢。她生了一场大病。”

“我听说了。可以看看信吗？”

“我这就去拿来。不过他没有说不答应；司基瓦倒是觉得很有希望呢。”陶丽在门口站下来说。

“我不抱希望，而且我也不想。”安娜说。

“这是怎么回事儿，是不是吉娣认为和我见面有辱身份？”安娜剩了一个人时，心里寻思起来。“也许她是对的。但不应该是她，这个也爱过伏伦斯基的女人，不该是她向我表示这一点，虽然这是事实。我知道，没有一个正派女人愿意接待我这样一个女人。我知道，自从我为他牺牲了一切那最初一刻起，就是这样了！这就是报应！我真恨死他了！我来这儿干什么呀？只有更痛苦，更难受。”她听见姐妹俩在隔壁商量的声音。“我现在对陶丽说什么呢？让吉娣知道我的不幸，求她庇护，让她开心吗？不，就连陶丽也不会理解的。我对她也没有什么好说的。只要看到吉娣，让她看看我是怎样把一切人和一切事都不放在眼里，什么都不在乎，那就行了。”

陶丽拿着信走进来。安娜看完了，一声不响就交给她。

“这些我全知道了，”她说，“我对这事儿一点也不感兴趣。”

“那为什么呀？我倒是抱着希望呢。”陶丽带着不解的神情望着安娜说。她从来没见过安娜这种奇怪的烦躁样子。“你什么时候走？”她问道。

安娜眯缝起眼睛朝前面望着，没有回答。

“吉娣怎么躲着我呀？”安娜望着门口并且红着脸说。

“哎呀，你瞎说什么！她在喂奶，她老是喂不好，我在教她……她听说你来了才高兴呢。她这就来，”陶丽因为不会说谎，说得很不流畅，“这不是，她来了。”

吉娣听说安娜来了，本不想出来；可是陶丽说服了她。吉娣鼓了鼓勇气走出来，红着脸走到安娜面前，伸出手来。

“我很高兴见到您，”她用打哆嗦的声音说。

吉娣对这个坏女人怀有敌意，又想对她宽容，心中七上八下，不知如何是好；可是一看见安娜那美丽的、招人喜欢的脸，所有的敌意顿时烟消云散。

“您如果不愿意和我见面，我也不会觉得奇怪的。什么事我都见惯了。您害过病吗？是的，您的模样变了，”安娜说。

吉娣觉得安娜用带有敌意的目光望着她。她认为这是因为以前处处胜过她的安娜现在落到这般地步，因而感到难堪。于是吉娣为她难过起来。

她们谈生病，谈孩子，谈司基瓦，但安娜显然对什么都不感兴趣。

“我是来向你辞行的。”安娜说着，站了起来。

“你们什么时候走呀？”

可是安娜又没有回答，却转身和吉娣说话。

“是啊，我看到您非常高兴，”安娜笑着说，“我从很多方面听说您的情形，甚至也听您丈夫说过。他到我那儿去过，我很喜欢他呢，”她说这话显然不怀好意，“他在哪儿呀？”

“他到乡下去了。”吉娣红着脸说。

“请代我向他问候，一定要代我问候。”

“一定！”吉娣满怀同情地看着她的眼睛，很天真地答应了一声。

“那就再见吧，陶丽！”安娜说过，吻了吻陶丽，握了握吉娣的手就匆匆走了出去。

“还是那个样子，还是那样迷人。真是太美了！”等到只剩下姐妹俩，吉娣说，“不过她有一种可怜的神气！可怜得不得了！”

“不，今天她是有一种很特别的神气，”陶丽说，“我送她到前厅里的时候，觉得她好像要哭呢。”

二十九

安娜上了马车，心情比出门的时候更坏。除了原来的痛苦心情，现在又增加了被侮辱和被唾弃的心情，这是她见到吉娣时明显感觉到的。

“往哪儿去，夫人？回家吗？”彼得问。

“是的，回家。”她说，现在她想也没想她要到哪儿去。

“他们怎么像看什么稀奇古怪的、可怕的东西一样看我呀。他这么起劲儿对另一个人说的是什么呀？”她望着两个行路人，心里想道。“难道一个人能把自己感觉的说给别人听吗？我本想对陶丽说说的，幸亏没有说。可不能让她幸灾乐祸！她会掩饰她的心情的；但她主要的心情就是高兴，高兴的是，我因为当初她羡慕过的我那种欢乐受到了报应。吉娣更要高兴。我可是把她看透了！她知道，她丈夫觉得我异乎寻常地可爱。所以她嫉妒我，恨我。还瞧不起我。在她的眼里，我是一个道德败坏的女人。如果我真是一个道德败坏的女人的话，如果我有心的话，我会让她丈夫迷上我的……是的，我也有过这样的心思……瞧这个人多么得意，”安娜看到迎面来的车上有一位胖胖的、脸色红红的先生，想道。那位先生把她当成熟人，掀了掀亮光光的礼帽，露出亮光光的秃头，后来才发现认错了人。“他以为他认识我呢。可是他不认识我，天下没有谁认识我。我自己也不认识自己。正像法国人说的，我只知道自己的胃口。瞧，他们就想吃那种肮脏的冰激凌。这他们肯定是知道的。”她看着两个男孩子，想道。那两个男孩子拦住卖冰激凌的小贩，小贩放下木桶，用毛巾的角儿擦着汗淋淋的脸。“我们都喜欢吃甜的、香的。没有糖果，就吃肮脏的冰激凌。吉娣也是这样：得不到伏伦斯基，就要列文。所以她嫉妒我。恨我。我们也互相仇恨。我恨吉娣，吉娣恨我。就是这样。……邱济金，理发师，我总是在他那儿理发的……等他来了，我把这话告诉他。”她想道，并且笑了笑。但就在这时候她想起来，现在她没有谁可以说说好笑的事儿了。“而且也没有什么好笑的，没有什么快活的事儿。都是可恶的。晚祷钟声响了，那个买卖人画十字多么认真呀！就好像有什么东西生怕掉下来。这些教堂，这钟声和这种装模作样，有什么意思呀？只是为了掩饰我们相互仇恨，就像这些破口对骂的车夫一样。雅什文说：他想要我输个精光，我对他也是一样。就是这样呀！”

她这样胡思乱想，想得出了神，以至不再去想自己的处境，不知不觉来到自己的家门口。一看到走出来迎接她的门房，她才想起她发过一封信和电报。

“有回信吗？”她问。

“我这就看看。”门房回答过，朝桌子上看了看，拿过一封薄薄的方形电报交给她。她看了看电文：“十时以前我不能来。伏伦斯基。”

“送信的人没有回来吗？”

“还没有。”门房回答说。

“哼，要是这样的话，那我知道该怎么办。”她在心里说，就觉得有一股无名怒火和复仇的欲望在心中涌上来，于是她跑上楼去。“我亲自去找他。我要在离开人世以前，把话对他说清楚。我从来没有像恨他这样恨过什么人！”她在心里说。一看到挂在帽架上的他的帽子，她厌恶得打哆嗦。她没想到这封电报是回答她的电报的，他还没有收到她的信。她想象着他现在正心安理得地同母亲和索罗金娜小姐说着话儿，正因为她的痛苦感到高兴呢。“是的，必须快点儿走。”她在心里说，虽然还不知道该到哪里去。她就想摆脱她在这座可怕的房子里产生的心情。仆人、墙壁和这房子里的一件件东西，都勾起她心中的厌恶和愤恨，好像一座大山压在她身上。

“对了，应该到火车站去，如果他不在车站，就乘车到那里去，去揭穿他的把戏。”安娜看了看报上的火车时刻表。晚上八点零二分有一班火车开出。“是的，我赶得上。”她吩咐换上两匹马，自己就动手把几天里必须用的东西往手提包里装。她知道，她再也不会回到这里来了。在她想到的种种打算中，她模模糊糊地选定了一种，就是在火车站或伯爵夫人庄园里闹过一场之后，她就登上下城铁路的火车，火车一停在哪里，她就在哪里下车。

午饭已经摆好了。她走过去，闻了闻面包和奶酪，就认定所有吃的东西的气味都是令人恶心的，于是吩咐把车赶过来，她便走出门来。房子的阴影已经跨过街道，傍晚是晴朗的，在阳光下还暖洋洋的。不论提着行李送她的安奴什卡，不论往车上装行李的彼得，还是显然很不高兴的车夫，她觉得都很讨厌，他们的言语和举动都使她很恼火。

"我用不着你了，彼得。"

"那么车票怎么办？"

"好啦，随你怎样吧，我反正都一样。"她不耐烦地说。

彼得跳到驭座上，双手叉腰，吩咐车夫上火车站。

三十

"哦，又是她！我又全明白了。"马车一走动，摇摇晃晃地在石子马路上发出辘辘的声音，一个接一个的感触就涌上心头，她在心里说。

"哦，我刚才那样顶真地想着的是什么呀？"她竭力回想着。"是理发师邱济金吧？不，不是。对了，想的是雅什文说的话：人与人之间的唯一关系，是生存竞争和仇恨。哼，你们跑出去没什么意思，"她在心里对一伙坐马车到城外游玩的人说，"你们带着狗出去，也没有用。你们摆脱不了烦恼。"她随着彼得转身的方向望去，就看到一个喝得半死不活的工人，摇晃着脑袋，正被一个警察带着往什么地方去。"这人倒是不错，"她想道，"我和伏伦斯基伯爵就都没有找到这种乐趣，虽然很希望有这种事儿。"于是安娜第一次用她那明察一切的明亮眼光去观察她和他的关系，这在以前她是不肯去想的。“他在我身上追求的是什么呢？与其说是爱情，不如说是虚荣心的满足。”她想起他们结合的初期他说的那些话和他那种像驯顺的猎狗似的表情。现在一切都证实了她的看法。“是的，他是因为虚荣心得到满足感到得意。当然，也有爱情，但多半是胜利的自豪感。他因为我感到很荣耀。现在这都过去了。没有什么荣耀的了。不是荣耀，倒是耻辱了。他能从我身上得到的，都得到了，现在他用不着我了。他把我当累赘，却又尽量装作不是忘恩负义的。昨天他说走了嘴，说是为了不走回头路，就要离婚和结婚。他爱我，可是怎么爱法呢？味道儿没有了[①]……这人想出风头哩，多么神气呀，”她望着一个脸色红红的、骑着一匹好马的店员，想道，“是的，他觉得我已经没有那种味道了。如果我离开他走掉，他会打心眼儿里高兴的。”

这不是猜测，这是她那明澈的眼光看透人生意义和人与人关系之后，清清楚楚看到的。

“我的爱情越来越热，越来越希望爱情专有，他却越来越冷，所以我们相离越来越远，”她继续想道，“而且这是没办法的事。我把一切都寄托在他身上，也越来越要求他把全部心思放在我身上。他却越来越想离开我。我们在结合之前正是往一块儿走的，后来就一个劲儿地各自朝不同的方向走了。而且这是无法改变的。他说我无缘无故嫉妒，我也说我无缘无故嫉妒，但这不是事实。我不是嫉妒，是我不满足。不过……”她脑子里突然出现了一个想法，使她激动得张大了嘴，并且在马车里挪动了一下位子。“假如我做别的什么，而不是死心眼儿做他一个人的情妇，那

①原文为英语。

就好了；可是我不能也不愿意做别的什么呀。我就因为有这种愿望引起他的反感，他也因此引起我的愤恨，而且这不能不是这样。难道我不知道他不会欺骗我，他对索罗金娜小姐无意，他不爱吉娣，不会对我变心吗？这一切我全知道，但我并不因为这样就轻松些。如果他不爱我，而是出于责任感对我好，对我温存，却没有我所渴望的爱情，那这比仇恨还要坏一千倍！这是地狱！然而就是这么回事儿。他早就不爱我了。爱情一结束，仇恨就开始了……这些街道我完全不认识了。一座座山，全是房子，房子……房子里全是人，人……有多少人呀，简直没有数，都是互相仇恨的。哦，让我想想，为了能幸福，我希望什么来着？就是我能离婚，卡列宁把谢辽沙让给我，我和伏伦斯基结婚。”她一想起有关卡列宁的事，立刻分外真切地想象出他这个人，就好像真的人出现在面前，那温顺、无生气、无神的眼睛，那白手上的青筋，那说话的腔调和扳指头的声音，又想起他们之间那种也称为爱情的感情，不禁厌恶得打了一个寒战。“就算我能离婚，成为伏伦斯基的妻子吧。那又怎么样，吉娣就不再像今天这样看我吗？不会的。谢辽沙就不再问我或者想到我嫁过两个丈夫吗？在我和伏伦斯基之间又会有什么样的新的感情呢？不要说什么幸福，就是免于痛苦，有可能吗？不可能，不可能！”她现在毫不犹豫地自己回答了。“不可能！我们是在生活中越走相离越远的，我使他不幸，他也使我不幸，他无法改变，我也无法改变。什么办法都试过了，螺丝坏了，拧不紧了……哦，一个带着孩子要饭的女人。她以为别人会可怜她呢。难道我们被抛到世上来，不就是为了相互仇恨，所以才折腾自己和折腾别人吗？那是几个中学生来了，在笑呢？那么谢辽沙呢？"她想起来。"我也是以为我爱他，并且还常常因为自己的母爱深深感动呢。可是我没有他还不是照样过日子，我拿他去换取另一种爱，而且在满足于另一种爱的时候，并没有后悔这种交换。"于是她带着厌恶的心情想起那另一种所谓的爱。她现在看清楚了自己的生活和一切人的生活，感到非常高兴。"我是这样，彼得、车夫菲道尔、那个买卖人也是这样，住在伏尔加河上，就是这些广告请人去的地方，那里所有的人也是这样，到处都是这样，什么时候都是这样。"她想着想着，她的马车来到下城车站矮矮的站房前，有几个搬运夫迎着她跑来。

"夫人，买奥比拉洛夫卡的票吗？"彼得问。

她完全忘记了她要上哪里去和为什么要去，费了很大的劲儿才明白他问的是什么。

"是的。"她说着，把钱包交给他，拿起一个红色小提包，就下了马车。

在她穿过人群往头等候车室走的时候，渐渐想起自己的种种状况和她还在犹豫彷徨、没有完全定下来的打算。她又是时而感到有希望，时而感到绝望，使一颗受尽摧残、恐惧地怦怦跳动着的心痛上加痛。她坐在星形沙发上等待火车，带着厌恶的心情望着进进出出的人们（她觉得他们都很讨厌），一会儿想着她怎样到达那个车站，怎样给他写封信和在信里写什么，一会儿想着他现在怎样对母亲诉说自己的苦恼（因为他不知道她有多么痛苦），想着她怎样走进去，对他说些什么。一会儿她想到，生活还是能够幸福的，她是多么爱他，又多么恨他，她的心又跳得多么厉害呀。

三十一

铃声响了，有几个又丑又放肆、急急忙忙同时又摆着派头的年轻男子走过去；穿着制服和半筒皮靴的彼得也带着一脸呆呆的蠢相来到候车室里，走到她跟前，送她上车。在她从站台上走过的时候，旁边那一伙闹哄哄的男子不作声了，有一个男子对另一个男子小声说了两句什么，说的是她，显然是下流话儿。她登上火车高高的踏级，一个人坐到车厢里套了肮脏的白布套的软座上。手提包在弹簧座上颤动了几下，就不动了。彼得带着一脸傻笑在窗外掀了掀镶金绦的制帽向她告别，一个粗鲁的列车员砰的一声关上车门，上了闩。一个带腰垫的很丑的太太（安娜想到这个女人不穿裙子的丑陋模样，吓了一跳）和一个小女孩都很不自然地笑着，跑下车去。

"在卡捷林娜·安得列耶芙娜那儿，全在她那儿，姨妈。"那个小女孩叫道。

"就连这样的女孩子也怪模怪样，装腔作势了。"安娜想道。她为了不看到什么人，急忙站起来，坐到这个空空的车厢里对面的窗口。一个又脏又丑的汉子，戴着平顶制帽，帽子底下露着乱蓬蓬的头发，从窗外走过去，弯着身子检查火车轮子。"这个丑汉子有点儿面熟呀。"安娜想道，于是她想起她做的噩梦，吓得浑身发抖，连忙躲到对面的门口。列车员推开门，让一对夫妇进来。

"您要出去吗，夫人？"

安娜没有回答。列车员和进来的人都没有发觉她的面纱下惶恐的脸色。她回到她原来的角落里,坐下来。那对夫妇坐到对面,很仔细地,但是偷偷地打量着她的衣着。安娜对这一对夫妇很反感。那个男的问她,是不是可以吸烟,显然不是为了吸烟,而是要同她攀谈。他得到她的同意之后,就和妻子说起法语,说的是比吸烟更没有必要的话。他们装腔作势地胡乱说着,只是为了让她听到。安娜清楚地看出来,他们彼此有多么讨厌,彼此又有多么仇恨。而且像这样可怜的丑八怪不能不令人痛恨。

第二遍铃响了。紧接着是行李搬动声、喧闹声、叫声和笑声。安娜十分清楚,谁也没有什么可高兴的事,所以这笑声使她恼火得不得了。她真想捂住耳朵,免得听到这笑声。终于,第三遍铃响了,接着是汽笛声,机车叫声,列车动了,那个做丈夫的画了一个十字。"真想问问他这是什么意思。"安娜恶狠狠地看了他一眼,在心里说。她从那个太太旁边望着窗外,看到站在站台上送行的人仿佛在往后滑。安娜坐的这节车厢很有节奏地在铁轨接合处震动着,擦过站台、石墙、信号塔,擦过另外一些车厢;车轮在铁轨上发出的声音越来越平稳和流畅,只有轻微的叮当声了,车窗上映照着灿烂的夕阳,微风吹拂着窗帘。安娜忘记了同车厢的旅伴,在列车轻轻颤动声中吸着新鲜空气,又想起心事。

"哦,我刚才想到哪儿了?我想的是,我想象不出有什么状况,在那种状况下生活是不痛苦的,我们生来都是为了要受苦受难,我们都知道这一层,都在想方设法欺骗自己。可是,一旦看清真相,又该怎么办呢?"

"人所以有理智,就是为了摆脱苦恼。"那个太太用法语说。她显然很满意自己这句话,有意卖弄舌头。

这话仿佛回答了安娜的思绪。

"摆脱苦恼。"安娜在心里重复了一句。她看了看那个面孔红红的丈夫和瘦瘦的妻子，就明白了，这个病恹恹的妻子认为自己是一个无人理解的女人，丈夫欺骗了她，使她产生了这种想法。安娜把目光转移到他们身上，似乎看清了他们的来历和他们心灵的拐拐角角。但是这一点意思也没有，于是她又继续想自己的心事。

"是的，我很苦恼，人所以有理智，就是为了摆脱苦恼；可见，就应该摆脱苦恼。既然再没有什么可看的，既然看着这一切都感到厌恶，为什么不把蜡烛熄灭呀？可是怎样熄灭呢？为什么那个列车员从小杆上跑过去，为什么那个车厢里的年轻人在嚷嚷？他们为什么说话，为什么笑呀？一切都是假的，一切都是谎话，一切都是欺骗，一切都是罪恶！……"

等火车进了站，安娜夹在一群旅客中间下了车，就像躲避麻风病人一样，躲开他们，在站台上站下来，竭力回想她为什么来到这里，她是打算干什么的。以前她觉得什么都是可以做到的，现在觉得是很难设想的了。尤其是在这一群闹哄哄的、时刻也不让她安静的乱糟糟的人中间。一会儿搬运夫跑过来要给她拿东西；一会儿是几个年轻人在站台木板上咯噔咯噔走着，大声说笑着，转头打量她；一会儿迎面来的人闪来闪去撞到她身上。她想起来，要是没有回信的话，她本来打算再乘车往前走的，就叫住一个搬运夫，向他打听，这里有没有一个给伏伦斯基伯爵送信的车夫。

"伏伦斯基伯爵吗？刚才有人从他那里来。是来接索罗金娜公爵夫人和小姐的。那个车夫是什么模样？"

就在她和搬运夫说话的时候,身穿漂亮的蓝外套、挂着表链的车夫米海尔来到她面前,交给她一封信。米海尔脸红红的,喜洋洋的,显然因为交给他的事办得很好,非常得意。她把信拆开,还没有看,一颗心就揪紧了。

“很遗憾,信我没有及时收到。我十点钟回去。”伏伦斯基潦草地写道。

“就是了！我料定就是这一套!”她带着冷笑在心里说。

“好,你就回家吧。”她小声对米海尔说。她说话声音很小,因为她的心跳得很快,连气都喘不上来。“哼,我不能让你再折磨我了。”她在心里说。她这不是带着威吓的意味对他说的,也不是对自己说的,而是对着那使她痛苦的人说的。于是她顺着站台往前走,过了站房。

有两个侍女在站台上走着,扭过头来打量她,议论她的服饰:“真是上等货。”她们说的是她身上的花边。那些年轻人不让她安静。他们又盯住她的脸,怪声怪气地笑着,叫着,从旁边走过去。站长从旁边走过,问她是不是乘车。一个卖汽水的男孩子目不转睛地望着她。“天啊,我到哪儿去呀?”她一面想着,在站台上越走越远。她在站台尽头处站下来。有几个女人和孩子来接一个戴眼镜的先生的,本来大声说笑着,等她来到他们跟前,他们都不说笑了,一齐打量起她来。她加快脚步,离开他们,走到站台尽边上。有一辆货车开过来。站台震动起来,她觉得好像又在车上了。

她忽然想起她和伏伦斯基相逢的那一天被火车轧死的那个人,于是她明白了她应该怎么办。她又轻又快地顺着水塔通向铁轨的台阶走下去，在擦身而过的火车旁站下来。她望着车厢的底部，望着螺旋推进器和链条，望着慢慢开过来的第一节车厢的高大铁轮，集中精神用目力测定前后轮之间的中心点和这个中心点来到她面前的时间。

“就往那儿！”她看着车厢的阴影，看着撒在枕木上的沙土和煤灰，自己对自己说，“就往那儿，往正中间一倒，我就能惩罚他，就能摆脱一切人，也摆脱我自己。”

她想倒在已经开到她面前的第一节车厢下面的正中间。可是等她从胳膊上取下红色手提包，耽搁了一下，就已经晚了：车厢正中间过去了。那就等下一节车厢。这时她整个的心情，好像游泳时准备下水的心情，于是她画了一个十字。这种画十字的习惯动作，立刻使她回忆起一系列少女时代和童年时代的往事，笼罩住一切的黑暗顿时烟消云散，在一刹那间，人生带着她过去的全部幸福与欢乐出现在她的眼前。但是她的眼睛没有离开快要来到跟前的第二节车厢的车轮。不早不晚，就在前后车轮正中间来到她面前的一刹那，她扔掉红色手提包，头往肩膀里一缩，两手着地扑到车厢下面，微微动了动，好像准备马上站起来似的，就扑通一下跪了下去。就在同一刹那间，她对她的做法害怕了。“我这是在哪儿？我这是做什么呀？何必呢？”她就想站起来，躲开；可是一个无情的庞然大物撞到她头上，挂住了她的脊背。“上帝呀，饶恕我的一切吧！”她觉得无法挣扎了，就说道。那个矮小的汉子嘴里还嘟哝着什么，摆弄着铁器。那支蜡烛，她曾经借着烛光阅读充满忧虑、欺诈、悲伤和罪恶的人生之书的，闪了一下比任何时候都明亮的光芒，为她照亮了原来在黑暗中的一切，就哔剥一声，昏暗下去，永远熄灭了。

第八部

一

过了两个来月。已经是盛夏时候，柯兹尼雪夫才准备离开莫斯科。

在这期间，柯兹尼雪夫的生活中发生了一些大事。他花了六年心血写的那部标题为《试论欧洲与俄国国家体制的原理与形式》的著作，大约在一年以前已经完稿了。这部书的一些章节和序言已经在刊物上发表过，另外一些章节柯兹尼雪夫也念给同行朋友们听过，所以这部书的内容对于公众已不是什么新鲜事儿；但柯兹尼雪夫还是期望这部书的出版能够在社会上造成重大的影响，即使不是学术上的一场革命，至少也要在学术界引起很大的轰动。

这部书经过仔细润色之后，已经在去年正式出版并向书商发行。

柯兹尼雪夫虽然不向任何人打听这部书的情况,朋友们问起他这部书的发行情况,他都回答得很勉强,装作很淡漠,甚至也不向书商打听这部书的销售情况,但是他却时时刻刻、全神贯注地注视着这部书在社会上和学术界产生的最初印象。

但是过了一星期,两星期,三星期,看不到社会上有任何反应。他的朋友们,那些专家和学者们,有时说起这部书,显然也是出于礼貌。还有一些朋友对学术著作不感兴趣,从来不和他谈这部书。在社会上,尤其是现在正关注别的事情的时候,完全是冷淡的。整整过了一个月,刊物上没有片语只字提到这部书。

柯兹尼雪夫仔细估计过写书评需要的时间,可是一个月又一个月过去,依然毫无反响。

只有在《北方甲虫》的一篇讽刺倒嗓歌手德拉班吉的幽默小品文里,顺便插了几句轻蔑的话,说柯兹尼雪夫的书早已受到大家的指责和普遍的嘲笑。

到了第三个月,终于在一本严肃的杂志上出现了一篇批评文章。柯兹尼雪夫也认识这篇文章的作者。有一次他在高鲁布卓夫家见过此人。

作者是一个年轻多病的小品文作家,文思敏捷,但教养极差,不善交游。

柯兹尼雪夫虽然很瞧不起这位作者,他还是怀着敬重的心情开始阅读这篇文章的。这篇文章是很厉害的。

显然,文章作者对全书的主旨再清楚不过了。然而他却巧妙地摘引一些句子,使没有看过这部书的人(显然,几乎没有人看过这部作品)可以清楚地看到,这部书只是华丽辞藻的堆砌,而且用词并不恰当(已用问号标出),这部书的作者是一个不学无术的人。其手法十分巧妙,连柯兹尼雪夫也不能不承认其巧妙。而这也就是其厉害之处。

柯兹尼雪夫虽然十分认真地分析评论者的意见是否有道理,他却丝毫也不考虑文章所嘲笑的缺点与错误,因为极其明显,这一切都是故意挑剔,但他立刻不由得回想起他同文章作者见面和交谈的情形。

“是不是我有什么地方得罪他了?”柯兹尼雪夫在心中问道。

他一想起那次见面时他曾经纠正这个年轻人说出的无知的话,认为这就是写这篇文章的动机。

在这篇文章之后,不论在刊物上、口头上,对他的著作再没有什么反应了。于是柯兹尼雪夫看出来,他六年的心血付之流水了。

柯兹尼雪夫的状况特别难受,是因为写完这部书以后,以前占据他大部分时间的案头工作,他不再做了。

柯兹尼雪夫聪明,博学多才,身体健康,精力充沛,不知道该把全部精力用到哪里去。在客厅里交谈,在大会小会上发言,在能说话的地方说话,这样占去他一部分时间。但他是一个长期在城里的人,不能像没有经验的弟弟来到莫斯科那样,把全部精力用在谈话上;他还剩下很多空闲时间和脑力。

幸运的是,就在他的著作失败的最难受的时候,原来在社会上只有一点点声息的斯拉夫问题,取代了异教徒、美国朋友、萨马拉大饥荒、展览会和招魂术等问题,开始热闹起来,柯兹尼雪夫原来也是这个问题的倡始人之一，现在他就全力以赴了。

在柯兹尼雪夫所属的圈子里的人，不论说话，写文章，谈的都是斯拉夫人问题和塞尔维亚战争，别的什么也不谈。无所事事的人为消磨时间所做的一切事情，都是为了斯拉夫人。舞会，音乐会，宴会，演讲，妇女服装，啤酒，饭馆——一切都用来证明是同情斯拉夫人的。

有许多这方面的言论和文章，柯兹尼雪夫在细节上是不同意的。他看出来，斯拉夫人的问题已成为最时髦的消遣品，成为花样不断翻新的社会话题之一；他也看出来，有许多人参与其事，是带有自私心和虚荣心的。他承认，报纸上刊载的许多无用的和夸大其词的言论，只是为了哗众取宠和压倒别人。他看出来，在这股社会大浪潮中，冲在最前面和叫得最响的都是一些失意的和受冷落的人：没有军队的司令，没有部的部长，没有刊物的记者，没有党羽的党魁。他看出来，其中有很多轻率和可笑之处；但他也看出和承认，这种不容置疑的日益高涨的热情已经把社会各阶层联合为一体，那是不能不支持的。屠杀同教教友和斯拉夫兄弟的事件，激起大家对受难者的同情和对压迫者的愤恨。塞尔维亚人和黑山人为正义事业所进行的英勇斗争，在全体人民中激发了不是在口头上而是在行动上支援兄弟民族的愿望。

而且还有一种使柯兹尼雪夫高兴的现象，那就是舆论的表现。全社会明明白白表示出自己的愿望。正如柯兹尼雪夫说的，民族精神得到了表现。他越是深入研究这个问题，越是明显地感觉到，这将是一个声势浩大的划时代事件。

他全心全意地投身于这一伟大运动，也就忘记了自己的著作。

现在他忙得不可开交,连答复所有的来信和向他提出的要求都来不及了。

他忙了一个春天和一部分夏天,到七月里他才准备下乡到弟弟那里去。

他要去休息两个星期,到最神圣的老百姓当中,到偏僻的乡村里,充分领略一下民族精神高涨的情景,他和京城里以及所有城市的人都深信是这样的。卡塔瓦索夫早就想实践去列文家小住的诺言,就和他一起去了。

二

柯兹尼雪夫和卡塔瓦索夫刚刚来到今天特别热闹的库尔斯克车站,下了马车,回头看了看押着行李跟在后面的仆人,就有许多志愿兵乘着驷马车来到面前。许多妇女手拿鲜花欢迎他们,并且在涌上来的一大群人簇拥下进入车站。

有一个来欢送志愿兵的太太,从候车室里走出来,和柯兹尼雪夫打招呼。

"您也来送行吗?"她用法语问。

"不,公爵夫人,我自己要走。到我弟弟家去休息休息。您常常来送行吗?"柯兹尼雪夫微微笑着说。

"不能不送呀!"公爵夫人回答说,"我们已经送走八百人,不是吗? 马尔文斯基还不相信我的话呢。"

"八百多了。如果算上那些不是直接从莫斯科出发的,已经超过一千了。”柯兹尼雪夫说。

“可不是，我说嘛！”夫人高兴地接话说，“据说已经募捐将近一百万了，是吗？”

“一百多万了，夫人。”

“今天的消息多么好呀？又把土耳其人打了个落花流水。”

“是的，我看到了。”柯兹尼雪夫回答说。于是他们谈起最新消息，最新消息说的是，连续三天以来，各个据点里的土耳其人都被打得落花流水，纷纷溃逃，明天将有一场决战。

“哦，对了，您听我说，有一个很好的年轻人要求参军。不知道为什么有人刁难。我想请您写个条子。我认识他，是李迪雅伯爵夫人介绍来的。”

柯兹尼雪夫详细询问了公爵夫人所知道的那个要求参军青年的情况，就走进头等车候车室，给有关的人写了一个条子，交给公爵夫人。

“您可知道，伏伦斯基伯爵，鼎鼎大名的……也坐这趟车呢。”当他又找到公爵夫人，把条子交给她时，她带着洋洋得意和意味深长的笑容说。

“我听说他要走，但不知什么时候。他就坐这一趟车吗？”

“我看见他了。他在这儿，只有母亲来送他。这倒是他能做到的最好的办法。”

“哦，可不是。”

就在他们说话的时候，一大群人从他们身边朝餐室拥去。他们也走过去，就看到一位先生手举酒杯，用洪亮的声音在对志愿兵讲话。“为信仰，为人类，为我们的兄弟效力。”这位先生用越来越大的声音说。“莫斯科的父老兄弟姐妹祝福你们取得伟大胜利！万岁！”他声泪俱下地喊道。

所有的人都喊起万岁！又有一群人拥进来，险些把公爵夫人挤倒。

“哎呀！公爵夫人，怎么样！”突然出现在人群中的奥布朗斯基喜气洋洋地笑着说。“说得好极了，热情极了，不是吗？真漂亮！还有谢尔盖·伊凡诺维奇哩！您最好也说说，说几句，鼓励鼓励。您本来就很会说话嘛。”他轻轻推着柯兹尼雪夫的胳膊，带着亲热、尊敬和小心翼翼的微笑说。

“不，我这就要走了。”

“上哪儿去？”

“到乡下我弟弟家去。”柯兹尼雪夫回答说。

“那您会见到我妻子的。我给她写了信，但不等信到您就见到她了。请您对她说，您见到我了，说我一切都好[1]。她会明白的。还有，请您劳驾告诉她，我已经当上理事了，就是南方铁路……哦，反正她会明白的。您知道，这是人生的小小烦恼，”他像是道歉似的对公爵夫人说，“米雅赫基夫人，不是丽莎，是比比施，竟然送去一千支枪和十二名护士呢。我跟您说过吗？”

“是的，我听说了。”柯兹尼雪夫很勉强地回答说。

“真可惜，您要走了。”奥布朗斯基说，“明天我们设宴欢送两个参战的人：就是彼得堡的季米尔·巴尔特尼扬斯基和我们的维斯洛夫斯基，也就是格里沙。两个人都要出发了。维斯洛夫斯基结婚才不久。真是好样的！不是吗，夫人？”他对公爵夫人说。

---

①原文为英语。

公爵夫人没有回答,却望了望柯兹尼雪夫。柯兹尼雪夫和公爵夫人似乎想摆脱奥布朗斯基,但他并不感到难为情。他笑嘻嘻的,一会儿望望公爵夫人帽子上的羽毛,一会儿左顾右盼,仿佛在回想什么事。他看到一位太太捧着募捐箱走过,就把她叫过来,塞进一张五卢布钞票。

“只要我有钱,看到这募捐箱就不能无动于衷,”他说,“今天有什么消息?黑山人可真是好样儿的!”

“真的吗?”当公爵夫人告诉他,伏伦斯基也搭这班火车的时候,他叫起来。奥布朗斯基的脸刹那间露出悲伤的神情,但过了一小会儿,当他捋着络腮胡子一摇一晃地走进伏伦斯基所在的那个房间时,他已经完全忘记了当时伏在妹妹尸体上失声痛哭的事,只是把伏伦斯基看作英雄和老友了。

“尽管他有种种缺点,但不能不为他说句公道话。”等奥布朗斯基一走开,公爵夫人就对柯兹尼雪夫说。“这才是真正的俄罗斯气质,斯拉夫气质!不过我怕伏伦斯基看到他会难过的。不管怎么说,这个人的遭遇太使我感动了。您在路上和他谈谈吧。”公爵夫人说。

“好的,如果有机会,会谈谈的。”

“我一向都不喜欢他。但这事为他挽回了不少。他不光是自己去,还自己出钱带一连骑兵去呢。”

“是的,我听说了。”

铃响了。大家向门口拥去。

“他出来了!”公爵夫人指着身穿长大衣、头戴阔边黑呢帽、挽着母亲胳膊走来的伏伦斯基说。奥布朗斯基走在他旁边,很起劲地说着话儿。

伏伦斯基皱着眉头朝前面望着，似乎没听见奥布朗斯基说的是什么。

大概是由于奥布朗斯基的指点，他朝公爵夫人和柯兹尼雪夫所在的地方望了望，一声不响地掀了掀帽子。他那苍老了的流露着痛苦神情的脸好像变成了石头似的。

上了站台，伏伦斯基就一声不响地让母亲走在前面，先后进了车厢的单间。

站台上奏起《上帝呀，保佑沙皇》，然后是欢呼声：乌拉！万岁！有一个高个子、凹胸脯的年轻志愿兵，在头顶上挥舞着毡帽和鲜花，特别显眼地鞠着躬。接着有两个军官和一个留大胡子、头戴油乎乎的军帽的上了年纪的人也探出身来行礼。

三

柯兹尼雪夫同公爵夫人道别以后，就和卡塔瓦索夫一起走进挤得水泄不通的车厢。火车开动了。

在察里津车站，列车受到整齐地唱着《祖国颂》的青年人的欢迎。志愿兵又纷纷探出身去行礼，但柯兹尼雪夫没有去注意他们；他和他们打过那么多交道，已经熟悉他们的大致模样，没有兴趣再去看了。卡塔瓦索夫却一向忙着做学问，没有机会观察志愿兵，所以对他们很感兴趣，不停地向柯兹尼雪夫询问他们的情形。

柯兹尼雪夫劝他到二等车厢里去亲自和他们谈谈。到了下一站，卡塔瓦索夫就照他说的去做了。

车一停，他就走进二等车厢，同志愿兵们见了面。志愿兵们坐在车厢角落里，大声说着话儿，显然知道乘客们和进来的卡塔瓦索夫都在注意他们。说话声音最响的是那个凹胸脯的高个子青年。他显然是喝醉了，正在讲着他们学校里出过的一件事。在他对面坐的是一个不怎么年轻的身穿奥地利近卫军军服的军官。他笑嘻嘻地听着他讲，又一再地不叫他讲。还有一个穿炮兵制服的，坐在他们旁边的手提箱上。另外还有一个睡着了。

卡塔瓦索夫同那个高个子青年谈起来，才知道他家是莫斯科的富商，他不到二十二岁就把偌大的家产挥霍光了。卡塔瓦索夫不喜欢他，因为他娇生惯养，体质也很差，可是现在，尤其在喝了酒之后，显然以英雄自居，肆无忌惮地自吹自擂。

那个不怎么年轻的是退伍军官，也给卡塔瓦索夫留下不愉快的印象。看样子，这是一个什么事都经历过的人。他在铁路上工作过，当过经理，办过工厂，空话连篇，乱用术语。

那个炮兵倒是使卡塔瓦索夫非常喜欢。这是一个谦逊而文静的人，显然很崇拜退伍军官的知识和青年商人英勇的自我牺牲精神，一点也不谈他自己。卡塔瓦索夫问他，是什么激发他到塞尔维亚去，他很谦逊地回答说：

“没什么，大家都去嘛。也应该支援支援塞尔维亚人嘛。真可怜呀。”

“是的，那里特别需要你们这些炮兵，”卡塔瓦索夫说。

“我在炮兵部队干了没有多久呀，也许会把我编到步兵或者骑兵部队里。”

“现在最需要的是炮兵，怎么会让您到步兵部队里呢？”卡塔瓦索夫从这个炮兵的年龄推测，认为他想必有相当高的军衔了。

“我在炮兵部队干的时间不长，我是一个退伍的士官生。”他说过这话，就开始解释，为什么军官考试他没有及格。

这一切合在一起，给卡塔瓦索夫的印象是很不愉快的。等到志愿兵下车去喝酒时，卡塔瓦索夫就想和什么人谈谈，检验一下自己的不良印象是否对头。车上有一个穿军大衣的老头儿，一直在倾听卡塔瓦索夫和志愿兵谈话。等到剩了他们两个人，卡塔瓦索夫就和他谈起来。

“所有这些往那里去的人，情形是各种各样的呀。”卡塔瓦索夫想说出自己的看法，引老头儿说出他的看法，就含糊其词地说。

那老头儿是经历过两次战争的军人。他知道军人是怎样的。他从这些人的外表和谈吐，从他们一路上抱住酒瓶不放的那股劲儿，认定他们都是军人的败类。此外，他是一个县城里的人，就想说说他们县城里出了一个兵痞，因为又是酒鬼又是小偷，没有人雇他干活儿。不过，他凭经验知道，在当前这种社会气氛下，发表与众不同的意见是危险的，尤其不能说志愿兵有什么不好，所以他也在观察卡塔瓦索夫。

“是啊，那边很需要人呀。”他用眼睛笑着说。于是他们谈起最新的战争消息，而又相互掩盖着自己的困惑不解，因为根据最新消息，既然各个据点的土耳其人都被击溃，不知道明天将同什么人决战。就这样，两个人都没有说出自己的看法，就各自走开了。

卡塔瓦索夫回到自己的车厢里，不由得违心地对柯兹尼雪夫说了说他对志愿兵的印象，说他们都是好样儿的小伙子。

在一个城市的大站上，又是一片歌声和欢呼声欢迎志愿兵，又是捧着募捐箱的男男女女，本城的妇女又向志愿兵献花、簇拥着他们进入餐厅；但这一切就没有莫斯科那样起劲，那样热闹了。

四

列车停在省城车站的时候，柯兹尼雪夫没有去餐厅，而是在站台上前前后后踱起来。

他在第一次经过伏伦斯基的单间的时候，发现车窗是有窗帘遮着的。但第二次经过时，他就在窗口看到了老公爵夫人。她把柯兹尼雪夫叫过去。

"我这是送他，送到库尔斯克。"她说。

"是的，我听说了。"柯兹尼雪夫说着，在窗口站下来，朝里面看了看。"他这种举动太了不起了！"他发现伏伦斯基不在里面，就又说道。

"在出了那件不幸的事以后，他还能做什么呢？"

"那事真是太可怕了！"柯兹尼雪夫说。

"唉，我是多么难受呀！您进来嘛……唉，我是多么难受呀！"等柯兹尼雪夫走进去，挨着她在软座上坐下来，她又说了一遍。"那情形真是难以想象呀！他有六个星期，跟谁也不说一句话，要不是我求他，什么东西也不吃。而且时时刻刻都要守着他。我们把他可以用来自杀的东西全拿走了；我们都住在楼下，但还是不能担保不出什么事儿。您也知道，他因为她已经开枪自杀过一次了，"她说，而且一想起这事她那皱巴巴的眉头皱得更厉害了，

"是啊,她的下场,正是这种女人应有的下场。连她挑选的死法都是卑鄙下贱的。"

"不应该由我们来审判呀,公爵夫人,"柯兹尼雪夫叹着气说,"不过我懂得这在您有多么难受。"

"唉,别提了!当时我住在自家庄园里,他也在我那里。有人送来一封信。他写了回信,把人打发走了。我们一点也不知道她当时就在车站上。晚上我回到自己房里,我的梅丽就告诉我,说有一位太太卧轨自杀了。我就像当头挨了一棒!我明白这就是她。我第一句话就说:不能告诉他。可是他们已经告诉他了。他的车夫当时在场,什么都看见了。等我跑到他房里,他已经变了模样,叫人看着都害怕。他什么话也没说,骑上马就往那里跑。我不知道在那里是怎样的,反正把他送回来时已经像死人一样了。我简直认不出他来了。医生说是完全虚脱。后来就差不多像疯了一样。"

"唉,有什么说的呀!"伯爵夫人摇摇手说,"那些日子里真够受呀!哼,不管怎么说,她也是一个坏女人。她那股不要命的劲儿算什么呀!无非证明有点儿与人不同。她的确与人不同。毁了自己,也毁了两个很好的人:她的丈夫和我这个倒霉的儿子。"

"她丈夫怎么样呀?"柯兹尼雪夫问道。

"他带走了她的女儿。阿历克赛当时什么都同意了。可是现在他痛悔把自己的女儿给了别人。但是话已出口,又不能收回。卡列宁来参加了葬礼。可是我们想方设法不让他和阿历克赛见面。这样对他,对做丈夫的,都要好些。她让他解脱了。可是我这个可怜的儿子就落到她手里了。他抛弃了一切:抛弃了前途,抛弃了我，可是她还不可怜他，而是存心把他的一切都葬送了。哼，不管怎么说，她的死本身——就是不信教的坏女人的死。上帝饶恕我吧，我看着儿子给毁了，一想起她，没办法不恨她。”

“现在他怎么样啦？”

“这场塞尔维亚战争——这是上帝帮助我们。我老了，这种事儿一点也不懂，但对他来说，这是天赐良机。当然，我这个做母亲的也很担心害怕；而且，据说，彼得堡对此事也有不赞成的看法。可是有什么办法呀！只有这事能使他振作起来。他的好朋友雅什文把什么都输光了，就想到塞尔维亚去。雅什文来找他，就劝他也去。现在他一心一意想的是这事儿了。请您去和他聊聊吧，我很希望能使他心里松快松快。他太伤心了。而且倒霉的是，他的牙又疼起来了。可是他看到您会非常高兴的。请您去和他聊聊吧，他就在那边散步呢。”

柯兹尼雪夫说很高兴和他聊聊，就朝列车另外一边走去。

五

在站台上堆积的货物投下的夕阳斜影里，伏伦斯基穿着他那长大衣，帽子压得低低的，两手插在口袋里，像笼中野兽似的走来走去，每走二十步就很快地转过身来。柯兹尼雪夫走过去时，觉得伏伦斯基看见他了，却装作没有看见。柯兹尼雪夫毫不在意。他再不计较同伏伦斯基的个人恩怨了。

此时此刻，伏伦斯基在柯兹尼雪夫眼里是一个从事伟大事业的重要人物，所以柯兹尼雪夫认为有责任支持他，鼓励他。他走到他面前。

伏伦斯基站下来，定神一看，认出他来，就迎着柯兹尼雪夫走了几步，紧紧握住他的手。

“也许，您不愿意和我见面，”柯兹尼雪夫说，“不过，我能不能为您效劳呢？”

“在我来说，同任何人见面，都不像见到您这样，很少不愉快了，”伏伦斯基说，“请不要见怪。我今生今世，没有什么愉快的事了。”

“这我明白，我很想为您做点什么事，”柯兹尼雪夫凝视着伏伦斯基那显然很痛苦的脸说，“要不要为您给李斯基奇和米兰[①]写封信？”

“噢，不必了！”伏伦斯基似乎好不容易才听明白，就说道。“如果您没事的话，那咱们就一起走走。车厢里太气闷了。写信吗？不必吧，谢谢了；死是用不着推荐的。除非是写信给土耳其人……”他只是嘴唇笑了笑，说。他的眼睛依然带着愤恨和痛苦的神情。

“是的，不过，这样您也许更容易和有关的人建立联系，建立联系还是必要的。不过，随您怎样吧。我听说您的决心，非常高兴。对志愿兵的攻击实在太多了，所以，有您这样的人参加，舆论会有所改变。”

“我这个人，”伏伦斯基说，“好就好在我把生命看得一钱不值。至于我有足够的力气冲锋陷阵，打击敌人或者自己战死，这

①李斯基奇，当时是塞尔维亚外交部长。米兰，当时是塞尔维亚亲王，后来是塞尔维亚王。

我也是知道的。我高兴的是有机会献出我的生命,这生命我不仅不需要,而且厌恶了。这样也许对别的什么人有些用处。”他因为牙疼得厉害,下颚做了一个难以忍受的动作,他说话时也就不能带有他想带有的表情了。

“我可以预断,您会重新振作起来的,”柯兹尼雪夫深受感动地说,“帮助自己的兄弟反抗压迫,出生入死也是值得的。但愿上帝赐给您胜利,让人世和内心都得到安宁。”他说过这话,伸出手来。

伏伦斯基紧紧握了握柯兹尼雪夫伸出来的手。

“是的,作为一件工具,我也许有些用处。但作为一个人,我已经完了。”他一字一顿地说。

他那结实的牙齿的剧痛使他嘴里充满口水,无法再说话。他不作声了,望着那在铁轨上缓慢而平稳地滚动着的煤水车的车轮。

突然有一种完全不同的感觉,不是疼痛,而是身体内部有一种很难受的不自在感觉,使他一时间忘记了牙疼。一看到煤水车和铁轨,又加上和这位朋友一席话,这位朋友是他遭遇不幸之后未见过面的,所以他顿时想起了她,想起那时他像疯子一样冲进站房看到的她还留下的模样:不久前还充满生命力的她那血淋淋的身体在一群陌生人的包围下不顾羞耻地摊开手脚躺在车站的一张大桌子上;还完整的头向后仰着,头上戴着沉甸甸的发辫,鬓边带着一圈圈鬈发;在那半张着红唇的美丽的脸上有一种停住不动的、在嘴上是悲戚的、在动也不动的半闭的眼睛里是可怕的奇怪表情,好像是正在说那句可怕的话——说他会后悔的,——那是在吵嘴时她对他说的。

于是他竭力回忆第一次，也是在车站上，相遇时她那种神秘、妩媚、含情脉脉、寻找幸福也使人幸福的模样，而不是最后分手时她留在他脑海中的那种恶狠狠的复仇模样。他竭力回忆他和她在一起的美好时刻，但是那些美好时刻已经永远被毒化了。他只记得她胜利了，实现了使他抱恨终生的威胁。他不再觉得牙疼，就想痛哭一场，一张脸都变了模样。

一声不响地在货物堆旁走了两个来回，他镇定下来之后，平静地对柯兹尼雪夫说：

"您没看到今天的消息吗？是啊，他们已经第三次被打败，但明天会有一场决战。"

他们又谈了谈米兰国王的宣言以及宣言可能发生的巨大影响，第二遍铃响过以后，他们才各自回车厢去。

六

柯兹尼雪夫因为不知道什么时候才能离开莫斯科，所以没有打电报叫弟弟接他。当柯兹尼雪夫和卡塔瓦索夫坐着在车站上雇的四轮马车，像黑人一样满面风尘地于中午十二点来到波克罗夫庄园的大门前时，列文不在家里。吉娣正和父亲、姐姐坐在阳台上，一认出大伯，就跑下去迎接他。

"您怎么竟不通知一下呀。"她说着，伸出手给柯兹尼雪夫，并且把额头凑过去让他吻。

"我们顺利到达，就没有惊动你们，"柯兹尼雪夫回答说，"我一身灰土，真不敢碰你。我一直很忙，不知道什么时候才能脱身。你们倒还是老样子，”他笑嘻嘻地说，“依然避开潮流，在幽静的港湾里享清福。你看，我们的朋友菲多尔·瓦西雷奇到底也来了。”

“我并不是黑人，等我洗干净了，还是会像一个人的。”卡塔瓦索夫用他惯用的戏谑口吻说着，龇着一嘴因为脸黑显得特别洁白光亮的牙齿笑着，伸出手来。

“柯斯加一定会非常高兴。他到村子里去了。也该回来了。”

“还在忙农事呢。真是在幽静的港湾里呀，”卡塔瓦索夫说，“可我们在城市里，除了塞尔维亚战争，什么也看不到。哦，我这位朋友是怎样看的呢？一定有些与众不同吧？”

“他吗，也没什么，和大家一样，”吉娣有些发窘地看着柯兹尼雪夫，回答说，“我这就叫人去找他。爸爸现在住在我们这儿。他刚从国外回来。”

吉娣派过人去找列文，又叫仆人带两位满面风尘的客人去梳洗，把一位带到书房里，一位带到陶丽的大房间里，又吩咐过为客人备饭，就充分利用她在怀孕期间一度被剥夺了的动作迅速的权利，跑到阳台上。

“谢尔盖·伊凡诺维奇和卡塔瓦索夫教授来了。”她说。

“哎呀，大热天里，真难为了！”老公爵说。

“不，爸爸，他这人挺好，柯斯加也很喜欢他呢。”吉娣发现父亲脸上有嘲笑的神气，就微微笑着，似乎带点儿恳求意味说。

“我没什么呀。”

“你去照应照应他们吧，好姐姐，”吉娣对陶丽说，“他们在车站见到司基瓦了，他身体很好。我要去看看米佳。真糟糕，吃过茶点以后还没有喂过他呢。他现在醒了，一定在哭呢。”她觉得乳房发胀，就快步朝孩子房里走去。

确实，她不是猜到（她和婴儿在生理上的联系还没有断），而是凭自己的乳房发胀确切地知道他饿了。

她知道，她还没有去孩子的房间之前，他就哭了。果然他在哭。她一听到他的声音，就加快了脚步。可是她走得越快，他哭得越响。他的声音是好听的，正常的，但那是饥饿的、焦急的声音。

“哭了很久了吗？保姆，很久了吗？”吉娣急急忙忙地说着，坐到椅子上准备喂奶，“快把他抱给我。唉，保姆，你磨蹭什么呀，帽子等会儿再系好啦！”

孩子因为饿哭得上气不接下气的了。

“可是不行呀，少夫人。”差不多一直在孩子房间里的阿加菲雅说。“总要把他收拾得好好的呀。噢哈，噢哈！”她哄着孩子，不理睬做母亲的。

保姆把孩子抱给母亲。阿加菲雅带着一张慈祥的笑脸跟着走过来。

“他认得人，认得人呢。一点不假，卡捷林娜·亚力山大罗芙娜，他认得我哩！”阿加菲雅的声音比孩子的声音还大。

可是吉娣没有听她的。吉娣也和孩子一样，越来越焦急了。

因为焦急，老半天没有喂上奶。孩子含不着奶头，生气了。

在一阵拼命哭叫和抽搭之后，终于含到了奶头，母亲和孩子同时安定下来，不作声了。

“哎呀，可怜的宝宝浑身汗淋淋的了。”吉娣抚摩着孩子，小声说。“您怎么知道他会认人呢？”她问道，一面瞅着孩子那一双她觉得从小帽子底下调皮地望着她的小眼睛，瞅着那一鼓一鼓的腮帮子和那在空中画着圆圈的粉红色小手。

“不可能！要是能认得人的话，那他会认得我的。”因为阿加菲雅说确实认得，吉娣就又这样说，可是她也笑了。

她笑，是因为，虽然她说他不可能认识人，但是她心里知道，他不仅认得阿加菲雅，而且什么都认得，什么都懂得，而且还知道和懂得许许多多别人都不知道的事，就连她这个做母亲的，也是亏了他才知道和懂得许多事情的。在阿加菲雅和保姆眼里，在外公，甚至在父亲眼里，米佳只是一个需要在物质方面进行照顾的活物；但在母亲眼里，他早就是一个有精神生活的人，她和他精神上的交流由来已久了。

“等他醒来，说不定您会亲自看到的。我这么一来，他就高兴得一个劲儿笑呢，真是好宝宝。一个劲儿地笑，就像晴天的太阳。”阿加菲雅说。

“噢，好的，好的，那咱们等会儿看看吧，”吉娣小声说，“现在您去吧。他睡着了。”

七

阿加菲雅踮着脚走了出去；保姆放下窗帘，把小床纱帐里的苍蝇赶出来，又赶走在窗玻璃上乱撞的一只大黄蜂，便坐下来，拿一根干桦树枝儿在母子头上挥动着。

“真热，好热呀！老天爷就是下点儿小雨也好呀！”她说。

“是啊，是啊，嘘……”吉娣只是这样回答，一面轻轻摇晃着身子，亲热地握着那手腕上仿佛勒着一根线的胖乎乎的小手。米佳的小眼睛忽而睁开，忽而闭上，小手一直轻轻摆动着。这只小手惹得吉娣心神不宁：她很想吻吻这只小手，可是又怕吻了小手把孩子惊醒。小手终于不动了，眼睛也闭上了。孩子只是偶尔吸一下奶，扬一下那弯弯的长睫毛，用他那水灵灵的、在幽暗中显得乌黑的小眼睛看一看母亲。保姆也不再挥动桦树枝儿，打起瞌睡。可以听见楼上老公爵洪亮的说话声和卡塔瓦索夫的哈哈大笑声。

“我不在，他们一定是谈得来了劲儿了。”吉娣想道。“柯斯加不在，总是很扫兴的。他一定是又到养蜂场去了。他常常到那儿去，虽然我也冷清，但我还是高兴的。这样他可以散散心。现在他比春天快活多了，精神也好多了。要不然他老是那样闷闷不乐，心里烦恼，我都为他害怕了。他有多么可笑呀！”她笑吟吟地小声说。

她知道丈夫为什么烦恼。就因为他不信教。如果有人问她，是不是认为，他既然不信教，来世就会遭殃，她一定也承认他会遭殃，尽管这样，他不信教并没有使她觉得不幸。她虽然承认不信教的人灵魂不能得救，而且天下她最爱的就是丈夫的灵魂，然而她想到他不信教总是笑嘻嘻的，并且暗自说他是一个可笑的人。

“他为什么一年到头老是读一些哲学书呀？”她想道。“如果这一切都写在书里的话，那他会懂得的。如果书上都是胡言乱语，那他为什么要读呀？他自己也说希望能信教嘛。那他为什么不信呢？也许是因为他想得太多了吧？想得太多是因为孤独。

他老是一个人,一个人。总是和我们无话可谈。我想,来了这两位客人,尤其是卡塔瓦索夫,他会高兴的。他喜欢和他争论。"她想道。于是她立刻考虑起让卡塔瓦索夫睡在哪儿好,是让他单独住一间,还是让他和柯兹尼雪夫住在一起。于是她忽然想起一件事,不由得着急得打了一下哆嗦,把米佳都惊醒了,米佳因此很不高兴地看了她一眼。"洗衣女人好像还没有把洗好的东西送来,客人用的干净床单一条也没有了。要是不去说一声,阿加菲雅会拿用过的床单给柯兹尼雪夫铺床的。"吉娣一想到这事,急得血往脸上直涌。

"是的,我要去安排一下。"她拿定主意,就又回到原来的思路,想起有一件很重要的、心灵方面的事还没有想出结果,于是就开始回想那是什么。"对了,是柯斯加不信教。"她想起来,又笑了。

"是的,他不信教!就让他永远这样还好些呢,不像施塔尔夫人,也不像那时我在国外希望做的那种人。是的,他再也不会装模作样。"

不久以前那件说明他心肠好的事又真切地出现在她眼前。两个星期以前,陶丽接到司基瓦一封悔罪的信。他恳求她挽救他的名誉,卖掉她的地产为他还债。陶丽灰心绝望,对丈夫恨透了,又瞧不起他,又可怜他,又打算和他离婚,打算拒绝他的要求,可是末了还是答应卖掉自己的一部分产业。于是吉娣不由得带着感动的微笑回想起丈夫那种为难的神情,想起他关心此事一再地想办法,一个不妥又想一个,终于想出一个唯一可以帮助陶丽而不伤害自尊心的办法,就是让吉娣把自己的一部分地产送给她,这是吉娣原来怎么也没有想到的。

“他怎么是不信教的人呢？心肠那么好，唯恐伤害什么人，连对小孩子也是这样！总是为别人着想，就是不为自己想。谢尔盖·伊凡诺维奇一直就认为柯斯加天生就是他的管家。姐姐也是这样。现在陶丽和孩子们就依靠他了。那些庄稼人天天来找他，好像他就应该为他们效劳。”

“是啊，但愿你能像父亲，能像父亲就好了。”吉娣一面在心里说，一面把米佳交给保姆，轻轻吻着他的小脸蛋儿。

八

列文当初一见到亲爱的哥哥病危，第一次用新的见解看待生与死的问题，他所谓的新见解，是在二十岁到三十四岁之间形成的，不知不觉取代了他童年和少年时代的信仰。就自从他用新见解看待生死问题以来，他害怕的主要不是死，而是浑浑噩噩地活，不知道生命是怎么来的，目的是什么，来由是什么，究竟是怎么一回事儿。有机体，有机体的破坏，物质不灭，能量守恒定律，进化——这些术语代替了原来的信仰。这些术语及其有关的概念对于求知识是很有用的，但却丝毫也不能解释人生。于是列文觉得自己好像一下子脱掉皮袄，换上薄纱衣服，第一次来到冰天雪地里，不是凭判断，而是凭切身体验，毫无疑问地认定自己就等于是一个赤身露体的人，不可避免会痛苦地死去。

列文从那时候起，虽然没有多加思索，而且还是像原来一样生活着，他却一直为自己的浑浑噩噩感到害怕。

此外,他还模模糊糊感觉到,他的所谓见解,不仅是无知,而且是一些胡思乱想,胡思乱想不可能弄清他想弄清楚的事。

在婚后最初一段时间里,他享受着新婚的快乐,也尽丈夫的责任,他完全不想这种事了;但是后来,妻子生产以后,他在莫斯科无所事事,就越来越多、越来越迫切地思索起他要解决的问题。

他要解决的问题是:"如果我不承认基督教对我的生命问题的解答,那我承认什么样的解答呢?"他在他所有的见解中不仅找不到任何解答,连解答的影子也找不到。

他的情形就像是一个人在玩具店和军械店里寻找食品。

如今他常常不自觉地、下意识地在每一本书、每一次谈话中、每一个人身上寻找对待这些问题的态度和答案。

最使他感到惊异和迷惘的是,他这个圈子里大多数同辈人像他一样摒弃了原来的信仰,接受新的见解以后,看不出这还有什么不好,而是感到满意,心安理得。所以,除了这个主要问题之外,列文又苦苦思索起另外一些问题:这些人是不是老实?他们是不是装假?还是他们对于科学为他所关心的问题作出的解答另有理解,或者比他理解得更透彻?于是他就竭力研究这些人的看法和解答这类问题的书。

自从他开始探讨这些问题以来,他所发现的一点是,他根据自己少年时代和大学同学中的种种往事就认为宗教已经过时,认为宗教已经不存在,是错误的。凡是同他亲近的、安分守己的人都信教。老公爵信教,他很喜欢的李沃夫信教,柯兹尼雪夫信教,妇女个个信教,他的妻子信教就像他童年时代那样顶真,而且百分之九十九的俄国老百姓,所有那些得到他最大尊敬的普通人,都信教。

另一点就是,他在读了很多书以后,就认定那些和他持有相同观点的人的见解并没有什么新颖之处,他们什么也没有阐明,只是抛开他觉得不解决就活不下去的那些问题,却拼命去解决他根本不感兴趣的一些其他问题,例如有机体的进化、用机械论阐释灵魂等等问题。

此外,在妻子分娩的时候,曾经有过在他来说很不寻常的事。他这个不信教的人祈祷起来,并且在祈祷的时刻信起教来。但那种时刻一过,他就再也没有那时的心情了。

他不能承认,那时是认识了真理,现在他是错误的;因为他只要平心静气地想起这事儿,就觉得那都是胡思乱想;他也不能承认他当时是错误的,因为他珍惜当时的心情,如果承认他迁就习俗的话,那就会亵渎那样的时刻。他处在很痛苦的自相矛盾状态,竭尽心力要摆脱这种状态。

九

这些想法纠缠着他,折磨着他,有时轻微,有时强烈,但从来不离开他。他读书、思索,而他读书越多,思索越多,觉得自己离追求的目的越远。

最近一个时期,他在莫斯科和在乡下,认定在唯物主义的著作中找不到解答之后,就重新阅读或新阅读了柏拉图、斯宾诺莎、康德、谢林、黑格尔和叔本华的著作。这些哲学家都不是用唯物主义观点解释人生的。

当他阅读或者自己想批驳其他人的学说，尤其是唯物主义学说的时候，他觉得他们的说法是有道理的；但当他一读到或者自己思索问题的答案时，总是兜来兜去不得要领。当他遵循一些含糊不清的名词，如灵魂、意志、自由、本质，所含的定义去思索，有意落入哲学家或者自己设下的文字罗网时，他似乎开始有所领悟。但只要一忘记那种人为的思路，从实际出发，回到他循着已有思路思索时有所领悟之处，所有这种人为的楼阁顿时就像玩具屋一样土崩瓦解，可以清楚地看出来，这种楼阁仍然是由一些颠来倒去的辞藻构成的，丝毫未涉及人生中比理智更重要的东西。

有一度他在阅读叔本华的著作的时候，把叔本华说的意志看作爱，在他没有抛弃这种新的哲学以前，这种哲学曾经使他得到一两天快慰；但当他从实际出发，对其进行观察时，这种哲学同样也土崩瓦解，也成了无法御寒的薄纱衣服。

柯兹尼雪夫劝他读读霍米亚科夫的神学著作。列文读了霍米亚科夫文集第二卷，虽然开头对他那种论战式的、辞藻华丽的俏皮笔调很反感，却很佩服其中有关教会的学说。起初使他佩服的说法是，上帝的真理不是一个人能够理解的，只有由爱结合起来的人的团体，也就是教会，才能理解。使他感到高兴的说法是，相信已有的、实际存在的、代表人们一切信仰的、以上帝为首因而神圣不可侵犯的教会，由教会去信仰上帝、创世、堕落、赎罪，要比直接信仰上帝，信仰遥远而神秘的上帝、创世等等容易得多。但是后来阅读了天主教作家写的教会史和东正教作家写的教会史，发现这两个本质上都完全正确的教会互相排斥之后，他就对霍米亚科夫的教会学说失望了。于是这种楼阁也像其他一些哲学楼阁一样，土崩瓦解了。

整个春天他都惘然若失，有时感到非常可怕。

“不知道我是怎么一回事儿，不知道我为什么活着，是无法活下去的。可是我就是无法知道，所以也就无法活下去。”列文在心里说。

“在无限的时间、无限的空间、无限的物质中冒出一个有机的小水泡，这小水泡晃悠了一下，就破灭了，这小水泡就是我。”

这是一种很大的谬误，但这是人类若干世纪以来在这方面苦苦探索的唯一的和最新的成果。

这是一种最新的信仰，人类几乎在所有领域的思想探索都建立在这种信仰之上。这是一种占主导地位的见解，列文不知怎的，也不知什么时候，不由自主地接受了这种见解，认为这总是比较明白的。

但这不仅是一种谬误，这是一种邪恶力量的残酷嘲弄，这种力量是邪恶的，敌对的，是不能向其屈服的。

必须摆脱这种邪恶力量。摆脱的办法就在每个人手里。必须断绝对邪恶力量的依附。而唯一的办法就是死。

所以，列文这个家庭生活幸福美满、身强力壮的人竟然有好几次要自杀，他只好把绳子藏起来，免得上吊，不敢带枪，免得自己对自己开枪。

不过，列文没有对自己开枪，也没有上吊，还是活下去。

十

当列文思索他是怎么一回事儿和他为什么活着的时候，他找不到答案，就灰心丧气；但是当他不再向自己提这种问题时，他好像也知道他是怎么回事儿，也知道为什么活着了，因为他坚强地、理直气壮地活着，做着事情；甚至他近来活得比以前坚强和理直气壮多了。

他在六月初回到乡下以后，又做起他往常的事情。他一天到晚忙农活儿，和庄稼人与乡亲们打交道，忙家务事，代管姐姐和哥哥的地产，管管妻子和亲戚的事，照料婴儿，而且从今年春天起他又迷上了养蜂。

他做这些事，不是因为他像过去那样，根据什么公众的看法认为这都是他分内的事；相反，现在他一方面因为做公众福利事业失败感到灰心丧气，另一方面因为心事太多和从四面八方压到他身上的事情太多，他已经完全不考虑什么公众福利了；他做这些事，只是因为他觉得他必须做他所做的事，觉得他不能不做。

以前（差不多从童年开始，一直到他完全长大成人），当他尽心竭力要为大家、为人类、为俄国、为全村做些有益的事时，他发现，这种想法是令人愉快的，但所做的事情本身往往是不尽如人意的，对于事情是否有必要，也缺乏充分的信心，而且开头显得那样重大的事情，越来越变得无足轻重，到最后不了了之；现在，他在结婚之后越来越满足于为自己生活了，虽然在想到自己做的事情时没有什么高兴的，但完全相信他做的事是必要的，也看到他的家业比以前兴旺了，规模也越来越大了。

现在他好像身不由己，像一张犁往土里越扎越深，不犁出一条犁沟是拔不出来的。

像祖祖辈辈一样过家庭生活，也就是说，像他们那样教育孩子，让孩子们具有他们那样的文化教养，无疑是必要的。这就好像饿了必须吃饭一样；而要吃饭，就必须做饭，也就是必须把波克罗夫村的农业经营得有足够的收入。就像有债必须偿还一样，必须把祖传的地产经营好，让儿子将来继承遗产时会感激父亲，就像列文感激祖父为他创立了家业那样。因此就不能出租土地，必须亲自经营，必须饲养家畜，往地里施肥，培育树林。

哥哥和姐姐的事不能不办，一向习惯于向他求助的庄稼人的事，也不能不管，就好比抱在手里的孩子，不能扔掉。不能不操心，让请来做客的姨姐和孩子们，也让妻子和婴儿生活得好些，也不能不花点时间陪陪他们。

这一切再加上打野物和养蜂的新爱好，就使列文的生活十分充实了，不再像过去冥思苦想时那样觉得生活没有什么意思了。

但是，列文除了清楚地知道他应该做什么以外，他同样也知道这一切应该怎样做，知道怎样分清轻重缓急。

他知道，雇人干活儿应当尽可能便宜些；但是用预先付钱，付钱低于应得工钱的办法使干活人听从摆布，那是不应该的，虽然这是很占便宜的。可以在没有草料的时候向庄稼人出售干草，虽然也可怜他们；客店和酒店应当取缔，虽然很赚钱。砍伐树木应该从严处罚，但庄稼人把牲口放到庄稼地里不应该罚款，也不应该扣留放到庄稼地里的牲口，虽然这会使看守人懊恼，使庄稼人无所顾忌。

彼得每月要付给高利贷者百分之十的利息,就应该借钱给他,让他还掉高利债。但不能让拖欠地租的庄稼人赖账或者拖欠。草地不割,把草糟蹋了,不能原谅管家;但种上树苗的八十亩地不能割草。长工在农忙时节回家去料理父亲的丧事,不管怎样可怜他,却不能原谅他,应该扣除他在正忙时候旷工的工钱。但对于什么事也不能做的老仆人,不能不按月发给生活费。

列文还知道,一回到家里必须首先去看看身体不舒服的妻子;而有的庄稼人已经等了他三个钟头,可以让他们再等一会儿。他也知道,虽然侍弄蜜蜂是一大乐事,但他有时应该放弃这种乐趣,让老头儿一个人侍弄蜜蜂,他要去和那些到养蜂场来找他的庄稼人商量事情。

他的所作所为好不好,他不知道,而且他现在不仅不想去弄个明白,而且避免去谈和去想这些事儿。

翻来覆去想多了,反而使他困惑了,使他看不清什么该做,什么不该做了。当他不再多想,而只是活着的时候,他总觉得自己心里有一位公正的法官,能够在两种做法都有可能的时候判断出哪一种好,哪一种坏;他的做法一有什么不对头,他立刻就能感觉出来。

他就这样活着,不知道也无法知道他是怎么一回事儿和他为什么活在世上,而且因为这种浑浑噩噩痛苦得不得了,以至于害怕会自杀,然而同时他坚定不移地走着他的独特的、明确的人生道路。

十一

柯兹尼雪夫来到波克罗夫村的那一天，是列文最苦恼的日子之一。

这是农活儿最忙的时候，这时候所有的老百姓在劳动中表现出非凡的忘我精神，这在任何其他生活领域是没有的，如果表现这种精神的人自己看得了不起，如果不是年年如此，如果这种努力的成果不是如此简单的话，那这种精神会得到极高评价的。

收割黑麦和燕麦，装运，割草，翻耕休闲地，脱粒，播种冬小麦——这一切似乎又简单又平常；可是，要想及时把这一切做好，所有乡下人，从老到小，就得不停地干上三四个星期，天天比平时多干几倍的活儿，只是喝点儿克瓦斯，吃点儿大葱和黑面包，夜夜打场和装运，每夜睡觉不超过两三小时。全俄国年年都是如此。

列文因为一生大部分时间在乡下度过，同老百姓关系又极其密切，所以在农忙时间里总觉得老百姓这种普遍的昂扬情绪感染着他。

一大早他就骑马去看先播种的黑麦，又去看正在装运堆垛的燕麦，在妻子和姨姐起身前赶回家之后，和她们一起喝过咖啡，就又步行到村子里去，那里新安装的打谷机准备打谷留种了。

这天一整天，列文在和管家、和庄稼人说话的时候，在家里和妻子、和陶丽、和她的孩子们以及和岳父说话的时候，心里老是想着近来除了农事之外他最关心的问题，而且在各方面为自己的问题寻找答案："我究竟是怎么一回事儿？我这是在哪儿？我为什么在这儿?”

新搭的谷棚是用剥了皮的新鲜白杨做梁，榛树钉在上面做桁条，榛树还带着芳香的树叶，用麦秸盖顶。列文站在新谷棚的凉荫里，时而透过敞开的大门里旋转飞舞着的又干又苦的糠屑望着骄阳照耀下的打谷场上的青草和刚从棚子里抱出去的新鲜麦秸，时而望着啁啾叫着飞到檐下，又扑打着翅膀在门洞里停下来的花斑头、白胸脯的燕子，时而望着在灰尘飞扬的幽暗谷棚里忙活着的人们，头脑里出现了种种奇怪的念头。

“这都是为什么呀?”他想道，“为什么我站在这儿，让他们干活儿？他们为什么都这样忙活，拼命在我面前表示自己很卖力呢？我熟识的玛特廖娜老婆子为什么这样起劲呀?(那一次失火，一根大梁落到她身上，我给她治过伤的。)”他望着那个瘦瘦的老婆子在高低不平的干硬的打谷场上紧张地倒动着晒得黑黑的光腿，耙着麦子，想道，“当时她的伤是好了；但不是今天就是明天，或者再过十年，她就会入土了，她什么都完了；就连那个穿红裙子、那样干净利索地簸麦子的漂亮姑娘也会完的。也会把她埋葬的。就连那匹花斑骟马也很快就要完了，”他望着那马肚子一起一伏、张大鼻孔急促地喘着气、踩着在蹄下不停转动的倾斜的轮子，想道，“也会把它埋葬的。还有那个打谷机上的菲多尔，鬈曲的大胡子上落满糠灰，衬衫破得露出白肩膀的，也会被埋葬的。可是他还在解麦捆，指手画脚，吆喝娘儿们，动作麻利地调理飞轮上的皮带。尤其是，不光是他们，我也会被埋葬，什么也不会剩下的。这都是为什么呀?”

他这样想着，同时也看着表，好算出一个钟头能打多少麦子。这一点他要知道,也好定出一天的工作定额。

“已经快一个钟头了,才开始打第三堆呢。”列文想道。于是他走到送料的菲多尔跟前,用压倒机器轰隆声的大嗓门儿告诉他,要他每次往里面少放一点儿。

“你放得太多了,菲多尔!瞧,都堵住了,所以打得不快。要放均匀!”

菲多尔那汗津津的脸上沾了一层灰,一张脸黑乎乎的。他大声答应了一句,但做起来还是不像列文所希望的那样。

列文走到鼓轮前,把菲多尔推开,亲自动手把麦束往里送。

他差不多一直干到庄稼人吃午饭的时候,才和菲多尔一起走出谷棚,走到打谷场上堆得整整齐齐的一垛留种的黑麦跟前站下来,很起劲地聊起来。

菲多尔是很远的一个村子里的,列文以前就是把那个村子的土地租给庄稼人合伙耕种的。现在他把那里的土地租给一个管院子的了。

列文和菲多尔谈起那片地,并且问他,同村的那个富裕而善良的普拉东明年会不会租种那片地。

“地租太贵,普拉东付不起,康斯坦丁·德米特里奇。”菲多尔一面从汗淋淋的怀里往外掏麦穗,一面回答说。

“那么基里洛夫怎么付得起呢?”

“康斯坦丁·德米特里奇,米久哈那家伙(菲多尔这样鄙称管院子的基里洛夫)怎么会付不起呢!那家伙就会压榨别人,自己捞便宜。他对庄稼人是不会怜悯的。普拉东大叔会剥人的皮吗?谁要拖欠,就让谁拖欠。他从来不催讨。人和人不同呀。”

“那他为什么让拖欠呢?”

“就是说嘛,人和人不一样呀。有的人只是为自己活着,比如米久哈那家伙,只是为了填满他的大肚子,普拉东大叔却是一个忠厚的老头子。他是为灵魂活着。时刻记着上帝。”

“怎样记着上帝?怎样为灵魂活着呢?”列文几乎叫起来。

“大家都知道怎样嘛,就是堂堂正正地做人,照上帝说的做人。人有各种各样的嘛。就拿您来说吧,您也不会欺负人的……”

“是啊,是啊,再见吧!”列文激动得喘着粗气说。于是他转过身去,拿起手杖,很快地朝家里走去。他一听到菲多尔说普拉东为灵魂活着,堂堂正正地做人,照上帝说的做人,许多模糊不清但十分重要的念头就好像冲破闸门,一齐涌了出来,涌向一个目标,在他头脑里盘旋起来,并且放射出耀眼的光芒。

十二

列文大踏步在大路上走着,他所注意的与其说是他的思想(他还理不出头绪),不如说是他从来不曾有过的心情。

菲多尔说的话,使他心中好像电花一闪,使一直萦绕在他心中的一些散乱无力的念头一下子汇合为一体。这些念头是在他谈到出租土地时不知不觉出现在他心中的。

他觉得自己心中出现了一种新的东西,他很高兴地探索着这种新东西,虽然还不知道这是怎么一回事儿。

“不为自己的欲望活着,要为上帝活着。为什么样的上帝?

还有什么比他说的话更没有意思的？他说，不应该为自己的欲望活着，也就是不应该为我们所理解、所迷恋、所追求的东西活着，而应该为无法理解的东西，为谁也不了解、谁也无法肯定的上帝活着。这算什么呀？是我不理解菲多尔这种没意思的话吗？还是理解了，却怀疑其正确性，认为是荒谬的，含混不清的，不准确的？”

“不，我是理解的，就像他自己一样完全理解，比我这一生理解任何事情都透彻，我一生从未怀疑过，现在也不能怀疑这一点。而且不是我一个人，而是所有的人，是全世界都完全理解这一点，只有对这一点都不怀疑，都会赞同。”

“菲多尔说，管院子的基里洛夫活着是为了填满肚子。这是可以理解的，也是合情合理的。我们都是有理性的生物，要活着就不能不填饱肚子。可是菲多尔却说，为填肚子活着是不好的，应该活得堂堂正正，活得像上帝说的那样，他这一提示，我就明白了！我和千百万古人和现在活着的人，思想贫乏的庄稼人和思考与论述过此事、也都含含糊糊说过这种话的哲人贤士，——我们对于这一点，对于应该为什么活着和什么是好，看法都是一致的。我和所有的人只有一点坚定不移、不容置疑和清清楚楚的认识，这种认识是无法用理智来解释的——这是超乎理智，没有任何原因，也不会有任何结果的。”

“如果善有原因，那就不是善；如果善有结果——奖赏，那也不是善。所以，善是没有什么因果关系的。”

“这我知道，所有的人都知道。”

“可是我一直在寻找奇迹，因为看不到使我信服的奇迹感到遗憾。奇迹就在这里，这就是唯一可能的、永远存在的、周围到处都有的奇迹，可是我过去就没有发现！”

“还能有什么比这更大的奇迹呢？”

“难道我找到了整个的答案，难道我的苦恼到此结束了？”列文一面想，一面在灰尘飞扬的大路上走着，既不感到炎热，又不感到疲劳，而是有一种解除了长期苦恼的轻松感。这种感觉太愉快了，使他觉得简直难以置信。他兴奋得喘不上气来，再也走不动了，就离开大路走到树林里，坐在白杨树荫里没有割过的草地上。他从汗淋淋的头上摘下帽子，用胳膊支着上身，躺在林中肥茁茁的青草地上。

“是的，应该定下神来，好好想一想，”他一面想，一面凝视着面前没有被践踏过的青草，注视着一只绿色甲虫顺着一根冰草秆子往上爬，但被一片茅草叶子挡住了，“一切要从头开始，”他自言自语，一面把茅草叶子拨开，让甲虫爬过去，又弯过另一根青草，让甲虫爬到这根草上去，“我怎么这样高兴呀？我发现什么了？”

“以前我说过，在我的身上、这青草和这甲虫身上（瞧，这甲虫不愿意往这根草上爬，展开翅膀飞走了）都在按照物理、化学和生物规律进行新陈代谢。我们所有的人，还有这白杨、云彩和一团团的雾气都在发展中。由什么发展而来？发展成什么？是无止境的发展和竞争吗？……仿佛就因为无止境才会有方向和竞争呢！我感到奇怪的是，尽管我在这方面费了很大劲儿去思索，我还是没有弄清人生的意义、我的动机和向往的意义。不过我的动机是很清楚的，我就一直受其支配，所以当菲多尔对我说出‘要为上帝、为灵魂活着’的时候,我感到又惊又喜。”

“我什么也没有发现。我只是认识了我所知道的事。我懂得了是什么力量使我过去活着,而且现在还使我活着。我摆脱了迷惑,我认识了主宰者。”

于是他简短地回顾了最近这两年自己冥思苦想的全过程,这种很明显的关于死的思索是从他看到哥哥病危开始的。

那时他第一次清楚地懂得了,摆在他和一切人面前的,除了痛苦、死亡和永远被忘却,再不会有什么。于是他打定主意,不能这样活下去,要么把自己的一生解释得清清楚楚,不至于受到魔鬼恶毒的嘲笑,要么开枪自杀。

但是他既没有解释清楚,又没有自杀,而是继续活着,思索着,体验着,而且就在这期间他结了婚,尝到很大的欢乐,在他不考虑人生意义的时候,他是非常幸福的。

这说明什么?这说明他生活得很好,可是他想得不对头。

他生活凭的就是同母奶一起吸进去的堂堂正正的精神(他虽然没有意识到这一点),可是他就因为不仅没有认识到,而且避开了这种精神,所以才苦思冥想。

现在他明白了,他所以能活下来,只是多亏了他所养成的宗教精神。

“假如我没有这种宗教精神,假如我不知道应该为上帝而不是为自己的欲望活着,那我会是什么样的人,这一生会怎样过呢?那我就会抢劫,撒谎,杀人。成为我一生主要欢乐的东西再也不会存在了。”他使出最大的想象力,却还是想象不出,假如他不知道为什么活着,他会成为一个什么样的兽性的动物。

“我一直在为我的问题寻找答案。我的思想不对路，所以无法为我的问题想出答案。答案是生活本身给我做出的，是由于我知道什么是好，什么是坏。我这种知识，不是怎样学来的，是我和所有的人生来就有的，说‘生来就有’，因为这是我从哪儿也学不到的。”

“我这是从哪儿学到的呢？凭理智，我能做到爱他人而不害他人吗？小时候别人对我这样说，我就高高兴兴地相信了，因为别人对我说的，是我心灵中本来就有的。这是谁发现的呢？不是理智。理智发现了生存竞争，发现了要消灭一切妨碍我满足欲望的人的法则。这是理智做出的结论。理智无法发现爱他人的法则，因为这不是理性的。”

“是的，骄傲，”他想着，翻过身趴在地上，用草秆子打起结子，尽量不把草弄断。

“而且不光是思想骄傲，还是思想糊涂。主要的是不老实，就是思想不老实，就是思想作鬼。”他在心里重复一句。

十三

于是列文想起陶丽和孩子们的一件事。孩子们在没人照管的时候在蜡烛上煮草莓，像喷泉似的往嘴里倒牛奶。陶丽看到他们淘气，就当着列文的面训斥他们说，大人花了多少力气弄到的东西，叫他们糟蹋了，说这些力气都是为他们花的，如果他们把碗打碎了，他们就没有东西喝茶，如果把牛奶泼洒了，他们就没有东西吃，他们就会饿死。

孩子们听母亲这话时那种平静的、沮丧的不相信神气使列文十分吃惊。他们伤心的,只是他们有趣的游戏被打断了,母亲说的话他们一句也不信。他们无法相信她的话,因为他们无法理解他们所玩的东西的来龙去脉,因而也无法理解他们所糟蹋的就是他们赖以活命的东西。

"这都是自然而然的,"他们想,"这一点也没有什么意思,没有什么了不起的,因为一向就是这样,以后还是这样。永远都是这么一回事儿。这都用不着我们去想,这都是现成的;我们是要想出一些新鲜别致的花样儿。所以我们就想出把草莓放在碗里,放在蜡烛上煮,互相把牛奶哗哗地直接往嘴里倒。这又新鲜又好玩,一点也不比用碗喝差。"

"难道我们,难道我过去,凭理性寻找自然力的意义和人生的意义,不也正是这样吗?"他继续想道。

"一切哲学理论,通过人所不习惯的奇怪思路,引导人去认识他早已知道而且确实知道不这样就无法生活的事,不也正是这样吗?从每一个哲学家的理论发挥中不是可以清楚地看出来,他事先就像菲多尔一样确切地知道人生的主要意义,而且一点也不比他更清楚,却只是想凭靠不住的推理方法去解释尽人皆知的事吗?"

"就试试看,不要管孩子们,让他们自己去做茶杯饭碗,自己去挤牛奶和做其他种种事情。他们还会淘气吗?他们会饿死的。就试试看,让我们抛弃共同的上帝和造物主的概念,要怎样就怎样,想怎样就怎样!或者不理解什么是善,不懂得什么是道德上的恶。"

“好吧，要是不懂得这些，你们去建设点什么，试试看！”

“我们只会破坏，因为我们在精神上太满足了。简直就像孩子！”

“我和菲多尔共有的这种可喜的认识，只是因为有了这种认识我的内心才得到安宁的，这种认识是从哪儿来的呢？这是我从哪儿得到的呢？”

“我从小养成了上帝的观念，教徒的精神，使自己的一生充满基督教给予我的精神的幸福；我充分享受着这种幸福并且赖以活着，却像小孩子一样，不理解这种幸福，在糟蹋这种幸福，也就是想把我赖以生存的东西糟蹋掉。一到人生的重大时刻，就像孩子们到了饥寒的时候一样，我才去寻找那种东西，而且我还不如那些因为淘气受到母亲责骂的孩子们，更不觉得我这种幼稚的胡闹对我有什么不好。”

“是的，我所懂得的东西，我不是凭理智懂得的，而是天赋予我，启示给我，我凭心灵，凭我对教会所宣扬的主要精神的信仰而懂得的。”

“教会吗？就是教会！”列文想到这里，翻转过身去，用另一条胳膊支着身子，朝远处，朝对岸一群向河边走来的牲口望去。

“可是我能不能相信教会所宣扬的一切呢？”他想考验考验自己，就回想起能够破坏他现在的平静心境的一切。他特意回想起那些最使他感到奇怪和诱惑过他的教义。“创世纪吗？我怎样解释生存？生存就是生存吗？没法解释吗？……魔鬼和罪孽呢？……我怎样解释罪恶呢？……救世主呢？……”

“可是我什么也不知道，也不可能知道，只能知道尽人皆知的事情。”

现在他觉得，没有一条教义违反宗教的主要精神——作为人类唯一天职的对上帝和善的信仰。

每一条教义都可以说不是为了个人欲望，而是为了宣扬真理。每一条教义不仅不违反这种精神，而且就因为有这样的教义，才会有那种伟大的、经常出现的奇迹。这奇迹就是，每个人能够同千百万形形色色的人一样，同圣贤和白痴、孩子和老人，同菲多尔、李沃夫、吉娣，同乞丐和国王一样，毫不含糊地懂得同一个道理，过着这样一种精神生活，只有这种生活是有价值的，只有这种生活是我们看重的。

这时他仰面躺着，望着万里无云的高高的天空。“难道我不知道这是无限的空间而不是一个圆形拱顶吗？但是不论我怎样眯缝眼睛使劲观看，也看不出这不是圆的和不是有限的，而且，尽管我知道这是无限的空间，但当我看出这是一个结实的蓝色拱顶时，我也是对的，这比我使劲往更远处看的更对。”

列文不再想了，只是仿佛在倾听两个快乐而专心地交谈着什么的声音。

“难道这就是信仰吗？”他因为不敢相信自己的幸福，就想道。“我的上帝呀，真感谢你！”他压住痛哭，用双手擦着两眼的热泪，嘟哝说。

十四

列文望着前方，看到一群牲口，随后又看到他那辆套着乌骓马的马车，看到车夫，看到车夫赶着车到那群牲口跟前同放牲口的人说了几句话。后来他听到已经在近处的车轮声和肥壮的马打响鼻的声音。但是他一心一意地想着心思，竟没有想车夫赶着车到这儿来干什么。

直到车夫赶着车来到他面前，喊了他一声，他才猛醒过来。

“夫人要我来接您。令兄和另外一位先生来了。”

列文坐上马车，接过缰绳。

列文好像梦中醒来，好一阵子没有定下神来。他打量着肥壮的马，打量着那汗淋淋的胯裆和勒着缰绳的脖子，打量着坐在他旁边的车夫伊凡，就想起他一直在等待哥哥，妻子大概因为他老半天没有回家不放心了，并且竭力猜想同哥哥一起来的客人是谁。他的哥哥、妻子和还不知道的那位客人，现在在他的心目中都和以前不同了。他觉得现在他和一切人的关系都不一样了。

“现在我和哥哥不再像过去那样，老是那样疏远了，不会再争论了；我和吉娣再也不会吵嘴了；和那位客人，不管他是谁，也会亲亲热热的了；对仆人，对伊凡，都会不一样了。”

尽管又肥又壮的马焦急得直打响鼻，老想快跑，列文却把马勒得紧紧的，一面打量着坐在旁边的伊凡。伊凡不知道该用自己空着的两手做什么，就一直按着自己的衬衫。列文就想找由头和他说说话儿。他想说，伊凡不该把搭腰拴得太高，可是这好像是责备，而他是希望说说亲热话儿的。然而他想不出别的话来。

“请您往右边赶，要不然撞到树桩上了。”车夫说着，扯了扯列文的缰绳。

“请你别管我，也别教训我！”列文因为车夫干涉他，很恼火地说。他像往常一样，别人一干涉他的事，他就火了；他也立刻很伤心地感觉到，他的推想错了，他在接触实际的时候，他的心情还不能立刻改变他的态度。

在离家四分之一俄里的地方，列文看见跑来迎接他的格里沙和丹尼娅。

“柯斯加姨父！妈妈来了，爷爷、谢尔盖伯伯、还有一个人也来了。”他们说着，就往车上爬。

“到底是谁呀？”

“样子才怕人呢！两条胳膊老是这样。”丹尼娅说着，在马车里站起来，学卡塔瓦索夫的样子。

“是年老的还是年轻的呀？”列文笑着问。丹尼娅模仿的样子，使他想起一个人。

“哎呀，可不要是那个叫人讨厌的人！”列文想道。

马车在大路上一拐转，就看到前来迎接的人，列文认出头戴草帽，正像丹尼娅学的那样摆动着两条胳膊走来的卡塔瓦索夫。

卡塔瓦索夫非常喜欢谈哲学，他的哲学概念来自从来不研究哲学的自然科学家。最近列文在莫斯科同他争论过好多次。

列文一认出卡塔瓦索夫，首先想起的是卡塔瓦索夫显然认为他赢了的那次争论。

列文心想：“不，我再也不争论，再也不轻易发表意见了。”

他下了马车,同哥哥和卡塔瓦索夫打过招呼以后,就问起妻子的情况。

"她抱着米佳到小树林(这是家门口的一片树林)里去了。她想把他放在那儿,要不然家里太热了。"陶丽说。

列文一向不要妻子把孩子抱到树林里去,认为这很危险,所以他听到这话有些不快。

"她抱着他从这儿跑到那儿,"老公爵笑着说,"我还劝她把孩子抱到冰窖里试试呢。"

"她想上养蜂场去。她以为你在那儿。我们这就是往那儿去。"陶丽说。

"哦,你在忙什么呀?"柯兹尼雪夫落到别人后面,和弟弟并肩走着说。

"没什么特别事儿。像往常一样,忙忙庄稼事儿,"列文回答说,"你怎么样,可以多住些日子吗?我们早就盼着你了。"

"大概能住两个礼拜吧。在莫斯科还有很多事情呢。"

弟兄俩在说这话的时候,目光相遇了。列文虽然一向希望,现在更是殷切地希望和哥哥相处要亲亲热热的,尤其要随随便便的,但他觉得他望着哥哥有些不好意思,便垂下眼睛,不知道说什么才好。

列文竭力寻找能够使柯兹尼雪夫感到愉快的话题,免得他谈塞尔维亚战争和斯拉夫问题,因为他说到在莫斯科有很多事,就表示他要谈这方面的事了,所以列文就谈起柯兹尼雪夫的著作。

"哦,你那本书有什么反应吗?"列文问道。

柯兹尼雪夫知道他提这个问题的用意,就笑了笑。

“没有谁关心这事儿，我尤其不关心。”他说。“您瞧，达丽雅·亚力山大罗芙娜，要下雨了。”他用伞指着白杨树顶上一团团的灰云，对陶丽说。

这几句话也就够了，列文一心想避免的那种即使不算互相作对，那也是很冷淡的态度又出现了。

列文走到卡塔瓦索夫跟前。

“您能抽时间前来，真是太好了。”他对他说。

“我早就想来了。现在咱们可以好好谈谈，较量较量了。您读过斯宾塞的作品吗？”

“没有，没有读完，”列文说，“再说，我现在用不着读他的作品。”

“怎么回事儿？太有意思了。为什么用不着呀？”

“就因为我看清楚了，我所关心的问题在他和他那一类人的著作里是找不到答案的。现在……”

但是卡塔瓦索夫那安详而愉快的脸色突然使他心里一怔，于是他因为谈这些事破坏了自己的情绪，感到惋惜起来，他一想起自己下的决心，就不谈了。

“不过，以后再谈吧。”列文说。“如果到养蜂场去，那就往这边走，走这条小道。”他对大家说。

他们顺着小道来到一片没有割过的林中草地上。草地的一边是连成一片的鲜艳的紫罗兰，夹杂着一丛丛高高的深绿色藜芦。列文领着大家来到小白杨树浓密的凉荫里，请大家坐到特意为参观养蜂场而又害怕蜂群的客人准备的长凳和木头上，自己就到养蜂房里去拿面包、黄瓜和新鲜蜂蜜，招待大人和孩子们。

他尽可能轻手轻脚地快步走着,倾听着越来越频繁地从身边飞过的蜜蜂的嗡嗡声,顺着小路来到养蜂房。在门口有一只蜜蜂钻进他的大胡子里嗡嗡叫起来,他小心翼翼地把蜜蜂放出来。他走进阴凉的门廊,从墙上摘下挂在橛子上的面罩,戴好了,两手插进口袋里,就朝围了篱笆的养蜂场走去。在割净了草的养蜂场中央,整整齐齐地放着一排排老蜂房,都用树皮缚在桩子上,那是他十分熟悉的,他知道每一个蜂房的来历。在篱笆边上排列着新蜂房,那是今年才入箱的新蜂群。在一个个蜂房出口处,一群群工蜂和雄蜂一个劲儿飞舞盘旋,嬉戏,使人眼花缭乱;其中的工蜂总是朝一个方向飞,飞进树林里,飞到正开花的椴树上,然后就飞回蜂房,不停地往返采蜜。

耳朵里不停地响着各种各样的嗡嗡声,忽而一只忙忙碌碌的工蜂匆匆飞过,忽而是嗡嗡叫着的闲游的雄蜂,忽而是保护家业、随时准备蜇来犯之敌的担任守卫的蜜蜂。在篱笆那边,有一个老头子在做桶箍,没有看见列文。列文站在养蜂场中央,也没有招呼他。

他很高兴有机会独个儿待一会儿,也好摆脱现实生活,定一定神,因为他一到现实中,情绪已经低落了。

他想起来,他已经对伊凡发了脾气,对哥哥表现出冷淡的态度,和卡塔瓦索夫说话也很轻慢。

“难道这只是一时的心情,这种心情一下子就会消失得无影无踪吗?”他想道。

但就在恢复了这种心情的一小会儿里,他高兴地感觉到,他心中发生了一种很重要的新变化。现实只是一时间扰乱了他已经得到的心灵上的安宁;但他的心灵安宁并没有破坏。

正如此刻这些在周围飞舞盘旋的蜜蜂,威胁着他,吸引着他,使他生理上不得安宁,使他畏畏缩缩,躲着它们,自从他上了马车,也是这样,种种操心事一齐涌上来,使他失去心灵的洒脱;但这种情形只是在他操心的时候才有的。尽管有蜜蜂,他的体力毫无损伤,同样,他新觉醒的精神力量也毫无损伤。

十五

"柯斯加,你可知道,谢尔盖·伊凡诺维奇跟谁同车的?"陶丽给孩子们分好黄瓜和蜂蜜之后,说道,"跟伏伦斯基哩!他是上塞尔维亚去。"

"而且不光是他一个人去,还自己出钱带上一个骑兵连哩!"卡塔瓦索夫说。

"这是他做得出来的。"列文说。"难道还有志愿兵陆续开去吗?"他看了一眼柯兹尼雪夫,问道。

柯兹尼雪夫没有回答,因为碗里有一片白白的三角形蜂窝淌着蜜,一只活蜜蜂粘在上面,他正在用小刀背小心翼翼把活蜜蜂往外挑。

"当然还有啦!您要是能看到昨天车站上的场面就好啦!"卡塔瓦索夫一面咯吱咯吱地嚼着黄瓜,一面说。

"哦,这到底是怎么回事儿呀?看在上帝面上,谢尔盖·伊凡诺维奇,您给我讲讲,这些志愿兵开往哪儿去?他们和谁打仗呀?"老公爵问道。显然他是接续列文不在时就开了头的谈话。

“和土耳其人嘛。”柯兹尼雪夫把那只无力地挣扎着的被蜂蜜糊得发了黑的蜜蜂挑出来，从小刀上移到一片结实的白杨树叶上之后，这才放心地笑着回答说。

“那么，究竟是谁向土耳其人宣战的？是伊凡·伊凡内奇·拉果佐夫和李迪雅伯爵夫人以及施塔尔夫人吗？”

“谁也没有宣过战，而是大家都同情他人的苦难，愿意支援他们。”柯兹尼雪夫说。

“但公爵说的不是支援，”列文帮岳父说道，“他说的是打仗。公爵是说，个人不得到政府许可是不能参战的。”

“柯斯加，当心点儿，这儿有一只蜜蜂！真的要螫人哩！”陶丽一面说，一面在驱赶一只黄蜂。

“这不是蜜蜂嘛，这是黄蜂。”列文说。

“哦，哦，您有何高见？”卡塔瓦索夫显然想挑列文争论，笑着对他说，“为什么个人就没有权利呢？”

“我的见解是：一方面，战争是一种不人道的、残酷的和可怕的事，任何一个人，更不用说一个基督徒，都无法自己承担发动战争的责任，只有负有这种使命、不可避免会卷入战争的政府才能承担。另一方面，从科学和常理来说，在国家大事上，尤其是在战争这种事上，公民不应依照个人心意行事。”

柯兹尼雪夫和卡塔瓦索夫都准备好了反驳的话，一齐说起来。

“老兄，问题就在于，有时政府不能按公民的心意去做呀，这时社会就要表示自己的心意。”卡塔瓦索夫说。

但是柯兹尼雪夫显然不赞成这样反驳。他听了卡塔瓦索夫的话，皱起眉头，从另一方面反驳说：

“不应该这样看待问题。这谈不上什么宣战不宣战，只不过是人道的、基督徒感情的表现。骨肉弟兄和同教弟兄在遭受屠杀嘛。就算不是骨肉弟兄和同教弟兄，而是一般的妇女、儿童和老人，也不能无动于衷；一旦动了义愤，俄罗斯人就会奔去支援，制止暴行。你想想看，如果你走在大街上，看到醉汉在殴打妇女或者小孩子，你会怎样呢？我想，你一定不管是不是向这人宣过战，而是向他冲过去，保护受欺负的。”

“不过，我不会把他打死的，”列文说。

“不，你会把他打死的，”

“我说不上来。如果我看到这种事儿，我也许会感情用事；但事先我不能这样说。对待斯拉夫人受压迫问题，可不能这样感情用事。”

“也许你能忍耐。别人可是不能忍耐，”柯兹尼雪夫不满意地皱着眉头说，“民间还流传着‘渎神的伊斯兰教徒’欺压正教徒的传说。人民听说自己的兄弟受欺压，就说话了。”

“也许，”列文含含糊糊地说，“可是我没有看到；我也是人民，我就没有感觉到这一点。”

“我也没有，”老公爵说，“我过去在国外，看到报纸，老实说，还在保加利亚惨案以前我就怎么也不懂，为什么所有的俄国人一下子都热爱起斯拉夫弟兄，为什么我对他们毫无感情？我非常伤心，以为我太怪僻，要么就是喝外国泉水喝多了。但等我回到这儿，我就放心了：我看到，只关心俄罗斯，不关心斯拉夫弟兄的，不只我一个。柯斯加就是这样。”

“在这种事情上，个人的意见算不了什么，”柯兹尼雪夫说，“当整个俄罗斯，当人民表示出其意志的时候，个人的意见是无足轻重的。”

“对不起。我看不出这一点。人民连知道都不知道呢。”老公爵说。

“不，爸爸……怎么不知道呀？礼拜天在教堂里不是讲过吗？”陶丽听着他们说话，插嘴说。“请给我拿块毛巾来，”她对笑嘻嘻地望着孩子们的养蜂老头儿说，“不可能所有的人都……”

“礼拜天在教堂里那算什么呀？叫牧师宣读，他就宣读了。他们什么也不明白，只是叹气，就像平常讲道时一样，”老公爵继续说，“后来又对他们说，为了拯救灵魂的事要捐钱给教堂，他们就每人掏出一个戈比交上去。至于做什么用，他们就不知道了。”

“人民不会不知道；人民总是能认识自己的命运的，在现在这种时刻，这种认识就显示出来了。”柯兹尼雪夫打量着养蜂老头儿，肯定地说。

这个清秀的高个子老头儿，留着花白的大胡子和浓密的银发，端着一碗蜂蜜，一动不动地站着，亲切而安详地俯视着老爷们，显然什么也不明白，也不想明白。

“这话一点不错。”他听了柯兹尼雪夫的话，似有所悟地晃着脑袋说。

“可是，你们问问他好啦。他什么也不知道，什么也不想。”列文说。“米海雷奇，你听说打仗的事了吗？”列文问他，“在教堂里念的是什么？你是怎么想的？我们应该为基督徒打仗吗？”

“我们有什么可想的？皇上亚历山大·尼古拉耶维奇替我们

想好了,什么事都替我们想得好好儿的了。他看得最清楚了。是不是再拿点儿面包来？再给这小厮一点儿吧？”他指着吃面包皮的格里沙,对陶丽说。

“我用不着问,”柯兹尼雪夫说,“我们看到过,现在也看到,千百万人为了支援正义事业抛弃一切,从俄国的四面八方拥来,毫不含糊地、明确地表示自己的心意和目的。他们拿出钱来,或者亲自来,直截了当地表示他们是为什么。这说明什么呢？”

“依我看,”开始上火的列文说,“这说明,在八千万人中总有一些人,也许不只像现在这样几百个,而是几万个失去社会地位的亡命之徒,这种人什么事都可以干——投奔普加乔夫入伙,去希瓦,去塞尔维亚……”

“我对你说,不是几百个,也不是亡命之徒,而是民族的最优秀代表!”柯兹尼雪夫就像是在保护最后的家产,也带着火气说,“还有捐款呢？这可是人民毫不含糊地表示自己的心意呀。”

“‘人民’,这个词儿含义太不明确,”列文说,“乡文书,教员,千分之一的庄稼人,也许知道是怎么一回事儿。至于其余的八千万人,就像米海雷奇一样,不仅没有表示自己的心意,而且根本不了解,他们应该对什么事情表示自己的心意。我们有什么权利说这是人民的心意呢？”

十六

能言善辩的柯兹尼雪夫没有反驳,却立刻把话题一转,说：“是的,如果你想用算术来了解人民的精神,那当然这是很难的。

我们又没有投过票，而且也不能采取这种办法，因为这并不能反映民意；不过别的办法还是有的。那就是从气氛可以感觉到，可以凭自己的心感觉到。且不说在平静的人民海洋中流动着、任何不抱成见的人都能看得到的潜流；你就看看上流社会吧。知识界各种各样的派别以前势不两立的，现在都团结起来了。一切分歧都消除了，所有社会团体的言论都是一致的，都感觉到有一股自发的力量推动着他们朝同一个方向走。”

“是的，所有的报纸言论都是一致的，”老公爵说，“这是事实。全是一个调调，简直像大雷雨前的蛤蟆叫。聒噪得令人什么也听不见。”

“是不是蛤蟆叫，我不办报，无法为报纸辩护；不过我说的是知识界思想一致了。”柯兹尼雪夫对弟弟说。

列文正想回答，可是老公爵抢在他前头。

“对了，关于这种思想一致，还有话可以说说，”老公爵说，“我有一个女婿，司捷潘·阿尔卡迪奇，你们都认识他的。他现在弄到一个什么理事会理事的差事，我记不清是什么理事会了。不过在那儿无事可做……这有什么，陶丽，这又不是秘密！……年薪却有八千卢布。你们试试看，问问他，他干这差事是不是有益处，他会告诉你们，这差事顶重要了。他也是一个诚实人，不过不能不相信这八千卢布的作用。”

“对了，他要我转告达丽雅·亚力山大罗芙娜，他谋得这个差事了。”柯兹尼雪夫认为公爵的话文不对题，很不满意地说。

“报纸的思想一致也就是这么一回事儿。有人对我说明白了：一打起仗来，他们就会有加倍的收入。他们怎么能不算算，人民和斯拉夫人的命运……和别的一些什么对他们有多大好处呢?”

“有许多报纸我很不喜欢,不过这话不够公允。”柯兹尼雪夫说。

“我只要提出一个条件就行了,”老公爵又说下去,“阿尔方斯·卡尔在和普鲁士打仗之前说的话好极了。‘你们认为必须打仗吗?那很好。谁鼓吹战争,谁就去参加特种先锋队,带头去冲锋陷阵!’”

“这样一来,那些编辑先生就好看了,”卡塔瓦索夫想象着他熟识的那些编辑参加先锋队的情景,哈哈大笑起来。

“不用说,他们准会临阵脱逃,”陶丽说,“只能坏事。”

“他们要是脱逃,那可以用霰弹或者派哥萨克拿着鞭子在后面押阵。”老公爵说。

“哦,这是一个笑话,恕我直言,公爵,这是一个很不得体的笑话。”柯兹尼雪夫说。

“我不认为这是笑话,这是……”列文正要说下去,却被柯兹尼雪夫打断了。

“每一个社会成员都负有自己应尽的责任,”柯兹尼雪夫说。“脑力劳动者反映舆论,就是尽自己的责任。思想一致和舆论的充分反映,是报刊的功绩,同时也是一种可喜的现象。要是在二十年前,我们会保持沉默的;可是现在,俄国人民就发出呼声,准备像一个人一样站起来,准备为被压迫的兄弟牺牲。这是一种壮举,是强大的象征。”

“不过这不光是牺牲,还要去杀土耳其人呀,”列文胆怯地说，“人民牺牲或者准备牺牲，是为了自己的灵魂，而不是为了去杀人。”他不由得把这场谈话同他一直想着的一些念头联系起来，就说道。

“怎么为了灵魂？您要知道，这在一个自然科学家是一种无法理解的说法。灵魂究竟是怎么一回事儿呀？”卡塔瓦索夫笑着说。

“哎呀，您知道嘛！”

“哦，真的，我一点也不知道呀！”卡塔瓦索夫响亮地笑着说。

“‘我来，并不是叫地上太平，乃是叫地上动刀兵，’这是基督说的嘛。”柯兹尼雪夫也很随便地，就像谈尽人皆知的事儿似的，从《福音书》中引用了那句最使列文想不通的话来反驳他。

“这话一点不错。”站在他们旁边的老头儿为了回答偶然向他投来的目光，又这样说。

“哈哈，老兄，您输了，输了，彻底输了！”卡塔瓦索夫快活地叫道。

列文气得脸都红了，倒不是因为他输了，他气的是他控制不住自己，又争论起来。

“不行，我没法和他们争论，”他想道，“他们穿着刀枪不入的盔甲，我却光着身子。”

他看出来，他不可能说服哥哥和卡塔瓦索夫，更不可能赞同他们的主张。他们所宣扬的正是那种狂放的思想，就是那种思想几乎把他毁了的。他不能同意，那么几十个人，也包括他哥哥在内，根据几百个来到京城的唱高调的志愿兵对他们说的话，就有权说他们和报纸表达了人民的心意和想法，也表达了人民要报仇和杀人的想法。他不能同意这一点，还因为他就生活在人民之中，却看不到人民有这类思想的表现，在自己心中也找不到这样的思想（而他又无法不把自己看成俄国人民的一分子），尤其因为，他和人民都不知道，也无法知道，什么是公众福利，却清楚地知道，只有严格遵守人人都明白的善的原则，才能获得公众福利，所以，不论为了什么目的，都不能希望有战争和鼓吹战争。他和米海雷奇和在传说中表示要请瓦兰人来统治的人民都说的是："你们来为王，来统治我们吧。我们甘愿唯命是从。一切劳役，一切屈辱，一切牺牲，都由我们承担。我们不做判断，也不做主。"可是现在，照柯兹尼雪夫的说法，人民已经放弃了用如此昂贵的代价换得的权利。

他还想说，既然舆论是公正无私的法官，为什么革命、公社就不像支援斯拉夫人运动那样合法？但这只是一些想法，是不能解决什么问题的。只有一点可以清楚地看出来，那就是，这时柯兹尼雪夫已经争论得上了火，所以争论是很不好的；列文于是不再说了，并且提醒大家，乌云涌上来了，最好回家去，不要淋到雨。

十七

老公爵和柯兹尼雪夫坐上马车走了；其余的一伙人都加快脚步，朝家里走去。

可是那阴云，忽而白茫茫一片，忽而黑压压一团，飞快地涌了上来，必须再加快脚步，才能赶在下雨之前回到家里。前面那低低的、黑得像煤烟似的阴云飞快地在天上奔驰着。离家还有二百步光景，可是已经起风了，大雨随时都会泼下来。

孩子们又害怕又高兴地尖叫着跑在前头。陶丽眼睛盯着孩子们，吃力地同裹住两腿的裙子搏斗着，已经不是在走，而是在跑了。男人们都用手按住帽子，大踏步走着。等他们来到大门口台阶前，大颗的雨点已经敲打起铁皮水槽的边儿了。孩子们和跟在他们后面的大人都快快活活地说笑着跑到屋檐下。

“卡捷林娜·亚力山大罗芙娜呢？”列文问拿着头巾和披肩在前厅里迎住他们的阿加菲雅。

“我们还以为她和你们在一起呢。”她说。

“那么米佳呢？”

“大概在小树林里，保姆也和他们在一起。”

列文抓起披肩，就朝小树林里跑去。

在这短短的一会儿，黑压压的阴云已经布满天空，把太阳遮得严严实实，天黑得像日食一样了。狂风一个劲儿猛吹，好像非要把列文拦住不可，吹得椴树的叶子和花儿纷纷下落，吹得白桦树露出光秃秃的、奇形怪状的白树枝，吹得洋槐、花枝、牛蒡、野草和树梢都向一边倒。在园子里干活的姑娘们尖声叫着朝下房里跑去。白茫茫的雨帘已经吞没了远处的树林和附近的田野的一半，正迅速地向小树林推进。在空气中可以闻到雨点碎裂散发出来的潮气。

列文朝前弯着头，顶着那一直要把他手里的头巾刮跑的狂风，朝前跑着，已经跑到小树林跟前，已经看到一棵橡树后面有一个白白的东西了，突然，天空闪亮了一下，整个大地发出火光，头顶上的天幕仿佛炸裂了。列文睁开发花的眼睛，透过这时已经来到他和小树林之间的密密的雨帘，首先恐怖地看到，树林中央那棵熟悉的橡树的绿色树头已经奇怪地变了姿态。“难道叫雷劈了吗？”列文刚刚这样一想，那橡树头就越来越快地向下倒去，隐没在其他树木中，接着他就听到一棵大树倒在其他树木上的咔嚓声。

闪电、雷鸣和浑身上下的一阵寒意汇合在一起，使列文产生一种恐怖感。

“我的上帝呀！我的上帝呀，可不要砸着他们！”他嘟哝说。

虽然他立刻想到，那棵橡树现在已经倒下去，祈求橡树不要砸着他们已经毫无意义了，他还是又重复了一遍，因为他知道，除了这种毫无意义的祈祷，再没有别的办法了。

他跑到他们平时常来的地方，却没有找到。

他们在树林那一头，在一棵老椴树底下，正在呼喊他。两个人穿着深色衣服(她们原来穿的是浅色衣服)站在那里，弯下身子对着一样什么东西。那就是吉娣和保姆。雨已经渐渐停了，等列文跑到她们身边，天色也渐渐亮了。保姆下半身衣服是干的，吉娣的衣服却湿透了，完全贴在她身上。虽然雨已经完全停了，她们却还保持着她们在雷雨交加时的那种姿势。她们两个都站着，俯身对着一辆遮着绿伞的童车。

“都好吗？没事吗？谢天谢地！”他一面说，一面拖着灌满了水、老往下掉的靴子，蹚着雨水啪哒啪哒地朝她们跑去。

吉娣那一张红红的、湿淋淋的脸朝他转过来，在淋得变了形的帽子底下很胆怯地笑着。

“哼，你怎么好意思呀！我不明白，怎么能这样大意呀！”他气呼呼地责备起妻子。

“实在不能怪我。我们刚要走，他就哭起来。要给他换尿布了。我们刚要……”吉娣为自己辩解起来。

米佳平安无事，身上一点没湿，而且一直在睡着。

“真谢天谢地！我不知道我这是说的什么！”

把湿尿布收拾好了，保姆抱起孩子，抱着他走。列文走在妻子旁边，因为自己发火感到歉疚，为了表示歉意，背着保姆悄悄握住吉娣的手。

十八

在整个这一天里，列文在他似乎只是凭思想表层参与各种各样谈话的时候，尽管因为自己应该有变化而未变化感到失望，然而还是一直觉得自己的内心是充实的。

雨后地面太潮湿，不能出去散步；而且阴云并没有完全消失，而是在天边游荡着，忽而这儿，忽而那儿，涌起黑压压的一片，响起隆隆的雷声。大家就在家里消磨这一天剩下的时间。

再没有发生什么争论，相反，大家吃过饭之后，心情都非常愉快。

卡塔瓦索夫开头说了几个别出心裁的笑话，使太太们笑得前仰后合，初见面的人总是非常喜欢听他这种笑话的；后来他受柯兹尼雪夫的怂恿，又说了说他对雌雄家苍蝇性格、外貌差异及其生活习性的有趣观察。柯兹尼雪夫也很有兴致，在喝茶的时候也应弟弟的要求说了说他对东方问题前途的看法，说得又通俗又生动，使大家都听得入了神。

只有吉娣一个人没有听完他的话，因为有人叫她去给米佳洗澡了。

吉娣走了几分钟之后，又有人来叫列文了，说是她要他到孩子房里去。

列文很惋惜不能听完这番有趣的话，又担心叫他去是有什么事儿。因为没有要紧事儿是不会叫他的，于是就放下自己的茶，朝孩子的房里走去。

虽然他对他没有听完的哥哥的设想非常感兴趣，因为哥哥谈的是获得解放的四千万斯拉夫人如何同俄罗斯一起开创历史新纪元的问题，他觉得这完全是新鲜事儿，虽然他又担心又很想知道为什么事叫他去，心里惴惴不安，但是他一出了客厅，只有他一个人了，就立刻想起早晨自己的一些想法。他觉得，有关斯拉夫人在世界历史上的作用问题的种种设想，同他心里所想的问题相比，太微不足道了，所以他一下子就把这一切忘得干干净净，又恢复了今天早晨那种心情。

他没有像以前那样回顾思想的全过程（他不需要这样）。他立刻恢复了支配着他、和这些思想密不可分的那种心情，并且觉得自己这种心情比以前更强烈、更明确了。现在他无须像过去寻找安慰时那样，为了获得这种心情，必须回顾思想的全过程了。现在倒是相反，快慰的心情比以前来得快了，思想却跟不上他的心情。

他从露台上走过，望着已经黑下来的天空出现的两颗星星，忽然想起来："是的，过去我望着天空，曾经以为我所看到的圆顶不是幻象，这样我有些事就没有想透彻，有些事我就没有正视，”他想道，“但不管那是什么，那是不能反对的。只要想一想，就什么都清楚了！”

他已经要进孩子房间的门了，才想起他没有正视的是什么事儿。那就是，如果上帝存在的主要证据是他启示了什么是善，那么，为什么这种启示只限于基督教一个教的范围呢？也劝人为善的佛教和伊斯兰教同这种启示有什么关系呢？

他觉得他已经找到了这个问题的答案；但他还没有来得及把答案理出头绪，就进了孩子的房间。

吉娣挽起袖子，站在澡盆旁边，看着孩子在水里打扑腾，一听见丈夫的脚步声，转过脸来，笑嘻嘻地叫他过去。她一只手托着仰面浮在水上、两条小腿乱蹬的胖乎乎的孩子的头，另一只手用海绵在孩子身上擦着，胳膊上的肌肉有节奏地活动着。

“快来呀，你瞧瞧，你瞧瞧！”等丈夫走到跟前，她说道，“阿加菲雅说得不错，他认人了。”

原来，米佳从这一天起，已经明显地、毫无疑问地认识所有的亲人了。

列文一走到澡盆跟前，立刻就试给他看，果然一点不假。特意把厨娘叫了来试验。厨娘弯下身看着孩子，孩子竟皱起眉头，不高兴地晃了晃小脑袋。吉娣弯下身去看他，他喜洋洋地笑起来，小手抓住海绵，咂吧起嘴唇，发出非常高兴、非常奇怪的声音，不但吉娣和保姆，列文见了也开心得不得了。

保姆一只手把孩子从澡盆里托起来，用水冲了冲，用大毛巾裹起来，擦干了，在孩子尖声哭过一会儿之后，便交给了母亲。

"哈,我真高兴,你开始喜欢他了,"吉娣抱着吃奶的孩子安静地坐到她坐惯的位子上之后,对丈夫说,"我太高兴了。要不然我都有点儿伤心了。你说过嘛,你对他没有一点儿感情。"

"不,难道我说过没有什么感情吗？我只是说我有些失望。"

"怎么,你对他失望吗?"

"不是说对他失望,而是对自己的感情失望;我抱的希望还要大些。我本来希望,我会喜出望外,心花怒放的。谁知不是这样,而是厌恶,怜悯……"

她一面抱着孩子聚精会神地听他说话,一面把她在给米佳洗澡时摘下来的戒指往细细的手指上戴。

"主要的是,担心和怜悯太多了,超过了高兴的心情。今天,在大雷雨时那样担心过一阵之后,我明白我是多么爱他了。"

吉娣笑得一张脸都亮了。

"你当时很害怕吗?"她说,"我当时也很害怕,可是等事情过去了,我现在想起来就更怕了。我一定还要去看看那棵橡树。卡塔瓦索夫这人多好呀！总的说,这一天都非常愉快。在你高兴的时候,你和哥哥在一起也很好……你去吧,到他们那儿去吧。这儿刚洗过澡,又热,潮气又大……"

十九

列文走出孩子的房间,剩了自己一个人,立刻又想起还没有完全弄清的那个想法。

他没有去人声笑语不断的客厅,却在露台上站下来,倚着栏杆，眺望起天空。

天已经完全黑下来，在他眺望的南方已经没有云了。乌云停留在相反的一方。那边电光闪闪，还有很远的雷声。列文倾听着花园里椴树上均匀的滴水声，仰望着他熟悉的三角形星群和从其中心穿过的银河及其支流。电光一闪，不仅银河，而且所有灿烂的星星都消失了，但只要闪电一熄灭，所有的星星就好像被一只万无一失的手抛出来，立刻又出现在原处。

“哦，为什么我老是心神不定呀？”列文暗自说，其实他已经预先感觉出来，他的种种疑问已经在心里解决了，虽然他还不知道是怎样解决的。

“是的，上帝的唯一明显无疑的显现，就是通过启示向世人颁布了善的律条，而我感觉这就在我心中，并且由于我也承认善的律条，我就和其他人联合起来，不光是联合，而是自觉不自觉地结合成一个信仰者的团体，这个团体就叫教会。哦，那些犹太人，伊斯兰教徒，儒教徒，佛教徒，他们又是怎么一回事儿呢？”他向自己提出这个他觉得很危险的问题。“难道那几亿人就没有这种美好的境界吗？没有这种美好的境界，人生就没有意义了。”他沉思起来，但立刻纠正了自己。“可是我要弄清楚的究竟是什么呀？”他在心里说，“我要弄清楚的是人类各种各样的信仰和上帝的关系。我要弄清的是上帝对整个苍茫人世的普遍显示。我究竟要怎样呢？对于我，对于我的心，已经明确无疑地显示了凭理智无法理解的认识，然而我却固执地要用理智和语言来表达这种认识。”

“难道我不知道星星不走动吗？”他望着一颗已经移动到高高

的白桦树梢上的明亮的行星，在心里说，“可是我看着星星在移动，就无法想象地球在旋转，所以，我说星星在走动，也是对的。”

“如果天文学家把地球的各种各样复杂的运动计算在内，他们还能理解和计算什么吗？他们那些有关天体的距离、重量、运动和摄动的伟大结论，都是根据天体围绕不动的地球的可以看得出的运动做出来的，也就是我现在看到的这种运动，千百万人都看到的这种运动，这种运动千秋万代都是这样，过去这样，今后还是这样，永远是可信的。天文学家不根据可见的天体同一条子午线和一条地平线的关系进行观察，所得出的结论是毫无意义的和不可靠的，同样，如果不能理解善，不能理解过去和将来对所有的人都是一样、基督教向我显示的、永远可以在我心中找到的善，如果不以这种理解为基础，所得出的结论也是毫无意义的和不可靠的。至于其他宗教信仰以及其他宗教与上帝的关系问题，那是我没有权利也不可能解答的。”

“咦，你还没有去吗？”突然吉娣的声音说。她也走这儿上客厅去。“怎么啦，你没有什么不痛快吧？”她借着星光仔细打量着他的脸说。

但是，如果不是又一道闪电淹没了星星，照亮了他的脸的话，她还是看不清他的脸的。她借着电光看清了他整个的脸，看出是平静的和高兴的，就对他嫣然一笑。

“她是理解的，”他心想，“她知道我在想什么。是不是对她说说？对，我就对她说说吧。”可是就在他要开口说的时候，她也说话了。

“听我说，柯斯加！劳你驾，”她说，“你到拐角那个房间里去一下,看看给哥哥安排得怎样了。我不方便。看看新洗脸池是不是安好了?"

"好的,我这就去。"列文站起来,吻着她说。

"不,不必说,"等她走到他前面去,他想道,"这是秘密,只是对我一个人有用的、重要的和不能用言语表达的秘密。"

"这种新的感情并没有像我幻想的那样,而是像我对儿子的感情那样,没有使我改变,没有使我感到幸福,没有使我觉得豁然开朗,也没有什么意想不到之处。是信仰,不是信仰——我不知道这是怎么一回事儿;可是这种感情经历种种痛苦之后进入我心中,并且牢牢地扎根在我心中了。"

"我依然会对车夫伊凡发脾气,依然会争论,会发表不恰当的意见,依然会对别人,甚至对我的妻子保留我心灵的最神圣的秘密,依然会因为自己做错的事迁怒于她,并且因此还会后悔,依然会凭理智不理解我为什么要祈祷,却还要祈祷;但是,现在我的生活,我今后的一生,不管我会遇到什么样的事,今后一生的每一分钟不仅不会像过去那样毫无意义,而且会具有明确的善的含义,这是我能够做到的!"